해커스임용

설지민
특수교육학

영역별 이론+기출문제 **3**

 해커스임용

설지민

약력

대구대학교 사범대학 중등특수교육전공 졸업
대구대학교 교육대학원 특수교육전공 졸업
대구대학교 지체중복장애아 교육전공 박사과정 재학

현 | 해커스임용 특수교육 전임교수

전 | 아모르임용학원 특수교육 전임강사
　　아모르아이티칭 특수교육 전임강사

저서

해커스임용 설지민 특수교육학 영역별 이론 + 기출문제 1~3, 해커스패스
해커스임용 설지민 특수교육학 마인드맵, 해커스패스
설지민 특수교육학 기출풀이 STEP 1~3, 열린교육
설지민 특수교육학, 북이그잼
설지민 특수교육학 기출변형문제집 전3권, 북이그잼

저자의 말

안녕하세요. 설지민입니다.

〈해커스임용 설지민 특수교육학 영역별 이론+기출문제 3〉이 출간됩니다. 이 교재를 만드는 지금 시점이 새로운 시작이라는 생각이 들었습니다. 내용을 이해하는 단계에서 정답을 작성하는 단계로 전환하는 시점이기 때문이죠.

대부분의 선생님들께서 '기출문제'의 중요성은 알지만, 어떤 관점에서 왜 기출문제를 풀어야 하는지는 잘 모르시는 것 같습니다.

본 교재는 기출문제를 학습하는 선생님들의 학습 방향을 설정해주는 교재입니다. 각 영역별로 알아야 할 최소한의 핵심이론과 관련 개념의 기출문제를 묶어서 배치하였습니다. 각 개념이 어떤 문제로 나오는지, 같은 개념이라도 얼마나 다양한 문제 유형으로 등장했는지를 더욱 쉽게 파악할 수 있습니다. 또한, 정답과 해설을 나누어 작성하여 개념 중 어떤 부분을 우선적으로 보면 좋을지도 알 수 있습니다.

본 교재로 기출문제를 좀 더 효과적으로 학습하시려면,

첫째, 기출문제에 나온 개념을 확인해야 합니다. 본 교재는 영역별로 기출문제를 분석하여, 각 영역마다 어떤 개념이 출제되었는지, 어떤 문제 유형이 출제되었는지 확인할 수 있습니다. 단순히 개념을 알면 문제를 풀 수 있다는 생각에서 벗어나서, 문제를 푸는 적용을 위해 기출문제를 다각도로 분석해야 합니다. 어떤 개념이 어떤 유형으로 등장하는지 암기하면 문제풀이가 수월해집니다.

둘째, 정답을 알아야 합니다. 단순히 정답만 알아서는 안 되며, 문제와 정답을 연결하는 것이 필요합니다. 기출개념(예: 상황이야기)에 대한 질문(예: 지시문)과 핵심요소(예: 목적)가 무엇인지 확인해야 합니다. 방대한 특수교육학 이론의 우선적인 개념을 파악하고자 기출문제를 분석하는 것이므로, 기출문제의 핵심인 정답은 반드시 알아야 합니다. 개념의 단편적인 파악만으로는 문제풀이가 어렵기 때문에 교재의 모범답안과 자신의 답안을 비교하며 문제와 정답을 연결하는 연습도 중요합니다.

셋째, 기출문제를 자세히 읽어야 합니다. 우리는 기출문제를 풀 때 정답보다는 정답의 개념을 먼저 떠올립니다. 그러나 정답은 개념 중에서도 세부 개념을 묻기 때문에, 포괄적인 개념만 알아서는 답안 작성이 어렵습니다. 답안을 작성하려면 문제에서 정확한 조건을 찾아야 합니다. 특정 조건에서 세부 개념의 단서를 찾고 답안을 작성할 수 있기 때문에 문제를 여러 번 풀어보며 조건을 찾는 연습이 중요합니다. 처음 기출문제를 풀 때는 개념에만 초점이 맞춰지므로, 반복적으로 학습해야 합니다.

더운 여름날, 특수교사가 되기 위해 땀 흘리고 계신 선생님의 공부에 조금이나마 도움이 되었으면 합니다. 코로나와 날씨, 여러 어려운 상황이 이어질 수 있지만 우리를 보며 배시시 웃어줄 아이들을 위해 조금만 더 참아봅시다. 사고를 치면 한 대 쥐어박아주고 싶을 때도 있지만, 사심 없이 웃어주는 아이들이잖아요.

무더운 여름 슬기롭게 잘 헤쳐 나가길 바랍니다. 남은 수험기간 동안 힘내십시오.

설지민 Dream

목차

제9장 긍정적 행동지원

제10장 지체 · 중복 · 건강장애

| 정답 · 해설 |

이 책의 활용법

1 '기출문제 바로 찾기'로 필요한 문제 위치 빠르게 확인하기

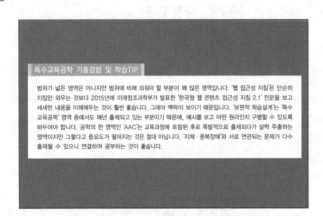

영역별 기출문제 쉽게 확인 가능

각 영역에 수록된 기출문제의 정보와 교재 내 페이지를 표로 정리하여 수록했습니다. 모든 기출문제의 세부 영역과 기출정보(학년도, 분야, 문항번호), 문제가 속한 페이지를 편리하게 확인할 수 있습니다.

원하는 문제의 위치 바로 찾기

교재 학습 전/후로 기출문제 정보가 필요할 때 간편하게 찾을 수 있습니다. 직전 연도 기출문제에 별도 표시하여 최근 기출문제가 어떤 영역에서 출제되었는지 확인하고, 최신 기출경향도 쉽게 파악할 수 있습니다.

2 '기출경향 및 학습TIP'으로 학습 준비하기

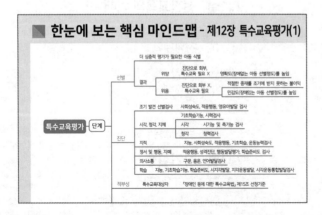

각 장 도입부에 기출경향 및 학습TIP 제공

교수님의 다년간 노하우를 담은 기출경향과 학습전략을 통해 영역별 학습방향을 올바르게 설정하여 효과적인 학습이 가능합니다.

영역별 중요 개념 파악 완료

학습에 본격적으로 임하기 전, 해당 영역에서 필수적으로 학습해야 하는 우선순위 개념과 각 영역의 기출 특징을 참고하면 중요 개념에 더욱 쉽게 접근할 수 있습니다.

3 전 영역을 구조화한 마인드맵으로 인출 연습하기

체계적으로 구조화한 마인드맵

영역별 핵심 키워드와 실제 시험에 나오는 기출개념 키워드를 마인드맵 형식으로 구조화하여, 학습자가 각 영역의 중요 키워드를 정리하고자 할 때 가이드라인이 되어줍니다.

빈출 키워드 인출 연습 가능

이론 학습 전 마인드맵을 키워드 위주로 훑어보면서 이론의 전반적인 흐름을 파악하고, 이론 학습 후 마인드맵의 주요 키워드만 가리고 백지인출 연습을 해보면서 서답형 시험을 더욱 효과적으로 준비할 수 있습니다.

4 영역별 이론과 기출문제를 한 번에 학습하기

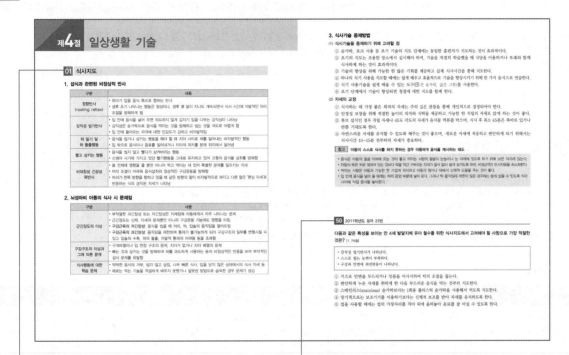

└─ **영역별 핵심이론**

학습해야 할 범위가 방대한 특수교육학 이론을 영역
별 핵심 기출개념 위주로 정리하여 효율적으로 학습
할 수 있습니다. 또한 이론 학습에 도움이 되는 관련
개념(참고)과 심화 개념(핵심 플러스)의 설명을 더해
연계학습도 용이합니다.

└─ **2009~2021학년도 기출문제**

2009~2021학년도 유·초·중등 기출문제를 관련 이
론과 함께 수록하여, 이론 학습 후 바로 실전 문제풀
이가 가능합니다. 기출문제에 기출연도, 분야, 문항번
호, 배점 등을 표기하여 현재 학습하는 문제의 기출
정보도 편리하게 확인할 수 있습니다.

5 모든 문제에 대한 정답·해설로 이론 보충하기

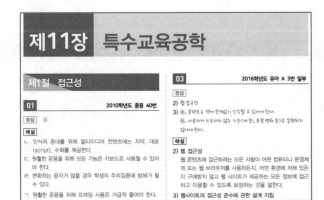

전체 문제의 정답·해설 제시

모든 문제에 대한 정답·해설을 제시하여 기출문제 풀이
후 정답 확인과 관련 이론의 복습이 가능합니다.

서답형 문제 모범답안 제공

교수님이 직접 작성한 서답형 문제의 모범답안을 수록하여
기출문제에 대한 자신의 답안을 모범답안과 비교해보고
부족한 부분을 보충할 수 있습니다.

특수 임용 시험안내

* 임용시험에 관한 자세한 정보는 시·도 교육청 및 시험별로 상이하므로, 응시하고자 하는 시험의 시·도 교육청 홈페이지의 공고문을 꼭 확인하세요.

1. 임용시험이란?

- 임용시험은 '교사 임용후보자 선정 경쟁시험'의 준말로, 교사로서의 전문적인 능력을 평가하여 공립(국, 사립) 유치원·초등학교·중등학교 교사를 선발하는 시험입니다.
- 임용시험에 응시하기 위해서는 2개의 자격증(교원임용자격증, 한국사능력검정시험 3급 또는 심화 3급 이상)이 반드시 필요합니다.
- 임용시험은 유·초등과 중등이 각각 1년에 한 번 진행되며, 1차 시험 합격 시 2차 시험에 응시할 수 있습니다.
- 임용시험은 1차 시험과 2차 시험으로 나누어져 있습니다.

2. 시험 유형 및 배점

- 1차 시험은 기입형·서술형·논술형으로 구성된 필기시험이며, 2차 시험은 수업실연 및 면접 등으로 구성된 실기시험입니다.
- 1차 시험의 성적이 각 과목별 해당 배점의 40% 미만인 경우 과락으로 2차 시험에 응시할 수 없습니다.
- 부득이한 사정으로 2차 시험에 응시하지 못하거나 불합격한 경우, 다음 연도에 다시 1차 시험부터 응시해야 합니다.
- 최종 점수는 '1차+2차 시험 성적'을 합산하여 점수가 높은 사람부터 차례로 최종 합격자가 결정됩니다.
- 1차 시험 성적은 1차 합격자 발표일에, 2차 시험 성적은 최종 합격자 발표일에 확인할 수 있습니다.

1) 1차 시험

구분	유·초등 특수교사 임용시험			중등 특수교사 임용시험				
교시 (출제 분야)	1교시 (교직논술)	2교시 (교육과정 A)	3교시 (교육과정 B)	1교시 (교육학)	2교시 (전공 A)		3교시 (전공 B)	
시험 시간	60분 (09:00~10:00)	70분 (10:40~11:50)	70분 (12:30~13:40)	60분 (09:00~10:00)	90분 (10:40~12:10)		90분 (12:50~14:20)	
문항 유형	논술형	기입형 서술형	기입형 서술형	논술형	기입형	서술형	기입형	서술형
문항 수	1문항	16문항 내외		1문항	4문항	8문항	2문항	9문항
문항당 배점	20점	80점		20점	2점	4점	2점	4점
교시별 배점	20점	80점		20점	40점		40점	
총 배점	100점			100점				

- 기입형: 주로 풀이과정을 작성하라는 별도의 지침 없이, 단답으로 답안을 작성하는 방식(= 단답형)
- 서술형: 2~3가지의 답이 이어지도록 문장의 형태로 답안을 작성하는 방식
- 논술형: '서론 – 본론 – 결론'이 전체적으로 이어지는 하나의 틀을 가지고 답안을 작성하는 방식

2) 2차 시험

구분	유·초등 특수교사 임용시험	중등 특수교사 임용시험
시험 과목	교직적성 심층면접, 집단토의 교수·학습 과정안 작성, 수업실연	교직적성 심층면접, 집단토의 교수·학습 지도안 작성, 수업실연
시험 시간	시·도 교육청 결정	시·도 교육청 결정
총 배점	100점	100점

* 2차 시험은 시·도별로 시험 과목, 출제 범위 및 내용이 다르므로, 응시하고자 하는 시·도 교육청 홈페이지의 공고문을 꼭 확인하세요.

3. 1차 시험 출제 범위 및 시험 과목

구분	유·초등 특수교사 임용시험		중등 특수교사 임용시험	
출제 범위 및 시험 과목	교직논술	특수학교 교직·교양 전 영역	교육학	교육학개론, 교육철학 및 교육사, 교육과정, 교육평가, 교육방법 및 교육공학, 교육심리, 교육사회, 교육행정 및 교육경영, 생활지도 및 상담
	교육과정 A, B	특수교육학, 유·초등 특수교육 교육과정, 유·초등 교육과정 전 영역	전공 A, B	교과교육학, 교과내용학 ⓐ 교과교육학: 교과교육학(론)과 임용시험 시행 공고일 현재까지 국가(교육부 등)에 의해 고시되어 있는 총론 및 교과 교육과정까지 ⓑ 교과내용학: 교과교육학(론)을 제외한 과목
기타	「장애인 등에 대한 특수교육법」(법, 시행령, 시행규칙)			

4. 응시원서 접수 안내

1) 응시원서 접수 방법
- 응시원서는 시·도 교육청별 온라인 채용시스템을 통하여 인터넷으로만 접수가 가능하며, 방문/우편 접수는 불가합니다.
- 접수기간 내에는 24시간 접수하며, 접수마감일은 18:00까지 접수가 가능합니다.
- 응시원서 접수 마감시간에 임박하면 지원자의 접속 폭주로 인하여 사이트가 다운되거나 속도가 저하되는 등 마감시간까지 접수를 완료하지 못할 수 있으므로 미리 접수하는 것이 좋습니다.
- 응시원서 최종 접수 결과는 각 시·도 교육청 홈페이지에서 확인할 수 있습니다.

2) 접수 준비물

한국사능력검정시험 3급 또는 심화 3급 이상	• 국사편찬위원회에서 주관하는 한국사능력검정시험의 3급 또는 심화 3급 이상 시험 성적이 필요함 • 유·초등의 경우, 1차 시험 합격자 결정일 전날까지 점수가 발표된 시험 중 인증등급(3급 또는 심화 3급) 이상인 시험 성적에 한하여 인정함 • 중등의 경우, 1차 시험 예정일 전까지 취득한 인증등급(3급 또는 심화 3급) 이상인 인증서에 한하여 인정함 ※ 한국사능력검정시험 급수체계 개편에 따라 제46회 시험 이전 응시자는 3급, 제47회 시험 이후 응시자는 심화 3급의 인증등급이 필요함 ※ 2022학년도 중등교사 임용시험의 경우 2016.1.1 이후 실시된 한국사능력검정시험까지의 성적에 한함 • 응시원서 접수 전 인증등급 취득자는 응시원서에 합격등급, 인증번호, 인증(합격)일자 등을 정확히 기재해야 함 • 인증등급 취득 예정자는 응시원서에 응시예정등급, 원서접수번호를 정확히 기재해야 하며, 미취득자는 결시로 처리함(응시수수료 환불 불가) ※ 시험 시행 공고문에 취득 예정 인정 회차가 기재되어 있으므로 참고하여 응시원서 접수해야 함
사진	• 최근 6개월 이내 촬영한 3.5cm × 4.5cm의 여권용 컬러 증명사진 • 파일은 jpg, gif, jpeg, png로 된 30KB 이상 100KB 이내 사이즈여야 함
응시료	시·도 교육청별로 상이함

＊ 스캔파일 제출 대상자는 원서 접수 시 입력한 내용과 동일한 각종 증명서류를 반드시 파일 첨부로 제출해야 합니다.
＊ 교원자격증 또는 교원자격취득예정증명서는 1차 합격자 발표 이후 합격자에 한해서만 제출합니다.

⚠ **응시원서 중복 지원 금지**: 아래 17개 시·도 교육청 중 본인이 응시하길 원하는 1개의 지역에만 지원 가능합니다.

서울특별시 교육청, 부산광역시 교육청, 대구광역시 교육청, 인천광역시 교육청, 광주광역시 교육청, 대전광역시 교육청, 울산광역시 교육청, 경기도 교육청, 강원도 교육청, 충청북도 교육청, 충청남도 교육청, 전라북도 교육청, 전라남도 교육청, 경상북도 교육청, 경상남도 교육청, 제주특별자치도 교육청, 세종특별자치시 교육청

특수 임용 시험 미리보기

1. 1차 시험 진행 순서

시험장 가기 전	• 수험표, 신분증, 검은색 펜, 수정테이프, 아날로그(바늘시계) 손목시계를 반드시 준비합니다. (전자시계, 탁상시계 및 휴대전화는 반입 불가) • 중식시간 없이 시험이 진행되므로, 필요할 경우 간단한 간식(또는 개인도시락) 및 음용수를 준비합니다. 　참고　• 유효 신분증: 주민등록증, 운전면허증, 여권, 장애인등록증 　　　　• 수험표: 이면지를 사용하여 출력할 수 없고, 컬러로 출력해야 하며, 수험표 앞/뒷면에 낙서 및 메모 금지 　　　　• 검은색 펜: 답안지는 지워지거나 번지지 않는 동일한 종류의 검은색 필기구만을 사용해야 하며, 연필 또는 사인펜은 사용 불가
시험장(시험실) 도착 및 착석	• 시험 당일 정해진 입실 시간까지 입실 완료하여 지정된 좌석에 앉아야 합니다. 　참고　입실 시간이 상이하므로 시·도 교육청 홈페이지의 공고문을 꼭 확인하세요. • 시험장 입구에서 선발과목 및 수험번호를 확인한 후 시험실 위치를 확인합니다. • 시험실에 부착된 좌석배치도를 확인하여 착석합니다.
시험 준비 및 대기	• 매 교시 시험 시작 후에는 입실과 퇴실이 금지되므로, 화장실을 미리 다녀옵니다. 　참고　부득이한 사정(생리현상 등)으로 시험 시간 중 불가피하게 퇴실할 경우, 해당 시험 시간 중 재입실이 불가하며, 시험 종료 시까지 　　　　시험관리본부 지정 장소에서 대기하여야 합니다. • 시험실에 모든 전자기기(휴대전화, 태블릿 PC, 넷북, 스마트와치 등)를 포함한 소지(반입)금지물품을 반입한 경우, 전원 을 끈 후 시험 시작 전에 감독관에게 제출합니다. (시험장 내에서 이를 사용 또는 소지할 경우 부정행위자로 간주하여 처분함) • 소지품, 책 등은 가방 속에 넣어 지정된 장소에 두어야 합니다. • 기타 보조기구(귀마개, 모자 등)의 착용은 불허합니다.
답안지 및 시험지 배부	• 감독관의 지시에 따라 시험지의 인쇄 상태를 확인합니다. (인쇄 상태 확인 후 시험 시작 전에 계속 시험지를 열람하는 행위는 부정행위로 간주됨) • 감독관의 지시에 따라 답안지의 상단 부분을 작성합니다.
시험 시간	• 총 3교시로 나누어 시험이 진행됩니다. (아래 표 참조) • 정해진 시험 시간 안에 답안 작성까지 완료해야 하므로 시험 시간을 고려해가며 문제를 풀고 답안을 작성합니다. • 시험 종료종이 울리면 답안지를 제출합니다. (시험지는 제출하지 않음)
쉬는 시간	• 총 2번의 쉬는 시간이 있습니다. (아래 표 참조) • 쉬는 시간에는 화장실을 다녀오거나, 준비해온 간식을 먹으며 휴식합니다. • 다음 시험이 시작하기 전 미리 착석하여 대기합니다.
시험 종료	• 전체 시험이 종료되면 감독관의 지시에 따라 퇴실합니다. • 시험 전 제출한 소지(반입)금지물품이 있을 경우, 물품을 받은 뒤 퇴실합니다.

시험 시간

구분	유·초등 특수교사 임용시험		중등 특수교사 임용시험	
시험시간	1교시 교직논술	09:00~10:00 (60분)	1교시 교육학	09:00~10:00 (60분)
	2교시 교육과정 A	10:40~11:50 (70분)	2교시 전공 A	10:40~12:10 (90분)
	3교시 교육과정 B	12:30~13:40 (70분)	3교시 전공 B	12:50~14:20 (90분)

쉬는 시간

구분	유·초등 특수교사 임용시험		중등 특수교사 임용시험	
시험시간	1교시 후 쉬는 시간	10:00~10:40 (40분)	1교시 후 쉬는 시간	10:00~10:40 (40분)
	2교시 후 쉬는 시간	11:50~12:30 (40분)	2교시 후 쉬는 시간	12:10~12:50 (40분)

2. 특수 임용 답안지(OMR) 작성 시 유의사항

답안지 관련 정보	• 답안지는 총 2면이 제공되며, 답안지 수령 후 문제지 및 답안지의 전체 면수와 인쇄 상태를 확인하여야 합니다.
작성 시간	• 별도의 답안 작성 시간이 제공되지 않으므로, 시험 종료 전까지 답안 작성을 완료해야 합니다. • 시험 종료 후 답안 작성은 부정행위로 간주됩니다.
답안란 상단 작성/수정	• 답안지 모든 면의 상단에 성명과 수험번호를 기재하고, 검은색 펜을 사용하여 수험번호를 해당란에 '●'로 표기해야 합니다. • '●'로 표기한 부분을 수정하고자 할 경우에는 반드시 수정테이프를 사용해야 합니다. • 답안을 작성하지 않은 빈 답안지에도 성명과 수험번호를 기재·표기한 후, 답안지를 모두 제출합니다. ＊위 내용은 2021학년도 시험 기준이며, 매년 기준이 상이할 수 있으니 각 시·도 교육청 홈페이지의 공고문을 확인하시기 바랍니다.
답안란 작성	• 답안지에 제시된 '응시자 유의사항'을 읽은 후 답안을 작성해야 합니다. • 답안은 반드시 지워지거나 번지지 않는 동일한 종류의 검은색 펜(연필이나 사인펜 종류 사용 불가)을 사용하여 작성해야 합니다. • 답안의 초안 작성은 문제지 여백을 활용할 수 있습니다. • 답안 작성 시, 해당 답안란 내에서 가로 선을 그어 답안란의 줄을 추가할 수 있습니다. 　＊중등 임용의 경우, 세로 선을 그어 답안란을 다단으로 구분할 수도 있습니다. • 아래에 해당하는 답안은 채점하지 않습니다. 　– 다른 문항의 답안란에 작성한 부분(문항 번호를 임의로 수정하는 경우, 맞바꿔 작성한 부분을 화살표로 표시하는 경우 등) 　– 문항에 대한 답안 내용 이외의 것(답안의 특정 부분을 강조하기 위한 밑줄이나 기호 등) 　– 답안란 이외의 공간에 작성한 부분 　– 내용이 지워지거나 번지는 등 식별이 불가능한 부분 　– 연필로 작성한 부분, 수정테이프 또는 수정액을 사용하여 수정한 부분 　– 개인 정보를 노출하거나 암시하는 표시(성명 및 수험번호 기재란 제외)가 있는 답안지 전체 • 시험별 답안 작성 시 특이사항
답안 수정	• 답안을 수정할 때에는 반드시 두 줄(=)을 긋고 수정할 내용을 작성해야 합니다. • 수정테이프 또는 수정액을 사용하여 답안을 수정할 수 없습니다. • 답안지 교체가 필요한 경우, 답안 작성 시간을 고려해야 합니다. 　[주의] • 시험 종료종이 울리면 답안을 작성할 수 없음 　　　　• 답안지 교체 후에, 교체 전 답안지는 폐답안지로 처리함

구분	유·초등 특수교사 임용시험	중등 특수교사 임용시험
작성법	하위 문항의 번호 또는 기호와 함께 답안을 작성해야 함	문항에서 요구하는 내용의 가짓수가 제한되어 있는 경우, 요구한 가짓수까지의 내용만 답안으로 작성함 (첫 번째로 작성한 내용부터 문항에서 요구하는 가짓수에 해당하는 내용까지만 순서대로 채점함)
문항 내용 기재 여부	문항의 내용은 필요한 경우에만 일부 활용하여 작성할 수 있음	문항 내용을 기재하지 않음

＊ 특수 임용 전용 답안지(OMR)는 해커스임용 사이트(teacher.Hackers.com)의 [학습자료실] > [과년도 기출문제]에서 무료로 다운받으세요.

＊ 더 자세한 답안지(OMR) 작성 시 유의사항은 한국교육과정평가원 사이트(www.kice.re.kr)에서 확인하세요.

영역별 기출문제 바로 찾기

9. 긍정적 행동지원

절	영역	세부 영역	교재 내 번호	기출문제 정보	페이지
긍정적 행동지원의 이해	• 정의 및 특징 • 긍정적 행동지원의 유형	긍정적 행동지원	01	서답형 2019학년도 유아 A 4번 2)	p.33
		긍정적 행동지원 정의, 목표, 기능진단	02	객관식 2010학년도 중등 23번	p.34
		개별화된 긍정적 행동지원 절차	03	객관식 2012학년도 중등 22번	p.34
개별화된 긍정적 행동지원	• 문제행동의 식별 및 정의 • 기능진단 • 가설 설정 • 행동지원 계획 수립	행동의 우선순위화, 대체행동 선정 시 고려사항	04	서답형 2015학년도 유아 B 2번	p.42
		기능진단	05	서답형 2016학년도 유아 A 1번 2)	p.43
		면담 유형 비교	06	서답형 2016학년도 초등 A 3번 1)	p.44
		산점도	07	서답형 2015학년도 초등 A 2번 1)	p.44
		산점도	08	서답형 2018학년도 중등 A 11번	p.45
		산점도, 행동 가설	09	서답형 2019학년도 초등 B 2번 4), 5)	p.46
		기능분석, 문제행동 기능	10	서답형 2021학년도 유아 A 3번 2) NEW	p.47
		관찰 방법	11	서답형 2019학년도 유아 B 2번 3)	p.48
		ABC 관찰기록	12	서답형 2017학년도 중등 A 6번	p.48
		ABC 관찰기록 해석	13	서답형 2016학년도 초등 B 2번 3), 4)	p.49
		기능분석, 단일대상 연구설계 유형	14	서답형 2020학년도 초등 B 1번 1)	p.50
		ABC 관찰기록 해석 및 중재	15	객관식 2010학년도 중등 14번	p.51
		선행사건 중재, 후속자극 중재 기법	16	객관식 2011학년도 초등 1번	p.52
		문제행동 기능, 대체행동 선정 시 고려사항, 문제행동 지도 방법의 오류	17	서답형 2014학년도 초등 A 2번	p.53
		문제행동 기능, 대체행동 선정 시 고려사항	18	서답형 2019학년도 유아 A 4번 3), 4)	p.54
		대체행동 유형	19	서답형 2019학년도 중등 A 14번	p.55
		대체행동 선정 시 고려사항	20	서답형 2020학년도 유아 B 4번 2)	p.55
		반응의 효율성	21	서답형 2020학년도 초등 B 1번 3)	p.56
		선행사건 중재	22	서답형 2015학년도 초등 A 2번 4)	p.57
		중재충실도, 선행사건 조절	23	서답형 2017학년도 유아 A 8번 1), 2)	p.57
		위기관리계획	24	서답형 2017학년도 유아 B 1번 2)	p.58
응용행동분석 - 연구방법	• 행동을 정의하는 방법 • 행동을 측정하는 방법 • 그래프 해석(시각적 분석) • 개별 대상 연구	행동목표 요소	25	서답형 2013학년도 초등 A 3번 1)	p.59
		행동목표 요소	26	서답형 2015학년도 초등 B 4번 4)	p.60
		행동목표 요소	27	서답형 2018학년도 유아 A 1번 2)	p.61
		조작적 정의의 목적	28	서답형 (추) 2013학년도 유아 A 7번 3)	p.62
		관찰의 측정 차원	29	서답형 2020학년도 유아 B 2번 1)	p.67
		조작적 정의, 시간간격 기록법	30	서답형 2018학년도 유아 A 7번	p.68

절	영역	세부 영역	교재 내 번호	기출문제 정보	페이지
응용행동분석 - 연구방법	• 행동을 정의하는 방법 • 행동을 측정하는 방법 • 그래프 해석(시각적 분석) • 개별 대상 연구	간격기록법	31	객관식 2009학년도 초등 14번	p.69
		간격기록법의 관찰자 간 신뢰도	32	객관식 2011학년도 중등 21번	p.69
		부분간격기록법	33	서답형 2019학년도 초등 A 4번 4)	p.70
		빈도기록법, 행동 요약화 장점	34	서답형 2013학년도 초등 A 3번 3), 유아 A 1번 3)	p.71
		지속시간 기록법의 행동의 요약화, 관찰자 간 신뢰도	35	서답형 (추) 2013학년도 중등 B 2번 3)	p.71
		지속시간 관찰기록 선정 이유	36	서답형 2020학년도 중등 B 3번	p.72
		간격기록법 사용하는 경우	37	서답형 2015학년도 중등 A 6번	p.73
		지속시간기록법 행동 요약화	38	서답형 2015학년도 초등 A 2번 5)	p.73
		관찰자 신뢰도에 영향을 주는 요인	39	서답형 2021학년도 중등 B 7번 NEW	p.74
		통제제시 기록법	40	서답형 2015학년도 초등 B 4번 5)	p.74
		통제제시 기록법	41	서답형 2019학년도 중등 B 7번	p.75
		행동의 특정 차원	42	서답형 2021학년도 유아 A 2번 2) NEW	p.75
		일화기록 시 오류	43	서답형 2017학년도 유아 B 1번 1)	p.76
		연속기록과 일화기록의 차이점	44	서답형 2020학년도 유아 B 1번 1)	p.76
		영속적 산물 기록	45	서답형 2017학년도 초등 B 1번 2)	p.77
		추세선 그리기 - 반분법	46	객관식 2009학년도 초등 35번	p.80
		시각적 분석 해석	47	객관식 2011학년도 중등 19번	p.81
		시각적 분석 해석, 일반화	48	서답형 2016학년도 초등 A 3번 3), 4)	p.82
		대체행동 유형, 시각적 분석 요소	49	서답형 2019학년도 중등 A 14번	p.83
		단일대상 설계	50	객관식 2012학년도 중등 10번	p.94
		ABAB 설계 오류	51	서답형 2021학년도 중등 B 4번 NEW	p.94
		ABAB 설계 해석	52	서답형 (추) 2013학년도 중등 B 2번 4)	p.95
		중다기초선 설계	53	객관식 2009학년도 중등 22번	p.96
		중다기초선 설계 유형, 중재 투입시기	54	서답형 2021학년도 초등 A 4번 3) NEW	p.97
		중다기초선 설계 오류, 중다간헐기초선 설계 장점	55	서답형 2015학년도 중등 B 4번	p.98
		중다기초선 설계 오류	56	서답형 2016학년도 유아 B 2번 1)	p.99
		준거변경 설계	57	서답형 2017학년도 중등 A 6번	p.99
		준거변경 설계의 기능적 관계	58	서답형 2015학년도 유아 B 7번 2)	p.100
		준거변경 설계, 교대중재 설계	59	객관식 2010학년도 중등 27번	p.101
		준거변경 설계의 내적타당도를 높이기 위한 방법	60	서답형 2018학년도 초등 A 2번 3)	p.102
		교대중재 설계, 내적타당도를 높이기 위한 방법	61	서답형 2016학년도 중등 A 6번	p.103
		교대중재 설계의 장점과 기능적 관계	62	서답형 2017학년도 초등 B 1번 3)	p.103
		조건변경 설계	63	서답형 2014학년도 중등 A 3번	p.104

절	영역	세부 영역	교재 내 번호	기출문제 정보	페이지
응용행동분석 – 기법	• 행동을 증가시키는 방법 (강화) • 행동을 감소시키는 방법 • 새로운 행동을 만드는 방법 • 동기화 조작	프리맥의 원리	64	서답형 2014학년도 초등 B 3번 3)	p.112
		프리맥의 원리, 강화제 유형	65	서답형 2020학년도 유아 B 5번 2)	p.113
		강화 계획, 강화제 유형	66	객관식 2013학년도 중등 17번	p.114
		강화 계획 유형	67	서답형 2015학년도 유아 B 1번 4)	p.115
		강화 계획, 강화제 유형	68	서답형 2020학년도 초등 A 4번 3)	p.116
		단일대상 설계, 행동계약	69	서답형 2020학년도 중등 B 9번	p.117
		집단강화	70	서답형 2018학년도 초등 A 2번 2)	p.118
		차별강화 특징	71	객관식 2012학년도 중등 14번	p.122
		다른행동 차별강화	72	서답형 (추) 2013학년도 중등 B 2번 2)	p.123
		다른행동 차별강화의 문제점	73	서답형 2015학년도 초등 A 2번 3)	p.123
		다른행동 차별강화와 대체행동 차별강화의 차이점	74	서답형 2018학년도 유아 B 5번 2)	p.124
		상반행동 차별강화	75	서답형 2016학년도 유아 B 4번 4)	p.125
		상반행동 차별강화	76	서답형 2020학년도 유아 B 2번 2)	p.126
		저비율행동 차별강화의 유형	77	서답형 2021학년도 중등 A 3번 NEW	p.126
		소거 발작	78	서답형 2017학년도 유아 B 1번 3)	p.127
		소거 원리, 소거 발작	79	서답형 2021학년도 중등 A 10번 NEW	p.128
		행동수정 전략	80	객관식 2010학년도 초등 12번	p.129
		토큰경제, 반응대가	81	서답형 2016학년도 중등 B 3번	p.129
		반응대가	82	서답형 2021학년도 유아 B 2번 3) NEW	p.130
		행동연쇄, 사회적 강화제	83	서답형 2019학년도 유아 B 2번 2)	p.135
		행동연쇄 전략	84	객관식 2010학년도 초등 24번	p.135
		행동연쇄	85	객관식 2012학년도 중등 13번	p.136
		후진형 행동연쇄 장점	86	서답형 2015학년도 유아 A 8번 3)	p.137
		후진형 행동연쇄 장점	87	서답형 2018학년도 중등 B 5번	p.137
		전과제형 행동연쇄	88	서답형 2021학년도 중등 A 2번 NEW	p.138
		후진형 행동연쇄	89	서답형 2018학년도 초등 B 5번 4)	p.139
		촉진	90	객관식 2010학년도 중등 12번	p.140
		촉진과 용암을 해야 하는 이유	91	서답형 2019학년도 유아 A 2번 3)	p.140
		용암, 자극 촉진	92	객관식 2009학년도 초등 36번	p.141
		자극 촉진	93	서답형 2017학년도 초등 B 6번 3)	p.142
		자극 촉진 유형	94	서답형 2019학년도 초등 A 3번 3)	p.143
		반응 촉진 유형	95	서답형 2021학년도 유아 A 1번 3) NEW	p.144
		자극 촉진	96	서답형 2018학년도 유아 B 5번 1)	p.144

10. 지체·중복·건강장애

절	영역	세부 영역	교재 내 번호	기출문제 정보	페이지
지체장애 유형	• 정의 • 뇌성마비 • 근이영양증 • 이분척추 • 척수손상 • 척추측만 • 골형성부전증 • 간질장애(뇌전증)	지체장애 유형 및 특성	01	객관식 2011학년도 초등 10번, 유아 10번	p.168
		불수의 운동형의 원인	02	객관식 2010학년도 초등 8번, 유아 8번	p.169
		경직형의 특성	03	객관식 2009학년도 중등 33번	p.169
		뇌성마비 중재	04	객관식 2010학년도 중등 34번	p.169
		운동실조형	05	서답형 2020학년도 유아 A 2번 1)	p.170
		손상부위에 따른 뇌성마비 특성	06	객관식 2011학년도 중등 25번	p.171
		경직형과 무정위 운동형 비교	07	서답형 2019학년도 중등 B 6번	p.171
		경직형과 GMFCS 단계적 특성	08	서답형 2021학년도 초등 B 1번 1) NEW	p.172
		뇌성마비와 운동	09	객관식 2012학년도 중등 38번	p.173
		뇌성마비의 호흡 특성과 중재	10	객관식 2009학년도 초등 10번, 유아 10번	p.173
		연인두 폐쇄 부전	11	서답형 2014학년도 초등 A 6번 1)	p.174
		보바스법과 뇌성마비 좌석배치	12	논술형 2015학년도 중등 B 2번	p.175
		GMFCS, 프론 스탠더 제공 기준	13	서답형 2017학년도 중등 B 1번	p.175
		GMFCS	14	서답형 2020학년도 초등 B 2번 1)	p.176
		가우어 징후, 가성비대	15	서답형 2014학년도 중등 A 13번	p.181
		척추측만, 골형성 부전증	16	서답형 2017학년도 중등 A 4번	p.181
		운동 실조형, 가우어 징후	17	서답형 2020학년도 중등 B 10번	p.182
		뇌전증, 기도폐색	18	객관식 2012학년도 중등 35번	p.185
		뇌전증 유형	19	서답형 2019학년도 초등 A 6번 1)	p.185
		뇌전증 발작 시 대처방안	20	서답형 2017학년도 유아 B 4번 3)	p.186
		소발작 교육적 조치	21	서답형 2016학년도 중등 A 5번	p.187
감각·운동·지각	• 감각 • 운동 • 지각	시지각 활동	22	객관식 2010학년도 초등 34번	p.194
		고유수용성 감각	23	서답형 2016학년도 유아 A 6번 3)	p.195
		반사와 반응	24	서답형 2019학년도 중등 B 6번	p.195
자세 및 이동	• 자세 • 욕창 • 자세 및 이동	ATNR 교육적 조치	25	객관식 2010학년도 중등 20번	p.201
		ATNR, STNR 교육적 조치	26	객관식 2013학년도 중등 28번	p.201
		긴장성 미로반사	27	객관식 2010학년도 유아 19번	p.202
		긴장성 미로반사, 자세유지 보조도구 및 지원 계획	28	서답형 2014학년도 중등 A 4번	p.203
		긴장성 미로반사 자세지도	29	서답형 2021학년도 중등 B 6번 NEW	p.204
		뇌성마비 교육적 지원방법	30	객관식 2012학년도 중등 36번	p.205
		STNR 자세정렬 방법, AAC도구와 스위치 배치방법	31	서답형 2016학년도 초등 B 4번 2), 3)	p.206
		뇌성마비 자세정렬 방법, 수파인 스탠더	32	서답형 2016학년도 중등 B 4번	p.207
		뇌성마비 의자앉기 자세정렬 방법	33	서답형 2017학년도 유아 A 1번 1)	p.207
		바닥앉기 대안적 자세, 의자앉기 자세정렬 방법	34	서답형 2019학년도 초등 A 6번 2), 3), 4)	p.208
		욕창 관리방법	35	객관식 2009학년도 중등 28번	p.209

절	영역	세부 영역	교재 내 번호	기출문제 정보	페이지
자세 및 이동	• 자세 • 욕창 • 자세 및 이동	욕창 관리방법	36	서답형 2013학년도 초등 B 4번 2), 3)	p.210
		뇌성마비 상황별 자세조정 방법	37	객관식 2011학년도 중등 26번	p.215
		후방지지형 워커, 프론 스탠더, 목발	38	객관식 2013학년도 중등 29번	p.216
		휠체어, 스프린트	39	서답형 2015학년도 초등 A 6번 1), 2), 3)	p.217
		단어예측 프로그램, 석고붕대	40	서답형 2017학년도 초등 B 2번 1), 3)	p.218
		지체장애 자세지도 방법	41	객관식 2012학년도 초등 10번	p.219
		수동 휠체어	42	객관식 2010학년도 중등 36번	p.219
		보조도구 제시 방법	43	서답형 2013학년도 초등 B 1번 2), 3)	p.220
		목발 계단 사용 방법	44	서답형 2018학년도 중등 A 14번	p.221
		양쪽 목발 계단 사용 방법	45	서답형 2020학년도 초등 B 2번 2)	p.222
		휠체어 선택 시 고려할 사항	46	서답형 2018학년도 초등 A 3번 4)	p.223
		안아서 이동시키기 방법	47	객관식 2011학년도 중등 23번	p.224
		안아서 이동시키기 방법	48	서답형 2017학년도 초등 A 3번 3), 4)	p.225
일상생활 기술	• 식사지도 • 용변기술 • 착탈의	지체장애 식사지도 중재방법	49	객관식 2009학년도 중등 27번	p.231
		지체장애 식사지도 중재방법	50	객관식 2011학년도 유아 23번	p.231
		비구강 섭식	51	서답형 (추) 2013학년도 초등 A 2번	p.232
		위식도 역류, 강직성 씹기 반사	52	객관식 2013학년도 중등 27번	p.233
		자기관리 기술 중재방법	53	객관식 2011학년도 중등 24번	p.233
		뇌성마비 식사 시 자세지도 및 도구	54	서답형 2018학년도 중등 B 3번	p.234
		감각 예민한 학생 지원방법	55	서답형 2018학년도 중등 B 5번	p.235
		용변기술 지도방법	56	객관식 2011학년도 유아 16번	p.240
		용변기술 지도방법	57	객관식 2012학년도 초등 24번	p.240
		용변기술 준비도 평가	58	서답형 2014학년도 중등 B 3번	p.241
		용변기술 준비도 평가	59	서답형 2015학년도 유아 A 8번 1), 2)	p.242
		편마비 착탈의 지도 순서	60	서답형 2017학년도 초등 A 3번 2)	p.243
		편마비 착탈의 지도 순서	61	서답형 2020학년도 중등 B 10번	p.244
건강장애	• 정의와 유형 • 통합교육을 위한 교육적 접근	병원학교 학사 운영, 교육과정 운영	62	객관식 2011학년도 초등 6번	p.250
		건강장애 선정, 지원, 배치	63	객관식 2011학년도 중등 39번	p.250
		병원학교 성적 및 평가방법	64	서답형 2018학년도 중등 A 4번	p.251
		건강장애 질환별 교육적 조치	65	객관식 2012학년도 초등 6번	p.251
		신장장애, 순회교육	66	서답형 2017학년도 중등 A 5번	p.252
		소아당뇨, 순회교육, 건강장애 취소 사유	67	서답형 2020학년도 중등 A 12번	p.252
		소아천식 교육적 지원	68	서답형 2021학년도 중등 B 9번 NEW	p.253

11. 특수교육공학

절	영역	세부 영역	교재 내 번호	기출문제 정보	페이지
접근성	• 정보 접근권 • 보편적 학습설계	웹 접근성 지침	01	객관식 2010학년도 중등 40번	p.262
		웹 접근성 지침	02	객관식 2012학년도 중등 20번	p.263
		웹 접근성 지침	03	서답형 2016학년도 유아 A 3번 2), 3)	p.263
		웹 접근성 지침	04	서답형 2017학년도 중등 B 6번	p.264
		웹 접근성 지침	05	서답형 2020학년도 초등 A 2번 2)	p.265
		웹 접근성 지침	06	서답형 2021학년도 중등 B 10번 NEW	p.266
		보편적 학습설계	07	서답형 2020학년도 유아 A 2번 2)	p.270
		보편적 학습설계 개념	08	객관식 2010학년도 중등 9번	p.271
		보편적 학습설계 원리	09	객관식 2011학년도 중등 40번	p.271
		보편적 학습설계 원리(UDL)	10	서답형 (추) 2013학년도 중등 B 3번 2)	p.272
		보편적 학습설계 원리(UDL)	11	서답형 2017학년도 중등 A 9번	p.272
		보편적 학습설계 원리(UDL)	12	객관식 2012학년도 초등 3번, 유아 3번	p.273
		보편적 학습설계 원리(UDL)	13	서답형 2015학년도 초등 B 5번 4)	p.273
		보편적 학습설계 원리(UDL)	14	서답형 2014학년도 유아 A 1번 3)	p.274
		보편적 학습설계 원리(UDL)	15	서답형 2017학년도 유아 B 4번 2)	p.275
		보편적 학습설계 원리(UDL)	16	서답형 2020학년도 초등 B 4번 1)	p.276
		보편적 학습설계 원리(UDL)	17	서답형 2021학년도 초등 A 6번 2) NEW	p.277
		보편적 학습설계 원리(UDL)	18	서답형 2021학년도 유아 A 1번 1) NEW	p.278
컴퓨터 활용	• 컴퓨터 보조수업(CAI) • 교육용 소프트웨어의 선정 및 평가	프로그램 선정 시 고려사항	19	객관식 2010학년도 초등 2번, 유아 2번	p.280
		CAI 유형	20	서답형 2016학년도 유아 A 3번 1)	p.280
		보편적 학습설계 원리(UDL), CAI 유형	21	서답형 2018학년도 초등 B 2번 2)	p.281
		교수 학습용 소프트웨어 선정을 위한 평가	22	객관식 2013학년도 중등 40번	p.284
보조공학 －유형과 사정모델	• 정의 및 유형 • 사정모델	보조공학 유형	23	객관식 2011학년도 중등 22번	p.289
		보조공학 사정－보조공학 서비스 전달과정(HAAT)	24	객관식 2012학년도 중등 40번	p.290
		보조공학 사정－SETT 모델	25	서답형 2018학년도 유아 A 8번 1)	p.291
		보조공학 숙고모델, 보조공학 특성	26	서답형 2018학년도 중등 A 10번	p.292
보조공학 －교과학습 지원	• 컴퓨터 접근 • 학습을 위한 접근	음성합성기, 고정키	27	객관식 2011학년도 중등 36번	p.295
		트랙볼, 음성인식 시스템, 화면 키보드	28	객관식 2012학년도 중등 39번	p.296
		헤드포인터	29	서답형 (추) 2013학년도 중등 B 1번 3)	p.296
		키가드	30	서답형 2021학년도 초등 B 1번 2) NEW	p.297
		대체 키보드, 트랙볼, 조이스틱	31	서답형 2020학년도 유아 A 2번 3)	p.298
		필터키, 헤드포인팅 시스템, 단어예측 프로그램	32	서답형 2021학년도 중등 B 6번 NEW	p.299

절	영역	세부 영역	교재 내 번호	기출문제 정보	페이지
보조공학 – 보완·대체 의사소통 (AAC)	• 정의 및 AAC 지도 • AAC 구성요소 • AAC 평가 • AAC 지도의 실제	AAC	33	서답형 2020학년도 초등 B 5번 1)	p.311
		참여모델	34	서답형 2015학년도 초등 A 6번 4)	p.312
		참여모델 – 장벽 유형	35	객관식 2012학년도 중등 4번	p.313
		참여모델 – 지식 장벽, 기술 장벽	36	서답형 2018학년도 중등 A 12번	p.313
		AAC 구성요소	37	서답형 2019학년도 유아 A 8번 2)	p.314
		AAC 구성요소, 도상성	38	서답형 2017학년도 유아 A 1번 2), 3)	p.315
		상징, 도상성	39	객관식 2010학년도 중등 28번	p.315
		선화상징	40	서답형 2017학년도 초등 A 5번 1)	p.316
		선택 기법	41	서답형 2014학년도 유아 A 1번 1)	p.317
		직접선택 – 해제 활성화	42	서답형 2014학년도 초등 B 4번 3)	p.318
		직접선택 – 여과 활성화	43	서답형 2018학년도 초등 A 3번 3)	p.319
		직접선택 – 시간이 설정된 활성화	44	서답형 2016학년도 중등 A 7번	p.320
		간접선택	45	객관식 2009학년도 중등 37번	p.321
		행렬 스캐닝의 장점	46	서답형 2019학년도 초등 A 3번 4)	p.321
		선택조절 기법	47	서답형 2018학년도 유아 A 8번 2)	p.322
		간접선택과 직접선택의 비교	48	서답형 2019학년도 중등 B 5번	p.323
		AAC 준비단계 고려사항	49	객관식 2010학년도 초등 20번	p.324
		어휘목록 구성 전략	50	서답형 (추) 2013학년도 중등 B 5번 1), 2)	p.324
		어휘목록 구성 전략	51	서답형 2015학년도 초등 A 6번 5)	p.325
		어휘목록 구성 전략	52	서답형 2020학년도 중등 A 7번	p.326
		메시지 확인하기 전략	53	서답형 2016학년도 초등 B 4번 4)	p.327
		AAC 평가 영역	54	서답형 2014학년도 초등 A 6번 4)	p.328
		AAC 사용 전 갖춰야 할 의사소통 능력	55	서답형 2017학년도 초등 A 5번 3)	p.329
		AAC 중재 과정 지도전략	56	객관식 2011학년도 중등 13번	p.330
보조공학 – 장치별 장애학생 지원	• 시각장애 학생을 위한 보조공학 • 맹학생을 위한 보조공학	아동 특성에 따른 보조공학 기기	57	객관식 2009학년도 중등 36번	p.334
		아동 특성에 따른 보조공학 기기	58	객관식 2011학년도 초등 2번	p.334
		아동 특성에 따른 보조공학 기기	59	서답형 2016학년도 중등 A 7번	p.335

12. 특수교육평가

절	영역	세부 영역	교재 내 번호	기출문제 정보	페이지
평가의 단계	• 평가의 단계 • 진단의 기능 • 개별화교육 프로그램(IEP)	특수교육 평가 단계	01	객관식 2009학년도 초등 2번	p.350
		선별과정 오류	02	서답형 2015학년도 유아 A 4번 4), 5)	p.350
		개별화교육계획 요소, 정보수집 과정	03	서답형 2014학년도 유아 B 1번 1), 3)	p.351
		특수교육 평가단계, 표준화검사를 교육진단에 사용하면 안 되는 점	04	서답형 2017학년도 유아 A 3번	p.352
사정	• 검사 • 형식적 사정 • 표준화검사 • 비형식적 사정	준거참조검사, 규준참조검사, 백분위	05	서답형 2019학년도 초등 A 1번 3), 4)	p.361
		비언어성 검사, 규준참조검사	06	서답형 2018학년도 초등 A 1번 1), 2)	p.362
		타당도 유형, 관찰자 간 일치도	07	서답형 2018학년도 중등 A 2번	p.362
		원점수 구하기 – 기저점, 최고한계점	08	서답형 2015학년도 초등 A 3번 1), 2)	p.363
		점수 유형	09	객관식 2012학년도 초등 4번	p.364
		점수 해석, 진점수, 타당도	10	객관식 2010학년도 중등 39번	p.364
		학년등가점수 해석, 표준점수 백분위점수로 변환	11	객관식 2012학년도 중등 7번	p.365
		신뢰구간	12	서답형 2014학년도 중등 A 4번	p.365
		백분위, 신뢰구간 해석	13	서답형 2018학년도 유아 A 5번 1), 2)	p.366
		표준점수 백분위점수로 변환, 준거참조검사	14	서답형 (추) 2013학년도 유아 A 3번	p.367
		신뢰구간 해석, 규준참조검사, 표준점수	15	서답형 2020학년도 중등 B 8번	p.368
		검사 방법 및 특징	16	객관식 2013학년도 중등 12번	p.374
		CBM	17	객관식 2011학년도 중등 31번	p.374
		포트폴리오 사정	18	객관식 2009학년도 유아 36번	p.375
		포트폴리오와 수행사정의 차이점, 신뢰도를 높이는 방법	19	객관식 2011학년도 중등 12번	p.375
		포트폴리오 사정	20	서답형 2014학년도 유아 A 2번 3)	p.376
사정도구	• 지능 • 학습 • 의사소통 • 적응행동 • 운동 및 시지각 • 자폐성장애 • 정서 및 행동 • 주의력결핍 및 과잉행동 장애(ADHD)	아동 특성에 따른 평가도구 유형	21	객관식 2009학년도 중등 5번	p.427
		지적장애 진단 평가 검사도구	22	객관식 2011학년도 초등 3번	p.428
		지적장애 진단 평가 검사도구	23	객관식 2013학년도 중등 7번	p.428
		자폐성장애 진단평가 검사	24	서답형 (추) 2013학년도 중등 2번 1)	p.429
		학습에 어려움 있는 학생의 진단검사	25	객관식 2010학년도 유아 33번	p.429
		K–ABC 해석	26	객관식 2011학년도 초등 9번	p.430
		K–WPPSI 하위 검사, 표준화검사를 교육진단에 사용하면 안 되는 이유	27	서답형 2015학년도 유아 A 5번 3), 4)	p.431
		K–WISC–IV, BASA–읽기검사	28	서답형 2017학년도 초등 A 1번 2), 3)	p.432
		유도점수 해석 방법	29	객관식 2011학년도 유아 5번	p.433
		CIS–A 해석	30	객관식 2010학년도 초등 13번	p.433

13. 전환교육

절	영역	세부 영역	교재 내 번호	기출문제 정보	페이지
전환교육의 이해	• 전환교육의 이해 • 전환계획	Will의 교량모형, Clark의 포괄적 전환교육 서비스 모델	01	객관식 2012학년도 중등 9번	p.444
		Wehman의 지역사회 중심 직업훈련 모델	02	서답형 (추) 2013학년도 중등 A 7번 1)	p.445
		Clark의 포괄적 전환교육 서비스 모델	03	서답형 2015학년도 초등 B 5번 1), 2)	p.445
		전환교육 및 전환계획	04	객관식 2011학년도 중등 38번	p.446
		전환평가	05	객관식 2013학년도 중등 9번	p.446
		상황평가	06	서답형 2021학년도 중등 A 6번 NEW	p.447
직업	• 경쟁고용 • 지원고용 • 보호고용	지원고용	07	객관식 2010학년도 중등 22번	p.453
		지원고용 유형 및 장점	08	서답형 (추) 2013학년도 중등 A 7번 2)	p.454
		지원고용과 경쟁고용 차이점	09	서답형 2016학년도 중등 B 7번	p.454
		보호고용	10	서답형 2019학년도 중등 A 5번	p.455
자기결정	• 정의 및 영역 • 구성요소 및 지도방법	자기결정 구성요소	11	객관식 2009학년도 중등 8번	p.459
		자기결정	12	객관식 2011학년도 중등 6번	p.460
		자기결정 구성요소	13	객관식 2012학년도 초등 30번	p.460
		SDLMI 단계	14	서답형 (추) 2013학년도 중등 A 7번 4)	p.461
		SDLMI 단계	15	서답형 2021학년도 초등 A 5번 3) NEW	p.462
		자기결정 특성 및 구성요소	16	서답형 2014학년도 초등 A 3번 1), 2)	p.463
		자기결정 구성요소	17	서답형 2021학년도 유아 A 5번 1) NEW	p.464
		진로와 직업, 전환교육	18	서답형 2017학년도 중등 A 14번	p.465

학습 성향별 맞춤 학습법

 개별학습 혼자 공부할 때, 학습효과가 높다!

- **자신에게 맞는 학습계획을 세운다.**
  교재의 목차를 참고하여 자신에게 맞는 학습계획을 세워 시간을 효율적으로 활용할 수 있도록 합니다. 월별/주별/일별로 계획을 구체적인 학습계획을 세우고 스스로 점검합니다.

- **교재를 꼼꼼히 학습한다.**
  해커스임용 교재로 다양한 이론과 문제를 꼼꼼히 학습합니다. 학습 중 교재에 대하여 궁금한 사항이 생기면, 해커스임용 사이트의 [고객센터]〉[1:1 고객센터] 게시판에 질문합니다.

- **해커스임용 사이트를 적극 활용한다.**
  해커스임용 사이트를 적극적으로 활용하면 수험정보, 최신정보, 기출문제 등 참고자료를 얻을 수 있습니다. 또한, 학습 시 부족한 부분은 해커스임용 동영상 강의를 통해 보충할 수 있습니다.

스터디학습 여러 사람과 함께 공부할 때, 더 열심히 한다!

- **자신에게 맞는 스터디를 선택하고 준비한다.**
  자신의 학습성향 및 목표에 맞는 스터디를 선택하고, 스터디원들끼리 정한 학습계획에 따라 공부해야 할 자료를 미리 준비합니다.

- **스터디 구성원들과 함께 학습하며 완벽하게 이해한다.**
  개별적으로 학습할 때, 이해하기 어려웠던 개념은 스터디를 통해 함께 학습하며 완벽하게 이해합니다. 또한 학습 내용 및 시험 관련 정보를 공유하며 학습효과를 높일 수 있습니다.

- **스터디 자료 및 부가 학습자료로 개별 복습한다.**
  스터디가 끝난 후, 팀원들의 자료와 자신의 자료를 비교하며 학습한 내용을 복습합니다. 또한 해커스임용 사이트에서 제공하는 다양한 학습자료를 활용하여 학습 내용을 보충합니다.

동영상학습 자유롭게 시간을 활용해 강의를 듣고 싶다!

• **자신만의 학습플랜을 세운다.**
해커스임용 사이트의 샘플강의를 통해 교수님의 커리큘럼 및 강의 스타일을 미리 파악해 보고, 수강할 동영상 강의 커리큘럼을 참고하여 스스로 학습계획을 세웁니다.

• **[내 강의실]에서 동영상 강의를 집중해서 학습한다.**
학습플랜에 따라 공부해야 할 강의를 듣습니다. 자신의 학습속도에 맞게 '(속도) 배수 조절'을 하거나, 놓친 부분이 있다면 되돌아가서 학습합니다.

• **[교수님께 질문하기] 게시판을 적극 활용한다.**
강의 수강 중 모르는 부분이 있거나 질문할 것이 생기면 해커스임용 사이트의 [고객센터]〉[문의하기]〉[학습 질문하기] 게시판을 통해 교수님께 직접 문의하여 확실히 이해하도록 합니다.

 학원학습 선생님의 생생한 강의를 직접 듣고 싶다!

• **100% 출석을 목표로 한다.**
자신이 원하는 학원 강의를 등록하고, 개강일부터 종강일까지 100% 출석을 목표로 빠짐없이 수업에 참여합니다. 스터디가 진행되는 수업의 경우, 학원 수업 후 스터디에 참여하여 학습효과를 높일 수 있습니다.

• **예습과 복습을 철저히 한다.**
수업 전에는 그날 배울 내용을 미리 훑어보고, 수업이 끝난 후에는 그날 학습한 내용을 철저하게 복습합니다. 복습 시 이해하기 어려운 부분은 선생님께 직접 질문하여 완벽하게 이해할 수 있도록 합니다.

• **수업에서 제공하는 자료를 적극 활용한다.**
수업 시 교재 외 부가 학습자료를 제공하는 경우가 많으므로, 해커스임용 선생님의 노하우가 담긴 학습자료를 자신만의 방식으로 정리 및 암기합니다.

긍정적 행동지원 기출경향 및 학습TIP

특수교육학에서 가장 많은 기출문제가 출제된 영역이 '긍정적 행동지원'과 '응용행동분석'입니다. 기출문제가 많다 보니 같은 내용이 중첩되는 경우가 다른 영역보다 많습니다. 또한 기존에 나왔던 기법에 대한 원리들을 묻는 문제가 더욱 늘어나는 추세입니다. 단순히 해당 기법의 예시만으로 기법을 구분하기에는 문제의 난이도가 굉장히 높은 편이므로, 각 기법의 '기본 원리'를 먼저 알고 해석할 수 있어야 한다는 것이 학습의 중요한 포인트입니다. 새로운 개념을 찾기보다 기존에 출제된 부분의 '원리'를 적용하는 것에 초점을 둡시다.

제9장

긍정적 행동지원

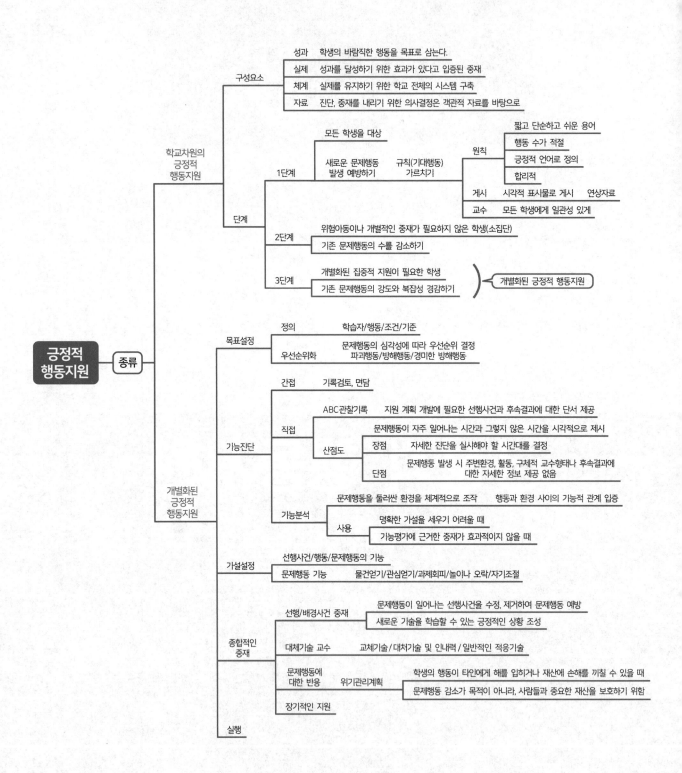

긍정적 행동지원 — 종류

학교차원의 긍정적 행동지원

- 구성요소
  - 성과 — 학생의 바람직한 행동을 목표로 삼는다.
  - 실제 — 성과를 달성하기 위한 효과가 있다고 입증된 중재
  - 체계 — 실제를 유지하기 위한 학교 전체의 시스템 구축
  - 자료 — 진단, 중재를 내리기 위한 의사결정은 객관적 자료를 바탕으로
- 단계
  - 1단계 — 모든 학생을 대상 / 새로운 문제행동 발생 예방하기
    - 규칙(기대행동) 가르치기
      - 원칙
        - 짧고 단순하고 쉬운 용어
        - 행동 수가 적절
        - 긍정적 언어로 정의
        - 합리적
      - 게시 — 시각적 표시물로 게시 — 연상자료
      - 교수 — 모든 학생에게 일관성 있게
  - 2단계 — 위험아동이나 개별적인 중재가 필요하지 않은 학생(소집단)
    - 기존 문제행동의 수를 감소하기
  - 3단계 — 개별화된 집중적 지원이 필요한 학생) 개별화된 긍정적 행동지원
    - 기존 문제행동의 강도와 복잡성 경감하기

개별화된 긍정적 행동지원

- 목표설정
  - 정의 — 학습자/행동/조건/기준
  - 우선순위화 — 문제행동의 심각성에 따라 우선순위 결정 / 파괴행동/방해행동/경미한 방해행동
- 기능진단
  - 간접 — 기록검토, 면담
  - 직접
    - ABC관찰기록 — 지원 계획 개발에 필요한 선행사건과 후속결과에 대한 단서 제공
    - 산점도 — 문제행동이 자주 일어나는 시간과 그렇지 않은 시간을 시각적으로 제시
      - 장점 — 자세한 진단을 실시해야 할 시간대를 결정
      - 단점 — 문제행동 발생 시 주변환경, 활동, 구체적 교수형태나 후속결과에 대한 자세한 정보 제공 없음
  - 기능분석 — 문제행동을 둘러싼 환경을 체계적으로 조작 — 행동과 환경 사이의 기능적 관계 입증
    - 사용
      - 명확한 가설을 세우기 어려울 때
      - 기능평가에 근거한 중재가 효과적이지 않을 때
- 가설설정
  - 선행사건/행동/문제행동의 기능
  - 문제행동 기능 — 물건얻기/관심얻기/과제회피/놀이나 오락/자기조절
- 종합적인 중재
  - 선행/배경사건 중재
    - 문제행동이 일어나는 선행사건을 수정, 제거하여 문제행동 예방
    - 새로운 기술을 학습할 수 있는 긍정적인 상황 조성
  - 대체기술 교수 — 교체기술/대처기술 및 인내력/일반적인 적응기술
  - 문제행동에 대한 반응 — 위기관리계획
    - 학생의 행동이 타인에게 해를 입히거나 재산에 손해를 끼칠 수 있을 때
    - 문제행동 감소가 목적이 아니라, 사람들과 중요한 재산을 보호하기 위함
  - 장기적인 지원
- 실행

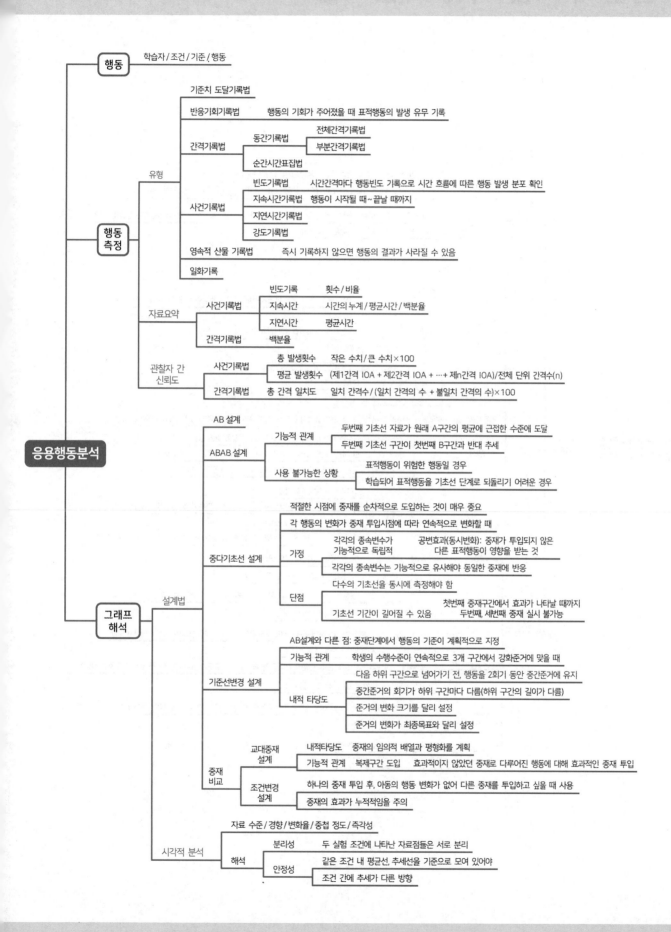

응용행동분석

행동 — 학습자 / 조건 / 기준 / 행동

행동 측정

유형
- 기준치 도달기록법
- 반응기회기록법 — 행동의 기회가 주어졌을 때 표적행동의 발생 유무 기록
- 간격기록법
  - 동간기록법
    - 전체간격기록법
    - 부분간격기록법
  - 순간시간표집법
- 사건기록법
  - 빈도기록법 — 시간간격마다 행동빈도 기록으로 시간 흐름에 따른 행동 발생 분포 확인
  - 지속시간기록법 — 행동이 시작될 때 ~ 끝날 때까지
  - 지연시간기록법
  - 강도기록법
- 영속적 산물 기록법 — 즉시 기록하지 않으면 행동의 결과가 사라질 수 있음
- 일화기록

자료요약
- 사건기록법
  - 빈도기록 — 횟수 / 비율
  - 지속시간 — 시간의 누계 / 평균시간 / 백분율
  - 지연시간 — 평균시간
- 간격기록법 — 백분율

관찰자 간 신뢰도
- 사건기록법
  - 총 발생횟수 — 작은 수치 / 큰 수치 × 100
  - 평균 발생횟수 — (제1간격 IOA + 제2간격 IOA + … + 제n간격 IOA) / 전체 단위 간격수(n)
- 간격기록법 — 총 간격 일치도 — 일치 간격수 / (일치 간격의 수 + 불일치 간격의 수) × 100

그래프 해석

설계법

- AB 설계
- ABAB 설계
  - 기능적 관계
    - 두번째 기초선 자료가 원래 A구간의 평균에 근접한 수준에 도달
    - 두번째 기초선 구간이 첫번째 B구간과 반대 추세
  - 사용 불가능한 상황
    - 표적행동이 위험한 행동일 경우
    - 학습되어 표적행동을 기초선 단계로 되돌리기 어려운 경우

- 중다기초선 설계
  - 적절한 시점에 중재를 순차적으로 도입하는 것이 매우 중요
  - 각 행동의 변화가 중재 투입시점에 따라 연속적으로 변화할 때
  - 가정
    - 각각의 종속변수가 기능적으로 독립적 — 공변효과(동시변화): 중재가 투입되지 않은 다른 표적행동이 영향을 받는 것
    - 각각의 종속변수는 기능적으로 유사해야 동일한 중재에 반응
  - 단점
    - 다수의 기초선을 동시에 측정해야 함
    - 기초선 기간이 길어질 수 있음 — 첫번째 중재구간에서 효과가 나타날 때까지 두번째, 세번째 중재 실시 불가능

- 기준선변경 설계
  - AB설계와 다른 점: 중재단계에서 행동의 기준이 계획적으로 지정
  - 기능적 관계 — 학생의 수행수준이 연속적으로 3개 구간에서 강화준거에 맞을 때
  - 내적 타당도
    - 다음 하위 구간으로 넘어가기 전, 행동을 2회기 동안 중간준거에 유지
    - 중간준거의 회기가 하위 구간마다 다름(하위 구간의 길이가 다름)
    - 준거의 변화 크기를 달리 설정
    - 준거의 변화가 최종목표와 달리 설정

- 중재 비교
  - 교대중재 설계
    - 내적타당도 — 중재의 임의적 배열과 평형화를 계획
    - 기능적 관계 — 복제구간 도입 — 효과적이지 않았던 중재로 다루어진 행동에 대해 효과적인 중재 투입
  - 조건변경 설계
    - 하나의 중재 투입 후, 아동의 행동 변화가 없어 다른 중재를 투입하고 싶을 때 사용
    - 중재의 효과가 누적적임을 주의

시각적 분석
- 자료 수준 / 경향 / 변화율 / 중첩 정도 / 즉각성
- 해석
  - 분리성 — 두 실험 조건에 나타난 자료점들은 서로 분리
  - 안정성
    - 같은 조건 내 평균선, 추세선을 기준으로 모여 있어야
    - 조건 간에 추세가 다른 방향

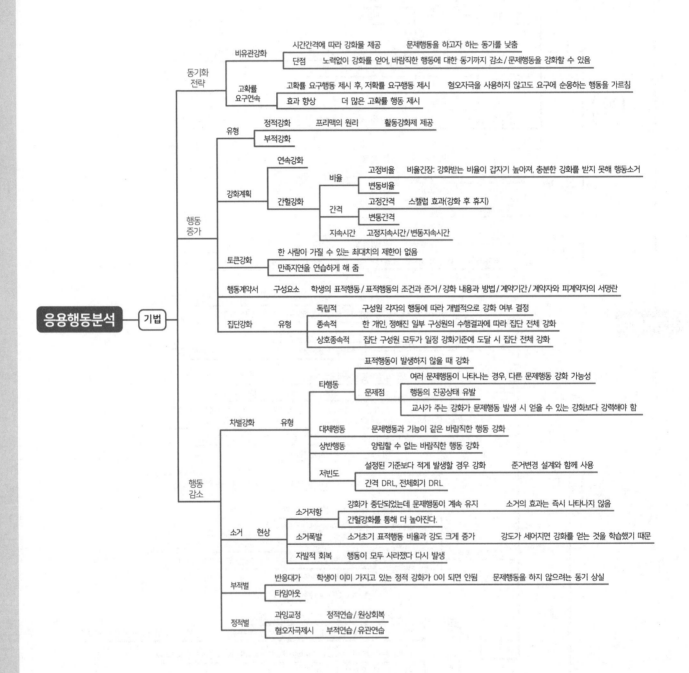

응용행동분석 ― 기법

동기화 전략
- 비유관강화
  - 시간간격에 따라 강화물 제공 / 문제행동을 하고자 하는 동기를 낮춤
  - 단점: 노력없이 강화를 얻어, 바람직한 행동에 대한 동기까지 감소 / 문제행동을 강화할 수 있음
- 고확률 요구연속
  - 고확률 요구행동 제시 후, 저확률 요구행동 제시 / 혐오자극을 사용하지 않고도 요구에 순응하는 행동을 가르침
  - 효과 향상: 더 많은 고확률 행동 제시

행동 증가
- 유형
  - 정적강화 / 프리맥의 원리 / 활동강화제 제공
  - 부적강화
- 강화계획
  - 연속강화
  - 간헐강화
    - 비율
      - 고정비율 / 비율긴장: 강화받는 비율이 갑자기 높아져, 충분한 강화를 받지 못해 행동소거
      - 변동비율
    - 간격
      - 고정간격 / 스캘럽 효과(강화 후 휴지)
      - 변동간격
    - 지속시간 / 고정지속시간 / 변동지속시간
- 토큰강화
  - 한 사람이 가질 수 있는 최대치의 제한이 없음
  - 만족지연을 연습하게 해 줌
- 행동계약서
  - 구성요소: 학생의 표적행동 / 표적행동의 조건과 준거 / 강화 내용과 방법 / 계약기간 / 계약자와 피계약자의 서명란
- 집단강화
  - 유형
    - 독립적: 구성원 각자의 행동에 따라 개별적으로 강화 여부 결정
    - 종속적: 한 개인, 정해진 일부 구성원의 수행결과에 따라 집단 전체 강화
    - 상호종속적: 집단 구성원 모두가 일정 강화기준에 도달 시 집단 전체 강화

행동 감소
- 차별강화
  - 유형
    - 타행동
      - 표적행동이 발생하지 않을 때 강화
      - 문제점
        - 여러 문제행동이 나타나는 경우, 다른 문제행동 강화 가능성
        - 행동의 진공상태 유발
        - 교사가 주는 강화가 문제행동 발생 시 얻을 수 있는 강화보다 강력해야 함
    - 대체행동: 문제행동과 기능이 같은 바람직한 행동 강화
    - 상반행동: 양립할 수 없는 바람직한 행동 강화
    - 저빈도
      - 설정된 기준보다 적게 발생할 경우 강화 / 준거변경 설계와 함께 사용
      - 간격 DRL, 전체회기 DRL
- 소거
  - 현상
    - 소거저항
      - 강화가 중단되었는데 문제행동이 계속 유지 / 소거의 효과는 즉시 나타나지 않음
      - 간헐강화를 통해 더 높아진다.
    - 소거폭발: 소거초기 표적행동 비율과 강도 크게 증가 / 강도가 세어지면 강화를 얻는 것을 학습했기 때문
    - 자발적 회복: 행동이 모두 사라졌다 다시 발생
- 부적벌
  - 반응대가: 학생이 이미 가지고 있는 정적 강화가 0이 되면 안됨 / 문제행동을 하지 않으려는 동기 상실
  - 타임아웃
- 정적벌
  - 과잉교정: 정적연습 / 원상회복
  - 혐오자극제시: 부적연습 / 유관연습

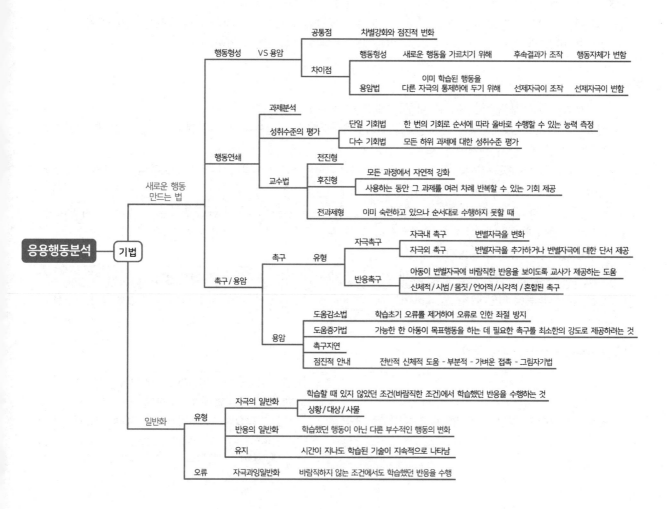

제1절 긍정적 행동지원의 이해

01 정의 및 특징

1. 정의
① 문제행동의 이유를 이해하고, 문제행동이 왜 발생하는지에 대한 가설에 따라 개인의 독특한 사회적·환경적·문화적 배경에 적합한 종합적인 중재를 고안하는 문제해결 접근방법이다.
② 긍정적 행동지원의 가장 중요한 목표는 문제행동을 단기간에 감소시키는 것이 아닌, 개인의 전반적인 삶의 질에 영향을 미칠 수 있도록 장기간에 걸쳐 지속되는 변화를 만들어내는 것이다.

2. 특징
① 긍정적 행동지원은 부적절한 행동을 다루는 관점을 근본적으로 바꾸었다.
  ㉠ 전통적인 행동수정은 학생이 문제행동을 일으켰을 때 행동의 원인에 관심이 없고, 처벌적·사후 반응적인 관점에서 문제행동의 제거에만 초점을 두었다.
  ㉡ 이에 반해 긍정적 행동지원은 문제행동이 일어나는 것을 사전에 예방하는 것을 강조하며, 학생의 문제행동을 의사소통적 의도로 보고 바른 행동을 가르쳐주는 데 초점을 둔다.
② 전통적 행동수정과 달리 문제행동 자체를 무조건 없애기보다 문제행동의 기능(예 관심끌기, 회피)을 파악하여, 문제행동과 동일한 기능을 갖지만 사회적으로 용인되는 효과적이고 실행이 쉬운 행동을 가르친다.
③ 전통적 행동수정과 긍정적 행동지원의 비교

구분	전통적 행동수정	긍정적 행동지원
관점	문제행동은 타인에게 해를 입히므로 제거되어야 함	문제행동은 학습된 것이며 의사소통의 목적을 가짐
평가	문제행동의 빈도, 강도, 지속시간 등 행동 양상을 파악함	문제행동의 원인 파악을 위해 기능평가를 실시함
단기목표	문제행동의 감소, 제거	학생이 자신의 욕구를 사회적으로 용인되는 방법으로 표현하도록 도움
중재	문제행동 발생 시 강화를 줄이거나 벌을 제공함	• 교사–학생 간의 안전감과 신뢰감을 발달시킴 • 학습환경과 수업을 재구성화함 • 학생의 좌절을 감소시키기 위해 타인의 지원을 받음 • 의사소통할 수 있는 대안적 방법을 교수함 • 문제행동에 체계적이고 일관성 있게 접근함

02 긍정적 행동지원의 유형

1. 학교 차원의 긍정적 행동지원

(1) 단계

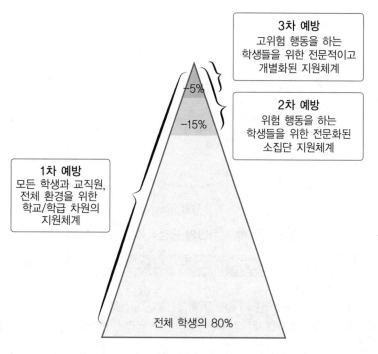

3차 예방
고위험 행동을 하는
학생들을 위한 전문적이고
개별화된 지원체계

2차 예방
위험 행동을 하는
학생들을 위한 전문화된
소집단 지원체계

1차 예방
모든 학생과 교직원,
전체 환경을 위한
학교/학급 차원의
지원체계

~5%

~15%

전체 학생의 80%

[그림 9-1] 학교 차원의 긍정적 행동지원

단계	내용
1차 예방	• 모든 아동을 대상으로 모든 성인이 참여하여 모든 상황과 시간대에 적용하는 1차 예방에 중점을 둠 • 1차 예방의 목적은 적절한 행동을 적극적으로 가르치는 것에 있음
2차 예방	• 문제행동을 일으킬 위험을 지니고 있지만 집중적인 개별적인 중재가 필요하지 않은 아동을 위한 것 • 2차 예방에서 강조하는 것은 1차 예방보다 행동지원이 더 많이 필요한 학생들을 위해 행동지원의 강도를 증가시 킨다는 것으로, 이러한 학생들은 또한 위험한 요인으로부터 자신을 방어하는 데 필요한 보호차원에 접근하는 데 제한을 받아옴 • 고도의 위험요소를 지닌 아동은 1차 예방에 반응을 보일 가능성이 낮고, 추가적인 도움을 받지 않으면 지속적인 문제행동 유형으로 발전할 위험이 있음
3차 예방	• 가장 집중적인 행동지원이 필요한 아동을 위한 것으로, 개별화되고 종합적인 지원을 제공함 • 집중적이고 개별적인 행동지원 설계는 여러 연구에서 가장 지속적인 관심을 받아온 분야로, 개별화된 계획이 기능진단, 종합적인 지원계획, 적절한 인력과 자원, 의사결정을 위한 자료의 적극적인 사용과 잘 조화될 때 아동 행동의 큰 변화를 관찰할 수 있음

(2) 구성요소

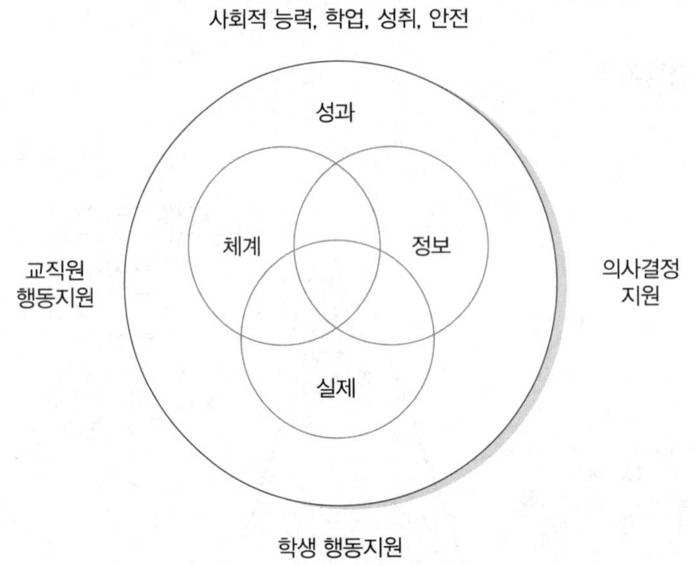

사회적 능력, 학업, 성취, 안전

성과

체계   정보

교직원
행동지원   의사결정
지원

실제

학생 행동지원

[그림 9-2] 학교 차원의 긍정적 행동지원 4요소

요소	내용
성과	• 가장 기초가 되는 특징 • 학교는 우리 사회에서 생활하는 데 필요한 학업기술과 사회적 기술을 배우는 안전한 환경으로 여겨져 왔는데, 학교 차원의 긍정적 행동지원 체계의 근본적인 목적은 이러한 성과를 성취하는 데 필요한 행동지원을 제공하는 것에 있음
실제	• 연구 결과로 입증된 실제를 사용하는 것 • '실제'는 교사가 학생의 행동을 형성하고 행동에 영향을 주기 위해 사용하는 것 • 학급관리와 행동관리를 위한 다양한 노력을 의미함
체계	• 효과적인 실제를 유지하는 데 필요한 체계를 강조함 • 정책, 직원배치 유형, 예산, 팀 조직, 행정가의 지도력, 경영과정, 직원훈련, 학교 내 성인들의 행동에 영향을 주는 행동계획이 포함됨 • 효과적인 실제를 지속적으로 사용하기 위해 반드시 필요한 요소
정보	• 의사결정을 위한 자료를 적극적으로 수집하고 사용하는 것 • 학교 내에서 아동들의 학업성취, 사회적 능력, 안전에 관한 자료를 지속적으로 수집해야 하며, 교직원, 이사회, 팀, 가족, 학생들에게 규칙적으로 보고되어야 함 • 정보는 반드시 학교를 향상시키는 방법을 결정하는 데 사용되어야 함

2. 개별화된 긍정적 행동지원

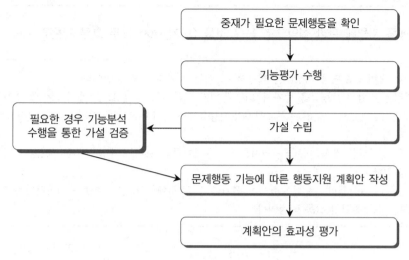

[그림 9-3] 개별화된 긍정적 행동지원

---

01 2019학년도 유아 A 4번 일부

(가)는 밀가루 탐색활동과 그 과정에서 나타난 발달지체 유아 지후와 교사의 행동이다. 물음에 답하시오.

(가) 지후와 교사의 행동

활동과정	㉠ 지후 행동/교사 행동
○ 밀가루를 관찰하고 탐색한다. 　"밀가루를 만지니 느낌이 어떻니?" ○ 도구를 사용해 밀가루를 탐색한다.	• 밀가루를 탐색하며 논다. • 도구를 사용해 밀가루를 탐색한다.
○ 밀가루 반죽을 만드는 방법을 이야기 나눈다. 　"밀가루와 물을 섞으면 어떻게 될까?"	• 밀가루 반죽을 만드는 방법을 이야기하려고 할 때, ㉡ 소리를 지르며 짜증을 낸다./소파에 앉아 있도록 한다.
○ 밀가루와 물을 섞어 반죽을 만든다. 　"밀가루에 물을 섞으니 어떻게 모양이 변하고 있니?"	• 반죽 만들기가 시작되자 자리로 돌아와 즐겁게 참여한다.
○ 밀가루 반죽을 관찰하고 탐색한다.	• 밀가루 반죽을 탐색하며 논다.
○ 밀가루와 밀가루 반죽의 다른 점을 이야기 나눈다. 　"밀가루와 밀가루 반죽의 느낌이 어떻게 다르니?"	• 밀가루와 밀가루 반죽의 다른 점을 이야기하려고 하자, 소리를 지르며 짜증을 낸다./소파에 앉아 있도록 한다.
…하략…	

2) ㉠의 내용에 대하여 지후의 행동을 기능평가한 후, 유아의 삶의 질 향상을 목적으로 제공하는, 행동 문제에 대한 예방과 대처, 대안행동(alternative behavior) 교수를 포함한 장기적·생태학적인 행동 중재 및 지원은 무엇인지 쓰시오. [1점]

●　_____

장애학생의 문제행동 지원에 관한 설명으로 옳은 것을 〈보기〉에서 모두 고른 것은? [2점]

─────〈보기〉─────

ⓐ 면담은 비형식적 방법으로 면담 대상자는 학생을 잘 아는 사람과 학생 본인이다.

ⓑ 긍정적 행동지원은 바람직한 행동을 증가시키고, 문제가 되는 행동을 감소 및 제거하는 데 초점을 맞춘다.

ⓒ 기능평가(functional assessment)는 문제행동의 기능을 검증하기 위해 선행 사건과 후속 결과를 실험·조작하는 활동이다.

ⓓ 긍정적 행동지원의 목표는 가정, 학교, 지역사회에서 문제행동을 보이는 개인은 물론 행동을 지원하는 사람들의 삶의 질을 높이는 데 있다.

ⓔ 기능분석(functional analysis)은 특정 행동을 신뢰할 수 있게 예언하고, 그 행동을 지속시키는 환경 내의 사건을 정의하기 위해 이루어지는 일련의 활동 과정이다.

① ㉠, ㉣   ② ㉠, ㉡, ㉣   ③ ㉠, ㉢, ㉤

④ ㉠, ㉢, ㉣, ㉤   ⑤ ㉡, ㉢, ㉣, ㉤

다음은 학생 A의 문제행동을 개선시키기 위한 긍정적 행동지원 절차이다. 절차에 따라 김 교사가 적용한 단계별 예로 옳은 것만을 〈보기〉에서 있는 대로 고른 것은? [2.5점]

• 단계 1: 어떤 행동을 중재할 것인지 결정하기

• 단계 2: 목표행동 관련 정보 수집하기

• 단계 3: 가설 설정하기

• 단계 4: 긍정적 행동지원 계획 수립·실행하기

• 단계 5: 행동지원 계획 평가·수정하기

─────〈보기〉─────

㉠ 단계 1: 목표행동을 '학생 A는 자신의 옆에 있는 친구를 자주 공격한다.'로 진술한다.

㉡ 단계 2: 학생 A의 목표행동 기능을 파악하기 위하여 A−B−C 분석을 실행하고, 행동에 영향을 미칠 수 있는 학습 및 행동발달 수준을 파악하기 위한 다양한 정보를 수집한다.

㉢ 단계 3: 이전 단계에서 수집한 객관적 정보를 요약하고 행동의 기능적 관계를 파악하기 위해 '학생 A에게 하기 싫어하는 과제를 주면, 공격행동이 증가할 것이다.'로 가설을 설정한다.

㉣ 단계 4: 학생 A에게 배경·선행사건 조정, 대체행동 교수, 후속결과 활용 및 행동감소 전략 등과 같은 중재전략을 구성하여 적용한다.

㉤ 단계 5: 중재계획에 따라 학생 A를 지도한 후, 중재전략의 성과를 점검하여 수정이 필요한지를 평가한다.

① ㉠, ㉡   ② ㉡, ㉣   ③ ㉠, ㉢, ㉤

④ ㉡, ㉣, ㉤   ⑤ ㉢, ㉣, ㉤

제2절 개별화된 긍정적 행동지원

01 문제행동의 식별 및 정의

1. 문제행동 개관

① 일반적이고 비공식적인 행동관리 체계에 반응을 보이지 않는 학생을 위해서는 팀 구성원들이 개별화 행동지원 계획이 필요한지 결정해 주어야 한다.

② 지속적인 문제행동을 보이는 대부분의 학생이 다양한 행동적인 문제를 보이기 때문에, 팀은 어떤 문제행동을 먼저 변화시키고 어떤 행동을 나중에 다루어도 되는지, 상대적으로 변화시킬 필요의 여부나 관심을 덜 기울여도 되는 문제행동은 무엇인지 등을 결정한다.

③ 문제행동의 심각성, 관심의 정도를 근거로 중재의 우선순위를 결정한다.

④ 문제행동 종류

종류	내용
파괴행동	자신이나 다른 사람의 건강 또는 생명을 위협하는 행동 예 깨물기, 때리기, 눈 찌르기, 머리 치기, 할퀴기, 먹는 것 거절하기
방해행동	일어날 교수와 학습을 방해하거나 학교, 집, 지역사회의 일상활동 참여를 방해하는 행동 예 물건을 파손하기, 교실에서 도망가기, 다른 사람 밀기, 말하지 않고 울기, 위축행동
경미한 방해행동 (= 분산행동)	해롭진 않지만 자신의 나이에서 일반적으로 벗어나는 행동이나 주의를 흩뜨리는 분산적인 행동 예 틱, 몸이나 머리 또는 손 흔들기, 손뼉치기

2. 문제행동의 기능

(1) 문제행동 기능의 유형

기능	내용
관심	행동의 목적이 다른 사람의 관심을 끌기 위함 예 교사가 다른 친구를 도와주고 있을 때 친구를 때려서 교사를 자신 쪽으로 오게 하는 것
회피	행동의 목적이 특정 사람이나 활동을 피하기 위함 예 그리기를 싫어하는 학생은 도화지를 찢으면 그리기를 하지 않아도 되므로 찢기 행동이 회피기능을 획득하는 것
원하는 물건이나 활동 요구	행동의 목적이 원하는 것을 얻기 위함 예 친구를 때리고 친구가 가지고 노는 장난감을 뺏음으로써 원하는 대상을 얻는 것, 원하는 것을 잃거나 원하는 활동이 끝나서 그것을 유지하기 위한 행동을 하는 것
자기조절	행동의 목적이 자신의 각성 수준을 조절하기 위함 예 외부 자극에 대처하여 자신을 안정시키기 위해서 소리 지르기를 하는 것, 이는 '상동행동' 또는 '자기자극행동'이라고 함
놀이 또는 오락	자기조절과 유사하게 보이는 행동으로, 심심하거나 무료하여 놀이나 오락으로 행동을 하는 것 예 무료해서 습관적으로 자신의 손톱을 물어뜯는 행동을 하는 것

(2) 문제행동 기능의 분류

분류	내용
사회적 정적강화	표적행동 후에 정적으로 강화되는 결과가 타인에 의해 나타날 때 발생함 예 어떤 사람에게 물을 마시게 해달라고 요청하는 것
사회적 부적강화	혐오적인 상호작용, 과제 또는 표적행동 발생 후의 활동을 중단할 경우 발생함 예 찬 공기가 들어오는 것을 막기 위해 타인에게 창문을 닫아달라고 요청하는 것
자동적 정적강화	표적행동의 강화는 타인에 의한 전달이 아닌 행동 자체의 자동적 결과로 발생함 예 물을 마시러 부엌에 가는 것은 물을 먹음으로써 자동적으로 정적강화됨
자동적 부적강화	표적행동이 자동적으로 감소하거나 그 행동의 결과로서의 혐오자극을 제거함 예 찬 공기가 들어오는 것을 막기 위해 직접 창문을 닫음

02 기능진단

1. 정의

문제행동과 기능적으로 관련 있는 선행사건과 결과에 관한 정보를 수집하는 과정을 말한다.

2. 기능진단의 유형

유형	내용
기록 검토	• 문제행동의 기능을 알기 위해 학생의 과거와 현재 의료적 상태, 이전 학업성적, 현재 수행수준, 징계 기록 등의 정보를 포함한 문제를 검토할 수 있음 • 이러한 과거 기록 등을 검토하면서 지원계획에 직접적인 도움이 되는 정보를 추리고 요약하는 것은 문제행동의 기능을 파악하는 데 도움이 됨
면담	• 주로 대상 학생을 잘 아는 사람에게 실시하는데, 대부분의 경우 가족 구성원이나 교사가 면담 대상이 되며, 때로는 학생과의 면담을 통해서도 정보를 얻을 수 있음 • 학생 본인은 다른 사람보다 훨씬 정확하고 통찰력 있는 정보를 제공할 가능성이 높으며, 특히 다른 사람이 알아채기 어려운 것(예 약물 복용, 불안감)이 문제행동을 유발하는 요인인 경우 학생과의 면담이 더욱 효과적일 수 있음
체크리스트	• 학생을 잘 아는 사람이나 학생과 면담할 때 보조적인 장치로 활용하기도 함 • 직접적인 관찰을 할 때도 활용할 수 있음
ABC 분석	• 기록, 면담, 체크리스트와 같은 방법보다 직접적인 기능평가 방법 • ABC 분석 양식은 문제행동이 일어난 시간, 선행사건과 후속결과에 대한 정보를 포함하고 있어 문제행동의 원인을 파악하는 데 유용함
기능분석	• 기능평가 방법 중 하나로, 직접적·체계적인 가설변인의 조작 속에서 문제행동의 변화를 관찰하여 문제행동과 선행사건의 기능을 밝히는 실험절차 • 기능분석을 위해서는 단일대상 설계 중 반전 설계와 중다요인 설계를 사용할 수 있음 • 문제행동의 원인에 대한 정확한 설명을 제공하지만, 바른 학교환경에서는 기능분석을 수행하거나 학급에서 나타나는 다양한 선행사건의 상호작용과 복잡성을 설명하기 어려울 수 있음 • **기능분석 내용** 　– 문제행동을 분석하기 위한 선행사건과 후속결과의 실험–조작활동 　– 문제행동을 지속시키는 환경변인을 정확하게 파악하는 체계적인 기법 　– 선행변인, 결과변인과 문제행동 간의 기능적 관계를 실험적으로 입증

3. 기능평가와 기능분석

기능평가	기능분석
• 학교환경에서 수행하기 쉬움 • 효과적인 중재를 위한 자료 획득 • 관찰, 현상을 기술하는 것은 정확한 문제행동 기능을 세우는 데 충분하지 못함	• 문제행동의 기능을 명백하게 파악 가능함 • 학교환경에서 수행이 어려울 수 있음 • 학급에서 나타나는 다양한 선행자극의 상호작용이나 복잡성을 설명하기 어려움

03 가설 설정

1. 가설 설정의 방법 및 특징
① 가설은 기능진단 과정에서 알게 된 행동발생 패턴을 정확하게 요약해야 한다.
② 가설은 긍정적인 지원을 통하여 다루게 될 정확한 환경적인 상황을 식별해 준다.

2. 가설 설정 시 포함해야 할 요소
① 아동의 이름
② 선행사건: '선행사건'은 문제행동 전에 일어난 사건으로, 직전 사건뿐만 아니라 문제행동과 관련이 있다면 배경사건도 포함한다.
③ 문제행동: 구체적이고 관찰 가능한 용어로 문제행동을 기술해야 한다.
④ 문제행동의 기능: 추정되는 문제행동의 기능을 밝혀주어야 한다.

예 어머니께 야단을 맞고 등교한 날, 지각하여 선생님의 벌점 지시를 들으면, 보미는 지시 수행을 피하기 위해
　　　 (배경사건)　　　　　　　　　　　　 (선행사건)　　　　 (학생명)　　　 (기능)
자신의 머리를 때리는 행동을 한다.
　　 (문제행동)

04 행동지원 계획 수립

1. 계획 수립 절차

절차	내용
선행/배경사건 중재	• 문제가 되는 선행/배경사건을 수정하거나 제거함 • 긍정적인 선행/배경사건을 도입함
대체기술 교수	• 문제행동과 동일한 목적을 수행하는 대체기술을 교수함 • 대처기술과 인내심을 교수함 • 전반적인 능력을 신장하기 위한 일반적인 기술을 교수함
후속반응의 조절	• 문제행동이 가져다 주는 성과를 감소시킴 • 교육적인 피드백을 제공하거나 논리적인 후속결과를 제시함 • 위기관리계획을 계발함
장기적인 지원	• 삶의 양식을 변화시킴 • 지원을 지속하기 위한 전략을 수행함

(1) 선행/배경사건 중재

① 문제행동 발생을 예방할 수 있도록 환경을 재구성하는 것이다.

② 선행/배경사건 중재에서는 문제행동을 일으키는 요인으로 파악된 특정 사건을 제거 또는 수정하고, 바람직한 행동과 관련된 사건을 도입 또는 증가시키기도 한다.

③ 선행/배경사건 중재의 기능

기능	중재전략	예시
관심 끌기	성인의 관심, 시간, 계획	• 성인과 함께 작업한다. • 성인이 주기적으로 관심을 제공한다.
	또래의 관심, 시간, 계획	• 또래와 짝을 지어준다. • 또래가 교수한다.
	학생에 대한 접근성 증가	• 좌석배치를 바꿔준다. • 주기적으로 교실을 돌아다닌다.
	좋아하는 활동 제공	교사가 자리를 비울 때 더 좋아하는 과제를 하게 한다.
회피	과제의 난이도 조절	쉬운 과제를 제시한다.
	선택의 기회 제공	• 학생에게 선택 기회를 제공한다. 　- 수행할 과제 　- 수행할 과제의 순서 　- 사용할 재료 　- 과제수행 장소 　- 과제수행 시기 　- 함께 수행할 사람
	활동을 통하여 의미 있고 기능적인 성과를 얻게 함	가치 있는 성과가 이루어질 수 있는 활동을 제시한다.
	과제의 길이 조절	• 짧은 활동을 제공한다. • 쉬는시간을 자주 제공한다.
	과제수행 방식 수정	• 자료/매체를 변경한다. • 필기도구 대신 컴퓨터를 사용하도록 한다.
	행동적 모멘텀 및 과제 분산 사용	어려운 과제를 제시하기 전에 쉬운 과제를 제시한다.
	예측 가능성 향상	앞으로 할 일이나 활동의 변화에 대한 교수적·시각적·청각적 단서를 제공한다.
	교수 전달방식 변경	즐거운 톤의 목소리를 사용한다.
원하는 것 얻기	미리 알려줌	활동을 마칠 시간이 다 되어감을 알려준다.
	전이활동 계획	아주 좋아하는 활동과 좋아하지 않는 활동 사이에 보통으로 좋아하는 활동을 계획한다.
감각자극 얻기	대안적 감각 강화 제공	청각적 자극을 강화하기 위하여 라디오를 제공하거나 시각적 강화를 제공하기 위하여 시각적 자극을 제공한다.
	풍부한 환경 제공	흥미롭고 자극이 많은 활동으로 환경을 구성한다.

(2) 대체기술 교수

① **대체기술**: 문제행동과 동등한 기능을 가지면서 문제행동을 대체할 수 있는 새로운 기술을 말한다.

② 대체행동기술 중재를 위해서는 기능평가를 통해 밝혀진 문제행동의 원인과 동일한 기능을 지니되 사회적으로 용인되는 효과적이고 실행이 쉬운 대체기술을 우선적으로 가르치는 것이 필요하다.

③ 항상 문제행동과 동일한 기능의 대체기술을 가르치는 것은 어렵고, 하나의 대체기술만으로 문제상황을 예방하거나 변경하는 것이 어려울 수 있으므로 인내기술, 일반적 적응기술 등도 함께 가르쳐야 한다.

유형	고려할 질문	목적과 제한점

교체기술	문제행동과 동일한 기능으로 작용할 수 있는 기술은 무엇인가?	• **목적**: 문제행동과 동일한 결과를 가져올 수 있는 효과적인 방법을 학생에게 제공하는 것
		• **제한점**
		  – 문제행동의 기능을 언제나 존중해 줄 수 있는 것은 아님
		  – 하나의 대체기술만으로는 문제상황(예 과제가 너무 어려운 경우)을 예방하거나 변형시키기가 매우 어려움

대처 및 인내기술	어떤 기술을 가르치는 것이 어렵고 즐겁지 않은 상황에 적응 또는 대처할 수 있도록 학생을 도울 수 있을 것인가?	• **목적**: 변화가 어렵거나 불가능한 상황에서 사회적으로 수용 가능한 대처방법을 교수하는 것
		• **제한점**
		  – 대개 이것 하나만으로는 효과적이지 않으며, 원하는 성과를 얻을 수 있는 대처방법을 습득하거나 문제상황을 변화시킬 수 있을 때(예 어려운 일을 할 수 있는 기술을 지닌 경우) 더욱 잘 적용될 수 있음
		  – **주의사항**: 대체기술이나 일반적인 적응기술을 가르치지 않거나, 선행/배경사건을 변화시키지 않고 학생이 불편한 상황을 견디게 하는 것은 비윤리적임

일반적인 적응기술	• 문제행동의 발생 가능성을 예방할 수 있는 관련 기술은 무엇인가?
	• 학생에게 의미 있는 생활을 향상시킬 수 있는 기술은 무엇인가?
		• **목적**: 문제상황을 예방하고 학생이 자신의 선호도와 흥미를 추구할 수 있도록 사회적·의사소통적·학업적 능력을 향상시키는 것
		• **제한점**
		  – 대체기술을 가르치는 것보다 많은 노력을 필요로 함
		  – 즉각적인 필요에 의해 대체기술의 학습이 먼저 필요할 수도 있음

(3) 후속반응의 조절

① **후속반응**: 문제행동이 발생했을 때 문제행동이 강화되지 않고 새로운 기술이 학습되도록 하기 위해 교사가 취해야 할 행동을 의미한다.

② 문제행동이 비효과적이 되도록 만드는 전략이자, 문제행동을 통해서는 더 이상 원하는 것을 가질 수 없음을 알려주는 방법이다.

③ 문제행동을 통해서는 자신이 원하는 활동, 사람, 사물에 접근하지 못하게 하고, 원하는 것을 얻으려면 대체기술을 사용하도록 촉진하는 방법이 사용된다.

④ **강화에 기초한 중재**

중재	내용
차별강화	학생이 적절한 장소와 시간에 적절한 행동을 보일 때 강화를 제공하고, 그렇지 않을 때 제공하지 않음으로써, 바람직한 행동은 증가시키고 문제행동은 감소시키는 것을 목표로 함
토큰경제	학생이 바람직한 행동을 하면 토큰을 주고 나중에 학생이 원하는 강화제와 교환할 수 있게 하는 것
행동계약	중재하고자 하는 목표행동과 성취했을 때의 보상에 대해 학생과 교사가 동의한 내용을 계약서로 작성하는 것

⑤ **소거**: 바람직하지 못한 행동을 감소시키기 위해 사용하는 행동수정 절차로, 문제행동을 촉발하고 유지하는 것으로 여겨지는 강화(물)를 제거함으로써 문제행동을 감소시키는 것이다.

⑥ 혐오적 중재

중재	내용
반응대가	학생이 문제행동을 보였을 때 학생이 이미 지니고 있는 강화를 잃게 함으로써 행동의 발생률을 감소시키는 벌금절차 예 **집단에의 적용**: 학급 학생 모두가 준비물을 안 챙겨온 경우 학급 전체가 한 달 동안 휴식시간을 반납하는 것
타임아웃	문제행동이 발생했을 때 학생이 정적강화를 받지 못하도록 일정 시간 동안 분리시키는 것
과다교정	• **원상회복 과다교정**: 학생으로 하여금 자신의 문제행동이 환경에 미친 영향을 원상태 이상으로 회복시키도록 함 • **정적연습 과다교정**: 문제행동이 발생한 후 학생으로 하여금 문제행동과 관련된 바람직한 행동을 반복적으로 연습시킴
벌	• 바람직하지 않은 문제행동이 발생한 직후에 주어짐으로써 그 행동의 발생률을 감소시키는 후속자극 • 벌을 사용하려면 먼저 선행사건을 중심으로 한 중재가 시도되었는지, 문제행동을 유지하는 요인과 기능이 분석되었는지, 적절한 행동을 가르치기 위한 체계적이고 계획적인 시도가 있었는지 등을 고려해야 함

⑦ 위기관리

ㄱ 학생의 행동이 자신과 다른 사람에게 심각한 해를 입히거나 귀한 재산에 손해를 입힐 수 있는 위험한 상황을 초래하는 경우 위기관리계획을 세워야 한다.

ㄴ 이때 위기관리의 주요 목적은 사람들과 중요한 재산을 보호하는 것이라는 점을 염두에 두어야 한다. 따라서 위기관리는 행동지원계획의 중요한 요소이다.

ㄷ 반응적 중재와 달리 위기관리계획은 문제행동의 미래 발생률의 감소를 예상하지 않는다. 이에 따라 위기관리 반응들은 바람직하지 않은 행동이 강화되는지에 관심을 기울이기보다 학생과 다른 사람의 보호 가능성에 더욱 관심을 둔다.

(4) 장기적인 지원

① 장기적인 측면에서 문제행동이 예방되고 기타 중재요소가 시간이 흘러도 지원·유지되는 방법은 학생의 삶의 양식을 변화시키는 것이다.

② '장기적인 지원' 요소는 삶의 양식을 변화시키는 것 외에도 지원과 긍정적인 성과가 시간이 지나도 유지되도록 하는 전략들을 포함한다.

③ 지원이 새로운 환경이나 상황에 어떻게 적용될 수 있는지, 지원이 새로운 교사나 다른 지원자에게 어떻게 학습되고 서로 의사소통할 수 있는지, 학생이 새로운 환경에 적용하기 위해 학습해야 하는 대체기술은 무엇인지 등을 고려함으로써 장기적으로 계획을 세워야 한다.

④ 지원을 지속하기 위한 전략도 중요하므로, 팀은 긍정적 행동지원 중재를 개발·실행하기 위한 그들의 노력을 지속하는 데 필요한 것이 무엇인지 고려해야 한다.

(가)는 자폐성장애 유아 경수에 대한 김 교사의 행동 관찰 내용이고, (나)는 경수에 대한 행동지원 절차 중 일부이다. 물음에 답하시오. [5점]

(가) 행동 관찰 내용

장면 1	비가 와서 바깥놀이 시간에 놀이터에 못 나가게 되자, 경수는 "바깥놀이 시간, 바깥놀이 시간이에요." 하며 계속 울었다.
장면 2	찰흙놀이 시간에 평소 물컹거리는 물건을 싫어하는 경수가 찰흙을 만지지 않으려 하자, 김 교사는 경수에게 찰흙 한 덩어리를 손에 쥐어 주고, 찰흙놀이를 하도록 하였다. 그러자 경수는 찰흙을 친구에게 던지고 소리를 질렀다.
장면 3	이야기나누기 시간에 경수는 부드러운 천으로 만들어진 자신의 옷만 계속 만지고 있었다.

(나) 행동지원 절차

1단계: 문제행동을 정의하고 ㉠ 우선순위화한다.
2단계: 기능 진단을 실행한다.
3단계: 가설을 개발한다.
4단계: 포괄적인 행동지원 계획을 개발한다.
5단계: 행동지원 계획을 실행하고, 평가하고, 수정한다.

1) 경수의 행동지원팀이 ㉠을 할 때, ① (가)에 나타난 경수의 행동 중 우선적으로 지도해야 할 순서를 장면의 번호에 따라 차례로 쓰고, ② 그와 같이 선정한 이유 1가지를 쓰시오. [2점]

- ① 장면번호: _____

- ② 이유: _____

2) 행동지원팀이 경수를 위한 포괄적인 행동지원 계획을 수립할 때, 고려해야 하는 경수의 행동 특성 2가지를 (가)에서 찾아 쓰시오. [2점]

- _____

- _____

3) (나)에서 경수에게 가르칠 대체행동을 선정할 때, 대체행동의 효율성 측면에서 김 교사가 고려할 사항 1가지를 쓰시오. [1점]

- _____

다음은 통합학급 유아교사인 김 교사와 유아 특수교사인 박 교사의 대화이다. 물음에 답하시오.

김 교사: 선생님, 현수가 근래에 들어서 자꾸 친구를 때리는데, 걱정이 많아요. 장점이 참 많은 아이인데…. 그런 행동만 하지 않으면 좋을 텐데요. 게다가 곧 초등학교에 입학해야 하는 상황이라….

박 교사: 현수 부모님과 상담은 해 보셨나요?

김 교사: 네. 어머니 말씀을 들어 보니, 현수가 아기일 때 가족과 떨어져 친척 집에 머물면서 ㉠ 심리적으로 무척 위축되고 불안한 시기를 보낸 것 같아요. 그러한 부정적인 경험들이 내재되어 있다가 지금 친구를 때리는 공격 행동으로 나타나는 것은 아닌가 생각되더군요.

박 교사: 그럴 수도 있지만, 현수의 행동을 어느 한 가지 이유가 아니라 ㉡ 가족 관계, 또래 관계, 유치원 생활, 지역사회 환경 등 현수와 직·간접적으로 연결되어 있는 다양한 환경맥락과 상황 속에서 이해하는 것이 필요할 수도 있어요.

김 교사: 그렇군요. 그런데 당장 입학을 앞두고 있고, 친구를 때리는 행동이 본인뿐 아니라 다른 유아들에게도 영향을 미칠 수 있으니, 빨리 그 원인을 알고 싶어요. 방법이 없을까요?

박 교사: 그러면 현수가 보이는 행동의 원인과 의도를 파악하기 위한 (㉢)을/를 해 보면 좋겠어요. 이를 위해서 현수의 행동을 관찰해 볼 수 있는 ABC 평가, 면접, 질문지 등 다양하고 체계적인 방법을 사용할 수 있어요.

김 교사: 아, 그런 방법이 있군요. 현수의 행동 문제가 개선되어 내년에 초등학교에 가서도 잘 적응했으면 좋겠네요.

박 교사: 사실 지난해에 초등학교에 들어간 문주가 비슷한 상황이었어요. 그때 담임 선생님과 함께 행동중재를 해서, 초등학교에 입학할 즈음에는 행동이 좋아졌어요.

김 교사: ㉣ 초등학교 취학 과정에서 아이들은 많은 변화를 경험하기 때문에 새로운 환경에서 잘 적응할 수 있도록 유치원에서부터 지원을 하는 것이 필요해요. 현수처럼 행동문제를 보이는 아이들에게는 더욱 중요하지요.

박 교사: 그래요. 그리고 문주의 경우에는 그 마지막 단계로 ㉤ 초등학교에 입학한 이후에 잘 적응하고 있는지 몇 회에 걸쳐 방문하여 점검했고, 담임 선생님과 상담도 했어요.

2) ㉢에 들어갈 용어를 쓰시오. [1점]

• _____

다음은 ○○특수학교의 담임교사와 교육 실습생이 나눈 대화내용이다. 물음에 답하시오.

> 실 습 생: 선생님, 그동안 은수의 의사소통 지도를 어떻게 해 오셨는지 궁금해요.
> 담임교사: 은수처럼 비상징적 언어 단계에 있는 아이들의 경우에는 먼저 부모와 ㉠ <u>면담</u>을 하거나 ㉡ <u>의사소통 샘플을</u>
> <u>수집</u>하여 아이가 어떻게 의사소통을 하는지 분석하는 것이 중요하답니다.
> 실 습 생: 그렇군요.
> 담임교사: 저는 은수의 의사소통 샘플을 수집하던 중, 은수의 이름을 부르면 은수가 어쩌다 눈맞춤이 된다는 것을 알게
> 되었어요. 그래서 눈맞춤 빈도를 증가시키기 위한 중재를 실시했지요. 비록 기능적인 관계를 입증할 수는 없지만
> ㉢ <u>이 그래프에 나타난 결과를 보면 중재가 효과적이었다는 것을 알 수 있어요.</u>
>
>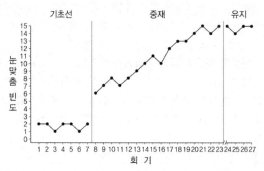
>
> 실 습 생: 정말 효과가 있었네요.
> 담임교사: 네, 이제는 ㉣ <u>은수가 학급 친구들과도 눈맞춤을 한답니다.</u>

1) ㉠과 관련하여, 비구조화된 면담과 반구조화된 면담의 차이점을 1가지 쓰시오. [1점]

- _____

다음은 민수의 교실이탈 행동에 대해 저학년 특수학급 김 교사와 고학년 특수학급 정 교사가 나눈 대화이다. 물음
에 답하시오.

> 김 교사: 민수의 ㉠ <u>교실이탈 행동이 가장 많이 일어나는 시간대를 한눈에 파악할 수 있도록</u> 관찰 기록지를 작성해 봤어요.
> 그랬더니 하루 중 민수의 교실이탈 행동은 과학시간대에 가장 많이 발생하더군요. 그래서 과학시간에 일화기록과
> ABC 관찰을 통해 교실 이탈 행동에 대한 보다 자세한 정보를 수집했어요. 기능평가 결과, 민수의 교실이탈 행동은
> 어려운 과제가 주어지면 회피하기 위해 나타난 것이었어요. 그래서 민수에게 ㉡ <u>과제가 어려우면 "쉬고 싶어요."라</u>
> <u>는 말을 하도록</u> 지도하고, ㉢ <u>교실이탈 행동이 일정 시간(분) 동안 발생하지 않으면 강화제를 제공</u>해 볼까 합니다.
> 정 교사: 네, 그 방법과 함께 과학시간에는 ㉣ <u>민수의 수준에 맞게 과제의 난이도와 분량을 조절해 주거나 민수가 선호하는</u>
> <u>활동과 연계된 과제를 제시</u>하면 좋겠네요.
> 김 교사: 그래서 민수의 중재계획에도 그런 내용을 포함했어요.

1) ㉠을 하기 위해 사용한 관찰(기록) 방법을 쓰시오. [1점]

- _____

(가)는 주의력결핍과잉행동장애 학생 H와 관련하여 특수교사와 통합학급 교사가 나눈 대화이고, (나)는 특수교사가 학생 H의 문제행동을 관찰한 결과이다. 〈작성 방법〉에 따라 서술하시오. [4점]

(가) 대화

통합학급 교사: 「정신장애의 진단 및 통계 편람 제5판(DSM-5)」에서 주의력결핍과잉행동장애의 진단준거가 바뀌었다면서요? 특 수 교 사: 예, 주의력결핍과잉행동장애의 진단준거가 「정신장애의 진단 및 통계 편람 제4판 개정판(DSM-Ⅳ-TR)」에 비해 DSM-5에서는 ㉠ 몇 가지 변화가 있습니다. …중략… 통합학급 교사: 학생 H가 통합학급에서 수업 중에 자리이탈 행동을 종종 보입니다. 이에 대한 적절한 지원방법이 없을까요? 특 수 교 사: 예, 학생 H의 문제행동에 대한 긍정적 행동지원을 할 수 있습니다. 이를 위해 먼저 학생 H의 문제행동을 관찰하는 것이 필요합니다. 이때 (나)와 같은 관찰기록 방법을 사용할 수 있습니다. 통합학급 교사: 그렇다면 (나)의 관찰기록 결과만 살펴보면 될까요? 특 수 교 사: 아니요. ㉡ (나)의 관찰기록 결과를 분석한 다음에 다른 방식의 직접관찰을 할 필요가 있습니다.

(나) 학생 H의 문제행동 관찰기록 결과지

○이름: 학생 H ○문제행동: 수업 중 자리이탈 행동

미발생: ☐ 1회: ◪ 2회: ☒ 3회 이상: ▨

시간	일자 내용	11/ 13 월	11/ 14 화	11/ 15 수	11/ 16 목	11/ 17 금	11/ 20 월	11/ 21 화	11/ 22 수	11/ 23 목	11/ 24 금
09:00-09:50	1교시										
10:00-10:50	2교시										
11:00-11:50	3교시	▨		◪	◪		▨		◪		
12:00-12:50	4교시	▨	▨	▨				☒			
13:40-14:30	5교시	▨	◪		☒		☒	◪			
14:40-15:30	6교시										
15:40-16:30	7교시										

─〈작성 방법〉─
- (나)에 제시된 관찰기록 방법의 명칭을 적고, 그 목적을 1가지 쓸 것
- 밑줄 친 ㉡을 실시하는 이유를 1가지 서술할 것

(나)는 최 교사가 지적장애 학생 은지의 행동을 관찰한 결과이다. 물음에 답하시오.

(나) 행동기록 및 관찰 결과

학생	○은지		관찰장소	통합학급
관찰자	최 교사		관찰기간	3월 첫째 주

㉣ 주간행동 관찰기록							

□ 1회 ⊠ 2회 ▨ 3회 이상

요일 시간		월	화	수	목	금
8:30~9:00	수업준비					⊠
9:00~9:40	1교시	⊠		⊠		
9:50~10:30	2교시					
10:40~11:20	3교시					⊠
11:30~12:10	4교시	⊠	▨			
12:10~13:00	점심시간					
13:00~13:40	5교시		⊠		▨	

• 행동관찰 결과: 실과시간에 문제행동이 자주 발생함

㉤ 행동관찰 결과 (실과시간)	• 다른 학생들이 앉아 있는 동안에도 자주 교실 안을 돌아다님 • 교사가 주의를 주지 않으면 계속 돌아다니는 행동을 보임 • 교사가 은지의 이름을 부르면서 지적을 해야 자리에 앉음 • 교사가 다른 학생을 지도하는 동안에 돌아다니는 행동이 잦음

4) 은지의 행동을 관찰·분석하기 위하여 (나)의 ㉣과 같은 방법을 사용하는 목적을 1가지 쓰시오. [1점]

• _____

5) (나)의 ㉤의 내용에 근거하여 다음의 행동 가설을 수립하였다. ⓐ와 ⓑ에 들어갈 내용을 각각 쓰시오. [2점]

학생	은지는
선행/배경사건	(ⓐ)
추정되는 행동의 기능	(ⓑ)
문제행동	교실 안을 돌아다닌다.

• ⓐ: _____

• ⓑ: _____

(가)는 유아 특수교사 박 교사와 최 교사, 통합학급 김 교사가 5세 발달지체 유아 지호에 대해 나눈 대화이고, (나)는 지호의 울음 행동 원인을 알기 위해 실시한 실험적 기능평가 결과이다. 물음에 답하시오.

(가)

[9월 7일]

김 교사: 신입 원아 지호가 일과 중에 갑자기 울음을 터뜨리는 일이 많은데 기질상의 문제일까요?

박 교사: 글쎄요. 지호가 울기 전과 후에 어떤 일이 있었는지 자세히 살펴봐야 할 것 같아요.

최 교사: 지호를 둘러싼 사회적 맥락과의 상호작용도 중요한 것 같아요. 지호가 다녔던 기관은 소규모이고 굉장히 허용적인 곳이었다니, 지호에게 요구하는 것이 크게 달라진 것이죠. 지호뿐만 아니라 ⊙ 지호 어머니도 새 선생님들과 관계를 맺고 소통하는 것이 큰 부담이시래요. 이런 점도 영향이 있겠지요? [A]

박 교사: 네, 다양한 관점을 통합하여 봐야 할 것 같습니다. 다음 회의 때까지 울음 행동 자료를 직접 관찰 방법으로 수집해 볼게요.

[9월 14일]

김 교사: 박 선생님, 지호의 울음 행동이 주로 어떤 시간에 발생하던가요?

박 교사: 어느 시간에 많이 발생하는지, 또 혹시 발생하지 않는 시간은 있는지 시간대별로 알아본 결과 큰 책 읽기 시간에 울음 행동이 가장 많이 발생하고, 실외 활동 시간에 가장 적었어요. [B]

최 교사: 큰 책 읽기 시간에는 아마도 유아들이 붙어 앉다 보니 신체적 접촉이 생겨서 그러는 것 같아요.

김 교사: 지호가 좋아하는 박 선생님이 앞에서 책 읽어주시느라 지호와 멀어지게 되는 것도 이유인 것 같아요.

박 교사: 그럼, 두 가지 이유 중 어떤 것이 맞는지 가설로 설정하여 검증해 봐야겠어요.

(나)

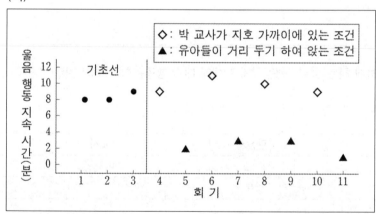

2) ① [B]에서 박 교사가 사용한 직접 관찰 방법은 무엇인지 쓰고, ② 지호의 울음 행동 기능은 무엇인지 (나)에 근거하여 쓰시오. [2점]

• ①: _____

• ②: _____

다음은 5세 주의력결핍과잉행동장애 유아 상희에 대해 통합학급 김 교사와 특수학급 박 교사가 나눈 대화의 일부이다. 물음에 답하시오.

> 김 교사: 선생님, 다음 달에 공개수업을 하려고 하는데 좀 걱정이 됩니다. 상희가 교실에서 자기 자리에 앉지 않고 계속 돌아다니고, 또 ㉠ 선택적 주의력도 많이 부족합니다.
> 박 교사: 제 생각에는 먼저 상희에게 수업시간에 지켜야 할 약속이나 규칙을 이해할 수 있도록 지도하는 것이 필요합니다.
> 김 교사: 그게 좋겠습니다. 그런데 상희를 자기 자리에 앉게 만드는 좋은 방법은 없을까요?
> 박 교사: 네, 그때는 이런 방법이 있는데요. 일단 ㉡ '자기 자리에 앉기'라는 목표행동을 정하고, '책상 근처로 가기, 책상에 가기, 의자를 꺼내기, 의자에 앉기, 의자에 앉아서 의자를 당기기'로 행동을 세분화합니다. 이때 단계별 목표행동을 성취했을 때마다 강화를 주는데, ㉢ 칭찬, 격려, 인정을 강화제로 사용하는 것도 좋겠습니다.
> 김 교사: 아, 그리고 상희가 활동 중에 자료를 던지는 공격적인 행동을 하는데 이에 대해서는 어떻게 할까요?
> 박 교사: 우선 상희의 행동을 ㉣ ABC 서술식 사건표집법이나 ㉤ 빈도 사건표집법으로 관찰해 보는 것이 좋겠습니다.

3) ㉣과 ㉤의 장점을 각각 1가지 쓰시오. [2점]

- ㉣: _____

- ㉤: _____

(가)는 수업시간에 확인하는 질문을 과도하게 하는 정서·행동장애 학생에 대한 행동관찰 기록의 일부이다. (가)의 직접관찰법 명칭을 쓰시오. [2점]

(가) 행동관찰 기록

관찰대상	학생 B		관찰자	교사
날짜	5월 20일		장소	미술실
시간	선행사건		행동	결과
09:05	교사가 학생들에게 "수업자료를 꺼내."라고 말한다.		B가 "꺼낼까요?"라고 질문한다.	교사가 "그래요."라고 말한다.
09:12	교사가 준비된 재료들을 하나씩 말해 보라고 한다.		B가 "하나씩요?"라고 질문한다.	교사는 "네."라고 대답한다.
09:16	교사가 책상 위에 준비물을 올려 놓으라고 말한다.		B가 "책상 위로 올려요?"라고 질문한다.	교사는 "그래요."라고 답한다.
…하략…				

- (가): _____

(가)는 정서·행동장애로 진단받은 영우에 대해 통합학급 김 교사와 특수학급 최 교사가 나눈 대화의 일부이고, (나)는 영우의 행동에 대한 ABC 관찰기록의 일부이다. 물음에 답하시오.

(가) 대화

김 교사: 영우는 품행장애로 발전할 수 있는 적대적 반항장애가 있다고 하셨는데, 이 둘은 어떻게 다른가요?

최 교사: DSM-IV-TR이나 DSM-5의 진단 기준으로 볼 때, 적대적 반항장애는 품행장애의 주된 특성인 (㉠)와/과 (㉡)이/가 없거나 두드러지지 않는다는 점이 달라요. 그래서 적대적 반항장애를 품행장애의 아형으로 보기도 하고 발달 전조로 보기도 해요.

…중략…

최 교사: 제가 지난번에 말씀드린 대로 ㉢ 학급 규칙을 정해서 적용해 보셨나요?

김 교사: 네, 그렇게 했는데도 ㉣ 지시를 거부하는 영우의 행동은 여전히 자주 발생하고 있어요.

…하략…

(나) ABC 관찰기록

학생	○영우	날짜	2015. 9. 18.
관찰자	○○○	장소	○○초등학교 6학년 5반 교실
상황		통합학급의 수학시간	

시간	선행사건	행동	후속결과
[A] 10:20	교사는 학생들에게 학습지를 풀도록 지시함	영우는 교사를 향해 큰 소리로 "이런 걸 왜 해야 돼요?"라고 함	교사는 "오늘 배운 것을 잘 이해했는지 보려는 거야."라고 함
	✔	영우는 책상에 엎드리며 "안 할래요!"라고 함	교사는 "그러면 좀 쉬었다 하거라."라고 함
10:30	교사는 옆 친구와 짝을 지어 학습 활동을 하도록 지시함	영우는 "하기 싫어요!"라고 하면서, 활동 자료를 바닥에 던져 버림	교사는 "영우야! 자료 올려놓고, 교실 뒤로 가서 서 있어."라고 단호히 말함
	✔	영우는 그대로 즉시 일어나서 뒤로 감	
10:35	㉮ 영우가 의자 위로 올라 앉아 교실을 둘러봄	㉯ 진성이는 "야, 너 때문에 안 보여."라고 함	㉰ 교사는 "영우야, 바르게 앉아."라고 함

※ ✔는 바로 앞의 후속결과가 그 다음 행동의 선행사건도 됨을 의미함
※ [A]는 반복되는 영우의 문제행동 발생 상황임

3) (가)의 ㉣과 같은 상황이 나타나고 있는 이유를 (나)의 [A]에 근거하여 쓰시오. [1점]

• _____

4) (나)의 ㉮~㉰ 중에서 **잘못된 위치에 기록된** 내용의 기호 2가지를 찾아 쓰고, 각 기호의 내용이 ABC 관찰요소(선행사건, 행동, 후속결과) 중 어디에 해당하는지 〈예시〉와 같이 쓰시오. [1점]

┌─────────────〈예시〉─────────────┐
│ ㉱ → 행동 │
└───────────────────────────────┘

• ①: _____

• ②: _____

다음은 준수를 위해 작성한 문제행동 중재내용의 일부이다. 물음에 답하시오.

- 표적행동: 수업시간에 소리를 지르는 행동
- 기능적 행동평가 및 가설 설정
  - ABC 관찰을 통해 가설을 설정함
- 가설 검증
  - ㉠ 명확한 가설 검증과 구체적인 표적행동 기능 파악을 위해 표적행동에 대한 선행사건과 후속결과를 실험적이고 체계적으로 조작하는 기능적 행동평가 절차를 실시함
  - 이 절차에 대한 '결과 그래프 및 내용'은 다음과 같음

  〈결과 그래프 및 내용〉

  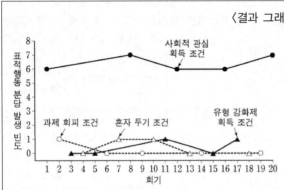

  - 각 회기를 15분으로 구성하고, 불필요한 자극이 제거된 교실에서 하루 4회기씩 평가를 실시함
  - 4가지 실험 조건을 각 5회기씩 무작위 순서로 적용함
  - 각 실험 조건에서 발생하는 표적행동의 분당 발생빈도를 기록하고 그래프로 시각화하여 분석함

  …중략…

- 중재계획
  - 표적행동 감소 전략: 표적행동 발생을 예방하기 위해 ㉡ 비유관 강화(Noncontingent Reinforcement: NCR)를 사용함
  - 대체행동 지도 전략: '반응 효율성 점검표'를 이용하여 표적행동을 대신할 수 있는 교체기술을 선택하여 지도함

교체기술 선택 기준	반응 효율성 점검 내용	점검 결과
노력	(㉢)	예⃝아니오
결과의 일관성	표적행동을 할 때보다 더 일관되게 사회적 관심을 얻을 수 있는 교체기술인가?	예⃝아니오
결과의 질	표적행동을 할 때 얻을 수 있는 사회적 관심보다 준수가 더 좋아하는 사회적 관심을 얻을 수 있는 교체기술인가?	예⃝아니오

〈반응 효율성 점검표〉

  …하략…

1) ① ㉠에 해당하는 방법의 명칭을 쓰고, ② 〈결과 그래프 및 내용〉에 해당하는 단일대상 연구방법의 설계 명칭을 쓰시오.

[2점]

- ①: _____   - ②: _____

다음은 ABC 기술분석 방법을 사용하여 정신지체 학생의 행동과 그와 관련된 환경 사건에 대한 자료를 수집한 것이다. 이 자료에 근거한 수업방해 행동 중재방법으로 적절하지 <u>않은</u> 것은? [2.5점]

〈ABC 관찰기록지〉					
학생	영희	상황	국어 수업시간	관찰시간	10:00~10:10
선행사건(A)		행동(B)		후속결과(C)	
교사: "지난 시간에 무엇에 대해 배웠지요?"		"저요. 저요." (큰 소리를 지르며 손을 든다.)		교사: "영희가 한번 말해볼래?"	
		(답을 하지 못하고 머뭇거린다.)		교사: (영희의 머리를 쓰다듬으며) "영희야, 다음에는 잘 해보자."	
		"네, 선생님."(미소를 짓는다.)			
교사: "지난 시간에 무엇을 배웠는지 철수가 한번 대답해 볼까?"		"저요. 저요." (큰 소리를 지르며 손을 든다.)		교사: (주의를 주듯이) "영희야! 지금은 철수 차례야."	
		"선생님, 저요. 저요."		교사: (영희 자리로 다가가 주의를 주듯이) "지금은 철수 차례라고 했지?"	
		"네, 선생님."(미소를 짓는다.)			
(철수가 지난 시간에 배운 것을 말하기 시작한다.)		"저요. 저요." (큰 소리를 지르며 손을 든다.)		교사: (야단치듯) "영희야! 조용히 하고 친구 말을 들어보자."	
		(교사를 보며 미소를 짓는다.)			
교사: "그래요, 맞았어요. 자, 그럼 오늘은…"		(교사의 말이 끝나기 전에) "저요. 저요. 저도 알아요."		교사: (영희 앞으로 다가가서) "영희야, 지금은 선생님 차례야."	
		"네, 선생님."(미소를 짓는다.)			

① 수업방해 행동이 발생한 직후, 교사가 그 행동에 대하여 긍정적이거나 부정적인 관심을 주지 않는다.

② 수업시간에 바람직한 행동을 할 때는 교사가 관심을 주고 수업방해 행동을 할 때는 관심을 주지 않는다.

③ 수업방해 행동과는 상관없이 미리 설정된 시간 간격에 따라 교사가 관심을 주되 그 행동이 우연적으로 강화되지 않도록 주의한다.

④ 완전히 제거된 줄 알았던 수업방해 행동이 얼마의 시간이 지난 뒤 다시 발생하더라도 교사는 그 행동에 대하여 관심을 주지 않는다.

⑤ 수업방해 행동을 빠른 시간 내에 감소시키기 위하여 정해진 시간 동안 수업방해 행동이 미리 설정한 기준보다 적게 발생하면 교사가 학생이 좋아하는 활동을 함께 한다.

다음은 특수학급 3학년 정서·행동장애 학생 민지의 어머니가 민지의 문제행동에 대한 분석을 하기 위해 관찰한 내용이다. 특수학급 박 교사가 가정에서 적용하도록 민지 어머니에게 제안할 수 있는 중재로 바르게 짝지어진 것은?

[1.4점]

〈ABC 행동 관찰 기록지〉			
학생	김민지	민지가 선호하는 것	스티커, 귤, 장난감 로봇, 텔레비전 시청하기, 그림 그리기
날짜	A(선행사건)	B(행동)	C(후속결과)
9.15	어머니가 "숙제하자."라고 말함	자기 방으로 뛰어 들어가 버림	어머니가 민지에게 손을 들고 서 있게 함
9.16	어머니가 숙제를 가지고 민지에게 다가감	할머니 방으로 뛰어가 할머니와 얘기함	어머니가 민지에게 손을 들고 서 있게 함

	선행사건 중재	후속자극 중재	
		전략	적용
①	민지가 숙제를 하지 않을 때 무시한다.	행동형성	숙제의 난이도를 민지에 맞게 순차적으로 조정한다.
②	민지와 숙제 일정을 미리 약속한다.	행동계약	숙제를 하지 않으면 5분 동안 벽을 보고 서 있게 하겠다고 말해준다.
③	가정에서 숙제할 장소를 민지가 선택하게 한다.	토큰경제	숙제를 하면 스티커를 1개 주고, 스티커를 3개 모으면 장난감 로봇을 준다.
④	민지가 밤에 잠을 충분히 자도록 한다.	행동연쇄	매일 5분씩 시간을 늘리면서 그 시간 동안 숙제를 하면 스티커를 준다.
⑤	어머니와 함께 오늘 숙제가 적힌 알림장을 확인한다.	타임아웃	민지가 숙제를 하지 않으면 텔레비전을 볼 수 없도록 한다.

(가)는 정우의 문제행동에 대한 기능평가 결과이고 (나)는 정우의 문제행동 지도를 위해 특수학급 최 교사와 통합학급 강 교사가 나눈 대화이다. 물음에 답하시오. [5점]

(가) 기능평가 결과

성명	황정우	생년월일	2005.06.03.	장애유형	정신지체

- 정우는 자신이 좋아하는 물건을 친구가 가지고 있으면, 그 친구를 강하게 밀치고 빼앗는 행동을 자주 보임
- 정우가 친구의 물건을 빼앗을 때마다, 교사는 물건을 빼앗긴 친구를 다독거려 달래 줌
- 정우는 교사의 별다른 제지 없이 빼앗은 물건을 가짐
- 정우가 가진 문제행동의 기능은 (㉠)(이)라고 할 수 있음

(나) 대화

최 교사: 강 선생님, 지난번 부탁으로 제가 정우의 문제행동을 평가해 보니 기능이 (㉠)인 것 같아요.

강 교사: 그렇군요. 그럼 제가 어떻게 해야 할까요?

최 교사: 여러 가지 방법이 있겠지만, 이렇게 문제행동의 원인이 파악된 상태에서는 ① 친구를 밀치고 빼앗는 문제행동보다 바람직한 행동으로 자신의 의사를 표현할 수 있도록 도와주는 것이 좋아요.

강 교사: 아, 그래요. 그런데 제가 정우에게 어떤 행동을 가르쳐야 할까요?

최 교사: 문제행동에 대한 대체행동을 선정할 때에는 정우가 이미 할 수 있는 행동 중에서 선택하는 것이 좋아요. 그리고 ㉡ 이 외에도 고려할 점이 몇 가지 더 있어요.

                    …중략…

강 교사: 그런데, 대체행동을 가르쳐 주기만 하면 정우가 할 수 있을까요?

최 교사: 아니죠. 우선 ② 정우가 새로 배운 대체행동으로 친구에게 물건을 달라고 할 때에는 요청한 물건을 가지게 해주고 칭찬도 해 주세요. 그리고 ③ 정우가 밀치는 행동으로 친구의 물건을 빼앗으려 할 때에는 정우의 행동을 못 본 체하세요. 또한 ④ 정우가 좋아해서 빼앗을 만한 물건을 학급에 미리 여러 개 준비해 두시면 문제행동을 예방하는 데 도움이 될 거예요.

                    …중략…

강 교사: 최 선생님, 요즘 정우가 보이는 문제행동 때문에 모둠 활동에서 친구들로부터 배제되는 경우가 자주 있어요.

최 교사: 네, 그런 경우에는 (㉢)(이)라는 강화 기법을 적용해 보세요. 이 기법은 정우가 속한 모둠이 다 같이 노력해서 목표에 도달하면 함께 강화를 받을 수 있고, 정우가 목표에 도달하면 정우가 속한 모둠의 모든 학생들이 강화를 받을 수도 있어요.

1) (가)와 (나)의 ㉠에 해당하는 정우의 문제행동 기능을 쓰시오. [1점]

- _____

2) (나)의 ㉡을 대체행동의 효율성 측면에서 1가지 쓰시오. [1점]

- _____

3) (나)의 ①~④ 중에서 정우의 문제행동에 대한 지도 방법으로 적절하지 않은 제안 1가지를 찾아 번호를 쓰고, 그 이유를 쓰시오. [1점]

- _____

4) (나)의 ㉢에 알맞은 강화 기법을 쓰고, 기법을 적용할 때 나타날 수 있는 문제점을 정우와 관련지어 1가지 쓰시오. [2점]

- _____

(가)는 밀가루 탐색활동과 그 과정에서 나타난 지후와 교사의 행동이고, (나)는 발달지체 유아 지후가 가진 행동문제의 기능을 평가한 자료의 일부이다. 물음에 답하시오.

(가) 지후와 교사의 행동

활동과정	㉠ 지후 행동/교사 행동
○ 밀가루를 관찰하고, 탐색한다. "밀가루를 만지니 느낌이 어떻니?" ○ 도구를 사용해 밀가루를 탐색한다.	• 밀가루를 탐색하며 논다. • 도구를 사용해 밀가루를 탐색한다.
○ 밀가루 반죽을 만드는 방법을 이야기 나눈다. "밀가루와 물을 섞으면 어떻게 될까?"	• 밀가루 반죽을 만드는 방법을 이야기하려고 할 때, ㉡ 소리를 지르며 짜증을 낸다./소파에 앉아 있도록 한다.
○ 밀가루와 물을 섞어 반죽을 만든다. "밀가루에 물을 섞으니 어떻게 모양이 변하고 있니?"	• 반죽 만들기가 시작되자 자리로 돌아와 즐겁게 참여한다.
○ 밀가루 반죽을 관찰하고, 탐색한다.	• 밀가루 반죽을 탐색하며 논다.
○ 밀가루와 밀가루 반죽의 다른 점을 이야기 나눈다. "밀가루와 밀가루 반죽의 느낌이 어떻게 다르니?"	• 밀가루와 밀가루 반죽의 다른 점을 이야기하려고 하자, 소리를 지르며 짜증을 낸다./소파에 앉아 있도록 한다.
…하략…	

(나) 평가자료

시간	선행사건	행동	후속결과
11:00	이야기 나누기가 시작된다.	소리를 지르며 짜증을 낸다.	소파에 앉아 있도록 한다.
11:05	반죽 만들기가 시작된다.	자리로 돌아와 즐겁게 참여한다.	
11:20	이야기 나누기가 시작된다.	소리를 지르며 짜증을 낸다.	소파에 앉아 있도록 한다.

3) (나)의 관찰 결과를 볼 때, 지후가 '소리를 지르며 짜증을 내는' 행동의 기능은 무엇인지 쓰시오. [1점]

　• _____

4) (나)의 내용을 고려할 때, (가)의 ㉡을 대신해 교사가 지후에게 가르칠 수 있는 대안행동(alternative behavior)을 1가지 쓰시오. [1점]

　• _____

다음은 정서 · 행동장애 학생 S를 위하여 작성한 긍정적 행동지원 내용의 일부이다. 〈작성 방법〉에 따라 서술하시오.

[4점]

○ 문제행동
  – 학급에서 컴퓨터 게임을 하기 위해 욕을 하는 행동
○ 기능적 행동평가 실시
  – 동기평가척도(MAS)와 ABC 관찰을 실시함
○ 가설 설정
  – 학급에서 컴퓨터 게임을 하기 위해 또래나 교사에게 욕을 한다.
○ 지원계획
  – 학생 S의 문제행동을 대신할 수 있는 ㉠ 교체기술, (㉡   ), 일반적 적응기술을 지도함
  – 교체기술을 사용하더라도 컴퓨터 게임을 할 수 없는 상황에서 사용할 수 있는 (㉡   )을/를 지도함
    (예: 스트레스 상황 속에서 안정을 취하는 방법)
                        …중략…
○ 평가계획
  – 단일대상 연구설계(AB 설계) 사용
  – 행동 발생량을 시각화한 그래프를 이용하여 기초선과 중재선(긍정적 행동지원 적용) 간 문제행동 발생, ㉢ 수준의
    변화, 경향의 변화, 변동성의 변화, ㉣ 변화의 즉각성 정도를 분석함

─────────〈작성 방법〉─────────
• 밑줄 친 ㉠의 특성을 행동기능 측면에서 서술하고, 괄호 안의 ㉡에 해당하는 기술의 명칭을 쓸 것

다음은 통합학급 김 교사와 유아 특수교사 강 교사가 나눈 대화이다. 물음에 답하시오.

김 교사: 다음 주에 학부모 공개수업을 하는데 특수교육 대상인 수희와 시우가 수업에 잘 참여할지 걱정이 되네요.
강 교사: 그래서 저희는 또래주도 전략을 사용해보려고 해요. 모둠별로 '경단 만들기' 요리수업을 할 거예요. ㉠ 수희와 시우
  가 참여하여 경단을 완성했을 때, 모둠 전체를 강화하려고 해요. 또 수희의 상호작용 증진을 위해서 자유선택활동
  시간에 ㉡ 훈련받은 민수가 수희에게 "블록쌓기 놀이 하자."라고 하면서 먼저 블록을 한 개 놓으면, 수희가 그
  위에 블록을 쌓아요. 그러면서 둘이 계속 블록쌓기 놀이를 하게 하려고요.
김 교사: 선생님, 시우는 자기도 참여하고 싶은 것이 있으면 큰소리를 질러요. 시우를 어떻게 도울 수 있을까요?
강 교사: 선생님, 우선 시우에게 ㉢ 대체행동 교수를 실시하면 어떨까요?
김 교사: 네. 좋은 생각이네요. 그럼 혹시 시우가 집에서는 어떤지 좀 아세요?
강 교사: 네. 시우 어머니와 면담 시간을 가졌어요. 시우 부모님은 시우가 갓난아기 때부터 맞벌이를 하였고 주양육자도
  자주 바뀌었대요. 그래서 ㉣ 시우가 평소에 엄마랑 떨어지지 않고 꼭 붙어 있으려고 했대요. 엄마가 자리를 비우면
  심하게 불안해하면서 울지만, 막상 엄마가 다시 돌아오면 반가워하기보다는 화를 냈대요. 그리고 엄마가 달래려
  하면 엄마를 밀어내서 잘 달래지지 않았다고 해요.
                        …하략…

2) ㉢을 선택할 때 고려해야 할 점을 2가지 쓰시오. [2점]

•

다음은 준수를 위해 작성한 문제행동 중재내용의 일부이다. 물음에 답하시오.

- 표적행동: 수업시간에 소리를 지르는 행동
- 기능적 행동평가 및 가설 설정
  - ABC 관찰을 통해 가설을 설정함
- 가설 검증
  - ㉠ 명확한 가설 검증과 구체적인 표적행동 기능 파악을 위해 표적행동에 대한 선행사건과 후속결과를 실험적이고 체계적으로 조작하는 기능적 행동평가 절차를 실시함
  - 이 절차에 대한 '결과 그래프 및 내용'은 다음과 같음

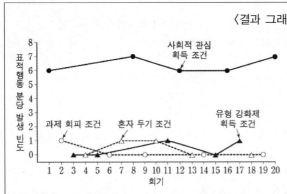

〈결과 그래프 및 내용〉

- 각 회기를 15분으로 구성하고, 불필요한 자극이 제거된 교실에서 하루 4회기씩 평가를 실시함
- 4가지 실험 조건을 각 5회기씩 무작위 순서로 적용함
- 각 실험 조건에서 발생하는 표적행동의 분당 발생빈도를 기록하고 그래프로 시각화하여 분석함

…중략…

- 중재계획
  - 표적행동 감소 전략: 표적행동 발생을 예방하기 위해 ㉡ 비유관 강화(Noncontingent Reinforcement: NCR)를 사용함
  - 대체행동 지도 전략: '반응 효율성 점검표'를 이용하여 표적행동을 대신할 수 있는 교체기술을 선택하여 지도함

〈반응 효율성 점검표〉

교체기술 선택 기준	반응 효율성 점검 내용	점검 결과
노력	(㉢)	예/아니오
결과의 일관성	표적행동을 할 때보다 더 일관되게 사회적 관심을 얻을 수 있는 교체기술인가?	예/아니오
결과의 질	표적행동을 할 때 얻을 수 있는 사회적 관심보다 준수가 더 좋아하는 사회적 관심을 얻을 수 있는 교체기술인가?	예/아니오

…하략…

3) ㉢에 들어갈 반응 효율성 점검내용을 쓰시오. [1점]

- _____

22 2015학년도 초등 A 2번 일부

다음은 민수의 교실이탈 행동에 대해 저학년 특수학급 김 교사와 고학년 특수학급 정 교사가 나눈 대화이다. 물음에 답하시오.

> 김 교사: 민수의 ㉠ 교실 이탈 행동이 가장 많이 일어나는 시간대를 한눈에 파악할 수 있도록 관찰 기록지를 작성해 봤어요. 그랬더니 하루 중 민수의 교실 이탈 행동은 과학시간대에 가장 많이 발생하더군요. 그래서 과학시간에 일화기록과 ABC 관찰을 통해 교실 이탈 행동에 대한 보다 자세한 정보를 수집했어요. 기능평가 결과, 민수의 교실 이탈 행동은 어려운 과제가 주어지면 회피하기 위해 나타난 것이었어요. 그래서 민수에게 ㉡ 과제가 어려우면 "쉬고 싶어요."라는 말을 하도록 지도하고, ㉢ 교실 이탈 행동이 일정 시간(분) 동안 발생하지 않으면 강화제를 제공해 볼까 합니다.
> 정 교사: 네, 그 방법과 함께 과학 시간에는 ㉣ 민수의 수준에 맞게 과제의 난이도와 분량을 조절해 주거나 민수가 선호하는 활동과 연계된 과제를 제시하면 좋겠네요.
> 김 교사: 그래서 민수의 중재계획에도 그런 내용을 포함했어요.

4) ㉣과 같이 문제행동 유발의 요인이 되는 환경을 재구성하는 중재가 무엇인지 쓰시오. [1점]

- _____

23 2017학년도 유아 A 8번 일부

다음은 4세 통합학급에서 홍 교사의 수업을 관찰한 후, 김 원장과 장학사가 나눈 대화내용의 일부이다. 물음에 답하시오.

> 장 학 사: 오늘 홍 선생님의 수업은 발달지체 유아 준서의 참여가 돋보이는 수업이었습니다.
> 김 원장: 홍 선생님이 지금까지 많은 노력을 기울여 온 결과라고 볼 수 있습니다. 홍 선생님은 지난해부터 직무연수를 받은 대로 ㉠ 우수한 여러 연구에서 효과가 있는 것으로 입증된 교육방법을 적용해 오고 있습니다.
> 장 학 사: 선생님들께서 많은 노력을 기울이고 계시는군요. 그런데 이런 방법을 적용할 때 선생님들이 ㉡ 각각의 교육방법에서 제시하고 있는 절차, 시간, 적용지침을 제대로 따르고 있는지 점검하는 것이 중요합니다.
> 김 원장: 네. 우리 선생님들은 그 지침을 잘 따르고 있을 뿐만 아니라 유아들이 유치원 생활에 잘 적응할 수 있도록 도와주고 있어요. 예를 들어, 홍 선생님의 경우 준서에게 도움을 요청하는 방법도 알려 주고, 좋아하는 활동 자료를 선택할 수 있게 하며, 차별 강화를 사용하기도 합니다. 어제는 활동 중에 쉬는시간을 자주 제공했더니 준서가 이전보다 적극적으로 활동에 참여했어요.　[A]
> 장 학 사: 그렇군요. 오늘은 교사의 교육 역량이 중요하다는 것을 확인할 수 있었던 시간이었습니다. 자, 이제 교수활동에 대한 세부적인 의견을 말씀드릴게요. 이 교수활동은 ㉢ 여러 가지 물건을 탐색하고 분류해보는 활동이었지요?
> …하략…

1) ㉠과 ㉡이 지칭하는 용어를 각각 쓰시오. [2점]

- ㉠: _____ ㉡: _____

2) [A]는 홍 교사가 실시한 긍정적 행동지원 방법이다. 이 중 선행사건 조절에 해당하는 내용 2가지를 찾아 쓰시오. [1점]

- ①: _____

- ②: _____

5세 발달지체 유아 선우의 긍정적 행동지원 계획 수립을 위해 (나)는 선우의 행동에 대한 영상 분석 자료의 일부이다. 물음에 답하시오.

(나) 영상 분석자료

장면	자유놀이	원아명	정선우
녹화일자	2016년 △월 △일	분석자	최 교사

블록 놀이 영역에서 3명의 유아들(혜미, 지수, 영석)이 탑을 쌓고 있고, 선우가 블록 놀이 영역으로 간다. 선우는 가장 높은 교구장 위로 기어 올라가 점프하여 뛰어내린다. 선우는 블록 위로 떨어지면서 얼굴을 다쳐 피가 난다. 선우는 벌떡 일어나더니 지수를 밀쳐 넘어뜨리고, 영석이의 팔을 문다. 그리고 소리를 지르며 교구장을 밀어서 넘어뜨리려고 한다.

···하략···

2) (나)에서 최 교사는 선우의 행동이 자신과 타인의 안전을 위협하는 위험한 상황을 초래한다고 판단하였다. 최 교사가 이러한 상황을 대비하여 계획해야 하는 긍정적 행동지원의 요소를 쓰시오. [2점]

- _____

제3절 응용행동분석 – 연구방법

01 행동을 정의하는 방법

1. 행동목표 작성

① 행동목표는 누가, 무엇을, 언제, 어디서, 어떤 상황에서, 어떻게, 얼마나 하게 될 것인가를 기술하는 것이다.

② 행동목표의 구성요소 4가지
  ㉠ 학습자(학생)
  ㉡ 학생의 행동
  ㉢ 행동이 일어나는 상황의 조건
  ㉣ 목표가 되는 기준

③ 구성요소 4가지를 갖춘 행동목표
  ㉠ 교사가 학생의 행동을 일관되게 관찰할 수 있도록 도와준다.
  ㉡ 교사가 관찰한 것을 다른 사람들에게 확인시켜 주는 데 사용될 수 있다.
  ㉢ 교사 외의 사람이 지도할 때도 연속적 지도가 이루어지도록 한다.

25 2013학년도 초등 A 3번 일부

다음의 (가)는 영진이의 행동목표와 긍정적 행동지원 중재계획의 일부이다. 물음에 답하시오.

(가) 행동목표 및 중재계획

이름	김영진	시행기간	2012. 08. 27.~2013. 02. 15.
행동목표		중재계획	
1. 국어 수업시간 내내 3일 연속으로 바르게 행동할 것이다.		1. 바른 행동을 할 때마다 칭찬과 함께 스티커를 준다.	
2. 쉬는시간에 컴퓨터 앞에 앉아 있는 친구의 손등을 때리는 행동이 감소할 것이다.		2. ㉠ 쉬는시간 컴퓨터 사용 순서와 개인별 제한 시간에 대한 규칙을 학급 전체 학생에게 수업을 마칠 때마다 가르친다.	

1) 메이거(R.F.Mager)의 행동적 목표진술 방식을 따른다면, (가)의 행동목표 1, 2가 바람직하지 않은 이유를 각각 쓰시오.

[2점]

  • 목표 1: _____

  • 목표 2: _____

(가)는 특수학교 교사가 색 블록 조립하기를 좋아하는 자폐성장애 학생 준수에게 '2011 개정 특수교육 교육과정' 중 기본 교육과정 수학과 3~4학년군 '지폐' 단원에서 '지폐 변별하기'를 지도한 단계이고, (나)는 이에 따른 준수의 수행관찰 기록지이다. 물음에 답하시오.

(가) '지폐 변별하기' 지도 단계

단계	교수 · 학습활동
주의집중	교사는 준수가 해야 할 과제 수만큼의 작은 색 블록이 든 투명 컵을 흔들며 준수의 이름을 부른다.
㉠	교사는 1,000원과 5,000원 지폐를 준수의 책상 위에 놓는다. 이때 ㉡ 교사는 1,000원 지폐를 준수 가까이에 놓는다. 교사는 준수에게 "천 원을 짚어 보세요."라고 말한다.
학생 반응	준수가 1,000원 지폐를 짚는다.
피드백	교사는 색 블록 한 개를 꺼내, 준수가 볼 수는 있으나 손이 닿지 않는 책상 위의 일정 위치에 놓는다. (오반응 시 교정적 피드백 제공)
시행 간 간격	교사는 책상 위 지폐를 제거하고 준수의 반응을 기록한다.

※ 투명 컵이 다 비워지면, 교사는 3분짜리 모래시계를 돌려놓는다. 준수는 3분간 색 블록을 조립한다.

(나) 수행관찰 기록지

날짜	11/10	11/11	11/12	11/13	11/14	11/17	11/18	11/19	11/20	11/21	
시행	⑩	⑩	⑩	⑩	⑩	⑩	⑩	⑩	⑩	⑩	100
	9̸	9̸	⑨	9̸	⑨	⑨	⑨	⑨	⑨	⑨	90
	⑧	8̸	8̸	⑧	8̸	⑧	7̸	⑧	⑧	⑧	80
	7̸	⑦	7̸	7̸	7̸	7̸	⑦	⑦	⑦	⑦	70
	6̸	6̸	⑥	6̸	⑥	⑥	⑥	6̸	⑥	6̸	60
	5̸	5̸	5̸	⑤	5̸	5̸	⑤	⑤	⑤	⑤	50
	4̸	4̸	4̸	4̸	④	④	4̸	④	④	④	40
	3̸	③	③	③	3̸	③	③	③	3̸	③	30
	2̸	2̸	②	2̸	②	②	②	②	②	②	20
	1̸	1̸	1̸	①	①	①	①	①	①	①	10
회기	1	2	3	4	5	6	7	8	9	10	%

- 표적기술: 지폐 변별하기
- 자료: 1,000원 지폐, 5,000원 지폐
- 구어 지시: "_____원을 짚어 보세요."
- 기준: 연속 3회기 동안 10번의 시행 중 9번 정반응

| / 오반응 |
| ○ 정반응 |
| □ 회기 중 정반응 시행의 수 |

4) (나)에 근거하여 준수의 학습목표를 메이거(R.F.Mager)의 목표 진술 방식에 따라 쓰시오. [1점]

- 준수는 _____

다음은 유치원 3세반 진수의 개별화교육 계획안이다. 물음에 답하시오.

인적사항			
이름	박진수(남)	생년월일	2013. 10. ○○.
시작일	2017. 3. ○○.	종료일	2017. 7. ○○.

…생략…

발달 영역	자조기술

현재 학습 수행수준
〈강점〉 • 음식을 골고루 먹을 수 있다. • 식사 시간에 식탁 의자에 앉아 있을 수 있다. 〈약점〉 • 의존성이 강하여 숟가락을 혼자서 잡지 않고 성인의 도움을 받아 음식을 먹으려고 한다.

교육목표	
장기목표	숟가락을 사용하여 스스로 식사를 할 수 있다.
단기목표	1. ㉠ 교사가 숟가락을 잡은 진수의 손을 잡고 입 주위까지 가져가 주면 3일 연속으로 10회 중 8회는 음식을 입에 넣을 수 있다. 2. …생략…
교육내용	…생략…
교육방법	㉡ 처음에는 신체적 촉진으로 시작하고 "숟가락을 잡고 먹어 보세요."라는 언어적 촉진에 스스로 음식을 먹을 수 있도록 점차적으로 개입을 줄인다.

특수교육 관련서비스
…하략…

2) 메이거(R. Mager)가 제시하는 목표 진술의 3가지 요소와 ㉠에서 각 요소에 해당하는 진술내용을 찾아 쓰시오. [3점]

- _____
- _____
- _____

다음은 발달지체 유아인 민아의 개별화교육계획 목표를 활동 중심 삽입교수로 실행하기 위해 박 교사가 작성한 계획안이다. 물음에 답하시오.

유아명	정민아	시기	5월 4주	교수목표	활동 중에 제시된 사물의 색 이름을 말할 수 있다.

교수활동		
활동	㉠ 학습기회 조성	㉣ 교사의 교수활동
자유선택활동 (쌓기 영역)	블록으로 집을 만들면서 블록의 색 이름 말하기	㉡ 민아에게 사물을 제시하며 "이건 무슨 색이야?" 하고 물어본다. "빨강(노랑, 파랑, 초록)." 하고 색 이름을 시범 보인 후 "따라 해 봐." 하고 말한다. ㉢ 정반응인 경우 칭찬과 함께 긍정적인 피드백을 제공하고 오반응인 경우 색 이름을 다시 말해 준다.
자유선택활동 (역할놀이 영역)	소꿉놀이 도구의 색 이름 말하기	
자유선택활동 (언어 영역)	존댓말 카드의 색 이름 말하기	
대소집단활동 (동화)	그림책 삽화를 보고 색 이름 말하기	
간식	접시에 놓인 과일의 색 이름 말하기	
실외활동	놀이터의 놀이기구 색 이름 말하기	

㉤ 관찰					
정반응률	월	화	수	목	금
	%	%	%	%	%

3) ㉤과 관련하여 다음 글을 읽고 문장을 완성하시오. [1점]

> 관찰을 할 때 목표행동을 조작적으로 정의하는 것은 유아의 행동을 일관성 있게 측정하였다는 것을 나타내는 지표인 (   )을(를) 높이기 위한 것이다.

• _____

02 행동을 측정하는 방법

1. 행동의 직접적 측정 단위

구분	내용
횟수/빈도	• 행동이나 사건이 일어난 횟수를 계수하는 방법 • 빈도로 행동을 측정하는 경우 관찰할 행동이 시작과 끝이 분명하여 각 행동의 발생 여부를 구별할 수 있어야 함
시간의 길이	• **지속시간**: 행동이 시작되는 시간부터 마치는 시간까지 걸린 지속시간 • **지연시간**: 선행사건(또는 변별자극이 주어진 시간)으로부터 그에 따르는 행동(또는 반응)이 시작되는 시간까지 걸리는 지연시간
기타	• 행동의 강도를 직접 측정하는 경우 측정도구를 사용해야 하며, 행동에 따라 측정 단위가 달라짐 • 소리 크기는 데시벨(dB)을, 공을 얼마나 멀리 던지는지는 길이 단위(cm, m, km 등)를, 얼마나 무거운 것을 들어 올리는지는 무게 단위(g, kg, t 등)를 사용할 수 있음

2. 측정된 행동의 요약방법

구분	내용
행동의 직접적 측정 단위로 요약	행동의 직접적 측정 단위인 횟수, 시간 길이, 거리 단위, 무게 단위, 강도 단위 등
비율	• 정해진 시간 안에 발생한 행동의 수를 시간으로 나누어 단위 시간당 나타나는 행동의 빈도율을 의미함 • 비율은 전체 회기에 걸쳐 매 회기마다 관찰한 시간이 다를 때 행동의 양을 일정한 척도로 바꿀 수 있다는 장점이 있음
백분율	• 전체를 100으로 하여 관찰된 행동이 차지하는 비율을 나타내는 것 예) 10개의 질문에 대해 6개의 정답 반응을 한 경우 백분율 60%으로 나타내는 것 • 매 회기의 반응기회 수나 관찰시간이 달라도 같은 기준으로 볼 수 있기 때문에 누구나 이해하기 쉽다는 장점이 있음

3. 관찰의 종류

(1) 일화기록

아동의 행동과 그 주변 환경을 가능한 한 완벽하게 이야기하는 형식으로 기술하는 것으로, 행동을 측정하는 방법은 아니다.

(2) 영속적 행동결과 기록

① 행동의 결과가 반영구적으로 남는 행동을 관찰할 때 사용할 수 있는 기록 방법으로, '수행결과물 기록'이라고도 한다.

② 관찰할 행동과 그 행동의 결과가 무엇인지 정의한 다음, 행동이 결과를 일으키는 시간에 그 결과를 관찰하는 것이다.

③ 영속적 행동결과 기록방법으로 측정할 수 있는 것은 학생의 시험 답안지, 학생이 집어던진 연필의 수, 학생이 훔친 지우개의 수, 손을 씻은 후 비누통에 남아 있는 물비누의 양, 담배꽁초의 수 등이 있다.

④ 단점: 즉시 기록하지 않으면 다른 사람이 행동의 결과를 치울 수 있고, 학생 행동의 강도, 형태, 시간 등의 양상을 설명하지 못한다.

(3) 사건기록

① 행동 발생을 기록한다는 점은 영속적 행동결과 기록과 비슷하지만 행동 특성을 직접 관찰한다는 점이 다르다. 사건기록은 빈도기록을 포함하는 훨씬 더 넓은 개념으로 사건 중심의 기록이라는 뜻이다.

② 장점: 사용하기 쉽고, 관찰자가 아동의 행동을 직접 볼 수 있다.

③ 단점: 한 명의 관찰자가 한 장소에서 동시에 여러 명의 아동이나 여러 행동을 관찰할 때 사용하기 어렵고, 한 아동을 관찰하는 경우에도 매우 짧은 시간 간격으로 높은 빈도를 보이는 행동에는 사용이 어렵다.

④ 사건기록의 종류

종류	내용
빈도 기록	• 전체 관찰시간을 짧은 시간 간격으로 구분하여 아동을 관찰하고, 하나의 시간 간격 안에 발생한 행동의 빈도를 기록하는 것으로, '사건계수 기록'이라고도 함 • 장점: 수업을 직접적으로 방해하지 않고, 비교적 사용하기가 쉽고, 시간 간격마다 행동 발생빈도를 기록하므로 문제행동이 언제 가장 많이 발생하는지 시간 흐름에 따른 행동발생 분포를 알 수 있음 • 단점: 행동의 빈도만으로는 행동 형태가 어떤지를 설명하지 못하며, 지나치게 짧은 시간 간격으로 자주 또는 오랜 시간에 걸쳐 일어나는 행동에는 적용하기 어려움
지속시간 기록	• 표적행동이 시작될 때의 시간과 끝날 때의 시간을 기록하여 행동이 지속된 시간을 계산하고 기록하는 방법으로, 행동이 지속되는 시간 길이에 관심이 있을 때 사용할 수 있음 • 단점: 지나치게 짧은 시간 간격으로 발생하는 행동에는 적용하기 어렵고, 행동의 강도를 설명하지 못함
지연시간 기록	• 선행사건과 표적행동 발생 사이에 지연되는 시간을 계산하여 기록하는 것 • 관찰할 수 있는 행동으로는 질문에 답하기, 지시 따르기 등이 있음

(4) 시간 간격별 기록

① 사건기록이 행동 자체의 특성을 중심으로 관찰하고 측정하는 방법이면, 시간 간격별 기록은 시간을 중심으로 행동이 발생하고 있느냐를 기록하고 측정하는 방법이다.

② 사건 중심의 기록이 어려운 경우 사용할 수 있다. 사건 중심의 기록이 어려운 경우란 많은 아동을 관찰하거나 한 학생의 여러 행동을 관찰할 경우 또는 행동의 빈도가 매우 높거나 지속시간의 변화가 심한 경우 등이다.

③ 수업이나 치료활동을 방해하지 않고 사용할 수 있다는 장점이 있지만, 행동의 직접적인 양이 아닌 행동 발생률의 대략치를 측정하는 방법임을 염두해야 한다.

④ 시간 간격별 기록의 종류

종류	내용
시간 간격별 전체 기록법	• 관찰시간을 짧은 시간 간격으로 나누어 행동이 각각의 시간 간격 동안 지속적으로 발생했는지를 관찰하고 기록하는 방법 • 관찰한 시간 간격 동안 행동이 계속 지속된 경우만 그 시간 간격에 행동이 발생한 것으로 인정함
시간 간격별 부분 기록법	관찰시간을 짧은 시간 간격으로 나누어 각각의 시간 간격 동안 행동이 발생하는지를 관찰하고, 관찰한 시간 간격 동안 행동이 최소한 1회 이상 발생하면 그 시간 간격에 행동이 발생한 것으로 기록하는 방법
시간 간격별 순간 기록법	• 관찰시간을 짧은 시간 간격으로 나누고, 각각의 시간 간격이 끝나는 순간에 학생을 관찰하여 표적행동의 발생 여부를 기록하는 방법 • 즉, 시간 간격의 끝에 관찰하여 행동이 발생하면 그 시간 간격 동안 행동이 발생한 것으로 계산함 • 시간 간격 끝에 한 번 관찰하면 다음 시간 간격이 끝날 때까지는 관찰하지 않아도 된다는 점에서 다른 기록법과 다름 • 시간 간격이 끝나는 순간의 행동만 관찰하기 때문에 '순간 표집법'이라고도 하며, 다른 시간 간격 기록에 비해 교사의 관찰시간을 줄여주는 장점이 있음

(5) 반응기회 기록

행동의 기회가 주어졌을 때 표적행동의 발생 유무를 기록하는 것으로, 교사나 치료자에 의해 학생이 반응할 기회가 통제된다는 특징을 제외하면 빈도기록과 같은 방법이다.

(6) 기준치 도달 기록

도달해야 할 기준이 설정되어 있는 경우 그 기준치에 도달했는지의 여부를 기록하는 것으로, '준거제시 시도 기록'이라고도 한다.

(7) 관찰방법에 따른 자료요약

① 학생 행동을 직접 관찰한 결과를 요약한 자료는 학생 행동의 현재 수준을 알려주고, 다른 사람과 학생의 행동에 대해 의사소통하는 것을 도와주며, 중재효과를 결정하고 중재에 대한 새로운 결정을 하는 것도 돕는다.

② 자료요약 방법

관찰기록 방법	자료요약 방법	예시
영속적 행동결과 기록	• 횟수 • 비율 • 백분율	• 부러진 연필 7개 • 시간당 집어던진 책 7권 • 준비물의 70%를 준비하지 못함
빈도기록	• 횟수 • 비율	• 자리이탈 43회 • 허락 없이 말하기 분당 0.8회
지속시간 기록	• 시간의 누계 • 평균 시간 • 백분율	• 50분 중에서 35분 동안 자리이탈 • 평균 과제 집중시간 4분 • 관찰시간의 20% 동안 협동놀이
지연시간 기록	평균 시간	교사의 지시 후 지시를 따르기까지의 평균 지연시간 2분
반응기회 기록	• 횟수 • 백분율	• 10번의 기회에서 6번의 지각 • 문제해결 전략 단계의 40% 수행
기준치 도달 기록	횟수	기준치 도달까지 4회(기준: 연속 3회 90% 정확도로 수행)
시간 간격별 기록	백분율	관찰된 시간 간격의 70%에서 수업방해행동

4. 관찰자 간 신뢰도

(1) 사건기록법에 의한 측정자료 – 총 발생횟수 일치도와 평균 발생횟수 일치도

- 총 발생횟수 일치도(%) = $\dfrac{\text{작은 수치로 관찰된 발생횟수}}{\text{큰 수치로 관찰된 발생횟수}} \times 100$

- 평균 발생횟수 일치도(%) = $\dfrac{\text{제1간격 IOA} + \text{제2간격 IOA} + \cdots + \text{제n간격 IOA}}{\text{전체 단위 간격 수(n)}}$

참고 **평균 발생횟수 일치도와 정확 발생횟수 일치도의 비교**

단위 간격	제1관찰자	제2관찰자	단위 간격별 IOA	관찰자 간 일치도
0~5분	正	正	(4/4)×100=100%	평균 발생횟수 일치도(%)
5~10분	下	正	(3/5)×100=60%	= (100+60+100+0
10~15분	正	正	(5/5)×100=100%	+50+60)÷6=61.7
15~20분	一		(0/1)×100=0%	정확 발생횟수 일치도(%)
20~25분	丁	一	(1/2)×100=50%	=(2÷6)×100
25~30분	下	正	(3/5)×100=60%	=33.3
소계	18	20	총 발생횟수 일치도(%)=(18÷20)×100=90.0	

(2) 간격기록법에 의한 측정자료 – 총 관찰간격의 수(10)와 일치간격의 수(8)

시행 관찰자	관찰간격									
	1	2	3	4	5	6	7	8	9	10
제1관찰자	+	−	+	+	−	−	−	−	+	−
제2관찰자	−	−	+	+	−	−	+	−	+	−

+: 표적행동이 관찰됨   −: 표적행동이 관찰되지 않음   ☐: 일치간격   ☐: 불일치간격

- 총 간격 일치도(%) = $\dfrac{\text{일치간격의 수}}{\text{일치간격의 수 + 불일치간격의 수}} \times 100$

- 행동발생 신뢰도(%) = $\dfrac{\text{행동발생에 대한 동의 구간 수}}{\text{행동발생에 대한 동의 구간 수 + 행동발생에 대한 비동의 구간 수}} \times 100$

- 행동비발생 신뢰도(%) = $\dfrac{\text{행동비발생에 대한 동의 구간 수}}{\text{행동비발생에 대한 동의 구간 수 + 행동발생에 대한 비동의 구간 수}} \times 100$

다음은 통합학급 4세반 교사들이 협의회에서 나눈 대화이다. 물음에 답하시오.

김 교사: 요즘 준우가 자유선택활동 시간에 너무 자주 "아." 하고 짧게 소리 질러요. 제가 준우에게 가서 "쉿."이라고
할 때만 멈추고 제가 다른 영역으로 가면 또 소리 질러요. 소리를 길게 지르지는 않지만, 오늘도 스무 번은 [A]
지른 것 같아요. 소리 지르는 횟수가 줄었으면 좋겠어요.

이 교사: 그럼 제가 자유선택활동 시간에 준우가 ⓐ 몇 번이나 소리 지르는지 관찰하면서 기록할게요.

···중략···

박 교사: 준우가 ⓑ 소리 지르지 않고 친구와 이야기하거나 노래 부르면, 제가 관심을 보이며 칭찬해 주는 것이 어떨까요?

김 교사: 네. 알겠습니다.

이 교사: 그런데 준우가 넷까지 수를 알고 세는 거예요? 얼마 전에 준우가 수·조작 영역에서 자동차를 세 개 들고 있어서
모두 몇 개인지 물어보았더니 대답을 못하더라고요.

김 교사: 준우는 자동차와 수 이름을 하나씩 대응하면서 수 세기를 하고, 항상 동일한 순서로 안정적으로 수를 셀 수 있어요.
그런데 넷까지 세고 난 후 모두 몇 개인지 물어보면 세 개라고 할 때도 있고, 두 개라고 할 때도 있어요. 준우의
개별화교육계획 목표가 '다섯 개의 사물을 보고 다섯까지 수를 정확하게 센다.'인데 어떻게 지도하는 것이 좋을지
고민하고 있어요.

이 교사: ⓒ 수를 셀 때 준우와 같이 끝까지 세고, 교사가 "모두 몇 개네."라고 말한 후 준우에게 "모두 몇 개지?"라고 물어요.
예를 들어 자동차를 셀 때 준우와 같이 하나, 둘, 셋, 넷, 다섯까지 세고, 교사가 "자동차가 모두 다섯 개네."라고
말한 후 준우에게 "자동차가 모두 몇 개지?"라고 물어요.

김 교사: 수 세기를 다양한 활동에서도 가르치고 싶은데 어떻게 할까요?

이 교사: 준우에게 ⓓ 간식시간, 자유선택활동 시간, 미술활동 시간에 사물을 세게 한 후 모두 몇 개인지 묻고 답하게 하여
준우의 개별화교육계획 목표가 달성될 수 있도록 해보세요.

1) [A]에 근거하여 ① ⓐ에 해당하는 관찰기록 방법이 측정하고자 하는 행동의 측면을 쓰고, ② 그 행동의 특성을 1가지
찾아 쓰시오. [2점]

• ①: _____

• ②: _____

다음은 태희의 공격적 행동을 관찰하기 위하여 두 교사가 나눈 대화이다. 물음에 답하시오. [5점]

> 홍 교사: 선생님, 우리 반 태희가 공격적인 행동을 보여요. 아무래도 태희의 공격적 행동을 자세히 관찰해 보아야겠어요.
> 강 교사: 네, 그게 좋겠네요. 태희의 행동을 정확히 관찰하려면 ㉠ <u>먼저 태희의 공격적 행동을 관찰 가능한 구체적인 형태로 명확히 정하셔야 하겠군요.</u>
> 홍 교사: 그렇죠, 저는 태희가 물건을 던지는 행동과 다른 친구의 물건을 빼앗는 행동을 공격적 행동으로 보려고 해요. 그런데 저 혼자 관찰하기보다는 강 선생님과 함께 관찰했으면 해요.
> 강 교사: 네, 그러죠. ㉡ <u>선생님과 제가 태희의 공격적 행동을 동일한 방법으로 관찰했을 때 결과가 서로 어느 정도 일치하는 지를 보는 것도 중요하니까요.</u>
> 홍 교사: 저는 태희의 공격적 행동 특성을 조금 더 지켜본 후에 ㉢ <u>전체간격기록법</u>이나 부분간격기록법 중에서 적절한 방법을 선택하려고요.
> 강 교사: 네. 태희만 관찰할 때는 그럴 수도 있겠네요. 만약 선생님께서 수업을 진행하시면서 여러 유아들의 행동을 동시에 관찰하실 때에는 말씀하신 시간간격 기록법의 두 가지 방법보다 (   )이/가 효과적일 겁니다.

1) 밑줄 친 ㉠과 ㉡에 해당하는 용어를 각각 쓰시오. [2점]

- ㉠: _____

- ㉡: _____

2) 밑줄 친 ㉢의 행동발생 기록 방법을 쓰시오. [1점]

- _____

3) ① (   )에 적합한 관찰 기록법의 명칭을 쓰고, ② 해당 기록법의 행동발생 기록 방법을 쓰시오. [2점]

- ①: _____

- ②: _____

다음은 초등학교 특수학급에 재학 중인 자폐성장애 학생 순희의 상동행동을 10초 간격으로 2분 동안 관찰한 결과를 도식화한 것이다. 상동행동은 관찰 시작 후 35초부터 85초까지 발생하였다. 이에 대한 설명으로 바른 것은? [1.4점]

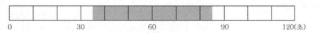

① 전체간격 기록법은 행동의 발생 여부가 중요한 경우에 사용된다.
② 순간표집 기록법에 의해 상동행동을 관찰하면 행동발생률은 50.0%이다.
③ 전체간격 기록법에 의해 상동행동을 관찰하면 행동발생률은 33.3%이다.
④ 부분간격 기록법에 의해 상동행동을 관찰하면 행동발생률은 66.7%이다.
⑤ 부분간격 기록법은 어느 정도 지속되는 안정된 행동을 측정할 때 사용된다.

다음은 수업 중에 옆 친구를 방해하는 학생 A의 행동을 담임교사와 동료교사가 동시에 관찰하여 기록한 간격기록법 부호형 자료이다. 관찰자 간의 일치율을 바르게 구한 것은?(단, 소수점 이하 첫째자리 반올림) [2점]

〈행동 부호〉

H=때리기	T=말 걸기	P=꼬집기

〈담임교사〉

분＼초	10″	20″	30″	40″	50″	60″
1′	T	T	H	TH		
2′		T	T		P	P
3′	H	TH		T	T	
4′	T		PH		T	T
5′	T	T		T		

〈동료교사〉

분＼초	10″	20″	30″	40″	50″	60″
1′	T	T	H	TH		
2′		T	T		P	
3′	H	H		T	T	
4′	T		PT		T	T
5′	T	T		T		

① 83%　　② 87%　　③ 90%　　④ 94%　　⑤ 96%

(가)는 정서 · 행동장애 학생 민규의 특성이고, (나)는 2015 개정 사회과 교육과정 5~6학년 정치 · 문화사 영역 교수 · 학습 과정안의 일부이다. 물음에 답하시오.

(가) 민규의 특성

- 자주 무단결석을 함
- 주차된 차에 흠집을 내고 달아남
- 자주 밤늦게까지 집에 들어오지 않고 동네를 배회함
- 남의 물건을 함부로 가져간 후, 거짓말을 함
- 반려동물을 발로 차고 집어던지는 등 잔인한 행동을 함
- 위와 같은 행동이 12개월 이상 지속되고 있음

(나) 교수 · 학습 과정안

단계	교수 · 학습활동	유의사항
도입	• 조선시대 국난을 극복한 인물 알아보기 　– 임진왜란, 병자호란 등 역사적 사건 살펴 　보기 　– 임진왜란과 병자호란에서 활약한 인물 　중 내가 알고 있는 인물 발표하기	
전개	〈학습활동 1〉 • 이순신 장군의 업적 살펴보기 　– 이순신 장군의 일화 살펴보기 　– 이순신 장군과 관계있는 장소 살펴보기	○ ㉠ <u>또래교수</u> 　를 활용함 ○ 표적행동을 　관찰 · 기록함
전개	〈학습활동 2〉 • 모둠별 학습 계획 수립하기 　– 모둠별 학습 주제 정하기 　– 모둠별 학습 방법 정하기 　– 모둠별 역할 정하기	
전개	〈학습활동 3〉 • 모둠별 학습 활동하기 　– 이순신 장군 되어보기 　　1모둠: 난중일기 다시 쓰기 　　2모둠: 적장에게 편지 쓰기　[A] 　　3모둠: 거북선 다시 설계하기	
정리 및 평가	• 활동 소감 발표하기 • 차시 예고하기	

4) 다음은 민규의 행동 관찰 기록지이다. 부분간격기록법에 따라 행동 발생률(%)을 구하시오. [1점]

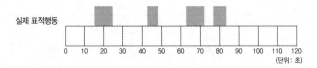

실제 표적행동

```
0  10  20  30  40  50  60  70  80  90  100  110  120
                                              (단위: 초)
```

- _____

다음의 (가)는 영진이의 행동목표가 긍정적 행동지원 중재계획의 일부이고, (나)는 문제행동 관찰기록지의 일부이다. 물음에 답하시오.

(가) 행동목표 및 중재계획

이름	김영진	시행기간	2012. 08. 27.~2013. 02. 15.
행동목표		**중재계획**	
1. 국어 수업시간 내내 3일 연속으로 바르게 행동할 것이다. 2. 쉬는시간에 컴퓨터 앞에 앉아 있는 친구의 손등을 때리는 행동이 감소할 것이다.		1. 바른 행동을 할 때마다 칭찬과 함께 스티커를 준다. 2. ㉠ 쉬는시간 컴퓨터 사용 순서와 개인별 제한시간에 대한 규칙을 학급 전체 학생에게 수업을 마칠 때마다 가르친다.	

(나) 문제행동 관찰기록지

표적행동		친구의 손등을 때리는 행동		
관찰방법		(㉡)		
날짜	시간	행동 발생 표시	총 발생 수	비율
9/27	09:40~09:50	////	4	0.4/분
	10:30~10:50	////	4	0.2/분
	11:30~11:40	//	2	0.2/분

3) ① (나)의 ㉡에 해당하는 관찰방법을 쓰고, ② (나)에서 관찰결과를 비율로 요약하면 좋은 점을 쓰시오. [2점]

- ①: _____

- ②: _____

(나)는 김 교사가 수립한 문제행동 중재 및 결과분석 내용의 일부이다. 물음에 답하시오.

(나) 문제행동 중재 및 결과분석

- 표적행동: 손톱 깨무는 행동
- 강화제: 자유놀이시간 제공
- 중재설계: ABAB 설계
- ㉢ 중재방법
  - 읽기 수업시간 40분 동안, 철규가 손톱을 깨물지 않고 10분간 수업에 참여할 때마다 자유놀이시간을 5분씩 준다. 그러나 10분 이내에 손톱 깨무는 행동이 나타나면 그 시간부터 다시 10분을 관찰한다. 이때 손톱 깨무는 행동이 나타나지 않으면 강화한다.

- ㉣ 관찰기록지

관찰일시					4월 7일(09:50~10:30)				
관찰행동					손톱 깨무는 행동				
관찰자		김 교사(주 관찰자)				최 교사(보조 관찰자)			
관찰시간(분)	발생회수	시작시간	종료시간	지속시간(분)	지속시간 백분율(%)	시작시간	종료시간	지속시간(분)	지속시간 백분율(%)
40	1	10:05	10:09	4		10:05	10:08	3	
	2	10:12	10:17	5		10:13	10:18	5	
	3	10:24	10:29	5		10:25	10:29	4	

3) ㉣의 관찰기록지를 보고 지속시간 백분율과 평균 지속시간 일치도를 구하시오. [2점]

- 지속시간 백분율: _____ % ・ 평균 지속시간 일치도: _____ %

(가)는 자폐성장애 학생 C를 위한 행동지원 계획안의 일부이고, (나)는 목표 행동을 관찰 기록한 결과이다. 〈작성 방법〉에 따라 서술하시오. [4점]

(가) 행동지원 계획안

목표 행동	ⓐ 수업시간에 15분 동안 계속해서 의자에 앉아 있기
중재 방법	(㉠)

중재 단계 및 내용	고려 사항
• 목표 행동의 조작적 정의 • 목표 행동의 시작 • 목표 행동에 근접한 단기목표(중간 행동) 결정 － 1분 30초 동안 계속해서 의자에 앉아 있기 － 2분 동안 계속해서 의자에 앉아 있기 － 2분 30초 동안 계속해서 의자에 앉아 있기 …중략… － 14분 동안 계속해서 의자에 앉아 있기 － 15분 동안 계속해서 의자에 앉아 있기 • 강화제 선택 － 효과적인 강화제 파악 및 선택	• 시작 행동: 관찰기록 결과에 근거하여 설정함 • 단기 목표 변경 기준: 3번 연속 단기목표 달성 • 강화 계획: 초기에는 ㉡ 의자에 1분 30초 동안 지속해서 앉아 있을 때마다 강화를 제공하고, 이후에는 강화계획에 변화를 줌 • 강화제: 단기목표에 도달하면 학생 C가 선호하는 활동을 할 수 있게 함 • 토큰 강화 등과의 연계방안을 모색함

(나) 관찰 기록 결과

대상 학생	학생 C	관찰자	교육실습생
관찰 행동	의자에 앉아 있기	관찰 장소	중학교 2-1 교실

날짜	시간	행동 발생					관찰 결과 요약	
5/6 (월)	13:05~13:35	#1 1분 40초	#2 1분 30초	#3 1분 50초	#4 1분 30초	#5 1분 40초	전체 관찰시간	30분
							전체 지속시간	8분 10초
		#6	#7	#8	#9	#10	지속시간 백분율	27.2%
							평균 지속시간	1분 38초

〈작성 방법〉
• (가)의 괄호 안의 ㉠에 해당하는 행동중재 방법을 쓸 것
• (가)의 밑줄 친 ㉡에 해당하는 강화 계획을 쓸 것
• (나)에서 사용한 관찰기록법의 유형을 쓰고, 이 방법이 적절한 이유를 (가)의 밑줄 친 ⓐ의 목표 행동 특성과 관련하여 1가지 서술할 것

37 2015학년도 중등 A (기입형) 6번

자폐성장애 학생의 바람직하지 않은 행동인 '손바닥을 퍼덕이는 상동행동'의 손바닥을 퍼덕이는 횟수를 관찰·측정하여 행동을 수정하고자 한다. ① 이 행동을 빈도(사건) 기록법으로 측정하는 것이 <u>부적합한</u> 이유를 쓰고, ② 이에 적합한 관찰기록 방법의 명칭을 쓰시오. [2점]

• ①: _____

• ②: _____

38 2015학년도 초등 A 2번 일부

다음은 민수의 교실이탈 행동에 대하여 저학년 특수학급 김 교사와 고학년 특수학급 정 교사가 나눈 대화이다. 물음에 답하시오.

> 김 교사: 민수의 ⊙ 교실이탈 행동이 가장 많이 일어나는 시간대를 한눈에 파악할 수 있도록 관찰기록지를 작성해 봤어요. 그랬더니 하루 중 민수의 교실이탈 행동은 과학시간대에 가장 많이 발생하더군요. 그래서 과학시간에 일화기록과 ABC 관찰을 통해 교실이탈 행동에 대한 보다 자세한 정보를 수집했어요. 기능평가 결과, 민수의 교실이탈 행동은 어려운 과제가 주어지면 회피하기 위해 나타난 것이었어요. 그래서 민수에게 ⓒ 과제가 어려우면 "쉬고 싶어요."라는 말을 하도록 지도하고, ⓒ 교실이탈 행동이 일정 시간(분) 동안 발생하지 않으면 강화제를 제공해 볼까 합니다.
> 정 교사: 네, 그 방법과 함께 과학시간에는 ② 민수의 수준에 맞게 과제의 난이도와 분량을 조절해 주거나 민수가 선호하는 활동과 연계된 과제를 제시하면 좋겠네요.
> 김 교사: 그래서 민수의 중재계획에도 그런 내용을 포함했어요.

5) 다음은 김 교사가 지속시간기록법을 사용하여 민수의 행동을 관찰하여 작성한 기록지의 일부이다. ⓤ의 명칭과 ⓥ에 기입할 값을 쓰시오. [1점]

날짜	시간	문제행동 지속시간		관찰결과 요약	
11/6	1:00~1:40	#1	8분	총 관찰시간	40분
		#2	4분	총 지속시간	24분
		#3	7분	평균 지속시간	6분
		#4	5분	ⓤ	ⓥ
11/7	1:10~1:40				

• ⓤ: _____ • ⓥ: _____

(가)는 교사가 학생 I의 부모에게 요청한 내용을 메모한 것이며, (나)는 학생 I의 부모가 3일 동안 작성한 행동 관찰 결과이다. 〈작성 방법〉에 따라 서술하시오. [4점]

(가) 메모

〈주요 내용〉
○ 표적 행동: 지시에 대한 반응 지연 시간 줄이기
○ 선행 사건: 컴퓨터 사용을 중지하라는 지시
○ 학생 행동 목표: 컴퓨터 끄기
○ 유의사항
  • ㉠ 의도하지 않은 측정 방법의 오류 또는 기준이 변경
    되지 않도록 유의함
  • ㉡ 관찰자 반응성에 유의함

(나) 행동 관찰 결과

반응 관찰자	반응 지연 시간(분)		
	11월 1일	11월 2일	11월 3일
아버지	6	10	9
어머니	6	8	10

─────〈작성 방법〉─────
• (가)의 밑줄 친 ㉠에 해당하는 용어를 쓰고, (가)의 밑줄 친 ㉡의 의미를 1가지 서술할 것
• (나)에서 알 수 있는 '총 지연시간 관찰자 일치도'와 '평균 발생당 지연 시간 관찰자 일치도'를 각각 계산하여 쓸 것

(나)는 자폐성장애 학생 준수의 수행 관찰기록지이다. 물음에 답하시오.

(나) 수행 관찰기록지

날짜	11/10	11/11	11/12	11/13	11/14	11/17	11/18	11/19	11/20	11/21	
시행	⑩	⑩	⑩	⑩	⑩	⑩	⑩	⑩	⑩	⑩	100
	9̸	9̸	⑨	9̸	⑨	⑨	⑨	⑨	⑨	⑨	90
	⑧	8̸	8̸	⑧	8̸	⑧	⑧	⑧	⑧	⑧	80
	7̸	⑦	7̸	7̸	7̸	7̸	⑦	⑦	⑦	⑦	70
	6̸	6̸	⑥	6̸	⑥	⑥	⑥	⑥	⑥	6̸	60
	5̸	5̸	⑤	⑤	⑥	5̸	⑤	⑤	⑤	⑤	50
	4̸	4̸	4̸	4̸	④	④	4̸	④	④	④	40
	3̸	③	③	③	3̸	③	③	③	3̸	③	30
	2̸	2̸	②	2̸	②	②	②	②	②	②	20
	1̸	1̸	1̸	①	①	①	①	①	①	①	10
회기	1	2	3	4	5	6	7	8	9	10	%

• 표적기술: 지폐 변별하기
• 자료: 1,000원 지폐, 5,000원 지폐
• 구어 지시: "_____원을 짚어 보세요."
• 기준: 연속 3회기 동안 10번의 시행 중 9번 정반응

┌─────────────┐
│ / 오반응 │
│ ○ 정반응 │
│ □ 회기 중 정반응 │
│   시행의 수 │
└─────────────┘

5) (나)에서 김 교사가 준수의 수행을 관찰하여 기록한 방법의 명칭을 쓰시오. [1점]

  • _____

41 2019학년도 중등 B 7번 일부

(가)는 자폐성장애 학생 J를 위한 기본 교육과정 고등학교 과학과 '주방의 전기 기구' 수업 지도계획의 일부이다. 〈작성 방법〉에 따라 서술하시오. [5점]

(가) '주방의 전기 기구' 수업 지도계획

학습목표	주방에서 사용하는 전열기의 이름을 안다.	
비연속 시행훈련(DTT) 적용		유의사항
• ⊙ 수업 차시마다 주방 전열기 사진 5장을 3번씩 무작위 순서로 제시하여 총 15번의 질문에 학생이 바르게 답하는 빈도를 기록함 – ⓒ 점진적 시간 지연법을 이용함		• 학생이 선호하는 강화제 사용 • 학생에게 익숙한 주방 전열기 사진 제시

〈작성 방법〉
• 밑줄 친 ⊙에서 사용한 사건(빈도)기록법의 유형을 쓸 것

42 2021학년도 유아 A 2번 일부

다음은 유치원 초임 유아특수교사 김 교사와 동료 유아특수교사 박 교사가 나눈 대화 내용의 일부이다. 물음에 답하시오.

박 교사: 선생님, 우현이의 1학기 개별화교육지원팀 협의회 준비는 잘 되고 있나요?
김 교사: 네, 등원에서 하원까지의 전체 일과에서 우현이의 적응 정도를 잘 살펴보고 있어요.
박 교사: 요즘 우현이는 등원할 때 울지 않고 엄마와 잘 헤어지던데, 우현이의 IEP 목표는 무엇이 좋을까요?
김 교사: 우현이는 교사가 제시하는 놀잇감에는 1~2분 정도 관심을 보이지만, 또래가 같이 놀자고 해도 반응을 잘 보이지 않아요. 그리고 스스로 놀잇감을 선택하지는 않지만, 친구들이 노는 것을 바라보고 있는 시간이 많아요. 그래서 ⊙'우현이는 제시된 2가지의 놀잇감 중 1가지를 스스로 선택하여 친구 옆에서 3분 이상 놀 수 있다.'를 우선적인 목표로 설정하려고 해요.
박 교사: 우현이가 목표 행동을 습득했다는 것을 확인하려면 평가 기준을 구체적으로 세워야 하는데, 어떻게 할 계획인가요?
김 교사: ⓒ 1시간 동안의 자유놀이 시간 중 선택하는 기회를 제공하였을 때 스스로 몇 번 선택했는지 빈도를 기록하여 비율을 측정하려고 해요. ⓔ 이 목표 행동 습득을 확인할 수 있는 또 다른 측정 차원으로 무엇이 있을까요?

2) ⊙의 목표를 평가할 때 ⓒ을 고려하여 ⓔ을 2가지 쓰시오. [2점]

• _____

5세 발달지체 유아 선우의 긍정적 행동지원 계획 수립을 위해 (가)는 통합학급 최 교사가 수집한 일화기록 자료의 일부이다. 물음에 답하시오.

(가) 일화기록 자료

장면	점심시간	원아명	정선우
관찰일자	2016년 ○월 ○일	관찰자	최 교사

㉠ 점심시간에 선우는 기분이 안 좋은지 식사를 하지 않고 앉아 있다. 옆에 앉은 혜미가 선우에게 "밥 먹어, 선우야."라고 하자 반찬 가운데 계란말이만 먹고, 혜미에게 무엇인가 말을 하려고 한다. ㉡ 혜미가 선우에게 "뭐라고? 밥을 먹어야지." 라고 이야기 한다. 그러자 앞에 앉아 있던 지수도 "맞아! 점심시간에는 밥 먹는 거야."라고 말한다. 김 선생님께서 ㉢ "선우야, 밥 먹고 있니?" 라고 묻자 선우는 숟가락을 쥐고 일어난다. ㉣ 선우는 소리를 지르며 숟가락으로 식판을 두드린다. ㉤ 선우의 편식으로 점심식사 시간에 이런 일이 자주 발생하고 있다.

1) (가)의 ㉠~㉤ 중 일화기록 방법으로 **잘못** 기술된 것 2가지를 찾아 기호와 그 이유를 각각 쓰시오. [2점]

- _____

- _____

다음은 5세 발달지체 유아 민수의 통합학급 김 교사와 유아 특수교사 박 교사의 대화이다. 물음에 답하시오.

김 교사: 선생님, 자유선택활동 시간에 난타 놀이를 하는데 아이들이 웃으며 재미있게 하고 있어요. 난타 도구를 서로 바꾸면서 상호작용했어요.

박 교사: 아이들이 참 재미있어 했겠네요. 민수는 어떻게 하고 있나요?

김 교사: 민수는 난타 놀이를 재미있어 해요. 민수가 좋아하는 가영이, 정호, 진아와 한 모둠이 되어 난타를 했어요. 그런데 다른 아이들만큼 잘 안 될 때는 무척 속상해했어요.

박 교사: 생각만큼 난타가 잘 안 돼서 민수가 많이 속상했겠네요.

김 교사: 민수를 관찰하려고 표본기록이 아니라 ㉠ 일화기록을 해 보았어요. 제가 일주일간 자유선택활동 시간에 기록한 일화기록을 한번 보시겠어요?

박 교사: 이게 민수의 일화기록이군요. 민수가 난타를 잘하는 가영이 옆에서 따라 했네요. 그런데 그 정도로는 난타 실력이 많이 늘지는 않나 봐요.

김 교사: 맞아요. 그래서 저도 걱정이에요.

…중략…

김 교사: 아까 말한 것처럼 민수는 난타 놀이를 더 잘하고 싶어 해요. 민수가 연습할 시간이 더 많았으면 좋겠는데, 현실적으로 힘든 점이 있네요. 이럴 때는 어떻게 하면 좋을까요?

박 교사: 시간이나 비용 면에서 경제적이고 반복해서 연습할 수 있는 비디오 모델링을 추천해드려요. 민수는 컴퓨터로 학습하는 것을 좋아하니 더 주의집중해서 잘 할 거예요. 일화기록을 보니 ㉡ 가영이를 모델로 하면 좋겠네요.

1) 표본기록에 비해 ㉠이 실시방법 측면에서 갖는 장점을 2가지 쓰시오. [2점]

- _____

- _____

(나)는 특수교사가 정서·행동장애 학생 현수를 위해 실시한 행동중재 내용의 일부이다. 물음에 답하시오.

(나) 행동중재 내용

표적행동

• 연필 부러뜨리기

···중략···

기록지

• 수학시간(40분)에 현수가 부러뜨린 연필의 개수

[자료 1]

회기	조건	부러뜨린 연필 개수
1	기초선	11
2	기초선	12
3	기초선	11
4	기초선	12
5	기초선	12
6	기초선	12
7	자기점검	9
8	반응대가	12

2) (나)의 [자료 1]은 현수가 수학시간에 부러뜨린 연필을 교사가 수업 후 개수를 세어 작성한 기록지의 일부이다. ① 교사가 사용한 기록법이 무엇인지 쓰고, ② 이 기록법의 단점 1가지를 쓰시오. [2점]

• ①: _____

• ②: _____

1. 시각적 분석 요인

(1) 자료의 수준(level)

① 그래프의 세로좌표에 나타난 자료의 크기로, 한 상황 내에서 자료의 수준은 자료의 평균치를 의미하기도 한다.

② 한 상황 내에서의 수준을 의미하는 평균선(mean line)을 그리는 방법은 한 상황 내의 모든 자료점의 Y축 값을 합한 것을 그 상황 내의 전체 자료점의 수로 나누고, 얻어진 값을 X축과 평행하게 긋는 것이다.

③ 평균선 값을 구하는 공식

$$평균선\ 값 = \frac{모든\ 자료의\ Y축\ 값의\ 합}{전체\ 자료점의\ 수}$$

(2) 자료의 경향(trend)

① 한 상황 내에 있는 자료의 방향과 변화 정도를 의미하는 것이다.

② 자료분석에서 자료의 경향이 확실하게 바뀌면 자료의 수준은 크게 고려하지 않아도 된다.

③ 자료의 경향은 경향선(trend line)을 그려서 알아볼 수 있는데, '경향선'은 자료의 방향과 변화 정도를 가장 잘 나타낼 수 있는 직선의 기울기를 말한다.

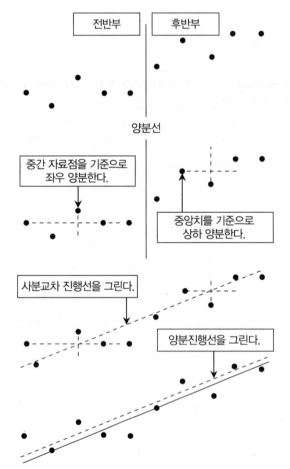

제1단계: 사분교차점 확인
1. 자료점들을 좌우로 2등분한다.
2. 자료점들이 홀수일 때에는 중간 자료점을 통과하여 2등분한다.

제2단계: 사분교차점 확인
1. 전반부와 후반부 자료점들을 각각 좌우로 2등분하는 수직선을 그린다.
2. 전반부와 후반부 자료점들을 각각 상하로 2등분하는 수평선을 그린다.
3. 두 개의 사분교차점을 확인한다.

제3단계: 사분교차점 확인
1. 두 개의 사분교차점을 통과하는 직선을 그린다.
2. 이 직선을 '사분교차 진행선'이라고 한다.

제4단계: 양분진행선 확인
1. 사분교차 진행선을 상하로 이동하여 자료점들을 동수로 양분하는 위치를 찾는다.
2. '양분중앙 추세선'이 완성된다.

[그림 9-4] 자료의 경향

(3) 자료의 변화율(variability)

① 자료 수준의 안정도, 즉 경향선을 중심으로 자료가 퍼져 있는 범위를 의미한다.

② 주로 자료의 Y축 값의 하한선 값과 상한선 값으로 그 범위를 나타낸다.

③ 자료분석에서 변화율이 심한 경우에는 자료가 안정될 때까지 좀 더 많은 자료를 구해야 한다.

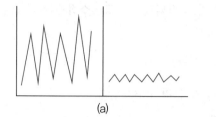 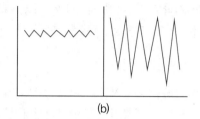

[그림 9-5] 자료의 범위 변화를 나타내는 그래프

(4) 상황 간 자료의 중첩 정도(overlap between phases)

① 두 상황 간의 자료가 세로좌표 값의 같은 범위 안에 들어와 있는 정도를 의미한다.

② 두 상황 간 자료의 세로좌표 값이 서로 중첩되지 않을수록 자료의 변화를 잘 나타내 주는 것이다.

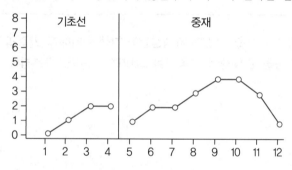

[그림 9-6] 자료 중첩도를 나타내는 그래프

(5) 효과의 즉각성 정도(immediacy of effect)

① 중재효과가 얼마나 빠르게 나타났는지를 평가하는 것으로, 한 상황의 마지막 자료와 다음 상황의 첫 자료 사이의 차이 정도를 의미한다.

② 중재효과의 즉각성이 떨어질수록 중재와 행동 간의 기능적 관계도 약해진다.

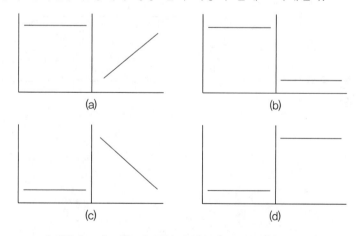

[그림 9-7] 자료의 즉각적 변화를 보여 주는 그래프

2. 실험조건 간의 시각적 분석

① 실험조건이 변경되는 시점에서 즉각적인 행동의 변화가 발생했는지 확인한다.

② 실험조건 간에 발생한 전반적 성취수준의 차이를 비교한다.

③ 평균 수준선은 실험조건 간의 전반적 수준을 비교할 때 매우 편리하게 사용될 수 있다.

④ 새로운 조건이 시작된 후 어떤 시점에서 행동 변화가 시작되었는지 조심스럽게 살펴보아야 한다.

⑤ 각 실험조건에 나타난 자료의 추세를 분석한다.

3. 차이의 분석

① 두 실험조건에 나타난 자료점들은 서로 중복되지 않고 분리되어야 한다.

② 두 실험조건에 나타난 자료점들은 안정되어야 한다.

③ 분리성과 안정성이 높을수록 두 실험조건 간의 차이의 의미는 커지고 신뢰성도 높아진다.

④ 두 실험조건 간의 차이가 실험처치에 의해 발생한 것인지 확인한다.

---

46 2009학년도 초등 35번

박 교사는 초등학교 1학년 '즐거운 생활' 시간에 자폐성장애 학생 슬기에게 '가족과 친구' 영역 중 '얼굴표정 나타내기'를 지도하면서 슬기의 반응을 관찰하여 경향선을 그리려고 한다. 반분법에 의해 경향선을 그리는 순서로 바른 것은? [1.4점]

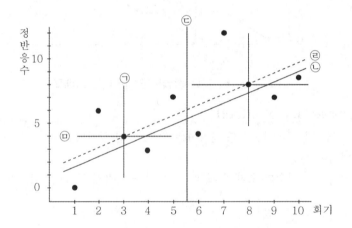

① ㉠ → ㉡ → ㉢ → ㉣ → ㉤

② ㉠ → ㉢ → ㉣ → ㉤ → ㉡

③ ㉡ → ㉣ → ㉠ → ㉢ → ㉤

④ ㉢ → ㉠ → ㉣ → ㉤ → ㉡

⑤ ㉢ → ㉠ → ㉤ → ㉣ → ㉡

〈보기〉의 그래프는 수업 중 발생한 학생의 행동에 대하여 중재한 결과를 나타낸 것이다. 종속변인의 변화가 독립변인으로 인해 발생했을 가능성이 높은 것을 고른 것은? [2점]

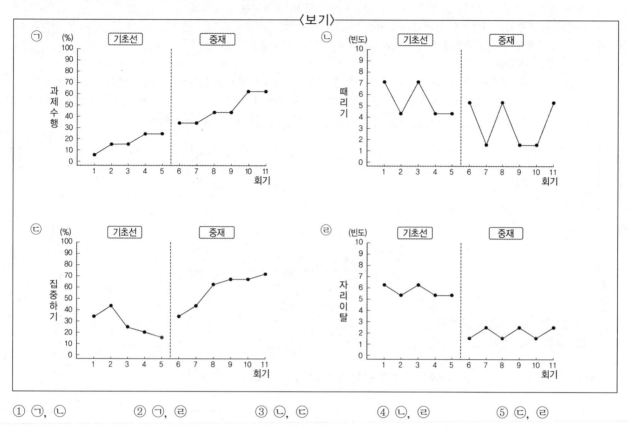

① ㄱ, ㄴ   ② ㄱ, ㄹ   ③ ㄴ, ㄷ   ④ ㄴ, ㄹ   ⑤ ㄷ, ㄹ

다음은 ○○특수학교의 담임교사와 교육 실습생이 나눈 대화 내용이다. 물음에 답하시오.

실 습 생: 선생님, 그동안 은수의 의사소통 지도를 어떻게 해 오셨는지 궁금해요.
담임교사: 은수처럼 비상징적 언어 단계에 있는 아이들의 경우에는 먼저 부모와 ㉠ 면담을 하거나 ㉡ 의사소통 샘플을 수집
하여 아이가 어떻게 의사소통을 하는지 분석하는 것이 중요하답니다.
실 습 생: 그렇군요.
담임교사: 저는 은수의 의사소통 샘플을 수집하던 중, 은수의 이름을 부르면 은수가 어쩌다 눈맞춤이 된다는 것을 알게
되었어요. 그래서 눈맞춤 빈도를 증가시키기 위한 중재를 실시했지요. 비록 기능적인 관계를 입증할 수는 없지만
㉢ 이 그래프에 나타난 결과를 보면 중재가 효과적이었다는 것을 알 수 있어요.

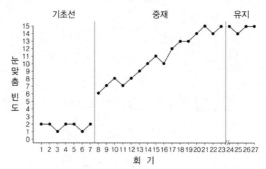

※ 눈맞춤 기회를 매 회기 15번 제공하였음

실 습 생: 정말 효과가 있었네요.
담임교사: 네, 이제는 ㉣ 은수가 학급 친구들과도 눈맞춤을 한답니다.

3) ㉢이라고 판단한 근거를 그래프의 시각적 분석 측면에서 2가지 쓰시오. [2점]

· _____

· _____

4) 중재를 통하여 ㉣과 같은 효과가 나타나는 것을 무엇이라고 하는지 쓰시오. [1점]

· _____

다음은 정서 · 행동장애 학생 S를 위해 작성한 긍정적 행동지원 내용 일부이다. 〈작성 방법〉에 따라 서술하시오.

[4점]

- 문제행동
  - 학급에서 컴퓨터 게임을 하기 위해 욕을 하는 행동
- 기능적 행동평가 실시
  - 동기평가척도(MAS)와 ABC 관찰을 실시함
- 가설 설정
  - 학급에서 컴퓨터 게임을 하기 위해 또래나 교사에게 욕을 한다.
- 지원계획
  - 학생 S의 문제행동을 대신할 수 있는 ㉠ 교체기술, (㉡   ), 일반적 적응기술을 지도함
  - 교체기술을 사용하더라도 컴퓨터 게임을 할 수 없는 상황에서 사용할 수 있는 (㉡   )을/를 지도함
    (스트레스 상황 속에서 안정을 취하는 방법)

  ···중략···

- 평가계획
  - 단일대상 연구설계(AB 설계) 사용
  - 행동 발생량을 시각화한 그래프를 이용하여 기초선과 중재선(긍정적 행동지원 적용) 간 문제행동 발생, ㉢ 수준의 변화, 경향의 변화, 변동성의 변화, ㉣ 변화의 즉각성 정도를 분석함

──〈작성 방법〉──

- 밑줄 친 ㉢을 분석하는 방법 1가지를 서술할 것
- 밑줄 친 ㉣의 방법을 기초선과 중재선의 자료점 비교 측면에서 서술할 것

1. AB 설계

(1) 개요

① 기본적인 단일대상 설계이며, 좀 더 복잡한 설계들은 모두 AB 설계의 확장이다.

② A구간에서는 기초선 자료가 수집·기록된다.

③ 안정적인 기초선이 확립되면 중재가 소개되고 B구간이 시작된다.

④ B구간에서는 중재자료가 수집·기록된다.

⑤ 교사는 중재 구간 동안에 표적행동의 양, 비율, 백분율, 지속시간의 증가 또는 감소를 평가하고, 기초선 구간에서의 자료와 비교할 수 있다.

(2) 그래프

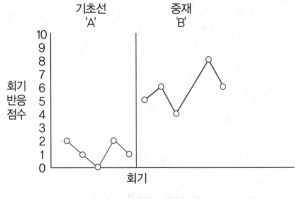

[그림 9-8] AB 설계

(3) 장단점

① 장점: AB 설계의 최대 장점은 간편함이다.

② 단점: 기능적 관계의 입증이 불가능하다.

2. 반전 설계(ABAB 설계)

(1) 개요

① 행동에 대한 중재효과를 입증하기 위해 중재의 적용과 철회를 연속적으로 시행하는 설계이다.

② 기초선 자료를 중재 구간 자료와 반복적으로 비교함으로써 연구자는 종속변인과 독립변인 간에 기능적 관계가 존재하는지의 여부를 결정할 수 있다.

(2) 그래프

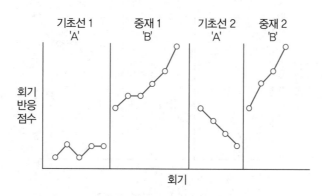

[그림 9-9] ABAB 설계

① A(기초선 1): 중재가 도입되기 전에 존재하던 조건하에서 표적행동 자료를 수집하는 최초의 기초선이다.

② B(중재 1): 표적행동을 바꾸기 위해 선정된 중재의 최초 도입 구간으로, 표적행동이 준거에 도달할 때 또는 행동의 바람직한 변화 경향이 나타날 때까지 중재가 계속된다.

③ A(기초선 2): 중재를 철회하거나 종료함으로써 원래의 기초선 조건으로 복귀한다.

④ B(중재 2): 중재 절차의 재도입 구간이다.

(3) 기능적 관계

두 번째 기초선 자료가 원래 A구간의 평균에 근접한 수준으로 되돌아가거나, 두 번째 A구간의 방향이 첫 번째 B구간의 방향과 뚜렷한 반대 경향을 보이면, 이는 독립변인과 종속변인 간의 기능적 관계를 나타내는 것이다.

(4) 사용 불가능한 경우

① 표적행동이 다른 학생을 향한 공격적 행동, 자해행동 같은 위험한 행동인 경우이다. 반전 설계는 표적행동이 변화된 후에 두 번째 기초선 조건을 필요로 하므로 윤리적 측면에서 성공적인 중재기법의 철회가 금지된다.

② 표적행동의 반전이 가능하지 않은 경우 사용이 불가능하다. 예컨대 많은 학업행동은 행동변화가 학습과정과 연관되기 때문에 철회할 수 있는 것이 아니다. 이 조건하에서 기초선 수행으로의 복귀는 가능하지 않다.

  예 4×3=12를 알았다가 '모르는' 상태로 되돌아가기는 쉽지 않다. 다만 생각하지 않으려 하는 것이다.

(5) 변형

① 설계의 구조는 변형하지 않고 단순히 초기 기초선(A) 구간의 길이만 짧게 한 것이다. 이 설계 형식은 표적행동이 위험하거나 학생이 표적행동 수행능력을 전혀 가지지 못했을 때와 같이 기초선 구간이 길어지는 비윤리적인 경우에 적절하다.

② 처음의 기초선을 완전히 생략하는 것이다. 이러한 'BAB 변형'은 학생이 표적행동을 전혀 나타내지 않는 것이 분명한 경우에 고려해 볼 수 있다. 이 설계에서는 종속변인과 독립변인 간의 기능적 관계가 두 번째 중재(B) 구간에서만 증명될 수 있다.

(6) 장단점

① 장점: 사용이 간편하고 실험 통제가 가능하며, 단일 종속변인에 대한 단일 독립변인의 효과를 명쾌하게 분석한다.

② 단점: 기능적 관계가 존재하는지의 여부를 결정하기 위해 효과적인 중재의 철회가 필요하다는 근본적인 단점을 가진다.

3. 준거변경 설계(= 기준변경 설계, 기준선변경 설계)

(1) 개요
행동이 최종 수행목적을 향해 점진적으로 증가 또는 감소될 수 있음을 입증함으로써 독립변인의 효과를 평가하는 설계이다.

(2) 그래프

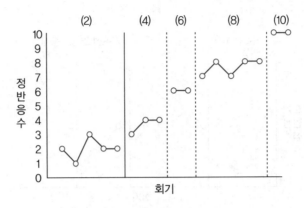

[그림 9-10] 준거변경 설계

① 첫 번째 구간: 기초선이다.
② 두 번째 구간: 중재이다. 중재 구간은 하위 구간으로 구성된다. 각 하위 구간은 최종 목적을 향한 중간 준거를 가지며, 최종 행동의 근사치 또는 이전보다 더 가까운 수행수준을 필요로 한다. 따라서 학생의 수행은 기초선 수준에서 최종 목표까지 점진적으로 이동한다.

(3) 기능적 관계
기능적 관계는 학생의 수행수준이 연속적으로 3개 구간에서 강화준거에 맞을 때 입증된다.

(4) 내적 타당도를 높이는 방법
① 교실에서 사용할 때 다음 하위 구간으로 넘어가기 전에 행동을 2회기(또는 3회기 중 2회기) 동안 중간 준거에 유지시키는 것은 충분히 통제를 입증한다. 이는 각 하위 구간은 뒤따르는 하위 구간에 대한 기초선으로 작용하고, 그 하위 구간은 다음 하위 구간이 시작되기 전에 안정적인 비율이 확립될 때까지 계속되기 때문이다.
② 각 하위 구간은 중간 준거에 따라 보통 3회기가 지속되었으나, 이 회기 수는 몇몇 하위 구간에서는 달랐다. 하위 구간의 길이는 준거가 영향력을 가지는 한 준거수준에 도달한 채로 유지되는 행동에 따라 다양하다.
③ 하위 구간 준거의 변화 크기를 다르게 설정한다. 준거의 변화 크기를 다양하게 하면 실험 통제에 대한 보다 설득력 있는 증거를 얻을 수 있다.
④ 강화에 대한 준거의 변화를 최종 목표와 반대되는 방향으로 설정한다. 학생이 이전에 숙달한 준거 수준으로 복귀하는 것은 반전 설계에서 기초선 조건으로 복귀하는 것과 유사한 반전효과를 나타낸다.

(5) 장단점
① 장점: 행동을 긍정적인 방향으로 계속 변화시키면서 기능적 관계를 확립할 수 있고, 성공적으로 진행되고 있는 중재를 철회할 필요도 없다.
② 단점: 매우 점진적인 행동변화를 수반하므로 빠르게 수정될 필요가 있는 행동에는 적절하지 않다.

4. 중다기초선 설계(= 복수기초선 설계, 복식기초선 설계, 복합기초선 설계, 다중기초선 설계 등)

(1) 개요

1개 이상의 종속변인을 동시에 분석하여 행동 · 대상 · 상황에 대해 중재(독립변인)의 효과를 실험하는 설계이다.

(2) 유형

① 행동 간 중다기초선 설계

　㉠ 한 장면에서 학생 1명과 관련된 두 가지 이상의 행동을 대상으로 하는 설계이다.

　　예 사회수업에서 John의 자리이탈 행동과 말하기 행동

　㉡ 그래프

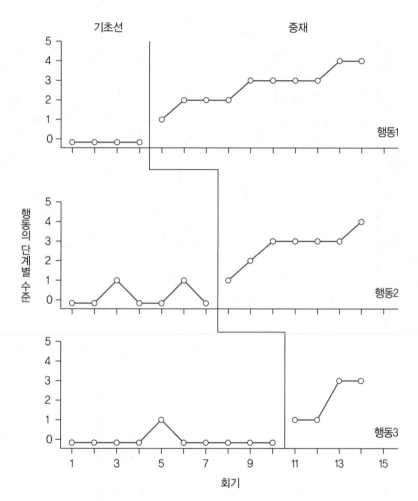

[그림 9-11] 행동 간 중다기초선 설계

② 대상 간 중다기초선설계
    ⑤ 한 장면에서 동일한 행동을 나타내는 2명 이상의 학생을 대상으로 하는 설계이다.
        예 영어시간에 Sara와 Janet의 철자법 정확성
    ⓛ 그래프

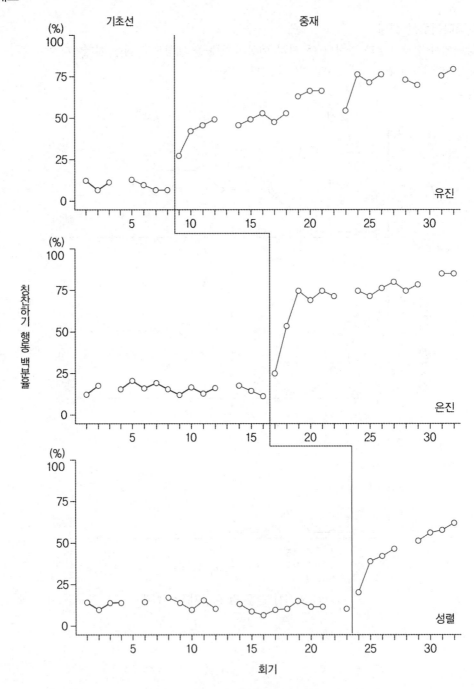

[그림 9-12] 대상 간 중다기초선 설계

③ 상황 간 중다기초선설계

　ㄱ 한 학생이 동일한 행동을 나타내는 두 가지 이상의 상황을 대상으로 하는 설계이다.

　　예 교실 내 쉬는시간과 학교 매점에서의 Kurt의 소리 지르기 행동

　ㄴ 그래프

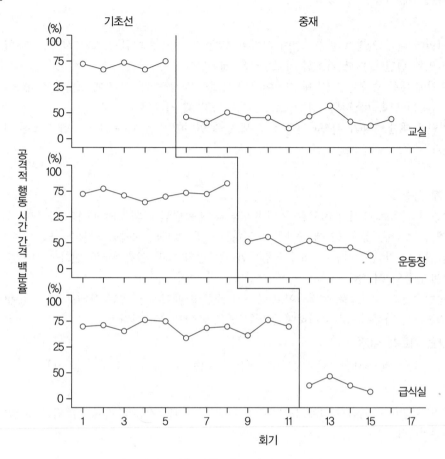

[그림 9-13] 상황 간 중다기초선 설계

(3) 사용

① 중재 절차를 개인, 상황 또는 행동에 적용해 보고자 할 때 선택할 수 있는 설계이다.

② 반전 구간을 포함하지 않으므로 표적행동이 공격적인 활동이거나 학습과 관련되는 경우와 같이 반전 설계가 적합하지 않을 때 사용될 수 있다.

(4) 실행

① 첫 번째 변인에 대해 안정적인 기초선이 확립된 후에 그 변인에 대한 중재가 시작될 수 있다. 이 중재 기간 동안 남아 있는 변인에 대한 기초선 자료수집은 계속된다.

② 두 번째 변인에 대한 중재는 첫 번째 변인이 행동목표로 설정해놓은 준거에 도달했을 때 또는 첫 번째 변인에 대한 자료가 3회 연속 바람직한 방향으로 경향을 보일 때 시작해야 한다.

③ 첫 번째 변인에 대한 중재가 계속되어야 하고 세 번째 변인이 있을 때는 그에 대한 기초선 자료도 여전히 수집되어야 한다.

(5) 기능적 관계

① 기능적 관계 입증

ⓐ 중다기초선 설계로 수집된 자료는 독립변인과 각 종속변인 간의 기능적 관계를 위해 검토될 수 있다.

ⓑ 두 번째와 그 다음 종속변인에 중재를 도입하는 것은 효과의 복제를 만들어 내는 것이다.

ⓒ 기능적 관계는 각 종속변인이 오직 독립변인이 도입될 때만 연속적으로 변화를 보이면 규명된다.

② 기능적 관계 입증의 어려움

ⓐ 각 종속변수는 기능적으로 독립적이고 중재가 적용될 때까지 안정된 상태로 남아 있어야 한다.

ⓑ 각 종속변수는 기능적으로 유사하여 동일한 중재에 반응해야 한다.

(6) 변형 – 중다간헐 기초선 설계

중재가 실행되지 않는 행동(대상 또는 상황)에 대한 자료를 계속해서 수집하지 않는다.

(7) 장단점

① 장점: 중재의 철회나 준거변경 설계에서의 점진적 변경 없이도 기능적 관계를 확립할 수 있어, 특히 교실에서 사용하기 편리하다.

② 단점

ⓐ 연구자가 중재를 몇 명의 학생, 행동, 상황에 적용해야 하는데 그것이 현실적이지 못한 경우도 있다.

ⓑ 특히 두 번째와 그 다음 종속변인에 대해 오랜 기간에 걸쳐 기초선 자료를 수집해야 한다.

5. 중재비교 설계(= 교대처치 설계, 중재교대 설계 등)

(1) 개념
여러 중재효과를 서로 비교하여 어느 중재가 더 효과적인지 알아볼 수 있는 설계이다.

(2) 교대중재 설계

① 개요
  ⊙ 한 가지 종속변인에 대한 하나 이상의 처치 또는 중재 전략의 효과를 비교하는 것이다.
    예 학생이 독해력에 대한 두 가지 읽기 프로그램의 효과를 비교하거나, 학생의 말하기에 대한 두 가지 행동 감소
       절차의 효과를 비교할 경우
  ⊙ 한 중재가 다른 중재보다 꾸준히 다른 반응 수준을 나타낼 때, 중재효과의 차이를 입증하게 된다.

② 그래프

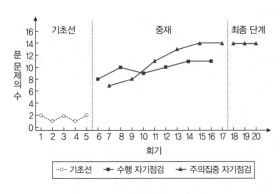

[그림 9-14] 교대중재 설계

③ 내적 타당도
  ⊙ 처치의 실행은 'ABBABAAB'와 같은 임의적 순서로 이루어진다. 2개의 처치가 적용될 때 학생은 각 처치에
     같은 횟수만큼 노출되어야 한다. 처치가 3개이면 순환조를 사용한다. 각 조는 'ABC', 'BCA', 'CAB', 'ACB',
     'BAC', 'CBA' 등과 같이 각 처치의 1회 제시로 구성된다. 즉, 처치를 임의적 순서로 제시함으로써 각 처치가
     다른 처치에 끼칠 수 있는 영향을 최소화할 수 있다.
  ⊙ 일정은 평형을 이루어야 한다. 다시 말해, 한 회기에서 첫 번째로 적용된 처치는 다음 회기에서는 두 번째로
     적용되어야 하고, 첫째 날 오전에 적용된 처치는 둘째 날에는 오후에 적용되어야 하며, 첫째 주 월요일에
     적용된 처치는 두 번째 주 화요일에 적용되어야 한다. 이러한 평형화는 효과 이월이나 효과 연속의 가능성을
     통제해야 한다.

④ **기능적 관계**: 교대중재 설계는 복제 구간을 갖지 않는다. 그러므로 기능적 관계의 존재는 상대적으로 약하다.
   좀 더 확신할 수 있는 사례로 만들기 위해 세 번째 구간이 도입될 수 있다. 이 구간에서는 중재 구간에서 효과적
   이지 않았던 처치로 다루어진 행동에 대해 효과적인 것으로 나타난 처치를 적용한다. 만일 이 구간에서 행동이
   개선되면 처치의 복제가 이루어지고 기능적 관계가 입증된다.

⑤ 장점 및 단점
  ⊙ 장점
    ⓐ 한 대상에게 두 가지 중재를 빠르게 교체하여 실시하므로 기초선 자료 측정을 반드시 하지 않아도 된다.
    ⓑ 교체하여 실시하는 중재끼리 비교하기 때문에, 중재효과를 입증하기 위해 중재를 제거할 필요가 없다.
    ⓒ 중재제거 설계나 복수기초선 설계는 중재 시작 전에 기초선 자료의 안정성이 요구되는 반면, 중재교대
       설계는 기초선 기간에 표적행동의 변화 정도에 상관없이 중재를 교체할 수 있다.
    ⓓ 복수중재 설계는 중재를 오랜 시간을 두고 교체하는 반면, 중재교대 설계는 회기별 또는 한 회기 안에서
       중재를 교체하기 때문에 상대적으로 중재효과를 빨리 비교할 수 있다.
  ⊙ 단점: 명백한 기능적 관계를 확립하기 위해 복제 구간을 도입할 필요가 있다.

(3) **조건변경 설계(= 복합중재 설계, 중다처치 설계, 중다중재 설계, 처치교대 설계, 복수중재 설계 등)**
  ① 개요
    ㉠ 학생의 행동(종속변인)에 대한 두 가지 이상의 처치(독립변인)의 효과를 연구할 때 사용한다.
    ㉡ 중재 간 효과를 비교하는 대표적인 방법으로, 한 중재 기간과 다른 중재 기간 사이에 기초선 기간 또는 또
       다른 중재 기간을 집어넣어 중재 간의 효과를 비교하는 방법이다.
    ㉢ 처음부터 여러 중재를 비교할 목적으로 실시할 수도 있지만, 교육현장에서 어떤 중재를 도입했는데 아동의
       행동 변화가 전혀 없거나 미미한 경우 다른 중재를 사용해 보고자 할 때 사용할 수도 있다.
    ㉣ 복수중재 설계에서 어떤 상황을 다른 상황과 비교할 때는 언제나 인접 상황과의 비교만 가능하기 때문에
       'A-B-A-C'로 설계하는 경우 A는 인접한 B와의 비교만 가능하고 B는 인접한 A와의 비교만 가능하여 B와
       C를 직접 비교할 수는 없다. B와 C를 직접 비교하고 싶은 경우 'ABABCBC'로 설계해야 A는 B와, B는
       C와 비교할 수 있다.
  ② 그래프

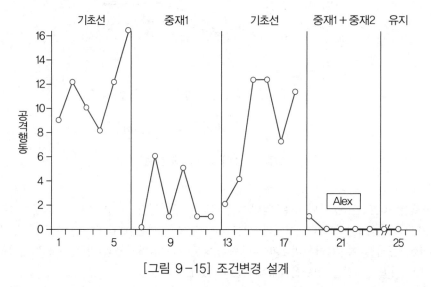

[그림 9-15] 조건변경 설계

    ㉠ 조건변경 설계를 실행하는 첫 번째 단계는 학생의 현재 수행수준을 평가하기 위한 기초선 자료를 수집하는
       것이다.
    ㉡ 안정된 기초선이 확립되면 교사는 선택된 중재를 도입하고 자료수집을 통해 그 효과를 측정한다.
    ㉢ 만일 첫 번째 중재가 학생의 수행에 변화를 나타내지 못하거나, 변화가 충분한 정도가 아니거나, 바람직한
       방향이 아니라면, 교사는 두 번째 중재를 설계할 수 있다. 두 번째 중재는 전략을 완전히 변경한 것일 수도
       있고, 앞의 중재를 수정한 것일 수도 있다.
  ③ **기능적 관계**: 기능적 관계는 좀 더 효과적인 독립변인을 추가적으로 기초선 뒤에 복제함으로써 결정될 수 있다.
  ④ 장점 및 단점
    ㉠ **장점**: 하나의 기초선을 가지는 조건변경 설계는 교사가 학생 행동에 대한 여러 중재의 효과를 비교할 수
       있게 해준다. 비록 기능적 관계가 확립되지는 못하지만 이 형식에 의한 자료의 기록은 학생 행동에 대한
       다양한 절차의 효과를 점검해 볼 수 있게 한다.
    ㉡ **단점**
      ⓐ 교사는 자신이 알고자 하는 것이 분리된 하나의 중재효과보다 중재의 누적적인 효과임을 알아야 한다.
      ⓑ 조건변경 설계를 이용하여 중재를 비교하고자 하는 경우, 비교하고 싶은 중재가 여럿이면 기간이 길어짐
         에 따라 행동의 변화가 아동의 자연 성숙이 아닌 중재 때문임을 입증하기가 어려워질 수 있기 때문에
         주의해야 한다.

6. 단일대상 연구설계 요약

설계	사용	형식
AB 설계	• 기초선 및 중재 동안의 행동 변화를 보기 위함 • 기능적 관계를 규명하지 못하며, 종속변인(행동)에 대한 독립변인 (중재)의 효과 복제가 부족	• 2구간 – 1. 기초선 – 2. 중재
ABAB 설계	기초선과 중재구간 복제를 통하여 독립변인과 종속변인 간의 기능적 관계가 존재하는지를 결정함	• 4구간 – 1. 기초선 – 2. 중재 – 3. 기초선 복귀 – 4. 중재 복귀
준거변경 설계	• 최종 준거를 향하여 체계적인 분량만큼 행동을 증가 또는 감소시키기 위함 • 수행 수준이 변경되는 중간 준거를 계속해서 충족시키면 기능적 관계를 규명함	• 기초선과 중재 • 목표를 향한 각 중간 준거에 대한 구간
중다기초선 설계	(a) 행동, (b) 대상, (c) 상황 간의 복제/일반화를 평가함으로써 독립변인과 종속변인 간의 기능적 관계가 존재하는지를 판단하기 위함	중재/일반화를 위한 기초선과 중재구간
중재비교 설계	• 2개 이상의 독립변인 중 어느 것이 종속변인 발생을 증가시키거나 감소시키는 데 더 효과적인지를 결정하기 위함 • 추가 구간에 더 효과적인 독립변인의 사용을 복제함으로써, 기능적 관계의 존재를 결정할 수 있는 힘을 가짐	• 3구간 – 1. 기초선 – 2. **중재구간**: 교대회기에 각 독립변인을 적용함 – 3. 덜 효과적인 전략으로 배운 내용을 더 효과적인 중재로 복제함으로써, 또는 덜 효과적인 중재가 사용되었던 기간에 더 효과적인 중재로 복제함으로써 기능적 관계를 결정할 수 있음
교대중재 · 조건변경 · ABC 설계	• 2개 이상의 독립변인 중 어느 것이 종속변인 발생을 증가시키거나 감소시키는 데 더 효과적인지를 결정하기 위함 • 기능적 관계는 좀 더 효과적인 독립변인을 추가적으로 기초선 뒤에 복제함으로써 결정될 수 있음	**중다구간** 예 기초선 – 첫 번째 독립변인 – 기초선 – 두 번째 독립변인 – 기초선 – 더 효과적인 독립변인의 복제

다음은 현장 연구를 하기 위해 모인 교사들이 단일대상 연구방법에 대해 나눈 대화이다. 대화의 내용 ㉠~㉤ 중에서 옳은 것만을 있는 대로 고른 것은? [2점]

> 김 교사: 중재효과를 알아보기에 좋은 단일대상 연구방법을 사용해 보셨나요? 반전설계도 좋던데요.
> 민 교사: 네, 하지만 ㉠ 반전설계는 중재를 제공했다가 제거하는 과정을 거치기 때문에, 때로는 윤리적인 문제가 있다는 점도 고려해야겠지요.
> 최 교사: 네, 그래서 저는 ㉡ AB 설계를 통해 문제행동에 대한 기능적 분석을 하고 인과관계도 쉽게 분석할 수 있어 좋았어요.
> 박 교사: ㉢ 점심시간에 짜증을 내는 것과 같이 위협적이지 않은 문제행동의 기능적 관계를 알아보기 위해서는 ABAB 설계보다는 BAB 설계가 더 적절한 것 같았어요.
> 정 교사: ㉣ 동시에 3명의 학생을 대상으로 다양한 상황에서 중재를 실시하여 그 중재효과를 입증할 수 있는 '대상자 간 중다기초선 설계'를 실시하는 것도 좋아요.
> 윤 교사: ㉤ 우리 반 학생이 과제에 집중하도록 '생각 말하기(think aloud)' 중재 전략을 사용했다가 잘 안되어서 '자기점검하기'로 중재 전략을 바꾸어 시도한 ABC 설계도 유용했어요.

① ㉠, ㉡   ② ㉠, ㉤   ③ ㉠, ㉢, ㉤   ④ ㉡, ㉢, ㉣   ⑤ ㉢, ㉣, ㉤

(가)는 지적장애 학생 F에 대한 지도 중점 사항이고, (나)는 교육 실습생이 기록한 학생 F의 수행 점검표이다. (다)는 학생 F의 문제행동 중재 결과이다. 〈작성 방법〉에 따라 서술하시오. [4점]

(가) 지도 중점 사항

> ○ 독립적인 자립생활을 위해 적응행동 기술 교수
> ○ 수업 중 소리 지르기 행동에 대해 지원

(나) 수행 점검표

상위 기술	하위 기술	수행 점검
컵라면 구입하기	컵라면 가격 알기	×
	종업원에게 인사하기	○
	종업원에게 질문하기	○
	계산하고 구입하기	×
컵라면 조리하기	컵라면 뚜껑 열기	○
	컵 안쪽에 보이는 선까지 물 붓기	○
	면이 익을 때까지 기다리기	○
정리하기	빈 용기 정리하기	○

(다) 문제행동 중재 결과

> ○ 문제행동: 소리 지르기
> ○ 중재 방법: ㉠ 타행동 차별강화(DRO)
> ○ 결과 그래프

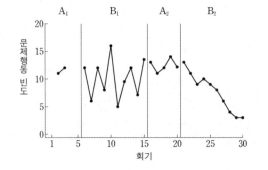

〈작성 방법〉

- 학생 F의 문제행동에 근거하여 (다)의 밑줄 친 ㉠이 적용된 예시를 1가지 서술할 것
- (다)의 ABAB 설계 적용 과정에서 나타난 오류를 2가지 서술할 것

(나)는 김 교사가 수립한 문제행동 중재 및 결과분석 내용의 일부이다. 물음에 답하시오.

(나) 문제행동 중재 및 결과분석

- 표적행동: 손톱 깨무는 행동
- 강화제: 자유놀이시간 제공
- 중재설계: ABAB 설계
- ⓓ 중재 방법
  - 읽기 수업시간 40분 동안, 철규가 손톱을 깨물지 않고 10분간 수업에 참여할 때마다 자유놀이시간을 5분씩 준다. 그러나 10분 이내에 손톱 깨무는 행동이 나타나면 그 시간부터 다시 10분을 관찰한다. 이때 손톱 깨무는 행동이 나타나지 않으면 강화한다.
- ⓔ 관찰 기록지

관찰일시	4월 7일(09:50~10:30)				관찰행동	손톱 깨무는 행동		
관찰자	김 교사(주 관찰자)				최 교사(보조 관찰자)			
관찰시간 (분)	발생회수	시작시간	종료시간	지속시간 (분)	지속시간 백분율(%)	시작시간	종료시간	지속시간 (분)	지속시간 백분율(%)
40	1	10:05	10:09	4		10:05	10:08	3	
	2	10:12	10:17	5		10:13	10:18	5	
	3	10:24	10:29	5		10:25	10:29	4	

- ⓕ 관찰 결과 그래프

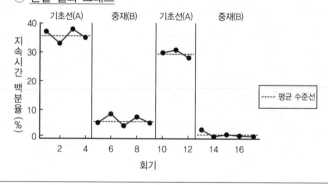

4) ⓕ의 그래프를 보고 표적행동의 변화 결과를 해석하시오. [1점]

- _____

다음 그래프는 수업을 방해하는 문제행동을 감소시키기 위한 중재 결과를 분석한 것이다. 이에 대한 옳은 설명을 〈보기〉에서 고른 것은? [2점]

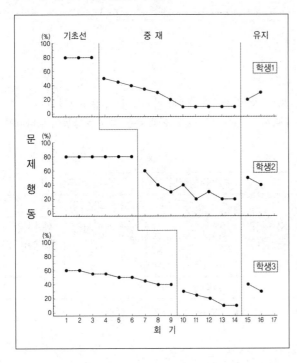

〈보기〉
㉠ 대상자 간 중다간헐기초선 설계가 사용되었다.
㉡ 이 설계는 다수의 기초선을 동시에 측정해야 한다.
㉢ 이 설계는 교사가 실제 교육 현장에서 사용하기 용이하다.
㉣ 학생 2와 학생 3의 기초선 자료는 중재를 실시하기 적합하다.

① ㉠, ㉡   ② ㉠, ㉢   ③ ㉡, ㉢   ④ ㉡, ㉣   ⑤ ㉢, ㉣

(가)는 사회과 수업 설계 노트의 일부이고, (나)는 상황 간 중다기초선설계 그래프이다. 물음에 답하시오.

(가) 수업 설계 노트

○ 기본 교육과정 사회과 분석
　• 내용 영역: 시민의 삶
　• 내용 요소: 생활 속의 질서와 규칙, 생활 속의 규범
　• 내용 조직: ㉠ 나선형 계열구조
○ 은수의 특성
　• 3어절 수준의 말과 글을 이해함
　• 말이나 글보다는 그림이나 사진 자료의 이해
　　도가 높음　　　　　　　　　　　　　　[A]
　• 통학버스 승하차 시, 급식실, 화장실에서 차
　　례를 지키지 않음
○ 목표
　• 순서를 기다려 차례를 지킬 수 있다.
○ 교수 · 학습 방법
　• '사회 상황 이야기'

문제 상황
은수는 수업을 마치고 통학버스를 타러 달려 간다. 학생들이 통학버스를 타려고 줄을 서서 기기다리 있을 때 맨 앞으로 기어든다.

[B]

○ 평가 방법
　• 자기평가
　　– 교사에 의해 설정된 준거와 비교하기
　　– (　　　㉡　　　)와/과 비교하기
　　– 다른 학생들의 수준과 비교하기
　• 교사 관찰: ㉢ 상황 간 중다기초선설계
　• 부모 면접

(나) 상황 간 중다기초선설계 그래프

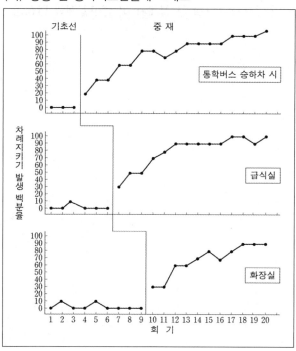

3) ① ㉡에 들어갈 비교 준거의 예를 1가지 쓰고, ② ㉢과 대상자 간 중다기초선설계를 비교하여 차이점을 1가지 쓰며,
　③ (나)에서 첫 번째 중재 후 두 번째 중재의 투입 시점을 결정하는 기준을 1가지 쓰시오. [3점]

　• ①: _____

　• ②: _____

　• ③: _____

다음은 김 교사가 학생 A의 바람직하지 않은 행동을 감소시킨 결과이다. ① 이 단일대상 연구설계의 명칭을 쓰고, ② 김 교사가 적용한 단일대상 연구에서 나타난 오류를 1가지 찾고, ③ 그 이유를 2가지 쓰시오. 그리고 ④ 중다간헐기초선 설계가 이 연구설계의 단점을 보완할 수 있는 이유를 1가지 쓰시오. [5점]

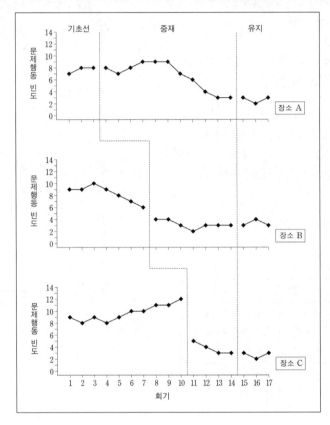

- ① : _____
- ② : _____
- ③ : _____
- ④ : _____

(가)는 박 교사가 3명의 유아를 대상으로 실시한 중재결과를 보여주는 그래프이다. 물음에 답하시오.

(가) 중재결과 그래프

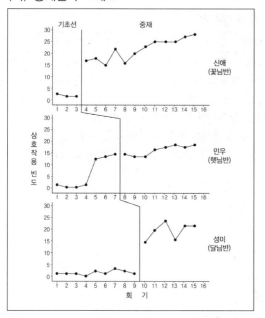

1) ① (가)에서 사용한 연구설계 방법의 명칭을 쓰고, ② 중재를 시작한 시점과 관련한 교사의 오류 2가지를 쓰시오. [3점]

• ①: _____

• ② 오류 ⓐ: _____

  오류 ⓑ: _____

(나)는 수업시간에 확인 질문을 과도하게 하는 정서·행동장애 학생의 행동을 중재한 결과를 나타낸 그래프이다. (나)의 연구설계법 명칭을 쓰시오. [2점]

(나) 중재 결과

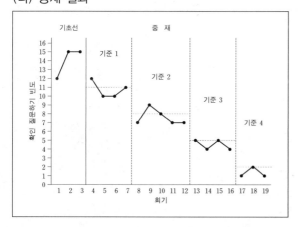

• _____

철수는 유아 특수학교에 다니는 5세 지체장애 유아이다. (가)는 철수의 현재 수준이고, (나)는 김 교사의 중재 연구 설계안의 일부이며. (다)는 지도상의 유의점이다. 물음에 답하시오.

(가) 철수의 현재 수준

- 실제로는 네모가 아닌 경우에도 상자를 닮은 것은 모두 네모라고 말함
- 도형의 속성(뾰족한 점, 구부러진 선, 닫힌 상태 등)을 인지하지 못함
- 외견상 비슷한 도형끼리 짝을 지을 수 있음

(다) 지도상의 유의점

- ㉠ 여러 가지 놀이활동을 통하여 도형의 속성에 관심을 가지도록 한다.
- ㉡ 구체물을 관찰하고 조작함으로써 도형의 속성을 이해하고 표현하도록 한다.
- ㉢ 도형의 속성을 인식하기 위해 입체도형보다 평면도형을 먼저 소개한다.

(나) 중재연구 설계안

목표	도형의 속성에 관하여 말 또는 행동으로 표현할 수 있다.

연구 절차	• 도형 속성 인식률 80%를 최종 목표 수준으로 설정한다.
	• 각 단계별로 성취 수준을 연속 2회기 유지할 경우에 다음 단계로 진행한다.
	• 다음의 순서대로 목표를 변경한다.
	  − 1단계 기준: 도형 속성 인식률 10% 성취하기
	  − 2단계 기준: 도형 속성 인식률 20% 성취하기
	      …생략…

결과 기록	 [중재 A에 의한 철수의 도형 속성 인식률 변화]

2) ① (나)에서 김 교사가 계획한 연구설계의 명칭을 쓰고, ② 중재 A의 효과를 판단할 수 있는 근거 1가지를 쓰시오. [2점]

- ①: _____

- ②: _____

다음의 (가)와 (나)에 적용된 설계에 대한 설명으로 옳지 <u>않은</u> 것은? [2점]

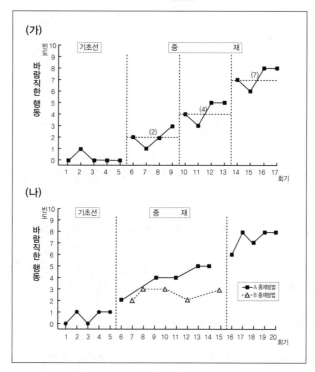

① (가)의 설계는 시급한 행동수정을 필요로 하는 경우에 부적절하다.

② (가)는 중간 단계에서 준거에 너무 늦게 도달할지라도 중간 준거를 조정하면 안 된다.

③ (가)는 최소한 연속적으로 세 개의 구간에서 단계목표가 달성되면 기능적 인과관계가 입증된 것으로 본다.

④ (나)는 중재의 임의적 배열과 평형화를 통해 중재 간 상호 영향을 최소화한다.

⑤ (나)의 설계는 두 가지 이상의 실험처치 또는 중재 조건이 표적행동에 미치는 효과를 비교할 때 활용한다.

(가)는 정서·행동장애 학생 정우의 행동 특성이고, (나)는 정우의 행동 지원을 위한 통합교사와 특수교사의 대화이다. 물음에 답하시오.

(가) 정우의 행동 특성

- 친구들을 자주 때리고 친구들에게 물건을 집어던짐
- 교사의 지시에 대해 소리 지르고 거친 말을 하며 저항함
- 수업 시작종이 울려도 제자리에 앉지 않고 교실을 돌아다님

(나) 대화

통합교사: 저희 학급에서는 ㉠ 시작종이 울리자마자 제자리에 앉는 학생은 누구나 토큰을 받도록 하는 방법을 쓰고 있는데,
정우에게는 그 방법이 효과가 없는 것 같아요.
　　　　　　　　　　…중략…
특수교사: 현재 정우가 시작종이 울린 후에 제자리에 앉기까지 걸리는 평균 시간이 어느 정도죠?
통합교사: 대략 5분 정도 되는 것 같아요.
특수교사: 그렇다면 ㉡ 처음에는 정우가 시작종이 울린 후 제자리에 앉기까지 걸리는 현재의 평균 시간보다 약간 짧은 시간
내에 자리에 앉으면 토큰을 주고, 그것이 성공하면 그 시간을 단계적으로 단축해가면서 토큰을 주는 방법을 적용
할 수 있어요.
통합교사: 아! 그 방법이 좋겠네요. 한번 사용해 볼게요.

3) 다음은 통합학급 교사가 (나)의 밑줄 친 ㉡을 수행하는 과정을 보여주는 기준변경 설계 그래프이다. 이 설계를 사용할 때
① 정우의 행동을 측정할 수 있는 관찰기록 방법 명칭을 쓰고, ② 내적 타당도를 높이기 위해 [A]에서 적용할 수 있는
방법 1가지를 쓰시오. [2점]

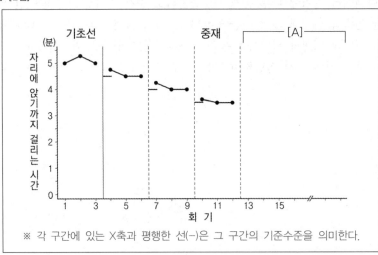

※ 각 구간에 있는 X축과 평행한 선(–)은 그 구간의 기준수준을 의미한다.

- ①: _____

- ②: _____

61 2016학년도 중등 A (기입형) 6번

다음은 김 교사가 정신지체 중학생 A의 연산 수행능력 향상을 위해 '수행 자기점검 중재'를 실시하고 그 결과를
나타낸 그래프이다. ① 이 단일대상 설계의 명칭을 쓰고, ② 설계의 내적 타당도를 높이기 위한 방법을 쓰시오. [2점]

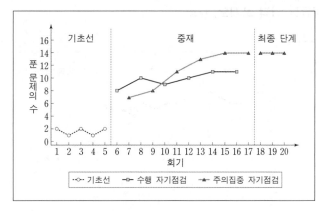

• ① : _____

• ② : _____

62 2017학년도 초등 B 1번 일부

다음은 특수교사가 정서·행동장애 학생 현수를 위해 실시한 행동중재 내용과 관련된 그래프이다. 물음에 답하
시오.

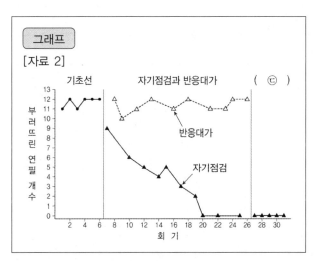

3) ① [자료 2]를 보고 이 설계법의 장점을 반전설계법(ABAB)과 비교하여 쓰고, ② ⓒ에 들어갈 말과 그 이유를 쓰시오.

[2점]

• ① : _____

• ② : _____

다음의 (가)는 자폐성장애 학생 A의 자리이탈 행동을 감소시키기 위해 단일대상 연구를 실시하여 그 결과를 그래프로 나타낸 것이고, (나)는 이 그래프를 보고 특수교사들이 나눈 대화내용이다. (나)의 ㄱ~ㄹ 중 **틀린** 것 2개를 찾아 기호를 쓰고, 그 이유를 각각 쓰시오. [4점]

(가) 단일대상 연구결과 그래프

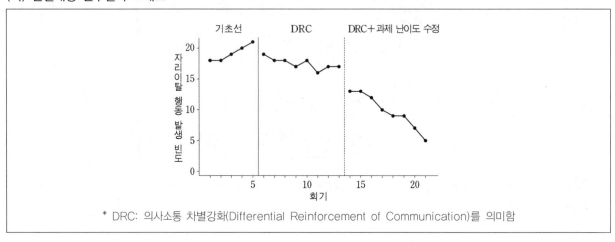

* DRC: 의사소통 차별강화(Differential Reinforcement of Communication)를 의미함

(나) 대화

> ㄱ 김 교사: 'DRC+과제 난이도 수정'이 'DRC'보다 더 효과가 있으니까, 'DRC+과제 난이도 수정'과 자리이탈 행동 간에 기능적 관계가 있다고 할 수 있어요.
>
> ㄴ 박 교사: 이 연구에서는 첫 번째 중재를 통해 학생 A의 자리이탈 행동 변화가 적어서 두 번째 중재를 투입한 거군요.
>
> ㄷ 강 교사: 이 그래프에서 기초선을 보면, 종속변인이 꾸준히 증가하고 있는 추세이기 때문에 첫 번째 중재를 시작하기에 적절하지 않았던 것 같아요.
>
> ㄹ 민 교사: 'DRC+과제 난이도 수정'이 'DRC'보다 효과가 있지만, '과제 난이도 수정'이 'DRC'보다 더 효과적이라고 말할 수는 없어요.

- _____
- _____

제4절 응용행동분석 – 기법

01 행동을 증가시키는 방법(강화)

1. 강화의 종류

① **정적강화**: 행동에 수반하여 특정 자극을 제공함으로써 그 행동을 증가시키는 방법이다.

> 예 초롱이가 수학숙제를 제 날짜에 제출하자, 선생님이 웃으시며 "제 시간에 가져왔구나! 수고가 많았네."라고 칭찬을 하였다.

② **부적강화**: 행동에 수반하여 어떤 자극을 회수 또는 제거함으로써 그 행동을 증가시키는 방법이다.

> 예 민희가 숙제 제출일을 정확하게 지켜 제출하자 교사는 청소시간의 청소를 면제해 주었다.

③ **정적강화와 부적강화의 비교**

강화 종류	차이점		공통점
	자극 조절	자극 종류	
정적강화	제시(+)	긍정적이고 유쾌함	미래 표적행동 발생 증가
부적강화	제거(−)	부정적이고 불쾌함	

2. 강화제의 유형

(1) 근원에 따른 강화제 분류

유형	내용
무조건 강화제 (일차적 강화제, 학습되지 않은 강화제)	• 강화제와 관련하여 아무런 학습 없이도 강화제로서 기능하는 것 • 그 자체가 강화제로서의 기능을 하여 사람의 행동을 증가 또는 유지하게 하는 결과 초래 • **무조건 정적강화제**: 음식, 물, 공기, 온기, 쉴 곳 등은 학습을 거칠 필요, 즉 조건화될 필요가 없음 • **무조건 부적강화제**: 선행학습 없이도 자극의 제거로 행동을 강화할 수 있는 것 　예 충격, 아주 큰 소리, 매우 강한 빛, 고도로 높은 온도, 강한 압력, 신체적 고통 등
조건 강화제 (이차적 강화제, 학습된 강화제)	• 원래 중립적이었던 자극이 다른 강화제와 짝지어지는 과정을 통하여 강화제로서 기능하게 되는 것 • **조건화된 정적강화제**: 점수, 돈 등 • **조건화된 부적강화제**: 잔소리 등

(2) **물리적 특성에 따른 정적 강화제**

종류	내용	예시
음식물 강화제	씹거나, 빨아 먹거나, 마실 수 있는 것	음료수, 과자, 사탕, 크래커, 비스킷 등
감각적 강화제	시각, 청각, 후각, 미각, 촉각에 대한 자극제	음악, 조명, 그림, 사진, 동영상, 거울, 향수, 깃털, 흔들의자 등
물질 강화제	학생이 좋아하는 물건	스티커, 장난감, 학용품, 책, 미술도구, 인형, 장신구 등
활동 강화제	학생이 좋아하는 활동을 하도록 기회·임무·특권을 주는 것	칠판 지우기, 우유 나르기, 칠판에 숙제 적기, 급식실 갈 때 앞장서서 안내하기, 유인물 나눠주기, 모둠활동시간 관리하기, OHP 준비하기, 학급 애완동물 먹이 주기, 선생님 의자에 앉기, CD 플레이어 작동하기, 컬러 유인물 사용하기, 게임하기 등
사회적 강화제	여러 방법으로 학생을 인정해 주는 것	• **감정 표현**: 미소짓기, 고개 끄덕이기, 박수치기, 관심 주기 등 • **근접**: 학생 옆에 앉기, 학생 옆에 서기, 이야기하는 동안 교사 옆에 앉도록 허락하기, 함께 식사하기 • **접촉**: 악수하기, 손잡기, 등 두드리기, 영유아의 경우 간질여주기 • **특혜**: 벽에 아동의 작품 달기, 상장 수여 • **칭찬**: 편지, 쪽지, 카드, 구어적 칭찬 　예 "예쁘게 앉아서 공부하는구나!" 　　"수학문제를 참 잘 푸는구나!"

■ **핵심 플러스 - 프리맥의 원리**

• **정의**: 발생 가능성이 높은 활동을 발생 가능성이 낮은 활동 뒤에 오게 하여 발생 가능성이 낮은 행동의 발생률을 증가시키는 것이다.

　예 숙제보다 나가 놀기를 좋아하는 아이에게 숙제를 마치면 놀이터에 나가서 놀아도 된다고 하는 엄마

• **제한점**
　- 학생이 좋아하는 발생 가능성이 높은 활동을 언제나 발생 가능성이 낮은 활동 뒤에 오게 할 수는 없다.
　　예 학생이 농구를 좋아해도 수학문제를 다 풀었을 때 체육관을 사용하지 못하는 경우
　- 어떤활동은 행동의 바람직한 정도에 비례해서 강화할 수 없다.
　　예 현장학습에 참여할 수 있거나 없는 것처럼 어떤 활동은 전부 아니면 아무것도 없는 경우
　- 어떤 활동은 행동수행 여부에 상관없이 주어져서 결국은 표적행동의 계속적 수행을 방해할 수 있다.
　　예 학생이 철자법에 맞게 단어를 다 쓰지 않았는데도 시간이 되어 점심시간이나 체육시간이 주어지는 경우

3. 강화계획

(1) 종류

① **비율 강화계획**: 표적행동이 발생한 횟수에 근거하여 강화계획을 세우는 것이다.

구분	내용
고정비율 강화계획	• 표적행동이 발생한 횟수에 근거하여 강화를 제시할 비율을 정하고, 정해진 수만큼 표적행동을 보일 때마다 강화를 제시하는 것 예 항상 두 문제 풀고 놀거나 장난을 치는 철현이에게 네 문제를 풀 때마다 강화를 제공한다. • 문제점 – 학생이 표적행동을 하는 데 걸리는 시간은 고려하지 않고 그 행동의 횟수만 고려하므로, 결과적으로 표적행동을 하는 횟수만 부적절하게 높일 수 있으며, 부적절한 유창성의 문제가 생길 수 있음 예 철현이의 경우 올림이 있는 덧셈문제 네 문제를 풀 때마다 강화를 받을 수 있기 때문에 문제를 빨리 풀다 보니 실수도 많이 하고 글씨도 엉망일 수 있다. – 아동이 강화를 받은 후 일시적으로 표적행동을 하지 않는 상태인 '강화 후 휴지기간(post-reinforcement pause)' 현상이 발생할 수 있음 예 철현이는 얼마간 시간이 지나면 올림이 있는 덧셈문제 네 문제를 풀어야 강화제가 주어진다는 것을 인식하게 된다. 그러나 한 번 강화제를 받고 나면 또 다시 네 문제를 풀어야만 강화제가 주어진다는 것을 알기 때문에 일시적으로 수학문제 푸는 것을 중단할 수 있다.
변동비율 강화계획	• 표적행동이 발생한 횟수의 평균에 근거하여 강화를 제시하기 때문에, 강화가 주어지기 위해 필요한 표적행동의 수는 고정되어 있지 않고 평균을 기준으로 하여 변화함 예 교사는 철현이에게 꼬박꼬박 네 문제를 풀 때마다 강화하는 것이 아니라 전체적으로 볼 때 평균 네 문제 풀 때마다 강화하면 된다. • 이런 방식으로 강화제가 주어지면 철현이는 몇 문제를 풀어야 강화제가 주어지는지 모르기 때문에 연속해서 수학문제를 열심히 풀게 됨으로써 고정비율 강화계획에서 나타날 수 있는 강화 후 휴지 기간 발생을 예방할 수 있음

② **간격 강화계획**: 시간 간격에 근거하여 강화계획을 세우는 것으로, 표적행동을 한 후에 일정한 시간이 경과한 후 처음 나타나는 표적행동을 강화한다.

구분	내용
고정간격 강화계획	• 일정 시간 동안에 표적행동이 나타나는 횟수에 근거하여 강화를 제시할 시간 간격을 정하고, 표적행동 발생 후에 정해진 시간 간격이 경과한 후 발생한 첫 번째 표적행동을 강화하는 것 예 철진이가 손을 들고 허락을 받아 발표를 한 후에 5분이 지나고 또 손을 들면 강화하기로 계획한다. • 문제점 – 학생이 정해진 시간 간격을 알고 있다면, 그 시간 간격 동안은 표적행동을 하지 않고 있다가 정해진 시간 간격이 지나고 나서야 표적행동을 하여 강화를 받으려고 할 수 있으며, 이는 학생의 표적행동 발생비율을 낮추는 결과를 가져올 수 있음 – 학생이 한 번 강화를 받은 직후에는 표적행동을 해도 정해진 시간 간격이 지나가기 전에는 강화 받을 수 없음을 알아차린 경우, 강화를 받은 직후에 학생의 표적행동이 급격히 감소하고 강화 받을 시간이 다가오면 갑자기 표적행동이 증폭하는 현상이 나타날 수 있음 – 이런 현상을 '고정간격 스캘럽(scallop)'이라고 하며, 학생의 표적행동 발생률을 그래프로 옮겼을 때 고정 시간 간격 근처에서 표적행동 발생률이 높아지는 것이 마치 조개모양 같아 이름 붙여짐
변동간격 강화계획	• 정해진 평균 시간 간격을 기준으로 강화가 주어지기 때문에 강화를 받을 시기가 고정적이지 않음 • 언제 강화를 받을지 예측할 수 없어 표적행동이 고정간격 강화계획에 비해 꾸준히 발생하고, 강화가 주어지고 난 후 표적행동이 발생하는 수가 급격히 감소하지도 않음 예 전화 메시지 녹음기나 이메일을 확인하는 경우

③ 지속시간 강화계획: 표적행동을 일정한 시간 동안 계속해야 강화가 제시되는 것이다.

구분	내용
고정 지속시간 강화계획	학생이 표적행동을 일정한 시간 동안 지속했을 때 강화가 주어지는 것 ⑩ 시간제 급여를 받는 경우
변동 지속시간 강화계획	• 학생이 표적행동을 평균 지속시간 동안 하고 있으면 강화가 주어지는 것 • 강화가 주어지는 지속시간 간격이 일정하지 않고 평균 지속시간 간격을 기준으로 변화함 ⑩ 지속시간을 3분, 6분, 5분, 4분, 7분으로 설정하여 강화하고, 초원이는 평균 5분의 지속시간 강화계획에 의해 강화받는 경우

(2) 특성

종류	효과
고정비율 계획	• 강화 후 반응의 일시중단이라는 독특한 반응 유형을 산출함 • 고속반응률을 산출함 • 비율의 크기는 반응 속도에 영향을 미치지만 비율을 갑자기 너무 많이 높이면 반응이 오히려 감소하거나 중단됨(비율긴장)
변동비율 계획	• 변동비율 강화는 반응의 중단 없이 일관성 있고 안정된 반응률을 산출함 • 고정비율 강화와 마찬가지로 변동비율 강화에서도 고속반응의 경향성이 나타남 • 변동비율의 크기는 반응률에 영향을 미침

고정간격 계획	• 강화 후 반응의 중단이 비교적 길게 나타나며, 이를 누가빈도 그래프로 그리면 가리비 모양이나 부채꼴의 연속 무늬처럼 나타난다고 하여 '가리비 효과'라고 함
	• 대체로 느리고 완만한 반응률을 산출하며 시간 간격의 길이는 반응의 중단과 반응률에 영향을 미침
	• 강화 후 반응의 중단현상은 고정간격 강화와 고정비율 강화에서 모두 나타나지만 그 형태가 서로 다름
	  − 고정비율 강화에서는 잠시 휴식한 후에 일단 반응을 다시 시작하면 하나의 반응단위가 완수될 때까지 아주 빠른 속도로 일관성 있게 반응하는 모습을 볼 수 있음
	  − 반면 고정간격 강화에서는 강화 후 반응의 중단이 비교적 길고, 강화되기 직전에만 집중적으로 높은 반응률을 보일 뿐 전반적으로 반응 속도가 느림

변동간격 계획	• 변동간격 강화는 일정하고 안정된 반응률을 산출함 • 변동간격 강화는 비교적 느리고 완만한 반응률을 산출하며, 평균간격의 길이가 반응률에 영향을 미침

4. 토큰제도(= 토큰경제)

(1) 정의

① 학생이 바람직한 행동을 하면 토큰을 주고, 나중에 원하는 강화제와 교환할 수 있게 하는 것이다.

② 토큰 자체는 강화하는 힘이 없지만 매력적인 것으로 교환이 가능하기 때문에 강화의 가치를 갖게 되는 것으로, 화폐와 동일한 의미와 기능을 가진다.

③ 반응대가와 결합하여 쓰인다.

④ 토큰: 일반화된 조건강화 자극의 한 종류로 물질적인 상품, 좋아하는 활동, 기타 혜택, 교환 가능한 상징적인 표, 점수, 스티커, 딱지, 별표, 장난감, 돈 등이 있다.

(2) 장점

① 학생에게 주어진 강화를 수량화할 수 있다.

② 휴대가 가능하므로 교사가 지니고 다니다가 표적행동 후에 쉽게 줄 수 있다.

③ 점수가 같은 토큰은 교실 밖 어디에서도 쉽게 학생의 소유가 될 수 있다.

④ 한 사람이 가질 수 있는 최대치의 제한이 없다.

⑤ 언제든지 제공될 수 있고, 쉽게 표준화될 수 있다.

⑥ 고도로 구조화되어 있어 표적행동을 일관성 있게 강화할 수 있다.

⑦ 다시 사용할 수 있게 만들 수 있고, 복사할 수 없도록 독특하게 만들 수 있다.

⑧ 학생은 자신이 가진 토큰 양을 언제든지 알 수 있고, 특히 물건으로 만든 토큰은 학생이 직접 만질 수 있는 계속적이면서 직접적인 피드백이 된다.

⑨ 주관적으로 주어지는 사회적 강화제와 달리 객관적으로 정확한 양을 제공할 수 있으므로, 학생의 수행 정도에 비례하여 줄 수 있다.

⑩ 다른 학생을 방해하지 않고 전달 가능하다.

⑪ 행동이 개선됨에 따라 가치를 달리하여 제공할 수 있다.

⑫ 학생이 원하는 것을 얻는 만족 지연을 연습하게 해 준다.

⑬ 다양한 교환 강화제 때문에 융통성 있게 사용할 수 있다.

⑭ 강화 주는 사람, 강화 주는 장소, 강화 받을 행동에 상관없이 사용할 수 있다.

⑮ 사회적 강화제보다 더 효과적이다.

(3) 실행 절차

① 토큰제도를 적용할 표적행동을 선정하고 표적행동에 대한 토큰의 양을 결정한다.

② 무엇을 토큰으로 사용할 것인지 결정하고, 토큰을 구입하거나 만든다.

③ 교환 강화제와 바꿀 때까지 토큰을 보관할 방법과 획득된 토큰의 양을 기록할 방법을 결정한다.

④ 교환 강화제를 선정하여 그 값어치를 결정한다.

⑤ 교환 강화제 메뉴판을 만들어 종류별로 그 값어치와 함께 잘 볼 수 있는 곳에 게시한다.

⑥ 언제 어디서 토큰을 교환 강화제와 바꿀 수 있는지 결정한다.

⑦ 학생에게 토큰제도를 가르친다.

⑧ 표적행동에 대한 자료를 수집하면서 토큰제도를 실행한다.

⑨ 표적행동에 향상을 보이면 강화계획을 약화한다.

5. 행동계약

(1) 정의

행동목표를 달성할 때 주어지는 강화에 대해 학생과 교사가 동의한 내용을 문서로 작성하는 것으로, 강화 조건과 강화제 내용을 문서화한 것이다.

(2) 구성요소

① 학생의 표적행동
② 표적행동의 조건과 준거
③ 강화 내용과 방법
④ 계약기간
⑤ 계약자 피계약자의 서명란

(3) 방법

① 학생이 수행해야 할 표적행동은 관찰과 측정이 가능하도록 구체적으로 정의한다.
② 표적행동의 달성으로 볼 수 있는 행동의 수행수준과 준거를 기록한다.
③ 강화의 전달 형태, 방법, 양을 구체적으로 기록하고, 계약조건을 충족할 전체 기간을 기록한다.
④ 학생과 교사의 이름을 적는다.

(4) 실행 절차

① 학생의 이해 수준에 맞게 행동계약이 무엇인지 설명하고 행동계약을 하겠다는 학생의 동의를 얻는다.
② 계약서에 명시할 표적행동을 선정한다.
③ 행동목표를 달성하면 주어질 강화제의 내용을 결정하고, 이를 받을 수 있는 기준과 계약 기한을 결정한다.
④ 계약 내용의 이행에 관련 있는 사람들이 모두 계약 내용을 이해하고 동의한 후에 계약서에 서명하고 복사하여 한 부씩 나눠 갖고, 각자 보관한다.
⑤ 행동계약서에 있는 표적행동 발생에 대한 정보를 수집하면서 계약서에 명시된 기한에 계약서 내용을 검토하고 그대로 이행한다.
⑥ 계약 내용의 수행은 미루지 않고 즉각 계약서의 내용대로 이루어져야 한다.

6. 집단강화

(1) 정의

집단 구성원 중 특정 개인, 일부 또는 전체 구성원의 행동에 수반하여 어떤 공통적 후속자극(일반적 강화자극)을 집단 전체에 제공함으로써 집단 구성원 중 한 사람, 일부 또는 전체의 행동을 변화시키는 방법이다.

(2) 목적

① 집단 내 모든 학생을 대상으로 한 개 이상의 목표행동을 향상시킬 수 있다.
② 일부 유형의 경우, 집단 구성원들이 동일한 공동의 목표를 위한 작업을 해야 하므로 집단 응집력과 협력을 촉진할 수 있다.

(3) 집단강화의 유형

구분	내용
독립적 집단강화	• 동일한 후속자극이 집단 구성원 모두에게 동등하게 제공되지만 특정 개인이나 소수 집단 또는 전체 집단의 행동과는 상관없이 구성원 각자의 행동에 따라 강화 여부가 개별적으로 결정됨 • 보통 행동계약 및 토큰제도와 병행하여 사용되는데, 이는 다른 집단 구성원의 행동수행과 상관없이 항상 독립적으로 강화계획이 설정된다는 점에서 거의 동일하기 때문
종속적 집단강화	• 집단 내의 개인 또는 정해진 일부 구성원의 행동수행 결과에 따라 집단 구성원 모두가 동일한 후속자극을 동시에 공유할 수 있음 • 집단 전체에 제공되는 보상이 한 개인의 행동 또는 소수 구성원의 행동에 의해 결정됨
상호 종속적 집단강화	동일한 후속자극이 집단 구성원 모두에게 동시에 제공되는 것은 종속적 집단강화와 같지만, 집단강화를 얻기 위해 집단 구성원 모두가 개인적 또는 집단 전체로서 일정한 강화기준에 도달해야 함

(4) 장점

① 시간절약이 가능하다.
② 개별적 행동관리가 어려운 상황에서 아주 편리하게 활용할 수 있다.
③ 수업 분위기를 와해하는 것과 같은 집단의 심각한 문제행동을 신속히 해결하는 데 효과적으로 활용할 수 있다.
④ 또래는 행동치료자 및 행동관리자로 활용할 수 있으므로 또래압력과 영향력을 긍정적으로 극대화할 수 있다.
⑤ 집단 내에서 긍정적인 사회적 상호작용과 행동적 지원을 촉진하는 데 효과적으로 활용할 수 있다.

(가)는 특수학교에 재학 중인 자폐성장애 학생 동호의 행동 특성이고, (나)는 초등학교 2학년 미술과 '즐거운 미술관 구경' 단원의 교수 · 학습 과정안이다. 물음에 답하시오.

(가) 동호의 행동 특성

• 사진 찍히기를 싫어하여 사진찍기 활동의 참여도가 낮음 • 놀이실에 있는 트램펄린에서 뛰는 활동을 매우 좋아함

(나) 교수 · 학습 과정안

단원명	즐거운 미술관 구경	제재	미술 작품 감상하기
학습목표	작품 속 주인공의 모습을 흉내 내며 화가의 마음을 느껴 볼 수 있다.		

단계	학습내용	교수 · 학습활동
1	시각적 대상이나 현상 탐색을 통한 경험과 사전 지식 자극하기	• 작은 미술관으로 꾸며진 교실에 전시된 명화 속에 무엇이 있는지 탐색한다. • 개인의 경험과 사전 지식을 떠올려 미술 작품의 특징을 찾아본다.
2	질문, 토의, 반성의 상호작용하기	• 참고 미술 작품 속 주인공의 모습을 흉내 내어 본다. • 미술 작품 속 주인공이 되려면 준비하고 만들어야 하는 것이 무엇인지 질문에 답하고, 친구들과 토의한다.
3	관련 미술 작품을 탐색하고, 참고 미술 작품을 새로운 시각으로 표현 활동과 연계하기	• 관련 미술 작품을 탐색하고 참고 미술 작품을 새로운 시각으로 표현할 방법을 구상한다. • 여러 가지 재료와 표현 기법을 활용하여 작품 속 주인공의 의상, 소품, 액자 등을 만든다. • 참고 작품에 새로운 생각을 추가하거나 독특한 표현으로 유사한 작품을 그린 후 작품 속 주인공의 모습을 흉내 내거나 작품의 일부가 되어본다.
4	완성 작품에 의미와 가치 부여하기	• 자신이 좋아하는 미술 작품 옆에 색종이로 접은 꽃이나 스티커를 붙인다. • ㉠ 작품 속 주인공처럼 꾸민 후 액자 틀을 들고 친구들과 미술 작품의 배경 앞에서 즉석 사진을 찍는다.

3) (나)의 ㉠에서 동호의 사진 찍기 활동 참여를 위해 교사가 동호의 행동 특성을 활용하여 지도할 수 있는 정적 강화 기법을 쓰고, 이를 적용한 지도 내용을 쓰시오. [2점]

• ① 정적 강화 기법: _____

• ② 지도 내용: _____

(가)는 5세 발달지체 유아들의 행동 특성이고, (다)는 활동계획안이다. 물음에 답하시오.

(가) 발달지체 유아들의 행동 특성

민정	• 활동 시 교사의 말에 집중하는 시간이 짧음 • 대집단 활동 시 활동영역을 떠나 돌아다니는 경우가 많음
주하	• 음악활동은 좋아하나 활동 참여시간이 짧음 • 일상생활에서 자주 사용하는 3음절의 단어(사람, 사물 이름)로 말함
소미	• 수줍음이 많고 활동 참여에 소극적임 • 수업 중 앉아 있는 시간이 짧음

(다) 활동계획안

활동목표		(생략)
활동방법		**자료(㉽) 및 유의점(㊋)**
활동 1	• '○○○ 옆에 누가 있나요?' 노래를 듣는다. – 노래 전체 듣기 – 노랫말 알아보기	㉽ '○○○ 옆에 누가 있나요?' 노래 음원, 그림악보 ㊋ ㉠ <u>민정, 주하, 소미가 일정 시간 동안 활동에 참여하면 각자 원하는 놀이를 하게 해준다.</u>
활동 2	• 다양한 방법으로 노래를 부른다. – 한 가지 소리(아이아아~)로 불러 보기 – 친구 이름 넣어서 노래해 보기 – 유아들을 나누어 불러 보기 – 다함께 불러 보기 ···중략···	㊋ 민정이는 좋아하는 또래들과 어깨동무를 하고 노래 부르게 한다. ㊋ 주하는 ○○○에만 친구 이름을 넣어 부르게 한다. ㊋ 바닥에 원형 스티커를 붙여 놓고 자리를 이동하며 노래부르게 한다.
활동 3	• 리듬악기를 연주해 본다. – 리듬패턴 그림을 보며 리듬 알아보기 – 리듬에 맞추어 손뼉치기 – 리듬에 맞추어 리듬악기 연주하기 ···하략···	㊋ 리듬패턴은 그림악보로 제공한다. ㊋ 유아가 익숙하게 다룰 수 있는 리듬악기를 제공한다. ㊋ 소미가 친구들에게 리듬악기를 나누어 주도록 한다.

2) ① 프리맥(D. Premack)의 원리를 적용한 (다)의 ㉠에서 고빈도 행동을 찾아 쓰고, ② 물리적 특성(강화 형태)에 근거하여 ㉠에 제시된 강화제의 유형은 무엇인지 쓰시오. [2점]

• ①: _____

• ②: _____

다음은 교사가 강화를 적용한 후, 발생한 문제상황과 수정한 강화계획을 나열한 것이다. (가)~(다)에 대한 설명으로 옳은 것만을 〈보기〉에서 있는 대로 고른 것은? [2점]

	강화적용 후 발생한 문제상황	수정한 강화계획
(가)	학생이 과제를 완성할 때마다 과자를 주었더니 과자를 너무 많이 먹게 되었다.	교사는 학생이 과제를 10개씩 완성할 때마다 과자를 준다.
(나)	학생이 인사를 할 때마다 초콜릿을 주었더니, 초콜릿에 지나친 관심을 보였다.	교사는 학생이 인사할 때마다 칭찬을 한다.
(다)	학생에게 30분 동안 혼자서 책을 읽게 하고, 매 5분마다 점검하여 토큰을 주었더니, 점검할 때만 집중하여 책을 읽는 척하였다.	교사는 3분 후, 5분 후, 2분 후, 10분 후, 4분 후, 6분 후에 집중하여 책을 읽고 있는지 점검하고 토큰을 준다.

〈보기〉

ㄱ. (가)는 강화결핍으로 인해 생긴 문제이다.
ㄴ. (가)는 고정비율 강화계획으로 수정한 것이다.
ㄷ. (나)는 이차적 강화를 사회적 강화로 수정한 것이다.
ㄹ. (나)는 고정간격 강화계획으로 수정한 것이다.
ㅁ. (다)는 강화포만으로 인해 생긴 문제이다.
ㅂ. (다)는 변동간격 강화계획으로 수정한 것이다.

① ㄱ, ㅁ　　　　② ㄴ, ㅂ　　　　③ ㄴ, ㄷ, ㅂ　　　　④ ㄹ, ㅁ, ㅂ　　　　⑤ ㄱ, ㄷ, ㄹ, ㅁ

(가)는 통합유치원 5세 반 일일 교육계획안의 일부이다. 물음에 답하시오.

(가) 일일 교육계획안

생활주제	유치원과 친구		소주제	우리 반에 필요한 약속 알아보기
목표	• 유치원 일과를 알고, 즐겁게 생활한다. • 놀이의 약속과 규칙을 알고 지킨다.			
시간/활동명	활동내용			자료 및 유의점
9:00~9:10 〈등원 및 인사 나누기〉	• 선생님, 친구들과 반갑게 인사 나누기 • 가방, 옷을 정리하고 출석 이름표를 찾아 붙이기			• 유아에 대한 정보(약, 건강 상태 등) 받기
9:10~10:20 〈자유선택활동〉	• ㉠ 언어 영역: '약속'과 관련된 책 읽기 • 미술 영역: 색종이로 하트 접기 • 조작 영역: 집 모양 퍼즐 맞추기			(생략)
10:20~10:40 〈정리 및 평가〉	• 놀잇감을 제자리에 정리하기 • 자유선택활동을 평가하기			(생략)
10:40~11:00 〈간식〉	• 손을 씻고 간식 먹을 준비하기 • 간식을 먹은 후 테이블과 간식 접시, 포크를 스스로 정리하기			• 우유, 쿠키
11:00~11:20 〈이야기 나누기〉	• ㉡ 〈우리 반에 필요한 약속을 정해요.〉 • 우리 반에 필요한 약속에 대해 이야기 나누기			• 화이트보드, 마카펜
11:20~11:50 〈바깥놀이〉	• 실외 자유선택활동하기			(생략)

4) 교사는 발달지체 유아 민지의 정리정돈 활동을 지원하기 위해 다음과 같은 강화계획을 사용하였다. ①의 강화계획이 가지고 있는 제한점 1가지를 쓰고, ②에 해당하는 강화계획을 쓰시오. [2점]

> 민지가 ① 정리정돈을 할 때마다 칭찬을 해 주었다. 교사는 민지의 정리정돈 행동이 습득되자 그 행동이 유지되도록 하기 위해 4회, 2회, 4회, 6회, 3회, 5회(평균 4회)의 정리정돈을 할 때마다 칭찬을 하는 (②)을(를) 적용하였다.

• ①: _____

• ②: _____

(가)는 초등학교 6학년 자폐성장애 학생 민호의 특성이고, (나)는 '지폐 변별하기' 지도계획의 일부이다. 물음에 답하시오.

(가) 민호의 특성

- 물건 사기와 같은 일상생활의 문제를 해결하기 위해 스스로 계획하고 수행하는 데 어려움이 있음
- 점심시간과 같이 일상적으로 반복되던 시간에 작은 변화가 생기면 유연하게 대처하기보다 우는 행동을 보임 ⎤ [A]
- 수업시간 중 과자를 먹고 싶을 때 충동적으로 과자를 요구하거나 자리이탈 행동을 자주 보임 ⎦
- 다른 사람의 감정과 사고를 파악하는 데 어려움이 있음
- 시각적 자극으로 이루어진 교수자료에 관심을 보임
- 자폐의 구분과 사용에 어려움이 있음

(나) '지폐 변별하기' 지도계획

- 표적 학습기술: 지폐 변별하기
- 준비물: 1,000원짜리 지폐, 5,000원짜리 지폐
- 학습 단계 1
  - 교사가 민호에게 "천 원 주세요."라고 말했을 때, 1,000원짜리 지폐를 찾아 교사에게 주도록 지도함
  - 교사가 민호에게 "오천 원 주세요."라고 말했을 때, 5,000원 짜리 지폐를 찾아 교사에게 주도록 지도함
  - 민호가 정반응을 보일 때마다 칭찬으로 강화함
  - 민호가 정해진 수행기준에 따라 '지폐 변별하기'를 습득하면 다음 학습 단계로 넘어감
- 학습 단계 2
  - ㉠ 민호가 '지폐 변별하기' 반응을 5분 내에 15번 정확하게 수행할 수 있도록 지도한 다음, 더 짧은 시간 내에 15번 정확하게 수행할 수 있도록 연습하게 함

  ···중략···

- 유의사항
  - ㉡ 민호가 습득한 '지폐 변별하기' 기술을 시간이 지난 뒤에도 수행할 수 있도록 '학습단계 1'의 강화계획(스케줄)을 조정함
  - 민호가 ㉢ 습득한 '지폐 변별하기' 기술을 일상생활에서 사용할 수 있도록 다양한 실제상황(편의점, 학교 매점, 문구점 등)에서 1,000원짜리 지폐와 5,000원짜리 지폐를 변별하여 민호가 좋아하는 과자를 구입하도록 지도함

3) ① (나)의 ㉡을 위한 강화 계획(스케줄) 종류를 쓰고, ② ㉢의 이유를 강화제 측면에서 쓰시오. [2점]

- ①: _____
- ②: _____

(가)는 정서·행동장애 학생 I, J, K에 대한 김 교사의 행동중재 지도내용이다. (나)는 학생 I의 행동계약서 예시이고, (다)는 행동 계약규칙이다. 〈작성 방법〉에 따라 서술하시오. [4점]

(가) 행동중재 지도내용

- 표적행동 선정
  - 학생 I: 지시 따르기 행동
  - 학생 J: 지시 따르기 행동
  - 학생 K: 지시 따르기 행동
- 표적행동 수행률

학생 \ 회기	기초선 1	기초선 2	기초선 3	중재 4	중재 5	중재 6	중재 7	중재 8	중재 9	중재 10	중재 11	중재 12	중재 13	중재 14	중재 15
학생 I	10	10	10	70	80	90	90	90	90	90	90	90	90	90	90
학생 J	10	10	10	10	10	70	80	90	90	90	90	90	90	90	90
학생 K	10	10	10	10	10	10	10	70	80	90	90	90	90	90	90

…하략…

(나) 학생 I의 행동계약서 예시

우리의 약속

학생 I는 수학 수업시간에 지시 따르기 행동을 하면, 김 교사는 학생 I에게 점심시간에 5분 동안 컴퓨터 게임을 하게 해준다.
(기간: 2019.○○.○○. ~ 2019.○○.○○.)

학생	학생 I	서명	날짜	2019.○○.○○.
교사	김 교사	서명	날짜	2019.○○.○○.

〈과제수행 기록〉

회기	1	2	3	4	5	6	7	8	9	10	11	12	13	14	15
학생															
교사															

(다) 행동계약 규칙

- ㉠ 계약조건은 계약 당사자 모두에게 공정해야 한다.
- ㉡ 계약 초기에는 높은 기준을 설정하여 목표가 달성되도록 한다.
- ㉢ 표적행동이 수행된 후에 보상한다.
- ㉣ 계약서는 비공개적으로 보관한다.

〈작성 방법〉

- (가)에서 사용된 단일대상 설계를 1가지 쓸 것
- (나)에서 제시되지 않은 행동계약 구성요소를 1가지 쓸 것
- (다)에서 잘못된 내용을 2가지 찾아 기호를 쓰고, 바르게 고쳐 쓸 것

(가)는 정서·행동장애 학생 정우의 행동 특성이고, (나)는 정우의 행동 지원을 위한 통합교사와 특수교사의 대화이다. 물음에 답하시오.

(가) 정우의 행동 특성

> • 친구들을 자주 때리고 친구들에게 물건을 집어던짐
> • 교사의 지시에 대해 소리 지르고 거친 말을 하며 저항함
> • 수업 시작종이 울려도 제자리에 앉지 않고 교실을 돌아다님

(나) 대화

> 통합교사: 저희 학급에서는 ㉠ 시작종이 울리자마자 제자리에 앉는 학생은 누구나 토큰을 받도록 하는 방법을 쓰고 있는데,
> 정우에게는 그 방법이 효과가 없는 것 같아요.
> …중략…
> 특수교사: 현재 정우가 시작종이 울린 후에 제자리에 앉기까지 걸리는 평균 시간이 어느 정도죠?
> 통합교사: 대략 5분 정도 되는 것 같아요.
> 특수교사: 그렇다면 ㉡ 처음에는 정우가 시작종이 울린 후 제자리에 앉기까지 걸리는 현재의 평균 시간보다 약간 짧은 시간
> 내에 자리에 앉으면 토큰을 주고, 그것이 성공하면 그 시간을 단계적으로 단축해 가면서 토큰을 주는 방법을
> 적용할 수 있어요.
> 통합교사: 아! 그 방법이 좋겠네요. 한번 사용해 볼게요.

2) ① (나)의 밑줄 친 ㉠과 같은 집단강화 방법의 명칭을 쓰고, ② 이 방법이 다른 집단강화 방법과 구별되는 점을 쓰시오. [2점]

• ①: _____

• ②: _____

02 행동을 감소시키는 방법

1. 차별강화

(1) 정의

바람직한 행동에는 강화를 제공하고, 바람직하지 못한 행동에는 강화를 제공하지 않음으로써 강화를 받지 못하는 행동을 감소시키는 방법이다.

(2) 유형

유형	내용
저빈도 행동 차별강화 (DRL)	• 표적행동으로 설정된 행동 자체가 문제라기보다 그 행동의 발생빈도가 지나치게 높아 문제가 되는 경우에 그 행동의 빈도 수가 수용될 만큼의 기준치로 감소되었을 때 강화하는 것 • 행동이 정해진 시간 간격 동안 정한 기준만큼 또는 기준보다 적게 발생했을 때 강화하는 것으로, 발생빈도가 낮은 행동에 대해 차별강화하는 것
타행동 차별강화 (DRO)	• 일정 시간 간격 동안 표적행동이 발생하지 않으면 그 시간 간격 동안 어떤 행동이 발생하든지 상관없이 강화하는 것 • 표적행동이 발생하지 않는 것에 대해 강화하는 것
대체행동 차별강화 (DRA)	• 학생이 문제행동을 할 때는 강화하지 않고 문제행동을 대신할 수 있는 바람직한 행동(대체행동)을 할 때 강화하는 것 • 바람직한 행동에 대한 강화와 바람직하지 않은 행동에 대한 소거를 결합한 것이라고 할 수 있으며, 대체행동 차별강화에서 대체행동의 기능은 문제행동의 기능과 동일해야 함
상반행동 차별강화 (DRI)	• 상반행동은 문제행동과 동시에 발생할 수 없는 바람직한 행동을 의미함 • 상반행동 차별강화는 문제행동의 상반행동에 대해 강화하는 것

(3) 특성

종류	강화받는 행동	목적
저비율 차별강화	정해진 기준치 이하의 표적행동	표적행동 발생빈도의 감소
타행동 차별강화	표적행동 외의 모든 행동	표적행동이 발생하지 않는 시간의 증가
대체행동 차별강화	표적행동과 동일한 기능의 대체행동	대체행동의 강화를 통한 표적 행동의 제거
상반행동 차별강화	표적행동의 상반행동	상반행동을 통한 표적행동의 제거

(4) 상반행동 차별강화와 대체행동 차별강화의 비교

구분	상반행동 차별강화	대체행동 차별강화
공통점	• **방법**: 문제행동은 강화하지 않고, 문제행동을 대신할 수 있는 바람직한 행동은 강화함 • **강화하는 행동**: 사회적으로 용인되는 행동	
차이점	• 문제행동과 상반행동이 동시에 발생할 수 없음 • 문제행동과 상반행동의 기능이 동일할 필요가 없음 • 문제행동과 상반되는 행동을 찾기 어려울 수 있음	• 문제행동과 대체행동이 동시에 나타날 수 있음 • 문제행동과 대체행동의 기능이 동일해야 함 • 상반행동 차별강화보다 대체행동의 개발 범위가 넓음

(5) 타행동 차별강화의 단점

① 의도하지 않았지만 표적행동이 아닌 다른 문제행동을 강화할 수 있다. 이 경우, 학생이 타행동 차별강화의 특성을 이용할 수도 있다. 따라서 여러 종류의 문제행동을 많이 보이는 학생에게 타행동 차별강화를 사용하는 것은 바람직하지 않으며, 문제행동 감소를 위한 다른 기법들과 연계하여 사용하는 것이 좋다.

　　예 교사가 자신의 특정 행동이 발생하지만 않으면 강화한다는 사실을 알고 표적행동 이외의 다른 부적절한 행동을 하는 경우

② 교사는 타행동 차별강화를 통해 바람직하지 않은 행동을 제거함으로써 '행동의 진공 상태'를 만들어 놓을 수 있다. 그렇게 되면 학생은 바람직하지 않은 행동은 하지 않겠지만 바람직한 행동을 배우지 못했기 때문에 또 다른 바람직하지 않은 행동을 시도할 수 있으므로 교사는 대체행동을 가르쳐야 한다.

③ 교사가 주는 강화가 학생이 바람직하지 않은 행동을 통해 얻을 수 있는 강화보다 강력하지 않으면 효과가 없다. 따라서 효과적인 강화제를 선택해야 한다.

2. 소거

(1) 정의

문제행동을 강화하는 후속자극을 환경으로부터 제거하거나 차단함으로써 행동을 감소, 제거하는 방법이다.

(2) 소거 사용 시 고려사항

① 소거의 효과는 느리다는 점을 기억해야 한다.
　　㉠ 소거의 효과는 즉시 나타나지 않으며 상당한 시간이 요구된다.
　　㉡ 이 특성을 '소거저항'이라고 하며, 간헐강화를 경험한 행동에서 더욱 높게 나타난다.
　　㉢ 간헐강화는 보상이 언젠가는 주어질 것이라는 기대를 버릴 수 없게 한다.
　　㉣ 따라서 강화가 중단되어도 행동은 소거되지 않고 상당 기간 지속된다.

② 소거 초기에 나타나는 행동의 증가 현상에 대처해야 한다.
　　㉠ 초기의 소거 과정에서는 현격한 행동의 감소가 시작되기 앞서 표적행동의 비율과 강도가 크게 증가한다.
　　㉡ 이러한 증가현상을 '소거폭발(소거 발작)'이라고 하는데, 많은 교사와 부모들은 초기의 폭발적 증가현상에 당황하거나 참지 못하고 포기하는 경우가 많다.
　　㉢ 만일 이러한 상황에서 소거치료를 중단하면 간헐강화의 효과가 가중되어 소거저항은 더욱 높아진다.

③ 소거 후에 나타나는 자발적 회복현상에 대처해야 한다.
　　㉠ 소거 초기에 나타나는 소거폭발 현상과 함께 소거 과정에서 발생하는 또 하나의 특징은 자발적 회복현상이다.
　　㉡ 이는 완전히 제거된 줄로만 알았던 문제행동이 얼마의 시간이 지난 뒤에 다시 나타나는 현상이다.

④ 어떤 형태로든 부적절한 행동에 관심을 보여서는 안 된다.

⑤ 소거 초기에 공격적인 행동이 유발될 수 있다.

⑥ 상반행동과 대체행동 차별강화 전략을 병행하여 사용한다.

⑦ 주변 모든 사람이 소거계획에 협조할 수 있도록 사전에 동맹을 맺는다.

⑧ 소거전략을 일관성 없이 사용하면 간헐강화의 효과로 소거저항이 높아진다.

3. 벌

(1) 정의

행동에 뒤따르는 후속결과의 조절로 미래 행동의 발생 가능성을 감소시키는 방법이다.

(2) 벌의 효과에 영향을 미치는 것

구분	내용
즉시성	행동 뒤에 결과가 즉각적으로 주어져야 함
유관성	행동이 발생할 때 매번 같은 결과가 주어져서 행동과 결과가 관련성이 있어야 함
유인력	벌이 벌로서 효과가 있도록 하는 조건을 의미함
개인차	벌로 주어지는 결과가 벌로서 기능할 만큼 강한가의 기준은 사람마다 다를 수 있음

(3) 유형

① 부적 벌

㉠ 반응대가와 타임아웃

구분	내용
반응대가	학생이 문제행동을 하면 그 대가로 이미 지니고 있던 강화제를 잃게 함으로써 문제행동의 발생률을 감소시키는 절차 예 수업시간에 떠들면 휴식시간이 감소하는 것
타임아웃	• 문제행동이 발생했을 때 학생이 정적강화를 받지 못하게 일정 시간 동안 강화제로의 접근을 차단하는 것 • 정적강화를 받을 기회를 제거하는 것 예 광필이가 수학시간에 부적절한 행동을 하자 교사가 광필이를 복도에 있는 타임아웃 의자로 보내는 것

㉡ 반응대가와 타임아웃의 비교

비교	반응대가	타임아웃
공통점	정적자극 제거	
차이점	강화제의 상실	강화 받을 기회의 제거(강화제로의 접근 차단)

② 정적 벌

구분	내용
과잉교정	• 부적절한 행동에 대한 후속결과로 적절한 행동을 반복적으로 하게 하는 절차 • 부적절한 행동과 관련된 적절한 행동을 연습하게 하는 것으로, 행동을 가르쳐 주는 것이 벌이 되는 이유는 적절한 행동을 한 번이 아니라 여러 번 반복하게 하는 방법이 혐오자극이 되기 때문 • **정적연습 과잉교정**: 학생이 부적절한 행동을 한 경우, 부적절한 행동을 대체할 수 있는 적절한 행동을 반복적으로 연습하게 하는 것 예 받아쓰기 틀린 단어를 반복해서 다시 쓰게 하는 것 • **원상회복 과잉교정**: 학생이 자신의 문제행동으로 손상된 것을 보상하게 하는 것 예 벽에 낙서한 아동에게 자기가 한 낙서뿐 아니라 다른 벽의 낙서도 청소하게 하는 것
혐오자극 제시	• 학생이 문제행동을 했을 때 학생이 싫어하는 자극을 제시하는 것 예 체벌, 신체구속, 소음, 전기충격 • **부적연습**: 부적절한 행동에 대한 후속결과로 부적절한 행동을 반복하게 하여 아동을 지치거나 포화상태가 되게 하여 부적절한 행동을 감소시키려는 기법 예 책을 찢는 아이에게 여러 권의 책을 주면서 모두 남김없이 찢도록 하는 것, 실내에서 뛰는 아이에게 쉬지 않고 1시간 동안 계속 뛰도록 하는 것 • **유관훈련(수반적 운동연습)**: 아동의 부적절한 행동과 아무 관련이 없는 신체적 운동 동작을 반복하게 하는 것 예 친구를 때리는 행동에 대해 앉았다 일어서기를 30번 하게 하는 것

(4) 단점

① 교사가 벌을 자주 사용하면 교사와 학생의 관계가 악화될 수 있다.

② 교사가 벌을 사용할 경우 학생의 문제행동은 감소되지만, 학생이 교사에게 대드는 공격적 행동을 보이거나, 기물을 파괴하거나, 울음이나 두려움 등 심하게 위축되는 문제행동을 보일 수 있다.

③ 교사가 벌을 자주 사용할 때 부적절한 행동의 모델링 효과를 가져올 수 있다.

④ 벌의 효과는 유지 및 일반화가 쉽지 않으며, 일시적이고 매우 제한적이다.

⑤ 학생이 벌을 통해 배우는 바람직한 행동이 없다.

⑥ 벌을 제공하는 교사가 부적강화될 수 있다. 학생의 문제행동에 대해 교사가 벌을 사용하면 일시적이지만 즉각적으로 문제행동이 중지되는 경험을 하고, 이를 통해 교사는 학생의 문제행동을 피하기 위해 벌을 사용할 수 있다. 이때 벌을 통한 학생의 문제행동의 일시적 정지가 교사에게 부적강화로 작용할 수 있다.

71 2012학년도 중등 14번

다음은 직업교과 시간에 발생한 정신지체 학생 A의 문제행동 상황을 정리한 내용이다. 교사가 학생 A의 문제 행동을 중재하기 위하여 적용할 수 있는 강화 중심 전략과 각 전략의 특징 및 그에 따른 예가 바른 것은? [2점]

> 교사가 학생 A에게 세탁기에서 옷을 꺼내 건조대에 널라고 지시한다. 학생은 교사를 쳐다보고 얼굴을 찡그리며 소리를 지르고 세탁기를 심하게 내리친다. 교사가 다시 학생에게 다가가 옷을 꺼내 널라고 지시한다. 학생은 또다시 하기 싫은 표정을 짓고, 소리를 크게 지르며 세탁기를 심하게 내리친다. 이러한 상황이 수업시간에 여러 차례 지속적으로 발생하였다.

	전략	특징	예
①	저비율 행동 차별강화 (DRL)	표적행동의 강도를 감소시키는 데 초점을 둔다.	소리 지르기 및 세탁기 내려치는 강도가 낮아지면 강화한다.
②	상반행동 차별강화 (DRI)	표적행동과 형태적으로 양립할 수 없는 행동을 강화하는 데 초점을 둔다.	소리 지르기 행동 대신 옷을 꺼내 건조대에 널면 그 행동에 대해 강화한다.
③	대체행동 차별강화 (DRA)	표적행동의 발생빈도를 감소시키는 데 초점을 둔다.	소리 지르기 및 세탁기 내려치는 행동의 발생 횟수가 설정한 기준보다 적게 발생하면 강화한다.
④	비유관 강화 (NCR)	표적행동 대신 바람직한 행동이 발생할 때마다 강화하는 데 초점을 둔다.	학생이 소리 지르기 및 세탁기 내려치는 행동을 하는 대신 "도와주세요."라는 말을 하면 강화한다.
⑤	다른 행동 차별강화 (DRO)	표적행동의 미발생에 대해 강화하는 데 초점을 둔다.	정한 시간 간격 내에 소리 지르기 및 세탁기 내려치는 행동이 전혀 발생하지 않으면 강화한다.

(나)는 자폐성장애 학생 철규에 대하여 김 교사가 수립한 문제행동 중재 및 결과분석 내용의 일부이다. 물음에 답하시오.

(나) 문제행동 중재 및 결과분석

- 표적행동: 손톱 깨무는 행동
- 강화제: 자유놀이시간 제공
- 중재설계: ABAB 설계
- ⓜ 중재방법
  - 읽기 수업시간 40분 동안, 철규가 손톱을 깨물지 않고 10분간 수업에 참여할 때마다 자유놀이시간을 5분씩 준다. 그러나 10분 이내에 손톱 깨무는 행동이 나타나면 그 시간부터 다시 10분을 관찰한다. 이때 손톱 깨무는 행동이 나타나지 않으면 강화한다.

2) ⓜ의 중재방법에 해당하는 차별강화의 명칭을 1가지 쓰시오. [1점]

- _____

다음은 민수의 교실이탈 행동에 대해 저학년 특수학급 김 교사와 고학년 특수학급 정 교사가 나눈 대화이다. 물음에 답하시오.

김 교사: 민수의 ㉠ 교실이탈 행동이 가장 많이 일어나는 시간대를 한눈에 파악할 수 있도록 관찰기록지를 작성해 봤어요. 그랬더니 하루 중 민수의 교실이탈 행동은 과학시간대에 가장 많이 발생하더군요. 그래서 과학시간에 일화기록과 ABC 관찰을 통해 교실이탈 행동에 대한 보다 자세한 정보를 수집했어요. 기능평가 결과, 민수의 교실이탈 행동은 어려운 과제가 주어지면 회피하기 위해 나타난 것이었어요. 그래서 민수에게 ㉡ 과제가 어려우면 "쉬고 싶어요."라는 말을 하도록 지도하고, ㉢ 교실이탈 행동이 일정 시간(분) 동안 발생하지 않으면 강화제를 제공해 볼까 합니다.
정 교사: 네, 그 방법과 함께 과학시간에는 ㉣ 민수의 수준에 맞게 과제의 난이도와 분량을 조절해 주거나 민수가 선호하는 활동과 연계된 과제를 제시하면 좋겠네요.
김 교사: 그래서 민수의 중재계획에도 그런 내용을 포함했어요.

3) ㉢과 같은 차별강화를 적용했을 때의 문제점을 1가지 쓰시오. [1점]

- _____

(가)는 유치원 통합학급 5세반 교사의 수업관찰 기록의 일부이고, (나)는 발달지체 유아를 위한 지원계획이다. 물음에 답하시오.

(가) 수업관찰 기록

	관찰기록(현행 수준)
선아	• 교사 또는 또래 지원을 받을 때만 정리를 함 • 과제수행 시 시각적 자료에 관심을 보임
지혜	• 평소에 정리하기 활동에 잘 참여하지 않음 • 교사가 언어적 촉진을 하면 정리하기 과제 일부를 수행할 수 있음 • 교사의 관심을 끌기 위해 정리활동 시간에 교실 전등 스위치를 껐다 켰다 하는 행동을 반복함

(나) 지원계획

	지원계획
선아	• 개인 물건(가방, 실내화/신발)이 있어야 할 두 곳에 선아가 좋아하는 분홍색, 연두색 스티커로 표시해주고 사물 사진을 붙여 주어 정리하게 함
지혜	• 테이프로 구역을 정해 주고 그 안에 놀잇감을 정리하도록 함 • 전등 스위치를 껐다 켰다 하는 행동에 대해 차별강화 방법을 적용하기로 함

2) 차별강화의 하위 유형인 '다른 행동 차별강화'와 '대체행동 차별강화'의 차이점을 ① 강화받는 행동 차원과 ② 목적 차원에서 쓰고, ③ 두 유형 중 지혜의 문제행동 기능에 비추어 효과적인 차별강화 유형과 그 이유를 쓰시오. [3점]

• ①: _____

• ②: _____

• ③: _____

다음은 김 교사가 작성한 활동계획안의 일부이다. 물음에 답하시오.

활동명	식빵 얼굴	활동 형태	대 · 소집단 활동	활동 유형	미술
대상 연령	4세	주제	나의 몸과 마음	소주제	감정을 알고 표현하기
활동 목표	• 얼굴 표정을 보고 어떤 감정인지 안다. • 친구들과 협동하며, 도움이 필요할 때 도움을 주고받는다. • 미술재료를 이용하여 다양한 표정의 얼굴을 표현한다.				
누리과정 관련 요소	• 사회관계: 나와 다른 사람의 감정 알고 조절하기 – 나와 다른 사람의 감정 알고 표현하기 • 사회관계: 다른 사람과 더불어 생활하기 – (㉠) <div align="center">…생략…</div>				
활동 자료	얼굴 표정 가면, 다양한 표정의 반 친구 사진, 식빵, 여러 색깔의 초콜릿 펜				

활동 방법	발달지체 유아 효주를 위한 활동 지원
• 얼굴 표정 가면을 이용하여 나의 감정에 대해 이야기 나눈다.	
• 다양한 표정의 반 친구 사진을 보며, 친구의 감정에 대해 이야기 나눈다.	…(생략)…
• 활동방법을 소개한다. – 식빵과 그리기 재료를 나눈다. – 식빵에 초콜릿펜을 이용하여 얼굴표정을 그린다.	• 좋아하는 친구와 짝이 되어 협동 활동을 하도록 한다. • 초콜릿펜 뚜껑을 열기 어려울 경우, 도움을 요청하도록 한다.
• 식빵에 다양한 표정의 얼굴을 그린다. – "어떤 표정을 그렸니?" – "누구의 사진을 보고 표정을 그렸니?" • ㉡ '식빵 얼굴'을 들고 앞으로 나와 친구들에게 보여준다.	• 상호작용을 촉진하기 위해 각각 다른 색깔의 초콜릿펜을 주고, 친구와 바꿔 쓰게 한다. • ㉢ 얼굴표정 전체를 그리기 어려워하는 경우, 표정의 일부를 표현하게 한다.
• 활동에 대해 평가한다. – "무엇이 재미있었니?" – "어려운 점은 없었니?"	• 활동 후 성취감을 느끼도록 친구들과 서로 칭찬하는 말이나 몸짓을 주고받을 수 있게 한다.

발달지체 유아 효주를 위한 행동 지원
• ㉣ 현재 효주는 자신의 요구를 표현하기 위해 책상 두드리기 행동을 하는데, 이 행동은 다른 유아들이 활동에 집중하는 데 방해가 된다. 그러므로 효주가 바람직한 요청하기 행동을 습득하도록 책상 두드리기 행동에 대해서는 강화하지 않고, 손을 들어 요청할 경우에만 반응하고 강화한다.

4) ㉣에서 김 교사가 적용하고자 하는 강화는 무엇인지 쓰시오. [1점]

• _____

다음은 통합학급 4세반 교사들이 협의회에서 나눈 대화이다. 물음에 답하시오.

김 교사: 요즘 준우가 자유선택활동 시간에 너무 자주 "아." 하고 짧게 소리 질러요. 제가 준우에게 가서 "쉿."이라고
할 때만 멈추고 제가 다른 영역으로 가면 또 소리 질러요. 소리를 길게 지르지는 않지만, 오늘도 스무 번은 [A]
지른 것 같아요. 소리 지르는 횟수가 줄었으면 좋겠어요.
이 교사: 그럼 제가 자유선택활동 시간에 준우가 ㉠ 몇 번이나 소리 지르는지 관찰하면서 기록할게요.
…중략…
박 교사: 준우가 ㉡ 소리 지르지 않고 친구와 이야기하거나 노래 부르면, 제가 관심을 보이며 칭찬해 주는 것이 어떨까요?
김 교사: 네. 알겠습니다.
이 교사: 그런데 준우가 넷까지 수를 알고 세는 거예요? 얼마 전에 준우가 수·조작 영역에서 자동차를 세 개 들고 있어서
모두 몇 개인지 물어보았더니 대답을 못하더라고요.
김 교사: 준우는 자동차와 수 이름을 하나씩 대응하면서 수 세기를 하고, 항상 동일한 순서로 안정적으로 수를 셀 수 있어요.
그런데 넷까지 세고 난 후 모두 몇개인지 물어보면 세 개라고 할 때도 있고, 두 개라고 할 때도 있어요. 준우의
개별화교육계획 목표가 '다섯 개의 사물을 보고 다섯까지 수를 정확하게 센다.'인데 어떻게 지도하는 것이 좋을지
고민하고 있어요.
이 교사: ㉢ 수를 셀 때 준우와 같이 끝까지 세고, 교사가 "모두 몇 개네."라고 말한 후 준우에게 "모두 몇 개지?"라고 물어요.
예를 들어 자동차를 셀 때 준우와 같이 하나, 둘, 셋, 넷, 다섯까지 세고, 교사가 "자동차가 모두 다섯 개네."라고
말한 후 준우에게 "자동차가 모두 몇 개지?"라고 물어요.
김 교사: 수 세기를 다양한 활동에서도 가르치고 싶은데 어떻게 할까요?
이 교사: 준우에게 ㉣ 간식시간, 자유선택활동 시간, 미술활동 시간에 사물을 세게 한 후 모두 몇 개인지 묻고 답하게 하여
준우의 개별화교육계획 목표가 달성될 수 있도록 해보세요.

2) ㉡에 해당하는 차별강화 전략을 쓰시오. [1점]

• _____

다음은 자폐성장애 학생 B에게 저비율행동 차별강화(DRL)를 적용하기 위해 두 교사가 나눈 대화이다. 밑줄 친 ㉠과 ㉡에 해당하는 DRL의 유형을 순서대로 쓰시오. [2점]

백 교사: 선생님 학생 B가 수업 시간에 질문을 너무 많이 합니다.
천 교사: 수업 시간에 평균 몇 번 정도 질문을 합니까?
백 교사: 약 20번 정도 합니다.
천 교사: 그렇다면 백 선생님은 학생 B가 수업 시간에 몇 번 정도 질문하는 것이 적당하다고 생각하십니까?
백 교사: 저는 전체 수업 시간 동안 약 5회 정도면 적당하다고 생각합니다.
천 교사: 그러면 학생 B에게 ㉠ 전체 수업 시간 45분 동안에 평균 5회 또는 그 이하로 질문을 하면, 수업을 마친 후에
강화를 해 준다고 말하십시오. 학생 B에게 이런 기법이 잘 적용될 것 같습니다.
백 교사: 제 생각에는 전체 수업을 마친 후에 강화를 하는 것보다 ㉡ 학생 B가 한 번 질문을 한 후, 8분이 지나고 질문을
하면 즉시 강화하는 것이 좋겠습니다.

• ㉠: _____

• ㉡: _____

(가)는 5세 발달지체 유아 선우의 긍정적 행동지원 계획 수립을 위해 통합학급 최 교사가 수집한 일화기록 자료의 일부이다. 물음에 답하시오.

(가) 일화기록 자료

장면	점심시간	원아명	정선우
관찰일자	2016년 ○월 ○일	관찰자	최 교사

ⓐ 점심시간에 선우는 기분이 안 좋은지 식사를 하지 않고 앉아 있다. 옆에 앉은 혜미가 선우에게 "밥 먹어, 선우야."라고 하자 반찬 가운데 계란말이만 먹고, 혜미에게 무엇인가 말을 하려고 한다. ⓒ 혜미가 선우에게 "뭐라고? 밥을 먹어야지."라고 이야기한다. 그러자 앞에 앉아 있던 지수도 "맞아! 점심시간에는 밥 먹는 거야."라고 말한다. 김 선생님께서 ⓒ "선우야, 밥 먹고 있니?"라고 묻자 선우는 숟가락을 쥐고 일어난다. ⓓ 선우는 소리를 지르며 숟가락으로 식판을 두드린다. ⓔ 선우의 편식으로 점심식사 시간에 이런 일이 자주 발생하고 있다.

3) 다음은 선우에게 긍정적 행동지원을 했을 때 수집한 자료이다. ① 그래프에서처럼 문제행동이 일시적으로 증가하는 현상을 지칭하는 용어와 ② 이러한 현상이 나타날 때 최 교사가 취해야 할 적절한 대응방안 1가지를 쓰시오. [2점]

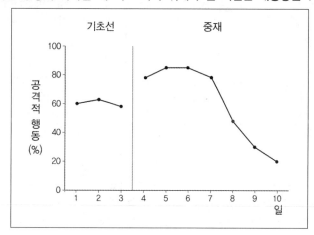

- ①: _____

- ②: _____

(가)는 ABC 분석 방법으로 학생 F의 문제행동을 수집한 자료의 일부이고, (나)는 학생 F에 대하여 두 교사가 나눈 대화이다. 〈작성 방법〉에 따라 서술하시오. [4점]

(가) 문제행동 수집 자료

피관찰자 : 학생 F	관찰자 : 김 교사	관찰일시 : 2020. 11. 20.
시간	선행 사건(A)	학생 행동(B)	후속 결과(C)
13:00	"누가 발표해 볼까요?"	(큰 소리로) "저요, 저요."	"그래, F가 발표해 보자."
13:01		"어 … 어 …." (머뭇거린다.)	"다음에는 대답을 제대로 해 보자, F야."
13:02		(웃으며 자리에 앉는다.)	
13:20	"이번에는 조별로 발표를 해 봅시다."	(큰 소리로) "저요, 저요."	(F에게 다가가서) "지금은 다른 조에서 발표할 시간이에요."
13:21		(교사를 바라보며 미소 짓는다.)	
13:40	"오늘의 주제는 …."	(교사의 말이 끝나기도 전에) "저요, 저요." (자리에서 일어난다.)	"지금은 선생님이 말하는 시간이에요."
13:41		(교사를 바라보며 미소 짓는다.)	

(나) 대화

김 교사: 선생님, 지난 수업에서 학생 F의 문제행동을 평가해보니 그 기능이 (㉠)(으)로 분석되었습니다.

박 교사: 그렇다면 문제행동을 줄이기 위해 어떻게 하면 될까요?

김 교사: 몇 가지 방법 중 하나는 ㉡ 학생 F가 그 행동을 하더라도 반응하지 않는 것입니다. 그렇지만 이 방법은 ㉢ 문제행동이 일시적으로 더 심해지는 현상이 나타날 수 있기 때문에 예방적 차원의 접근이 필요합니다.

박 교사: 예방적 차원의 행동 중재 방법으로는 무엇이 있나요?

김 교사: ㉣ 문제행동을 예방하기 위해 학생 F의 문제행동을 유지시키는 요인을 미리 제공하는 방법입니다.

〈작성 방법〉

• (나)의 괄호 안의 ㉠에 해당하는 내용을 (가)를 참고하여 쓸 것
• (나)의 밑줄 친 ㉡에 해당하는 중재 방법을 쓰고, ㉢의 상황이 발생하는 이유를 1가지 서술할 것
• (나)의 밑줄 친 ㉣에 해당하는 중재 방법의 명칭을 쓸 것

다음은 자폐성장애 학생의 문제행동을 중재한 사례들을 제시한 것이다. 다음의 사례들에 사용되지 <u>않은</u> 행동수정 전략은? [1.4점]

- 학생이 수업 중 소리를 지르자 교사는 학생으로 하여금 교실 구석에서 벽을 쳐다보고 1분간 서 있게 하였다.
- 울 때마다 과제를 회피할 수 있었던 학생이 싫어하는 과제를 회피하기 위하여 울더라도 교사는 학생이 과제를 끝내도록 하였다.
- 교사는 학생이 5분간 과제에 집중을 하면 스티커 한 장을 주고, 공격행동을 보이면 스티커 한 장을 회수하여 나중에 모은 스티커로 강화물과 교환하도록 하였다.
- 문제행동을 보일 때마다 교사의 관심을 받았던 학생이 교사의 관심을 끌기 위하여 물건을 집어던지는 행동을 하더라도, 교사는 문제행동에 관심을 기울이지 않고 무시하였다.

① 반응대가
② 소거
③ 과잉(과다)교정
④ 토큰경제
⑤ 타임아웃(고립)

다음은 정서장애 학교에 재직 중인 교사 A가 학생의 행동 관리를 위하여 1주차에 밑줄 친 ㉠을 실행하고, 2주차에 밑줄 친 ㉠과 ㉡을 함께 적용한 과정을 요약한 것이다. 교사 A가 이와 같은 중재를 실시한 이유를 2가지 쓰시오. 그리고 밑줄 친 ㉢과 ㉣에서 교사 A가 효과적인 행동 중재를 하기 위해 개선해야 할 점을 순서대로 각각 1가지 쓰시오. [4점]

교사 A는 행동 관리를 위해서 2가지 중재방법을 함께 실행하기 위한 간단한 점수 체계를 만들었다. 첫 1주일간 학생들은 ㉠ 바람직한 수업행동에 상응하는 점수를 얻었다. 학생 모두가 이 점수 체계에서 익숙해진 2주차에 학생들은 ㉡ 수업 방해 행동을 할 시 점수를 잃었다. 매일 종례 후 학생들은 획득한 점수를 자기가 원하는 활동으로 교환할 수 있고, 다음 날 자기가 더 좋아하는 활동과 교환하기 위해서 점수를 모아 둘 수도 있다. 점수의 교환은 5점부터 가능하다. 2주차에 지수의 점수는 ㉢ 수요일 오전에 0점이었고, ㉣ 금요일 종례 전에는 1점이었다.

- 이유: _____

- ㉢: _____

- ㉣: _____

(가)는 5세 통합학급 박 교사와 유아특수교사 윤 교사의 대화 내용이고, (나)는 토큰 경제를 활용하여 발달지체 유아 건우의 행동을 중재하기 위한 자료이다. 물음에 답하시오.

(가)

> 박 교사: 오늘 술래잡기 놀이에 다른 유아들은 재미있게 참여했는데, 수지는 잘 참여하지 못하더라고요. 왜 그랬을까요?
> 윤 교사: ㉠ 수지가 또래에 비해 체력이 약해서 달리기를 조금만 하면 금방 힘들어 해요.
> ⋯(중략)⋯
> 박 교사: 윤 선생님, 건우가 자동차나 좋아하는 물건을 차지하기 위해 또래를 밀쳐서 다툼이 잦아요. ┐
> 윤 교사: 그래요? │ [A]
> 박 교사: 친구를 아프게 하려고 일부러 그러는 것 같지는 않아요. ┘
> 윤 교사: 그렇군요. 그런 공격성은 유아가 성장하면서 타협이라는 것을 알게 되면 감소한다고 해요. 그런데 연령이 많아짐에 따라 점차 ㉡ 적대적 공격성이 나타날 수 있어요.

(나)

3) ① (나)와 ② ㉢은 어떤 행동 중재 전략인지 각각 쓰시오. [2점]

• ①: _____

• ②: _____

03 새로운 행동을 만드는 방법

1. 행동형성법

(1) 정의

현재는 나타나지 않는 표적행동을 발생시키기 위해 표적행동에 점진적으로 가까운 행동을 체계적으로 차별강화 (어떤 특정 행동만 강화하고 다른 행동은 강화하지 않는 것)하여 새로운 행동을 형성하는 것이다.

(2) 행동형성법의 핵심 요인

핵심 요인	내용
차별강화	물리적으로 서로 다른 두 가지 이상의 행동 가운데 한 행동은 강화하고 나머지 행동은 모두 소거시키는 방법
점진적 접근	• 두 가지 이상의 행동 가운데 도달점 행동에 좀 더 접근한 행동은 강화하고 그렇지 못한 행동은 모두 소거시키는 전략을 행동형성이라고 할 때, 차별강화의 기준은 도달점 행동으로의 점진적 접근이 됨 • 조금이라도 더 도달점 행동에 접근한 행동을 선택하여 강화하고, 다른 모든 행동은 소거시킴

2. 행동연쇄법

(1) 정의

① 과제분석을 통해 하나의 표적행동을 하위 과제들로 세분하여 일의 순서에 따라 배열한 후, 앞 또는 뒤에서 부터 하나씩 누가적으로 연결하여 강화하는 방법이다.

② 복잡한 행동을 형성하기 위해 분리된 단위행동들을 연결시키는 과정을 의미한다.

(2) 성취수준의 평가

① 단일기회법

ⓐ 학습자가 표적행동의 하위 과제들을 순서에 따라 올바로 수행할 수 있는 능력이 얼마나 되는지 평가하기 위해 고안된 방법이다.

ⓑ 학습자가 과제를 순서대로 수행하는 과정에서 하나의 하위 과제를 올바로 수행하지 못할 경우 모든 평가를 그 시점에서 중단한다.

ⓒ 단일기회법 예시

단일기회법에 의한 '손 씻기'의 성취수준 평가(예)

과제분석과 성취수준 평가						
방법: 단일기회법 표적행동: 손 씻기		아동 이름: 하동식 언어적 지시: "○○야, 손 씻어!"		평가자 이름: 김진서		
순서	하위 행동	평가일시				
		5/11	5/12	5/13	5/14	
1	두 손을 물에 담근다.	+	+	+	+	
2	비누를 집는다.	+	−	+	+	
3	비누를 두 손바닥 사이에서 문지른다.	−	−	+	−	
4	비누를 제자리에 놓는다.	−	−	−	−	
5	두 손을 비빈다.	−	−	−	−	
6	두 손을 헹군다.	−	−	−	−	
7	수건을 집는다.	−	−	−	−	
8	수건으로 닦는다.	−	−	−	−	
9	수건을 제자리에 놓는다.	−	−	−	−	
	올바른 반응의 백분율(%)	22%	11%	33%	22%	
	학습된 반응의 백분율(%)	11%				
비고	평가장소: 화장실 세면대 준비자료: 물이 채워진 세면대, 비누, 수건 기록모드: 올바른 반응(+), 그릇된 반응(−) 강화기준: 5초 이내에 도움 없이 혼자서 순서에 따라 수행해야 한다. 학습기준: 3회기 연속하여 성공적으로 수행해야 한다.					

② 다수기회법
  ㉠ 표적행동의 모든 하위 과제에 대해 피험자의 성취수준을 평가하는 방법이다.
  ㉡ 학습자가 일련의 과제수행 과정에서 그릇된 반응을 하거나, 허용된 반응지연 시간을 초과하거나, 과제의 순서를 놓치고 다른 반응을 시도할 때, 평가자는 학습자를 대신하여 올바른 과제수행 상태로 교정해 놓음으로써 학습자가 다음 과제를 순서대로 수행할 수 있도록 한다.
  ㉢ 다수기회법 예시

다수기회법에 의한 '손 씻기'의 성취수준 평가(예)

과제분석과 성취수준 평가					
방법: 다수기회법		아동 이름: 하동식	평가자 이름: 김진서		
표적행동: 손 씻기		언어적 지시: "○○야, 손 씻어!"			
순서	하위 행동	평가일시			
		5/11	5/12	5/13	5/14
1	두 손을 물에 담근다.	+	+	+	+
2	비누를 집는다.	+	−	+	+
3	비누를 두 손바닥 사이에서 문지른다.	−	−	+	−
4	비누를 제자리에 놓는다.	−	−	−	−
5	두 손을 비빈다.	−	−	−	−
6	두 손을 헹군다.	+	+	+	+
7	수건을 집는다.	+	+	+	−
8	수건으로 닦는다.	+	+	+	−
9	수건을 제자리에 놓는다.	−	−	−	−
	올바른 반응의 백분율(%)	56%	44%	67%	33%
	학습된 반응의 백분율(%)	44%			
비고	평가장소: 화장실 세면대 준비자료: 물이 채워진 세면대, 비누, 수건 기록모드: 올바른 반응(+), 그릇된 반응(−) 강화기준: 5초 이내에 도움 없이 혼자서 순서에 따라 수행해야 한다. 학습기준: 3회기 연속하여 성공적으로 수행해야 한다.				

(3) 종류

종류	내용
전진 행동연쇄	과제분석을 통해 세분한 하위 과제를 일의 순서에 따라 배열한 다음, 앞에서부터 하나씩 누가적으로 연결하여 단계적으로 가르치는 방법
후진 행동연쇄	하위 과제 중 마지막 과제가 제1단계의 훈련목표로 설정되고, 현재의 표적행동에 나머지 하위 과제 중에서 마지막 하위 과제를 역순으로 하나씩 추가하여 다음 단계의 훈련목표를 정하는 방법
전과제형 제시법	훈련단계를 나누지 않고, 매 훈련 회기마다 모든 하위 과제를 일련의 순서에 따라 수행하도록 학습자에게 요구하는 방법

3. 촉구

(1) 정의

아동이 변별자극에 바람직한 반응을 보이는 데 실패한 경우 바람직한 반응을 보일 수 있도록 도와주는 부가적인 자극으로, 적절한 시간에 정확한 반응을 할 가능성을 증가시키는 데 사용된다.

(2) 유형

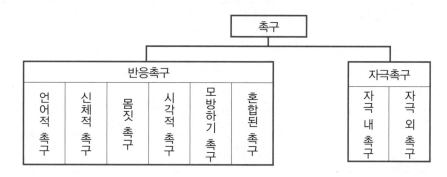

[그림 9-16] 촉구의 유형

① 반응촉구

  ㉠ 아동이 변별자극에 대해 바람직한 반응을 하도록 다른 사람이 제공하는 도움을 의미한다.

  ㉡ 반응촉구의 종류

종류	내용
언어적 촉구	언어로 지시, 힌트, 질문 등을 하거나 개념의 정의나 규칙을 알려주어 바람직한 행동을 유발하는 것 예 "책을 펴, 20페이지를 찾아서 펴라."
신체적 촉구	신체적 접촉을 통해 학생의 바람직한 행동을 유발하도록 돕는 것 예 쓰기를 처음 배우는 아동의 손을 잡고 연필 쥐는 법과 글씨 쓰는 법을 가르치는 것
몸짓 촉구	아동을 신체적으로 접촉하지 않고 교사의 동작이나 자세 등의 몸짓으로 정반응을 이끄는 것 예 "조용히 하자."라는 변별자극에 대해 바람직한 반응을 하지 않을 때, 아이들을 바라보며 교사가 다문 입술 위에 검지를 대는 것
시각적 촉구	사진, 그림 등을 사용하여 바람직한 행동을 유발하도록 돕는 것 예 조립식 장난감에 들어 있는 설명서의 단계별 지시문과 같은 글과 그림
시범 촉구	아동이 목표행동을 수행할 수 있을 때 주어지는 방법으로, 언어나 몸짓 또는 두 가지를 함께 사용 예 한쪽 운동화를 신겨주면서 "이쪽은 선생님이 도와줄 테니 저쪽은 네가 혼자 신어보렴."이라고 말하는 것
혼합된 촉구	언어, 신체, 몸짓, 시각적 자료 등의 다양한 촉구를 혼합 사용하여 아동의 바람직한 행동을 유발하는 것

② 자극촉구

    ㉠ 정확한 반응을 더욱 잘하게 하기 위해 변별자극을 변화 또는 증가시키거나 변별자극에 대한 단서를 주는 것 등을 의미한다.

    ㉡ 자극촉구의 종류

종류	내용
자극 내 촉구	아동의 바람직한 반응을 유발하기 위해 변별자극을 변화시켜 제공하는 촉구 예 유아에게 책상 위에 그림카드 3장(사자, 수박, 기차)을 제시하고, "사자 그림 주세요."라고 지시하면서, 유아가 쉽게 목표 그림카드를 집어서 줄 수 있도록 유아의 손과 좀 더 멀리 떨어진 곳에 제시하는 것. 여기서는 변별자극의 위치를 다른 자극들과 다르게 제시하는 것으로써 변별자극을 변화시킴 예 '할머니'와 '어머니'의 낱말카드를 제시하고, "할머니 낱말카드 주세요."라는 지시를 할 때, 아래처럼 '할머니'는 '어머니'보다 진하고 크게 써서 제시하는 것 **할머니**　　　　　어머니
자극 외 촉구 (가외 자극촉구)	다른 자극을 추가하거나 변별자극에 대한 단서를 주는 것 예 수학에서 연산 Ⅰ단계의 '구체물 가르기와 모으기'를 지도하려 할 때, 여러 개의 사과와 두 개의 접시를 주고 사과를 나누라고 지시하면서 아동에게 여러 개의 사과가 한 접시에 있는 그림과 두 접시에 나눠 담은 사과 그림을 함께 주는 것

4. 용암법

(1) 정의

    ① 특정 행동이 새로운 다른 자극에도 발생할 수 있도록 점차적으로 조건을 변경해 가는 과정이다.

    ② 반응을 유도하기 위해 사용되어 온 촉진자극의 양을 점차 조금씩 줄여, 결국 그러한 보조자극 없이도 자연적 변별자극에 올바르게 반응할 수 있도록 가르치는 방법이다.

(2) 용암법의 종류

종류	내용
도움 감소법 (최대–최소 촉구법)	• 처음에는 아동이 바람직한 행동을 수행하기 충분할 만큼 최대한 촉구를 제공하고, 아동이 정반응을 보이면 점차 그 양을 줄여가는 것 • 학습 초기 단계에 많이 발생하는 오류를 제거할 수 있어 오류로 인한 좌절을 방지할 수 있음
도움 증가법 (최소–최대 촉구법)	• 아동에게 변별자극만 주는 것부터 시작하여 정반응이 없으면 촉구의 양을 점차 증가시키는 것 • 최소–최대 촉구법의 의도는 아동이 목표행동을 하는 데 필요한 촉구를 최소한의 강도로 제공하는 것

촉구 지연법	• 촉구 자체의 형태가 바뀌는 다른 용암 형식과 달리 촉구하는 시간을 바꾸어가는 것
	• 교사는 촉구를 즉각 제시하기보다 아동에게 반응할 시간을 주고 기다린 다음에 촉구함
	• 동시촉구
	  – 촉구는 학생이 SD에 반응하지 않을 때 주어지는 것으로 알려져 있으나 그 예외가 동시촉구임
	  – 이러한 형태의 반응촉구를 사용할 때는 SD의 제시와 함께 촉구를 제공하고 학생은 즉시 정반응을 하는데, 이것은 마치 시간지연법을 시간지연 없이 사용하는 것처럼 보임

점진적 안내 감소 (그림자 방법)	• 손을 얹어서 하는 전반적인 신체적 도움부터 부분적, 가벼운 접촉, 그림자 방법으로 점차적으로 줄여가는 것 • 교사의 손을 학생의 움직이는 부분에 가까이 있되 접촉하지 않고 필요할 때 도울 준비를 하고 있는 것 • 손에서 어깨로의 용암, 즉 손에서의 전반적 신체적 촉진에서 손목, 전반, 팔꿈치, 상박, 어깨로 용암해가고 그림자 방법을 사용하며, 손에서 어깨로의 용암을 할 때는 지속적인 칭찬과 촉각적 강화, 과제를 마친 후의 구체물 강화를 함께 제공함 • 처음의 손 전체를 얹어서 하는 도움에서 누르는 힘을 줄여서 두 손가락만으로 촉진하고, 한 손가락 가이드로 가고, 그 후에는 그림자 방법을 사용함

83 2019학년도 유아 B 2번 일부

다음은 5세 주의력결핍과잉행동장애 유아 상희에 대해 통합학급 김 교사와 특수학급 박 교사가 나눈 대화의 일부이다. 물음에 답하시오.

> 김 교사: 선생님, 다음 달에 공개수업을 하려고 하는데 좀 걱정이 됩니다. 상희가 교실에서 자기 자리에 앉지 않고 계속 돌아다니고, 또 ㉠ 선택적 주의력도 많이 부족합니다.
> 박 교사: 제 생각에는 먼저 상희에게 수업시간에 지켜야 할 약속이나 규칙을 이해할 수 있도록 지도하는 것이 필요합니다.
> 김 교사: 그게 좋겠습니다. 그런데 상희를 자기 자리에 앉게 만드는 좋은 방법은 없을까요?
> 박 교사: 네, 그때는 이런 방법이 있는데요. 일단 ㉡ '자기 자리에 앉기'라는 목표행동을 정하고, '책상 근처로 가기, 책상에 가기, 의자를 꺼내기, 의자에 앉기, 의자에 앉아서 의자를 당기기'로 행동을 세분화합니다. 이때 단계별 목표행동을 성취했을 때마다 강화를 주는데, ㉢ 칭찬, 격려, 인정을 강화제로 사용하는 것도 좋겠습니다.
> 김 교사: 아, 그리고 상희가 활동 중에 자료를 던지는 공격적인 행동을 하는데 이에 대해서는 어떻게 할까요?
> 박 교사: 우선 상희의 행동을 ㉣ ABC 서술식 사건표집법이나 ㉤ 빈도 사건표집법으로 관찰해 보는 것이 좋겠습니다.

2) ① ㉡의 행동중재 전략을 쓰고, ② ㉢에 해당하는 강화제 유형을 쓰시오. [2점]

- ①: _____
- ②: _____

84 2010학년도 초등 24번

홍 교사는 중도·중복장애 학생 민수가 스스로 냉장고에 있는 팩에 든 음료수를 꺼내 마실 수 있도록 지도하고자 한다. 이를 위해 다음과 같이 과제분석을 한 후, 행동연쇄 전략을 사용하여 6단계부터 먼저 지도할 계획이다. 홍 교사가 사용할 지도 전략과 그 특징을 바르게 짝지은 것은? [1.4점]

> 1단계: 냉장고 문을 연다.
> 2단계: 음료수 팩을 꺼낸다.
> 3단계: 냉장고 문을 닫는다.
> 4단계: 음료수 팩 겉면에 붙어 있는 빨대를 뜯는다.
> 5단계: 빨대를 음료수 팩에 꽂는다.
> 6단계: 빨대로 음료수를 마신다.

	지도 전략	특징
①	전진 행동연쇄	교사의 지원이 점점 증가한다.
②	후진 행동연쇄	교사의 지원이 점점 증가한다.
③	전진 행동연쇄	자연발생적인 강화가 제공된다.
④	후진 행동연쇄	자연발생적인 강화가 제공된다.
⑤	전체 행동연쇄	자연발생적인 강화가 제공된다.

다음은 박 교사가 개발한 '현금자동지급기에서 현금 인출하기'의 과제분석과 그에 대한 철수의 현행 수준을 평가한 결과이다. 이 내용에 대해 두 교사가 나눈 대화 ㉠~㉤ 중에서 옳은 것만을 있는 대로 고른 것은? [2점]

과제분석과 현행 수준 평가결과						
이름	김철수		평가자	박○○		
표적행동	현금자동지급기에서 현금 인출하기					
언어적 지시	"철수야. 현금자동지급기에서 돈 3만원 찾아볼래?"					
과제분석	하위 행동		평가일시			
			10/19	10/20	10/21	10/22
1단계	현금카드를 지갑에서 꺼낸다.		+	+	+	+
2단계	현금카드를 카드 투입구에 바르게 넣는다.		+	+	+	+
3단계	현금 인출 버튼을 누른다.		−	−	+	+
4단계	비밀번호 버튼을 누른다.		−	−	−	−
5단계	진행사항에 해당하는 버튼을 누른다.		−	−	−	−
6단계	인출할 금액을 누른다.		−	+	+	+
7단계	현금 지급 명세표와 출력 여부 버튼을 누른다.		+	+	+	−
8단계	현급 지급 명세표와 현금카드가 나오면 꺼낸다.		−	−	−	+
9단계	현금을 꺼낸다.		+	+	+	+
10단계	현금, 명세표, 현금카드를 지갑에 넣는다.		+	+	+	+
정반응의 백분율(%)			50%	60%	70%	70%
비고	기록코드: 정반응(+), 오반응(−)					

김 교사: ㉠ 일련의 복합적인 행동을 가르치기 위해 과제분석을 할 수 있어요.

박 교사: ㉡ 과제분석을 할 때는 과제를 유능하게 수행하는 사람이나 전문가를 관찰해서, 하위 행동을 목록화하는 것이 중요해요.

김 교사: 박 선생님께서 ㉢ 철수가 '현금자동지급기에서 현금 인출하기'의 모든 하위 행동을 수행할 수 있는지 보기 위해 '단일기회 방법'을 사용하여 매 회기마다 평가하셨군요.

박 교사: 네, ㉣ 철수가 많은 하위 행동을 이미 수행할 수 있지만, 순차적으로 수행하는 데는 어려움이 있어 보여요. 그래서 철수에게 이 과제를 지도하기 위해 행동연쇄법 중 '전체과제 제시법'을 적용하는 것이 적절한 것 같아요.

김 교사: ㉤ '전체과제 제시법'을 적용하면, 철수가 각각의 하위 행동을 할 때마다 교사가 자연적 강화를 주기 때문에 비교적 쉽게 이 과제를 수행할 수 있을 것 같아요.

① ㉠, ㉡   ② ㉢, ㉣   ③ ㉠, ㉡, ㉣   ④ ㉠, ㉢, ㉤   ⑤ ㉡, ㉣, ㉤

86 2015학년도 유아 A 8번 일부

진희는 5세 경직형 뇌성마비 유아이다. 특수학교 강 교사는 신변처리 기술을 지도하기 위해 2주 동안 자료를 수집하였다. 다음은 진희의 배뇨와 착탈의 기술에 대한 현재 수준과 단기목표의 일부이다. 물음에 답하시오.

구분	현재 수준	단기목표
배뇨	• 배뇨와 관련된 의학적 질병은 없음 • 1일 소변 횟수는 13~17회임 • 소변 간격은 10~60분임	㉠ 유아용 변기에 앉아 있을 수 있다.
착탈의	• 옷을 입거나 벗는 데 도움이 필요함 • 고무줄 바지를 내릴 수 있음 • 바지춤을 잡고 있으나 올리지는 못함	㉡ 혼자서 고무줄 바지를 입을 수 있다.

3) 강 교사는 단기목표 ㉡을 과제분석하여 4 → 3 → 2 → 1단계의 순으로 지도하였다. 이 교수전략이 무엇인지 쓰고, 장점 1가지를 쓰시오. [2점]

> 1단계: 바지에 발 넣기
> 2단계: 무릎까지 바지 올리기
> 3단계: 무릎에서 엉덩이까지 바지 올리기
> 4단계: 엉덩이에서 허리까지 바지 올리기

• ① 전략: _____

• ② 장점: _____

87 2018학년도 중등 B 5번 일부

(가)는 중도 · 중복장애 학생 G의 특성 및 이 닦기 지도 시 유의사항이고, (나)는 학생 H의 이 닦기 지도방법이다. 〈작성 방법〉에 따라 서술하시오. [4점]

(가) 학생 G의 특성 및 이 닦기 지도 시 유의사항

특성	지도 시 유의사항
• 입 주변에 사물이 닿으면 깜짝 놀라면서 피함 • 거친 질감의 음식물이나 숟가락 등의 도구가 입에 들어오면 거부하는 반응을 보임	학생의 ㉠ 감각적 측면과 ㉡ 도구적 측면을 고려하여 지도할 것

(나) 학생 H의 이 닦기 지도방법

> • 이 닦기를 6단계로 과제분석한 후, 처음부터 마지막 단계까지 수행하도록 지도함
> • 전체 6단계 중 독립적인 수행이 어려운 2, 4, 5단계는 촉구 및 교정적 피드백 등을 사용하여 지도함
> • 2, 4, 5단계를 스스로 수행할 수 있도록 촉구를 용암시켜 나감
> • 처음부터 마지막 단계까지 수행한 후에 자연적 강화(청결함 등)를 경험할 수 있도록 지도함

─────〈작성 방법〉─────
> • (나)에 사용된 행동연쇄법은 다른 유형의 행동연쇄법에 비해 어떠한 장점이 있는지 2가지 서술할 것

다음은 정서·행동장애 학생 A에게 '책상 닦기' 기술을 지도하기 위해서 두 교사가 나눈 대화이다. 괄호 안의 ㉠, ㉡에 해당하는 내용을 순서대로 쓰시오. [2점]

김 교사: 학생 A는 산업체 현장실습 기간 중에 '책상 닦기' 과제를 잘 수행하지 못했습니다.

박 교사: 네, 그런데 학생 A는 '책상 닦기'를 할 때, 하위 과제 대부분을 습득하여 새로 가르칠 내용이 없는데도 전체적인 업무 완성도가 다소 부족합니다.

김 교사: 그렇다면 과제 분석을 통해 하위 과제들을 일련의 순서대로 수행할 수 있게 (㉠)을/를 적용하는 것이 좋을 것 같습니다. 하위 과제의 수가 많지도 않고 비교적 단순한 과제여서 적용하기 적합한 방법입니다.

박 교사: 그렇군요. 이 뿐만 아니라 학생 A는 '책상 닦기'를 언제 시작해야 할지 잘 모르고 있습니다.

김 교사: 그와 같은 경우에는 선생님이 손뼉을 쳐서 신호를 주는 방법이 있습니다. '책상 닦기' 행동에 앞서 '손뼉 치기'라는 일정한 행동을 지속적으로 반복해 '손뼉 치기'가 '책상 닦기' 행동 시작에 관한 단서임을 제공하는 것입니다.

박 교사: '손뼉 치기'가 '책상 닦기'를 시작하게 하는 (㉡)(이)군요.

• ㉠: _____

• ㉡: _____

(가)는 2011 개정 특수교육 교육과정 중 기본 교육과정 실과 5~6학년 '단정한 의생활' 단원 전개계획의 일부이고, (나)는 가정 실습 모형에 따라 자폐성장애 학생을 위해 작성된 '손빨래하기' 수업활동 개요의 일부이다. 물음에 답하시오.

(가) 단원 전개계획

단원	차시	학습주제
⊙ 단정한 의생활	1	단정한 옷차림하기
	2	계절에 알맞은 옷차림하기
	3	활동에 알맞은 옷차림하기
	4	세탁기 사용하기
	5	손빨래하기
	10	티셔츠, 바지, 손수건, 양말 중 하나를 골라 스스로 정리하기

(나) 수업활동 개요

차시	5/10		학습주제	손빨래하기

목표	• 손수건을 빨 수 있다. • 손걸레를 빨 수 있다.		
장소	**단계**	**교수·학습활동**	
학교	문제제기	• 손빨래와 관련된 경험 상기 • 손빨래가 필요한 상황에 대하여 이야기 하며 학습 목표 제시 및 확인 • 손빨래를 위한 개별화된 과제 제시	
	실습계획 수립	• 손빨래 실습계획 수립 • 손빨래에 필요한 준비물(빨랫비누, 빨래통, 빨래판 등) 준비 및 기능 설명 • 손빨래 방법 안내	
	시범실습	• 손빨래 순서에 따른 시범 • ⓒ 시각적 단서를 활용하여 순서에 따라 학생이 직접 손빨래하기 • 손빨래 시 유의할 점 안내	
	ⓒ	• 부모와 함께 학생이 손빨래를 해 보도록 활동 요령 지도	

※ 유의사항: ⓔ 학생에게 그림교환 의사소통체계(PECS)를 통해 '문장으로 의사소통하기' 지도

4) 다음은 (나)의 밑줄 친 ⓔ에서 사용한 과제분석 내용과 후진형 행동연쇄(backward chaining) 지도 순서의 예이다. ① [A]의 올바른 지도 순서를 기호로 쓰고, ② 후진형 행동연쇄의 특징을 강화제 획득 빈도 측면에서 1가지 쓰시오. [2점]

> • 과제분석 내용
>   - 1단계: '빨랫비누' 그림카드를 떼기(스스로 할 수 있음)
>   - 2단계: '빨랫비누' 그림카드를 '주세요.' 그림카드 앞에 붙여 문장띠 완성하기
>   - 3단계: 완성된 문장띠를 교사에게 전하기
> • 후진형 행동연쇄 지도 순서
>   - ⓐ: 2단계를 지도한다.
>   - ⓑ: 2단계까지는 필요한 도움을 주고, 3단계를 지도한다.   [A]
>   - ⓒ: 모든 단계를 학생 혼자 하게 한다.
> ※ 후진형 행동연쇄를 이용하여 요구하기 반응 기회를 15회 제공함

• ①: _____

• ②: _____

정신지체 학생의 교수 · 학습과정에서 사용하는 촉진(prompting)에 대한 설명으로 옳은 것을 〈보기〉에서 고른 것은? [2점]

───────〈보기〉───────

⊙ 간단한 언어 촉진으로 학생이 정반응을 지속적으로 보이면 과제에 대한 독립적으로 수행이 이루어진 것으로 본다.

ⓛ 학생들이 촉진에 고착되거나 의존하는 단점을 보완하기 위하여 촉진을 점진적으로 제거하는 것을 용암이라고 한다.

ⓒ 최소−최대 촉진체계는 학생들이 기술을 습득하는 초기 단계에서 사용하여 학습과정에서의 오류를 줄이는 데 유용하다.

ⓔ 촉진은 자연적인 자극하에서 정반응이 일어나지 않을 때 여러 가지 부가 자극을 사용하여 정반응의 발생 가능성을 증가시키는 방법이다.

ⓜ 점진적 안내(graduated guidance)는 신체적 촉진의 수준을 학생의 진전에 따라 점차 줄여나가다 나중에는 그림자 방법을 사용하는 것이다.

① ㉠, ㉡, ㉣ ② ㉠, ㉢, ㉤ ③ ㉡, ㉢, ㉣ ④ ㉡, ㉢, ㉤ ⑤ ㉡, ㉣, ㉤

6세 발달지체 유아 현수에 대하여 (나)는 최 교사와 김 교사가 적용한 우발교수(incidental teaching)와 사회적 통합활동(social integration activities) 계획안이다. 물음에 답하시오.

(나) 계획안

• 현수를 위한 '우발교수' 계획
 1. 현수를 놀이활동 중인 친구들 근처에 있게 한다.
 2. 현수가 친구들의 놀이나 놀잇감에 관심을 보일 때까지 기다린다.
 3. (　　　　　　ⓒ　　　　　　)
 4. 현수가 친구들과 같이 놀이에 참여할 때, 긍정적 피드백이나 ② 칭찬을 제공한다.

• 현수를 위한 '사회적 통합활동' 계획
 [기본 절차]
 1. 사회성 및 의사소통 기술이 우수한 두세 명의 친구들을 선정한다.
 2. 친구들이 현수와 함께 정해진 구역에서 짧은 시간 동안 놀이활동을 하게 한다.
 [고려사항 및 유의점]
 1. 현수를 사회성이 우수한 친구들과 함께 놀이활동에 참여하게 한다.
 2. 정해진 장소에서 5~15분 정도의 시간 동안 놀이활동을 하게 한다.
 3. 현수에게 긍정적인 놀이 경험이나 또래 간 상호작용을 제공할 수 있는 놀이활동을 선정한다.　[A]
 4. 놀이 주제를 소개하고 ⓜ 촉진을 사용하여 또래와의 상호작용을 체계적으로 유도한다.
 5. 적극적으로 유아들의 놀이활동에 같이 참여하여 현수의 놀이활동을 지원한다.

3) 교사가 ②이나 ⓜ과 같은 강화나 촉진(prompt)을 용암이나 점진적 감소 전략을 통해 제거하지 않았을 때, 현수에게 나타날 수 있는 행동을 쓰시오. [1점]

• _____

〈보기〉는 임 교사가 초등학교 5학년 영어과 읽기 영역의 '쉽고 간단한 낱말을 소리내어 읽는다.'와 관련하여 학습 장애 학생 철수에게 자극 용암, 자극 외(가외자극) 촉진(촉구), 자극 내 촉진을 사용하여 영어단어의 변별을 지도한 방법이다. 임 교사가 사용한 지도방법의 예가 바르게 제시된 것은? [1.4점]

〈보기〉

ㄱ 컵 그림 위에 글자 'cup'을 쓰고, 모자 그림 위에 글자 'cap'을 썼다.

ㄴ 'cup'의 글자를 'cap'의 글자보다 크고 진하게 썼다.

ㄷ 단어장을 보여주며 컵이라고 읽는 시범을 보인 후 따라 읽도록 하였다.

ㄹ 초기에는 학생이 발음을 하려고만 해도 강화를 제공하였으나, 점진적으로 목표행동에 가까운 발음을 하면 차별적으로 강화하였다.

ㅁ 학생이 'cup'과 'cap'을 변별하여 읽기 시작하면 컵 그림과 모자 그림을 점차 없애가며 'cup'의 글자 크기와 진하기를 점차 'cap'의 글자 크기와 진하기처럼 작고 연하게 변화시켰다.

ㅂ 학생이 카드 위에 쓰인 'cup'과 'cap'을 성공적으로 변별하면 다양한 책에 쓰여진 'cup'을 읽도록 하였다.

	자극 용암	자극 외 촉진	자극 내 촉진
①	ㄷ	ㄹ	ㄱ
②	ㄷ	ㅂ	ㄱ
③	ㅁ	ㄱ	ㄴ
④	ㅁ	ㅂ	ㄴ
⑤	ㅂ	ㄱ	ㄹ

(가)는 특수교육 수학교육연구회에서 계획한 2015 개정 특수교육 교육과정 중 기본 교육과정 수학과 1~2학년 '측정' 영역에 해당하는 수업 개요이고, (나)는 자폐성장애 학생에게 (가)를 적용할 때 예측 가능한 학생 반응을 고려하여 구상한 수업 시나리오의 일부이다. 물음에 답하시오.

(가) 수업 개요

> ○ 공부할 문제: 물의 양이 같은 것을 찾아보아요.
> ○ 학습활동
> 〈활동 1〉 같은 양의 물이 들어 있는 컵 살펴보기
> • 같은 양의 물이 들어 있는 2개의 컵 살펴보기
> • 준비물: 투명하고 ㉠ 모양과 크기가 같은 컵 2개, 물, 주전자
>
> 〈활동 2〉 컵에 같은 양의 물 따르기
> • ㉡ 같은 위치에 표시선이 있는 2개의 컵에 표시선까지 물 따르기
> • 준비물: 투명하고 모양과 크기가 같은 컵 2개, 물, 주전자, 빨간색 테이프, 파란색 테이프, 빨간색 사인펜, 파란색 사인펜
>
> 〈활동 3〉 컵에 같은 양의 물이 들어 있는 그림 찾기
> • 2개의 그림자료 중 같은 양의 물이 들어 있는 그림자료 찾기
> • 준비물:
>
>
>
> [그림자료 1]　　　　　　　　[그림자료 2]
>
> 같은 양의 물이 들어 있는　　　다른 양의 물이 들어 있는
> 컵 2개가 그려진 자료　　　　　컵 2개가 그려진 자료

(나) 수업 시나리오

> 〈활동 2〉
> 교사: (컵 2개를 학생에게 보여주며) 선생님이 컵에 표시선을 나타낼 거예요. (책상 위에 놓여 있는 빨간색 테이프, 파란색 테이프, 빨간색 사인펜, 파란색 사인펜을 가리키며) ㉢ 테이프 주세요.
> 학생: (색 테이프 하나를 선생님에게 건네준다.)
> 교사: (2개의 컵에 색 테이프로 표시선을 만든다.) 이제 표시선까지 물을 채워 봅시다.
> 　　　　　　　　　　　…중략…
> 〈활동 3〉
> 교사: (학생에게 [그림자료 1]과 [그림자료 2]를 제시하며) 물의 양이 같은 것은 어느 것인가요?
> 학생: (머뭇거리며 교사를 쳐다본다.)
> 교사: (㉣ 학생에게 [그림자료 1]과 [그림자료 2]를 다시 제시하며) 물의 양이 같은 것은 어느 것인가요?

3) (나)의 〈활동 3〉에서 교사가 ㉣을 할 때 학생의 정반응을 이끌어 내기 위해 사용할 수 있는 ① 자극 내 촉진의 예와, ② 자극 외 촉진의 예 1가지를 각각 쓰시오. [2점]

　• ①: _____

　• ②: _____

(가)는 중복장애 학생 경수의 특성이고, (나)는 특수교사가 작성한 2015 개정 기본 교육과정 수학과 5~6학년 수와 연산영역 교수·학습 과정안의 일부이다. 물음에 답하시오.

(가) 경수의 특성

- 경직형 사지마비로 미세소근육 사용이 매우 어려움
- 의도하는 대로 정확하게 응시하거나 일관된 신체 동작으로 반응하기 어려움
- 발성 수준의 발화만 가능하고, 현재 인공와우를 착용하고 있음
- 받아올림이 없는 두 자리 수+한 자리 수의 덧셈을 할 수 있음
- 범주 개념이 형성되어 있음
- 주의집중 시간이 짧고, 시각적 피로도가 높음

(나) 교수·학습 과정안

단계	교수·학습활동	자료(자) 및 유의점(유)
도입	• 필요한 의자의 수를 구하는 상황 제시	
수학적 원리가 내재된 조작활동	• 수 모형으로 22 + 12 나타내기 – 십 모형과 일 모형으로 나타내기 22 + 12 = 34	자 수 모형 유 학생들이 ㉠ 숫자를 쓸 때, 자리에 따라 숫자가 나타내는 값이 달라지므로 정확한 자리에 쓰게 한다.
수학적 원리의 형식화	• 22 + 12의 계산 방법을 식으로 제시하기 • 22 + 12를 세로식으로 계산하기 $\begin{array}{r} 22 \\ +12 \\ \hline \end{array}$ ➡ $\begin{array}{r} 22 \\ +12 \\ \hline 4 \end{array}$ ➡ $\begin{array}{r} 22 \\ +12 \\ \hline 34 \end{array}$	유 ㉡ 순서에 따라 더하는 숫자를 진하게 다른 색으로 표시한다.

3) (나)의 ㉡에서 사용한 자극 촉진 유형을 쓰시오. [1점]

- _____

다음은 유아특수교사 최 교사가 통합학급 김 교사와 나눈 대화의 일부이다. 물음에 답하시오.

최 교사: 오늘 활동은 어땠어요?

김 교사: 발달지체 유아 나은이가 언어발달이 늦어 활동에 잘 참여하지 못했어요.

최 교사: 동물 이름 말하기 활동은 보편적 학습 설계를 적용하여 계획하면 어떤가요?

김 교사: 네, 좋아요.

최 교사: 유아들이 동물 인형을 좋아하니까, 각자 좋아하는 동물 인형으로 놀아요. ㉠ 나은이뿐만 아니라 유아들의 관심과 흥미를 유도할 수 있도록 유아들이 좋아하는 동물 인형을 준비하고, 유아들이 직접 골라서 놀이를 하게 하면 좋을 것 같아요.

김 교사: 다른 유의 사항이 있을까요?

최 교사: 네, 모든 문제를 해결하기는 어렵겠지만 나은이가 재미있게 놀이 활동을 할 수 있게 하면 될 것 같아요. 그리고 ㉡ 나은이의 개별화교육 목표는 선생님이 모든 일과 과정 중에 포함시켜 지도할 수 있어요. 자유놀이시간에 유아들이 동물 인형에 관심을 보이고 놀이 활동에 열중할 때 나은이에게 동물 이름을 말하게 하는 거예요. 예를 들어, "이건 뭐야?"라고 물어보고 "호랑이"라고 대답하면 잘했다고 칭찬을 해요. 만약, 이름을 말하지 못하면 ㉢ "어흥"이라고 말하고 ㉣ 호랑이 동작을 보여주면, 호랑이라고 대답할 거예요.

3) ㉢과 ㉣의 촉구 유형을 쓰시오. [2점]

• ㉢: _____

• ㉣: _____

(가)는 유치원 통합학급 5세반 교사의 수업관찰 기록 일부이고, (나)는 발달지체 유아를 위한 지원계획이다. 물음에 답하시오.

(가) 수업관찰 기록

관찰기록(현행 수준)	
선아	• 교사 또는 또래 지원을 받을 때만 정리를 함 • 과제수행 시 시각적 자료에 관심을 보임
지혜	• 평소에 정리하기 활동에 잘 참여하지 않음 • 교사가 언어적 촉진을 하면 정리하기 과제 일부를 수행할 수 있음 • 교사의 관심을 끌기 위해 정리활동 시간에 교실 전등 스위치를 껐다 켰다 하는 행동을 반복함

(나) 지원계획

지원계획	
선아	• 개인 물건(가방, 실내화/신발)이 있어야 할 두 곳에 선아가 좋아하는 분홍색, 연두색 스티커로 표시해주고 사물 사진을 붙여 주어 정리하게 함
지혜	• 색 테이프로 구역을 정해 주고 그 안에 놀잇감을 정리하도록 함 • 전등 스위치를 껐다 켰다 하는 행동에 대해 차별강화 방법을 적용하기로 함

1) ① (나)에서 교사가 선아에게 적용한 촉진방법을 쓰고, ② 그것을 적용한 이유를 (가)에 근거하여 쓰시오. [2점]

• ①: _____

• ②: _____

다음은 중도·중복장애 학생을 위한 '손 씻기' 지도계획이다. ① 촉진방법 A의 명칭을 쓰고, ② 촉진방법 B가 갖는 장점 2가지를 서술하시오. 그리고 ③ 촉진방법 C의 밑줄 친 '자연적 촉진'의 예를 1가지 제시하시오. [4점]

(가) 촉진방법 A

세면대 앞에서 학생의 손을 잡고 '수도꼭지 열기 → 흐르는 물에 손대기 → 비누 사용하기 → 문지르기 → 헹구기 → 수도꼭지 잠그기 → 수건으로 닦기' 순서로 지도한다. 처음에는 손을 잡고 지도하다가, 자발적 의지가 보이면 교사 손의 힘을 풀면서 손목언저리를 잡고 도와준다. 손목을 잡고 도움을 주다 점차 어깨 쪽에 손만 살짝 접촉하고 지켜보다가, 서서히 그림자(shadowing) 방법으로 가까이에서 언제든 지원할 동작을 취한다.

(다) 촉진방법 C

언제 손을 씻어야 하는지 알도록 자연적 촉진(natural prompts)을 이용하여 지도한다.

(나) 촉진방법 B

교실 내 세면대 앞에 '청결한 손 씻기' 그림을 붙여 놓는다.

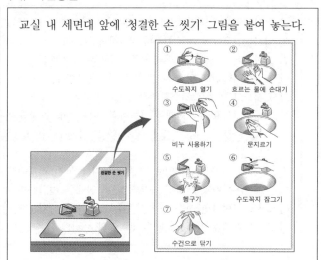

- ①: _____

- ②: _____

- ③: _____

(가)는 중도중복장애 학생 건우의 현재 담임 김 교사와 전년도 담임 이 교사가 나눈 대화이고, (나)는 김 교사가 작성한 수업 계획안의 일부이다. 물음에 답하시오.

(가) 김 교사와 이 교사의 대화

> 김 교사: 건우를 위한 실과 수업은 어떤 방향으로 지도하면 좋을까요?
> 이 교사: 건우에게 어릴 때부터 지역사회 기술을 직접 가르치는 것이 좋습니다. 이번 마트 이용하기 활동부터 계획해보세요.
> 김 교사: 네, 좋아요. 그런데 요즘 ㉠ 코로나 19 때문에 밖에 나가기 어렵고, 그렇다고 학교에 마트가 있는 것도 아니에요.
> 이 교사: 지난번 구입한 머리 착용 디스플레이(Head Mounted Display: HMD)를 활용하는 것이 좋을 것 같아요.
> 김 교사: 그 방법으로는 부족하지 않을까요?
> 이 교사: 맞아요. ㉡ 최대한 지역사회 기술 수행 환경과 유사하도록 학습 환경을 구성해야 해요. 그리고 다양한 사례를 가르쳐 배우지 않은 환경에서도 수행할 수 있도록 계획해야 해요.
> …중략…
> 김 교사: 건우가 실습수업에 잘 참여하지 않아서 걱정이에요.
> 이 교사: 초등학교 저학년 때부터 매번 실패를 경험하다 보니 이제는 할 수 있는 것조차 하지 않으려 한답니다.
> 김 교사: 그렇다면 성공 경험을 주는 것이 필요하겠군요.
> 이 교사: 과제를 잘게 쪼갠 후, ㉢ 일의 순서와 절차에 따라 수행하도록 지도하는 것이 도움이 될 겁니다.

(나) 수업 계획안

활동주제	쇼핑 카트에 물건 담기
단계	내용

활동 1	○ 신체적 도움으로 연습하기
	  1. 교사는 힘을 주어 학생의 손을 잡고, 학생은 교사의 도움을 받아 카트에 물건을 담는다.
	     ↓
	  2. 교사는 힘을 주어 학생의 손목을 잡고, 학생은 교사의 도움을 받아 카트에 물건을 담는다.
	     ↓
	  3. 교사는 힘을 주어 학생의 팔꿈치를 잡고, 학생은 교사의 도움을 받아 카트에 물건을 담는다.
	     ↓
	  4. (㉣) [A]

활동 2	○ 독립적으로 연습하기

3) (나)의 [A]에서 적용한 용암법(fading)의 유형을 쓰고, [A]의 마지막 단계인 ㉣에 들어갈 교사와 학생의 행동을 각각 1가지씩 쓰시오. [3점]

• ① 유형: _____

• ② 교사 행동: _____

• ③ 학생 행동: _____

다음은 박 교사가 중도·중복장애 학생 성수에게 2008년 개정 특수학교 기본교육과정 사회과 내용인 '물건 구입하기'를 지도하는 과정을 기술한 것이다. 박 교사가 사용하고 있는 반응촉진(촉구)체계는? [1.4점]

> 박 교사: (문구점 안에서 성수에게) 공책을 집으세요.
> 성　수: (아무런 반응 없이 그 자리에 가만히 서 있다.)
> 박 교사: (공책 사진을 보여주며) 공책을 집으세요.
> 성　수: (여전히 움직이지 않고 그대로 서 있다.)
> 박 교사: (성수의 손을 잡고 공책을 함께 집으면서) 자, 이렇게 공책을 집으세요.

① 동시 촉진 　　　　　② 최대－최소 촉진 　　　　　③ 최소－최대 촉진
④ 고정 시간지연 촉진 　　　　　⑤ 점진적 시간지연 촉진

〈보기〉는 과학 실험수업 시 장애학생 A에게 적용 가능한 지도 전략들을 나열한 것이다. (가)～(다)에 해당하는 전략의 명칭을 순서대로 바르게 제시한 것은? [2점]

〈보기〉

(가) 교사는 실험과제(자연적 단서)를 A에게 제시한 후 반응을 기다리지 않고 바로 교수적 촉진을 제공한다. 다음 시도부터는 자연적 단서 제시 후 A의 반응이 나오기까지 미리 정해둔 계획에 따라 5초 간격을 두고, 5초 안에 정반응이 없으면 교수적 촉진을 제공한다.

(나) 자연적 단서 제시 후 A가 올바른 수행을 하지 못하면 A의 손을 겹쳐 잡고 수행방법을 가르쳐 준다. 수행의 진전에 따라 교사의 손은 A의 손목, 팔꿈치, 어깨의 순서로 옮겨가며 과제수행을 유도한다. 독립수행이 일어나면 손을 사용하는 지원은 없앤다.

(다) 자연적 단서를 제시한 다음에는 "자, 이젠 무엇을 해야 하지?"라는 방식으로 묻는다.

	(가)	(나)	(다)
①	진행 시간지연	최소－최대 촉진(least－to－most prompting)	간접구어 촉진
②	진행 시간지연	점진적 안내(graduated guidance)	직접구어 촉진
③	0초 시간지연	최소－최대 촉진(least－to－most prompting)	확산적 발문
④	고정 시간지연	부분적 참여(partial－participation)	확산적 발문
⑤	고정 시간지연	점진적 안내(graduated guidance)	간접구어 촉진

〈보기〉는 정신지체 학생의 일상생활 기술 중에서 상 차리기 기술을 지도한 사례이다. ① 〈보기〉에 적용된 행동수정 기법을 쓰고, ② 이 기법과 행동형성법(shaping)의 개념을 각각 설명하시오. 그리고 ③ 〈보기〉에 적용된 기법이 행동형성법이 <u>아닌</u> 이유를 〈보기〉의 내용에 근거하여 쓰시오. [5점]

---〈보기〉---

• 상 차리기 기술 지도
  1단계: 식사 도구 사진이 실물 크기로 인쇄되어 있는 식사용 매트 위에 해당 식사 도구를 올려 놓는다.
  2단계: 식사 도구 모양이 실물 크기로 그려진 식사용 매트 위에 해당 식사 도구를 올려 놓는다.
  3단계: 식사 도구를 놓을 자리에 식사 도구 명칭이 쓰여 있는 식사용 매트 위에 해당 식사 도구를 올려 놓는다.
  4단계: 식사 도구를 놓을 자리에 동그라미 모양이 그려진 식사용 매트 위에 해당 식사 도구를 올려 놓는다.
  5단계: 특별한 표시가 없는 식사용 매트 위에 해당 식사 도구를 올려 놓는다.

• ①: _____

• ②: _____

• ③: _____

(가)는 ○○특수교육지원센터에서 영아 대상 순회교사로 있는 김 교사의 업무일지이다. 물음에 답하시오.

(가) 업무일지

9월 15일
• 민서(2세 2개월): ㉠ <u>10시~11시30분 신발 벗기를 가르치기 위해 신발을 신겨 주고 민서에게 신발 벗기를 수십 회 반복 연습시킴.</u> 어머니에게 평소에 신고 벗기 편한 신발을 신겨 달라고 안내함
• 지우(1세 9개월): ㉡ <u>12시~1시 지우의 식사지도를 위해 가족의 점심식사 시간에 방문하여 지우를 관찰함.</u> 지우 어머니에게 유동식을 피하고 고형식이나 반고형식을 준비할 것과 그릇이 미끄러지지 않도록 미끄럼 방지 매트를 사용하라고 조언함
• 준수(2세 10개월): ㉢ <u>2시~3시 준수가 매주 화요일 마다 참석하고 있는 놀이 모임에 가서 또래와의 놀이행동을 관찰함.</u> 준수가 또래와 상호작용 시 시작행동과 반응행동의 빈도 및 행동 특성에 대한 자료를 수집함. 내년 유치원 입학을 대비해 또래 상호작용을 촉진할 계획임
• 현우(2세10개월): ㉣ <u>3시30분~4시30분 현우 어머니가 거실에서 책을 읽는 동안 현우 집 화장실에서 손 씻기를 지도함.</u> 상담 시 어머니에게 하루 일과 중 필요한 때(식사 전후, 바깥놀이 후 등)에 현우에게 손을 씻을 기회를 자주 갖게 하도록 요청함

2) (가)에서 김 교사는 현우 어머니에게 다음과 같은 방법을 순서대로 실시하도록 안내하였다. 이 방법은 반응촉진 전략 중 무엇에 해당하는지 쓰시오. [1점]

① 처음에는 전체적인 신체적 촉진을 제공하고, 현우가 잘하면 강화해 주세요.
② 현우가 80% 수준에 도달하면, 부분적인 신체적 촉진을 제공하고, 잘하면 강화해 주세요.
③ 현우가 80% 수준에 도달하면, 언어적 촉진을 제공하고 잘하면 강화해 주세요.
④ 현우가 스스로 손 씻기를 할 수 있게 될 때까지 이렇게 촉진을 단계적으로 줄여 주세요.

• _____

다음은 4세 발달지체 유아 승우의 어머니와 특수학급 민 교사 간 대화의 일부이다. 물음에 답하시오.

민 교사: 승우 어머니, 요즘 승우는 어떻게 지내나요?

어머니: 승우가 말로 의사 표현을 하지 못하니 집에서 어려움이 많아요. 간단하게라도 승우가 원하는 것을 알고 상호작용을 할 수 있으면 좋겠는데, 어떻게 해야 할지 모르겠어요. 유치원에서는 승우를 어떻게 지도하시는지요?

민 교사: 유치원에서도 ㉠ 승우에게는 아직 의도적인 의사소통 행동이 명확하게 잘 나타나지 않아서, 승우의 행동이 뭔가를 의미한다고 생각하고 반응해 주고 있어요. 그리고 ㉡ 승우가 어떤 사물을 관심을 가지고 바라보고 있을 때, 그것을 함께 바라봐 주는 반응을 해 주고 있어요.

어머니: 그렇군요. 저는 항상 저 혼자만 일방적으로 말하고 있는 것 같아서 답답했어요.

민 교사: 집에서도 승우와 대화할 때 어머니의 역할이 중요해요. 그럴 때는 ㉢ 어머니께서 승우가 의사를 표현할 수 있을 거라는 기대를 가지고 기회를 제공하여, 의사를 표현하는 동안 충분히 기다려 주는 것이 필요하지요. 승우에게 필요한 표현을 ㉣ 간단한 몸짓이나 표정, 그림 등으로 나타낼 수 있도록 만들어 나가면 어떨까요? 예를 들면, ㉤ 간식시간마다 승우가 먼저 간식을 달라는 의미로 손을 내미는 행동을 정해 자신의 의도를 표현할 수 있도록 하는 것이지요.

어머니: 아, 그렇군요. 원하는 것을 표현하면 얻을 수 있다는 것도 가르쳐야 하는군요.

3) 다음은 ㉤을 위해 계획한 촉구 전략 절차이다. 어떤 촉구 전략인지 용어를 쓰시오. [1점]

1. 승우에게 간식을 보여 주고 3초를 기다린다.
2. 정반응이 없으면, 승우에게 "주세요 해 봐."라고 말한다.
3. 또 정반응이 없으면, 승우에게 "주세요 해 봐."라고 말하면서 간식을 달라고 손을 내미는 시범을 보인다.
4. 또다시 정반응이 없으면, 승우에게 "주세요 해 봐."라고 말하면서 승우의 손을 잡아 내밀게 한다.

• _____

(가)는 지적장애 학생 은지의 통합학급 담임인 윤 교사가 특수교사인 최 교사와 실과수업에 대하여 나눈 대화이다. 물음에 답하시오.

(가) 대화

윤 교사: 다음 ㉠ 실과수업 시간에는 '생활 속의 동물 돌보기' 수업을 하려고 합니다. 그때 은지에게는 국어과 목표인 '여러 가지 동물의 이름 말하기'를 지도하려고 해요. 은지가 애완동물이나 반려동물뿐만 아니라, ㉡ 소ㆍ돼지ㆍ닭과 같이 식품과 생활용품의 재료 등을 얻기 위해 기르는 동물의 이름에 대해서도 알았으면 좋겠습니다.
최 교사: 그렇지 않아도 특수학급에서 은지에게 '여러 가지 동물의 이름 말하기'를 지도하고 있어요. 지난 시간에는 ㉢ 햄스터가 그려진 카드를 은지에게 보여주면서 이름을 물어보며 '햄'이라고 언어적으로 즉시 촉진해 주었더니 '햄스터'라고 곧잘 말하더라고요.
⋯중략⋯
윤 교사: 선생님, 은지가 수업 중에 보이는 문제행동을 어떻게 해야 할지 고민입니다.
최 교사: 마침 제가 통합학급 수업시간에 나타나는 은지의 문제행동 기능을 알아보기 위해서 관찰 결과를 요약해 보았습니다.

3) (가)의 ㉢과 같이 변별자극과 반응촉진을 함께 제시하는 촉진방법의 명칭을 쓰시오. [1점]

- _____

(가)는 자폐성장애 학생 J를 위한 기본 교육과정 고등학교 과학과 '주방의 전기 기구' 수업 지도계획의 일부이다. 〈작성 방법〉에 따라 서술하시오. [5점]

(가) '주방의 전기 기구' 수업 지도계획

학습목표	주방에서 사용하는 전열기의 이름을 안다.	
비연속 시행 훈련(DTT) 적용		유의사항
• ㉠ 수업 차시마다 주방 전열기 사진 5장을 3번씩 무작위 순서로 제시하여 총 15번의 질문에 학생이 바르게 답하는 빈도를 기록함 　－ ㉡ 점진적 시간지연법을 이용함		• 학생이 선호하는 강화제 사용 • 학생에게 익숙한 주방 전열기 사진 제시

―――――〈작성 방법〉―――――
• '촉진의 형태가 바뀌는 용암 체계'에 비해 밑줄 친 ㉡이 갖는 특성 1가지를 서술할 것

04 동기화 조작

1. 비유관 강화(= 비수반적 강화)

① 문제행동을 감소시키기 위해 사용하는 선행중재 방법 중 하나로, 학습자의 행동과는 무관하게 고정시간계획 또는 변동시간계획에 따라 강화자극을 제공하는 것을 말한다.

② 비유관 강화의 핵심은 이제까지 문제행동으로만 얻을 수 있었던 특정 강화자극을 문제행동과 상관없이 무조건 적으로 자주 얻을 수 있는 환경을 조성함으로써 문제행동의 동기나 요구 자체를 제거하려는 것이다.

③ 문제행동을 수행하지 않고도 원하는 강화를 넘치게 얻을 수 있는 환경을 조성하여 문제행동의 동기 자체를 제거한다. 즉, 원하는 강화자극들로 포화된 환경 자체가 동기해지 조작으로서의 기능을 수행한다.

④ 비유관 강화는 기능성 평가를 통해 문제행동을 유지시키고 있는 강화자극을 확인한 다음, 바로 그 강화자극을 학습자에게 비수반적으로 풍족히 제공함으로써 문제행동의 발생동기를 사전에 제거하려는 전략이다.

2. 고확률 요구연속

① 학습자에게 일련의 고확률 요구들을 먼저 제시한 후에 즉시 계획된 저확률 요구를 제시하는 연속적인 과정을 말한다. 즉, 학습자가 연속되는 여러 개의 고확률 요구에 성공적으로 반응할 때 계획된 저확률 요구를 재빨리 삽입하여 반응을 유도하는 방법이다.

② '고확률 요구'란 학습자의 능력으로 쉽게 수행할 수 있고 실제로 학습자가 잘 반응하는 것으로 알려진 요구로, 순응할 확률이 높다.

  예 경험상 '엄마한테 뽀뽀!'라고 요구할 때마다 아동이 거부하지 않고 잘 따르는 경우

③ '저확률 요구'란 무엇을 요구하면 잘 순응하지 않고 불응할 확률이 더 높은 요구를 말한다.

  예 '이 닦아라!', '손 씻어라!'와 같은 요구가 경험상으로 볼 때 아동의 순종반응을 유발하기보다는 오히려 거부반응을 유도할 것이 분명할 경우

> **참고** **고확률 요구연속 예시문항(2013학년도 유아 B 4번)**
>
> **(가) 자폐성장애 유아 민지의 특성**
>
> - 시각적 정보 처리 능력이 뛰어난 편이다.
> - 좋아하지 않는 활동에 잘 참여하지 않는다.
> - 다양하게 바뀌는 자료에 대해 과민하게 반응한다.
> - <u>장난감 자동차 바퀴를 돌리는 행동을 계속 반복한다.</u>
> - 다른 사람과 대화를 시작하거나 유지하는 데 어려움을 보인다.
>
> **(다) 민지 지원 방안**
>
> ① 다양한 자료를 제시하여 각 활동에 적극적으로 참여할 수 있도록 지원한다.
> ② 활동에 사용할 자료를 자유선택활동 시간에 미리 제시하여 관심을 가지게 한다.
> ③ 전체적인 활동 순서를 그림이나 사진으로 제시하여 각 활동의 순서를 쉽게 이해하도록 지원한다.
> ④ 자유선택활동 시간에 여러 가지 물건 굴리기 활동을 민지가 좋아하는 도서 활동 영역에서 해보도록 한다.
> ⑤ <u>비선호 활동을 수행하기 전에 선호하는 활동을 먼저 수행하도록 하여, 비선호 활동에 보다 잘 참여할 수 있도록 한다.</u>

다음 내용에서 사용된 행동수정 기법으로 옳은 것은? [2점]

> 정신지체 학생 A는 자주 수업을 방해하는 행동을 하였다. 김 교사는 기능평가를 실시하여 A가 교사로부터 관심을 받기 위해 평균 6분마다 수업 방해행동을 한다는 사실을 알았다. 수업 방해행동을 감소시키기 위해 김 교사는 A에게 매 5분마다 관심을 주었더니 수업 방해행동이 감소하였다. 이때부터 김 교사는 A에게 관심을 주는 시간 간격을 점차적으로 증가시켰다. 학기말에 A는 수업 방해행동을 하지 않았다.

① 소거(extinction) ② 다른 행동 차별강화 ③ 상반행동 차별강화
④ 대체행동 차별강화 ⑤ 비유관 강화(noncontingent reinforcement)

다음은 준수를 위해 작성한 문제행동 중재 내용의 일부이다. 물음에 답하시오.

> - 표적행동: 수업시간에 소리를 지르는 행동
> - 기능적 행동평가 및 가설 설정: ABC 관찰을 통해 가설을 설정함
> - 가설 검증
>   - ㉠ 명확한 가설 검증과 구체적인 표적행동 기능 파악을 위해 표적행동에 대한 선행사건과 후속결과를 실험적이고 체계적으로 조작하는 기능적 행동평가 절차를 실시함
>   - 이 절차에 대한 '결과 그래프 및 내용'은 다음과 같음
>
>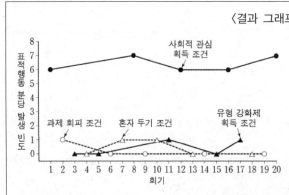
>
> 〈결과 그래프 및 내용〉
> - 각 회기를 15분으로 구성하고, 불필요한 자극이 제거된 교실에서 하루 4회기씩 평가를 실시함
> - 4가지 실험 조건을 각 5회기씩 무작위 순서로 적용함
> - 각 실험 조건에서 발생하는 표적행동의 분당 발생 빈도를 기록하고 그래프로 시각화하여 분석함
>
> …중략…
>
> - 중재계획
>   - 표적행동 감소 전략: 표적행동 발생을 예방하기 위해 ㉡ 비유관 강화(Noncontingent Reinforcement: NCR)를 사용함
>   - 대체행동 지도 전략: '반응 효율성 점검표'를 이용하여 표적행동을 대신할 수 있는 교체기술을 선택하여 지도함
> …하략…

2) 준수의 표적행동과 관련하여 ㉡의 방법을 쓰시오. [1점]

-

(가)는 통합학급 박 교사와 최 교사, 유아특수교사 김 교사가 지적장애 유아 은미와 민수의 행동에 대해 협의한 내용의 일부이고, (나)는 민수의 관찰 기록지이다. 물음에 답하시오.

(가)

[3월 23일]

김 교사: 은미와 민수가 통합학급에서 또래들과 잘 어울리고 있는지 궁금해요.

박 교사: 은미는 혼자 있는 걸 좋아하고 자기표현이 거의 없어요. 그래서인지 친구들도 은미와 놀이를 안하려고 해요. 오늘은 우리 반 현지가 자기 장난감을 은미가 가져갔다고 하는데 은미가 아무 말도 하지 않아서 오해를 받았어요. 나중에 찾아보니 현지 사물함에 있었어요.

김 교사: 은미가 많이 속상해 했겠네요. ㉠ 은미가 자신에게 억울한 상황을 자신의 입장에서 분명하게 이야기할 수 있도록 지도해야겠어요. 최 선생님, 민수는 어떤가요?

최 교사: 민수가 활동 중에 갑자기 자리를 이탈해서 아이들이 놀라는 경우가 많아요. 그래서 친구들이 민수 옆에 앉지 않으려고 해요. 민수의 이런 행동은 이야기 나누기 활동에서 많이 나타나는 것 같아요.

김 교사: 선생님들의 말씀을 듣고 보니, 은미와 민수가 속해 있는 통합학급 유아들을 대상으로 ㉡ 또래지명법부터 해 봐야겠다는 생각이 들어요.

박 교사: 네, 좋은 생각이네요.

최 교사: 그런데 김 선생님, 요즘 민수가 자리이탈 행동을 더 많이 하는 것 같아서 걱정이 되네요.

김 교사: 그러면 제가 민수의 행동을 관찰해 보고 다음주에 다시 협의하는 건 어떨까요?

최 교사: 네, 그렇게 하는 것이 좋겠어요.

[4월 3일]

최 교사: 선생님, 지난주에 민수의 행동을 관찰하기 위해 이야기 나누기 활동을 촬영하셨잖아요. 결과가 궁금해요.

김 교사: 네, ㉢ 민수의 자리이탈 행동의 원인이 선생님의 관심을 얻기 위한 것으로 확인되었어요.

최 교사: 그렇군요. 그러면 민수의 자리이탈 행동을 줄이려면 어떻게 해야 할까요?

김 교사: ㉣ 자리이탈을 하지 않고도 원하는 강화를 받을 수 있게 하여 문제 행동의 동기를 제거할 수 있는 전략을 적용해 보는 것도 좋을 것 같아요.

(나)

- 아동: 김민수
- 관찰자: 김○○
- 관찰 장면: 이야기 나누기 활동
- 관찰 행동: 자리이탈 행동

날짜	시간	행동 발생	계	관찰시간	분석
3/26	10:00~10:15	✓✓✓✓	5	15분	약 3분마다 1회씩 발생함
3/27	10:00~10:14	✓✓✓	4	14분	
3/30	10:00~10:16	✓✓✓✓✓	6	16분	
3/21	10:00~10:15	✓✓✓✓	5	15분	

3) ① ㉢과 (나)를 활용하여 ㉣의 구체적인 방법을 쓰고, ② ㉣을 사용할 때 나타날 수 있는 문제점을 1가지 쓰시오. [2점]

- ①: _____

- ②: _____

만 5세 발달지체 유아 인애는 주변의 사물 이름을 묻는 직접적인 질문에 대부분 반응을 보이고, 지시에 따라 물건을 가져올 수 있으며, 과일 장난감을 좋아하지만 장난감 정리에는 어려움이 있다. 다음은 송 교사가 인애에게 장난감 정리하기를 지도하는 과정이다. 송 교사가 사용한 교수 전략은? [1.4점]

[상황] 자유선택활동 시간이 끝나고 장난감을 정리하라는 교사의 지시에 따라 또래들이 장난감을 정리하고 있지만, 인애는 가지고 놀던 과일 장난감을 정리하지 않고 그대로 두고 있다.

교사: 인애야, 사과 장난감을 가져올래?

인애: (사과 장난감을 주워서 교사에게 준다.)

교사: 그래, 잘했어. 바나나 장난감을 가져올래?

인애: (바나나 장난감을 주워서 교사에게 준다.)

교사: 와! 바나나 장난감도 잘 가져왔어. 오렌지 장난감도 가져올래?

인애: (오렌지 장난감을 찾아서 교사에게 준다.)

교사: 오렌지 장난감도 가져왔네. 아주 잘했어. 자, 이제 바구니에 과일 장난감 넣는 것을 도와줄래?

인애: (바구니에 과일 장난감들을 넣는다.)

교사: 장난감 정리 아주 잘했어!

---

① 반응대가(response cost)   ② 토큰경제(token economy)

③ 부적강화(negative reinforcement)   ④ 점진적 시간지연(progressive time delay)

⑤ 고확률 절차(high-probability procedures)

(가)는 자폐성장애 학생 K의 특성이고, (나)는 고확률(high-p) 요구연속 방법에 사용할 과제 목록이다. (다)는 이것을 적용한 사례이다. 〈작성 방법〉에 따라 서술하시오. [4점]

(가) 학생 K의 특성

- 일반적인 지시 따르기가 가능함
- 선생님과 친구들을 만나면 하이파이브나 악수하기를 좋아함
- 의자에 앉기 싫어해서 주로 교실 바닥에 앉아 생활하려고 함

(나) 과제 목록

회기 과제 목록	1	2	〰	9	10
고확률	손뼉 치기	하이파이브		점프하기	손뼉 치기
	하이파이브	점프하기		하이파이브	악수하기
	악수하기	손뼉 치기		손뼉 치기	하이파이브
	점프하기	악수하기		악수하기	점프하기
저확률	의자에 앉기	의자에 앉기		의자에 앉기	의자에 앉기

U고확률: 고확률(high-p) 요구, 순응하는 과제
U저확률: 저확률(low-p) 요구, 거부하는 과제

(다) 고확률 요구연속 적용 사례(10회기)

이 교사: K야, 손뼉 치자.
학생 K: (손뼉 친다.)
이 교사: 잘했어. (손 내밀며) 악수할까?
학생 K: (악수한다.)
이 교사: 참 잘했어! (손을 들어) 하이파이브!
학생 K: (하이파이브 한다.)
이 교사: 좋아요. 이제 점프!
학생 K: (점프한다.)
이 교사: 멋지다. 의자에 앉자.
학생 K: (의자에 앉는다.)
이 교사: 우와! 멋지다. 최고!

─────〈작성 방법〉─────

- 고확률 요구연속 방법의 장점을 1가지 서술할 것
- 고확률 요구연속 방법에 사용되는 과제의 조건을 2가지 쓸 것
- 고확률 요구연속 방법 적용 시, 학생 K가 저확률 요구에 계속해서 순응하는 행동을 보일 때, 교사가 변경해야 할 사항을 1가지 서술할 것

지체 · 중복 · 건강장애 기출경향 및 학습TIP

굉장히 넓은 범위를 가진 듯 보이지만 문제의 양상은 고정된 영역이라 생각보다 학습이 수월합니다. 교육을 받기 위해서는 학교에 가서 착석하고 생활하는 것이 필수입니다. '지체 · 중복장애'는 이러한 착석과 일상생활에 제한이 발생하는 장애영역이며, 이 장애를 가진 경우 전반적인 부분에 문제가 발생하지만 '기본적인 중재의 원리'가 '신체를 바르게 정렬하고 양측을 균형적으로 사용한다.'라는 절대적 원리로부터 벗어나지 않습니다. 각 장애의 특성에 따라 어떻게 정렬하고 균형적으로 사용하는지에 초점을 맞추면 아주 많은 문제가 해결되는 영역이기도 합니다.

해커스임용 설지민 특수교육학
영역별 이론 + 기출문제 3

제 10 장

지체·중복·건강장애

지체·중복장애

- **정의**
  - 장특법
  - 장복법 ── 뇌병변장애

- **유형**
  - **뇌성마비**
    - 유형
      - 경직형 ── 추체로 이상 / 근긴장도 높음 / 첨족
      - 불수의운동형 ── 추체외로, 기저핵 이상 / 운동의 중복성 / 신체 비대칭성
      - 운동실조형 ── 소뇌 이상 / 균형, 협응능력 저하
    - 심각도 ── GMFCS
      - 앉기, 이동동작, 가동성에 초점

      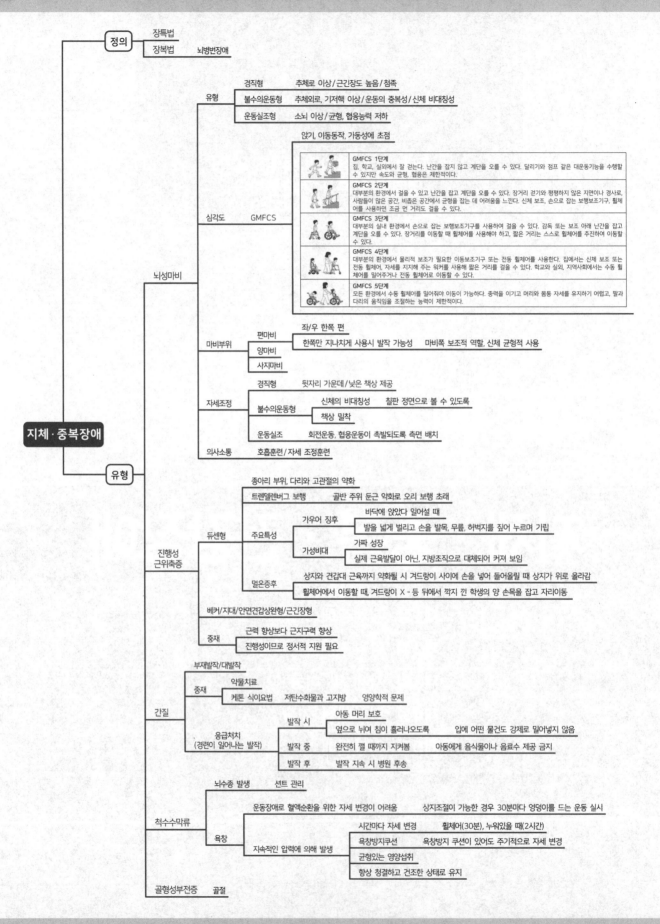

      GMFCS 1단계
      집, 학교, 실외에서 잘 걷는다. 난간을 잡지 않고 계단을 오를 수 있다. 달리기와 점프 같은 대운동기능을 수행할 수 있지만 속도와 균형, 협응은 제한적이다.

      GMFCS 2단계
      대부분의 환경에서 걸을 수 있고 난간을 잡고 계단을 오를 수 있다. 장거리 걷기와 평평하지 않은 지면이나 경사로, 사람들이 많은 공간, 비좁은 공간에서 균형을 잡는 데 어려움을 느낀다. 신체 보조, 손으로 잡는 보행보조기구, 휠체어를 사용하면 조금 먼 거리도 걸을 수 있다.

      GMFCS 3단계
      대부분의 실내 환경에서 손으로 잡는 보행보조기구를 사용하여 걸을 수 있다. 감독 또는 보조 아래 난간을 잡고 계단을 오를 수 있다. 장거리를 이동할 때 휠체어를 사용해야 하고, 짧은 거리는 스스로 휠체어를 추진하여 이동할 수 있다.

      GMFCS 4단계
      대부분의 환경에서 물리적 보조가 필요한 이동보조기구 또는 전동 휠체어를 사용한다. 집에서는 신체 보조 또는 전동 휠체어, 자세를 지지해 주는 워커를 사용해 짧은 거리를 걸을 수 있다. 학교와 실외, 지역사회에서는 수동 휠체어를 밀어주거나 전동 휠체어로 이동할 수 있다.

      GMFCS 5단계
      모든 환경에서 수동 휠체어를 밀어줘야 이동이 가능하다. 중력을 이기고 머리와 몸통 자세를 유지하기 어렵고, 팔과 다리의 움직임을 조절하는 능력이 제한적이다.

    - 마비부위
      - 편마비 ── 좌/우 한쪽 편
      - 양마비 ── 한쪽만 지나치게 사용시 발작 가능성 ── 마비쪽 보조적 역할, 신체 균형적 사용
      - 사지마비
    - 자세조정
      - 경직형 ── 뒷자리 가운데 / 낮은 책상 제공
      - 불수의운동형 ── 신체의 비대칭성 ── 칠판 정면으로 볼 수 있도록 ── 책상 밀착
      - 운동실조 ── 회전운동, 협응운동이 촉발되도록 측면 배치
    - 의사소통 ── 호흡훈련 / 자세 조정훈련

  - **진행성 근위축증**
    - 듀센형
      - 종아리 부위, 다리와 고관절의 약화
      - 트렌델렌버그 보행 ── 골반 주위 둔근 약화로 오리 보행 초래
      - 주요특성
        - 가우어 징후 ── 바닥에 앉았다 일어설 때 ── 발을 넓게 벌리고 손을 발목, 무릎, 허벅지를 짚어 누르며 기립
        - 가성비대 ── 가짜 성장 ── 실제 근육발달이 아닌, 지방조직으로 대체되어 커져 보임
      - 멀온증후 ── 상지와 견갑대 근육까지 약화될 시 겨드랑이 사이에 손을 넣어 들어올릴 때 상지가 위로 올라감 ── 휠체어에서 이동할 때, 겨드랑이 X - 등 뒤에서 깍지 낀 학생의 양 손목을 잡고 자리이동
    - 베커 / 지대 / 안면견갑상완형 / 근긴장형
    - 중재
      - 근력 향상보다 근지구력 향상
      - 진행성이므로 정서적 지원 필요

  - **간질**
    - 종재
      - 부재발작 / 대발작
      - 약물치료
      - 케톤 식이요법 ── 저탄수화물과 고지방 ── 영양학적 문제
    - 응급처치 (경련이 일어나는 발작)
      - 발작 시
        - 아동 머리 보호
        - 옆으로 뉘여 침이 흘러나오도록 ── 입에 어떤 물건도 강제로 밀어넣지 않음
      - 발작 중 ── 완전히 깰 때까지 지켜봄 ── 아동에게 음식물이나 음료수 제공 금지
      - 발작 후 ── 발작 지속 시 병원 후송

  - **척수수막류**
    - 뇌수종 발생 ── 션트 관리
    - 욕창
      - 운동장애로 혈액순환을 위한 자세 변경이 어려움 ── 상지조절이 가능한 경우 30분마다 엉덩이를 드는 운동 실시
      - 지속적인 압력에 의해 발생
        - 시간마다 자세 변경 ── 휠체어(30분), 누워있을 때(2시간)
        - 욕창방지쿠션 ── 욕창방지 쿠션이 있어도 주기적으로 자세 변경
        - 균형있는 영양섭취
        - 항상 청결하고 건조한 상태로 유지

  - **골형성부전증** ── 골절

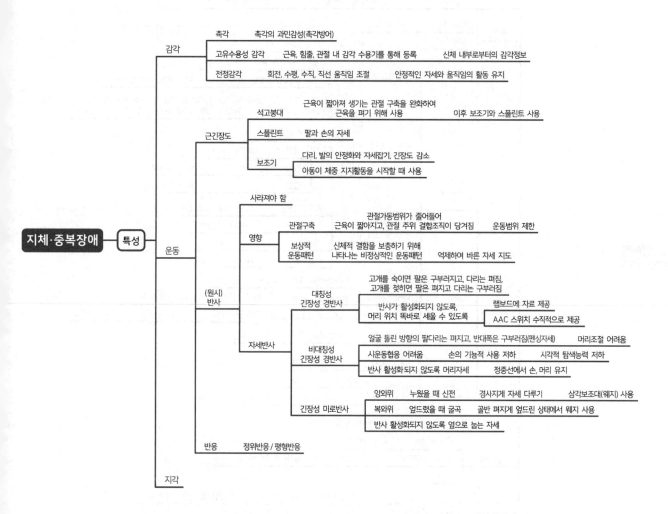

지체·중복장애 — 특성

- 감각
  - 촉각 — 촉각의 과민감성(촉각방어)
  - 고유수용성 감각 — 근육, 힘줄, 관절 내 감각 수용기를 통해 등록 — 신체 내부로부터의 감각정보
  - 전정감각 — 회전, 수평, 수직, 직선 움직임 조절 — 안정적인 자세와 움직임의 활동 유지
- 운동
  - 근긴장도
    - 석고붕대 — 근육이 짧아져 생기는 관절 구축을 완화하여 근육을 펴기 위해 사용 — 이후 보조기와 스플린트 사용
    - 스플린트 — 팔과 손의 자세
    - 보조기 — 다리, 발의 안정화와 자세잡기, 긴장도 감소 — 아동이 체중 지지활동을 시작할 때 사용
  - (원시)반사 — 사라져야 함
    - 영향
      - 관절구축 — 관절가동범위가 줄어들어 근육이 짧아지고, 관절 주위 결합조직이 당겨짐 — 운동범위 제한
      - 보상적 운동패턴 — 신체적 결함을 보충하기 위해 나타나는 비정상적인 운동패턴 — 억제하여 바른 자세 지도
    - 자세반사
      - 대칭성 긴장성 경반사 — 고개를 숙이면 팔은 구부러지고, 다리는 펴짐, 고개를 젖히면 팔은 펴지고 다리는 구부러짐
        - 반사가 활성화되지 않도록, 머리 위치 똑바로 세울 수 있도록 — 랩보드에 자료 제공 / AAC 스위치 수직적으로 제공
      - 비대칭성 긴장성 경반사 — 얼굴 돌린 방향의 팔다리는 펴지고, 반대쪽은 구부러짐(펜싱자세) — 머리조절 어려움
        - 시운동협응 어려움 — 손의 기능적 사용 저하 — 시각적 탐색능력 저하
        - 반사 활성화되지 않도록 머리자세 — 정중선에서 손, 머리 유지
      - 긴장성 미로반사
        - 앙와위 — 누웠을 때 신전 — 경사지게 자세 다루기 — 삼각보조대(웨지) 사용
        - 복와위 — 엎드렸을 때 굴곡 — 골반 펴지게 엎드린 상태에서 웨지 사용
        - 반사 활성화되지 않도록 옆으로 눕는 자세
  - 반응 — 정위반응 / 평형반응
- 지각

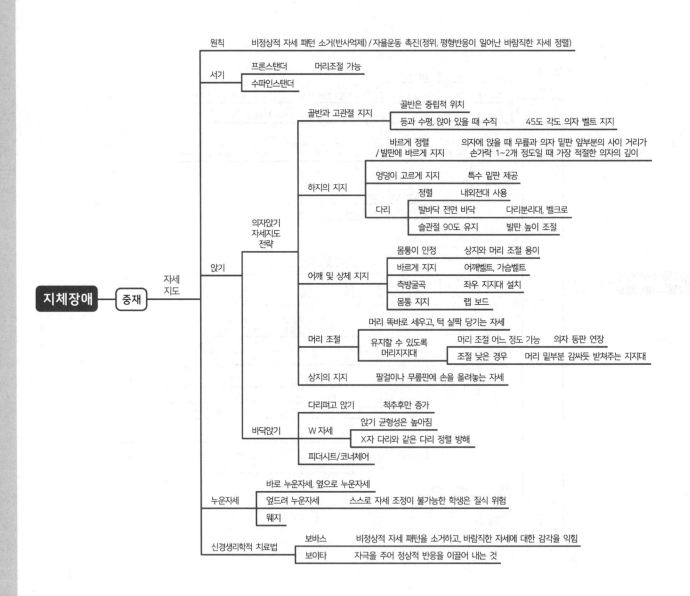

지체장애 — 중재 — 자세지도

- 원칙: 비정상적 자세 패턴 소거(반사억제) / 자율운동 촉진(정위, 평형반응이 일어난 바람직한 자세 정렬)
- 서기
  - 프론스탠더 — 머리조절 가능
  - 수파인스탠더
- 앉기
  - 의자앉기 자세지도 전략
    - 골반과 고관절 지지
      - 골반은 중립적 위치
      - 등과 수평, 앉아 있을 때 수직 — 45도 각도 의자 벨트 지지
    - 하지의 지지
      - 바르게 정렬 / 발판에 바르게 지지 — 의자에 앉을 때 무릎과 의자 밑판 앞부분의 사이 거리가 손가락 1~2개 정도일 때 가장 적절한 의자의 깊이
      - 엉덩이 고르게 지지 — 특수 밑판 제공
      - 정렬 — 내외전대 사용
      - 다리
        - 발바닥 전면 바닥 — 다리분리대, 벨크로
        - 슬관절 90도 유지 — 발판 높이 조절
    - 어깨 및 상체 지지
      - 몸통이 안정 — 상지와 머리 조절 용이
      - 바르게 지지 — 어깨벨트, 가슴벨트
      - 측방굴곡 — 좌우 지지대 설치
      - 몸통 지지 — 랩 보드
    - 머리 조절
      - 머리 똑바로 세우고, 턱 살짝 당기는 자세
      - 유지할 수 있도록 머리지지대
        - 머리 조절 어느 정도 가능 — 의자 등판 연장
        - 조절 낮은 경우 — 머리 밑부분 감싸듯 받쳐주는 지지대
    - 상지의 지지 — 팔걸이나 무릎판에 손을 올려놓는 자세
  - 바닥앉기
    - 다리펴고 앉기 — 척추후만 증가
    - W 자세
      - 앉기 균형성은 높아짐
      - X자 다리와 같은 다리 정렬 방해
    - 피더시트/코너체어
- 누운자세
  - 바로 누운자세, 옆으로 누운자세
  - 엎드려 누운자세 — 스스로 자세 조정이 불가능한 학생은 질식 위험
  - 웨지
- 신경생리학적 치료법
  - 보바스 — 비정상적 자세 패턴을 소거하고, 바람직한 자세에 대한 감각을 익힘
  - 보이타 — 자극을 주어 정상적 반응을 이끌어 내는 것

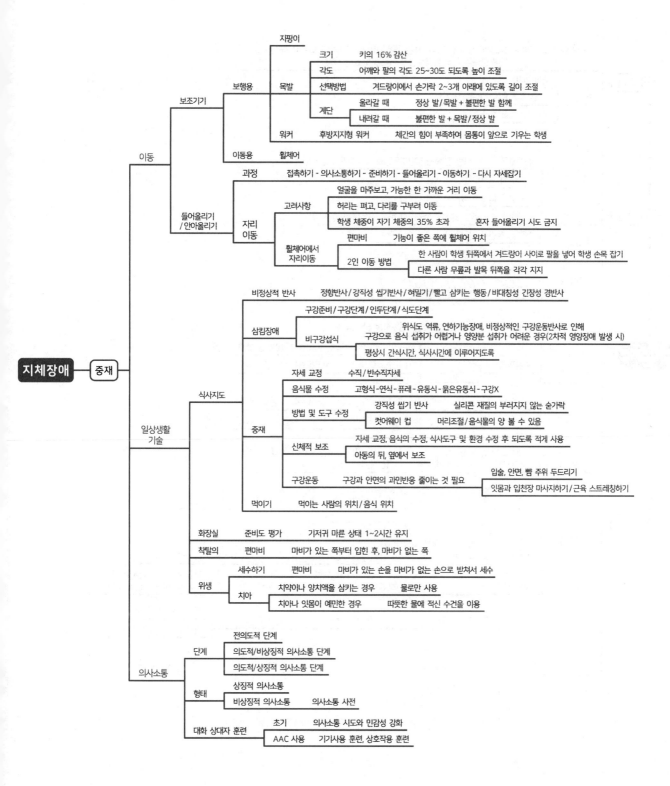

지체장애 — 중재

- 이동
  - 보조기기
    - 보행용
      - 지팡이
      - 목발
        - 크기 — 키의 16% 감산
        - 각도 — 어깨와 팔의 각도 25~30도 되도록 높이 조절
        - 선택방법 — 겨드랑이에서 손가락 2~3개 아래에 있도록 길이 조절
        - 계단
          - 올라갈 때 — 정상 발/목발 + 불편한 발 함께
          - 내려갈 때 — 불편한 발 + 목발/정상 발
      - 워커 — 후방지지형 워커 — 체간의 힘이 부족하여 몸통이 앞으로 기우는 학생
    - 이동용 — 휠체어
  - 들어올리기/안아올리기
    - 과정 — 접촉하기 - 의사소통하기 - 준비하기 - 들어올리기 - 이동하기 - 다시 자세잡기
    - 자리이동
      - 고려사항
        - 얼굴을 마주보고, 가능한 한 가까운 거리 이동
        - 허리는 펴고, 다리를 구부려 이동
        - 학생 체중이 자기 체중의 35% 초과 — 혼자 들어올리기 시도 금지
      - 휠체어에서 자리이동
        - 편마비 — 기능이 좋은 쪽에 휠체어 위치
        - 2인 이동 방법
          - 한 사람이 학생 뒤쪽에서 겨드랑이 사이로 팔을 넣어 학생 손목 잡기
          - 다른 사람 무릎과 발목 뒤쪽을 각각 지지

- 일상생활 기술
  - 식사지도
    - 비정상적 반사 — 정향반사/강직성 씹기반사/혀밀기/빨고 삼키는 행동/비대칭성 긴장성 경반사
    - 삼킴장애
      - 구강준비/구강단계/인두단계/식도단계
      - 비구강섭식
        - 위식도 역류, 연하기능장애, 비정상적인 구강운동반사로 인해 구강으로 음식 섭취가 어렵거나 영양분 섭취가 어려운 경우(2차적 영양장애 발생 시)
        - 평상시 간식시간, 식사시간에 이루어지도록
    - 중재
      - 자세 교정 — 수직/반수직자세
      - 음식물 수정 — 고형식 -연식 -퓨레 -유동식 -묽은유동식 - 구강X
      - 방법 및 도구 수정
        - 강직성 씹기 반사 — 실리콘 재질의 부러지지 않는 숟가락
        - 컷어웨이 컵 — 머리조절/음식물의 양 볼 수 있음
      - 신체적 보조
        - 자세 교정, 음식의 수정, 식사도구 및 환경 수정 후 되도록 적게 사용
        - 아동의 뒤, 옆에서 보조
      - 구강운동 — 구강과 안면의 과민반응 줄이는 것 필요
        - 입술, 안면, 뺨 주위 두드리기
        - 잇몸과 입천장 마사지하기/근육 스트레칭하기
    - 먹이기 — 먹이는 사람의 위치/음식 위치
  - 화장실 — 준비도 평가 — 기저귀 마른 상태 1~2시간 유지
  - 착탈의 — 편마비 — 마비가 있는 쪽부터 입힌 후, 마비가 없는 쪽
  - 위생
    - 세수하기 — 편마비 — 마비가 있는 손을 마비가 없는 손으로 받쳐서 세수
    - 치아
      - 치약이나 양치액을 삼키는 경우 — 물로만 사용
      - 치아나 잇몸이 예민한 경우 — 따뜻한 물에 적신 수건을 이용

- 의사소통
  - 단계
    - 전의도적 단계
    - 의도적/비상징적 의사소통 단계
    - 의도적/상징적 의사소통 단계
  - 형태
    - 상징적 의사소통
    - 비상징적 의사소통 — 의사소통 사전
  - 대화 상대자 훈련
    - 초기 — 의사소통 시도와 민감성 강화
    - AAC 사용 — 기기사용 훈련, 상호작용 훈련

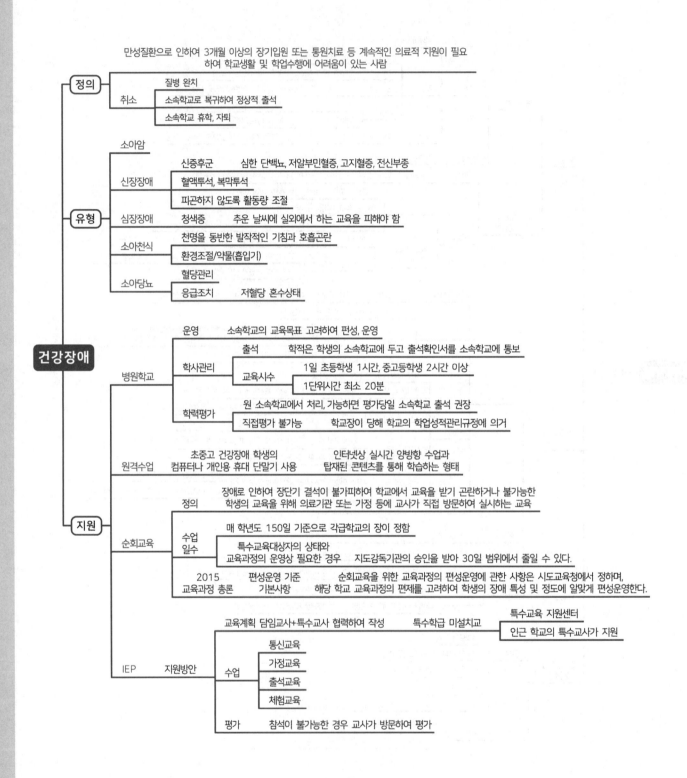

건강장애

- **정의**
  - 만성질환으로 인하여 3개월 이상의 장기입원 또는 통원치료 등 계속적인 의료적 지원이 필요하여 학교생활 및 학업수행에 어려움이 있는 사람
  - 취소
    - 질병 완치
    - 소속학교로 복귀하여 정상적 출석
    - 소속학교 휴학, 자퇴

- **유형**
  - 소아암
  - 신장장애
    - 신증후군 — 심한 단백뇨, 저알부민혈증, 고지혈증, 전신부종
    - 혈액투석, 복막투석
  - 심장장애
    - 피곤하지 않도록 활동량 조절
    - 청색증 — 추운 날씨에 실외에서 하는 교육을 피해야 함
  - 소아천식
    - 천명을 동반한 발작적인 기침과 호흡곤란
    - 환경조절/약물(흡입기)
  - 소아당뇨
    - 혈당관리
    - 응급조치 — 저혈당 혼수상태

- **지원**
  - 병원학교
    - 운영 — 소속학교의 교육목표 고려하여 편성, 운영
    - 학사관리
      - 출석 — 학적은 학생의 소속학교에 두고 출석확인서를 소속학교에 통보
      - 교육시수
        - 1일 초등학생 1시간, 중고등학생 2시간 이상
        - 1단위시간 최소 20분
    - 학력평가
      - 원 소속학교에서 처리, 가능하면 평가당일 소속학교 출석 권장
      - 직접평가 불가능 — 학교장이 당해 학교의 학업성적관리규정에 의거
  - 원격수업 — 초중고 건강장애 학생의 컴퓨터나 개인용 휴대 단말기 사용 — 인터넷상 실시간 양방향 수업과 탑재된 콘텐츠를 통해 학습하는 형태
  - 순회교육
    - 정의 — 장애로 인하여 장단기 결석이 불가피하여 학교에서 교육을 받기 곤란하거나 불가능한 학생의 교육을 위해 의료기관 또는 가정 등에 교사가 직접 방문하여 실시하는 교육
    - 수업일수
      - 매 학년도 150일 기준으로 각급학교의 장이 정함
      - 특수교육대상자의 상태와 교육과정의 운영상 필요한 경우 — 지도감독기관의 승인을 받아 30일 범위에서 줄일 수 있다.
    - 2015 교육과정 총론 — 편성운영 기준 기본사항 — 순회교육을 위한 교육과정의 편성운영에 관한 사항은 시도교육청에서 정하며, 해당 학교 교육과정의 편제를 고려하여 학생의 장애 특성 및 정도에 알맞게 편성운영한다.
  - IEP
    - 교육계획 담임교사+특수교사 협력하여 작성 — 특수학급 미설치교 — 특수교육 지원센터 / 인근 학교의 특수교사가 지원
    - 지원방안
      - 수업
        - 통신교육
        - 가정교육
        - 출석교육
        - 체험교육
      - 평가 — 참석이 불가능한 경우 교사가 방문하여 평가

01 정의

1. 「장애인 등에 대한 특수교육법」에 따른 지체장애 정의

기능·형태상의 장애를 가지고 있거나, 몸통을 지탱하거나 팔다리의 움직임 등에 어려움을 겪는 신체적 조건이나 상태로 인해 교육적 성취에 어려움이 있는 사람을 말한다.

02 뇌성마비

1. 정의

① 중추신경계 손상에 의한 근육마비, 협응성 장애, 근육 약화, 기타 운동기능 장애로 특징지어지는 신경장애이다.
② 뇌기능 발달이 가장 활발해야 할 만 2세 이전의 어린 시기에 발생하여 정상발달이 저해되는 비진행성 질환이다.
③ 뇌성마비로 인한 뇌손상은 더 진행되거나 호전되지는 않지만 시간이 지남에 따라 그 영향이 변하기도 한다.

2. 분류

(1) 운동패턴에 따른 분류

생리적 분류	원인 및 운동특성
경직형	• 간헐성 경련이 일어나기 때문에 '경련성'이라고도 부름 • 운동피질이나 뇌의 추체로가 손상을 받아 생기며, 근육운동조정 능력을 상실하게 되고 생후 4개월 이후에 현저한 경직이 나타남 • 근육의 장력 또는 근긴장도의 항진을 보이는데 이는 추체, 즉 수의운동을 담당하는 대뇌피질로부터 하강하는 운동신경 통로의 장애에 의한 것임
불수의 운동형 (무정위 운동형)	• 불수의 운동, 즉 본인의 의지에 의해 조절하는 것이 곤란하거나 불가능함 • 장애부위 전반에 걸쳐 지속적인 불수의 운동이 특징적으로 나타나고 운동의 중복성을 보이며, 불필요한 과잉운동이 불수의적으로 일어나 동작의 선택이 어렵게 됨 • 대뇌피질 속에 있는 기저핵의 손상, 즉 추체외로 조직과 기본 신경절에 뇌 손상이 가해진 결과로 생기며, 관련 부위가 비자발적이고 느리고 힘이 들어감
운동실조형	• 균형감각과 손의 사용감각이 특히 떨어지며, 걸을 때 현기증을 느끼고 보조가 없으면 넘어지는 매우 불안한 걸음을 보임 • 의도하는 물건을 집을 때 과잉동작이 수반되며, 동작은 흔들리고 불규칙적이고 과잉행동 패턴을 자주 보임 • 소뇌의 병변에 의해 발생하여 걸음을 술에 취한 것처럼 걷고 자주 말이 흐려짐 • 걸을 때 가장 뚜렷하게 나타나고 뛰는 것은 오히려 잘할 수 있음

생리적 분류	원인 및 운동특성

진전형	• 비자율적으로 일어나는 규칙적인 떨림이 나타나며, 그 행동을 통제하려고 시도할 때 더욱 증가함
	• 유형 1
	  – 소뇌에 입은 장애로 인해 일어나는 경련으로, 자율적인 움직임을 하려고 할 때 나타나며 동작의 마지막 움직임에서 신체 부위에 더욱 경련을 일으키게 됨
	  – '의도적 경련', '능동적 경련', '마무리 동작 경련'이라고도 하며, 다리보다 팔에 더 많이 일어남
	• 유형 2
	  – 기저핵에 입은 장애에 의해 일어나는 경련으로, 잠을 잘 때나 집중이 요구되는 특정한 운동과제를 수행할 때는 감소됨
	  – '비의도적 경련', '수동적 경련', '휴식적 경련'이라고도 하며, 두개골이나 손가락 근육에 많이 나타남

강직형 (강강형)	• 사지가 극도로 딱딱하고 오랜 기간 고정되어 있어 움직이지 못할 수도 있음 • 강직형은 경직형의 더 심한 형태처럼 보이며 사지를 펴는 동작마저 저지되고, 경직된 사지를 움직여 보면 마치 납으로 된 파이프처럼 굽어지는데, 이러한 아동은 보통 사지마비를 가짐 • 기저핵에 입은 장애로 나타나며, 중증 정신지체와 함께 나타나는 경우가 많음
혼합형	• 위의 하나의 유형에만 속하지 않고 두 가지 유형이 중복된 상태를 말함 예 불수의 운동형과 경직형, 불수의 운동형과 운동실조형 • 경련성과 불수의 운동형이 동시에 일어나는 경우가 많고, 신체의 일부분이 다른 부분보다 심한 경련성을 보이는 경우도 있음 • 혼합형은 실제로는 잘 사용하지 않으나 혼합형으로 진단된 뇌성마비 아동은 대부분이 중증 중복장애를 가지고 있음

(2) 마비 부위에 따른 분류

마비 부위	내용	마비 부위	내용
단마비	사지 중 어느 한쪽이 마비	편마비	같은 쪽의 팔과 다리가 마비
삼지마비	팔다리 중 세 부분이 마비	사지마비	팔과 다리가 모두 마비
하지마비	양쪽 다리 마비	양마비	주된 마비는 하지에 나타나고 상지는 경도 마비

(3) 뇌성마비 아동 기능수준에 따른 분류

① 뇌성마비 아동이 자발적으로 시작하는 동작을 평가하는 시스템으로 앉기, 이동 동작, 가동성에 초점을 둔다.
② 다섯 단계 분류의 주된 기준은 기능적 제한과 손으로 잡는 보행 보조기구(워커, 크러치, 지팡이 등)나 바퀴달린 이동 보조기구가 필요한가에 근거하며, 동작의 질도 구분 기준이 된다.
③ 뇌성마비 대운동 기능 분류 시스템(GMFCS)

수준	내용
GMFCS Ⅰ 수준	• 아동은 제한 없이 실내외를 걷거나 계단을 오를 수 있음 • 아동은 달리기, 뛰기와 같은 대근육 기술을 수행할 수 있지만 속도나 균형, 협응은 손상됨
GMFCS Ⅱ 수준	아동은 실내외를 걷거나 레일을 잡고 계단을 오를 수 있으나, 평평하지 않은 표면이나 경사를 걸을 때와 사람들 안에서 걷거나 폐쇄된 곳에서 제한을 받음
GMFCS Ⅲ 수준	• 아동은 이동 보조도구를 이용해 평면에서 실내외를 걸어 다니거나 손잡이를 잡고 계단을 오를 수 있음 • 수동 휠체어를 밀거나, 장거리 여행 또는 평평하지 않은 지형에서는 도움을 받아 이동할 수 있음
GMFCS Ⅳ 수준	아동은 워커에 의존해 단거리를 걷거나 가정, 학교, 지역사회에서 바퀴로 된 이동 보조기구에 의존해 이동할 수 있음
GMFCS Ⅴ 수준	• 신체적 손상으로 수의적 운동 조절이 제한되고, 반중력 머리 들기와 몸통자세를 유지하기 어려움 • 모든 운동기능 영역이 제한적이고, 아동은 독립적인 이동수단이 없으며 도움을 받아 이동함

3. 중재

(1) 뇌성마비 유형별 자세지도 전략

① 경직형

ㄱ 문제점

ⓐ 일반적으로 높은 근육긴장과 제한된 움직임 범위가 문제점으로 지적된다.

ⓑ 외부 자극에 과민한 반응을 나타내어 근육의 긴장도가 과도하게 높아지는 경향이 있다.

ㄴ 지도방법

ⓐ 투입되는 감각자극(sensory input)을 조정하여 외부 자극에 대해 과도하게 흥분한 신경체계를 진정시키고, 추락의 두려움을 줄이며, 운동 관련 기능에 참여할 수 있도록 지도한다.

ⓑ 그림을 그리거나 필기를 할 경우, 책상 위에서 마비된 팔과 손을 사용해 종이를 고정하도록 지도하고, 신체의 정중선을 중심으로 균형을 잃지 않고 움직일 수 있도록 연습시킨다.

ㄷ 경직형 – 편마비

ⓐ 마비가 온 부위를 움직이거나 사용하려고 하지 않는다.

ⓑ 두 손을 시각적 영역으로 가져와서 마비된 손을 이용하여 물건을 집거나 조작하는 데 '조력자'로서 사용하도록 지도한다.

ㄹ 경직형 – 사지마비: 굴곡 패턴이 강한 경직형 사지마비 학생은 수업활동 중에 서기 보조기기를 이용하여 수업에 서서 참여할 수 있도록 한다.

② 불수의 운동형

ㄱ 문제점: 무의식적이고 조직화되지 않은 움직임의 특성을 보인다.

ㄴ 지도방법

ⓐ 효과적인 중간 범위(midrange) 운동을 반복하여, 중간 범위에서 운동을 조직하는 것을 학습한다.

ⓑ 자신의 감각운동 회로를 스스로 조절할 수 있도록 활동의 요소를 옳고 그른 것으로 세분화한 뒤 수행을 비교하여 움직임의 정확성에 관한 분명하고 명확한 피드백을 제공한다.

ⓒ 청소년 시기에 최적의 독립기능을 유지할 수 있도록 가능한 한 어린 시기에 이동 시스템을 제공한다.

예 전동휠체어, 컴퓨터, 다른 환경의 제어들을 작동하기 위한 스위치 사용 등

ⓓ 전동휠체어에 장시간 앉아 있으면 하지기형 위험이 있으므로 서기 보조기기를 이용하여 대안적 자세를 마련하고, 2차적 변형과 구축을 방지한다.

③ 운동실조형

ㄱ 문제점

ⓐ 균형과 평형의 장애가 가장 큰 문제점으로 나타난다.

ⓑ 공간 속에서 움직이거나 운동을 계획하기가 어렵다.

ㄴ 지도방법

ⓐ 더 정확한 운동에 반응하기 위해 신체와 관절 부위에 강화된 감각 입력을 제공하는 것이 필요하다.

ⓑ 무게감 있는 조끼의 착용은 때때로 증대된 고유수용감각의 입력을 성취하는 데 도움을 줄 수 있다.

ⓒ 교사는 정확한 운동을 계획하고 실행할 수 있는 물리적 교실환경을 구성한다.

ⓓ 방해받지 않고 보행할 수 있도록 최대한의 공간을 확보한다.

ⓔ 교실 내에서의 이동을 위한 공간을 확보하고, 교육활동에 접근이 용이한 좌석배치를 고려한다.

④ 혼합형
  ㉠ 문제점
    ⓐ 과긴장과 저긴장 상태가 혼합되어 나타난다.
    ⓑ 때로는 경직형 또는 불수의 운동형을 수반하기도 한다.
  ㉡ 지도방법
    ⓐ 학생의 운동 산출을 증진시키기 위해 변하는 감각 입력의 원칙들을 독특하고 다양하게 응용해야 한다.
    ⓑ 근육의 피로를 줄이고 부적절한 근육긴장을 중화시키기 위해 자세를 자주 바꿔준다.
    ⓒ 직립 자세는 호흡과 무게 감당을 강화시킬 수 있으니 자세용 보조기기를 이용하여 앉기와 서기 등을 지도한다.

(2) 언어
  ① 뇌성마비 유형에 따른 언어적 특성

유형	언어적 특성
경직형	• 근긴장도가 높아 발화를 할 때 과도한 근육긴장으로 인해 매우 경직되는 특성을 보임 • 심한 말더듬을 가진 사람이 보이는 '막힘' 증상과 같은 쥐어짜는 듯한 긴장된 발성이 나옴 • 비정상적인 호흡과 마치 목에 사과가 걸린 것 같은 성대의 긴장은 전체적으로 경직되고 힘이 잔뜩 들어가 있다는 인상을 주기 때문에 발화의 속도가 느리고 힘이 들어가 있음 • 말이 자주 끊어지는 형태의 억양을 보이며, 과대비성과 거칠고 억압된 음성을 냄 • 연인두 폐쇄기능의 결함으로 구강 내 압력이 필요한 파열음, 마찰음, 파찰음과 같은 자음에서 오류를 보임
불수의 운동형	• 신체의 움직임이 느리고 술에 취한 듯 비틀거리는 자세가 특징이며, 말을 할 때도 말을 하려고 할수록 더 심하게 꼬이는 증상이 나타날 수 있으며, 특히 목소리 크기가 작고 속삭이는 듯한 소리를 산출함 • 혀의 조절이 어려워 자음산출에 많은 오류를 보이며, 음도가 높고 단음도 형태를 보임 • 특히 발화를 할 때 정상적인 자세를 유지하기 어렵기 때문에 조음상의 오류를 많이 보임

  ② 구어산출의 특징

장애 유형	특징
호흡장애	• 구어 산출에 적절한 기류의 공급이 잘 이루어지지 않음 • 날숨의 지속시간이 너무 짧음 • 역호흡 증상이 나타나고, 호흡량이 부족함 • 음절당 소모되는 공기의 양이 많음
발성장애	• **날숨 시 성대가 열려 있는 경우**: 압력이 형성되지 않아 발성이 되지 않음 • **성대가 너무 경직된 경우**: 진동하기 어려워 발성이 되지 않음 • **성대 긴장도가 유지되지 않는 경우**: 비정상적인 음도, 폭발적인 음성 등이 산출됨
조음장애	• 말소리의 강도, 음도, 운율상의 문제로 인하여 전체적인 말의 명료도가 낮음 • 말의 지각능력이 낮음 • 경직형의 경우 연인두 폐쇄기능의 결함으로 파열음, 마찰음, 파찰음 산출이 어려우며, 과대비성이 나타남 • 조음기관의 기민성이 떨어지고, 조음점의 정확성이 떨어져 조음이 부정확함
운율장애	• 소리의 높낮이나 강세를 적절하게 조절하기 어려움 • 발화 시 필요한 곳에서 쉼을 조절하기 어렵고, 필요한 호흡의 양이 부족하거나 조절하기 어려움 • 부적절한 쉼으로 인하여 문장 내 속도조절이 어려움

③ 뇌성마비 아동의 의사소통 지도

훈련방법	내용
호흡훈련	• 호흡은 뇌성마비 아동이 갖는 발성장애의 주 원인이 됨 • 일반적으로 최대 발성시간이 짧음 • 역호흡은 호흡근육 조절능력의 부족으로 생기며, 호기량이 짧아 발화가 짧고 끊어질 듯한 현상이 나타남 • 역호흡을 억제하고 호흡량을 증가시키는 훈련이 필요함 • **훈련 세부내용**: 바람개비 불어 돌리기, 비눗방울 불기, 빨대로 불어 소리내기
자세조정 훈련	• 뇌성마비 아동의 조음치료에 적절한 자세는 이상반사 패턴을 억제하는 것임 • 조음기관이 최소한의 노력(움직임)으로 작동할 수 있도록 하는 자세가 적절함 • **양순음**: 머리를 앞으로 숙여서 양입술의 폐쇄가 쉽게 이루어질 수 있도록 함 • **경구개음, 치조음**: 머리를 앞으로 숙여서 설첨 부위나 경구개가 치조에 보다 가깝게 됨으로써 혀를 조금만 움직여도 적절한 조음위치에 닿을 수 있도록 함 • **연구개음**: 목을 뒤로 젖힘으로써 중력작용으로 혀뿌리가 구강 뒤쪽에 위치하는 것을 도움

01 2011학년도 초등 10번, 2011학년도 유아 10번

다음은 특수학교 박 교사가 자신의 학급아동을 관찰한 내용이다. 이에 대한 설명으로 적절한 것을 〈보기〉에서 모두 고른 것은? [1.4점]

이름	장애 유형	관찰내용
수지	뇌성마비	(가) 어떤 동작을 수행하면 자신의 의지와 상관없는 불필요한 동작이 수반된다. (나) 입 주위 근육에 마비가 나타나며, 이로 인하여 책이나 공책에 침을 흘리는 경우가 많다.
현우	근이영양증	(다) 종아리 부위의 근육이 뭉친 것처럼 크게 부어올라 있다. (라) 가우어 징후(Gower's sign)를 보이며 바닥에서 일어나는 데 어려움이 있다.
영수	이분척추	(마) 척추 부위에 혹과 같은 모양으로 근육이 부어올라 있다. (바) 머리가 비정상적으로 크고, 자주 구토를 하며 머리가 아프다고 호소한다.

〈보기〉

ㄱ. (가): 대뇌 기저핵의 손상이 주된 원인인 불수의 운동형의 주된 증상이다.

ㄴ. (나): 진행성이기 때문에 향후 이 마비 증상은 얼굴 전체로 확대된다.

ㄷ. (다): 유전자 중 X 염색체의 결함이 주된 원인인 안면견갑상완형의 초기 증상이다.

ㄹ. (라): 향후 독립보행이 어렵게 되어 휠체어를 사용하게 된다.

ㅁ. (마): 척추 뼈가 완전히 닫히지 않아 분리된 척추 사이로 척수액이나 신경섬유가 돌출된 것이 원인인 잠재이분척추의 증상이다.

ㅂ. (바): 향후 수두증으로 진행하거나 션트(shunt) 삽입 수술 등이 필요할 수 있다.

① ㄱ, ㄴ　　　　　　　　② ㄱ, ㄹ, ㅂ　　　　　　　　③ ㄴ, ㄷ, ㄹ
④ ㄷ, ㄹ, ㅁ　　　　　　　⑤ ㄱ, ㄷ, ㅁ, ㅂ

02 2010학년도 초등 8번, 2010학년도 유아 8번

다음은 윤 교사가 뇌성마비 학생 경수의 일상생활과 학습 장면에서 관찰한 결과이다. 문제의 주된 원인을 〈보기〉에서 고른 것은? [1.4점]

- 소리나 움직임에 크게 놀라는 반응을 보이며 얼굴과 팔을 함께 움직이면서 불안정한 목소리로 말한다. 이 증상은 다른 학생이 주목하는 긴장된 상황에서 더욱 심하게 일어난다.
- 쓰기과제 수행 시 의도하지 않은 불필요한 동작이나 이상한 방향으로 돌발적인 동작이 일어나 알아보기 힘든 글자를 쓴다.

─〈보기〉─

ㄱ. 근력의 무긴장   ㄴ. 원시반사의 잔존   ㄷ. 대뇌 기저핵의 손상   ㄹ. 근골격계의 구조 이상

① ㄱ, ㄴ   ② ㄱ, ㄷ   ③ ㄴ, ㄷ   ④ ㄴ, ㄹ   ⑤ ㄷ, ㄹ

03 2009학년도 중등 33번

그림과 같이 하지의 내전 구축으로 '가위' 형태의 자세를 보이기도 하며, 걸을 수 있는 경우에는 첨족(equinus) 보행을 특징으로 하는 뇌성마비의 생리적 분류 유형에 대한 설명으로 가장 적절한 것은? [2점]

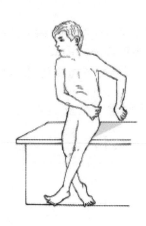

① 근긴장도가 낮아 몸통과 사지를 반복적으로 일정하게 비틀거나 운동의 중복성이 있다.

② 과잉동작이나 불수의적 운동은 거의 없지만 근육신축성이 없어 운동저항이 강하고 지능도 낮다.

③ 뇌막염과 같은 출생 후 질병으로 인해 추체외로가 손상되어 경련성 근긴장과 불수의적 운동이 모두 나타난다.

④ 운동피질의 손상으로 신전과 굴곡의 원시적 집단반사가 보여 자동운동이 어렵고 제어하기 어려운 간헐적인 경련이 있다.

⑤ 소뇌 기저핵 손상이 광범위하여 바빈스키 양성 반응이 1세 이후에도 지속되며 평형감각이 낮아 자세 불안정과 눈과 손발의 불협응이 보인다.

04 2010학년도 중등 34번

척추측만증이 있는 뇌성마비 학생에 대한 설명으로 옳은 것을 〈보기〉에서 모두 고른 것은? [2점]

─〈보기〉─

ㄱ. 뇌성마비는 발생학적으로 척추형성부전이나 척추연골화가 있어 신경근성 척추측만으로 분류된다.

ㄴ. 신체 정렬이 되지 않은 부적절한 자세가 관절의 위치나 근육의 길이를 변형시켜 이차적인 장애로 척추측만을 일으킬 수 있다.

ㄷ. 척추측만이 고착되지 않은 경우, 중력에 대항하고 비정상적인 근육 긴장도를 최소화시켜 주는 방식으로 신체 정렬이 되도록 자세를 잡아 준다.

ㄹ. 척추측만증 교정을 위해 맞춤화된 앉기 보조도구를 제공하여 가장 편하고 바른 자세를 잡아 주고, 그 자세를 일과 시간 동안 계속 유지시켜 준다.

ㅁ. 척추측만증을 위한 운동요법의 하나인 보바스(Bobath) 법은 척추 주위의 운동 자극점을 지속적으로 눌러주어 비정상적인 자세긴장도를 정상화하는 것이다.

① ㄱ, ㄴ   ② ㄴ, ㄷ   ③ ㄴ, ㄷ, ㅁ   ④ ㄱ, ㄷ, ㄹ, ㅁ   ⑤ ㄴ, ㄷ, ㄹ, ㅁ

(가)는 5세 뇌성마비 유아 슬기의 특성이고, (나)는 지체장애 유아에 대한 유아 특수교사의 대화이다. 물음에 답하시오.

(가) 슬기의 특성

- 사지를 불규칙하게 뒤틀거나, 팔다리를 움찔거리는 행동을 보임
- 사물에 손을 뻗을 때 손바닥이 바깥쪽으로 틀어지며 의도하지 않는 방향으로 움직임이 일어남
- 정위반응과 평형반응이 결여되어 자세가 불안정함

(나) 대화

장 교사: 저희 원은 새로 입학한 재우를 위해 실내·외 환경을 개선했어요. 휠체어를 타는 재우에게 위험하지 않도록
　　　　교실 바닥의 높이 차이를 없앴더니 다른 아이들도 안전하게 생활하게 되었어요.
김 교사: 그렇군요. 교실 바닥 공사가 재우에게만 좋은 것이 아니라 모든 아이들에게도 좋은 거네요.
장 교사: 자갈길로 되어 있던 놀이터 통로도 목재로 바꾸고, 놀이터에 계단 없는 미끄럼틀도 설치했어요. 재우가　　[A]
　　　　휠체어를 타고 내려 올 수 있을 정도로 넓게 설치했더니 그 곳에서 재우와 함께 여러 명의 아이들이 미끄럼틀
　　　　을 타면서 놀게 되었어요. 이번에는 그네도 바꾸었어요.
김 교사: 와우! ㉠ 재우가 그네도 탈 수 있게 되었네요. 결국 누구나 놀 수 있는 놀이터가 되었네요.
　　　　　　　　　　　　　　　　　…중략…
김 교사: 지체장애 유아들은 컴퓨터를 사용할 때 표준형 키보드를 사용할 수도 있지만, 장애 유형과 정도에 따라 대체 키보드
　　　　를 사용해야 해요. ㉡ 소근육 운동 조절이 어려운 유아는 미니 키보드가 도움이 된다고 하네요.
장 교사: 그리고 ㉢ 손가락 조절이 어려워 한 번에 여러 개의 키를 동시에 누르는 유아들에게는 타이핑 정확도를 향상시킬
　　　　수 있도록 키가드를 사용하게 해야겠어요.
김 교사: ㉣ 손을 떨고 손가락 조절은 잘 안 되지만, 머리나 목의 조절이 가능한 뇌성마비 유아들에게는 헤드스틱이나 마우스
　　　　스틱을 사용하면 좋을 것 같아요.
장 교사: 그렇군요. ㉤ 마우스를 조정하기 어려운 유아는 트랙볼, 조이스틱을 활용하도록 해야겠어요.

1) (가)에 근거하여 슬기의 운동장애 유형을 쓰시오. [1점]

- _____

06 2011학년도 중등 25번

그림은 한 뇌성마비 학생의 뇌손상 부위와 정도를 나타낸 것이다. 이 학생의 운동 및 말(speech) 특성을 설명한 것으로 옳은 것은? [2점]

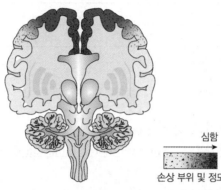

심함

손상 부위 및 정도

	운동 특성	말 특성
①	균형감각과 방향감각이 없어 걸음이 불안정하다.	말하는 속도가 느리고, 음절을 한음 한음씩 끊어서 말한다.
②	몸의 같은 쪽 상지와 하지의 근육 긴장도가 높아 발끝으로 걷는다.	억양이 거의 없어 단조로우며, 과대비음이 나타난다.
③	상지보다 하지의 근육 긴장도가 높고 관절의 움직임이 제한되어 있다.	성대의 지나친 긴장으로 인해 후두에서 쥐어짜는 듯이 말한다.
④	스스로 조정할 수 없는 신체의 떨림으로 인해 연속적인 근육 긴장도의 변화를 보인다.	말할 때 떨림과 말더듬 현상이 심하게 나타난다.
⑤	전신의 근육 긴장도 변화가 심하고, 의도적으로 움직이려고 할 때 불규칙적이고 뒤틀린 동작을 보인다.	호흡이 거칠고 기식성의 소리가 많다.

07 2019학년도 중등 B 6번 일부

다음은 지체장애 ○○특수학교의 특수교사와 특수교육 교육공무직원 간에 나눈 대화내용이다. 〈작성 방법〉에 따라 서술하시오. [5점]

교육공무직원: 선생님, 학생 K와 L은 모두 뇌성마비가 있는데 그 특성이 서로 달라 보여요.
특 수 교 사: 네, ㉠ 학생 K의 뇌성마비 유형은 경직형이고, 학생 L은 무정위 운동형입니다. 뇌성마비는 뇌의 손상부위에 따라 다른 운동패턴을 보이는데 경직형 뇌성마비는 (㉡)에 손상을 입은 경우이고, 무정위 운동형은 동작 조절에 기여하는 기저핵 손상이 원인이라고 알려져 있어요. 뇌성마비 학생들은 경련, 시각장애, 그리고 청각장애와 같은 부수적인 장애를 보이는 경우도 많지요.
교육공무직원: 학생 K의 식사 보조를 하다 보면 목을 움직일 때 갑자기 팔이 뻗쳐져서 놀란 적이 있어요.
특 수 교 사: 학생 K는 ㉢ 원시반사 운동이 남아 있습니다.

…하략…

─〈작성 방법〉─

• 밑줄 친 ㉠에서 제시된 뇌성마비 유형 2가지의 신체운동 특성을 근긴장도 이상의 측면에서 각 1가지씩 서술할 것
• 괄호 안의 ㉡에 들어갈 용어를 쓸 것

(가)는 미나의 개별화교육 지원팀의 회의록이고, (나)는 보호자와 담임 교사의 대화이다. 물음에 답하시오.

(가) 개별화교육 지원팀 회의록

일시	2020년 ○월 ○일 16:00~17:00
장소	△△학교 열린 회의실
협의 내용 요지	1. 대상 학생의 현재 장애 특성 　• 대뇌피질의 손상이 원인 　• 근육이 뻣뻣하고 움직임이 둔함　[A] 　• 양마비가 있음 　• 까치발 형태의 첨족 변형과 가위 모양의 다리 　• ㉠ 대근육 운동 기능 분류 시스템(Gross Motor Function Classification System: GMFCS) 4단계 　• ㉡ 수동 휠체어 사용 2. 대상 학생의 교육적 요구 파악 　• ㉢ 표준 키보드를 사용하여 입력하는 데 어려움이 있음 　• 구어 사용을 위한 보완대체의사소통 지원 요청 3. 학기 목표, 교육 내용의 적절성 확인 및 평가 계획 안내 …(중략)… 4. 특수교육 관련 서비스에 대한 협의 사항 　• 교육용 보조공학기기 　• 특수교육실무원 　• 물리치료 　• (　　　　㉣　　　　) 5. 기타 지원 정보 　• 방과후 학교, 종일반 참여 여부

(나) 보호자와 담임 교사의 대화

> 어 머 니: 선생님, 미나 언니가 미나 때문에 스트레스를 받아서 도움이 필요해요. 미나 언니와 같은 비장애 형제자매가 도움을 받을 수 있는 방법이 있을까요?
>
> 담임 교사: 네, 어머니께서 필요로 하는 서비스는 교육청에서 도움을 받을 수 있습니다.

1) ① (가)의 [A]에 나타난 미나의 뇌성마비 유형을 쓰고, ② ㉠에서 가능한 ㉡의 사용 능력을 쓰시오. [2점]

　• ①: _____

　• ②: _____

뇌성마비에 대한 설명으로 옳은 것을 〈보기〉에서 있는 대로 고른 것은? [2점]

─────────〈보기〉─────────

ㄱ. 근긴장도를 조절하는 뇌 영역이 손상된 뇌성마비는 비정상적 근긴장에 의한 근골격계의 문제가 성장할수록 심해지는 진행성 질환이다.

ㄴ. 경직형 편마비는 환측(患側)의 근육과 팔다리가 건측(健側)에 비해 발육이 늦거나 짧은 경향이 있으며, 반맹(半盲)이나 감각장애가 발생하기도 한다.

ㄷ. 경직형 뇌성마비에서 주로 보이는 관절 구축은 관절 주위 근육의 경직으로 인해 골격이 관절에서 이탈된 상태를 의미하며, 성장할수록 통증과 척추측만증을 유발한다.

ㄹ. 운동은 신체의 중앙(근위부)에서 말초(원위부)의 방향으로 발달하고, 근육의 수축은 반사적 수축에서 수의적 수축으로 발달하는데, 뇌성마비는 이러한 정상 운동발달 과정을 방해한다.

ㅁ. 비정상적인 근긴장은 근골격 구조의 변화를 유발하는데 스스로 자세를 바꾸거나 팔을 이용하여 신체를 지지하는 것과 같은 보상적 운동패턴의 발달을 도와주면 2차적 장애를 개선할 수 있다.

① ㄱ, ㄷ   ② ㄴ, ㄹ   ③ ㄱ, ㄴ, ㅁ   ④ ㄴ, ㄷ, ㄹ   ⑤ ㄷ, ㄹ, ㅁ

뇌성마비 학생 민수는 다음과 같은 호흡 특성을 가지고 있다. 국어과 '말하기' 수업시간에 교사가 적용할 수 있는 지도방법으로 적절하지 <u>않은</u> 것은? [1.4점]

| • 역호흡을 한다. | • 호흡이 얕고 빠르다. | • 호흡이 유연하지 않다. | • 호흡 주기가 불규칙하다. |

① 입과 코로 부드럽게 숨을 쉬도록 지도한다.

② 날숨과 발성의 지속시간을 연장하도록 한다.

③ 긴장하지 않고 여유 있게 심호흡을 하도록 한다.

④ 머리, 몸통, 어깨의 움직임이 안정되도록 조절한다.

⑤ 느리게 심호흡을 하고, 날숨을 조절해서 짧게 내쉬도록 한다.

(가)는 경직형 뇌성마비 학생 주희의 언어 관련 특성이고, (나)는 특수교사와 언어재활사가 협의한 내용이다. 물음에 답하시오.

(가) 주희의 언어 관련 특성

- 호흡이 빠르고 얕으며, 들숨 후에 길게 충분히 내쉬는 것이 어려움
- 입술, 혀, 턱의 움직임이 조절되지 않고 성대의 과도한 긴장으로 쥐어짜는 듯 말함
- ⊙ 말소리에 비음이 비정상적으로 많이 섞여 있음
- 전반적으로 조음이 어려우며, 특히 /ㅅ/, /ㅈ/, /ㄹ/ 음의 산출에 어려움을 보임

(나) 협의록

- 날짜: 2013년 3월 13일
- 장소: 특수학급 교실
- 협의 주제: 주희의 언어능력 향상을 위한 지도방안
- 협의 내용
  ① 호흡과 발성의 지속 시간을 점진적으로 늘릴 수 있도록 지도하기로 함
  ② 비눗방울 불기, 바람개비 불기 등의 놀이 활동을 통해 지도하기로 함
  ③ /ㅅ/, /ㅈ/, /ㄹ/ 발음의 정확성을 높이기 위하여 반복연습할 기회를 제공하기로 함
  ④ 자연스럽고 편안한 발성을 위하여 바른 자세 지도를 함께 하기로 함
  ⑤ 추후에 주희의 의사소통 문제는 ⓛ 언어의 3가지 주요 요소(미국언어·청각협회: ASHA)로 나누어 종합적으로 재평가하여, 필요하다면 주희에게 적합한 ⓒ 보완·대체 의사소통(AAC) 체계 적용을 검토하기로 함

1) 주희의 말소리 산출 과정에서 ⊙과 같은 현상이 나타나는 이유를 쓰시오. [1점]

- _____

12 2015학년도 중등 B (논술형) 2번

다음 (가)는 병원학교에서 원적학교로 복귀를 준비하는 중도 뇌성마비 학생 A의 특성 및 관련 서비스 내용이고, (나)는 학생 A를 위해 병원학교 교사가 원적학교 교사에게 제안한 교실환경 구성안이다. (가)의 밑줄 친 ⊙, ⊙의 현상을 설명하고, 밑줄 친 ⊙의 방법적 특징을 밑줄 친 ⊙, ⊙과 연관지어 쓰시오. 그리고 (나)에서 학생 A의 특성을 고려하여 괄호 안의 ㉣~㉥에 들어갈 구체적인 내용을 쓰고, 그 이유를 각각 1가지씩 쓰시오. [10점]

(가) 학생 A의 특성 및 관련 서비스

구분	특성 및 관련 서비스
감각·운동 특성	• 대근육 운동능력 분류체계(GMFCS) Ⅴ수준임 • ⊙ 비대칭성 긴장성 경반사(ATNR)를 보임 • ⓛ 고유수용성 감각장애(proprioceptive dysfunction)를 보임
의사소통 방법	• 음성출력 의사소통 기기와 트랙볼을 사용함 • 음성출력 의사소통 기기를 활용하여 일상적 대화 및 수업활동에 필요한 간단한 의사소통을 함
관련 서비스	• ⓒ 신경발달 처치법(Neurodevelopmental Treatment: NDT)으로 물리치료를 주 3회 받기 시작함

(나) 학생 A를 위해 제안한 교실환경 구성안

고려사항
• 교실에서의 좌석 배치: (㉣) • 책상의 높이: (㉤) • 음성출력 의사소통 기기와 트랙볼의 위치: (㉥)

13 2017학년도 중등 B 1번

다음은 지체장애 학생 D의 특성이다. 뇌성마비 장애인의 대근육 운동기능을 평가하는 ⊙의 평가 및 분류 방법상 특징을 1가지 쓰시오. 그리고 보조기기 ⓛ이 적절한 이유를 신체기능적 측면과 교수·학습 측면에서 각각 1가지씩 설명하고, 학생 D를 위한 식사도구 선정 시 고려해야 할 사항을 ⓒ에 비추어 1가지 제시하시오. [4점]

경직형 사지마비(spastic quadriplegia)가 있는 학생 D는 ⊙ 대근육 운동기능 분류체계(Gross Motor Function Classification System: GMFCS)의 Ⅳ수준으로, 휠체어를 이용해 이동한다. 대부분의 시간을 휠체어에 앉아 생활하지만, 교수·학습 장면에서는 종종 서기 자세 보조기기인 ⓛ 프론 스탠더(prone stander)를 사용한다. D는 ⓒ 강직성 씹기 반사(tonic bite reflex)가 일어나는 경우가 있어서 음식 섭취 시 주의를 기울일 필요가 있다.

• ⊙: _____

• ⓛ: _____

• ⓒ: _____

(가)는 지체장애 특수학교에 다니는 학생들의 특성이고, (나)는 2015 개정 특수교육 교육과정 중 기본 교육과정 실과 5〜6학년군 '즐거운 여가 생활' 단원 수업활동 계획의 일부이다. 물음에 답하시오.

(가) 학생들의 특성

예지	• 안면견갑 상완형 근이영양증 • 어깨뼈가 날개 같이 튀어나와 있음 ⎤ [A] • 팔을 들어올리는 데 어려움이 있음 ⎦ • ㉠ 휘파람 불기, 풍선 불기, 빨대로 물 마시기 동작에 어려움이 있음
준우	• 경직형 뇌성마비 • 사지마비가 있음 • 모든 운동기능이 제한적임 ⎤ [B] • 머리 조절이 어렵고, 체간이 한 쪽으로 기울어짐 ⎦
은수	• 골형성부전증 • 좌측 하지골절로 이동에 어려움이 있음

(나) 수업활동 계획

활동	영화 관람	활동장소	영화관
학습목표	영화 관람 순서에 따라 영화를 관람할 수 있다.		
교수 · 학습활동	• 영화 포스터 살펴보기 • 영화 입장권 구입하기		
지도의 유의점	• 준우: 화장실 이용 시 보조인력의 추가 지원이 요구됨. 휠체어에서 양변기로 이동시키기 위해 보조인력은 준우의 무릎과 발목 뒤쪽을 지지하고, 교사는 (㉡) • 은수: 상영관에서 ㉢ 양쪽 목발을 사용하여 손잡이 없는 계단을 내려갈 때와 올라갈 때 주의하도록 함 • 왕복 이동시간(1시간)과 영화 관람시간(2시간)을 고려하여 오후 1시부터 4시까지 ㉣ 수업시간을 연속적으로 배정함(실과와 창의적 체험활동 연계)		

1) ① (가)의 [A]를 고려하여 ㉠의 이유를 쓰고, ② '대근육 운동기능 분류체계(Gross Motor Function Classification System Expanded and Revised: GMFCS-E&R, 6〜12세)'에서 [B]가 해당되는 단계의 이동 특성을 이동보조기기와 관련지어 쓰시오. [2점]

• ①: _____

• ②: _____

03 근이영양증

1. 특성

① 골격근의 진행성 위축과 근력 저하를 특징으로 하는 근육병으로 진행성·불치성·유전성 질환이다.

② 근섬유의 구조와 모양을 유지하고 칼슘을 저장하는 기능을 하는 '디스트로핀'이라고 불리는 단백질의 부족에 의해 발생한다.

③ 근섬유가 점차적으로 섬유화되고 지방의 세포조직으로 대체되어 생기는 질병이다.

2. 유형

(1) 듀센형

① 듀센형은 '가성비대형'이라고도 한다. 유전자 이상으로 근육의 '디스트로핀'이라는 단백질이 결여되어 근육이 서서히 약해지는 병이다. 반성 열성 유전이며 1/3 정도는 돌연변이로 나타나고 남아에서 주로 나타나나, 드물게 여아에서도 보이는 경우가 있다.

② 생후~1년 반이면 진단이 가능하나 대개 2~4세경에 인지된다. 일반적으로 18~36개월 사이에 증세가 명백하게 나타나기 때문에 부모가 조기에 발견하기 어렵고, 자녀가 보행이 늦어지거나 발가락으로 걷는 등의 비정상적 상태를 보고 알게 된다. 3세 정도가 지나도 일어서지 못하고, 넘어지거나 비틀거리며 뛰거나 달리지 못한다.

③ 초기에 종아리 근육이 딱딱하고 비대해진다. 5세경 종아리 근육이 커져 있는 것을 볼 수 있고, 12세가 지나면 스스로 보행이 어렵고 척추가 구부러지기 시작해서 앉기 어려우며, 17세 전후에는 누워서 생활하게 된다.

④ 처음에는 다리 근육이 약해지다가 점차 위쪽 근육들이 순서대로 약해지며, 나중에는 팔 근육도 약해진다.

⑤ 더욱 진행되면 횡격막 근육이 약해지고 폐가 감염되며, 폐감염과 호흡마비로 20대 전후에 사망한다.

(2) 베커형

① 듀센형과 마찬가지로 종아리 부근의 가성비대(의사성장) 현상이 나타나는 일반적인 유형이다. 5세 전후로 발병하여 25세 전후까지 나타나는 반성유전 질환이다.

② 처음에는 골반과 허벅지 근육이 약해지고 종아리 근육이 굳고 커지는 문제가 있지만, 15세 이후까지 혼자 걸을 수 있어 근 위축 증후군 가운데 가장 양호한 유형이다. 따라서 15세 이후까지 독립적인 보행이 가능하면 베커형으로 분류한다.

(3) 안면견갑 상완형

① 상동염색체 우성질환(유전이상은 4번 염색체에서 발견)으로 10~40대 남녀에서 나타나고 안면부와 견관절부에서 근위축이 먼저 일어난다. 때로는 팔과 어깨 부위의 근육이 약해지고 살이 빠지는 것을 발견할 수 있다.

② 상지에서 점점 하지로 근 손상이 진행되나 진행이 매우 느려 중년이 지나도 일상생활에 큰 영향이 없는 경우도 있다. 아동기 초기의 가장 큰 문제는 어깨 주위 근육들의 약화로 인한 어깨와 팔 통증이다.

(4) 지대형

① 발병 시기는 매우 다양하지만 주로 20세 전후에 나타난다.

② 상동염색체 열성질환으로 남녀 모두에게 나타나고 초기 증세는 견관절부와 고관절부의 근육약화이다. 어깨, 허벅지 주위 근육이 약화되어 팔을 얼굴 높이로 들기 힘들고, 앉았다 일어서고, 계단을 오르내리는 데 어려움이 나타난다.

③ 진행속도는 듀센형보다 느리며, 30~40대 이후에 운동기능 장애는 있지만 보통 사람의 수명을 가질 수 있다.

④ 평소에 피로를 가져오는 과도한 운동을 피해야 한다.

(5) **위축성 근경직형(근긴장형, 마이토닉)**

① 상동염색체 우성질환(19번 염색체)으로 자녀가 이 질환을 앓을 확률은 50% 정도이다. 청년기에 증세가 나타나고 근경직, 근이완의 지연, 근력 약화 등이 두드러지게 나타난다.

② 약화의 형태는 말단의 약화가 먼저 일어나 걸을 때 발끝을 들지 못하고 입다물기를 잘 못한다. 근위부 근육의 약화는 병의 후반부에 나타난다. 중도의 경우 가끔 심한 정신지체, 언어장애, 행동발달 지연, 말단 악화, 척추기형 등이 유전된다.

③ 다른 유형과는 달리 원인부인 손발 끝에서부터 먼저 근강직이 일어난다. 초기 증상은 손발이 굳어지고 손을 오므리고 펴는 데 어려움을 겪는 것이다.

3. 특성

(1) 가우어 징후

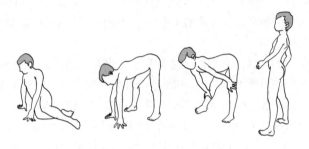

[그림 10-1] 가우어 징후

(2) 가성비대증

① '허위'라는 의미의 '가성'과 '커지다'라는 의미의 '비대'이다.

② 근육질의 다리처럼 보이는 종아리의 증대가 나타나지만, 사실 지방세포, 결합조직, 섬유질 조직이 근육조직에 침입한 결과이다.

4. 중재

중재	내용
물리치료와 작업치료	• 운동능력을 연장하고 구축을 최소화하거나 예방을 위한 스트레칭을 하기 위해 물리치료를 받음 • 브레이스와 보조기는 걷기 보조나 구축 예방을 위한 자세 잡기를 위해 처방함 • 근육을 이완하고 근육의 협응을 강화하기 위해 매일 적당한 스트레칭 운동이나 악기 연주, 수영, 자전거 타기 등을 통해 가능한 한 남은 근력을 효과적으로 사용해 서기, 걷기, 이동을 할 수 있도록 지원함
운동	근육조직 손상과 심폐의 피로를 줄이기 위해 저항이 낮은 운동으로 제한함
특수교육적 중재	• 질병의 상태를 회복시키는 것보다 현재의 상태를 유지하고 지탱하게 하는 역할을 함 • 근육을 이완하고 근육의 협응을 강화하기 위해 매일 적당한 스트레칭 운동이나 악기 연주, 수영, 자전거 타기 등을 통해 가능한 한 남은 근력을 효과적으로 사용해 서기, 걷기, 이동을 할 수 있도록 지원함

1. 정의

척수를 둘러싸고 있는 척추뼈 뒷부분이 완전히 닫히지 않은 채 태어나는 선천적인 이상으로 신경손상과 마비를 일으켜서 생기는 기능장애이다.

2. 유형

유형	내용
잠재 이분척추	• 뼈의 결손만 일어난 것으로 눈에 띄는 영향이 없는 경우 • 눈에 띄는 장애를 유발하지 않음
수막염	• 뼈의 결손 부위의 척수막이 결손된 것으로 척수 자체가 손상된 것은 아님 • 쉽게 치료가 가능하고 외과적 수술을 통해 완치될 수 있음 • 척수수막류와 수막류는 '낭상이분척추'로 불림
척추수막류	• 이분척추의 가장 심한 형태 • 척수를 둘러싸고 있는 척추뼈의 뒷부분이 완전히 닫히지 않아 분리된 척추 사이로 척수나 신경섬유가 돌출된 상태이며, 이 경우는 신경장애를 일으키게 됨 • 신경 손상으로 인해 하지마비와 항문, 방광괄약근의 마비가 수반되는 경우가 많음 • 척수수막류를 가진 사람의 80~95% 정도가 수두증을 동반함

3. 특성

① 척추를 감싸는 유전적 결함으로 인하여 하반신의 근육과 감각을 조절하는 척수 및 신경의 일부분이 정상적으로 성장할 수 없다.

② 대부분 어느 정도의 하반신 마비를 가지고 있어 방광 조절기능이나 위장기능에 장애를 보인다.

③ 대부분의 경우 팔과 상체를 사용할 수 있다.

④ 몇몇 아동은 옷을 입고 용변을 보는 데 특별한 도움을 필요로 하지만, 대다수의 아동은 이러한 과제를 스스로 수행할 수 있다.

⑤ 마비가 심한 경우 화장실에 가고 싶은 욕구를 느끼지 못하기 때문에 문제가 발생할 수 있고, 상처를 입어도 피부의 통증을 잘 느끼지 못하므로 이에 대한 주의도 필요하다.

4. 중재

(1) 의료적 처치

① 감염을 예방하고 노출된 신경을 보호하기 위해 실시한다.

② 외과적으로 출생 후 척수의 돌출된 낭을 제거해 척추들의 열린 부분을 닫히게 하는 수술과, 뇌에 션트(shunt)를 삽입해 뇌실의 뇌 척수액을 배출시켜 뇌압상승으로 인한 손상을 방지하는 수술을 할 수 있다. 션트의 튜브는 몸을 따라 복부강까지 연결되도록 시술하며 뇌의 척수액을 배출하도록 하는 장치이다.

③ 단점: 션트는 감염의 위험이 있고 잠재적인 문제가 발생할 수 있다.

(2) 정형외과적 처치

① 척추, 다리, 엉덩이 부위가 변형되어 독립된 보행을 방해하지 않도록 교정기, 부목(splint) 등으로 다리와 몸통을 지지해 준다. 이분척추 아동의 보행능력 정도는 인지능력과 마비 정도에 따라 달라진다.

② 치료적 처치 중 물리치료는 운동범위를 확대하고 정상적인 운동발달을 지원할 수 있도록 보행훈련이나 이동기구를 사용한 훈련이 필요하다.

05 척수손상

1. 정의

주로 척추 골절이나 척수의 과굴곡, 타박상 등으로 마비를 수반한 손상을 의미한다.

2. 특징

① 척수손상은 주로 추락, 교통사고 등으로 생길 수 있으며 영구적인 신경장애를 가져올 수도 있다.
② 손상 부위에 따라 장애 정도가 결정된다.
  ㉠ 척수의 손상 부위가 머리쪽에 가까울수록 마비와 감각상실이 더욱 심해지고, 팔, 몸통, 목 등을 포함한 광범위한 장애를 가져올 수 있으며 사지마비를 일으킨다.
  ㉡ 척수의 하부 손상은 하지의 결함이나 마비를 가져오는 하지마비를 일으킨다.

06 척추측만

1. 정의

① 척추의 측면으로의 비정상적인 굴곡이 나타난다.
② 척추측만증이 심해지면 앉아 있는 것이 어려울 정도의 운동장애가 나타나거나 폐 기능에 영향을 받을 수 있다.

2. 척추측만증의 유형

유형	내용
특발성 척추측만증	• 원인을 알 수 없는 척추측만으로, 척추측만증을 갖고 있는 사람의 약 80%가 해당하는 가장 일반적인 형태 • 발병 시기에 따라 유아기(0~3세), 아동기(3~9세), 청소년기(10세~성숙기), 성인기로 분류됨 • 장애가 없는 청소년에서 종종 발견되는데, 10~16세 아동의 약 2~3% 정도로 나타남 • 청소년기에 경도 척추측만증이 나타나도, 척추 성숙이 완성된 후에는 일반적으로 진행되지 않음
선천성 척추측만증	• 출생 시 척추의 구조적 비정상이 나타나고, 그 결과 척추측만증이 됨 • 임신 기간 동안 추골(vertebrae)이 완전한 형태가 되는 데 실패한 것이 원인임
척추측만과 증후군	• 마판 증후군과 신경섬유종증은 아동이 척추측만으로 될 위험성을 높임 • 해당 증후군이 있는 학생은 척추 기형에 대한 주의 깊은 감독이 요구됨

비구조적
척추측만증
	• 보상적(compensatory) 척추측만으로 알려진 '비구조적 척추측만증'은 고정된 기형이 아닌 단순한 만곡이기 때문에, 척추에 어떠한 영구적인 변화를 야기하지 않음
	  예 서로 다른 다리길이는 척추의 비구조적 만곡을 만들어냄
	• 이 형태의 만곡은 대개 근원적인 원인을 교정하면 고칠 수 있음
	  예 다리길이 차이를 교정하기 위해 신발에 삽입물을 더하면 척추측만증이 더 이상 지속되지 않음

신경근성 척추측만증	• 신경운동 장애와 근육 질병으로 발생하는 척추측만증 • 뇌성마비, 척수 손상, 척수 종양, 척수수막류, 소아마비, 다발성 관절구축증, 듀센형 근이영양증, 척수성 근위축증과 같은 조건에서 합병증으로 나타남

07 골형성부전증

1. 정의

뼈가 약해 신체에 큰 충격이나 특별한 원인 없이도 뼈가 쉽게 부러지는 유전질환이다.

2. 특징

① 일생 동안 몇 차례의 골절을 겪기도 하고 아동에 따라 다발성 골절을 경험하기도 하지만, 골절의 빈도는 나이가 많아짐에 따라 감소한다.

② 대부분 정상적인 지능을 가지며, 운동발달이 늦고, 유스타키오관의 문제로 인해 귀가 자주 감염된다.

③ 척추 문제로 인한 수술, 다리교정을 위한 보조기기가 필요하며 척추측만 예방을 위한 자세교정이 요구된다.

④ 운동을 통한 체중조절, 물리치료와 작업치료의 제공도 도움이 된다.

15 2014학년도 중등 A (기입형) 13번

다음은 중학교 특수학급 교사와 방과 후 스포츠 활동 강사가 근이영양증(Muscular Dystrophy: MD)을 지닌 학생들에 대해 나눈 대화 내용이다. 밑줄 친 ⊙과 ⊙이 의미하는 용어를 각각 쓰시오. [2점]

> 강사: 선생님, 제가 이전 학교에서 지도했던 학생들 중 ⊙ <u>두 다리를 넓게 벌리고 양 손으로 바닥을 짚었다가 무릎과 허벅지를 손으로 밀면서 일어나는 모습을 보이는</u> 학생이 있었어요. 스포츠 활동 프로그램을 계획해야 하는데, 이 학교에도 이런 특징을 보이는 학생이 있나요?
> 교사: 아마도 이 학교에서는 그런 특징을 보이는 학생을 보기는 어려울 거예요. 그런 학생들의 경우, 중학생이 되면 대부분 휠체어를 타게 되기 때문이에요.
> 강사: 그렇군요. 제가 지도했던 또 다른 학생은 배를 쑥 내밀고 등이 움푹 들어간 자세로 걷는데도 종아리 부분은 크고 튼튼해 보이더라고요. 그건 왜 그런 건가요?
> 교사: 그건 ⊙ <u>실제적으로 근위축이 일어나지만 근섬유 대신에 지방세포가 들어차 마치 근육이 증가한 것처럼 보이는 것이지</u> 실제로 튼튼한 것은 아니에요.
> 강사: 네. 좋은 정보 감사합니다. 그러면 휠체어를 타는 학생들이 현재 상태를 유지할 수 있도록 근육 스트레칭이나 적절한 운동 프로그램을 준비하면 되겠네요.

• ⊙: _____ • ⊙: _____

16 2017학년도 중등 A (기입형) 4번

다음은 J고등학교 교사들의 대화이다. ⊙에 공통으로 들어갈 병명을 쓰고, ⊙에 들어갈 내용을 1가지 쓰시오. [2점]

> 김 교사: 학생 K는 평소 서 있을 때 양쪽 어깨높이에 차이가 있고, 몸통 좌우가 비대칭적으로 보였었는데 원인을 알 수 없는 청소년기 특발성 (⊙)(으)로 진단되었다고 합니다.
> 양 교사: 그런데 (⊙)은/는 뇌성마비나 근이영양증이 있는 학생에게도 종종 나타납니다. 그대로 방치하면 자세, 보행 및 심폐기능에도 영향을 줄 수 있기 때문에 적절한 치료와 함께 교육적 지원을 받아야 합니다.
> 박 교사: 우리 학급의 학생 M은 골형성부전증입니다. 친구들과 다른 신체적 특성 때문에 심리적으로 위축되지 않도록 사회·심리적 지원을 해 주고 있습니다.
> 양 교사: 골형성부전증의 특성상 (⊙)의 위험이 있으므로 특히 신체활동이 많은 교수·학습활동 시 주의해야 합니다.

• ⊙: _____ • ⊙: _____

(가)는 ○○중학교에 재학 중인 지체장애 학생 3명의 특성이고, (나)는 체육교사가 이를 바탕으로 작성한 지도계획의 일부이다. 〈작성 방법〉에 따라 서술하시오. [4점]

(가) 특성

학생	특성
L	• 뇌성마비 • 뇌손상 부위와 마비 부위는 다음과 같음
M	• 뇌성마비 • 소뇌 손상으로 발생함 • 평형이나 균형을 잡기 위한 협응이 잘 이루어지지 않음 • 다리를 넓게 벌리고, 팔을 바깥쪽으로 올리고 걷는 형태를 보임
N	• 듀센형 근이영양증 • 초등학교 시기에는 다음과 같은 신체 특성이 있었음 ⓐ 가성비대 ⓑ 앉아 있다 일어설 때의 자세

(나) 지도계획

학생	지도 시 유의사항
L	• 신체의 양쪽을 사용하도록 지도하기 • 체육복 착·탈의 점검하기 (단기목표: ⓒ 체육복 바지 입기)
M	• 신체활동 시 충분한 시간 주기 • 대근육 활용 촉진하기
N	• 신체 이완 및 심리적 지원하기 • 피로도 최소화하기

〈작성 방법〉
• (가)의 학생 M의 특성에 근거하여 학생 M의 운동장애 유형을 쓸 것
• (가)의 그림 ㉠이 나타나는 이유를 1가지 서술하고, 그림 ㉡에 해당하는 용어를 1가지 쓸 것

08 간질장애(뇌전증)

1. 정의

① 중추신경계 활동이 돌발적·일시적이고 격렬하면서 정기적으로 되풀이되는 혼란을 특성으로 하는 증상이다.
② 뇌의 전기에너지가 비정상적으로 방출될 때 발생한다.
③ 의식을 잃고, 대부분 통제할 수 없는 사지의 움직임이 발생한다.

2. 유형

(1) 부분발작

유형	내용
단순 부분발작	몇 가지 근육군이 떨리는 형태로 나타남 예 오른쪽 다리에 불수의적이고 반복적인 떨림이 있는 것으로 의식 소실이 없음
감각발작	• 어지러움이나 시각, 청각, 미각, 후각 등 감각의 장애를 야기함 • 환청이나 환시가 나타남 　예 아동의 목소리나 음악소리 또는 다른 소리를 들을 수 있고 빛이나 색, 형상 등을 볼 수 있음
자율신경발작	창백해지고 땀이나 홍조, 동공확장을 일으키며 흔히 맥박증가, 공포, 불안을 동반함
정신운동발작	• 의식이 저하되고 행동에 변화를 보임 • 시각이나 청각적 느낌, 환각을 경험하기도 하며 옷 들어올리기, 입맛 다시기, 씹는 행동이나 자리에서 일어나는 등의 부적절한 행동을 하며, 이 상태는 수초에서 수분까지 지속될 수 있음

(2) 전신발작

유형	내용
부재발작 (= 소발작)	• 어린 아동에게서 많이 나타나고, 약 1~30초의 짧은 시간 동안에 의식을 잃음 • 전신 긴장성-간대성 발작(대발작)보다 정도가 약하나 자주 나타나며, 한 곳에 시선을 정지한 채 쳐다본다거나, 눈을 깜박거리거나, 신체의 한 부분에 가벼운 경련을 일으키거나, 일정 행동을 반복적으로 나타내기도 함
잭슨형 발작	• 의식에는 변화가 없으나 경직성 마비가 몸의 한 부위에서 나타나다가 신체의 다른 부위나 전신에 점차 확산되어 경련을 일으킴 • 대발작에 이어서 나타나기도 함
전신 긴장성- 간대성 발작 (= 대발작)	• 가장 흔한 형태로 전체에서 60%를 차지함 • 사람에 따라 발작을 하기 전에 '전조'라 불리는 평상시와는 다른 특이한 감각을 느낌 • 발작이 시작되면 의식불명 상태에서 온몸이 경직되고 호흡곤란이 생길 수 있으며, 배변통제가 안 되고 격렬한 발작으로 인해 신체적으로 상해를 입음 • 발작이 진정되면 기억을 못하기도 하며, 대개는 졸려 하여 휴식을 취하게 됨

3. 중재

(1) 약물치료

① 대부분의 간질은 항경련제 약물에 비교적 잘 반응하며, 항경련제는 약물 사이의 상호작용으로 인한 혈중 농도 추적에 어려움이 없도록 가급적 한 가지만 사용한다.

② 약물로 발작이 잘 조절되면 약물을 서서히 줄이는 것이 좋고, 약물을 끊으면 약 50% 확률로 발작이 재발한다. 특히 뇌손상을 받았거나 신생아 시기에 발생된 간질은 더 쉽게 재발한다.

③ 약물치료는 졸림과 위장관계 문제, 행동 변화 등의 부작용을 최소화해야 한다.

(2) 케톤 식이요법

① 금식을 하면 간질 발작이 억제될 수 있다는 경험적 사실을 바탕으로 간질 환자에게 주기적으로 금식을 시행한 결과 간질 발작이 감소하는 것을 보고 만들어진 요법이다.

② 뇌세포는 포도당을 에너지원으로 사용하지만 포도당이 고갈되면 지방을 에너지원으로 사용하며, 이때 지방 으로부터 만들어지는 산물이 케톤체이다. 이 케톤체를 에너지원으로 사용하면 뇌세포의 에너지 생성 구조가 변하면서 간질이 조절되는 것으로 추측되고 있다.

③ 저탄수화물 · 고지방 식사를 지속해야 하므로 영양학적 불균형 문제와 설사 등의 소화기 부작용과 심각한 성장 장애를 초래할 수 있다.

(3) 수술치료

① 약물치료에도 불구하고 발작이 지속되어 정상적인 생활이 어렵고 발작의 시발 부위가 국소적인 경우 수술을 고려할 수 있다.

② 그러나 지적장애, 정신과적 문제 등이 분명하게 나타난다면 별로 추천하지 않는 방법이다.

4. 교실에서 발작 시 대처 방안

구분	아동의 행동	대처 방안	유의사항
발작 시	갑자기 바닥에 쓰러지면서 온몸이 뻣뻣해지고, 몸을 떨기 시작하며, 안색은 창백하거나 푸름	• 머리를 보호하고 편안하게 누울 수 있도록 머리 밑에 부드러운 물건을 받쳐줌 • 안경 등 깨지기 쉬운 물체를 치움 • 옷을 느슨하게 풀어줌 • 날카롭거나 딱딱한 물체를 치움 • 아동을 옆으로 뉘여 입에서 침이 흘러나오도록 함	• 아동의 입에 어떤 물건도 강제로 밀어넣지 않음 • 발작을 억제하기 위해 아동을 흔들거나 억압하지 않음 • 학급 또래들을 안정시킴
발작 후	발작 후 깨어났으나 기억력 상실과 정신 착란을 보임	아동이 완전히 깰 때까지 한 사람이 곁에서 지켜봄	• 아동에게 음식물이나 음료수를 주지 않음 • 상처 입은 곳을 살펴봄
비상 시	• 발작 후 숨을 쉬지 않음 • 발작이 계속됨	발작이 끝나고 1분이 지나도 숨을 쉬지 않거나 대발작이 지속(5분 이상) 또는 연이어 발작이 나타날 때에는 구급차를 불러 즉각 병원에 후송함	비상연락망을 확보함

다음은 특별한 건강관리가 필요한 학생들이 보일 수 있는 발작과 질식 사고에 대한 설명이다. ㉠~㉤ 중에 옳은 것만을 있는 대로 고른 것은? [1.5점]

학생이 발작을 일으키면, 교사는 ㉠ 발작을 억제시키기 위해 학생을 흔들거나 붙들지 말아야 하며, 발작이 멈춘 후에는 충분한 휴식을 취하게 한다. 발작을 억제하기 위해 식이요법을 시도할 수 있다. ㉡ 케톤 식이요법(ketogenic diet)은 칼슘과 단백질을 늘리고 지방과 탄수화물은 적게 섭취하는 방식이다.

…중략…

㉢ 뇌성마비가 있는 학생은 기도 폐색에 의한 질식 사고의 위험이 있는데, 치아와 잇몸의 손상, 구강 반사의 문제, 연하 곤란 등이 원인이 될 수 있다. 질식 사고가 생기게 되면 즉시 응급처치를 실시해야 한다. ㉣ 하임리히 구명법(Heimlich maneuver)은 기도 폐색이 된 학생을 뒤에서 팔로 안듯이 잡고, 명치 끝(횡경막하)에 힘을 가해 복부 아래쪽으로 쓸어내리는 방법이다. 의식 불명 등으로 뒤에서 안을 수 없는 상황이라면, ㉤ 학생을 바닥에 엎어 놓고 복부를 쿠션 등으로 받친 다음, 흉골의 중간 부분에 해당하는 등 부위에 직접 압박을 가한다.

① ㉠, ㉢ ② ㉠, ㉡, ㉢ ③ ㉡, ㉢, ㉣

④ ㉠, ㉡, ㉣, ㉤ ⑤ ㉠, ㉢, ㉣, ㉤

다음은 성재를 위한 교육지원 협의회 회의록의 일부이다. 물음에 답하시오.

일시	2018년 ○월 ○일 15:00~16:00		
장소	특수학급	기록자	특수교사
참석자	통합학급 교사, 특수교사, 보건교사, 치료지원 담당자, 전문상담교사, 보호자		
발언내용			

…생략…

보 건 교 사: 성재는 경직형 양마비 지체장애 학생인데, 뇌전증도 있어요. 성재는 지난 4월에 교실에서 온몸이 경직되고 호흡곤란이 오면서 입에 침이 고이고 거품이 입 밖으로 나오는 격렬한 발작을 했습니다. 선생님, 많이 놀라셨지요?

통합학급 교사: 처음이라서 많이 당황했어요. 갑자기 그런 일이 생기니까 아무 생각도 나지 않더라고요. 혀를 깨물어 피가 날 수도 있을 것 같아 수건을 물려줄까 고민했습니다. 그런데 발작은 다 똑같은 형태로 나타나나요?

보 건 교 사: 아니요. 발작 형태는 다양합니다. 그때 성재가 보인 발작은 (㉠)에 해당합니다. 그리고 발작할 때 입에 수건을 물려주면 (㉡) 때문에 위험할 수 있습니다.

1) ㉠에 들어갈 발작의 유형을 쓰고, ㉡에 들어갈 말을 쓰시오. [2점]

• ㉠: _____ • ㉡: _____

(가)는 발달지체 유아 준희의 특성이고, (나)는 통합학급 교수활동 계획안의 일부이다. 물음에 답하시오.

(가) 준희의 특성

- 장애명: 발달지체(언어 발달지체, 뇌전증)
- 언어 이해: 3~4개 단어로 된 간단한 문장을 이해함
- 언어 표현: 그림카드 제시하기 또는 지적하기로 자신의 의사를 표현함

(나) 교수활동 계획안

활동명	이럴 땐 싫다고 말해요		대상 연령	5세
활동목표	• ㉠ 성폭력 위험 상황에 대처한다. • 기분 좋은 접촉과 기분 나쁜 접촉을 구분하고 표현한다.			
활동자료	동화『다정한 손길』			
활동자료 수정	상황과 주제에 적합한 그림카드, 수정된 그림동화, 동영상, 사진, PPT 자료 등			

활동방법			자료 및 유의점
교사활동	유아활동		
	일반유아	장애유아	
1. 낯선 사람이 내 몸을 만지려 할 때 어떻게 해야 할지 이야기 나눈다. 2. 동화『다정한 손길』을 들려준다. 3. 동화 내용을 회상하여 여러 가지 유형의 접촉에 대해 이야기 나누고 기분 좋은 접촉과 기분 나쁜 접촉을 구별할 수 있게 한다. 4. 기분 나쁜 접촉이 있을 때 취해야 할 행동에 대해 알려 준다.	(생략)	㉡ 교사의 질문에 그림카드로 대답한다.	㉢ 준희를 위해 동화 내용을 4장의 장면으로 간략화한 그림동화 자료로 제시한다. ㉣ 준희에게 경련이 일어나면 즉시 적절히 대처한다.

3) (나)의 ㉣에서 교사가 취해야 할 행동으로 적절하지 <u>않은</u> 것 2가지를 ⓐ~ⓔ에서 찾아 기호를 쓰고, 그 내용을 각각 바르게 고쳐 쓰시오. [2점]

ⓐ 유아 주변의 위험한 물건을 치운다.
ⓑ 경련을 진정시키기 위해 물이나 마실 것을 준다.
ⓒ 유아와 함께 있으면서 목과 허리 부분을 느슨하게 해 준다.
ⓓ 구토를 하면 질식할 수 있으므로 유아를 똑바로 눕히고 손으로 고개를 받쳐 들어 준다.
ⓔ 경련을 하는 동안에는 경련을 저지하기 위해 유아의 몸을 억제하는 행동을 하지 않는다.

• ①: _____

• ②: _____

다음은 학생 A의 발작(seizure)에 대해 교사가 정리한 내용의 일부이다. ① 학생 A에게 나타난 발작의 유형을 쓰고, ② 밑줄 친 상황을 고려하여 학생 A가 수업에 참여할 수 있도록 교사가 수업 중에 지원해 줄 수 있는 방법 1가지를 쓰시오. [2점]

학생 A는 종종 전조나 전구 증상도 없이 잠깐 동안 의식을 잃고, 아무런 움직임 없이 허공만 응시하고 있었다. 말을 하다가도 순간적으로 말을 중단하고, 움직임이 없어지며 얼굴이 창백해졌다. 발작이 끝나면 아무 일도 없었던 것처럼 이전에 하던 활동을 계속 이어서 하지만 발작 중에 있었던 교실 상황은 파악하지 못하여 혼란스러워 했다. 학생 A는 수시로 의식을 잃기 때문에 수업의 내용을 많이 놓쳐 당황해하기도 하고, 수업 내용을 이해하지 못하여 좌절하기도 했다.

- ①: _____
- ②: _____

01 감각

종류	내용
촉각체계	• '체성감각계'라고도 불리는 접촉에 대한 감각 • 피부에 있는 수용기를 통해 다양한 형태의 촉각 입력에 반응함 • 많은 중도 · 중복장애 학생이 촉각에 문제를 가지며, 가끔 뇌성마비 아동에게서 촉각 민감성 감소나 촉각방어로 보이는 촉각 민감성 증가가 나타남
고유수용성 체계	• 공간에서의 신체 위치에 대한 인식을 개인에게 제공하는 역할을 수행함 • 근육, 관절, 관절을 둘러싼 조직들은 고유수용성 체계의 수용기들이며, 이러한 수용기들은 신체 위치에 대한 인식을 개인에게 제공하고 근긴장을 조절함으로써 움직임을 지원하고, 움직이는 동안 공간에서의 신체위치 변화에 반응함 • 중도 · 중복장애 학생은 근긴장 장애를 가지고 있어 그들의 근육 및 고유수용성 감각과 관련된 힘줄로부터 잘못된 정보를 받아들일 가능성이 높음
전정감각	• 공간에서의 머리 움직임에 대한 정보를 제공함 • 바른 자세를 유지하도록 도움
미각체계	• 미각은 좋은 맛뿐만 아니라 냄새, 씹히는 느낌, 온도는 물론 고통까지 포함하는 복합적인 감각 • 섭식은 빨기, 물어뜯기, 씹기, 삼키기와 같은 특별한 구강운동 반응을 요구하는 중요한 기술이고, 영양 섭취를 위해서도 중요하며, 구어발달에 필수적으로 요구되는 입술과 혀 움직임의 발달을 위해서도 중요함 • 중도 · 중복장애 학생은 음식의 다양한 맛, 질감, 온도 등을 경험하지 못하기 때문에 많은 음식에 반감이 생길 수 있으며, 이것은 심각한 건강문제와 편식을 가져오는 결과를 초래할 수도 있음
후각체계	먼 거리로부터의 자극이나 냄새를 탐지할 수 있기 때문에 '원격감각'이라고도 불림
시각체계	• 환경에서 물체와 움직임에 대한 정보를 제공하는 원격 수용기체계 중 가장 중요한 감각 • 시각 손상 학생은 환경 속에 존재하는 흥미 있는 물체와 사람을 직접적으로 볼 수 없어 세계에 대해 배우고 외부를 향하여 움직이는 데 동기유발이 되지 않음
청각체계	• 대표적인 원격감각으로, 내이의 청각수용기 달팽이관은 듣기 역할을 담당하며, 내이에는 전정기관도 있음 • 시각과 같이 청각은 환경 속에서 움직임뿐만 아니라 자신의 움직임에 대한 정보를 제공함

02 운동

1. 관절 구조와 근긴장도

(1) 관절 구조

① 신체 움직임에는 골격의 관절 구조에 영향을 미치는 근육의 힘이 필요하다.

② 정상적인 관절의 움직임은 각 관절의 특정한 범위 안에서 발생하며, 각 관절에서 발생하는 움직임의 유형은 관절의 구조에 달려 있다.

  ㉠ 무릎 관절은 굴곡(flexion, 구부리기)과 신전(extention, 곧게 펴기)의 움직임을 가능하게 한다.

  ㉡ 차축(pivot) 관절은 회전운동이 가능하게 한다.

  ㉢ 구성 관절은 굴곡, 신전, 외전(abduction, 신체의 중심선 밖으로 향하는 움직임), 내전(adduction, 신체의 중심선으로 향하는 움직임), 내회전(사지가 안쪽으로 회전), 외회전(사지가 바깥쪽으로 회전) 등과 같이 다양한 방향으로 신체의 부분을 움직이는 것을 가능하게 한다.

③ 운동장애를 가진 아동을 대할 때 정상적인 관절 움직임의 범위와 방향에 대해 아는 것이 가장 중요하다.

(2) 근긴장도

① 척수가 일정 수준의 근육 긴장을 유지하기 위해 신체의 모든 근육에 일정한 수준의 지속적인 자극을 가하는 긴장의 상태를 '근긴장도'라고 부르며, 이로써 근육은 언제든지 움직일 준비가 된다.

② 신체의 생리적 상태가 근긴장도를 수정할 수도 있다.

  예 잠자는 동안에는 근육에 가해지는 자극이 감소해 이완되며 걱정·불안·흥분 상태에선 근육에 가해지는 자극이 증가한다.

2. 반사와 반응

(1) 원시반사(primitive reflexes)

① 출생 시 존재하는 것으로, 본능적으로 자신을 보호하기 위해 나타나는 필수적인 행동이지만 어떤 연령에서는 비정상적일 수 있다. 보통은 아동이 나이가 들면서 소멸되고 통합된다.

② 종류

원시반사	자극	반응	소멸/통합
설근반사(rooting)	입꼬리 부분에 자극 주기	자극을 향해 고개를 돌리고 혀와 입을 움직임	4개월
모로반사(moro)	갑작스러운 목 신전으로 머리가 뒤로 떨어짐	팔을 신전하여 몸 밖으로 펼치는 동작(신전–외전)에 이어서 몸을 향해 팔을 구부림(굴곡–내전)	4~6개월
비대칭성 긴장형 목 반사 (asymmetric tonic neck)	머리를 옆쪽으로 돌림	얼굴을 돌린 방향의 팔다리는 펴지고(신전), 반대 방향의 팔다리는 구부러짐(굴곡)	6~7개월
대칭성 긴장형 목 반사 (symmetric tonic neck)	목의 굴곡과 신전	• 고개를 숙이면(목의 굴곡) 팔은 구부러지고 다리는 펴짐 • 고개를 젖히면(목의 신전) 팔은 펴지고 다리는 구부러짐	6~7개월
파악반사 (palmer grasp)	손바닥에 압력을 줌	손가락을 구부림	5~6개월
양성지지 반사 (positive supporting)	발바닥을 지면에 닿게 하여 발바닥으로 체중을 지탱하게 함	부분적인 체중 지지를 위해 다리를 폄(신전)	3~7개월
족저반사 (planter grasp)	발가락 아랫부분의 발바닥에 압력을 줌	발가락을 구부림	12~18개월
긴장성 미로반사 (tonic labyrinthine)	등을 대고 반듯이 누움, 배를 대고 엎드림	• 등을 대고 누운 경우 과도한 신전근 보임 • 배를 대고 엎드린 경우 과도한 굴곡근 보임	4~6개월

(2) **자세반응(postural reactions)**

① 아동이 성숙하면서 생애 전반에 걸쳐 나타나며, 의도적인 움직임에 의해 영향을 받고 중추신경계의 미성숙이나 손상에 의해 지연되거나 나타나지 않을 수 있다.

② 종류

자세반응	자극	반응	출현
머리정위 반응 (head righting)	시각 및 전정기관 움직임	얼굴을 수직으로, 입을 수평으로 정렬 (머리의 정상 위치 유지)	• **2개월**: 엎드린 자세 • **3~4개월**: 누운 자세
체간정위 반응 (body righting)	촉각, 전정기관, 고유 수용감각기 움직임	몸통 부분 정렬	4~6개월
방위반응 (protective reactions)	지지면의 범위 밖으로 중력 중심 이동	넘어지는 것을 막기 위하여 팔이나 다리를 이동하는 쪽으로 뻗어서 디딤	5~12개월
평형반응 (equilibrium reactions)	중력의 중심에서 일반적인 이동	균형 유지를 위해 몸통의 상태와 신체 전체의 근긴장도 조정	6~14개월

3. 비전형적인 운동

(1) 비전형 운동발달

① 비전형적인 근긴장도

    ㉠ 근긴장도가 기대 수준보다 낮은 경우(과소긴장): 중력에 저항하여 신체 부위를 움직이는 힘이 감소하고, 자세 정렬이 흐트러지고, 관절은 과도하게 구부러질 수 있다.

    ㉡ 근긴장도가 기대 수준보다 높은 경우(과다긴장 또는 경직성): 움직임이 힘들어 비정상적인 유형으로 움직임이 일어나고, 제한적인 동작의 범위 내에서 움직임이 일어난다.

    ㉢ 자세 정렬을 방해할 수 있고, 관절의 움직임이 유연하지 않을 수 있다. 근육의 수축 시기가 비전형적일 경우(운동실조), 균형 및 평형감각이 특히 필요한 활동을 하는 동안 통합되지 않은 움직임을 보인다.

    ㉣ 어떤 아동의 근긴장도는 수시로 변할 수 있는데(불수의 운동형), 가끔 과소긴장이나 과다긴장을 보이면서 부정확하고 통제되지 않은 움직임을 만들어 낸다.

    ㉤ 비전형적인 근긴장도를 보이는 아동은 위의 근긴장도 문제를 복합적으로 보이기도 한다. 비전형적인 근긴장도는 개인의 신체 전체, 신체의 한쪽 부위 또는 신체의 한 부위에 영향을 미칠 수 있다. 비전형적인 근긴장도의 유형과 위치는 두뇌손상 위치에 따라 다르다.

② 중재방법
  ㉠ **물리치료와 작업치료**: 소아과 치료사는 각 아동의 비정상적인 근긴장도의 영향을 줄이고, 적절한 발달 수준에서의 자세 안정성과 기능적 움직임을 위한 근육의 정상적인 움직임을 증가시키기 위하여 다양한 다루기와 자세 잡기 기술을 사용한다.
  ㉡ **스플린트, 석고붕대, 보조기**
    ⓐ 아동이 좀 더 쉽게 움직이게 하여 이동성과 기능성을 높일 수 있는 자세로 신체 부위(보통 몸통, 사지)를 잡아주기 위해 주문제작된 장비이다.
    ⓑ 장비별 특징

구분	내용
스플린트	• 보통 단단한 플라스틱 모형으로 만들며, 팔과 손의 자세를 잡기 위해 사용됨 • 어떤 환경(예 손바닥에서 엄지손가락의 자리를 잡기 위해)에서는 부드러운 스플린트가 사용될 수 있음 • 작업치료사는 일반적으로 아동을 위해 스플린트를 주문제작함 • 어떤 활동을 위해 밤에만 착용하거나, 하루 대부분의 시간 동안 착용하거나, 하루 중 일부 시간 동안 착용하고 떼어낼 수도 있음
석고붕대	• 보통 비정상적으로 과도한 근긴장도를 줄이거나, 근육이 짧아져 생기는 관절 구축을 완화하여 근육을 펴기 위해 사용함 • 대체로 좀 더 중도의 장애를 가진 아동이 기능적인 자세 잡기를 취하도록 하는 데 사용되므로, 보조기와 스플린트는 그 다음에 사용될 수 있음
보조기	• 아동이 체중 지지활동을 시작할 때 사용함 • 착용시간은 서서히 늘리며, 일반적으로 아동이 깨어 있는 대부분의 시간 동안 착용하게 함 • 부모와 전문가는 보조기가 잘 맞는지 확인하고, 아동의 피부에 욕창이 생기는 것을 예방하기 위해 가까이서 함께 살펴보아야 하며, 빈번한 수정과 재수리가 필요함

  ㉢ **약물치료**: 비전형적인 근긴장도를 줄이기 위해 사용한다.
  ㉣ **외과적 수술**
    ⓐ 일반적으로 외과적 수술은 좀 더 보수적인 중재를 통하여 아동의 이동성을 증가시키거나 유지하기 위한 모든 시도를 해 본 후에 고려하는 중재방법이다.
    ⓑ 다양한 형태의 외과적 수술이 근긴장도를 줄이고 관절의 가동 범위와 일반적인 운동기능의 향상을 위해 신경, 근육, 힘줄에 시행될 수 있다.

(2) 비전형적인 긴장도와 반사가 기능에 미치는 영향

① **움직임과 이동성**
  ㉠ 비전형적인 긴장도와 반사를 보이는 학생은 전형적인 방법으로 팔다리를 움직이는 데 어려움을 보인다.
  ㉡ 학생은 돌아다니기 위해 휠체어가 필요할 수도 있고, 팔의 사용에 제한을 보일 수도 있다.

② **먹기 문제**
  ㉠ 비전형적인 근긴장도와 지속적인 원시반사를 보이는 아동은 빨기, 씹기, 삼키기에 어려움을 가질 수 있다. 얼굴과 혀의 낮거나 높은 근긴장도, 지속적인 물기 반사, 과민하거나 둔감해진 구토반사(gag reflex), 심한 혀 내밀기는 어려움의 원인이 될 수 있다.
  ㉡ 위식도 역류(gastroesophgeal reflex)는 위에 있는 음식이 식도로 역류되는 것이다. 이는 위에 있는 내용물이 식도(목의 뒷부분과 위가 연결된 통로)로 밀려나오는 것으로, 잦은 구토와 염증을 유발한다. 식사 후 약 1시간 동안 수직 또는 반수직 자세를 취해 주거나, 작은 조각 또는 빽빽한 질감의 음식은 위식도 역류를 개선할 수 있고 약물도 사용할 수 있다. 다른 조치가 효과가 없을 때에는 수술이 필요할 수도 있다.
  ㉢ 음식섭취 문제가 아동의 성장과 체중증가를 방해하거나 음식과 음료가 폐로 넘어가면서 생기는 잦은 흡인성 폐렴이 발생하면 위루술 튜브를 삽입하는 수술이 권고될 수도 있다. 경우에 따라 코에서 위로 영양분을 전달하기 위해 코에서 위로 연결되는 튜브인 비강 영양공급 튜브(N튜브)를 사용한다. 이는 위루술 튜브가 삽입되거나 N튜브가 더 이상 필요하지 않을 때까지 단기 해결책으로 사용한다.

③ 장, 방광 문제
　　㉠ 변비는 비전형적인 근긴장도를 보이는 아동에게 빈번히 발생하는 문제이다. 낮거나 높은 근긴장도, 활동의 부족, 수직적인 자세 잡기의 어려움, 부족한 감각능력, 배설에 필요한 압력을 만들어 낼 수 있는 충분한 복부 힘의 부족은 변비의 원인이 될 수 있다. 자세와 활동수준 변화, 섬유질이 보충된 식이요법, 윤활제와 대변 연화제의 사용은 이러한 문제에 도움이 된다.
　　㉡ 비정상적인 근육 조절과 감각의 어려움은 방광 조절 문제를 일으킬 수 있고, 방광 조절 문제는 위생적 어려움과 함께 요로 감염을 유발할 수 있다. 위생 프로그램, 항생제, 물 섭취 보충은 감염을 줄이는 데 도움을 줄 수 있다.

④ 호흡 문제
　　㉠ 비전형적인 근긴장도를 가진 아동은 타액과 음식이 흡인(폐로 넘어가는 것)되지 않게 하는 데 어려움을 보일 수 있다.
　　㉡ 언어치료사, 물리치료사, 작업치료사, 간호사는 비전형적인 아동의 흡인을 줄이고 보다 나은 호흡 패턴을 도울 수 있는 적절한 자세 잡기와 촉진기술을 제공하기 위해 교사, 부모와 협력해야 한다.

⑤ 말하기 장애
　　㉠ 명확하게 발음하는 것이 어렵고 이해하기 어려울 수 있다(예 발음장애).
　　㉡ 어떤 경우에는 전혀 말하지 못할 수도 있으며, 어떤 학생은 다른 사람과 의사소통하기 위해 보완적인 의사소통 도구가 필요하다.

⑥ 이차적인 정형외과적 변화
　　㉠ 비정상적인 근긴장도, 지속적인 원시반사, 아동이 독립적으로 사용할 수 있는 자세와 움직임에서의 제한은 관절, 근육, 뼈에서 이차적인 변화를 야기할 수 있다.
　　㉡ 비전형적인 운동발달을 보이는 아동은 정상적인 관절의 가동 범위로 관절을 움직이지 못하므로 근육이 짧아지고, 관절 주위의 결합조직이 당겨지는 구축이 발생할 수 있다. 구축은 아동의 움직이는 능력을 제한한다.

⑦ 기능적인 기술발달의 어려움
　　㉠ 아동이 비전형적 자세 조절과 움직임 패턴을 보일 때, 그들은 연령에 적절한 수준의 먹기, 옷 입기, 씻기, 용변보기와 같은 기능적인 과정을 독립적으로 수행하는 데 필요한 자세를 갖추지 못한다.
　　㉡ 물리 및 작업치료사는 기능적인 독립성을 높일 수 있는 활동, 자세 수정, 장비 수정을 통해 아동, 가족, 교사를 도울 수 있다.

4. 중재방법 – 신경발달 처치(NDT)

① 보바스(Bobath) 부부는 전형적인 아동의 발달은 두뇌 성숙에 의해 이루어진다고 믿었다. 두뇌 성숙은 초기 반사활동을 억제하고, 자세반응이 요구되는 구체적인 발달 순서에 따라 더 높은 수준의 기술을 촉진한다. 뇌성마비와 비전형적인 근긴장도를 보이는 아동에게 초점을 둔 그들의 처치기술은 이러한 동일 원칙을 추구했다.
② NDT에서 치료사는 신체 부분을 정렬하거나, 원하지 않는 움직임을 일으키거나, 유도하거나, 막기 위해 특정 신체 부위를 손으로 다루는 '직접적인(hands-on)' 접근을 사용한다.
③ NDT의 궁극적인 목적은 아동의 비전형적인 움직임 패턴을 억제하고 필수적인 자세 반응을 포함하는 전형적인 움직임 패턴을 촉진하는 것이다. 치료 시 움직임에 대한 적합한 자세 반응을 촉진하기 위해 치료용 공(therapy ball)을 자주 사용한다. 처치 목적은 아동에게 새로운 패턴의 움직임이 발달하도록 돕는 것이다. 처치는 아동이 실제적인 움직임 활동을 수행하는 동안의 직접적인 촉진을 포함하며, 이러한 촉진은 일상의 기능적 활동으로 이어질 것으로 기대된다.

03 지각

1. 정의

① 지각은 외계의 사물을 인지하는 일이고 지적 행동의 한 과정이다.
② 지적 행동은 지각, 기억, 상상, 사고 등 일련의 과정에서 성립된다고 할 수 있다.

2. 시지각

① 시각기관을 통해 외부 환경을 인지하는 기능으로 단순히 정확하게 눈으로 보는 능력뿐만 아니라 두뇌 작용으로 이루어지는 시각자극의 해석능력까지 포함된다.
② 유형

유형	내용
시각-운동 협응	• 시각을 신체운동 또는 신체 일부와 조정시키는 능력 • 어떤 물체를 눈으로 보고 손을 갖다 대려면 손이 시각에 의해 안내되어야 하며, 이러한 연속적인 동작이 자연스럽게 일어나야 함 • 시각과 운동의 발달이 지체되면 일상생활 수행에 곤란을 느끼고, 쓰기학습에 어려움이 있을 수 있으며, 특히 눈의 운동은 읽기학습에도 영향을 줌
전경-배경 지각	• 우리가 받는 자극 중에서 어떤 특정한 것을 선택할 때 작용함 • 전경은 지각 중 주의집중의 중심이 되는 부분으로, 사물의 배경에 대해 지각되지 않으면 바른 지각에 어려움이 있음 • 이 능력이 열등한 아동의 특징은 주의가 산만하고 무질서하며, 주의를 쉽게 다른 곳으로 빼앗기기 때문에 읽어야 할 부분을 건너뛰거나 페이지를 찾는 것이 불가능해서 쉬운 문제도 꽉 찬 글자 속에 있으면 문제되는 곳을 골라내는 것이 어려움 • 전경과 배경을 구분하는 능력은 낱말, 구문, 문장을 분석·통합하는 데 기초가 됨
항상성 지각	• 대상물을 보는 위치에 따라 눈의 망막 위에 비치는 상은 여러 가지로 다르게 보이지만 그 사물의 고유한 속성 중 특정의 형, 크기, 위치 등은 언제나 항상적으로 인지하는 능력 • 문장 속에서 이미 알고 있는 낱말이나 철자를 찾아내는 데 필요한 능력으로, 이 능력에 문제가 있으면 사물의 크기와 위치가 변하는 경우 인지가 되지 않아 이미 학습한 단어가 익숙하지 않은 문맥에서 나오거나 다른 활자와 서체로 쓰여 있으면 인지가 어려움
공간위치 지각	• 물체가 있는 공간과 관찰자 간의 관계를 지각하는 것 • 이 능력에 문제가 있으면 물체나 기호 등을 정확히 보지 못할 수 있으며, 안과 밖, 위와 아래, 앞과 뒤, 오른쪽과 왼쪽 같은 공간위치를 나타내는 용어의 의미를 이해하지 못함 • 이것은 문자학습을 처음 시작할 때 현저하게 나타나는데 철자, 낱말, 구문, 숫자 등의 형태가 흐트러져 보이므로 혼란이 일어남 예 6을 9로, b를 d로 혼돈하여 지각하기 때문에 읽기, 쓰기, 계산을 하는 데 어려움을 겪는 것
공간관계 지각	• 관계된 둘 이상의 물체 위치 및 문제 상호 간의 위치, 복수물의 상호관계를 지각하는 능력 • 공간의 지각능력에 기초함 예 구슬을 꿰고 있는 자신과 끈과 구슬과의 위치를 지각하고 끈과 구슬 간의 위치도 지각해야 함

김 교사는 뇌손상으로 인해 지각에 여러 가지 결함을 나타내는 철수에게 2008년 개정 특수학교 기본교육과정 미술과 표현활동 영역 1단계의 '회화: 밑그림 그리기' 활동 수업을 하였다. 그리고 김 교사는 철수가 그린 그림을 가지고, 지각력 향상을 위한 심화활동을 하였다. 적절한 활동을 〈보기〉에서 고른 것은? [1.4점]

※ 원래 그림에는 색깔이 있음

〈보기〉

ㄱ. 고유수용성 지각력 향상을 위해 같은 색깔의 그림을 찾게 하였다.
ㄴ. 형태 지각력 향상을 위해 그려진 사람의 위치를 말하게 하였다.
ㄷ. 도형－배경 변별력 향상을 위해 물결선 위에 그려진 도형그림을 찾게 하였다.
ㄹ. 눈과 손의 협응력 향상을 위해 그림에 있는 ○, ㅁ, △ 등의 모양을 손가락으로 따라 그리게 하였다.
ㅁ. 시지각 변별력 향상을 위해 ○, ㅁ, △ 등의 도형카드를 제시하고 그림 속의 비슷한 모양을 찾게 하였다.

① ㄱ, ㄴ, ㄷ   ② ㄱ, ㄴ, ㄹ   ③ ㄱ, ㄷ, ㅁ
④ ㄴ, ㄹ, ㅁ   ⑤ ㄷ, ㄹ, ㅁ

23 2016학년도 유아 A 6번 일부

(가)는 유아 특수교사인 박 교사와 송 교사의 대화이고, (나)는 활동계획안의 일부이다. 물음에 답하시오.

(가) 대화

송 교사: 선생님, 동호의 운동발달 평가결과를 살펴보니까 운동발달이 지체되어 있더군요.
박 교사: 그래서 ㉠ 평가결과에 근거해 운동 영역의 개별화교육계획을 작성하려고 해요.
송 교사: 네. 운동 영역의 개별화교육 목표를 작성할 때에는 운동기능의 발달원리를 알고 있어야 해요.
박 교사: 맞아요. ㉡ 운동기능은 수직적인 동작에서 수평적인 동작으로 발달하지요. 그리고 ㉢ 운동능력은 양방에서 일방으로 발달한다는 것도 알고 있어요.
송 교사: ㉣ 발달 영역 간에는 상호 관련이 있어서 운동발달을 이해하기 위해서는 전체 발달상황을 알아야 해요.
박 교사: 네. 그런데 동호는 ㉤ 한 계단에 두 발을 모았다가 그 다음 계단으로 오르내릴 수 있고, 가끔은 양발을 번갈아 가며 한 발씩 교대로 올라갈 수 있어요. 동호에게 양발을 번갈아 오르내리는 것을 숙달시키려면 구체적으로 어떻게 지도하면 될까요?
송 교사: 양발을 번갈아 가며 계단을 오르내리려면 몸의 균형 잡기가 중요한데, 그것은 활동 속에서 곡선 따라 걷기를 하면 도움이 될 수 있어요. 참고로 계단 오르내리기에서는 자신의 신체위치, 자세, 평형 및 움직임에 대한 정보를 파악하여 중추신경계로 전달하는 감각인 (㉥)와/과 전정감각이 중요한 역할을 하지요.
박 교사: 네, 감사합니다.

3) (가)의 ㉥에 들어갈 말을 쓰시오. [1점]

• _____

24 2019학년도 중등 B 6번 일부

다음은 지체장애 ○○특수학교의 특수교사와 특수교육 교육공무직원 간에 나눈 대화 내용이다. 〈작성 방법〉에 따라 서술하시오. [5점]

교육공무직원: 선생님, 학생 K와 L은 모두 뇌성마비가 있는데 그 특성이 서로 달라 보여요.
특 수 교 사: 네, ㉠ 학생 K의 뇌성마비 유형은 경직형이고, 학생 L은 무정위 운동형입니다. 뇌성마비는 뇌의 손상부위에 따라 다른 운동패턴을 보이는데 경직형 뇌성마비는 (㉡)에 손상을 입은 경우이고, 무정위 운동형은 동작 조절에 기여하는 기저핵 손상이 원인이라고 알려져 있어요. 뇌성마비 학생들은 경련, 시각장애, 그리고 청각 장애와 같은 부수적인 장애를 보이는 경우도 많지요.
교육공무직원: 학생 K의 식사보조를 하다 보면 목을 움직일 때 갑자기 팔이 뻗쳐서 놀란 적이 있어요.
특 수 교 사: 학생 K는 ㉢ 원시반사 운동이 남아 있습니다.
…하략…

─────────〈작성 방법〉─────────

• 밑줄 친 ㉢의 개념을 쓰고, 지속적 원시반사의 문제점 1가지를 서술할 것(단, 원시반사 소실 이후 나타나야 하는 전형적 운동발달 특성에 비추어 서술할 것)

제3절 자세 및 이동

01 자세

1. 자세지도의 원칙

(1) 최소 지원 및 용암의 원리
① 다루기를 통해 교사가 제공하는 신체적 보조는 필요 이상으로 제공하지 않도록 한다.
② 신체적 관리나 자세지도를 위해 전적인 보조를 하면, 스스로 할 수 있는 일이 있음에도 스스로 하려는 시도가 줄게 된다.
③ 결과적으로는 수동적인 생활 태도를 갖게 되고, 이차적인 근육의 장애가 초래된다.
④ 가능하면 학생 스스로 바람직한 자세와 동작을 실행할 수 있도록 지원을 점차 줄여나가는 것이 바람직하다.

(2) 비정상적 자세 패턴 소거
① 비정상적인 반사나 굳어진 자세패턴에 반대되는 자세를 취하여 비정상적인 패턴에서 벗어나게 한다.
② 스스로의 힘으로는 비정상적인 자세와 운동패턴에서 벗어날 수 없으므로, 다루기를 통해서 정상적 자세를 경험하게 하고 발달시킨다.

(3) 운동조절점 사용
① 운동조절점(key points of control): 지체장애 학생을 다룰 때 매우 중요한 개념이다.
② 부적절한 반사나 운동 패턴이 목, 어깨, 척추, 골반 등의 조절기준점을 중심으로 시작되므로 이 부분들을 정상적인 위치로 잡아줌으로써 비정상적 근긴장이나 자세를 교정하는 효과를 극대화할 수 있다.
③ 신체 근위부에 해당하는 조절점 다루기를 통하여 안정성을 유지할 때 팔, 다리 등 원위부의 소근육 운동능력이 향상된다.

(4) 균형을 유지하는 자율운동 촉진
① 지체장애 학생들은 비정상적인 운동발달로 인해 정상 운동발달과 신체기능에 필수적인 정위반사, 평형반사, 보호반사 등의 자율운동이 발달하지 못하는 경우가 많으므로, 자율운동을 촉진하는 것이 중요하다.
② 다양한 학습활동과 자세를 제공함으로써 아동의 반응을 유발하고, 연습할 기회를 많이 제공해야 한다.

(5) 움직임에 대한 최대한의 기회 제공
① 일상생활에서 아동에게 필요한 운동기술은 하나 또는 그 이상이다. 가능한 한 하루 일과 중에 다양하게 사용할 수 있는 운동기술을 경험하도록 고려하는 것이 중요하다.
② 일상생활을 통해 다양한 운동기술을 경험하는 것은 학생의 연령이 낮을수록 더욱 중요하며, 지체장애 학생에게 특히 중요하다. 학생의 연령이 낮을수록 기술을 다양한 일과 중에 사용하도록 계획한다.
③ 장애학생에게 근긴장도의 문제, 관절 가동범위의 제한성, 정형외과적 장애 등의 이차적인 문제는 매우 위험한 요소이다. 관절 가동범위와 같은 운동능력은 하루 일과에서 꾸준한 운동을 통해 유지할 수 있다.

(6) 자세 바꾸어 주기
① 한 자세로 오랜 시간 유지하면 압력으로 인해 고통을 느끼게 된다. 특히, 중도 지체장애의 경우 자세 변경을 요구하는 의사표현을 할 수 없으므로 자세를 바꾸어주는 일은 매우 중요하다.
② 자세 변경이 어려운 경우에는 서 있기, 옆으로 눕기, 엎드린 자세, 누운 자세 등 대안적 자세를 제공하여 한 자세에서 오는 지루함을 피하고 건강을 촉진하며 쾌적함을 느낄 수 있도록 자주 자세를 바꾸어준다.

2. 반사와 반응

(1) 원시반사(primitive reflexes)

① 출생 시 존재하는 것으로, 본능적으로 보호하기 위해 나타나는 필수적인 행동이나 어떤 연령에서는 비정상적일 수 있다. 아동이 나이가 들면서 소멸되고 통합된다.

② 원시반사의 종류

원시반사	자극	반응	소멸/통합
설근반사 (rooting)	입꼬리 부분에 자극 주기	자극을 향해 고개를 돌리고, 혀와 입을 움직임	4개월
모로반사 (moro)	갑작스러운 목 신전으로 머리가 뒤로 떨어짐	팔을 신전하여 몸 밖으로 펼치는 동작(신전－외전)에 이어서 몸을 향해 팔을 구부림(굴곡－내전)	4~6개월
비대칭성 긴장형 목 반사 (asymmetric tonic neck)	머리를 옆쪽으로 돌림	얼굴을 돌린 방향의 팔다리는 펴지고(신전), 반대 방향의 팔다리는 구부러짐(굴곡)	6~7개월
대칭성 긴장형 목 반사 (symmetric tonic neck)	목의 굴곡과 신전	• 고개를 숙이면(목의 굴곡) 팔은 구부러지고 다리는 펴짐 • 고개를 젖히면(목의 신전) 팔은 펴지고 다리는 구부러짐	6~7개월
파악반사 (palmer grasp)	손바닥에 압력을 줌	손가락을 구부림	5~6개월
양성지지 반사 (positive supporting)	발바닥을 지면에 닿게 하여 발바닥으로 체중을 지탱하게 함	부분적인 체중 지지를 위해 다리를 폄(신전)	3~7개월
족저반사 (planter grasp)	발가락 아랫부분의 발바닥에 압력을 줌	발가락을 구부림	12~18개월
긴장성 미로반사 (tonic labyrinthine)	등을 대고 반듯이 누움, 배를 대고 엎드림	• 등을 대고 누운 경우 과도한 신전근 보임 • 배를 대고 엎드린 경우 과도한 굴곡근 보임	4~6개월

㉠ 비대칭성 긴장성 목반사(Asymmetrical Tonic Neck Reflex: ATNR)

ⓐ 목을 좌우로 돌리는 동작에 의해 유발된다. 목을 돌림에 따라 얼굴이 바라보는 쪽의 팔과 다리가 신전되고 그 반대편의 팔과 다리는 굴곡된다. 신체의 정중선을 중심으로 왼쪽과 오른쪽이 비대칭적인 자세가 되므로 비대칭성 긴장성 목반사라고 부른다. 종종 '펜싱 자세'라고도 불리며 앙와위(supine, 등을 대고 누운 자세) 또는 앉은 자세에서 쉽게 유발된다.

ⓑ 이 반사가 지속적으로 존재하면 식사하기, 시각적 추적하기(visual tracking), 양손을 신체 중앙 부분에서 사용하기, 신체의 전반적 대칭성 유지하기를 저해하는 요인이 된다.

ⓒ ATNR의 영향을 통제하기 위해 ATNR을 보이는 학생에게 과제를 제시할 때에는 측면이 아닌 학생의 정면 중심선 앞에서 제시한다.

ⓓ ATNR은 척추측만증과 같은 기형과 함께 비대칭적인 앉기 자세를 발생시키며 좌골이나 고관절 부위에 욕창을 발생시킬 수 있는 비대칭적 체중 부하도 유발한다.

ⓛ 대칭성 긴장성 목반사(Symmetrical Tonic Neck Reflex: STNR)
　ⓐ STNR은 목의 굴곡이나 신전에 의해 일어난다. 목을 뒤로 젖힌 상태인 신전했을 때에는 상지가 신전되고 하지는 굴곡되며, 반대로 목을 앞으로 수그린 상태로 굴곡시켰을 때에는 상지가 굴곡되고 하지가 신전된다. 신체의 정중선을 중심으로 왼쪽과 오른쪽이 대칭적인 자세가 되므로 대칭성 긴장성 목반사라고 부른다.
　ⓑ 복와위(prone: 엎드린 자세) 자세에서는 이 반사의 영향으로 인해 상지와 하지의 체중지지 활동에 많은 지장을 받게 된다. 예를 들어, 기기나 엎드린 자세에서 팔꿈치로 받치고 머리를 드는 동작은 운동성 발달에 매우 중요한 부분이지만 STNR이 지속되는 경우 이러한 동작을 하기 어렵다.
　ⓒ STNR은 아동을 앉은 자세에서 앞으로 미끄러지게 하고, 천골과 미골에 욕창의 위험을 일으킬 수 있다.
　ⓓ 앉은 자세에서의 STNR의 영향은 적절한 자세 잡아 주기 전략을 사용함으로써 많이 통제할 수 있고, STNR을 보이는 학생에게 과제를 제시할 때에는 목의 굴곡과 신전을 방지할 수 있도록 학생의 정면에서 눈높이에 맞춰서 제시한다.

ⓒ 긴장성 미로반사(Tonic Labyrinthine Reflex: TLR)
　ⓐ 긴장성 미로반사는 머리를 신전시키고 바로 누워 있을 때에는 몸 전체에 신전근의 긴장이 증가하고, 엎드려 누워 있을 때에는 굴곡근의 긴장이 증가하는 반사이다.
　ⓑ 머리가 신전되거나 앞으로 굴곡되지 않도록 머리의 위치를 중립에 두면 이 반사의 영향을 감소시킬 수 있으며, 앉은 자세에서 등받이를 뒤로 기울일 경우 이 반사가 나타나지 않도록 특히 주의해야 한다. 특히, 휠체어가 뒤로 기울어지면 몸 전체에서 강한 신전 패턴이 나타나고 갑자기 휠체어에서 움직이면 앞으로 미끄러지므로 주의 깊게 평가한다.
　ⓒ TLR의 영향을 받은 아동은 복와위 시 머리를 들어 올릴 수 없고 앉거나 무릎으로 기기를 할 수 없다. 앙와위 시에는 머리를 들 수 없고, 앉기 위하여 몸을 일으킬 수 없으며, 신체 중심선에 팔을 모으기도 어렵다.
　ⓓ 반사의 영향을 피하기 위해 누워 있을 때는 옆으로 눕는 자세(side-lying position)를 취하는 것이 좋고, 앉은 자세에서 적절한 자세잡기 기기를 사용하면 이 반사의 영향을 많이 줄일 수 있다.

ⓔ 양성지지반응(positive supporting reaction)
　ⓐ 양성지지반응은 똑바른 자세로 겨드랑이를 받쳐들고 몇 번 들었다 놓았다 하여 발바닥이 땅에 닿도록 했을 때 하지의 신전근 긴장이 증가하는 반사를 말한다. 즉, 체중을 지지하기 위해 다리 근육들이 동시에 수축하여 다리가 단단한 기둥 모양으로 나타나는 반응이다.
　ⓑ 고관절 신전 구축을 발생시킬 수 있고, 앉은 자세에서 앞으로 미끄러지게 하며, 앉은 자세에서 선 자세를 취하려는 반사가 나타나므로 휠체어의 하지 부분을 지지해 주는 발판이나 틀을 손상시킬 수 있다.

ⓜ 음성지지반응(negative supporting reaction)
　ⓐ 음성지지반응은 양성과 달리 하지의 굴곡근 긴장이 증가하는 반사를 말한다.
　ⓑ 발이 바닥에 닿았을 때와 같이 자극이 가해지면 하지가 구부러진다.

ⓗ 모로반사(moro reflex)
　ⓐ 모로반사는 머리를 뒤로 젖혔을 경우에 팔이 신전, 외전, 외회전되면서 몸 전체가 신전 패턴이 되고 이어서 몸을 향해 팔을 다시 구부리는 경우를 말한다.
　ⓑ 모로반사가 남아 있는 경우 몸이 신전되면서 휠체어 앞으로 미끄러져 나가게 되므로 앉기 자세에서 균형을 잃는다.

(2) 자세반응(postural reactions)

① 아동이 성숙하면서 생애 전반에 걸쳐 나타나며, 의도적인 움직임에 의해 영향을 받고 중추신경계의 미성숙이나 손상에 의해 지연되거나 나타나지 않을 수 있다.

② 종류

자세반응	자극	반응	출현
머리정위 반응 (head righting)	시각 및 전정기관 움직임	얼굴을 수직으로, 입을 수평으로 정렬 (머리의 정상 위치 유지)	• 2개월: 엎드린 자세 • 3~4개월: 누운 자세
체간정위 반응 (body righting)	촉각, 전정기관, 고유수용 감각기 움직임	몸통 부분 정렬	4~6개월
방위반응 (protective reactions)	지지면의 범위 밖으로 중력 중심 이동	넘어지는 것을 막기 위하여 팔이나 다리를 이동하는 쪽으로 뻗어서 디딤	5~12개월
평형반응 (equilibrium reactions)	중력의 중심에서 일반적인 이동	균형 유지를 위해 몸통의 상태와 신체 전체의 근긴장도 조정	6~14개월

3. 자세 및 앉기지도 전략

(1) 골반과 고관절 지지

① 골반은 중립의 위치에 있어야 하며, 앞으로 휘거나, 좌우로 흔들리거나, 몸이 앞으로 기울지 않아야 한다.

② 바른 자세는 골반이 등과 수평이거나 앉아 있을 때 수직인 것이며, 골반이 바르게 위치되었을 때 몸과 머리의 조절이 용이하다.

③ 골반은 의자벨트로 지지해 줄 수 있고, 기형을 막기 위해 45도 각도로 제공하는 것이 좋다.

④ 좀 더 편안한 자세를 위해서는 팔걸이, 책상 등을 제공한다. 이때 책상은 휠체어를 이용하는 아동이 사용할 수 있는 높이가 되어야 한다.

(2) 하지의 지지

① 아동의 다리가 바르게 정렬되고 교실 바닥이나 휠체어 발판에 바르게 지지하도록 해 준다.

② 의자에 앉았을 때, 무릎과 의자 밑판 앞부분의 거리가 손가락 1~2개 정도이면 가장 적절한 의자의 깊이이다. 너무 깊으면 고관절의 정상 각도를 유지하지 못하고, 골반의 후방경사가 일어나며, 슬관절도 과다신전된다.

③ 양쪽 다리길이에 차이가 있는 경우, 이를 고려하여 의자 밑판과 발판의 길이를 다르게 만든 특수의자를 제작해야 한다. 또한 체중이 엉덩이에 고르게 지지되어야 하므로 비대칭적 엉덩이를 가진 경우에는 이를 고려한 특수 밑판을 제작하여 체중으로 인한 압력이 고르게 지지되도록 한다.

④ 다리를 모으지 못하고 발판 밑으로 떨어뜨리거나, 다리를 바짝 붙이거나, 벌리지 못하는 등 다리를 적절히 정렬하지 못하는 경우 외전대(abductor), 내전대(adductor) 등으로 다리가 정렬되도록 한다.

⑤ 다리는 다리 분리대(leg seperater)와 발을 고정할 수 있는 밸크로 등의 고정 끈을 이용하여 발바닥 전면이 바닥에 닿도록 하는 것이 안정감을 유지하는 데 좋다. 이때 슬관절이 약 90도를 유지할 수 있게 발판 높이를 조절한다.

(3) 어깨 및 상체의 지지

① 상체를 지지하는 어깨 벨트나 가슴 벨트를 이용해 가슴에 압력을 제공하여 안정감을 준다. 몸통이 안정되어야 상지와 머리의 조절이 용이하므로 몸통을 적절히 고정하여 안정성을 확보하는 일은 매우 중요하다.

② 측방굴곡인 경우 몸통 좌우에 지지대를 설치하는데, 이때 특정 부위에 체중이 지나치게 쏠려 통증이나 피부손상을 초래하지 않도록 주의한다. 또한 측방굴곡이 근육 자체의 잡아당김에서 비롯된 것이 아니라 앉은 자세에서의 중력의 힘에 의한 것이라면, 의자의 등판을 약간 뒤로 젖혀주면 효과가 있다.

③ 전방굴곡인 경우 가장 흔히 사용되는 방법은 가슴 또는 어깨에 벨트를 두르는 방법이다. 벨트는 나비형, H형, V형 등의 여러 유형이 있으며 벨트가 아동의 목을 스쳐서 자극하지 않도록 띠의 끝부분을 어깨보다 아래쪽에 고정시키는 것이 좋다.

④ 휠체어에 부착해 사용할 수 있는 책상을 이용하여 몸통을 지지하게 한다.

(4) 머리 조절

① 머리를 똑바로 세우고 턱을 약간 밑으로 잡아당기는 듯한 자세가 가장 바람직하며 이러한 자세를 유지하도록 돕기 위해 다양한 머리 지지대가 사용된다.

② 어느 정도 머리 조절능력이 있는 경우, 의자 등판을 머리 뒤까지 오도록 연장하기만 해도 도움이 된다.

③ 조절 능력이 낮은 경우, 이러한 보조대는 목근육의 굴곡을 초래하므로 바람직하지 않고 머리 밑부분을 감싸듯 받쳐주는 보조대가 바람직하다.

(5) 상지의 지지

① 어깨와 팔꿈치가 적절한 각도를 이루고 편안한 자세로 의자 팔걸이나 무릎판에 손을 놓는 자세가 바람직하다.

② 어깨관절은 약간 굴곡되는 것이 좋으며, 주관절은 40~100도 정도로 굴곡되고, 손은 손바닥이 완전히 위나 아래를 향하도록 하지 않으며 손의 옆면이 바닥에 닿는 자세가 좋다.

4. 자세유지 방법

유형	내용
엎드린 자세	• 엎드린 자세를 유지하기 힘들면 앞가슴 밑에 수건을 말아 넣고 팔을 앞으로 향하게 해주며, 고관절이 굴곡되어서 엎드린 자세가 안 되면 엉덩이를 손으로 눌러줌 • 굴러서 엎드린 자세를 잘 유지하는 아동에게는 쐐기모양의 경사대를 사용하며, 경사대는 목가누기를 잘 못하는 아동에게 특히 유용함 • 주의사항: 스스로 돌아누울 수 있을 때까지 옆에서 항상 지켜보아야 함
바로 누운 자세	• 바로 누워 돌면 하체를 발달시키고 양손을 몸의 중심으로 가져올 수 있음 • 두 손을 몸 앞으로 모으면 사물을 만져보고 관찰할 수 있음 • 모든 자세, 특히 누운 자세에서 몸이 바로 정렬되는 것이 효과적인 움직임의 기본이 됨 • 근긴장도가 높으면 목 뒤에 베개나 목받이를 받쳐 근긴장도를 낮출 수 있고, 한쪽 또는 양쪽 무릎을 굽히면 몸을 이완시킬 수 있음
옆으로 눕기	• 똑바로 눕기와 같이 손이 몸의 중심에서 움직일 수 있는 좋은 자세임 • 길게 신전된 부위에 몸무게가 분배되고 촉각과 같은 좋은 정보를 받을 수 있음 • 머리를 가눌 수 없어서 엎드린 자세가 힘든 아이에게 주위를 둘러볼 수 있는 자세임 • 모래주머니를 한쪽에 받쳐 주거나 벽에 모래주머니를 받쳐서 자세를 유지시킬 수 있음 • 옆으로 눕히기 위한 보조기구들을 사용할 수도 있으며 옆으로 눕힐 때는 항상 양쪽 방향 교대로 함
앉기	• 등을 신전시킬 수 있고 목을 어느 정도 가눌 수 있으면 앉기를 시작해야 함 • 앉을 수 있어야 먹고 입고 씻는 것을 배우고, 놀이를 하고 사물을 관찰할 수 있음 • 뇌성마비 아동은 근긴장도 이상과 팔, 다리가 몸에서 독립되지 못하고 원시반사가 지속되어 앉기 힘듦 • 비스듬히 세워 앉힐 수 있는 의자, 걸이 등을 이용할 수 있으나 자세를 유지하기 위해서 수건을 말은 것, 스펀지 조각, 헝겊 인형 같은 것으로 받쳐주어야 할 때가 더 많음 • 방바닥이나 의자에 더욱 똑바로 앉기 위해서는 의자를 특별히 제작하거나 좋은 것을 사야 함

신체운동발달 평가에서 비대칭형 긴장성 경부반사(Asymmetrical Tonic Neck Reflex: ATNR) 검사 결과가 양성으로 나타난 뇌성마비 학생 A의 반사운동 특성 및 이에 따른 교육적 고려사항으로 옳은 것을 〈보기〉에서 모두 고른 것은? [2점]

────────〈보기〉────────

ㄱ. 머리가 뒤로 젖혀지면 양팔은 펴지고(신전근의 증가) 양쪽 다리는 구부려진다(굴곡근의 증가).

ㄴ. 이 반사가 활성화되면 손의 기능적 사용이 어렵고 물체를 잡을 때도 한쪽 팔로만 잡으려 한다.

ㄷ. 이 원시반사가 지속되면 시각적 탐색능력이 저하되어 신체 인식이 늦어지고 시각적 인지능력도 낮아진다.

ㄹ. A와 상호작용을 하고자 할 때, 교사는 A의 몸을 기준으로 정중선 앞에서 접근하도록 한다.

ㅁ. 개인용 학습자료를 제시할 때, 반사가 일어나 A의 얼굴이 돌려지는 쪽의 눈높이 위치에 자료가 오도록 한다.

ㅂ. 스위치로 조작하는 의사소통판을 사용할 때, 스위치를 세워주어 A가 조작을 위해 머리를 숙여 반사가 활성화되지 않도록 한다.

① ㄴ, ㄷ, ㄹ   ② ㄱ, ㄴ, ㄷ, ㅁ   ③ ㄱ, ㄴ, ㄹ, ㅁ

④ ㄱ, ㄷ, ㄹ, ㅁ, ㅂ   ⑤ ㄴ, ㄷ, ㄹ, ㅁ, ㅂ

비대칭형 긴장성 경부반사(ATNR)를 보이는 뇌성마비 학생 A와 대칭형 긴장성 경부반사(STNR)를 보이는 뇌성마비 학생 B를 위한 교사의 지원방법으로 옳은 것만을 〈보기〉에서 있는 대로 고른 것은? [2점]

────────〈보기〉────────

ㄱ. 학생 A에게 학습교재를 제공할 때는 교재를 책상 가운데에 놓아주고 양손을 몸의 중앙으로 모을 수 있게 한다.

ㄴ. 학생 A가 휠체어에 앉아 있을 때는 원시적 공동운동 패턴을 극대화시켜서 구축과 변형을 예방하고 천골과 미골에 욕창이 발생하지 않게 한다.

ㄷ. 학생 A가 컴퓨터 작업을 할 때 반사가 활성화되면 고개가 돌아간 방향에 모니터를 놓고, 관절 운동범위(ROM)와 자발적 신체 움직임을 고려하여 스위치의 위치를 정한다.

ㄹ. 학생 B를 휠체어에 앉힐 때에는 골반과 하지 그리고 체간의 위치를 바로 잡은 후, 머리와 목의 위치를 바르게 한다.

ㅁ. 학생 B의 컴퓨터 사용을 위해 직접선택능력을 평가할 때는 손의 조절, 발과 다리의 조절, 머리 및 구강과 안면의 조절 순으로 한다.

① ㄱ, ㄹ   ② ㄴ, ㄷ   ③ ㄱ, ㄷ, ㄹ   ④ ㄴ, ㄷ, ㅁ   ⑤ ㄴ, ㄹ, ㅁ

박 교사는 만 5세 발달지체 유아 민호에게 2008년 개정 특수학교 기본교육과정 체육과의 '기구를 이용한 다양한 움직임 익히기'를 지도하기 위해 스케이트보드를 사용하였다. 박 교사는 민호가 (가)와 같은 비행자세를 취하지 못하고 (나)와 같이 있는 것을 보고 긴장성 미로반사의 통합에 문제가 있음을 알게 되었다. 민호와 같은 문제를 가진 유아에게 나타날 수 있는 행동으로 가장 가까운 것은? [1.75점]

① 바로 누운 자세에서 목을 들거나 다리를 들 수 없고, 균형을 잡고 앉아 있기 어렵다.
② 바로 누운 자세에서 머리를 한쪽으로 돌리면 몸 전체가 같은 방향으로 회전된다.
③ 바로 누운 자세에서 머리를 돌리면 돌린 쪽의 팔다리는 펴지고 반대쪽은 구부려진다.
④ 의자에 앉은 자세에서 고개를 뒤로 젖히면 양팔은 펴지고 다리는 구부려진다.
⑤ 네 팔 기기 자세에서 머리를 돌리면 돌린 방향의 반대편 팔꿈치가 구부려진다.

다음의 (가)는 지체장애 특수학교에 재학 중인 학생 A의 특성이고, (나)는 특수교사와 물리치료사가 미술시간에 학생 A를 관찰한 내용이며, (다)는 학생 A를 위해 (가)와 (나)를 반영하여 수립한 지원계획이다. ① (다)의 ㉠을 하기 위해 활용 가능한 보조기구를 1가지만 제시하고, ② ㉡을 하는 이유를 (가)의 밑줄 친 특성과 관련지어 설명하시오. 그리고 ③ ㉢과 ㉣에 해당하는 서비스 유형을 비교할 때, ㉢에 해당하는 서비스 유형이 지닌 학생 측면에서의 장점을 1가지만 쓰시오. [3점]

(가) 학생 A의 특성

- 뇌성마비(경직형 사지마비)로 <u>긴장성 미로반사</u>를 보임
- 이너 시트(inner seat)가 장착된 휠체어를 사용함

(나) 학생 A에 대한 관찰 내용

- 친구들과 바닥에 전지를 펴놓고 '우리 마을 지도'를 그리고 있음
- 바닥에 앉아 있는 자세를 취하는 데 어려움을 보임

(다) 학생 A를 위한 지원계획

㉠ 엎드려서 그리기를 잘 할 수 있는 자세를 취하도록 지원한다.
㉡ 그림을 그리다 피로감을 호소하면 옆으로 누운 자세를 취하도록 지원한다.
㉢ 특수교사가 미술수업을 하는 동안 물리치료사는 학생 A가 '우리 마을 지도'를 잘 그릴 수 있도록 바른 자세를 잡아준다.
㉣ 물리치료사는 학교 내 치료 공간에서 학생 A에게 치료 지원을 제공한다.

- ①: _____
- ②: _____
- ③: _____

(가)는 ○○중학교에 재학 중인 지체장애 학생의 특성이고, (나)는 교사가 이를 바탕으로 작성한 지도 계획이다. 〈작성 방법〉에 따라 서술하시오. [4점]

(가) 학생 특성

학생	특성
G	중도 뇌성마비 • 앉기 자세 유지가 어려우며 신체 피로도가 높음 • 등을 대고 누운 자세에서 과도한 신전근을 보임 • 배를 대고 엎드린 자세에서 과도한 굴곡근을 보임
H	뇌성마비 • 양손 사용이 가능함 • 손 떨림 증상이 있어 키보드로 정확하게 입력하는 것이 어려움

(나) 상황 간 중다기초선설계 그래프

학생	지도 계획
G	• ㉠ 대안적 자세로 과제에 참여할 수 있도록 지원하기 • ㉡ 헤드포인팅 시스템을 활용하여 워드프로세서 입력 지도하기 • ㉢ 휠체어 이용 시 휠체어가 뒤로 기울어지지 않도록 주의하기
H	• 키보드 입력 시 키가드를 제공하고, 한 번에 같은 키 값이 여러 번 찍히지 않도록 ㉣ 고정키 시스템 기능 설정하기 • 철자 중 일부를 입력하여 단어 완성하기가 가능한 ㉤ 단어 예측 프로그램 지도하기

─〈작성 방법〉─
• (가)의 학생 G가 보이는 원시반사 형태를 1가지 쓰고, 이에 근거하여 (나)의 밑줄 친 ㉠을 설명할 것

다음은 지체장애 학생 A의 특성이다. 학생 A를 위해 고려할 수 있는 교육적 지원방법으로 적절한 것만을 〈보기〉에서 있는 대로 고른 것은? [2.5점]

• 장애 및 운동 특성	• 학습 특성
− 뇌성마비(사지마비, 경직형)	− 과제에 대한 독립적 수행의지가 낮고 보조원에게 의존하는 경향이 있음
− 휠체어 이동	− 과제 회피행동을 간혹 보임(교재를 떨어뜨리는 행동 등)
− 착석 자세에서 체간의 전방굴곡	− 학습장면에서 잦은 실패 경험으로 인해 학습 동기가 낮음
− 관절운동범위(ROM)의 제한	− 학업성취 수준이 낮음

〈보기〉

ㄱ. 학생 A의 책상 높이를 낮추고 휠체어에 외전대를 제공하면, 몸통의 전방굴곡을 막고 신체의 정렬을 도와 안정된 착석 자세를 확보할 수 있다.

ㄴ. 제한된 ROM으로 학습활동에 참여하기 어려울 수 있으므로 보조기기를 제공하거나 과제수행 계열을 조정하는 방식으로 과제참여 수준을 수정하여 의존성은 줄이고 독립심은 높일 수 있다.

ㄷ. 선행자극 전략의 하나로 학생 A에게 과제선택 기회를 제공함으로써 활동에 대한 동기를 높이고 과제에 대해 느끼는 혐오적 속성과 과제 회피행동은 감소시킬 수 있을 것이다.

ㄹ. 학습평가 시 학생 A의 능력, 노력, 성취의 측면을 모두 평가하는 다면적 평가방법을 적용할 수 있다. 평가수정은 학생 A의 성취 수준에 적절한 평가준거에 맞추어 변화의 정도 파악에 중점을 두는 것이 필요하다.

ㅁ. 학생 A의 학습 성공경험을 높이기 위해 자극촉진과 반응촉진을 적용할 수 있다. 두 전략은 모두 교수자극을 수정하기 때문에 계획에 시간이 걸리지만, 학습 과제의 특성에 따라 강화 제공방식이 달라 학생 A의 정반응 가능성을 높여 줄 것이다.

① ㄱ, ㄷ   ② ㄴ, ㅁ   ③ ㄱ, ㄹ, ㅁ   ④ ㄴ, ㄷ, ㄹ   ⑤ ㄴ, ㄷ, ㅁ

(가)는 ○○특수학교 김 교사가 계획한 '2011 개정 특수교육 교육과정' 중에 기본 교육과정 과학과 5~6학년군 '온도와 열' 단원의 수업활동 개요이다. (나)는 은지의 특성이고, (다)는 교사가 은지에게 음성출력 의사소통기기를 사용하도록 지도하는 장면이다. 물음에 답하시오.

(나) 은지의 특성

- 경직형 사지마비인 뇌성마비로 진단받음
- 오른손으로 스위치를 이용함
- 스캐닝(scanning: 훑기) 기법으로 음성출력 의사소통기기를 사용하여 의사소통함
- 휠체어에 앉아 있을 때의 모습은 다음과 같음

(다) 음성출력 의사소통기기 사용 지도장면

김 교사: ⓛ (음성출력 의사소통기기와 스위치를 은지의 휠체어용 책상에 배치한다.) 이 모둠에서는 은지가 한번 발표해 볼까요? (음성출력 의사소통기기와 은지를 번갈아 보며 잠시 기다린다.)

은　지: (자신의 음성출력 의사소통기기를 본 후 교사를 바라본다.)

김 교사: 은지야, '양달은 따뜻해요.'라고 말해 보자. (음성출력 의사소통기기에서 양달 상징에 불빛이 들어왔을 때, 은지의 스위치를 눌러 '양달은 따뜻해요.'라는 음성이 산출되도록 한다. 그런 다음 은지가 스위치를 누르는 것을 기다려준다.)

은　지: (음성출력 의사소통기기에서 양달 상징에 불빛이 들어왔을 때, 스위치를 눌러 '양달은 따뜻해요.'라는 음성이 산출되도록 한다.)

김 교사: (　　　　　　　　　　　　ⓒ　　　　　　　　　　　　)

2) (나)의 그림을 보고, 교사가 은지의 ① 엉덩이(골반), ② 무릎, ③ 발을 바르게 정렬하는 방법을 각각 쓰시오. [1점]

- ①: _____

- ②: _____

- ③: _____

3) (다)의 ⓛ에서 교사가 ① 음성출력 의사소통기기와 ② 스위치를 적절하게 배치하는 방법을 (나)의 은지의 특성을 고려하여 각각 쓰시오. [2점]

- ①: _____

- ②: _____

32 2016학년도 중등 B 4번

다음은 지체 중복장애 중학생 A의 자세 특성이다. 밑줄 친 ⊙과 ⓒ을 고려하여, ① 학생 A를 휠체어에 앉힐 때 몸통과 다리의 자세 유지방법을 각각 1가지 쓰시오. 그리고 ② 이 학생에게 적합한 서기 자세 보조기기의 명칭을 쓰고, 이 보조기기를 사용했을 때의 장점을 1가지 쓰시오. [4점]

- 저긴장성 뇌성마비와 정신지체를 중복으로 지니고 있음
- 낮은 근긴장도로 인해 상체와 하체의 조절능력이 낮음
- ⊙ 앉아 있을 때 양쪽 고관절과 무릎이 몸의 바깥쪽으로 회전됨
- ⓒ 고개를 가누지 못하며 앉아 있을 때 머리와 몸통이 앞쪽으로 굴곡됨
- 적절한 보조기기의 지원이 없이는 다양한 교육활동에 참여하는 데 제한이 따름

- ①: _____

- ②: _____

33 2017학년도 유아 A 1번 일부

다음은 중복장애 유아 동우의 어머니가 유아 특수교사인 김 교사와 나눈 상담 내용의 일부이다. 물음에 답하시오.

김 교사: 어머니, 가족들이 동우와 의사소통하는 데 어려움이 있다고 하셨지요?
어 머 니: 네. 동우는 ⊙ 근긴장도가 높아 팔다리를 모두 움직이기가 어렵고, 몸을 움직이려고 하면 뻗치는 경우가 많잖아요. 그리고 선생님께서 아시는 것처럼 시각장애까지 있어서, 말하는 것은 물론 눈빛으로 표현하는 것도 어려워해요. 가족들은 동우가 뭘 원하는지 알 수가 없어요.
김 교사: 그래서 이번 개별화교육계획 지원팀 회의에서 결정한 바와 같이 동우에게 보완·대체 의사소통을 사용하려고 해요. 이를테면, 동우에게 ⓒ 우선적으로 필요한 어휘를 미니어처(실물모형)로 제시하고 자신이 원하는 것을 만져서 표현하도록 하면 좋겠어요. ⓒ 미니어처를 사용하면 누구나 동우가 표현하고자 하는 바를 명확하게 알 수 있으니까요.
어 머 니: 그러면 집에서 동우를 위해 우리 가족이 해야 하는 일은 무엇인가요?
김 교사: 가족들이 반응적인 의사소통 환경을 만들어 주시면 동우의 의사소통 기술이 발달하는 데 도움이 될 수 있어요. 예를 들어, ⓔ 동우가 장난감 트럭을 앞뒤로 밀고 있다면 어머님도 동우가 밀고 있는 장난감 트럭을 보고 있다는 것을 동우에게 알려 주시고, 동우가 보이는 행동에 즉각적으로 의미 있게 반응해 주세요.

1) ① ⊙에 해당하는 동우의 운동장애 형태 및 마비 부위에 따른 지체장애 유형을 쓰고, ② 이러한 장애 유아에게 앉기 자세를 지도할 때 ⓐ~ⓓ 중 적절하지 않은 것을 찾아 기호를 쓰고, 그 내용을 바르게 고쳐 쓰시오. [2점]

ⓐ 골반이 등과 수직이 되게 하여 체중이 엉덩이 양쪽에 균형 있게 분산되도록 한다.
ⓑ 의자에 앉았을 때 무릎 안쪽과 의자 사이의 간격은 1인치 정도가 되도록 하고 허벅지가 좌석에 닿도록 한다.
ⓒ 발바닥은 바닥이나 휠체어 발판에 닿도록 하고, 무릎관절과 발목은 직각이 되도록 한다.
ⓓ 몸통은 좌우대칭이 되도록 지지하고 어깨 관절은 활짝 펴서 뒤쪽으로 향하도록 한다.

- ①: _____

- ②: _____

다음은 성재를 위한 교육지원 협의회 회의록의 일부이다. 물음에 답하시오.

일시	2018년 ○월 ○일 15:00~16:00	장소	특수학급
참석자	통합학급 교사, 특수교사, 보건교사, 치료지원 담당자, 전문상담교사, 보호자	기록자	특수교사

<table>
<tr><td colspan="4" align="center">발언 내용</td></tr>
</table>

…생략…

보 건 교 사: 성재는 경직형 양마비 지체장애 학생인데, 뇌전증도 있어요. 성재는 지난 4월에 교실에서 온몸이 경직되고 호흡곤란이 오면서 입에 침이 고이고 거품이 입 밖으로 나오는 격렬한 발작을 했습니다. 선생님, 많이 놀라셨지요?

통 합 학 급 교사: 처음이라서 많이 당황했어요. 갑자기 그런 일이 생기니까 아무 생각도 나지 않더라고요. 혀를 깨물어 피가 날 수도 있을 것 같아 수건을 물려줄까 고민했습니다. 그런데 발작은 다 똑같은 형태로 나타나나요?

보 건 교 사: 아니요. 발작 형태는 다양합니다. 그때 성재가 보인 발작은 (㉠)에 해당합니다. 그리고 발작할 때 입에 수건을 물려주면 (㉡) 때문에 위험할 수 있습니다.

…중략…

특 수 교 사: 성재는 매트 위에서 앉아서 놀 때 ㉢ 양다리를 좌우로 벌려 W 모양으로 앉던데, 괜찮나요?

치료지원 담당자: 그런 자세가 계속되면 서기나 걷기 그리고 일상생활에도 문제가 생길 수 있어 자세 지도가 필요합니다.

보 호 자: 아, 그렇군요. 성재는 집에 오면 휠체어에 앉아서 지내는 시간이 많아요. ㉣ 휠체어에 바르게 앉는 자세에 대해서 알고 싶습니다.

치료지원 담당자: 무엇보다 신체의 정렬 상태가 안정적이며 균형 잡힌 상태를 유지하는 것이 중요합니다.

특 수 교 사: 맞아요. 저희 교실에서도 서기 자세를 지도하고 있습니다. 다행히 성재는 자기 스스로 목을 가눌 수 있고, 상체 조절이 어느 정도 가능합니다. 그래서 선 자세에서 체중을 앞으로 실은 채 자세를 조금 기울여 두 손을 쓸 수 있도록 (㉤)을/를 사용하고 있어요.

…하략…

2) 다음 그림은 ㉢ 자세이다. 이와 같이 앉는 이유를 1가지 쓰시오. [1점]

• _____

3) 다음은 ㉣을 위한 일반적인 지도 요령이다. 적절하지 **않은** 것 1가지를 찾아 기호를 쓰고, 바르게 고쳐 쓰시오. [1점]

〈보기〉

ⓐ **하지**: 양쪽 다리의 길이가 다르더라도 휠체어 발판의 높이는 같게 한다.
ⓑ **골반**: 체중이 고르게 분산되도록 좌석의 중심부에 앉게 한다.
ⓒ **몸통**: 어깨선을 수평으로 맞추고, 어느 한쪽으로 치우치지 않고 정중선을 유지하게 한다.
ⓓ **머리**: 고개를 들고 턱을 약간 밑으로 잡아당기는 자세를 유지하게 한다.

• _____

4) ㉤에 들어갈 적절한 보조기기의 명칭을 쓰시오. [1점]

• _____

02 욕창

1. 정의

몸의 어느 부위든 지속적이거나 반복적인 압박이 주로 뼈의 돌출부에 가해져 혈액순환이 잘 안 되어 조직이 죽어 발생하는 궤양(염증, 괴사로 인해 조직표면이 국소적으로 결손되거나 함몰된 것)을 말한다.

2. 건강한 피부 만들기

① 피부를 청결하고 마르게 유지한다.
② 적절한 영양과 적당한 활동을 유지한다.
③ 신체 일부에 대한 지속적 압박을 가하는 시간을 줄인다.

3. 욕창 대처방법

① 욕창 방지 쿠션을 사용한다고 해도 자세, 체위를 자주 바꾸어 주어야 한다.
② 대소변 실금으로 인한 습기, 용변, 빈번하고 과도한 씻기 등은 마찰 저항력을 낮추어 피부 통증을 유발할 수 있으므로 주의한다.
③ 실금으로 인해 기저귀를 착용하는 학생은 기저귀를 자주 점검하고 오염된 부위를 씻어 청결을 유지한다.

---

35 2009학년도 중등 28번

지체장애 학생에게서 나타날 수 있는 욕창과 같은 피부 문제와 이의 관리에 대한 적절한 설명을 〈보기〉에서 모두 고른 것은? [2점]

─────〈보기〉─────

ㄱ. 휠체어에 오래 앉아 있는 학생을 위해 좌석에 욕창 방지 쿠션을 깔아 준다. 체중을 분산시켜 욕창을 예방할 수 있을 뿐만 아니라 학생의 자세나 체위를 바꾸어 주지 않아도 되기 때문에 학교생활에 도움이 된다.

ㄴ. 신체 움직임이 많은 활동은 근육의 크기를 고르게 유지시키지 않고 피부 표면의 마찰이 커져 욕창 발생 가능성을 높인다. 따라서 경련성 운동마비장애 학생은 신체활동 시 경련성 동작에 따른 마찰력 증가를 주의하여, 되도록 신체 움직임이 적은 활동을 하도록 한다.

ㄷ. 같은 압력이나 마찰력이라도 학생마다 물리적 자극에 대한 저항력의 차이가 있으므로 욕창 발생 여부가 달라질 수 있다. 저단백질증, 빈혈, 비타민 부족 등의 불량한 영양 상태는 신체조직의 저항력을 낮춰 욕창 발생을 높이므로 적당한 영양 섭취와 수분의 공급이 필요하다.

ㄹ. 변실금(便失禁)은 대변에 포함된 박테리아와 독소가 피부에 묻어 피부가 벗겨질 수 있어 요실금(尿失禁)보다 욕창에 더 중요한 위험 요인이다. 실금으로 인해 기저귀를 착용하는 학생은 기저귀를 자주 점검하고 오염된 부위를 씻어 주어 청결하게 유지하는 것이 필요하다.

ㅁ. 외부의 압력이 신체에 지속적으로 작용하는 것이 욕창 발생의 핵심적인 원인이다. 중복·지체장애 학생들은 이로 인한 통증이나 피부에 문제가 생겨도 이를 표현하는 데 어려움을 가질 수 있으므로 구어적 형태가 아니더라도 몸짓과 같은 신호를 개발하는 것을 의사소통 지도목표에 포함할 필요가 있다.

① ㄱ, ㄴ   ② ㄴ, ㅁ   ③ ㄷ, ㅁ   ④ ㄱ, ㄷ, ㄹ   ⑤ ㄷ, ㄹ, ㅁ

(나)는 교육계획 중 2주차 학습제재를 지도하기 위해 작성한 교수·학습계획이다. 물음에 답하시오.

(나) 교수·학습계획

학생특성	수지: 경도 정신지체를 수반한 지체장애 학생으로 휠체어를 사용함 동우: 척수 손상으로 ○ 욕창을 보일 위험이 있음	
학습목표	일상생활 속에서 수증기와 관련되어 일어나는 자연현상에 대해 알 수 있다.	
단계	교수·학습활동	지도 시 유의점
탐색 및 문제파악	• 젖은 옷을 창 가까이에 널어 시간 흐름에 따른 변화 관찰하기	수지가 창가로 이동하기 쉽도록 © 교실 환경을 조정함
자료 제시 및 관찰 탐색	• 시간이 지나면서 젖은 옷이 어떻게 되었는지 이야기하고, 그 이유에 대하여 토론하기	–
자료 추가 제시 및 관찰 탐색	• 가스레인지에 물을 끓이고 난 후, 그릇에 담긴 물의 양 관찰하기	가스레인지 사용 시 특히 안전에 유의함
(②)	• '증발'이라는 용어를 도입하고, 증발의 특징 및 증발에 영향을 주는 요인에 대하여 논의하기	–
적용 및 응용	• 학생들에게 물수건을 하나씩 나누어 주고, 누가 10분 동안 잘 말리는지 게임하기	–

2) (나)의 ○을 예방하기 위해 김 교사가 할 수 있는 방법 1가지를 쓰시오. [1점]

• _____

3) (나)의 ©의 구체적인 방법 1가지를 쓰시오. [1점]

• _____

03 자세 및 이동

1. 자세 유지 보조도구

(1) 앉기 자세 보조기기

구분	내용
피더 시트 (feeder seat)	• 상품화되어 있으며 신체 크기에 따라 선택하여 사용할 수 있음 • 주로 근긴장도가 낮은 아동에게 사용함 • 각도 조절용 받침대를 이용하여 각도 조절이 가능하며 일상생활 중 편안함을 제공하기 위해 사용함
코너 체어 (corner chair)	• 척추 지지와 머리 조절을 도울 수 있는 모양의 의자 • 장소에 따라 좌식생활 시 앉기 자세를 보조하며 이동을 위해 의자 밑에 바퀴를 달아 사용하기도 함 • 간식을 먹거나 책, TV를 보는 등 일상생활을 보다 편안하게 할 수 있도록 도와줌

(2) 서기 자세 보조기기

구분	내용
프론 스탠더 (prone stander)	• 스스로 서기가 어려운 학생에게 엎드린 자세로 다리와 몸통을 고정한 후 전동이나 수동 장치를 이용하여 각도를 세워 바로 설 수 있도록 보조하는 기기 • 특히 상체의 조절이 어느 정도 가능한 경우 상지기능 강화를 위해 사용할 수도 있음
수파인 스탠더 (supine stander)	상체와 하체의 조절 능력이 저조하여 세우기 힘든 경우 등을 대고 누운 자세에서 다리와 몸통을 고정한 후 전동이나 수동 장치를 이용하여 각도를 세워 바로 설 수 있도록 보조하는 기기

(3) 누운 자세 보조기기

① 중도장애로 인해 의자나 바닥에 앉기 어려운 학생의 경우 신체기능에 무리를 주지 않는 한도 내에서 호흡곤란 등의 어려움이 없도록 편안한 눕기 자세를 제공하는 보조기기이다.

② 수평자세가 유용한 이유는 근육의 이완을 돕고 자세조절 능력을 거의 필요로 하지 않기 때문이다.

③ 쐐기(삼각지지대, wedge)

　㉠ 엎드린 자세에서 앞부분을 높게 올려주어 뇌성마비 아동의 숨쉬기를 용이하게 하고, 머리를 들지 못하는 아동은 보다 쉽게 머리를 조절하게 하며, 몸통을 펴주어 어깨와 골반의 안정을 도와준다. 또한 시각적인 인식과 중간 범위에서의 활동인 시각-손 협응 동작을 쉽도록 한다.

　㉡ 바로 누운 자세에서는 뇌성마비 아동의 머리 과신전을 예방할 수 있고, 다리를 들어올려 주면 쉽게 손-발, 발-입 등의 경험을 가질 수 있다.

2. 이동 보조도구

(1) 지팡이, 클러치

① **지팡이**: 이동이 불편한 경우 보행을 위해 사용하는 도구이다.

　　㉠ 2단 지팡이: 높이 조절이 가능하다

　　㉡ 네발 지팡이: 네발로 되어 있어 지지력이 좋다.

　　㉢ 의자형 지팡이: 보행 시 지팡이로 사용하고, 시트가 부착되어 장거리 보행이 어려운 경우 앉을 수도 있다.

② **클러치**: 이동이 불편한 경우 보행을 위해 사용하는 도구이다.

그림	내용	그림	내용
	사용자의 키에 맞게 크기(대, 중, 소)를 선택할 수 있음		사용자의 키에 맞게 팔, 다리 부분의 높낮이를 쉽게 조절할 수 있음

(2) 워커

구분	내용
다기능 워커	이동이 불편한 경우 보행을 위해 사용할 수 있는 보행 보조기구
2단 손잡이 워커	• 잡고 일어설 수 있는 기능과 워커 기능을 동시에 하는 보행기구 • 앉은 자세에서 아래쪽 손잡이를 잡고 일어설 수 있으며, 걸을 때는 위쪽 손잡이를 사용함
네바퀴 보행차	• 네 바퀴로 되어 있어 안정적이며, 브레이크가 있어 안정적으로 정지시킬 수 있어 정지 시에도 안정감을 제공함 • 보관 시 접을 수 있고, 보행훈련 시에는 어깨에 걸어 안전하게 보행이 가능하도록 지원함
전방지지 워커	• 보행연습을 위한 전방지지 보조기구 • 손잡이의 높이와 각도를 도구 없이 쉽게 조절할 수 있음
후방지지 워커	보행이 어려운 아동 중에 몸의 중심이 앞으로 숙여진 아동의 보행연습을 위한 후방지지 보조기구
메이워커	보행이 어려운 아동을 위한 보행기로서 상지를 지지하고 다리 보호대가 장착되어 있어 발이 걸리는 것을 보호하여 안정적인 보행을 할 수 있도록 도와줌

(3) 휠체어

① 종류

구분	내용
수동 휠체어	보행이 어려운 경우 앉은 채로 이동할 수 있게 움직이는 바퀴를 부착한 이동식 보조기구
전동 휠체어	• 보행이 어려운 경우 앉은 채로 이동할 수 있게 전동으로 움직이는 이동식 보조기구 • 전동스쿠터형(핸들로 조작), 표준형(손가락으로 조작), 특수형(발가락으로 조작)이 있음
농구형 휠체어	초경량 수동휠체어로 캠버각을 20도까지 줄 수 있어 빠르게 회전 가능한 스포츠형 휠체어
파라골프	• 여가로 골프를 즐기도록 자세와 이동을 지원하는 전동 휠체어 • 조이스틱을 이용하여 이동함 • 스탠딩 각도를 자유롭게 조절할 수 있어 골프 이용 시 기능적인 자세를 만들어 줌

② 구조

구성	사용법
의자	• 의자의 형태는 접는 것과 어깨에 메는 것이 있으며 둘 다 매우 실용적임 • 자세를 지지하기 위해 의자는 고정되어야 함 • 휠체어를 접을 때에는 의자를 제거할 수도 있음 • 휠체어를 접을 수 있게 특별히 고안된 장치의 의자 깊이가 얕으면 사용자의 다리가 의자 앞으로 너무 멀리 나오게 되어 몸의 연약한 조직을 누르고 압박감을 느끼게 됨 • 깊이가 얕은 의자는 발이 발받침에 적절히 놓이는 것을 막는 반면, 의자의 깊이가 너무 깊으면 사용자의 원활한 혈액순환을 방해함 • 의자의 높이는 사용자의 키에 따라 달라져야 함
등받침	• 수납 목적을 위해 의자와 함께 접어서 사용하도록 되어 있음 • 너무 유연한 등받이는 요추지지, 측면 대동맥 안정, 특수한 자세가 필요할 경우에 유용하게 쓰일 수 없으므로 등받이의 재질은 잘 접어지면서도 단단한 틀의 형태가 좋음
팔걸이	• 거의 모든 전동 휠체어는 팔걸이를 갖고 있지만 수동 휠체어는 사용자의 요구에 따라 다름 • 팔걸이는 척추 기형을 예방하도록 돕고, 팔걸이에 팔 무게를 놓으면 척추에 주는 부담도 덜 수 있음 • 상체의 균형을 잡기 어렵거나 균형이 깨졌을 때 팔걸이에 팔을 올려놓으면 안정성을 확보할 수 있다는 장점이 있음
브레이크 및 조절장치	• 일반적인 휠체어는 손으로 조작하는 조이스틱으로 조절됨 • 조이스틱의 적용은 사용자가 의자를 특별한 위치에서 전환할 수 있게 함 • 운전 조이스틱은 사용자가 의자의 이동 속도와 방향을 조절할 수 있게 함
발받침	• 발받침을 사용하는 목적은 휠체어를 탔을 때 발이 바닥에 질질 끌리는 것을 방지하여 허벅지 뒷부분을 지지해주기 위함 • 무릎 인대를 원하는 각도로 구부릴 수 있도록 도와줌
뒷바퀴	• 휠체어는 보통 두 개의 뒷바퀴가 있는데 바퀴 사이즈가 클수록 기동력은 감소되는 경향을 보임 • 공기 타이어는 바닥의 날카로운 물건(예 깨진 유리, 날카로운 금속)에 의해 터질 수 있으므로 사용하는 지역에 따라 주의를 기울여야 함 • 충격흡수 면에서는 딱딱한 고체 타이어보다 공기 타이어가 더 우수함
앞바퀴	• 휠체어가 앞으로 나가게 해 주는 작은 바퀴 • 충격흡수 면에서는 큰 앞바퀴가 더 좋지만 작은 앞바퀴는 방향 전환 시 간편하다는 장점이 있음
손 조절 바퀴	• 보통 운전바퀴에 부착되어 의자 조절을 가능하게 하는 원 모양의 둥근 손잡이 • 쥐는 데 문제가 있는 사용자는 튜브를 부착할 때 손잡이나 다른 돌출 부분을 이용하기도 함 • 이러한 부착물은 사용자가 손바닥이나 손의 살이 많은 부분을 사용하여 운전바퀴를 조종하도록 도움

③ 휠체어 선택 시 고려해야 할 요소

구분	고려해야 할 요소
의자	• 자세의 지지를 위해 단단한 것일수록 좋음 • 엉덩이의 크기에 맞추는 것이 좋음
등받침	• 접을 수 있도록 제작된 형태가 대부분임 • 학생의 자세를 위해서는 딱딱한 재질이 더 바람직함 • 고개를 가누는 정도에 따라 높이 조절이 필요함
팔걸이	• 상지의 지지를 도와 몸무게를 지지할 수 있으므로 척추 기형을 예방하는 데 도움이 됨 • 의자에서 휠체어로 이동 시 팔걸이를 잡고 이동하므로 적절한 높이와 안정성이 필요함 • 팔걸이에 지지하여 체중을 분산하거나 체중 이동 훈련을 할 수 있으므로 둔부의 압력을 줄이고 욕창 등의 문제를 예방할 수 있음
머리받침대	머리 조절이 어려운 학생에게 필요하며 머리의 자세, 근 긴장, 목의 자세 또는 연하작용을 보조함
좌석벨트	이동 시 안정성을 제공하며, 몸통 및 골반의 위치를 잡아주고, 미끄러짐 현상을 방지함
브레이크 및 조절장치	전동 휠체어는 조이스틱형 조절장치가 적합하며 헤드스틱, 입을 이용하는 스위치로 된 장치도 사용됨
뒷바퀴	플라스틱 소재의 딱딱한 바퀴보다 공기가 들어간 바퀴가 충격흡수 면에서 우수하여 승차감이 좋으나 공기 주입 장치, 바퀴 수리 등의 보수 관리가 필요함
앞바퀴	• 앞바퀴 크기가 크면 이동 시 충격을 흡수해 승차감이 좋고 장애물 통과가 쉬우나 기동성이 떨어짐 • 앞바퀴가 작으면 회전이 쉽고 바퀴 흔들림과 이상진동이 덜하나 충격흡수가 나쁘고 틈에 빠지기 쉬움
손 조절 바퀴	• 이동 시 손으로 잡는 둥근 손잡이 부분 • 직경이 크면 힘을 이용하여 출발과 가속하기 쉬움 • 직경이 작으면 속도 유지가 용이함
발 받침대 및 다리 받침대	무릎과 다리, 발의 각도가 올바르게 위치하도록 도움
휠체어용 책상	휠체어를 이용하는 학생의 섭식을 돕거나 의사소통기기를 놓는 등 학습활동에 사용이 편리하나, 독립적인 이동을 방해하며 휠체어의 무게와 전후·좌우 길이를 증가시켜 불편을 초래함
기타	안전벨트, 주차 시 브레이크 장치, 기울임 방지 장치

(4) 스쿠터

보행, 장거리 이동이 어려운 경우 사용하는 전동스쿠터이다.

3. 안전하게 들어 올리기와 이동시키기 지도 전략

① 들거나 이동시킬 학생에게 직접 다가가서 자세를 취한다.
② 몸통을 똑바로 세우고, 허리보다는 다리를 구부리고 안는 자세를 취한다.
③ 학생에게 몸을 밀착하여 안을 준비를 한다.
④ 자신의 몸을 회전하지 말고 학생을 안을 준비를 한다.
⑤ 바닥에 평평하게 발을 대고, 편안하게 한쪽 발을 다른 발 앞에 놓는다.
⑥ 이동할 때 가능한 한 많은 무게를 학생이 스스로 지지하게 한다.
⑦ 들어올리기 어렵거나 약 16kg 이상 무게가 나가는 학생은 도움을 요청하여 두 사람이 함께 들어올린다.

그림은 뇌성마비 학생 A가 보조도구 없이 의자에 앉아 있는 모습이다. 다양한 상황에서 학생 A를 위해 교사가 취할 수 있는 자세조정 방법을 설명한 것으로 옳은 것만을 모두 고른 것은? [2.5점]

	상황	자세조정 방법
(가)	쉬는시간에 매트 위에 누워 책을 볼 때	학생 A를 매트에 똑바로 누이고 허리 밑에 지름 20cm 정도인 롤(roll)을 받쳐 준 후 양손으로 책을 잡도록 한다.
(나)	컴퓨터 시간에 엎드려 노트북으로 작업할 때	학생 A를 삼각지지대(wedge) 위에 엎드리게 하여 엉덩이와 등이 들리지 않게 벨트로 고정시킨 다음, 학생 A의 얼굴 앞쪽에 노트북을 배치한다.
(다)	특별활동 시간에 밴드부에서 작은 북 치기를 할 때	기립대(standing equipment)에 학생 A를 세워 허리, 엉덩이, 무릎을 벨트로 고정시키고, 양 팔꿈치 옆에 지지대를 받쳐 준 후 작은 북을 학생 앞에 놓는다.
(라)	재량활동 시간에 바닥에 앉아 친구들과 카드놀이를 할 때	학생 A를 각진 의자(corner chair)에 앉혀 다리를 뻗게 하고, 등을 바르게 유지하게 하며, 어깨를 안으로 모아 주어 양손이 몸의 중앙에 오게 한 후 카드를 손에 쥐어 준다.
(마)	미술시간에 책상 앞에 앉아 물감 찍어 모양 만들기 할 때	학생 A를 의자에 앉혀서 허벅지 옆에 지지대를 사용하여 양 다리를 곧게 뻗게 한 뒤, 윗몸이 들어갈 정도의 둥근 홈이 있는 책상 위에 양 팔꿈치를 올려 주어 물감을 사용하게 한다.

① (가), (나), (다)   ② (나), (다), (라)   ③ (다), (라), (마)

④ (가), (나), (다), (라)   ⑤ (가), (나), (라), (마)

지체장애 학생이 사용하는 보조기기 (가) ~(다)에 대한 설명으로 옳은 것만을 〈보기〉에서 있는 대로 고른 것은?

[2점]

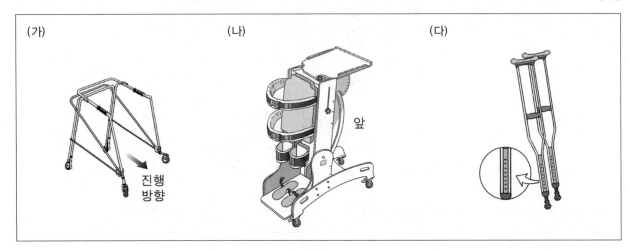

〈보기〉

ㄱ. (가)는 체간의 힘이 부족하여 몸통이 앞으로 기우는 학생이 사용하는 보행 보조기기이다.

ㄴ. (가)는 양쪽 손잡이를 잡아 두 팔로 지지하고 서서 몸의 균형을 잡고 자세를 곧게 하여 안정적으로 걷는 동작을 향상시킨다.

ㄷ. (나)는 머리를 스스로 가누기 어려운 학생에게 사용하는 기립 보조기기이다.

ㄹ. (나)는 고관절 수술 후 관절의 근육을 형성하거나 원시반사를 경감시켜 주는 효과가 있고, 체중을 앞으로 실은 채 기댈 수 있으므로 두 손을 기능적으로 사용할 수 있다.

ㅁ. (다)를 이용하여 계단을 내려갈 때는 (다)와 불편하지 않은 발을 먼저 딛고, 올라갈 때는 (다)와 불편한 발을 먼저 내딛는다.

ㅂ. (다)의 길이는 (다)를 지지하고 섰을 때, 어깨와 팔의 각도를 약 45도로 하고 겨드랑이에 주먹 하나가 들어갈 정도로 하여 조절한다.

① ㄱ, ㄴ, ㄹ   ② ㄱ, ㄷ, ㅁ   ③ ㄴ, ㄹ, ㅁ

④ ㄱ, ㄷ, ㄹ, ㅂ   ⑤ ㄴ, ㄷ, ㅁ, ㅂ

(가)는 지체장애 특수학교 2학년 학생들의 특성이고, (나)는 '2009 개정 슬기로운 생활과 교육과정'에 따른 '마을과 사람들' 단원 지도계획과 학생 지원계획의 일부이다. 물음에 답하시오.

(가) 학생 특성

미나	이분척추를 지닌 학생이며, 뇌수종으로 인하여 션트(shunt) 삽입 수술을 받음
현우	• 뇌성마비 학생이며, 상지 사용이 가능하여 휠체어를 타고 이동할 수 있음 • 휠체어를 타고 턱을 넘을 때, 몸통의 근긴장도가 높아지고 깜짝깜짝 놀라는 반응을 보임
은지	• 뇌성마비 학생이며, 전동휠체어를 타고 이동할 수 있음 • 구어 사용은 어렵지만, 간단한 일상적인 대화는 이해할 수 있음 • 그림 상징을 이해하고, 오른손 손가락으로 상징을 지적할 수 있음 • 왼손은 항상 주먹이 쥐어진 채 펴지 못하고 몸의 안쪽으로 휘어져 있음

(나) 단원 지도계획과 학생 지원계획

대주제		이웃	단원	마을과 사람들
차시	차시명	학습목표 및 활동	학생 지원계획	
8-9	우리 마을 둘러보기	• 우리 마을의 모습을 조사한다. – 마을 모습 이야기하기 – 조사 계획 세우기 – 마을 조사하기 • 건물, 공공장소 및 시설물 등을 조사하기 • 마을 사람들이 하는 일을 조사하기	• 미나 – 마을 조사 시 ㉠ 션트(shunt)에 문제가 발생하지 않도록 유의하기 • 현우 – 마을 조사 시 ㉡ 앞바퀴가 큰 휠체어 제공하기 • 은지 – 수업 중 ㉢ 스프린트(splint) 착용시키기 – 보완 · 대체 의사소통(AAC) 지원 계획하기 • (㉣)을/를 적용하여 평가하기 • 마을 조사 시 궁금한 내용을 질문할 수 있도록 ㉤ 어휘목록 구성하기	

1) (가)에 제시된 미나의 특성을 고려할 때, (나)의 ㉠에 문제가 발생하지 않도록 하기 위해 교사가 유의해야 할 사항을 1가지 쓰시오. [1점]

• _____

2) (가)에 제시된 현우의 특성을 고려할 때, (나)의 마을 조사 활동 시 ㉡의 장점을 1가지 쓰시오. [1점]

• _____

3) 교사가 은지에게 (나)의 ㉢을 착용시킨 이유를 은지의 특성에 비추어 1가지 쓰시오. [1점]

• _____

(가) ~ (나)는 지체장애 특수학교에서 제작한 '학생 유형별 교육지원 사례 자료집'에 수록된 Q&A의 일부이다. 물음에 답하시오.

(가) Q&A

> Q. 불수의 운동형 뇌성마비 학생 A는 노트필기가 어려워 쓰기 대체방법으로 컴퓨터를 이용하고 있는데, 불수의적 움직임으로 인해 어려움이 많습니다. 이러한 어려움을 해결해 줄 수 있는 보조공학 기기나 프로그램을 알고 싶습니다.
>
> A. 학생 A처럼 직접선택 방식으로 글자를 입력하는 경우에는, 키가드와 버튼형 마우스 같은 컴퓨터 보조기기나 ㉠ 단어예측 프로그램이 도움이 됩니다.
>
> Q. 학생 A가 읽기이해에 어려움이 있어 상보적 교수를 적용하여 읽기지도를 하려고 하는데, 상보적 교수 중 명료화하기 전략이 무엇인지 궁금합니다.
>
> A. ㉡ 상보적 교수의 명료화하기 전략은 사전 찾기를 포함하여 학생이 글을 읽다가 어려운 단어가 있을 때 단어의 의미를 파악할 수 있도록 도와주거나, 글의 내용을 이해하도록 도와줍니다.

(나) Q&A

> Q. 경직형 뇌성마비 학생 B는 높은 근긴장도로 인해 ㉢ 근육, 인대, 관절막의 길이가 짧아지고 변형되어 첨족 및 내반족, 척추측만 등이 나타나고 있습니다. 그래서 바른 자세를 유지하기 위해 몸통 및 상체 지지형 휠체어 등의 보조기기를 사용하고 있습니다. 이와 같은 보조기기를 사용할 때 유의하여야 할 사항은 무엇인지 궁금합니다.
>
> A. ㉣ 보조기기를 오랫동안 사용하게 되면 학생의 신체에 부정적인 영향을 줄 수 있습니다. 그래서 보조기기 사용에 대한 계획을 수립하는 것이 바람직합니다.

1) (가)의 ㉠을 사용할 때 학생 A에게 줄 수 있는 이점 1가지를 쓰시오. [1점]

•　

3) (나)의 ㉢을 보일 때 사용할 수 있는 ① 보조기기의 예와 ② ㉣의 예를 각각 1가지씩 쓰시오. [2점]

• ①:　

• ②:

41 2012학년도 초등 10번

다음은 협력적 팀 접근을 위해 특수학교 교사와 물리치료사가 체육 수업시간 동안 민수의 활동을 관찰한 후 나눈 대화이다. 〈보기〉의 설명 중 옳은 것을 모두 고르면? [1.4점]

치료사: ㉠ 민수의 활동을 관찰한 후 대근육 운동능력을 평가해 보았더니, ㉡ 수동휠체어를 타고 다니지만 서기 연습과 워커를 사용해서 걷기 연습을 하는 것이 필요해요.
교 사: 그럼 서기 자세 보조기기를 사용해서 서기 연습을 시키려면 어떻게 도와주어야 할까요?
치료사: ㉢ 선생님을 민수로 생각하고 제가 시범을 보일게요. 민수의 경우 다리에 힘이 풀려서 주저앉거나 엉덩이가 뒤로 당겨져 정렬이 흐트러질 수 있으니 서기 자세 보조기기의 엉덩이, 무릎, 발 벨트 부분을 묶어주는 것이 좋아요.
(1주일 경과 후)
교 사: ㉣ 지난 미술시간에 민수가 워커를 사용하여 걸어서 두 발자국 정도 옮기니까 가위 모양으로 두 다리가 꼬이며 힘들어 하는 것을 보았어요. 어떻게 도와주면 될까요?
치료사: (방법을 알려준다.)
교 사: 이제 알겠어요. 앞으로는 ㉤ 쉬는시간에 워커를 사용하여 걸어서 화장실에 다녀오는 기회를 자주 줄게요.

〈보기〉

ㄱ. ㉠은 시각-운동 통합발달검사(Developmental Test of Visual Motor Integration)로 측정할 수 있다.
ㄴ. ㉡의 걷기연습 초기에는 몸통이나 팔 지지형 워커를 사용하다가 걷기기능이 향상되면 일반형 워커로 교체해 주는 것이 필요하다.
ㄷ. ㉢에서 물리치료사는 특수학교 교사에게 자문 및 역할방출(role release)을 통해 민수에게 직접서비스를 제공하고 있는 것이다.
ㄹ. ㉣의 경우 신체의 정렬을 유지할 수 있도록 민수의 등 뒤에 서서 교사의 한쪽 다리를 민수의 무릎 사이에 넣어 주어 두 다리가 꼬이지 않게 도와줄 수 있다.
ㅁ. ㉤에서 걷기의 운동 형태는 워커를 사용하는 것이고, 운동기능은 화장실로 이동하는 것이다.

① ㄱ, ㄷ   ② ㄷ, ㅁ   ③ ㄱ, ㄴ, ㄹ
④ ㄴ, ㄹ, ㅁ   ⑤ ㄱ, ㄴ, ㄷ, ㅁ

42 2010학년도 중등 36번

지체장애 학생들이 사용하는 일반적인 수동휠체어에 대한 설명으로 가장 적절한 것은? [2점]

① 기동성을 높이기 위해서 앞바퀴는 작을수록, 뒷바퀴는 클수록 좋다.
② 좌석 넓이는 몸이 차체에 직접 닿아 압력을 느끼지 않는 범위에서 가급적 좁아야 한다.
③ 요추의 지지와 기능적 운동을 위한 자세에 도움이 되도록 등받이의 재질은 유연성이 클수록 좋다.
④ 랩 트레이(lap tray)는 양손을 기능적으로 사용하는 데 유용하지만 몸통과 머리의 안정성을 방해한다.
⑤ 팔걸이에 팔을 올려놓으면 척추에 작용하는 압력이 줄지만 상체 균형능력이 제한적인 경우에는 몸통의 안정성이 방해된다.

특수학교 최 교사는 중도 뇌성마비 학생 민수가 있는 학급에서 '2010 개정 특수교육 교육과정' 중 기본 교육과정 사회과 '우리나라의 풍습' 단원을 지도하고자 한다. (가)는 교수 · 학습과정안이고, (나)는 본시 평가계획이다. 물음에 답하시오.

(가) 교수 · 학습과정안

학습목표	민속놀이의 의미를 알고, 규칙을 지켜 민속놀이를 할 수 있다.	
단계	교수 · 학습활동	자료 및 유의점
도입	• 영상 자료를 활용하여 다양한 민속놀이 알아보기 • 민속놀이 경험 이야기하기	DVD
전개	• 널뛰기, 씨름, 강강술래 등 민속놀이 알기 • 줄다리기에 담긴 의미알기 • 탈춤을 통한 서민들의 생활모습 알기	민속놀이 단원은 (㉠)와(과) 관련지어 지도하는 것이 효과적임
	• ㉡ 모둠별로 책상을 붙이고 둘러앉아서 민속놀이 도구 만들기 • 놀이방법을 알고 규칙을 지키며 윷놀이하기	㉢ 양손을 사용하여 활동하도록 지도함

(나) 본시 평가계획

㉣ 학생들이 자기의 활동참여도(예: 😄, 😐, 😟)를 기록지에 표시하도록 함
㉤ 학생들이 놀이 규칙을 잘 지킨 3명의 친구를 선정하여 칭찬스티커를 주도록 함

2) 민수는 바른 자세를 유지하기 위해 프론 스탠더(prone stander, 서기 자세 보조기기)가 필요한 학생이다. 그러나 최 교사는 (가)의 ㉡ 활동에서 민수에게 프론 스탠더 대신 휠체어를 사용하게 하였다. 최 교사의 이러한 조치가 적절한 이유 1가지를 쓰시오. [1점]

• _____

3) (가)의 ㉢에서 양손을 사용하도록 지도한 이유 1가지를 쓰시오. [1점]

• _____

다음은 교육실습생이 파악한 학생의 특성과 특수교사의 조언을 정리한 내용이다. 〈작성 방법〉에 따라 서술하시오.

[4점]

학생	특성	특수교사 조언
K	• 경직형 뇌성마비 학생임 • 왼쪽 편마비임	• 체육시간이 끝난 후, 학생의 특성을 고려하여 세면대에서 ㉠ '손으로 얼굴 씻기'를 지도함
L	• 교통사고로 인한 지체장애 학생으로 목발을 사용하여 이동함 • 오른발의 기능에는 어려움이 없으나 왼발의 기능에 어려움이 있음	• 평지 이동훈련 후, ㉡ '목발로 계단 오르기'를 지도함
M	• 경직형 뇌성마비 학생임 • 전신 긴장성-간대성 발작(대발작)을 간헐적으로 보임	• 발작을 보일 때, 교사가 취해야 할 행동의 예: ㉢ 학생을 옆으로 눕힘

─〈작성 방법〉─
• 학생 K의 특성을 고려하여 밑줄 친 ㉠의 적절한 지도방법을 1가지 제시하고, 그 이유를 서술할 것
• 학생 L의 특성을 고려하여 밑줄 친 ㉡의 방법을 작성할 것(목발, 왼발, 오른발의 이동 순서와 방법을 포함할 것)
• 학생 M의 특성을 고려하여 밑줄 친 ㉢의 이유를 1가지 서술할 것

(가)는 지체장애 특수학교에 다니는 학생들의 특성이고, (나)는 2015 개정 특수교육 교육과정 중 기본 교육과정 실과 5～6학년군 '즐거운 여가 생활' 단원 수업활동 계획의 일부이다. 물음에 답하시오.

(가) 학생 특성

예지	• 안면견갑 상완형 근이영양증 ┐ • 어깨뼈가 날개같이 튀어나와 있음 [A] • 팔을 들어 올리는 데 어려움이 있음 ┘ • ㉠ 휘파람 불기, 풍선 불기, 빨대로 물 마시기 동작에 어려움이 있음
준우	• 경직형 뇌성마비 • 사지마비가 있음 • 모든 운동기능이 제한적임 [B] • 머리 조절이 어렵고, 체간이 한 쪽으로 기울어짐
은수	• 골형성부전증 • 좌측 하지골절로 이동에 어려움이 있음

(나) 수업활동 계획

활동	영화 관람	활동장소	영화관
학습목표	영화 관람 순서에 따라 영화를 관람할 수 있다.		
교수 · 학습활동	• 영화 포스터 살펴보기 • 영화 입장권 구입하기		
지도의 유의점	• 준우: 화장실 이용 시 보조인력의 추가 지원이 요구됨. 휠체어에서 양변기로 이동시키기 위해 보조인력은 준우의 무릎과 발목 뒤쪽을 지지하고, 교사는 (㉡) • 은수: 상영관에서 ㉢ 양쪽 목발을 사용하여 손잡이가 없는 계단을 내려갈 때와 올라갈 때 주의하도록 함 • 왕복 이동시간(1시간)과 영화 관람시간(2시간)을 고려하여 오후 1시부터 4시까지 ㉣ 수업시간을 연속적으로 배정함(실과와 창의적 체험활동 연계)		

2) ① (나)의 ㉡에 들어갈 교사의 행동을 준우의 신체와 관련지어 쓰고, ② (가)에 제시된 은수의 특성을 고려하여 (나)의 ㉢을 지도할 때 목발과 발의 내딛는 순서를 쓰시오. [2점]

• ①: _____

• ②: _____

(가)는 지체장애 학생 미주와 영수의 특성이고, (나)는 교사가 2011 개정 특수교육 교육과정 중 기본 교육과정 사회과 5 ~ 6학년 '우리나라의 명절과 기념일' 단원을 지도하기 위해 개념학습 모형에 따라 작성한 수업계획의 일부이다. 물음에 답하시오.

(가) 미주와 영수의 특성

미주	• ㉠ 경직형 뇌성마비이며 오른쪽 편마비를 가짐 • 발화는 가능하나 발음이 부정확함
영수	• 독립적인 보행이 어려워 수동휠체어를 사용함 • 보완 · 대체 의사소통(AAC) 도구를 사용함

(나) 수업계획

• 학습내용 소개
  – ㉡ 텔레비전으로 국경일 동영상 시청하기
• (㉢)
  – 자신이 가장 기뻐하고 축하받은 날에 대해 ㉣ 이야기 나누기   [A]

↓

• 개념 제시
  – 국경일 관련 경험에 대해 이야기 나누기
  – 국경일 관련 특별 행사 참여 경험 나누기   [B]
  – 국경일 관련 특별 프로그램 시청 경험 나누기
• 개념에 대한 정의 내리기

↓

• 추가 사례 찾기
  – 삼일절, 제헌절, 광복절, 개천절, 한글날 관련 경험 발표하기
• 속성 분류하기

↓

4) 다음은 수동휠체어 선택과 사용 시에 고려해야 할 사항이다. ⓐ와 ⓑ에 들어갈 내용을 순서대로 쓰시오. [1점]

• (ⓐ)은/는 학생이 고개를 가누는 정도에 따라 높이 조절이 가능하며 접을 수 있도록 제작된 경우가 많고, 적절한 자세를 위해서는 딱딱한 재질이 더 바람직함
• (ⓑ)은/는 학생의 식사 및 학습활동, 의사소통 기기 등의 사용에 편리하지만, 휠체어의 무게와 전후좌우의 길이를 증가시키기 때문에 독립적인 이동에 불편을 초래할 수 있음

• ⓐ: _____   • ⓑ: _____

학생 A는 근육의 긴장도가 높고 독립보행이 안 되며, 그림상징으로 의사소통을 하는 중도(severe) 뇌성마비 학생이다. 이 학생의 특성과 그림상의 문제점을 고려하여 교사가 학생 A를 바르게 안아 옮기기 위한 방법으로 적절한 것만을 〈보기〉에서 모두 고른 것은? [2점]

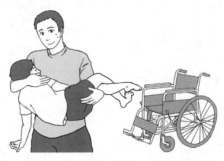

〈보기〉

ㄱ. 교사는 학생 A의 등 아래로 손을 넣고 교사의 허리를 이용하여 학생을 힘껏 들어 올려서 안는다.

ㄴ. 교사가 학생 A를 들어 올릴 때, 학생이 교사를 쳐다보거나 휠체어를 바라보는 반응을 기다려준다.

ㄷ. 학생 A를 쉽게 들어올리기 위해 학생의 앉은 자세를 먼저 잡아 주고, 학생의 근육이 이완되지 않도록 유지하며 들어 올린다.

ㄹ. 학생 A를 마주보게 안아서 옮길 때는 학생의 양 하지를 벌리고 무릎을 구부려 교사의 허리에 걸치게 한 다음, 학생의 팔을 교사의 어깨에 올려 껴안고 옮긴다.

① ㄱ, ㄴ   ② ㄱ, ㄷ   ③ ㄴ, ㄹ   ④ ㄱ, ㄷ, ㄹ   ⑤ ㄴ, ㄷ, ㄹ

(나)는 슬기로운 생활과 '가을 풍경 관찰하기' 현장체험학습 계획 시 중도·중복장애 학생들의 특성에 따라 교사가 고려해야 하는 사항이다. 물음에 답하시오.

(나) 교사의 고려사항

학생 이름	특성	고려사항
영희	• 외상성 뇌손상(교통사고) • 오른쪽 편마비, 인지적 손상, 언어장애를 보임	• 외출 전에 ⓒ 상의(앞이 완전히 트인 긴소매) 입히는 순서 고려하기
철수	• 중도 지적장애와 경직형 뇌성마비 • 전신의 긴장도가 높아 머리가 뒤로 젖혀지고 다리가 가위자 모양이 됨	• 안아 옮길 때 자세에 유의하기
연우	• 중도 지적장애 • 알레르기성 천식을 앓고 있음 • 천식 발작 시 마른 기침을 하고 흉부 압박을 느끼며 고통을 호소함 • 천식 발작이 심한 경우 호흡곤란이 동반되고 의사소통이 어려움	• 외출 시 준비물(휴대용 흡입기, 마스크, 상비약, 도움 요청 카드, 휴대용 손전등, 휴대용 알람기기 등) 점검하기 • ⓒ 응급상황 발생 시 도움을 요청하는 방법 환기하기

3) (나)의 [A]의 보이는 문제점을 해결하기 위해 교사가 자신의 신체를 이용하여 철수를 안는 방법 1가지를 쓰시오. [1점]

•

4) (나)의 ⓒ의 예를 연우의 특성과 외출 시 준비물을 고려하여 1가지 쓰시오. [1점]

•

제4절 일상생활 기술

01 식사지도

1. 섭식과 관련된 비정상적 반사

구분	내용
정향반사 (rooting reflex)	• 유아가 입을 음식 쪽으로 향하는 반사 • 생후 초기 나타나는 행동은 정상이나, 생후 몇 달이 지나도 계속되면서 식사 시간에 자발적인 머리 조절을 방해하게 됨
강직성 씹기반사	• 입 안에 음식을 넣어 주면 의도하지 않게 갑자기 입을 다무는 강직성이 나타남 • 강직성은 숟가락으로 음식을 먹이는 것을 방해하고 씹는 것을 극도로 어렵게 함 • 입 안에 들어오는 자극에 대한 민감도가 강하고 비자발적임
혀 밀기 및 혀 돌출행동	• 음식을 씹거나 삼키는 행동을 해야 할 때 치아 사이로 혀를 밀어내는 비자발적인 행동 • 입 밖으로 음식이나 음료를 밀어내거나 치아의 위치를 본래 위치에서 밀어냄
빨고 삼키는 행동	• 음식을 씹지 않고 빨다가 삼켜버리는 행동 • 신생아 시기에 가지고 있던 빨기행동을 그대로 유지하고 있어 고형의 음식물 섭취를 방해함
비대칭성 긴장성 목반사	• 몸 전체에 영향을 줄 뿐만 아니라 먹고 먹이는 데 있어 특별한 문제를 일으키는 자세 • 머리 조절이 어려워 음식섭취와 정상적인 구강운동을 방해함 • 머리가 한쪽 방향을 향하고 있을 때 같은 방향의 팔이 비자발적으로 펴지고 다른 팔은 '펜싱 자세'로 반응하는 식의 경직된 자세가 나타남

2. 뇌성마비 아동의 식사 시 문제점

구분	내용
근긴장도의 이상	• 부적절한 과긴장성 또는 저긴장성은 지체장애 아동에게서 자주 나타나는 문제 • 근긴장도는 신체, 자세의 문제뿐만 아니라 구강운동 기능에도 영향을 미침 • **구강근육의 저긴장성**: 음식을 씹을 때 머리, 턱, 입술의 움직임을 떨어뜨림 • **구강근육의 과긴장성**: 움직임을 제한하며 통제가 불가능하게 되어 구강구조의 일부를 변형시킬 수 있고 입술의 수축, 혀의 돌출, 자발적 통제의 어려움 등을 초래함
구강구조의 이상과 그에 따른 문제	• 구개파열이나 입 천장 구조의 문제, 치아가 없거나 치아 배열의 문제 • 빠는 것과 삼키는 것을 방해하며 혀를 과도하게 사용하는 등의 비정상적인 반응을 보여 부차적인 섭식 문제를 유발함
식사행동에 대한 학습 문제	• 딱딱한 음식의 거부, 씹지 않고 삼킴, 너무 빠른 식사, 입을 닫지 않은 상태에서의 식사 자세 등 • 때로는 먹는 기술을 적절하게 배우지 못했거나 잘못된 방법으로 습득한 경우 문제가 생김

3. 식사기술 중재방법

(1) 식사기술을 중재하기 위해 고려할 점

① 숟가락, 포크 사용 등 초기 기술의 지도 단계에는 동일한 훈련자가 지도하는 것이 효과적이다.

② 초기의 지도는 조용한 장소에서 실시해야 하며, 기술을 적절히 학습했을 때 식당을 이용하거나 또래와 함께 식사하게 하는 것이 효과적이다.

③ 기술의 향상을 위해 가능한 한 많은 기회를 제공하고 실제 식사시간을 통해 지도한다.

④ 하나의 식기 사용을 지도할 때에는 쉽게 배우고 효율적으로 기술을 향상시키기 위해 한 가지 음식으로 연습한다.

⑤ 식기 사용기술을 쉽게 배울 수 있는 도구(예 큰 숟가락, 깊은 그릇)를 사용한다.

⑥ 초기 단계에서 기술이 향상되면 청결에 대한 지도를 함께 한다.

(2) 자세의 교정

① 식사하는 데 가장 좋은 최적의 자세는 주의 깊은 관찰을 통해 개인적으로 결정되어야 한다.

② 안정성 보장을 위해 적절한 높이의 의자와 식탁을 제공하고 가능한 한 직립의 자세로 앉게 하는 것이 좋다.

③ 튜브 섭식인 경우 직립 자세나 45도 각도의 자세가 음식물 역류를 막으며, 식사 후 최소 45분은 똑바로 있거나 반쯤 기대도록 한다.

④ 자연스러운 자세를 유지할 수 있도록 해주는 것이 좋으며, 새로운 자세에 적응하고 편안하게 되기 위해서는 식사시간 10~15분 전부터의 자세가 중요하다.

> **참고** 아동이 스스로 식사를 하지 못하는 경우 아동에게 음식을 제시하는 태도
>
> • 음식은 아동의 얼굴 아래에 오는 것이 좋고 먹이는 사람의 얼굴이 눈높이나 눈 아래에 있도록 하기 위해 낮은 의자에 앉는다.
> • 아동의 목은 뒤로 젖혀져 있는 것보다 목을 약간 구부리는 자세가 질식 없이 쉽게 삼키도록 하며, 비정상적인 반사작용을 최소화한다.
> • 먹이는 사람은 아동과 가능한 한 가깝게 위치하고 아동의 옆이나 뒤에서 신체적 도움을 주는 것이 좋다.
> • 입 안에 음식을 넣어 줄 때에는 혀의 중앙 부분에 넣어 준다. 그러나 턱 움직임에 제한이 많은 경우에는 쉽게 씹을 수 있도록 치아 사이에 직접 음식을 놓아준다.

(3) 음식 수정

① 음식의 형태, 크기, 온도, 제시하는 태도 등은 아동의 식사행동에 영향을 준다.

② 지체장애 아동 중 일반 음식을 먹지 못하는 경우에는 채소 등을 삶아 걸쭉하게 만든 음식인 퓨레(puree)형 음식을 제공한다.

③ 퓨레형 음식은 삼키는 자극 없이 쉽게 넘어가므로 기도폐쇄 위험이 높으며, 변비와 충치를 일으키고, 구강구조를 약하게 하며, 비타민 결핍을 가져올 수 있다. 또한 고형 음식을 먹을 때 습득할 수 있는 기능을 경험하지 못하므로, 가능한 한 퓨레형 음식보다 고형 음식을 먹도록 지도하는 것이 필요하다.

> **참고** 음식의 농도
>
> • NPO: 입으로 어떤 액체나 음식도 먹으면 안되는 경우로, 영양 필요량 유지를 위해 정맥주사를 통한 영양공급이나 관 식이법을 필요로 한다.
> • 묽은 액체: 주스, 물과 같은 액체는 허용한다. 젤라틴처럼 액체 농도로 녹는 음식도 포함된다.
> • 걸쭉한 액체: 토마토 주스, 넥타 등 점도가 더 높은 액체를 허용한다. 묽은 액체를 견디지 못하는 환자의 경우, 시판 중인 걸쭉하게 만들어주는 물질을 섞어서 적절한 농도로 만들어 섭취하게 한다.
> • 퓨레: 구강 준비가 거의 필요 없을 정도로 잘 섞여 있고 부드러운 농도의 음식을 허용한다(예 사과소스, 푸딩).
> • 기계로 부드럽게 만든 음식: 구강 준비가 필요하지만 부드러워서 씹을 필요가 거의 없는 음식을 허용한다(예 갈거나 잘게 다져 익힌 채소, 과일 통조림, 촉촉하고 연한 고기).
> • 부드러운 음식: 땅콩, 생 사과, 딱딱한 사탕 등 입에서 다루기 힘든 음식을 제외한 대부분의 음식을 허용한다.
> • 일반식: 어떤 음식도 제한하지 않고 모두 허용한다.

(4) 식사방법 및 도구 수정

① 스스로 식사하기를 시도조차 하지 않는 아동의 경우, 손을 이용하여 음식을 먹는 행동을 지도한다.

② 손으로 먹기를 지도하는 것은 식사도구를 바르게 사용하기 위한 전 단계이며, 반드시 적절한 시기에 도구 사용 방법을 중재해야 한다.

③ 도구 사용 지도방법

도구	방법
숟가락	• 숟가락을 바르게 쥐는 방법을 지도하여 스스로 수행할 수 있도록 지도함 • 아동의 독립성이 증가할수록 보조의 양을 점차 줄임 • 숟가락을 사용하기 위해서는 식사행동에 대한 정확한 과제분석이 필요하며, 과제분석 단계에 따라 수정된 식사도구를 이용하면 좀 더 쉽게 지도할 수 있음 • 입 부위의 감각이 예민하거나 강직성 씹기반사를 가진 아동의 경우 금속 재질 숟가락은 적당하지 않음 • 자극을 최소화하기 위해 플라스틱이나 실리콘 소재가 좋으며, 일회용 플라스틱 숟가락은 부러지기 쉽기 때문에 적절하지 않음
컵	• 처음에는 걸쭉한 액체를 이용하여 지도하는 것이 쉬움 • 아동에 따라 적당한 모양과 무게의 컵을 선택해주는 것이 좋음 • **컵을 사용하여 음료 마시기 지도** - 컵의 가장자리를 아동의 아랫입술에 놓아서 깨무는 자극을 줄이고, 음료가 입 안으로 잘 들어가도록 충분히 기울이되 아동의 윗입술이 음료에 닿을 수 있도록 함 - 컵 안의 음료가 보이도록 윗부분을 잘라낸 컵은 목이 뒤로 젖혀지는 것을 막아주고 음료가 코에 닿지 않게 함 - 손으로 잡기에 용이한 모양이나 음료의 양이 보이는 투명한 플라스틱 컵 등이 사용하기 편함

> **참고** **컵을 사용하여 음료 마시기를 지도할 때의 유의사항**
>
> • 처음에는 물이나 음료보다는 걸쭉한 상태의 음료를 이용하여 지도한다.
> • 조금씩 일반 음료의 농도에 가깝도록 묽게 한다.
> • 처음에는 컵을 아동의 얼굴에 가까이 접근시킨 후 숟가락을 사용하여 음료를 떠서 먹게 한다.
> • 이것이 습관화된 후 숟가락으로 음료를 입에 넣을 때 동시에 컵이 입술에 닿게 지도한다.
> • 위의 과정이 익숙해지면 컵에 입을 대고 천천히 마시게 한다.
> • 컵에 음료를 조금만 담아준 뒤 컵을 쥐는 방법을 가르친다.
> • 음료를 마시기 위해 고개를 들을 때 몸의 균형을 잃는 아동은 윗부분이 대각선으로 잘린 형태의 컵을 사용한다.

(5) 식사시간 및 환경 수정

① 식사기술을 지도하는 데 가장 기본적인 것은 정상화 원칙이다.

② 잘못된 식사방법과 태도는 장기적 측면에서 아동의 영양과 건강을 위해 직접적인 훈련으로 교정이 필요하다.

③ 정규 식사시간에만 지도하기보다 섭취량 감소와 관련된 문제를 극복하기 위해 식사기술 습득을 위한 특정한 시간에 추가로 지도하는 것이 필요하다.

④ 과민한 반사행동을 가진 아동은 편안하고 안정된 느낌을 주는 환경을 제공하는 것이 식사기술 수행을 도울 수 있다. 식사환경은 가능한 한 정상화 원칙에 준해 구성하되, 식사기술의 유지와 일반화 가능성을 고려한다.

⑤ 과도한 소음과 주변 환경의 방해 요소를 통제하고 공격적이거나 산만한 행동을 보이는 다른 아동과 분리하는 것도 초기에는 좋은 방법이다.

(6) 신체적 보조방법

① 식사를 돕는 신체적 보조방법은 자세의 교정, 음식의 수정, 식사도구 및 환경을 먼저 수정한 후에 되도록 적게 사용하는 것이 좋다.

② 가능하면 아동의 머리나 턱, 얼굴 부위를 고정하는 등의 신체적 보조보다 쿠션 같은 자세 보조기기를 이용하여 머리의 움직임을 고정하거나 유지해주는 것이 좋다.

③ 스스로 씹는 능력이 부족한 경우는 턱의 움직임을 촉진하되 아동의 뒤나 옆에서 최소한의 방법으로 보조한다.

④ 중지는 턱과 입술 사이, 엄지는 눈 주변의 얼굴 옆에 위치하여 아래턱의 개폐를 보조·조절할 수 있게 한다.

⑤ 턱의 움직임을 조절해줄 때 윗입술을 아래로 당기는 것은 입술 수축을 자극할 수 있으므로 피한다.

(7) 구강운동

① 턱의 조절을 돕기 위해서는 아동의 구강과 안면의 과민반응을 줄이는 것이 필요하다.

② 과민반응을 줄이고 구강운동을 촉진하는 절차들은 식사기술 향상에 도움이 된다.

> **참고** **구강운동을 촉진하는 활동**
>
> - 입술·안면·뺨 주위를 두드리기
> - 잇몸과 입 천장 마사지하기
> - 씹기, 삼키기 등의 활동
> - 입술과 뺨 주위의 근육 스트레칭하기
> - 구강과 안면근육을 진동시키기
> - 혀를 입 안에서 여러 방향으로 움직이기

(8) 턱의 훈련

① 음식을 씹을 수 있는 기회를 일찍 제공한다.

② 빨대를 이용하여 빠는 행동을 지도한다.

③ 씹을 수 있는 여러 종류의 음식을 제공한다.

④ 씹는 기능을 향상시키기 위해서는 바삭하게 말린 식빵조각, 바나나, 과일 등의 딱딱한 음식을 준다.

⑤ 먹는 것을 입에 넣지 않은 상태로 씹는 연습을 시킨다.

⑥ 씹는 흉내를 내면서 소리를 낸다.

(9) 식사예절

지체장애 아동의 식사기술 지도에는 식사하는 방법 외에 편식 습관 없애기, 장소에 따른 예절, 다른 사람과 어울려 식사하기, 외식하기 등의 좀 더 다양한 기술을 필요로 한다.

4. 비구강 섭식

(1) 개념
입을 통해 음식물 섭취가 불가능한 경우 영양공급을 위해 위에 직접 관을 넣어 음식물(유아용 유동식)을 주입한다.

(2) 종류

종류	내용
비위관 영양	• 코를 통해 식도를 지나 위까지 관을 연결하여 영양을 공급함 • 불편하고 관이 빠지기 쉬워 흡인성 폐렴이 일어날 가능성이 큼
위루관 영양	• 위에 직접 관을 삽입하는 위루술을 통해 영양을 공급함 • 비위관 문제를 해결하고 장기간 영양공급이 가능하기 때문에 입을 통해 음식물을 섭취하기 어려운 중증 장애인에게 유용한 방법

(3) 비구강 섭식을 하는 경우
① 보충 또는 대체 영양공급을 받아야 하는 아동의 특징
    ㉠ 열량 요구량의 80%를 입으로 섭취하지 못한다.
    ㉡ 3개월 동안 체중이 늘지 않거나 체중이 계속 줄어든다.
    ㉢ 체중과 신장의 비율이 5%ile이다.
    ㉣ 매일 식사시간이 5~6시간 이상 걸린다.
② 액체나 음식물을 한 번 삼키는 데 10초 이상 걸리거나, 음식의 10% 이상이 흡인되는 환자에게 권장된다.

(4) 위루관 영양공급의 일반적인 절차
① 주입 전
    ㉠ 먼저 손을 깨끗이 씻는다.
    ㉡ 음식물 역류를 예방하기 위해 음식물을 주입하는 동안과 주입 후 한 시간 정도 상체를 45~90도로 세워 앉은 자세를 유지한다.
    ㉢ 주입 시 위루관 삽입 부위로부터 길이 변화가 있는지 확인한다.
    ㉣ 위루가 막히거나 중간에 새면 복강 내 염증이 생길 수 있으므로 주의한다.
② 음식물 준비
    ㉠ 음식물은 실온만큼 따뜻하게 유지한다.
    ㉡ 음식물이 상하지 않게 냉장고에 보관한다.
    ㉢ 먹다 남은 경우, 냉장보관을 했더라도 1~2일이 지나면 사용하지 않는다.
③ 주입 방법
    ㉠ 위루관에 주사기를 연결하여 위에 내용물이 남아 있는지 확인한다.
    ㉡ 잔량이 50~100cc 이상이면 주입하지 않는다.
    ㉢ 먼저 30~60cc의 물을 주입한다.
    ㉣ 음식물 주머니를 위루관과 연결한 후 연결부위보다 40cm 정도 높게 위치시킨다.
    ㉤ 조절기를 통해 한 시간 이상 천천히 주입한다.
    ㉥ 주입 과정에서 복부 팽만감, 오심, 구토가 있으면 속도를 줄이고, 변화가 없는 경우 즉시 주입을 중지한다.
    ㉦ 주입 시 공기가 들어가지 않도록 주의한다.
    ㉧ 30~60cc의 물을 다시 주입한다.

지체장애 학생의 음식 섭취에 관련된 특성과 학급 내에서의 일반적인 지원 방법에 관한 적절한 설명을 〈보기〉에서 모두 고른 것은? [2.5점]

───────〈보기〉───────

ㄱ. 구강섭식이 어려워 비강삽입관(鼻腔揮入管)을 이용하여 비전형적인 방법으로 식사를 하는 학생의 경우, 반 친구들과는 다른 장소 및 시간에 식사하는 것이 바람직하다.

ㄴ. 목에 과신전이 있는 학생의 경우, 음료를 마실 때 금속이나 유리 재질의 보통 컵 대신에 한쪽이 둥글게 패인 플라스틱 재질의 투명한 컵을 이용하게 하여 과신전 가능성을 줄인다.

ㄷ. 신경근육계 손상으로 혀의 조절장애가 있는 학생은 연식(軟食)의 섭취가 더 어려우므로 유동식으로 제공하는 것이 좋다. 하지만 지속될 경우 변비나 치아의 문제를 야기할 수 있으므로 주의한다.

ㄹ. 구역질 반사(gag reflex)가 있으면 입안에 강한 비자발적인 자극이 있어 음식을 먹다가 사레에 들리기 쉽다. 이 반사가 과민하면 큰 조각의 음식물이나 이상한 물체를 삼키는 것을 막지 못하므로 주의한다.

ㅁ. 학생에게 음식을 먹여 줄 때, 음식을 주는 사람은 학생의 바로 앞에서 눈높이를 맞춰 앉아 식사를 보조한다. 학생이 음식을 먹을 때는 머리와 몸통의 위치, 그리고 힘이 가는 곳과 약해지는 곳을 관찰한다.

① ㄱ, ㄴ　　　② ㄴ, ㅁ　　　③ ㄷ, ㄹ　　　④ ㄱ, ㄷ, ㅁ　　　⑤ ㄴ, ㄹ, ㅁ

다음과 같은 특성을 보이는 만 4세 발달지체 유아 철수를 위한 식사지도에서 고려해야 할 사항으로 가장 적절한 것은? [1.75점]

• 강직성 씹기반사가 나타난다.
• 스스로 씹는 능력이 부족하다.
• 구강과 안면에 과민반응이 나타난다.

① 거즈로 안면을 두드리거나 잇몸을 마사지하여 턱의 조절을 돕는다.
② 편안하게 누운 자세를 취하게 한 다음 부드러운 음식을 먹는 것부터 지도한다.
③ 스테인리스(stainless) 숟가락보다는 1회용 플라스틱 숟가락을 사용해서 먹도록 지도한다.
④ 장기적으로는 보조기기를 이용하기보다는 신체적 보조를 받아 자세를 유지하도록 한다.
⑤ 컵을 사용할 때에는 컵의 가장자리를 치아 위에 올려놓아 음료를 잘 마실 수 있도록 한다.

다음은 지체장애와 정신지체를 지닌 중도·중복장애 학생 현우의 전반적 특성을 제시한 것이다. 물음에 답하시오.

[5점]

성별	남	연령	8세

- 단순 모방, 지시 따르기, 상징 이해능력이 매우 떨어져 기능훈련에 어려움을 보임
- 스스로 용변 처리를 하거나 용변 의사를 표현할 수 없어서 기저귀를 착용하고 있음
- 자세 유지, 움직임과 이동이 곤란함
- 빨기, 씹기, 삼키기 등의 섭식기능에 문제가 있음
- 다음과 같은 두드러진 건강상의 문제를 보임
  ㉠ 요로 계통의 감염으로 인해 소변에서 유해한 세균이 검출되며, 배뇨통, 요의 절박(절박 요실금), 발열, 구토, 설사, 체중 증가 부진, 복통 등의 증상을 유발함
  ㉡ 식사 도중 음식물이 역류하거나 음식물로 인해 목이 메어 구역질이나 기침을 자주 하며, 가슴앓이, 식도 염증, 삼키기 곤란 증상으로 인하여 소화, 배설, 영양실조 등의 2차적 문제가 발생함

1) 현우의 전반적 특성을 고려할 때, 다음 중 우선적으로 적용해야 할 교육목표로서 적절하지 <u>않은</u> 것 2가지를 찾아 번호를 쓰고, 그 내용을 바르게 수정하시오. [2점]

> ① 교사 모델링을 통해 스스로 턱을 조절하여 씹을 수 있도록 한다.
> ② 다양한 감각을 활용하여 외부 환경 및 대상을 직접 경험할 수 있도록 한다.
> ③ 노래, 악기 등 음악이나 소리를 통한 청각적 자극을 제공하여 신체 및 정서 발달을 촉진한다.
> ④ 칩톡, 테크톡과 같은 음성출력 의사소통 기기를 통해 용변 의사를 표현할 수 있도록 한다.

- _____
- _____

2) 다음은 ㉠에 대해 특수교사가 지원할 수 있는 내용을 제시한 것이다. ①과 ②에 들어갈 알맞은 말을 쓰시오. [1점]

> 감염 부위의 (①)을(를) 유지시키고, 충분한 (②) 섭취를 돕는다.

- ①: _____   - ②: _____

3) ㉡에 대하여 적절하지 <u>않은</u> 지원 내용 2가지를 다음에서 찾아 번호를 쓰고, 그 내용을 바르게 수정하시오. [2점]

> ① 식사 후 약 10분간 누워서 스트레칭을 하도록 한다.
> ② 하루 동안 필요한 음식량을 조금씩 나누어 자주 제공한다.
> ③ 고형식 음식을 일정 크기로 잘라서 숟가락으로 떠먹인다.
> ④ 의사의 처방에 따라 정해진 시간에 정확한 양의 약물을 복용시킨다.

- _____
- _____

뇌성마비 학생에게 나타나는 특성과 교사가 실시한 식사지도 방법으로 옳은 것은? [2점]

	구분	특성 및 식사지도 방법
①	위식도 역류	• 식도 괄약근의 기능 약화로 인해 잦은 구토가 발생함 • 작은 조각의 음식이나 거친 음식을 먹게 하고, 식사 후에는 약 1시간 정도 똑바로 누워 있게 함
②	강직성 씹기반사	• 숟가락이 잇몸과 치아에 닿아 과민성 촉각반응이 유발되어 발생함 • 새로운 질감의 음식을 줄 때는 금속 재질의 숟가락을 사용함
③	혀 내밀기	• 불충분한 혀의 후방운동 및 불수의적 움직임으로 인해 발생함 • 숟가락으로 혀의 중앙 부분을 지그시 눌러주며 목구멍 쪽 혀의 뿌리에 음식을 놓음
④	침 흘림	• 입술다물기 및 유지의 어려움과 연하 기전의 문제로 발생함 • 입술다물기 지도를 할 때는 중지는 턱 아래, 검지는 턱과 입술 사이, 엄지는 얼굴 옆에 대고 아래턱의 움직임을 조절함
⑤	삼킴장애	• 비자발적 움직임이 일어나는 인두(咽頭) 단계에서 음식물을 인두로 미는 데 필요한 압력을 만들지 못함 • 음식물을 먹는 동안 몸을 뒤쪽에 기댄 채, 고개를 뒤로 젖히고 턱을 들어올려 음식물이 식도로 흘러 넘어가게 함

다음은 일상생활에서 나타나는 지체장애 학생 A의 특성이다. 학생 A 의 특성을 고려한 자기관리기술 중재방법으로 적절한 것만을 모두 고른 것은? [2점]

	일상생활 특성	자기관리기술 중재방법
(가)	셔츠를 혼자 벗을 수 있으나 입지는 못한다.	헐렁한 셔츠를 스스로 입을 수 있도록 셔츠 입기의 마지막 단계부터 역순으로 촉구와 용암법을 활용하여 지도한다.
(나)	삼킴의 문제로 인해 빨대로 음료를 마실 수 없다.	컵에 부착된 빨대를 이용하여 우선 물과 같은 음료를 빨대로 마실 수 있도록 최소촉구체계 방법으로 지도한다.
(다)	숟가락을 자주 떨어뜨려서 손으로 음식을 집어먹는다.	숟가락의 손잡이에 고리를 달아 손에 끼우고, 고정시간지연 절차에 따라 숟가락으로 음식 먹기를 지도한다.
(라)	방광 기능의 문제로 배뇨 조절이 안 되어 바지가 젖곤 한다.	소변훈련용 바지를 이용하여 과잉교정절차로 점차 스스로 소변을 조절할 수 있도록 지도한다.

① (가), (다)   ② (나), (마)   ③ (나), (라)
④ (가), (나), (라)   ⑤ (가), (다), (라)

다음은 뇌성마비 학생 E와 F의 특성과 지원계획이다. 〈작성 방법〉에 따라 서술하시오. [4점]

학생	구분	내용
E	특성	• 경직형 뇌성마비 학생임 • 워커를 사용하여 이동하기 시작함
E	지원계획	ⓒ ⓛ • 교사, 부모, 물리치료사, 작업치료사 등 다양한 전문가들이 팀을 이루고 함께 모여 동시에 학생 E를 진단함 • 교사는 촉진자로서 학생 E의 움직임과 행동을 유도해 내고, 팀원들은 학생의 행동을 관찰하면서 각자의 전문영역과 관련한 평가를 함 • 평가결과에 기초하여 팀원들은 '워커를 사용하여 목표지점까지 이동할 수 있다.'는 목표를 설정하고 공유한 후, 개별화교육계획에 반영함 • 교사와 부모는 물리치료사와 작업치료사에게 다음의 내용을 배워 학생을 지도함 　– 바른 정렬을 유지하며 워커로 걷는 방법 　– 적절한 근긴장도를 유지하며 걷는 방법 　– 방향전환 방법 • 교사는 학생 E가 학교 일과 중 자연스러운 환경에서 '워커를 사용하여 이동하기'를 연습할 수 있도록 계획하고 지도함
F	특성	• 경직형 뇌성마비 학생임 • ⓐ 대칭성 긴장형 목반사(STNR)를 보임 • 식사를 한 후, ⓑ 위식도 역류가 자주 발생함
F	지원계획	• 흡인을 예방하기 위해 ⓒ 한쪽이 낮게 잘린 컵을 사용하여 물을 마시도록 지도함 • 학생의 특성에 맞는 적절한 유형의 음식을 제공하고, ⓔ 식사 후 적절한 자세를 취하도록 지도함

〈작성 방법〉
• 밑줄 친 ⓒ이 적절한 이유를 ⓐ의 특성에 근거하여 1가지 서술할 것
• 밑줄 친 ⓔ에 해당하는 것을 ⓑ를 고려하여 1가지 제시할 것

(가)는 중도·중복장애 학생 G의 특성 및 이 닦기 지도 시 유의사항이고, (나)는 학생 H의 이 닦기 지도방법이다. 〈작성 방법〉에 따라 서술하시오. [4점]

(가) 학생 G의 특성 및 이 닦기 지도 시 유의사항

특성	지도 시 유의사항
• 입 주변에 사물이 닿으면 깜짝 놀라면서 피함 • 거친 질감의 음식물이나 숟가락 등의 도구가 입에 들어오면 거부하는 반응을 보임	학생의 ㉠ 감각적 측면과 ㉡ 도구적 측면을 고려하여 지도할 것

(나) 학생 H의 이 닦기 지도방법

• 이 닦기를 6단계로 과제분석한 후, 처음부터 마지막 단계까지 수행하도록 지도함 • 전체 6단계 중 독립적인 수행이 어려운 2, 4, 5단계는 촉구 및 교정적 피드백 등을 사용하여 지도함 • 2, 4, 5단계를 스스로 수행할 수 있도록 촉구를 용암시켜 나감 • 처음부터 마지막 단계까지 수행한 후에 자연적 강화(청결함 등)를 경험할 수 있도록 지도함

─────────〈작성 방법〉─────────

• 학생 G의 특성에 근거하여 밑줄 친 ㉠과 ㉡에서 특수교사가 제공할 수 있는 지원방법을 각각 1가지 서술할 것

02 용변기술

1. 용변기술의 발달

① 지체장애 아동은 이동능력, 수용언어와 표현언어 능력, 소근육 운동기능 등 다양한 기술의 부족으로 용변기술을 습득하는 시기가 늦은 편이다.
② 일반적으로 용변훈련은 배설하는 시간이 비교적 정기적이고 예측 가능하다.
③ 옷에 실수하지 않고 적어도 한두 시간은 버틸 수 있는 능력을 가졌을 때 시작할 수 있다.

2. 용변기술의 평가

평가	내용

준비도 평가	• 배변에 관련된 신경체계와 근육의 움직임이 갖추어져야 함
	• 자료수집
	  − 생활연령은 2세 이상이어야 하며, 기저귀의 마른 상태를 최소한 1~2시간 정도는 유지해야 함
	  − 하루 평균 3~5번 소변이 같은 시간에 보이는 정도로 일정한 패턴이 나타나야 함

배설 패턴 평가	• 배설 패턴에 대한 평가는 자연스러운 배변 습관을 알기 위한 것으로 부모 참여를 통해 배설 형태와 장운동의 패턴을 확인하는 단계 • 자료수집: 약 2~4주의 기간 동안 매 시간에 15~30분 간격으로 적절한 기호를 사용하여 언제 교사가 아동을 화장실에 데려다 주었는지, 아동이 소변을 보았는지, 음식과 어떤 관계가 있는지 기록하고 주된 배설시간, 간격, 양 등을 평가함
배변 관련 기술의 평가	배변과 관련한 기술에는 옷 입고 벗기, 닦기, 물 내리기, 손 닦기 등의 행동과 배변에 대한 의사표현, 어휘 이해능력 등이 모두 포함됨

3. 중재방법

(1) 자세의 교정

① 골반과 엉덩이, 몸통근육의 자세 조절과 근육의 긴장도와 신체 정렬을 통한 안정성 확보는 화장실 훈련을 통해 지도해야 한다.

② 근긴장도가 높은 아동: 화장실을 사용하는 동안 골반과 엉덩이, 다리의 근긴장이 증가하므로 긴장을 소거하는 것이 우선이다.

③ 근긴장도가 낮은 아동: 장, 방광 등의 움직임을 나타내는 근육의 수축능력이 부족하므로 화장실 훈련의 첫 번째 단계는 적절한 자세를 갖추도록 돕는 것이다.

(2) 용변기술 지도 단계

1단계: 습관 만들기	
목적	아동이 규칙적인 계획표에 따라 변기에 앉는 경험을 주는 것
훈련	• 아동이 거부할 때에는 일단 화장실에 가까이 가는 것을 지도함 • 변기에 앉는 것이 익숙해지도록 칭찬과 강화로 시간을 점차 늘려가면서 5분 정도는 앉을 수 있도록 훈련함
훈련을 돕기 위한 환경조절 방법	• 좋은 소재의 변기커버 사용하기 • 바닥에 미끄러지지 않는 논슬립 매트 깔아주기 • 화장실 문을 제거하여 고립된 느낌을 완화해 주기

2단계: 스스로 화장실 사용 시도하기	
목적	화장실에 가야 할 필요를 인식하고 징후를 나타내도록 하는 단계
지도	• 아동이 용변을 보자마자 칭찬해주며 방광이 가득 찬 것과 배설하는 것의 관계를 인식하도록 도움 • 아동이 젖어 있다는 느낌을 느끼는 것을 방해하는 기저귀와 같은 것을 몸에서 제거하고, 입고 벗기 편한 속옷을 입도록 지도함

3단계: 독립적으로 화장실 사용하기	
목적	화장실을 가야 한다는 것을 깨닫는 것과 화장실을 이용하는 모든 과정을 스스로 해내는 것
지도	• 용변기술을 일반화하고 좀 더 숙달되게 하는 것이 중요함 • 낮 시간 동안에 이루어지는 기술들이 점차 밤 시간 동안에도 이루어질 수 있도록 가정에서도 같이 시작함

(3) 관련 기술의 지도

① 배변훈련을 가르칠 때 필요한 기술들은 따로 분리하여 가르칠 수 있는 것이 아니라 배변훈련과 동시에 자연스러운 기회를 통해 지도한다.

② 손 씻기, 물 내리기, 화장실로 이동하기, 바지나 치마를 내리거나 올리기, 변기커버 올리기와 내리기가 있다.

(4) 일반화와 유지를 위한 훈련

기본적인 배변훈련은 교실 안이나 교실 가까이에 있는 화장실에서 이루어진다.

1. 옷 입고 벗기의 선행조건

① 쉽게 입고 벗을 수 있는 간단한 디자인의 옷을 선택한다.

② 몸에 비해 조금 크고 신축성이 있는 니트와 안감이 미끄러지는 옷이 입고 벗기 수월하다.

③ 앞 트임 옷이 편리하고, 단추보다 벨크로나 지퍼가 달린 옷이 편리하다.

④ 바지는 허리가 고무줄로 된 것이 편하고, 배뇨 시 앞 지퍼나 후크가 부착된 것이 좋다.

⑤ 스스로 옷 입기에 참여하지 못하더라도 어떤 옷을 입을 것인지 색상, 스타일 등은 스스로 선택하도록 한다.

⑥ 옷 입기를 가르치기 전에 먼저 앉기 균형을 유지할 수 있게 자세 조정을 해준다. 경직과 자세반사로 옷 입기 동작이 어려우면 자세를 변화시켜 시도한다.

⑦ 신체 각 부분, 좌우, 앞뒤, 안팎 등을 판단할 수 있도록 설명·지도하는 등 옷 입기와 함께 부수적인 기능적 기술을 지도한다.

⑧ 옷을 입고 벗을 때 사용할 수 있는 간단한 보조도구를 준비하고, 사용방법을 지도한다.

2. 중재방법

(1) 자세에 따른 옷 입기

자세	내용
옆으로 누운 자세	• 하지 뻗침 현상이 과도하게 나타나거나 머리와 어깨가 뒤로 젖혀지는 지체장애 학생은 비정상적인 근긴장과 자세반사를 억제하기 위해 옆으로 누운 자세에서 옷을 입히는 것이 좋음 • 긴장성 미로반사가 출현하는 경우 엎드린 자세에서는 굴곡근 긴장, 누운 자세에서는 신전근 긴장이 증가하므로 옆으로 누운 자세를 취하면 반사의 영향을 최소화할 수 있음 • 옆으로 누운 자세에서 머리는 앞으로 숙이고 고관절을 굴곡하여 천천히 반대로 뒤집어 가며 옷을 입힘
무릎에 엎드린 자세	• 비교적 작은 아동은 의자에 앉아 무릎 위에 엎드려 눕힌 자세로 옷 입기를 시도하면 수월함 • 머리는 앞으로 숙여지고 어깨와 고관절이 구부려지며 대칭적인 자세를 유지할 수 있고, 눕힌 자세같이 등을 자극하지 않으므로 근긴장을 이완시키는 데 도움이 됨
앉은 자세	혼자 앉아 있을 수 없거나 균형을 유지하지 못하는 경우, 아동의 등을 보고 앉은 자세에서 아이의 양다리를 벌리고 고관절을 구부린 자세를 취한 후 옷을 입힘
바로 누운 자세	바지는 고관절과 무릎을 굽힌 상태에서 무릎까지 올린 후 약간 몸통을 좌우로 회전시키면서 엉덩이까지 올리며, 상의를 입힐 때에는 폼 웨지를 사용하면 편리함

(2) 지체장애 유형에 따른 옷 입기

① 편마비

㉠ 입을 때에는 마비쪽 소매를 먼저 끼워 넣어 어깨까지 입힌 후에 비마비쪽 소매를 끼워 넣고, 벗을 때에는 마비쪽 어깨를 벗긴 다음 비마비쪽 상지를 소매부터 빼고 이어서 마비쪽 소매를 뺀다.

㉡ 머리부터 입는 셔츠는 마비쪽 소매를 끼워 넣은 후 비마비쪽 소매를 끼워 넣는다. 셔츠 뒤의 옷자락을 잡고 머리부터 씌운다. 벗을 때는 역으로 목 뒤의 옷자락을 잡아 앞으로 당겨 머리를 뺀 후 비마비쪽 상지를 빼고 마비쪽 상지를 뺀다.

㉢ 바지는 마비쪽을 대퇴 부위까지 먼저 입고 나서 비마비쪽 바지를 입고, 벗을 때에는 역으로 비마비쪽부터 벗는다.

② 근이영양증

㉠ 진행단계에 따라 다르지만 스스로 보행할 수 없고 휠체어 기능수준의 경우 무릎 펴고 길게 앉은 자세를 유지하기 어려우면 옷 입기도 어려워진다. 휠체어에 앉은 자세 유지가 가능하며 좌우로 몸을 흔들어 체중 이동 시에도 넘어지지 않는 아동은 시간이 오래 걸리지만 옷 입기가 가능하다.

㉡ 팔을 올리거나 옷을 입으려면 휠체어 랩보드 같은 받침이 필요하고, 받침 위에 옷을 올려 머리가 들어가기 쉽도록 옷을 벌리고 정리해 둔다. 팔꿈치를 받침에 지지한 상태에서 양손으로 옷을 들고 머리 가까이 대면 몸을 앞으로 숙여 머리를 안에 넣는다. 양손을 머리 끝까지 올려 옷을 붙잡은 후 목을 뒤로 젖혀 머리가 옷깃에 나올 때까지 조금씩 내린다. 그 후에 한쪽씩 소매를 넣고 손가락을 움직여 소매를 걷어 올리고, 몸을 옆으로 움직이고 옷을 완전히 내린다. 벗는 방법은 옷의 뒤 자락을 잡고 앞으로 당겨 머리를 뺀 후 다시 잡아당겨서 벗는다.

㉢ 바지 입기는 몸을 앞으로 숙이고 손을 발로 가져가야 하므로 휠체어에서 수행하기 어렵다. 따라서 바닥에 무릎 펴고 앉은 자세를 취하고, 한쪽 다리의 무릎을 구부린 후 발밑에 있는 바지 허리춤에 손을 가져간다. 손가락을 이용해 바지를 무릎까지 입히면 대퇴를 따라 미끄러져 간다. 몸을 옆으로 움직여 지면과 엉덩이 사이에 공간을 만들고 손가락을 바지허리 부분에 걸어 끌어올린다.

③ 뇌성마비

㉠ 불수의 운동형 뇌성마비의 경우 불수의 운동과 변화하는 근긴장의 문제로 일정한 자세를 유지하기 어렵다. 특히 하지에 비해 상지나 몸통의 마비가 심한 경우가 많아 상지에 의존하는 일상생활 활동 수행이 어려운데, 머리나 몸통을 고정하거나 벽에 기대거나 난간을 잡으면 불수의 운동이 감소하여 자세 안정성이 좋아진다.

㉡ 지적능력이 좋고 운동기능이 좋은 경우 스스로 옷을 입을 수 있으나 동작 시 움직임 패턴의 예측이 어렵기 때문에 전적으로 의존하거나 보조하는 수준에 머무르는 경우가 대부분이다.

㉢ 보통 운동장애가 큰 부위부터 보조하면 쉽고, 신체변형이 심한 경우 가능하면 체위 변화를 줄일 수 있는 옷 입기 순서를 고려해야 한다.

㉣ 긴장성 미로반사가 나타날 때는 옆으로 누운 자세에서 옷을 입히면 수월하고, 긴장성 목반사가 나타나는 아동은 머리를 중립에 위치시키고 옷 입기를 수행하도록 한다.

만 4세 발달지체 유아 명수는 기저귀를 착용하고 유치원에 온다. 정 교사는 2008년 개정 특수학교 기본교육과정 사회과의 내용인 '화장실의 바른 사용법을 알고 용변 처리하기'를 명수에게 지도하고자 한다. 〈보기〉에서 적절한 지도방법을 모두 고른 것은? [1.4점]

〈보기〉
ㄱ. 명수가 생활하는 환경에서 일관성 있는 훈련 절차로 지도한다.
ㄴ. 용변 처리 훈련 기간 중에는 명수에게 입고 벗기 쉬운 옷을 입힌다.
ㄷ. 명수가 기저귀를 착용하지 않도록 용변 처리 훈련을 야간에도 동시에 시작한다.
ㄹ. 명수가 독립적으로 용변 처리를 할 수 있도록 지도하되, 필요한 경우 부분참여를 하도록 한다.

① ㄱ, ㄷ   ② ㄱ, ㄹ   ③ ㄴ, ㄷ   ④ ㄱ, ㄴ, ㄹ   ⑤ ㄴ, ㄷ, ㄹ

다음은 정신지체 학생들에게 기본교육과정 사회과 '화장실 사용하기'를 지도하기 위한 학습활동의 예이다. 이에 대한 지도방법 중 옳은 것을 모두 고르면? [1.4점]

(가) 화장실 예절 지키기

(나) 용변 처리 바르게 하기

ⓐ 학생이 바지에 오줌을 쌌을 경우에는 지체 없이 학생을 청결하게 해 주고, 사회적 강화를 해 준다.
ⓑ 중도 정신지체 학생의 경우 남녀 화장실을 구별하기는 어렵다고 하더라도, 스스로 화장실을 이용할 수 있도록 자조능력을 길러주어야 한다.
ⓒ (가)에서 중도 정신지체 학생의 경우 언어적 지시만으로는 부족하므로, 교사가 직접 시범을 보여주고 그 동작을 따라 하도록 지도한다.
ⓓ (나)에서 필요한 기술은 정신지체 학생들에게 반드시 지도해야 하는 사회적 적응행동 기술이다.
ⓔ (나)를 행동연쇄법을 적용하여 ①~④의 순서로 지도할 경우, 순서의 수행마다 조건적(인위적) 강화인을 준다.

① ㄱ, ㄴ   ② ㄴ, ㄹ   ③ ㄷ, ㄹ   ④ ㄱ, ㄹ, ㅁ   ⑤ ㄴ, ㄷ, ㅁ

다음의 (가)는 중도·중복장애 학생 A의 특성이고, (나)는 중도·중복장애 학생 B의 특성 및 소변훈련 준비도 평가 결과이다. ① 학교 일과 중 언제 (가)의 밑줄 친 ㉠을 하는 것이 적절한지 쓰고, ② ㉠을 할 때 학생 A에게 적절한 자세를 1가지만 쓰시오. 그리고 ③ (나)의 밑줄 친 ㉡을 기초로 학생 B가 소변훈련을 받을 준비가 되었는지, 그 여부를 판단할 수 있는 근거 1가지만 쓰시오. [3점]

(가) 학생 A의 특성

• ㉠ 위루관(G튜브)을 통해 영양공급을 받음

(나) 학생 B의 특성 및 소변훈련 준비도 평가결과

- 소변보기와 관련한 생리적인 문제는 없음
- ㉡ 소변훈련 준비도 평가결과

시간 \ 날짜	4/8	4/9	4/10	4/11	4/12
09:00	−	+	+	+	−
09:30	+	−	−	−	+
10:00	+	+	+	+	+
10:30	+	+	+	+	+
11:00	−	+	+	+	−
11:30	+	−	−	−	+
12:00	+	+	+	+	+
12:30	+	+	+	+	+
13:00	+	+	+	+	+
13:30	−	−	−	+	−
14:00	+	+	+	−	+
14:30	+	+	+	+	+
15:00	+	+	+	+	+

* +: 기저귀가 마름, −: 기저귀가 젖음
* 순간 표집법으로 측정함

- ①: _____
- ②: _____
- ③: _____

진희는 경직형 뇌성마비를 가진 5세 유아이다. 특수학교 강 교사는 신변처리 기술을 지도하기 위해 2주 동안 자료를 수집하였다. 다음은 진희의 배뇨와 착탈의 기술에 대한 현재 수준과 단기목표의 일부이다.

구분	현재 수준	단기목표
배뇨	• 배뇨와 관련된 의학적 질병은 없음 • 1일 소변 횟수는 13~17회임 • 소변 간격은 10~60분임	㉠ 유아용 변기에 앉아 있을 수 있다.
착탈의	• 옷을 입거나 벗는 데 도움이 필요함 • 고무줄 바지를 내릴 수 있음 • 바지춤을 잡고 있으나 올리지는 못함	㉡ 혼자서 고무줄 바지를 입을 수 있다.

1) 위 자료를 근거로 배뇨학습을 위한 진희의 신체적 준비 여부를 판단하여 쓰고, 판단의 근거를 쓰시오. [2점]

• ① 준비 여부: _____

• ② 판단 근거: _____

2) 단기목표 ㉠에 도달하기 위해 물리치료사는 다음과 같은 지도상의 유의점을 알려 주었다. A에 들어갈 알맞은 말을 쓰시오.
[1점]

진희가 변기에 앉아서 옆으로 쓰러지지 않도록 하려면 자세잡기부터 잘 해주셔야 합니다. 앉은 자세에서 여러 가지 동작을 수행하려면 (A) 능력이 매우 중요하기 때문입니다.

• _____

(나)는 슬기로운 생활과 '가을 풍경 관찰하기' 현장체험학습 계획 시 중도·중복장애 학생들의 특성에 따라 교사가 고려해야 하는 사항이다. 물음에 답하시오.

(나) 교사의 고려사항

학생 이름	특성	고려사항
영희	• 외상성 뇌손상(교통사고) • 오른쪽 편마비, 인지적 손상, 언어장애를 보임	• 외출 전에 ⓛ <u>상의(앞이 완전히 트인 긴소매)</u> 입히는 순서 고려하기
철수	• 중도 지적장애와 경직형 뇌성마비 • 전신의 긴장도가 높아 머리가 뒤로 젖혀지고 다리는 가위자 모양이 됨	• 안아 옮길 때 자세에 유의하기
연우	• 중도 지적장애 • 알레르기성 천식을 앓고 있음 • 천식 발작 시 마른 기침을 하고 흉부 압박을 느끼며 고통을 호소함 • 천식 발작이 심한 경우 호흡곤란이 동반되고 의사소통이 어려움	• 외출 시 준비물(휴대용 흡입기, 마스크, 상비약, 도움 요청 카드, 휴대용 손전등, 휴대용 알람기기 등) 점검하기 • ⓒ <u>응급상황 발생 시 도움을 요청하는 방법</u> 환기하기

2) (나)의 ⓛ을 영희의 신체적 특성을 고려하여 쓰시오. [1점]

• _____

(가)는 OO중학교에 재학 중인 지체장애 학생 3명의 특성이고, (나)는 체육교사가 이를 바탕으로 작성한 지도계획의 일부이다. 〈작성 방법〉에 따라 서술하시오. [4점]

(가) 특성

학생	특성
L	• 뇌성마비 • 뇌손상 부위와 마비 부위는 다음과 같음 뇌손상 부위 마비 부위 : 우측 편마비 심함 손상 부위 및 정도
M	• 뇌성마비 • 소뇌 손상으로 발생함 • 평형이나 균형을 잡기 위한 협응이 잘 이루어지지 않음 • 다리를 넓게 벌리고, 팔을 바깥쪽으로 올리고 걷는 형태를 보임 소뇌
N	• 듀센형 근이영양증 • 초등학교 시기에는 다음과 같은 신체 특성이 있었음 ㉠ 가성비대 ㉡ 앉아 있다 일어설 때의 자세

(나) 지도계획

학생	지도 시 유의사항
L	• 신체의 양쪽을 사용하도록 지도하기 • 체육복 착·탈의 점검하기 (단기목표: ㉢ 체육복 바지 입기)
M	• 신체 활동 시 충분한 시간 주기 • 대근육 활용 촉진하기
N	• 신체 이완 및 심리적 지원하기 • 피로도 최소화하기

〈작성 방법〉
• (나)의 밑줄 친 ㉢의 절차를 학생 L의 마비 부위를 고려하여 서술할 것

제5절 건강장애

01 정의와 유형

1. 「장애인 등에 대한 특수교육법」에 따른 정의

만성질환으로 인하여 3개월 이상의 장기입원 또는 통원치료 등 계속적인 의료적 지원이 필요하여 학교생활이나 학업수행에 어려움이 있는 사람을 말한다.

2. 건강장애 선정이 취소되는 경우

① 건강장애 선정의 직접적인 원인이 된 질병이 완치된 경우
② 소속학교로 복귀하여 정상적으로 출석을 하거나, 휴학 또는 자퇴를 하고자 하는 경우

3. 유형

(1) 소아암

① 개념
  ㉠ 소아암의 일반적인 형태는 '백혈병'으로 '미성숙한 림프세포(lymphocytes)'의 통제 불가능한 성장과 증식으로 인해 적혈구가 감소하고, 백혈구 수가 증가하는 혈액 형성 조직의 질병이다.
  ㉡ 다양한 화학요법의 적용, 향상된 진단기법, 효과적인 중추신경계에 대한 예방치료 등 힘든 치료를 거치면 완치될 가능성이 높은 만성적 질병으로 인식된다.

② 특징
  ㉠ 소아암 아동의 생존율이 높아질수록 치료과정으로 인해 장·단기적으로 인지와 사회정서, 행동에서의 문제가 발생되어 전체적인 기능이 저하되는 현상이 나타난다.
  ㉡ 특히 수량적 기술, 소근육 운동, 시각과 운동의 협응에 어려움을 겪는다는 통계가 있다.
  ㉢ 백혈병 아동 중 1/3이 학교 복귀 후 특수교육 서비스를 필요로 한다.
  ㉣ 읽기, 수학에서 또래보다 낮은 성취율을 보이며, 치료가 끝난 아동 중 60%가 수학에서 학습장애를 보인다. 주의집중능력, 순서화능력, 기억과 이해능력을 요구하는 과제수행에서도 어려움을 보인다.
  ㉤ 3년간 화학요법 치료를 받은 아동의 경우, 최근에 진단을 받아 치료를 시작한 아동보다 집중, 기억, 구성, 표현, 수용언어 기술 등을 포함한 상위 인지기능 검사에서 더 낮은 점수를 받았다고 보고되었다.

③ 조치: 만성적인 질병을 경험한 아동은 수학과 같은 수량 보존개념 영역에서 특수교육적 서비스가 필요하다.

(2) 소아천식

① 개념: 호흡통로에 염증이 생기고, 협착을 야기하는 다양한 물질에 대해 민감성이 증가되며, 공기의 원활한 흐름을 방해하여 호흡에 어려움을 느끼게 된다.

② 특징
  ㉠ 천식이 직접적으로 학습에 문제를 야기하는 것은 아니지만 질병으로 인해 학교에 결석을 자주 하거나, 학교에 등교했을 때도 기분이 유쾌하지 못하거나, 집중을 할 수 없어 새로운 기술과 정보습득이 어렵다.
  ㉡ 학업 성취수준과 질병 간 상관관계는 보이지 않고 있으며, 주의집중 장애와 천식과 관련이 있다는 가설도 논쟁의 여지가 있다.
  ㉢ 무산소증으로 인한 뇌상해, 학교 결석, 집중을 방해하는 병의 증세, 청각장애를 야기하는 귀의 감염, 수면 부족, 질병을 치료하기 위한 약물 사용으로 인한 부작용 등으로 학교생활에 어려움을 경험할 수 있다.

(3) 천식

① **개념**: 숨 쉴 때 들어오는 여러 자극물질에 대한 기관지의 과민반응으로, 기관지를 비롯한 기도점막에 염증이 생겨 부어오르며 기관지가 좁아져 쌕쌕거리는 호흡음, 기침, 호흡곤란이 발작적으로 나타나는 질환이다.

② **대처**

　㉠ 교사는 부모와 상의하여 음식을 통제하고 교실환경을 평가하여 자극을 줄인다.

　㉡ 학생의 호흡을 관찰하고 자극이 될 수 있는 것은 아동 주위에서 제거하며, 아동의 약물복용이 용이하도록 한다.

　㉢ 교사는 위급한 상황에 대비하여 보건교사와 함께 응급상황에 대한 계획을 수립한다.

　㉣ 만성적 질환의 치료는 스스로 적절하게 의료적인 처치를 조절할 수 있도록 하는 개인의 자율성을 지도한다.

　㉤ 스테로이드 약물과 경구용(빨아서 마시는) 의약품의 과다복용에 대한 장기적 대응이 필요하다.

(4) 신장장애

① **개념**

　㉠ 신체 내의 노폐물을 제거하여 적절한 수분과 전해질을 보유할 수 있도록 조절하는 기관인 신장의 기능 이상으로 인해 일상생활 활동에 어려움을 가져오며 장기간 신장기능을 대신하는 치료가 필수적인 상태이다.

　㉡ 만성 신부전증은 신장의 기능이 정상의 20~30% 이하로 저하된 경우로 소아는 사구체신염, 만성 신우신염, 방광요관 역류, 선천성 신장 기형이 주된 원인이 되어 나타난다.

　㉢ 신장의 기능이 정상의 10% 이하로 현저히 저하된 중증인 신부전 상태인 '말기신(FSRD)'의 경우 구토, 식욕 부진과 같은 소화기 증상, 두통, 불안, 집중력 장애 같은 정신증상, 사지 저림, 근력 저하 같은 말초신경 장애, 면역기능 저하로 인한 감염위험 증가, 빈혈 등의 증상을 보인다.

② **특징**

　㉠ 소아에게서 특징적으로 나타나거나 성인에 비해 빈번히 문제가 되는 임상양상은 성장장애이다.

　㉡ 유아의 경우 식욕부진, 식이제한 등에 의한 열량 공급 부족, 만성 빈혈, 각종 내분비 장애 등으로 인한 신체적 성장장애를 보이며, 어린 뇌는 요독증에 이환성이 높기 때문에 뇌증, 지능발달 지연 등 심각한 부작용이 초래되는 경우가 많다.

　㉢ 나이가 많은 아동은 호르몬 조절에 이상이 생겨 사춘기와 신체적 성숙(2차 성징)의 지연을 유발하게 되며, 이러한 신체적 미성숙이 커다란 정신적 부담을 주어 심각한 정신과적 문제를 야기할 가능성이 있다.

③ **치료방법 − 투석**

　㉠ 혈액을 외부로 끌어내어 혈액투석기에 의해 불순물과 수분을 적절한 수준까지 제거하는 '혈액투석'과 자신의 몸속에 있는 복막을 이용하는 '복막투석'으로 나뉜다.

　㉡ 칼륨이 많은 과일과류의 섭취를 제한하는 등의 식이제한이 요구된다.

　㉢ 투석치료와 함께 빈혈치료를 위해 조혈호르몬제를 투여하거나, 부갑상선기능 항진증 예방을 위한 비타민 D 주사가 필요한 경우도 있다.

④ **조치사항**

　㉠ 신장장애 환자는 장기간에 걸친 투석치료 과정에서 여러 정서적·심리적 스트레스를 경험한다.

　㉡ 인공적인 방법에 의하여 생명을 연장하고 있다는 생각으로 인해 우울, 자살충동, 불안, 공포, 강박적 사고, 신체 개념 왜곡 등의 정서반응이 나타나므로 이를 고려한 지도가 필요하다.

(5) **소아당뇨**

① **개념**: 췌장에서 인슐린을 합성하여 분비시키는 능력이 감소되어 발생하는 질병으로, 식사 후 높아진 영양소의 처리가 불가능하여 혈액 내 높은 농도의 당, 지방 등의 영양소가 있음에도 세포들이 이용할 수 없는 상태를 말한다.

② **유형**

  ㉠ 인슐린 의존형(체내에서 혈당을 조절하는 인슐린이 분비되지 않아 인슐린 주사에 의존하는 경우): 인슐린 주사를 맞지 않으면 살 수 없는 심한 당뇨병이며, 대부분의 소아당뇨병이 이에 해당한다.

  ㉡ 인슐린 비의존형(비만 등으로 인슐린 작용이 감소하는 것으로 체중을 줄이거나 식이요법 등으로 조절이 가능한 경우): 인슐린을 맞지 않아도 생명을 유지하는 데는 별 지장이 없는 당뇨병으로, 성인 당뇨병이 대부분 이에 해당하며 소아에게도 가끔 나타나기도 한다.

③ **소아당뇨**

  ㉠ 19세 미만 소아당뇨병의 90%는 인슐린 의존형으로, 바이러스 감염 후 자가항체가 생기거나 아황산가스 질소 등 공해물질에 의해 췌장이 파괴되어 발생한다.

  ㉡ 주로 10~13세 또는 6~8세에 많이 생기며, 한번 발병하면 췌장이 재생되지 않으므로 평생 인슐린 주사를 맞아야 한다.

  ㉢ 우리나라는 인구 10만 명당 1.2명으로 서구보다 발병률이 낮은 편이나 5년 전보다 2배가량 급증했다.

④ **원인 및 경과**

  ㉠ 제1형 당뇨병(인슐린 의존형)의 구분

시기	내용
급성 발생시기	• 심한 갈증, 많은 양의 소변, 허기, 극도의 피로감, 체중 감소를 보이고 좀 더 심한 경우 케톤산 혈증으로 혼수상태에 빠지기도 함 • 특별한 원인 없이 혈당치나 당뇨량의 차이가 심하고 병세가 불안정하여 '불안정성 당뇨병'이라고도 하며, 그 상태가 불안정한 만큼 치료도 까다로움
당뇨병이 경해지거나 없어지는 시기	• 약 1/3의 환자에게서 나타나며, 보통 당뇨병 치료 3개월 후에 시작하여 수 주에서 1~2년 동안까지도 지속되는 경우가 많음 • 그러나 추후에 거의 틀림없이 나빠지므로 완치라고 생각해서는 곤란함
당뇨병이 다시 심해지는 시기	1~2년 정도의 치료 안정기가 지나고 나서 다시 발생 초기와 같은 불안정한 증상을 보이며 더욱 치료가 어려워지는 시기
완전히 설립된 당뇨병 시기	최종적인 상황으로 췌장, 혈액 속에 자기가 만든 인슐린은 거의 없음

  ㉡ 제2유형 당뇨병(인슐린 비의존형): 비만과 관련되며 유전되는 경향이 강하다.

⑤ **대처**

  ㉠ 적정한 영양 수준을 고려한 식사를 일정한 양으로 규칙적으로 제공하며, 꾸준하고 규칙적인 운동 등으로 자기관리를 하도록 한다.

  ㉡ 소아당뇨로 인한 정서적 스트레스와 불안을 조절하는 능력을 키우도록 한다.

  ㉢ 교사는 수업시간이나 학교활동 중 저혈당이 생겼을 때의 응급조치 방법을 미리 숙지해야 한다.

(6) 심장장애

① 개념

  ㉠ 관상동맥 질환인 협심증, 심근경색, 심부전, 선천성 심장기형, 심장판막증, 부정맥 등으로 심장이 더 이상 정상적인 기능을 하지 못하는 상태이다.

  ㉡ 소아 심장장애의 원인이 되는 질환으로 선천성 심장질환, 심부전, 부정맥이 해당한다.

② 유형

시기	내용
선천성 심장병	• 태아기에 심장의 발육이 늦거나 장애를 받음으로써 생기는 심장의 발육이나 기형 • 태어날 때부터 심장이나 폐동맥, 대동맥 같은 큰 혈관의 모양이 정상과 다른 것으로, 선천성 기형의 가장 큰 부분을 차지하며 20세 이하에서 두 번째로 유병률이 높은 만성 질환임 • 선천성 심장병은 100명 출생당 한 명 정도로 나타나며 어린이 심장병이 대부분임
류머티스성 심장병	• 류머티스열의 후유증으로 생기는 병으로, 심장의 판막이 침범되어 혈액이 통하기가 어렵거나 역류를 일으켜서 충분한 혈액을 보낼 수 없게 되는 것 • 초등학교나 중학교 연령에 발생하는 경우가 많음 • 증세가 가벼운 경우 운동 제한이나 수술이 불필요하나 심한 경우 수술과 운동 제한이 필요함
심근질환	• 심장이 적절한 양의 혈액을 방출하지 못하여 신체의 대사의 수요를 충족시키지 못한 상태로, 심장 허혈, 감염, 부정맥 등으로 심장의 펌프기능이 제대로 작동하지 못함 • **주요 증상**: 맥박과 호흡, 운동 시 호흡곤란, 과도한 땀 등
부정맥	• 심장의 박동이 고르지 않고 불규칙하게 뛰어 맥박의 리듬이 불규칙적인 상태 • 아동에게 특히 많은 것은 '호흡성 부정맥'임 • 소아의 심한 발작성 부정맥은 심박출량의 감소, 실신, 사망을 일으킬 수 있음 • 지속적인 빈맥은 서서히 심장기능을 저하시켜 심부전을 일으킴

③ 대처

  ㉠ 청색증이 있는 아동은 추운 날씨에 운동장에서 하는 교육을 피하도록 한다.

  ㉡ 호흡곤란이 심한 학생은 힘들어하는 경우 휴식을 취하도록 한다.

  ㉢ 격한 운동은 피하고 적당량의 운동과 수영 정도는 권장한다.

02 통합교육을 위한 교육적 접근

1. 병원학교

(1) 정의

장기입원 또는 통원치료로 인한 잦은 결석과 휴학 등으로 학교교육을 받을 수 없는 학생을 위해 병원 내에 설치된 파급학급 형태의 학교를 말한다.

(2) 학적관리

① 우선 학적은 학생의 소속학교에 두고, 출석확인서를 소속학교에 통보하여 출결을 처리한다.

② 출석확인서는 해당 교육청(초·중-지역교육청, 고-시교육청)에서 발급하며, 학생 1일 적정 교육시수는 초등학생 1시간 이상, 중고등학생은 2시간 이상을 1일 최소 수업시수로 한다. 이때 1단위시간은 최소 20분이다.

(3) 성적 및 평가방법

① 학력평가는 원 소속학교에서 처리한다.

② 학업성취도 평가 시 가능하면 학생의 평가 당일 학교 출석을 권장하고, 건강상의 이유로 출석이 곤란한 경우에는 병원학교 담당교사와 소속학교 담임 간 협의를 통해 가정이나 병원에서 평가할 수 있다.

③ 직접평가가 불가능한 경우 학교장이 당해 학교의 '학업성적 관리규정'에 기준을 정해 성적을 결정한다.

2. 순회교육

① 병원학교에 소속되지 않고 가정, 시설에 있는 건강장애 학생은 순회교육을 통해 학습지원을 받을 수 있다.

② 순회교육 실시에 관한 결정은 특수교육 운영위원회에서 하며, 반드시 부모의 동의를 얻어 실시해야 한다.

3. 사이버 가정학습 서비스

① 학생 개개인의 학년별·과목별 진도에 맞게 계획하여 활용할 수 있다.

② 담임교사, 학부모도우미 등이 상담 및 학습지도를 하면서 학습참여를 독려하고 학습에 대해 지속적으로 관리함으로써 학습결손을 감소시킬 수 있는 지원방법이다.

4. 화상강의 시스템

인터넷을 통하여 실시간으로 일대일 화상강의를 운영하여 개별학생의 학년 및 학력수준에 적합한 개별화된 학습지원을 모색할 수 있는 방법이다.

5. 개별화 건강관리계획

① 담임교사와 특수교사가 협력해 개별화교육계획에 포함하여 작성한다.

② 개별화 건강관리계획, 통신교육 등 다양한 교육방법을 통해 연간 수업일수 확보를 위한 교육과정 운영계획을 개별화교육계획에 포함한다. 이때 특수학급 미설치 학교는 특수교육지원센터나 인근 학교의 특수교사가 통신교육(이메일, 전화, 인터넷, 사이버 가정학습 서비스 등을 통해 과제를 부여하고 확인), 가정교육(사전계획에 의해 가정에서의 학습과제 부여), 출석교육(학교 수업이나 행사활동에 참여), 체험교육(사전계획에 의해 가족이나 관련 협회·단체에서의 활동에 참여)등을 제공한다.

③ 건강상태로 인해 학교에서의 평가 참여가 불가능한 경우, 교사가 방문하여 평가를 실시하는 등 학교 차원에서 별도의 평가방안을 모색한다.

6. 학교 복귀를 위한 지원

① 장기적인 입원과 치료를 위해 오랜 시간 학교에서 떠나있던 건강장애 학생이 성공적으로 학교로 복귀하기 위해서는 학생 자신과 가족뿐만 아니라 학교 교사와 학급 또래들도 준비가 필요하다.

② 입원했던 건강장애 학생의 퇴원이 임박할 즈음 병원, 병원학교, 학교, 부모 간 협력을 통해 학생의 학교 복귀 과정에 대해 계획·준비해야 한다.

③ 학교 복귀 지원팀은 의료진, 병원학교 담당교사, 학교 담당교사, 부모, 학생 등으로 구성된다.

④ 병원학교에서의 교육 관련 기록, 병원에서의 질병치료와 관련된 기록을 정리하여 학교 담당교사에게 회의를 통해 전달하고, 복귀하기 전의 준비에 대해 의논한다.

샛별초등학교에 재학 중인 건강장애 학생 창수는 소아암 치료를 위해 5개월간 장기 입원하게 되어 병원학교에 입급하려고 한다. 담임교사는 창수의 병원학교 입급과 관련된 점검사항을 작성하여 특수교사에게 조언을 구하려 한다. 다음에서 적절한 내용을 모두 고른 것은? [1.4점]

구분	병원학교 점검사항
학사 운영	ㄱ. 창수의 학적은 병원학교에 두고, 샛별초등학교의 학년과 학기를 적용한다.
교육과정 운영	ㄴ. 병원학교에서는 입급일로부터 14일 이내에 창수의 건강관리계획을 포함한 개별화교육계획을 작성해야 한다. ㄷ. 창수의 오랜 병원생활로 인한 수업결손을 막기 위해 재량활동을 교과 재량활동으로 운영한다. ㄹ. 창수에게 학력평가를 실시할 때, 평가 당일 샛별초등학교에 출석하여 평가를 받도록 권장하되, 병원방문 평가도 인정한다.
환급 준비	ㅁ. 병원학교에서는 창수가 샛별초등학교로 복귀하는 것을 도울 수 있도록 학업·심리·사회 적응 등을 위한 학교 복귀 프로그램을 실시한다.

① ㄱ, ㄴ　　　　② ㄷ, ㅁ　　　　③ ㄹ, ㅁ　　　　④ ㄱ, ㄴ, ㄹ　　　　⑤ ㄷ, ㄹ, ㅁ

다음은 심장 수술로 장기간 입원하게 된 고등학생 A의 어머니와 병원학교 특수교사의 대화이다. ㉠~㉣에서 옳은 것만을 모두 고른 것은? [1.5점]

어 머 니: 간호사 말이 A가 여기에서 특수교육을 받을 수 있다던데요……
특수교사: ㉠ A가 2개월 이상 입원하게 될 경우, 「장애인 등에 대한 특수교육법」 시행령에 근거해서 건강장애를 지닌 특수교육 대상자로 선정될 수 있습니다.
어 머 니: 그럼 A에게 무슨 혜택이 있지요?
특수교사: ㉡ 건강장애 학생으로 선정되면 입학금과 수업료, 교과용 도서대금 및 급식비가 무상으로 지원됩니다.
어 머 니: 그럼 병원에 입원해 있는 동안 수업결손은 어떻게 하지요?
특수교사: ㉢ 병원학교에서 교과수업뿐만 아니라 필요에 따라 화상강의도 제공합니다.
어 머 니: 그럼 제가 어떻게 해야 하지요?
특수교사: ㉣ 병원학교 배치 신청서를 작성하여 진단서와 함께 병원에 제출하면, 심사 결과에 따라 건강장애로 선정되어 저희 병원학교에 배치됩니다.

① ㉠, ㉢　　　　② ㉠, ㉣　　　　③ ㉡, ㉢　　　　④ ㉠, ㉡, ㉣　　　　⑤ ㉡, ㉢, ㉣

64

다음은 건강장애 학생 교육지원 매뉴얼의 Q&A 내용 중 일부이다. ㉠~㉢에 들어갈 내용을 순서대로 쓰시오. [2점]

> Q1: 병원학교에서 수업 받고 있는 중고등학생은 출석 인정을 받을 수 있습니까?
>
> A1: 예, 출석으로 인정받을 수 있습니다. 중고등학생은 1일 (㉠) 수업에 참여할 경우 출석으로 인정하며(단, 정서·행동장애 병원학교는 1일 4시간 이상), 이때 병원학교의 (㉡)을/를 소속 학교에 제출해야 합니다.
>
> Q2: 병원학교에서 수업을 받고 있지만, 건강상태가 좋지 않아 소속 학교에 출석하여 평가를 받기 힘들거나 병원이나 가정 등에서도 평가를 받기 어려운 학생이 있습니다. 이런 경우에 어떠한 해결방법이 있습니까?
>
> A2: 평가 당일 소속 학교에 출석하여 평가를 실시함을 원칙으로 하지만, 부득이한 이유 등으로 인해 직접 평가가 불가능한 경우에는 소속 학교의 (㉢) 규정에 따라 처리하게 됩니다.

• ㉠: _____ • ㉡: _____ • ㉢: _____

65

다음은 특수교육 대상자로 선정되어 초등학교 일반학급에 통합되어 있는 건강장애 학생들의 개별적인 상황과 특수교육 지원 내용이다. 상황에 따른 특수교육 지원이 적절하지 <u>않은</u> 것은? [1.4점]

	만성질환	개별학생의 상황	특수교육 지원
①	소아천식	먼지와 특정성분의 음식에 과민반응을 보여 천명을 동반한 기침과 호흡곤란이 심하게 나타난다.	부모와 보건교육교사와 상의하여 과민반응을 일으키는 음식을 통제하고, 교실환경을 평가하여 자극을 줄여준다.
②	심장장애	온도변화가 심하거나 몹시 추운 날에는 청색증과 호흡곤란 증세가 나타난다.	동절기에는 운동장에서 하는 체육수업을 받지 않고, 특수학급에 가서 다른 교과의 수업을 받게 한다.
③	신장장애	투석치료를 위해 매주 정기적으로 3번씩 조퇴를 해야 한다.	조퇴로 인한 특정 교과학습의 결손을 보충할 수 있도록 통신교육이나 체험교육 등의 학습기회를 제공한다.
④	소아암	소아암 치료를 위해 학기 중 4개월 동안 병원에 입원하여야 한다.	입원한 병원의 병원학교에서 최소한 1일에 1시간 이상 수업에 참여하게 하여 유급이 되지 않게 한다.
⑤	소아당뇨	혈당 조절을 위해 매일 인슐린 주사를 맞으며, 종종 저혈당 증세가 나타난다.	수업시간이라도 갑작스러운 저혈당 증세가 나타나면, 사탕이나 초콜릿 등을 먹을 수 있도록 허용한다.

다음은 박 교사와 김 교사가 학생 A에 대해 나눈 대화의 일부이다. ① ㉠에 해당하는 병명을 쓰고, ② 「장애인 등에 대한 특수교육법 시행령(대통령령 제27227호, 2016.6.21., 일부개정)」에 근거하여 ㉡의 수업일수는 누가 정하고, 기준일수는 며칠인지 쓰시오. [2점]

> 박 교사: A는 ㉠ 소변검사에서 단백뇨와 혈뇨가 나와서 이 질병을 발견하게 되었는데, 지금은 혈액투석을 하고 있습니다. 그리고 더 심해지면 이식 수술을 해야 한다고 걱정을 많이 하고 있어요. 식이요법도 해야 하고, 수분과 염분 섭취량 을 조절해야 합니다.
>
> 김 교사: A가 주의해야 할 점이 많네요. 그리고 투석을 받는 것도 힘들겠지만 상태가 더 나빠지는 것에 대한 스트레스도 클 것 같아요.
>
> 박 교사: 네, A는 몸이 많이 부어 있기도 하고, 피로감을 자주 호소합니다. 그리고 조퇴와 결석이 많아 학습결손도 있어서 부모님에게 건강장애를 지닌 특수교육 대상자로 선정·배치되는 절차를 안내했어요. 선정이 되면 ㉡ 순회교육이 필요할 수도 있겠습니다.
>
> …하략…

• ①: _____

• ②: _____

(가)는 특수교육지원센터 홈페이지 게시판에 있는 질의응답 내용의 일부이고, (나)는 학생 L의 건강관리 지원계획 의 일부이다. 〈작성 방법〉에 따라 서술하시오. [4점]

(가) 질의응답 내용

> Q1: 저희 아이는 소아천식을 앓고 있어요. 만약 건강장애 로 선정된다면 집에서 공부할 수 있는 방법이 있나요?
> A1: 네, 원격수업이나 ㉠ 순회교육을 받을 수 있습니다.
> Q2: 건강장애 학생의 부모입니다. 향후 건강장애 선정을 취소할 수 있나요?
> A2: ㉡ 건강장애 특수교육 대상자 선정 취소 사유에 해당 하는 경우, 학부모가 건강장애 선정 취소를 신청할 수 있습니다.
> Q3: 학생 L은 (㉢)을/를 앓고 있어요. ⓐ 혈당 검사, 인슐린 주사, 식이요법을 통해 매일 꾸준히 관리해야 해요. 학교에서 어떤 지원을 받을 수 있을까요?

(나) 건강관리 지원계획

• 응급상황 대처계획

구분	나타날 수 있는 증상	처치
경증 저혈당	발한, 허기, 창백, 두통, 현기증	• 즉시 신체활동 금지 • 즉시 혈당 측정 • (㉣) • 휴식 취하기 • 보건교사 연락 • 보호자 연락

─────〈작성 방법〉─────

• (가)의 밑줄 친 ㉡에 해당하는 내용을 1가지 서술할 것
• (가)의 밑줄 친 ⓐ를 참고하여 괄호 안의 ㉢에 해당하는 용어를 쓰고, (나)의 괄호 안의 ㉣에 해당하는 내용을 1가지 쓸 것

(가)는 지적장애를 동반한 건강장애 학생 K의 특성이고, (나)는 학생 K에 대한 건강관리 지도 계획이다. 〈작성 방법〉에 따라 서술하시오. [4점]

(가) 학생 K의 특성

> o 의사소통에 어려움이 있음
> o 지속성 경도 천식 증상이 있음
> o 흡입기 사용 시 도움이 필요함

(나) 지도 계획

> o ㉠ 최대호기량측정기 사용 지도
>   • 매일 일정한 시간에 측정하고 결과를 기록하도록 지도
>
> o '도움카드' 사용 지도
>   • '도움카드' 사용 방법을 학습하기 위해 '1:1 집중시도' 연습 지도
>   • 일반화를 위해 다음과 같이 자연스러운 환경에서 '도움 카드' 사용하기 연습 지도
>
>> – 환기가 필요할 때 '도움카드'를 이용하여 도움 요청하기
>> – 체육 활동 시 '도움카드'를 이용하여 휴식 시간 요청하기 ┐
>> – 수업 시간에 갈증을 느낄 때 '도움카드'를 이용하여 물 마시기 요청하기 ├ ㉡
>> – 흡입기 사용 시 '도움카드'를 이용하여 교사에게 도움 요청하기 ┘
>
> o 기타 교육적 지원
>   ㉢ 교실에 천식 유발인자가 재투입되지 않는 특수 필터가 장착된 공기청정기를 사용한다.
>   ㉣ 학생이 천식 발작의 징후인 흉부 압박, 연속적으로 터져 나오는 기침 등의 증상을 자각할 수 있도록 지도한다.
>   ㉤ 천식 발작이 나타나면 증상이 잠잠해질 때까지 기다린 후에 조치를 취하도록 한다.
>   ㉥ 학교의 모든 사람이 천식에 대한 지식을 갖출 수 있도록 교육을 실시한다.
>   ㉦ 천식 발작이 일어났을 때 대개는 앉은 자세보다 누운 자세를 취하도록 하는 것이 바람직하다.
>   ㉧ 일반적으로 적절한 운동은 도움이 되므로 준비운동 후 운동에 참여하도록 한다.

─〈작성 방법〉─

• (나)의 밑줄 친 ㉠의 사용 방법을 1가지 서술할 것 [단, (가)의 학생 특성에 근거할 것]
• (나)의 ㉡에 해당하는 목표 기술 연습 방법을 1가지 쓸 것
• (나)의 ㉢ ~ ㉧ 중 틀린 곳 2가지를 찾아 기호를 쓰고, 그 이유를 각각 **서술할** 것

특수교육공학 기출경향 및 학습TIP

범위가 넓은 영역은 아니지만 범위에 비해 외워야 할 부분이 꽤 많은 영역입니다. '웹 접근성 지침'은 단순히 지침만 외우는 것보다 2015년에 미래창조과학부가 발표한 '한국형 웹 콘텐츠 접근성 지침 2.1' 전문을 보고 세세한 내용을 이해해두는 것이 훨씬 좋습니다. 그래야 맥락이 보이기 때문입니다. '보편적 학습설계'는 '특수교육공학' 영역 중에서도 매년 출제되고 있는 부분이기 때문에, 예시를 보고 어떤 원리인지 구별할 수 있도록 봐두어야 합니다. 공학의 한 영역인 'AAC'는 교육과정에 포함된 후로 폭발적으로 출제되다가 살짝 주춤하는 영역이지만 그렇다고 중요도가 떨어지는 것은 절대 아닙니다. '지체 · 중복장애'와 서로 연관되는 문제가 다수 출제될 수 있으니 연결하여 공부하는 것이 좋습니다.

제 11 장

특수교육공학

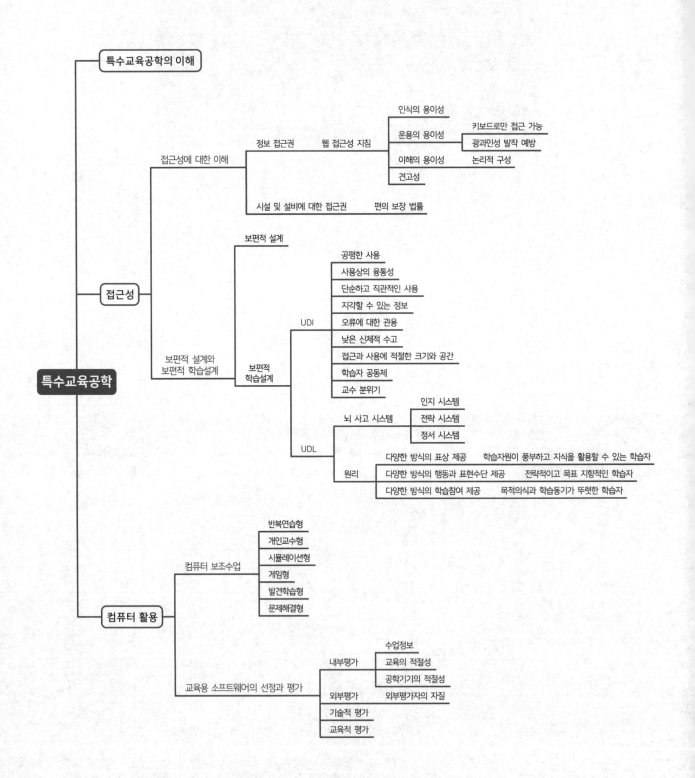

특수교육공학
- 특수교육공학의 이해
- 접근성
  - 접근성에 대한 이해
    - 정보 접근권 ─ 웹 접근성 지침
      - 인식의 용이성
      - 운용의 용이성
        - 키보드로만 접근 가능
        - 광과민성 발작 예방
      - 이해의 용이성 ─ 논리적 구성
      - 견고성
    - 시설 및 설비에 대한 접근권 ─ 편의 보장 법률
  - 보편적 설계와 보편적 학습설계
    - 보편적 설계
    - 보편적 학습설계
      - UDI
        - 공평한 사용
        - 사용상의 융통성
        - 단순하고 직관적인 사용
        - 지각할 수 있는 정보
        - 오류에 대한 관용
        - 낮은 신체적 수고
        - 접근과 사용에 적절한 크기와 공간
        - 학습자 공동체
        - 교수 분위기
      - UDL
        - 뇌 사고 시스템
          - 인지 시스템
          - 전략 시스템
          - 정서 시스템
        - 원리
          - 다양한 방식의 표상 제공 ─ 학습자원이 풍부하고 지식을 활용할 수 있는 학습자
          - 다양한 방식의 행동과 표현수단 제공 ─ 전략적이고 목표 지향적인 학습자
          - 다양한 방식의 학습참여 제공 ─ 목적의식과 학습동기가 뚜렷한 학습자
- 컴퓨터 활용
  - 컴퓨터 보조수업
    - 반복연습형
    - 개인교수형
    - 시뮬레이션형
    - 게임형
    - 발견학습형
    - 문제해결형
  - 교육용 소프트웨어의 선정과 평가
    - 내부평가
      - 수업정보
      - 교육의 적절성
      - 공학기기의 적절성
    - 외부평가 ─ 외부평가자의 자질
    - 기술적 평가
    - 교육적 평가

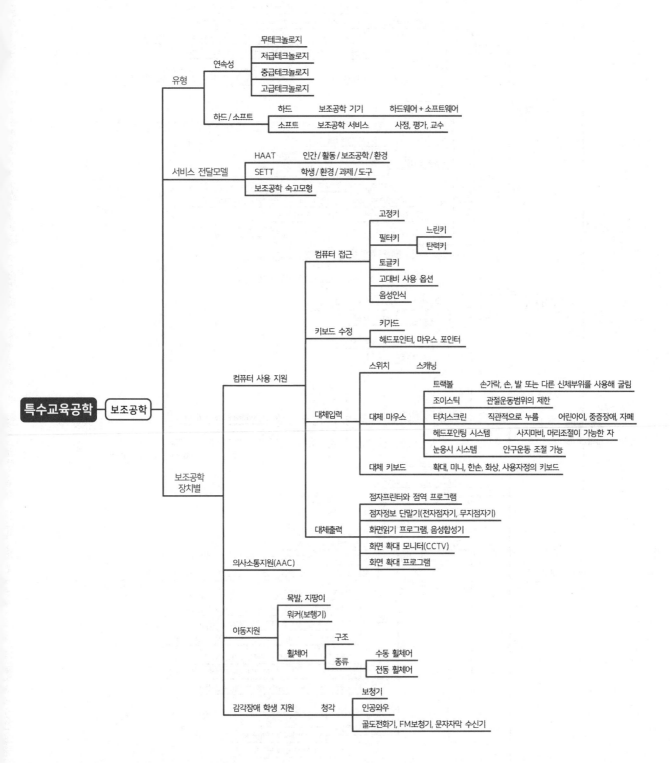

특수교육공학 — 보조공학

- 유형
  - 연속성
    - 무테크놀로지
    - 저급테크놀로지
    - 중급테크놀로지
    - 고급테크놀로지
  - 하드/소프트
    - 하드 — 보조공학 기기 — 하드웨어 + 소프트웨어
    - 소프트 — 보조공학 서비스 — 사정, 평가, 교수
- 서비스 전달모델
  - HAAT — 인간/활동/보조공학/환경
  - SETT — 학생/환경/과제/도구
  - 보조공학 숙고모형
- 보조공학 장치별
  - 컴퓨터 사용 지원
    - 컴퓨터 접근
      - 고정키
      - 필터키
        - 느린키
        - 탄력키
      - 토글키
      - 고대비 사용 옵션
      - 음성인식
    - 키보드 수정
      - 키가드
      - 헤드포인터, 마우스 포인터
    - 대체입력
      - 스위치 — 스캐닝
      - 대체 마우스
        - 트랙볼 — 손가락, 손, 발 또는 다른 신체부위를 사용해 굴림
        - 조이스틱 — 관절운동범위의 제한
        - 터치스크린 — 직관적으로 누름 — 어린아이, 중증장애, 자폐
        - 헤드포인팅 시스템 — 사지마비, 머리조절이 가능한 자
        - 눈응시 시스템 — 안구운동 조절 가능
      - 대체 키보드 — 확대, 미니, 한손, 화상, 사용자정의 키보드
    - 대체출력
      - 점자프린터와 점역 프로그램
      - 점자정보 단말기(전자점자기, 무지점자기)
      - 화면읽기 프로그램, 음성합성기
      - 화면 확대 모니터(CCTV)
      - 화면 확대 프로그램
  - 의사소통지원(AAC)
  - 이동지원
    - 목발, 지팡이
    - 워커(보행기)
    - 휠체어
      - 구조
      - 종류
        - 수동 휠체어
        - 전동 휠체어
  - 감각장애 학생 지원
    - 청각
      - 보청기
      - 인공와우
      - 골도전화기, FM보청기, 문자자막 수신기

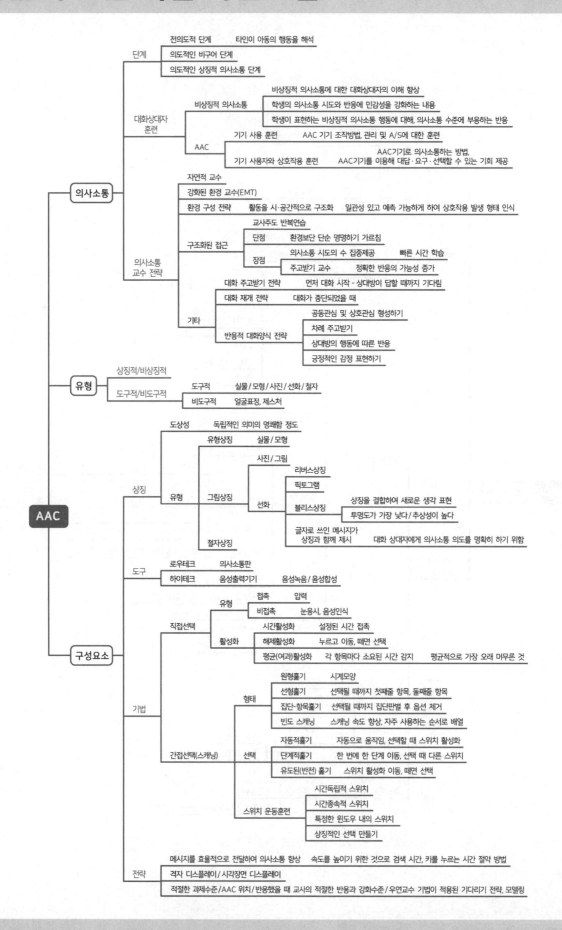

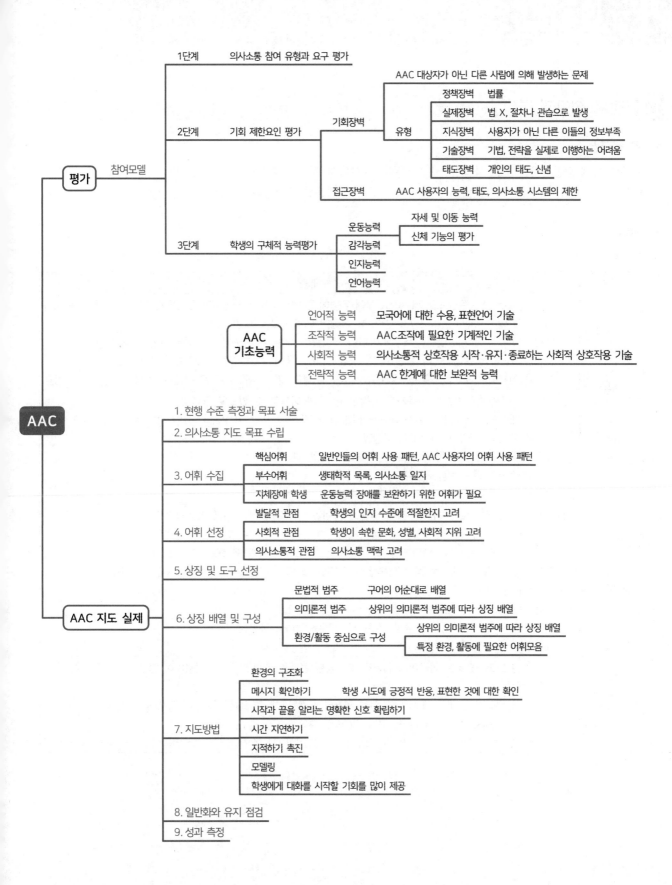

AAC

평가 — 참여모델
- 1단계 — 의사소통 참여 유형과 요구 평가
- 2단계 — 기회 제한요인 평가
  - 기회장벽
    - AAC 대상자가 아닌 다른 사람에 의해 발생하는 문제
    - 유형
      - 정책장벽 — 법률
      - 실제장벽 — 법 X, 절차나 관습으로 발생
      - 지식장벽 — 사용자가 아닌 다른 이들의 정보부족
      - 기술장벽 — 기법, 전략을 실제로 이행하는 어려움
      - 태도장벽 — 개인의 태도, 신념
  - 접근장벽 — AAC 사용자의 능력, 태도, 의사소통 시스템의 제한
- 3단계 — 학생의 구체적 능력평가
  - 운동능력
    - 자세 및 이동 능력
    - 신체 기능의 평가
  - 감각능력
  - 인지능력
  - 언어능력

AAC 기초능력
- 언어적 능력 — 모국어에 대한 수용, 표현언어 기술
- 조작적 능력 — AAC조작에 필요한 기계적인 기술
- 사회적 능력 — 의사소통적 상호작용 시작·유지·종료하는 사회적 상호작용 기술
- 전략적 능력 — AAC 한계에 대한 보완적 능력

AAC 지도 실제
- 1. 현행 수준 측정과 목표 서술
- 2. 의사소통 지도 목표 수립
- 3. 어휘 수집
  - 핵심어휘 — 일반인들의 어휘 사용 패턴, AAC 사용자의 어휘 사용 패턴
  - 부수어휘 — 생태학적 목록, 의사소통 일지
  - 지체장애 학생 — 운동능력 장애를 보완하기 위한 어휘가 필요
- 4. 어휘 선정
  - 발달적 관점 — 학생의 인지 수준에 적절한지 고려
  - 사회적 관점 — 학생이 속한 문화, 성별, 사회적 지위 고려
  - 의사소통적 관점 — 의사소통 맥락 고려
- 5. 상징 및 도구 선정
- 6. 상징 배열 및 구성
  - 문법적 범주 — 구어의 어순대로 배열
  - 의미론적 범주 — 상위의 의미론적 범주에 따라 상징 배열
  - 환경/활동 중심으로 구성
    - 상위의 의미론적 범주에 따라 상징 배열
    - 특정 환경, 활동에 필요한 어휘모음
- 7. 지도방법
  - 환경의 구조화
  - 메시지 확인하기 — 학생 시도에 긍정적 반응, 표현한 것에 대한 확인
  - 시작과 끝을 알리는 명확한 신호 확립하기
  - 시간 지연하기
  - 지적하기 촉진
  - 모델링
  - 학생에게 대화를 시작할 기회를 많이 제공
- 8. 일반화와 유지 점검
- 9. 성과 측정

제**1**절 접근성

01 정보 접근권

1. 웹 접근성

웹 콘텐츠에 접근하려는 모든 사람이 어떤 컴퓨터, 운영체제, 웹 브라우저를 사용하든 어떤 환경에 처해 있든 구애받지 않고 웹 사이트가 제공하는 모든 정보에 접근하고 이용할 수 있도록 보장하는 것이다.

2. 지침

(1) 1.0 버전

구분	내용
인식의 용이성	• 글로 표현할 수 없는 콘텐츠를 제외하고 장애 유형에 관계없이 모든 사용자가 콘텐츠를 인지할 수 있도록 제공 　– 이미지의 의미 · 목적을 이해할 수 있도록 적절한 대체 텍스트를 제공함 　– 배경 이미지가 의미를 갖는 경우, 이미지의 의미를 이해할 수 있도록 대체 콘텐츠를 제공함 　– 동영상, 음성 등 멀티미디어 콘텐츠의 이해를 돕고자 대체 수단(자막, 원고, 수화)을 제공함 　– 색상을 배제해도 원하는 내용을 전달할 수 있도록 색상, 명암, 패턴 등으로 콘텐츠 구분이 가능하게 구성함
이해의 용이성	• 콘텐츠의 내용과 사용방법을 사용자가 가능한 한 쉽게 이해할 수 있도록 구성 　– 데이터 테이블을 제공하는 경우, 테이블의 내용을 이해할 수 있는 정보(제목, 요약 정보 등)를 제시하고, 제목 셀과 내용 셀의 구분이 가능하게 구성함 　– 해당 페이지를 잘 이해할 수 있도록 페이지 제목을 제공함 　– 논리적 순서로 콘텐츠를 구성함 　– 온라인 서식을 제공할 경우, 레이블을 제공함
운용의 용이성	• 웹 콘텐츠에 포함된 모든 기능은 장애 유형에 관계없이 누구나 쉽게 사용 가능하도록 제공 　– 서버 측 이미지 맵을 제공할 경우, 해당 내용 · 기능을 사용할 수 있는 대체 콘텐츠를 제공함 　– 프레임을 제공하는 경우, 해당 내용을 이해할 수 있도록 적절한 제목도 함께 제시함 　– 깜빡이는 콘텐츠를 제공할 경우, 깜빡임을 회피할 수 있게 사전에 경고해주는 수단을 제공함 　– 모든 기능을 키보드로 이용 가능하게 구성함 　– 반복되는 링크를 건너뛸 수 있도록 건너뛰기 링크를 제공함 　– 시간제한이 있는 콘텐츠를 제공할 경우, 시간 제어 기능도 제공함 　– 새창(팝업창 포함)을 제공할 경우, 사용자에게 사전에 공지함
기술의 진보성	• 현재 개발된 보조기술로는 접근이 어렵거나 불가능한 콘텐츠는 보조기술을 이용하여 접근이 가능하도록 대체 콘텐츠 제공 　– 애플릿, 플러그인 등 부가 애플리케이션을 제공하는 경우, 해당 애플리케이션이 자체적인 접근성을 준수하거나 사용자가 대체 콘텐츠를 선택 · 이용 가능하게 함 　– 마크업 언어로 구현할 수 있는 기능(링크, 서식, 버튼, 페이지 제목)을 자바스크립트로만 구현하지 말아야 함

(2) 2.1 버전

① **인식의 용이성:** 사용자가 장애 유무 등에 관계없이 웹 사이트에서 제공하는 모든 콘텐츠를 동등하게 인식할 수 있도록 제공하는 것을 의미한다.

지침	검사항목
1.1 대체 텍스트	1.1.1. (적절한 대체 텍스트 제공) 텍스트가 아닌 콘텐츠는 그 의미나 용도를 인식할 수 있도록 대체 텍스트를 제공해야 한다.
1.2 멀티미디어 대체 수단	1.2.1. (자막 제공) 멀티미디어 콘텐츠에는 자막, 대본 또는 수화를 제공해야 한다.
1.3 명료성	1.3.1. (색에 무관한 콘텐츠 인식) 콘텐츠는 색에 관계없이 인식될 수 있어야 한다.
	1.3.2. (명확한 지시 사항 제공) 지시 사항은 모양, 크기, 위치, 방향, 색, 소리 등에 관계없이 인식될 수 있어야 한다.
	1.3.3. (텍스트 콘텐츠의 명도 대비) 텍스트 콘텐츠와 배경 간의 명도 대비는 4.5 대 1 이상이어야 한다.
	1.3.4. (자동 재생 금지) 자동으로 소리가 재생되지 않아야 한다.
	1.3.5. (콘텐츠 간의 구분) 이웃한 콘텐츠는 구별될 수 있어야 한다.

② **운용의 용이성:** 사용자가 장애 유무 등에 관계없이 웹 사이트에서 제공하는 모든 기능들을 운용할 수 있도록 제공하는 것을 의미한다.

지침	검사항목
2.1 입력장치의 접근성	2.1.1. (키보드 사용 보장) 모든 기능은 키보드만으로도 사용할 수 있어야 한다.
	2.1.2. (초점 이동) 키보드에 의한 초점은 논리적으로 이동해야 하며 시각적으로 구별할 수 있어야 한다.
	2.1.3. (조작 가능) 사용자 입력 및 컨트롤은 조작 가능하도록 제공되어야 한다.
2.2 충분한 시간 제공	2.2.1. (응답시간 조절) 시간제한이 있는 콘텐츠는 응답시간을 조절할 수 있어야 한다.
	2.2.2. (정지 기능 제공) 자동으로 변경되는 콘텐츠는 움직임을 제어할 수 있어야 한다.
2.3 광과민성 발작 예방	2.3.1. (깜빡임과 번쩍임 사용 제한) 초당 3~50회 주기로 깜빡이거나 번쩍이는 콘텐츠를 제공하지 않아야 한다.
2.4 쉬운 내비게이션	2.4.1. (반복 영역 건너뛰기) 콘텐츠의 반복되는 영역은 건너뛸 수 있어야 한다.
	2.4.2. (제목 제공) 페이지, 프레임, 콘텐츠 블록에는 적절한 제목을 제공해야 한다.
	2.4.3. (적절한 링크 텍스트) 링크 텍스트는 용도나 목적을 이해할 수 있도록 제공해야 한다.

③ **이해의 용이성**: 사용자가 장애 유무 등에 관계없이 웹 사이트에서 제공하는 콘텐츠를 이해할 수 있도록 제공하는 것을 의미한다.

지침	검사항목
3.1 가독성	3.1.1. (기본 언어 표시) 주로 사용하는 언어를 명시해야 한다.
3.2 예측 가능성	3.2.1. (사용자 요구에 따른 실행) 사용자가 의도하지 않은 기능(새 창, 초점에 의한 맥락 변화 등)은 실행되지 않아야 한다.
3.3 콘텐츠의 논리성	3.3.1. (콘텐츠의 선형 구조) 콘텐츠는 논리적인 순서로 제공해야 한다.
	3.3.2. (표의 구성) 표는 이해하기 쉽게 구성해야 한다.
3.4 입력도움	3.4.1. (레이블 제공) 사용자 입력에는 대응하는 레이블을 제공해야 한다.
	3.4.2. (오류 정정) 입력 오류를 정정할 수 있는 방법을 제공해야 한다.

④ **견고성**: 사용자가 콘텐츠를 이용할 수 있도록 기술에 영향을 받지 않아야 함을 의미한다.

지침	검사항목
4.1 문법 준수	4.1.1. (마크업 오류 방지) 마크업 언어의 요소는 열고 닫음, 중첩 관계 및 속성 선언에 오류가 없어야 한다.
4.2 웹 애플리케이션 접근성	4.2.1. (웹 애플리케이션 접근성 준수) 콘텐츠에 포함된 웹 애플리케이션은 접근성이 있어야 한다.

01 2010학년도 중등 40번

장애학생을 대상으로 웹 기반 수업을 하기 위해 웹접근성 지침에 따른 사이트를 구축하고자 한다. 이때 고려해야 할 웹 접근성 지침의 내용으로 옳은 것을 〈보기〉에서 모두 고른 것은? [2점]

─────〈보기〉─────
ㄱ. 웹에서 프레임의 사용은 많아야 한다.
ㄴ. 웹상의 동영상에는 자막이 있어야 한다.
ㄷ. 웹의 운용이 키보드만으로도 가능해야 한다.
ㄹ. 웹에서 변화하는 문자의 사용은 적어야 한다.
ㅁ. 웹의 정보는 색깔만으로도 구분할 수 있어야 한다.

① ㄱ, ㅁ   ② ㄴ, ㄷ   ③ ㄱ, ㄴ, ㄹ   ④ ㄴ, ㄷ, ㄹ   ⑤ ㄴ, ㄷ, ㅁ

H 특수학교에서 장애학생들의 정보 접근을 지원하기 위해 홈페이지를 제작하였다. 웹 접근성 지침에 따른 것만을 〈보기〉에서 있는 대로 고른 것은? [2점]

―〈보기〉―

ㄱ. 반복적인 내비게이션 링크를 뛰어넘어 핵심 부분으로 직접 이동할 수 있도록 건너뛰기 링크를 제공하였다.

ㄴ. 빠른 탐색을 돕기 위해서 동영상, 음성 등의 멀티미디어 콘텐츠에 자막이나 원고 대신 요약정보를 제공하였다.

ㄷ. 주변 상황에 관계없이 링크의 목적지를 찾아갈 수 있도록, '여기를 클릭하세요.'와 같은 링크 텍스트를 제공하였다.

ㄹ. 회원가입 창의 필수항목은 색상을 배제하고도 구분할 수 있도록, '*' 등의 특수문자와 색상을 동시에 제공하였다.

ㅁ. [Tab] 키를 이용하여 웹을 탐색하는 장애학생을 위해 오른쪽에서 왼쪽, 위에서 아래로의 일반적인 순서에 따라 논리적으로 이동할 수 있도록 콘텐츠를 선형화하였다.

① ㄱ, ㄹ   ② ㄱ, ㅁ   ③ ㄱ, ㄹ, ㅁ   ④ ㄴ, ㄷ, ㄹ   ⑤ ㄴ, ㄷ, ㅁ

다음은 ○○특수학교의 황 교사와 민 교사의 대화이다. 물음에 답하시오.

황 교사: 최근 수업활동 중에 컴퓨터를 통한 ㉠ 교육용 게임을 부분적으로 활용하고 있는데, 유아들이 재미있어 해요. 또한 ㉡ 자료를 안내하기 위해 사용해도 좋더군요. 그래서 수업활동을 위해 컴퓨터, 인터넷을 좀 더 적극적으로 활용하면 좋겠다는 생각이 들어요.

민 교사: 우리 반의 현주는 소근육 발달 문제로 마우스 사용이 조금 어려웠는데, 얼마 전에 아버님께서 학교에 있는 것과 같은 터치스크린 PC로 바꾸어 주셨대요. 그래서 지금은 집에서도 스스로 유아용 웹사이트에 들어가서 영상을 보거나 간단한 교육용 게임을 하기도 한다는군요.

황 교사: 그렇군요. 누구든지 장애에 관계없이 웹사이트를 통해 원하는 서비스를 이용할 수 있도록 (㉢)이/가 보장되어야 한다고 생각해요.

민 교사: 맞아요. 그러고보니 이번에 학교 홈페이지를 새롭게 만들고 있는데, 우리 아이들이 좀 더 쉽게 사용할 수 있도록 ㉣ 홈페이지의 구성을 내용에 따라 다양한 색으로 처리하여 구별할 수 있도록 하면 좋겠어요. 그리고 ㉤ 홈페이지에 접속하면 팝업창이 자동으로 뜨게 하면 좋겠어요.

황 교사: 아이들이 들어와서 친구들 사진이나 학교 행사 영상 등을 볼 테니까 ㉥ 화면 구성은 가능한 한 간단하게 구성하면 좋겠지요. ㉦ 페이지의 프레임 사용도 가능한 한 제한하면 좋을 것 같고요.

2) ㉢에 들어갈 말을 쓰시오. [1점]

•_____

3) ㉣~㉦의 내용 중 시각장애 유아의 특성을 고려할 때 정보 인식을 방해하는 내용 2가지를 찾아 기호와 이유를 각각 쓰시오.

[2점]

•_____

•_____

(가)는 학생 S의 특성이고, (나)는 사회과 '도시의 위치와 특징' 단원의 전개계획이다. 〈작성 방법〉에 따라 서술하시오. [5점]

(가) 학생 S의 특성

- 황반변성증으로 교정시력이 0.1이며, 눈부심이 있음
- 묵자와 점자를 병행하여 학습하고, 컴퓨터 사용을 많이 함
- 주의 집중력이 좋으나, 지체 · 중복장애로 인해 상지의 기능적 사용에 어려움이 있고 빛에 매우 민감하게 반응함
- 키보드를 통한 자료 입력 시 손이 계속 눌러 특정 음운이 연속해서 입력되는 경우가 자주 있음(예: ㄴㄴㄴ나)

(나) '도시의 위치와 특징' 단원 전개계획

차시	주요 학습내용	학생 S를 위한 고려사항
1	세계의 여러 도시 위치 확인하기	• ㉠ 손잡이형 확대경(+20D)을 활용하여 지도를 보게 함
2~4	인터넷을 통해 유명하거나 매력적인 도시 찾아보기	• 컴퓨터 환경 설정 수정(윈도우용) – ㉡ 고대비 설정을 통해 눈부심을 줄이고 대비 수준을 높임 – ㉢ 토글키 설정을 통해 키보드를 한 번 눌렀을 때 누르는 시간에 관계없이 한 번만 입력되게 함
5~6	도시별 특징을 찾고 보고서 작성하기	• ㉣ 키보드를 누를 때 해당키 값의 소리가 나게 '음성인식' 기능을 설정함
7	관련 웹 콘텐츠를 통해 단원 평가하기	• ㉤ 색에 관계없이 인식될 수 있는 콘텐츠를 활용함 • ㉥ 깜빡이거나 번쩍이는 콘텐츠가 없는 사이트를 활용함

〈작성 방법〉

- ㉡ ~ ㉤ 중에서 바르지 <u>않은</u> 것 2가지의 기호를 쓰고, 그 이유를 제시할 것
- ㉥의 이유를 작성할 때, '한국형 웹 콘텐츠 작성 지침 2.1'과 학생 S의 특성에 기초하여 작성할 것

(가)는 특수교육지원센터의 공학기기 선정을 위한 협의회 자료 일부이고, (나)는 협의회 회의록 내용의 일부이다. 물음에 답하시오.

(가) 협의회 자료

학생 정보	성명	정운	민아
	특성	• 불수의 운동형 뇌성마비 • 상지의 불수의 운동이 있어 소근육 운동이 어려움 • 독서활동을 좋아함	• 저시력 • 경직형 뇌성마비 • 상지의 소근육 운동이 다소 어려움 • 확대독서기 이용시 쉽게 피로하여 소리를 통한 독서를 선호함
특수교육 관련 서비스	상담 지원	(생략)	
	학습보조기기 지원	• 자동책장넘김 장치	• ㉠ 전자도서 단말기
	보조공학기기 지원	• (㉡)	• (㉢)
	(㉣) 지원	• 동영상 콘텐츠 활용 지원	• 대체 텍스트 제공 • 동영상 콘텐츠 활용 지원

(나) 협의회 회의록

일시	2019년 3월 13일 15:00	장소	회의실

…중략…

[A] 자동책장넘김 장치

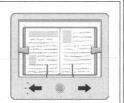

• 일정 시간 동안 좌·우 지시 등이 번갈아 깜빡일 때 기기하단의 버튼을 눌러 선택하면 페이지가 자동으로 넘겨짐(예: 좌측 지시등이 깜박이는 5초 동안 버튼을 누르면 자동으로 이전 페이지로 넘어감)

[B] 제공 가능한 공학기기

• 키가드	• 트랙볼	• 헤드 포인터	• 확대 키보드
• 조우스	• 눈 응시 시스템	• 조이스틱	

[C] 웹 콘텐츠 제작 시 고려사항

㉤ 읽거나 사용하는 데 충분한 시간을 제공함
㉥ 콘텐츠의 깜빡임 사용을 제한하여 광과민성 발작유발을 예방함
㉦ 빠르고 편리한 사용을 위하여 반복되는 메뉴를 건너뛸 수 있게 함
㉧ 콘텐츠의 모든 기능에 음성 인식으로 접근하여 사용할 수 있도록 함

2) '한국형 웹 콘텐츠 접근성 지침 2.1(개정일 2015. 3. 31.)' 중 '운용의 용이성'에 근거하여, ① (가)의 ㉡과 ㉢에 공통으로 들어갈 웹 활용 필수 보조공학기기 1가지를 (나)의 [B]에서 찾아 쓰고, ② (나)의 [C]에서 적절하지 <u>않은</u> 것을 찾아 기호를 쓰고 바르게 고쳐 쓰시오. [2점]

• ①: _____

• ②: _____

(가)는 미술과 수업을 위해 작성한 수업 계획의 일부이고, (나)는 컴퓨터 보조수업(Computer Assisted Instruction: CAI)의 사용자 인터페이스이다. 〈작성 방법〉에 따라 서술하시오. [4점]

(가) 수업 계획

학생 특성	L	• 청지각 변별에 어려움이 있어 동영상 자료 활용 시 자막이 있어야 함 • 색 변별에 어려움이 있어 색상 단서만으로 자료 특성을 구별하기 어려움 • 낯선 장소나 상황에 적응하는 것이 어려움
	M	• 반짝이고 동적인 시각 자극에 민감하며 종종 발작 증세가 나타남 • 마우스 사용이 어려우며 모든 기능을 키보드로 조작함 • 학습한 과제의 일반화에 어려움을 보임

지도 내용		• 현장체험활동 사전 교육
		  – 미술관 웹사이트 검색하기
		  – CAI를 이용하여 실제 상황과 유사하게 미술관 관람하기

(나) CAI의 사용자 인터페이스

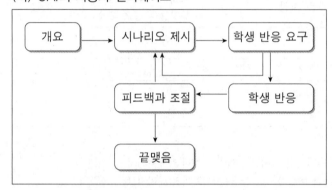

〈작성 방법〉
• (가)에서 고려해야 할 웹 접근성 지침상의 원리를 학생 L, M 특성과 관련지어 각각 1가지 쓸 것 (단, '한국형 웹 콘텐츠 접근성 지침 2.1'에 근거할 것)
• (나)를 참고하여 교사가 적용한 CAI 유형의 명칭을 쓰고, 이 유형의 장점을 1가지 서술할 것

02 보편적 학습설계

1. 정의

다양한 특성을 가진 모든 학생이 동등하게 교육과정에 접근·참여하는 과정을 통해 바람직한 교육적 결과를 극대화할 수 있도록 계획 단계부터 학생의 일반성과 특수성을 고려하는 설계를 말한다.

2. 두 가지 측면에서 확장시킨 보편적 설계의 개념

① 교육과정에 내재된 융통성의 개념을 적용한다.
② 정보에 대한 접근성뿐만 아니라 학습에 대한 접근성도 함께 향상시킨다.
③ 보편적 설계와 보편적 학습설계의 비교

구분	보편적 설계	보편적 학습설계
접근·참여 수단	생산물과 환경은 부가적인 조정 없이도 모든 사람이 사용할 수 있게 함	교육과정은 교사의 추가적인 조정 없이도 모든 학습자가 활용할 수 있어야 함
활용	사용자가 모든 접근을 통제하며 다른 사람의 도움이 전혀 또는 거의 필요하지 않음	학습자들이 접근 수단을 통제하지만 교사는 교수촉진, 학습자의 학습에 대한 평가를 계속함
도전	• 제거할 수 없는 경우 최소화함 • 접근에 대한 장애는 가능한 한 많이 제거함 • 가장 쉽고 광범위한 접근을 제공하는 것이 가장 좋은 설계	• 몇몇 인지적인 도전이 여전히 유지되어야 함 • 접근에 대한 장애는 없어져야 하지만, 적합하고 적당한 도전은 유지되어야 함 • 접근이 너무 없으면 학습이 더 이상 일어나지 않음

3. 이론적 배경 - 뇌의 사고 시스템

(1) 인지 시스템

① 우리에게 물체가 무엇이며 어디에 있는지를 말해주는 유형이다.
② 인지활동은 뇌의 여러 영역에 분산되어 병렬적인 처리를 한다.
③ 인지활동은 상향처리와 하향처리 방식으로 구분한다.
④ 인지 네트워크의 개인차가 있다.
⑤ '무엇을 배울 것인가?'의 질문과 관련이 있다.
⑥ 다양한 표상 수단을 제공한다.

(2) 전략 시스템

① 우리에게 일을 하는 방법에 대하여 말해주는 유형이다.
② 전략적 처리 과정은 분산되어 있다.
③ 전략의 처리는 상향처리와 하향처리 방식으로 구분한다.
④ 전략 네트워크의 개인차가 있다.
⑤ '어떻게 학습하는가?'의 질문과 관련이 있다.
⑥ 다양한 표현 수단을 제공한다.

(3) 정서적 시스템

① 어느 대상이 중요하고 흥미로운지를 말해주는 우선권을 결정하는 시스템이다.
② 정서적 처리 과정은 분산되어 있다.
③ 정서적 네트워크는 상향처리와 하향처리 방식으로 구분한다.
④ 정서적 네트워크의 개인차가 있다.
⑤ '왜 학습하는가?'의 질문과 관련이 있다.
⑥ 동기부여를 위한 다양한 수단을 제공한다.

4. 교육에서의 보편적 설계(UDI; Universal Design for Instruction)

(1) 정의

보편적 설계의 원리를 '학령기, 대학교육, 평생교육' 단계에 적용·실행할 수 있는 교육방법을 제안하는 것으로, 보편적으로 설계된 교육의 실현을 위해 공학을 활용하는 구체적 방법에 주목한 것이다.

(2) 보편적 수업설계의 원리

구분	원리	내용	예시
1	공평한 사용	• 다양한 능력을 지닌 학습자가 유용하게 사용할 수 있는 설계 • 모든 학습자에게 동일한 활용 수단 제공 • 동일하게 하되, 여의치 않은 경우 같은 가치를 지니는 대체 자료로 제공	• 모든 학생이 접근 가능한 웹사이트 제공하기 • 중요한 정보를 교실에서 구어로만 제시하지 않고, 다른 매체로도 함께 제공하기 • 원격 교육을 적절히 사용하기
2	사용상의 융통성	• 다양한 선호와 능력에 따라 개별적으로 조정할 수 있는 설계 • 다양한 특성의 학습자를 수용할 수 있게 설계 • 사용방법을 선택할 수 있는 여지를 제공	• 다양한 문화의 학습자에게 문화에 따른 선택권 제공하기 • 컴퓨터를 이용해 텍스트 크기·색상 변경, 텍스트를 음성으로 듣기, 강조기법 등을 사용하기 • 온라인 그룹을 활용하여 학습자 간의 상호작용 기회 증가시키기 • 화면 크기 조절하기 • 음성 인식 또는 합성 프로그램 사용하기
3	단순하고 직관적인 사용	• 사용자의 경험, 지식, 언어기술, 현재의 관심 수준 등에 관계없이 이해하기 쉽게 설계함 • 학습자의 경험, 지식, 언어 능력, 집중도 등에 상관없이 직선적이고 예측 가능하게 설계함 • 불필요하게 복잡한 것을 지양해야 함	• 온라인 사전 제공하기 • 핵심 내용을 강조하는 선행 조직자 제공하기
4	지각 가능한 정보 (인식 가능한 정보)	주위 상황, 사용자의 감각능력에 상관없이 필요한 정보가 효과적으로 전달될 수 있도록 설계함	• 동일한 내용을 그림, 텍스트, 음성 등으로 복합적으로 제시하기 • 동영상에 자막 제공하기 • 텍스트 강조기법 사용하기 • 스크린 리더로 읽을 수 있게 메뉴에 텍스트 설명 제공하기
5	오류에 대한 관용 (오류에 대한 포용성)	• 우연이거나 의도하지 않은 행동에 의한 부정적 결과나 위험을 최소화함 • 개별 학습자의 학습진도와 선수기능 등의 차이를 반영할 수 있도록 설계함	• 키보드를 잘못 누르는 것을 방지하는 장치 사용 • 되돌리기, 자동 저장, 오류 수정, 맞춤법·문법 교정 프로그램 등으로 오류 방지하기
6	낮은 신체적 수고	• 최소한의 노력으로 효율적이고 편리하게 사용할 수 있게 구성함 • 학습 집중력을 극대화하고자 불필요한 신체적 노력을 극소화하여 설계함	• 학생의 상황에 맞게 시간 활용할 수 있게 하기 • 소그룹 토론 참여 기회를 늘리기 위해 원격교육 사용하기

구분	원리	내용	예시
7	접근과 사용에 적절한 크기와 공간	• 사용자의 신체 사이즈, 위치, 이동성에 상관없이 접근·도달·사용할 수 있도록 크기와 공간 만들기 • 학습자의 동작, 운동성, 의사소통 필요성 등에 상관없이 접근, 조작, 활용 가능한 공간 제공	손의 사용 능력에 상관없이 버튼이나 스위치를 조작할 수 있도록 만들기
8	학습자 공동체	학습자 간, 학습자와 교수자 간 상호작용과 의사소통을 증진하는 학습환경을 설계함	학습·토론집단, e-메일 리스트, 채팅방을 구조화하여 교실 안팎에서 학습자 간 의사소통 촉진을 야기하기 위해 학습자와 개인적인 접촉을 하며 동기유발 전략을 융합하기
9	교수 분위기	다양성과 차이에 대한 교사의 허용적 태도	가능 기대치를 설정하고 학습자가 교수자와 특별한 학습 요구를 논의하도록 격려하거나 다양성을 존중하기 위해 학급구성원이 행해야 할 것을 강의 계획서에 기술하기

5. 학습을 위한 보편적 설계(UDL; Universal Design for Learning)

(1) 정의

장애인을 포함한 모든 사람이 교육 받을 기회를 확장할 목적으로 공학을 사용하여 일반 교육과정에의 접근·참여 진전도를 촉진하는 교육과정 설계방법이다.

(2) CAST의 보편적 학습설계 원리

원리	대상		지침
I. 다양한 방식의 표상 제공	학습자원이 풍부하고 지식을 활용할 수 있는 학습자	1. 인지방법의 다양한 선택 기회 제공	1.1 정보의 제시 방식을 학습자에 맞게 설정하는 방법 제공하기 1.2 청각 정보의 대안을 제공하기 1.3 시각 정보의 대안을 제공하기
		2. 언어, 수식, 기호의 다양한 선택 제공	2.1 어휘와 기호의 뜻을 명료하게 하기 2.2 글의 짜임새와 구조를 명료하게 하기 2.3 문자, 수식, 기호의 해독을 지원하기 2.4 범언어적인 이해를 증진시키기 2.5 다양한 매체를 통해 의미를 보여주기
		3. 이해를 돕기 위한 다양한 선택 제공	3.1 배경지식을 제공하거나 활성화시키기 3.2 패턴, 핵심 부분, 주요 아이디어 및 관계 강조하기 3.3 정보처리, 시각화, 이용의 과정을 안내하기 3.4 정보 이전과 일반화를 극대화하기
II. 다양한 방식의 행동과 표현 수단 제공	전략적이고 목표 지향적인 학습자	4. 신체적 표현 방식에 따른 다양한 선택 제공	4.1 응답과 자료탐색 방식을 다양화하기 4.2 다양한 도구들과 보조공학 기기 이용을 최적화하기
		5. 표현과 의사소통을 위한 다양한 선택 기회 제공	5.1 의사소통을 위한 여러 매체 사용하기 5.2 작품의 구성과 제작을 위한 여러 도구를 사용하기 5.3 연습과 수행을 위한 지원을 점차 줄이면서 유창성 키우기
		6. 자율적 관리기능에 따른 다양한 선택 기회 제공	6.1 적절한 목표 설정에 대해 안내하기 6.2 계획과 전략 개발을 지원하기 6.3 정보와 자료 관리를 용이하게 돕기 6.4 학습 진행상황을 모니터링하는 능력을 증진시키기

원리	대상	지침
Ⅲ. 다양한 방식의 학습 참여 제공	목적의식과 학습동기가 뚜렷한 학습자	7. 흥미를 돋우는 다양한 선택 기회 제공 7.1 개인의 선택과 자율성을 최적화하기 7.2 학습자와의 관련성, 가치, 현실성, 최적화하기 7.3 위협이나 주의를 분산시킬 만한 요소들을 최소화하기
		8. 지속적인 노력과 끈기를 돕는 선택 기회 제공 8.1 목표나 목적을 뚜렷하게 부각시키기 8.2 난이도를 최적화하기 위한 요구와 자료들을 다양화하기 8.3 협력과 동료 집단을 육성하기 8.4 성취지향적(mastery-oriented) 피드백을 증진시키기
		9. 자기조절 능력을 키우기 위한 선택 기회 제공 9.1 학습동기를 최적화하는 기대와 믿음을 증진시키기 9.2 극복하는 기술과 전략을 촉진시키기 9.3 자기평가와 성찰을 발전시키기

07 2020학년도 유아 A 2번 일부

(가)는 5세 뇌성마비 유아 슬기의 특성이고, (나)는 지체장애 유아에 대한 유아 특수교사들의 대화이다. 물음에 답하시오.

(가) 슬기의 특성

- 사지를 불규칙하게 뒤틀거나 팔다리를 움찔거리는 행동을 보임
- 사물에 손을 뻗을 때 손바닥이 바깥쪽으로 틀어지며 움직임이 의도하지 않는 방향으로 일어남
- 정위반응과 평형반응이 결여되어 자세가 불안정함

(나) 대화

장 교사: 저희 원은 새로 입학한 재우를 위해 실내외 환경을 개선했어요. 휠체어를 타는 재우에게 위험하지 않도록 교실 바닥의 높이 차이를 없앴더니 다른 아이들도 안전하게 생활하게 되었어요. ⎤
김 교사: 그렇군요. 교실 바닥 공사가 재우에게만 좋은 것이 아니라 모든 아이들에게도 좋은 거네요. ⎥
장 교사: 자갈길로 되어 있던 놀이터 통로도 목재로 바꾸고, 놀이터에 계단 없는 미끄럼틀도 설치했어요. 재우가 휠체 ⎥ [A]
    어를 타고 내려 올 수 있을 정도로 넓게 설치했더니 그 곳에서 재우와 함께 여러 명의 아이들이 미끄럼틀을 ⎥
    타면서 놀게 되었어요. 이번에는 그네도 바꾸었어요. ⎥
김 교사: 와우! ㉠ 재우가 그네도 탈 수 있게 되었네요. 결국 누구나 놀 수 있는 놀이터가 되었네요. ⎦

…중략…

김 교사: 지체장애 유아들은 컴퓨터를 사용할 때 표준형 키보드를 사용할 수도 있지만, 장애 유형과 정도에 따라 대체 키보드를 사용해야 해요. ㉡ 소근육 운동 조절이 어려운 유아는 미니 키보드가 도움이 된다고 하네요.
장 교사: 그리고 ㉢ 손가락 조절이 어려워 한 번에 여러 개의 키를 동시에 누르는 유아들에게는 타이핑 정확도를 향상시킬 수 있도록 키가드를 사용하게 해야겠어요.
김 교사: ㉣ 손을 떨고 손가락 조절은 잘 안 되지만, 머리나 목의 조절이 가능한 뇌성마비 유아들에게는 헤드스틱이나 마우스 스틱을 사용하면 좋을 것 같아요.
장 교사: 그렇군요. ㉤ 마우스를 조정하기 어려운 유아는 트랙볼, 조이스틱을 활용하도록 해야겠어요.

2) ① (나)의 [A]에서 나타난 개념은 무엇인지 쓰고, ② 이 개념에 근거하여 ㉠에 해당하는 그네의 예를 1가지 쓰시오. [2점]

- ①: _____

- ②: _____

08 2010학년도 중등 9번

보편적 학습설계(Universal Design for Learning)에 대한 설명으로 옳은 것을 〈보기〉에서 모두 고른 것은? [2점]

〈보기〉

ㄱ. 보편적 학습설계는 교육과정이 개발된 후에 적용되는 보조공학과는 다르게 교육과정이 개발되기 전에 이루어지는 것이다.

ㄴ. 보편적 학습설계는 교육내용이나 교육자료를 개발할 때 대안적인 방법을 포함시킴으로써 별도의 교수적 수정을 하지 않도록 하는 것이다.

ㄷ. 보편적 학습설계는 건축 분야의 보편적 설계에서 유래한 개념으로 학습에서의 인지적 도전 요소를 제거하고 지원을 최대한으로 제공하는 것이다.

ㄹ. 보편적 학습설계는 일반 교육과정의 수준을 낮추는 것이 아니라, 융통성 있는 다양한 방법을 제시함으로써 장애학생이 일반 교육과정에 접근할 수 있도록 하는 것이다.

① ㄱ, ㄴ   ② ㄷ, ㄹ   ③ ㄱ, ㄴ, ㄹ   ④ ㄱ, ㄷ, ㄹ   ⑤ ㄱ, ㄴ, ㄷ, ㄹ

09 2011학년도 중등 40번

다음에 설명하는 보편적 학습설계(Universal Design for Learning)의 원리에 해당하는 것만을 〈보기〉에서 모두 고른 것은? [2.5점]

• 이 원리는 응용특수공학센터(Center for Applied Special Technology)에서 장애학생을 포함한 모든 학생이 교육과정에 접근할 수 있도록 하기 위하여 제안한 세 가지 원리 중의 하나이다.

• 이 원리는 뇌가 어떻게 학습하는지에 관한 뇌 사고 시스템 연구에서 밝혀낸 '전략적 시스템'과 연관되어 있다.

• 이 원리에는 장애학생을 비롯한 모든 학생의 학업성취도를 측정하고 평가하기 위해서 교육과정 내에 다양한 옵션 (options)을 마련하는 것이 포함된다.

〈보기〉

ㄱ. 학생 개개인의 인지능력을 고려하여 다양한 옵션의 기억지원 방법을 제공한다.

ㄴ. 학생 개개인의 운동능력을 고려하여 다양한 옵션의 신체적 반응 양식을 제공한다.

ㄷ. 학생의 동기를 최대화하기 위해 다양한 옵션의 도전과 지원 수준을 마련해준다.

ㄹ. 학생 개개인의 표현능력을 향상시키기 위해 다양한 옵션의 글쓰기 도구를 제공한다.

ㅁ. 학생 개개인의 이해를 돕기 위해 배경지식을 활성화시킬 수 있는 다양한 옵션을 제공한다.

① ㄱ, ㅁ   ② ㄴ, ㄹ   ③ ㄱ, ㄷ, ㅁ   ④ ㄱ, ㄹ, ㅁ   ⑤ ㄴ, ㄷ, ㄹ

다음은 중학교 통합학급에서 참관실습을 하고 있는 A 대학교 특수교육과 2학년 학생의 참관후기와 김 교사의 피드백 일부이다. 물음에 답하시오.

> 다음 주부터 중간고사다. 은수가 통합학급의 친구들과 똑같이 시험을 볼 수 있을지 걱정이다. 초등학생이라면 간단한 작문 시험이나 받아쓰기 시험시간에 특수교육 보조원이 옆에서 대신 써줄 수 있을 것 같은데, 은수와 같은 장애학생들에게는 다른 시험방법을 적용해주면 좋을 것 같다.
>
> ➡ 김 교사의 피드백: 또래와 동일한 지필 시험을 보기 어려운 장애학생들을 위해서 시험 보는 방법을 조정해 줄 수 있어요. 예를 들면, ⓒ 구두로 답하거나 컴퓨터를 사용하여 답하기, 대필자를 통해 답을 쓰게 할 수 있어요. 다만 ⓒ 받아쓰기 시험시간에 대필을 해 주는 것은 적절하지 않습니다.

2) ⓒ의 시험방법 조정의 예는 보편적 학습설계의 원리 중 어떤 것에 해당되는지 쓰시오. [1점]

- _____

(가)는 학생 P의 특성이고, (나)는 중학교 1학년 기술·가정과 '건강한 식생활과 식사 구성'을 지도하기 위해 통합학급 교사와 특수교사가 협의한 내용이다. ① 응용특수공학센터(CAST; Center for Applied Special Technology) 의 보편적 학습설계(UDL)에 근거하여 ⓒ에 적용 가능한 원리를 쓰고, ② 그 예를 1가지 제시하시오. [4점]

(가) 학생 P의 특성

- 상지의 소근육 운동 기능에 어려움이 있는 지체장애 학생으로 경도 지적장애를 동반함
- 특별한 문제행동은 없으며, 학급 친구들과 원만한 관계를 유지하고 있음

(나) 통합학급 교사와 특수교사의 협의 내용

관련 영역	수업계획	특수교사의 제안사항
학습목표	• 탄수화물이 우리 몸에서 하는 일을 설명할 수 있다.	• 본시와 관련된 핵심 단어는 특수학급에서 사전에 학습한다.
교수·학습방법	• 우리 몸에 필요한 영양소의 종류 및 기능 – ㉠ 모둠활동을 할 때 튜터와 튜티의 역할을 번갈 아 가면서 한다. – (㉡)	• P에게 튜터의 역할과 절차를 특수교사가 사전에 교육한다.
평가계획	• 퀴즈(지필평가) 실시	• ㉢ UDL의 원리를 적용하여 P의 지필평가 참여 방법을 조정한다.

- ①: _____

- ②: _____

12 2012학년도 초등 3번, 2012학년도 유아 3번

일반학급의 김 교사는 응용특수공학센터(Center for Applied Special Technology: CAST)에서 제안한 보편적 학습설계(UDL)의 원리에 근거하여 국어과 수업을 하였다. UDL의 원리 중, 다양한 표상(정보 제시) 수단 제공 원리를 적용한 사례를 모두 고른 것은? [1.4점]

> ㄱ. 나누어주는 자료 중 중요 부분을 미리 형광펜으로 표시해놓았다.
> ㄴ. 문학작품을 읽고 난 후 소감을 글, 그림 등으로 제출하도록 하였다.
> ㄷ. 배경지식을 활성화하기 위해 주제와 관련 있는 동영상을 보여주었다.
> ㄹ. 독후감 과제 수행 시 자신의 수준과 취향에 맞는 내용을 선택하도록 하였다.
> ㅁ. 학급문고에 국어수업 내용과 관련 있는 다양한 종류의 오디오북을 구비해놓았다.

① ㄱ, ㄴ   ② ㄴ, ㄷ   ③ ㄱ, ㄷ, ㅁ   ④ ㄴ, ㄹ, ㅁ   ⑤ ㄱ, ㄴ, ㄷ, ㄹ

---

13 2015학년도 초등 B 5번 일부

(나)는 초등학교 6학년 정신지체 학생 연우에 대하여 최 교사가 작성한 '2009 개정 교육과정' 실과 교수 · 학습 과정안의 일부이다. 물음에 답하시오.

(나) 교수 · 학습 과정안

학습 목표	• 여러 가지 직업을 조사하여 특성에 따라 분류할 수 있다. • 여러 가지 직업이 있음을 설명할 수 있다.	
단계	ⓒ 교수 · 학습활동	보편적 학습설계(UDL)지침 적용
도입	(생략)	
전개	〈활동 1〉 전체학급 토의 및 소주제별 모둠 구성 • 전체학급 토의를 통해서 다양한 직업분류 기준 목록 생성 • 직업분류 기준별 모둠을 생성하고 각자 자신의 모둠을 선택하여 참여	• 직업의 종류와 특성을 토의할 때 필수적으로 알아야 할 어휘를 쉽게 설명한 자료를 제공함 • ⓔ 흥미, 선호도에 따라 소주제를 스스로 선택하게 함
전개	〈활동 2〉 모둠 내 더 작은 소주제 생성과 자료 수집 분담 및 공유 • 분류 기준에 따라 조사하고 싶은 직업들을 모둠토의를 통해 선정 • 1인당 1개의 직업을 맡아서 관련된 자료 수집 • 각자 수집한 자료를 모둠에서 발표하고 공유	• 「인터넷 검색절차 지침서」를 컴퓨터 옆에 비치하여 자료수집에 활용하게 함 • ⓜ 발표를 위해 글로 된 자료뿐만 아니라 사진, 그림, 동영상 자료 등 다양한 매체를 이용하게 함
전개	〈활동 3〉 모둠별 보고서 작성과 전체학급 대상 발표 및 정보 공유 • 모둠별 직업분류 기준에 따른 직업 유형 및 특성에 대한 보고서 작성 • 전체학급을 대상으로 모둠별 발표와 공유	• 모둠별 발표 시 모둠에서 한 명도 빠짐없이 각자가 할 수 있는 역할을 갖고 협력하여 참여하게 함

4) (나)에서 최 교사가 사용한 ⓔ과 ⓜ은 응용특수공학센터(CAST)의 보편적 학습설계(UDL)의 원리 중 어떤 원리를 적용한 것인지 각각 쓰시오. [2점]

• ⓔ: _____

• ⓜ: _____

(가)는 장애유아의 특성 및 단기목표이고, (나)는 유아 특수교사와 유아교사가 응용특수공학센터(Center for Applied Special Technology: CAST)에서 제안한 보편적 학습설계 원리를 적용하여 작성한 병설유치원 통합학급 5세반 활동계획안의 일부이다. 물음에 답하시오.

(나) 활동계획안

활동명	낙엽이 춤춰요.	활동형태	대집단활동
활동목표	• 낙엽의 다양한 움직임을 알고 신체로 표현한다. • ⓛ 신체표현 활동을 즐기고 적극적으로 참여한다.		
활동자료	움직이는 낙엽의 모습이 담긴 동영상, PPT 자료, 움직임 그림카드 4장, 낙엽 그림카드 4장		
활동방법			

• 낙엽의 움직임이 담긴 동영상을 감상한다.
  – 낙엽이 어떻게 움직이고 있나요?
  – 수업내용의 이해를 돕기 위해 낙엽 한 장의 움직임을 강조한 동영상 자료를 제시한다.
• 활동을 소개하고 움직임 그림카드를 살펴본다.
  – 어떤 그림이 있죠? 어떻게 움직이면 좋을까?
• 움직임 카드에 따라 약속된 움직임을 표현한다.
  – 약속한 움직임대로 낙엽이 움직이는 모습을 표현해보자.
  – 유아는 카드를 보고, 몸짓 또는 손짓으로 낙엽의 움직임을 나타내거나 낙엽 그림카드를 가리키거나 든다.

ⓒ
• 카드의 수를 늘려가며 움직임을 연결하여 표현한다.
  – 모둠별로 움직여보자(파랑 모둠: 현구, 노랑 모둠: 혜지 포함).
  – 카드 2장을 보고 연결해서 낙엽처럼 움직여보자.
  – 도는 것을 좋아하는 현구와 친구들이 함께 낙엽의 움직임을 나타낸다.
    (예: 낙엽이 빙글빙글 돌다가 데굴데굴 굴러갑니다.)
• 활동에 대한 생각과 느낌을 말이나 AAC를 사용해서 표현한다.

3) (나)의 활동계획안 ⓒ에 적용된 보편적 학습설계의 원리 2가지를 쓰시오. [2점]

• _____

• _____

(가)는 발달지체 유아 준희의 특성이고, (나)는 통합학급 교수활동 계획안의 일부이다. 물음에 답하시오.

(가) 준희의 특성

- 장애명: 발달지체(언어발달지체, 뇌전증)
- 언어 이해: 3~4개 단어로 된 간단한 문장을 이해함
- 언어 표현: 그림카드 제시하기 또는 지적하기로 자신의 의사를 표현함

(나) 교수활동 계획안

활동명	이럴 땐 싫다고 말해요.	대상 연령	5세
활동목표	• ㉠ 성폭력 위험 상황에 대처한다. • 기분 좋은 접촉과 기분 나쁜 접촉을 구분하고 표현한다.		
활동자료	동화『다정한 손길』		
활동자료 수정	상황과 주제에 적합한 그림카드, 수정된 그림동화, 동영상, 사진, PPT 자료 등		

활동방법			자료 및 유의점
교사활동	유아 활동		
	일반유아	장애유아	
1. 낯선 사람이 내 몸을 만지려 할 때 어떻게 해야 할지 이야기 나눈다. 2. 동화『다정한 손길』을 들려준다. 3. 동화 내용을 회상하여 여러 가지 유형의 접촉에 대해 이야기 나누고 기분 좋은 접촉과 기분 나쁜 접촉을 구별할 수 있게 한다. 4. 기분 나쁜 접촉이 있을 때 취해야 할 행동에 대해 알려 준다.	(생략)	㉡ 교사의 질문에 그림카드로 대답한다.	㉢ 준희를 위해 동화 내용을 4장의 장면으로 간략화한 그림동화 자료로 제시한다. ㉣ 준희에게 경련이 일어나면 즉시 적절히 대처한다.

2) (가)를 참고하여 (나)의 ㉡, ㉢에 적용한 '보편적 학습설계' 원리를 각각 쓰시오. [2점]

- ①: _____

- ②: _____

다음은 통합학급 교사인 최 교사가 특수교사인 강 교사와 교내 메신저로 지적장애 학생 지호의 음악과 수행평가에 대해 나눈 대화의 일부이다. 물음에 답하시오.

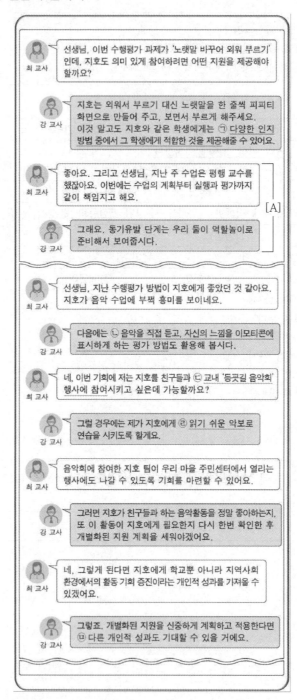

최 교사: 선생님, 이번 수행평가 과제가 '노랫말 바꾸어 외워 부르기'인데, 지호도 의미 있게 참여하려면 어떤 지원을 제공해야 할까요?

강 교사: 지호는 외워서 부르기 대신 노랫말을 한 줄씩 피피티 화면으로 만들어 주고, 보면서 부르게 해주세요. 이것 말고도 지호와 같은 학생에게는 ㉠ 다양한 인지 방법 중에서 그 학생에게 적합한 것을 제공해줄 수 있어요.

최 교사: 좋아요. 그리고 선생님, 지난 주 수업은 평행 교수를 했잖아요. 이번에는 수업의 계획부터 실행과 평가까지 같이 책임지고 해요. [A]

강 교사: 그래요. 동기유발 단계는 우리 둘이 역할놀이로 준비해서 보여줍시다.

최 교사: 선생님, 지난 수행평가 방법이 지호에게 좋았던 것 같아요. 지호가 음악 수업에 부쩍 흥미를 보이네요.

강 교사: 다음에는 ㉡ 음악을 직접 듣고, 자신의 느낌을 이모티콘에 표시하게 하는 평가 방법도 활용해 봅시다.

최 교사: 네, 이번 기회에 저는 지호를 친구들과 ㉢ 교내 '등굣길 음악회' 행사에 참여시키고 싶은데 가능할까요?

강 교사: 그럴 경우에는 제가 지호에게 ㉣ 읽기 쉬운 악보로 연습을 시키도록 할게요.

최 교사: 음악회에 참여한 지호 팀이 우리 마을 주민센터에서 열리는 행사에도 나갈 수 있도록 기회를 마련할 수 있어요.

강 교사: 그러면 지호가 친구들과 하는 음악활동을 정말 좋아하는지, 또 이 활동이 지호에게 필요한지 다시 한번 확인한 후 개별화된 지원 계획을 세워야겠어요.

최 교사: 네, 그렇게 된다면 지호에게 학교뿐 아니라 지역사회 환경에서의 활동 기회 증진이라는 개인적 성과를 가져올 수 있겠어요.

강 교사: 그렇죠. 개별화된 지원을 신중하게 계획하고 적용한다면 ㉤ 다른 개인적 성과도 기대할 수 있을 거에요.

1) ① 2011년에 '응용특수공학센터(CAST)'에서 제시한 보편적 학습설계 원리 중 ㉠에 적용된 원리 1가지를 쓰고, ② [A]와 같은 협력교수 형태를 쓰시오. [2점]

• ①: _____

• ② _____

다음은 도덕과 5학년 '밝고 건전한 사이버 생활' 단원 수업을 준비하는 통합학급 교사를 지원하기 위해 특수교사가 작성한 노트의 일부이다. 물음에 답하시오.

가. 통합학급 수업 전 특수학급에서의 사전학습
　ㅇ 소희의 특성

> * 읽기 능력이 지적 수준이나 구어 발달 수준에 비해 현저히 낮음
> * 인터넷을 즐겨 사용함
> * 자신의 경험을 이야기하는 것을 좋아함

　ㅇ 필요성: 도덕과의 인지적 요소를 학습하기 위해 별도의 읽기 학습이 요구됨
　ㅇ 제재 학습을 위한 읽기 지도
　　－ 제재: 사이버 예절, 함께 지켜요
　　－ 지도방법: ㉠ <u>언어경험접근</u>

나. 소희를 위한 교수·학습 환경 분석에 따른 지원내용

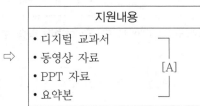

분석 결과		지원내용	
• 사이버 예절 알기 자료를 인쇄물 또는 음성자료로만 제공 • 서책형 자료로만 제공	⇨	• 디지털 교과서 • 동영상 자료 • PPT 자료 • 요약본	[A]

다. 2015 개정 도덕과 교육과정 평가 방향에 근거한 평가 내용

제재: 사이버 예절, 함께 지켜요	
구분	**평가 기준**
인지적 요소	청소년을 위한 사이버 예절을 아는가?
정의적 요소	사이버 예절 수업에 적극적으로 참여하는가?
행동적 요소	㉡

2) 응용특수교육공학센터(CAST)의 보편적 학습설계 원리 중 [A]에 적용된 원리를 1가지 쓰시오. [1점]

　• _____

다음은 유아특수교사 최 교사가 통합학급 김 교사와 나눈 대화의 일부이다. 물음에 답하시오.

최 교사: 오늘 활동은 어땠어요?

김 교사: 발달지체 유아 나은이가 언어발달이 늦어 활동에 잘 참여하지 못했어요.

최 교사: 동물 이름 말하기 활동은 보편적 학습 설계를 적용하여 계획하면 어떤가요?

김 교사: 네, 좋아요.

최 교사: 유아들이 동물 인형을 좋아하니까, 각자 좋아하는 동물 인형으로 놀아요. ㉠ 나은이뿐만 아니라 유아들의 관심과 흥미를 유도할 수 있도록 유아들이 좋아하는 동물 인형을 준비하고, 유아들이 직접 골라서 놀이를 하게 하면 좋을 것 같아요.

김 교사: 다른 유의 사항이 있을까요?

최 교사: 네, 모든 문제를 해결하기는 어렵겠지만 나은이가 재미있게 놀이 활동을 할 수 있게 하면 될 것 같아요. 그리고 ㉡ 나은이의 개별화교육목표는 선생님이 모든 일과 과정 중에 포함시켜 지도할 수 있어요. 자유놀이 시간에 유아들이 동물 인형에 관심을 보이고 놀이 활동에 열중할 때 나은이에게 동물 이름을 말하게 하는 거예요. 예를 들어, "이건 뭐야?"라고 물어보고 "호랑이"라고 대답하면 잘했다고 칭찬을 해요. 만약, 이름을 말하지 못하면 ㉢ "어흥"이라고 말하고 ㉣ 호랑이 동작을 보여주면, 호랑이라고 대답할 거예요.

---

1) 2018년에 '응용특수교육공학센터(CAST)'에서 제시한 보편적 학습 설계의 원리 중 ㉠에 해당하는 원리를 쓰시오. [1점]

   • _____

제2절 컴퓨터 활용

01 컴퓨터 보조수업(CAI)

1. 정의

① 학습목표 달성을 위해 교육용 소프트웨어 등을 수업시간에 적용하는 컴퓨터 보조수업을 말한다.
② 교육용 소프트웨어 등을 통해 학습자와 교사가 상호작용하며 수업을 진행·평가한다.

2. 유형

유형	교사의 역할	컴퓨터의 역할	학습자의 역할	예시
반복연습형	• 선수 지식의 순서화 • 연습자료 선택 • 진행상황 점검	• 평가를 위한 질문 • 즉각적 피드백 제공 • 학생 진전 기록	• 이미 배운 내용 연습 • 질문에 응답 • 교정·확인받음 • 내용과 난이도 선택	• 낱말 만들기 • 수학 명제 • 지식 산출
개인교수형	• 자료 선택 • 교수에 적응함 • 모니터링	• 정보 제시 • 질문하기 • 모니터, 반응 • 교정적 피드백 제공 • 핵심 요약·기록 보존	• 컴퓨터와 상호작용 • 결과 보고 • 질문에 대답하기 • 질문하기	• 사무원 교육 • 은행원 교육 • 과학 • 의료 절차 • 성경공부
시뮬레이션형	• 주제 소개 • 배경 제시 • 방법 안내	• 역할하기 • 의사결정 결과 전달 • 모형의 유지 • 데이터베이스	• 의사결정을 연습 • 선택하기 • 결정의 결과 받기 • 결정 평가	• 고난 극복 • 역사 • 의료진단 • 시뮬레이터 • 사업관리 • 실험실 실험
게임형	• 한계를 정함 • 절차 지시 • 결과 모니터링	경쟁, 조율, 점수 기록	• 기술·전략 습득 • 평가 선택 • 컴퓨터와의 경쟁	• 분수 게임 • 계산 게임 • 철자 게임 • 타자 게임
발견학습형	• 기본적인 문제 제시 • 학생의 진전 모니터링	• 리소스(힌트) 제공 • 데이터 저장 • 검색 절차 허용	• 가설 만들기 • 추측을 검증하기 • 원리나 규칙 개발	• 과학 • 사회·과학 • 직업 선택
문제해결형	• 문제 확인 • 학생을 도움 • 결과 검증	• 문제 제시 • 데이터 조작 • 데이터베이스 유지 • 피드백 제공	• 문제 정의하기 • 해결안을 세우기 • 다양성을 조절	• 사업 • 창의력 • 고난 극복 • 수학 • 프로그래밍

정 교사는 학급 내 학습장애 학생의 수업효과를 높이기 위해 개별 학생의 특성에 맞는 컴퓨터 보조수업(CAI; Computer-Assisted Instruction) 프로그램을 선정하여 적용하고자 한다. 프로그램 선정 시 고려해야 할 중요한 조건을 〈보기〉에서 모두 고른 것은? [1.4점]

〈보기〉

ㄱ. 프로그램은 단계적으로 구성되어 있고, 각 단계별 내용 간에는 연계성이 있어야 한다.
ㄴ. 교사가 프로그램의 내용을 쉽게 변화시킬 수 있는 다양한 옵션(option)이 있어야 한다.
ㄷ. 학생의 능력 수준에 따라 프로그램의 진행 속도나 내용 수준을 조절할 수 있어야 한다.
ㄹ. 학생의 집중력을 높이기 위해 화려하고 복잡한 그래픽이나 애니메이션으로 구성되어야 한다.
ㅁ. 학생이 프로그램 내의 지시를 잘 따를 수 있도록 화살표 등 신호 체계가 눈에 띄게 표시되어 있어야 한다.
ㅂ. 학생의 특성이 고려되어 개발된 프로그램이기 때문에 제시된 과제에 동일한 반응시간이 주어져야 한다.

① ㄱ, ㄷ, ㅁ　　　　　　② ㄴ, ㄹ, ㅁ　　　　　　③ ㄹ, ㅁ, ㅂ
④ ㄱ, ㄴ, ㄷ, ㅁ　　　　⑤ ㄴ, ㄷ, ㄹ, ㅂ

다음은 ○○특수학교의 황 교사와 민 교사의 대화이다. 물음에 답하시오.

황 교사: 최근 수업활동 중에 컴퓨터를 통한 ㉠ 교육용 게임을 부분적으로 활용하고 있는데, 유아들이 재미있어 해요. 또한 ㉡ 자료를 안내하기 위해 사용해도 좋더군요. 그래서 수업활동을 위해 컴퓨터, 인터넷을 좀 더 적극적으로 활용하면 좋겠다는 생각이 들어요.

민 교사: 우리 반의 현주는 소근육 발달 문제로 마우스 사용이 조금 어려웠는데, 얼마 전에 아버님께서 학교에 있는 것과 같은 터치스크린 PC로 바꾸어 주셨대요. 그래서 지금은 집에서도 스스로 유아용 웹사이트에 들어가서 영상을 보거나 간단한 교육용 게임을 하기도 한다는군요.

황 교사: 그렇군요. 누구든지 장애에 관계없이 웹사이트를 통해 원하는 서비스를 이용할 수 있도록 (㉢)이/가 보장되어야 한다고 생각해요.

민 교사: 맞아요. 그리고보니 이번에 학교 홈페이지를 새롭게 만들고 있는데, 우리 아이들이 좀더 쉽게 사용할 수 있도록 ㉣ 홈페이지의 구성을 내용에 따라 다양한 색으로 처리하여 구별할 수 있도록 하면 좋겠어요. 그리고 ㉤ 홈페이지에 접속하면 팝업창이 자동으로 뜨게 하면 좋겠어요.

황 교사: 아이들이 들어와서 친구들 사진이나 학교 행사 영상 등을 볼 테니까 ㉥ 화면 구성은 가능한 한 간단하게 구성하면 좋겠지요. ㉦ 페이지의 프레임 사용도 가능한 한 제한하면 좋을 것 같고요.

1) 컴퓨터 보조수업(CAI) 유형 중 ㉠은 '게임형', ㉡은 '자료 안내형'에 해당한다. 이 유형 외에 컴퓨터 보조수업(CAI)의 유형 2가지를 쓰시오. [2점]

• _____　　• _____

(가)는 통합학급 학생의 현재 학습수준이고, (다)는 곱셈 수업에 사용할 교육용 소프트웨어 제작 시 반영된 고려 사항과 교육용 소프트웨어 구현 장면의 예이다. 물음에 답하시오.

(가) 학습수준

학생	현재 학습수준
일반학생	두 자리 수×한 자리 수 문제를 풀 수 있음
지혜, 진우 (학습부진)	한 자리 수×한 자리 수 문제를 풀 수 있음
세희 (지적장애)	곱셈구구표를 보고 한 자리 수 곱셈 문제를 풀 수 있음

(다) 소프트웨어 제작 시 고려사항

소프트웨어 제작 시 고려사항
• 교수목적과 학습목표를 뚜렷하게 부각 ⎤ • 학습자 수준에 적합한 난이도를 위한 자료의 다양화 [A] • 성취 지향적 피드백의 증진 ⎦
교사 제작 교육용 소프트웨어 구현 장면

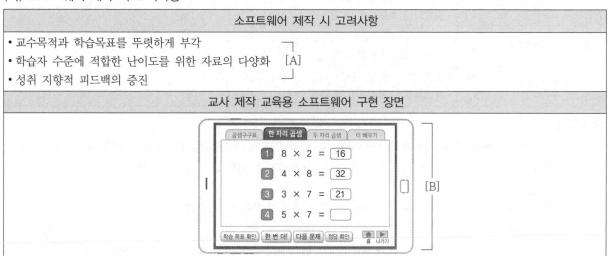

2) ① 2011년에 응용특수공학센터(Center for Applied Special Technology: CAST)에서 제시한 보편적 학습설계 원리 중 (다)의 [A]에 적용한 원리 1가지를 쓰고, ② [B]에 제시된 교육용 소프트웨어의 유형을 쓰시오. [2점]

• ①: _____

• ②: _____

1. 교육용 프로그램의 평가

(1) 개념

① 장애학생의 특성·요구에 적합한 교육을 제공할 목적으로 사용하는 프로그램은 내부평가와 외부평가의 과정을 거쳐 최종 선정된다.

② 평가의 과정도 선정과 마찬가지로 초학문적 팀 접근이 이루어져야 한다.

(2) 초학문적 팀 구성원의 역할

구성원	역할
특수교사	• 교육과정에 기초한 기능적 어휘 선정 • 학습자의 학업 특성 정보 제공
일반교사	• 원적학급 교육내용에 대한 정보 제공 • 일반학생 소프트웨어 교육내용 제공
학부모	• 학생의 가정 생활환경 정보 제공 • 가정에서의 기능적 어휘 관련 정보 제공
공학 관련 전문가	• 소프트웨어 프로그램 수행 관련 정보 제시 • 장애학생의 공학매체 활용에 관한 교육방법 의견 교환

(3) 내부평가

① 학급 단위로 학급 구성원인 개인 학습자를 위해 실시하고 미시적인 평가정보를 제공하는 평가이다.

② 수업과 관련된 일반적인 사항, 교육의 적절성, 공학기기의 적합성 등을 고려한다.

　㉠ 수업정보

　　ⓐ 수업과 직접적인 연관이 있는 학습자와 교수자의 특성이 포함된다.

　　ⓑ 고려사항

　　　• 교수·학습장면에 적합하고 학습방법, 전개방식이 교사의 수업유형과 조화를 이루어야 한다.

　　　• 학습자의 학습 특성과 독특한 요구에 부합해야 한다.

　　　• 학습자의 상위 사고기능을 촉진하기 위해 여러 교수방법과 전개 전략을 사용한다.

　　　• 인지적인 장애와 낮은 수행능력 수준으로 인해 다음 단계로 이행할 수 없을 때는 반복학습 등의 다른 방법을 고려한다.

　㉡ 교육의 적절성

　　ⓐ 프로그램이 교수·학습장면에서 얼마나 적절하게 활용될 수 있는지를 알아보는 것이다.

　　ⓑ 고려사항

　　　• 멀티미디어의 특성과 교수·학습장면의 여러 요소를 고려한다.

　　　• 학습자의 입력에 대한 프로그램 반응의 방법이 여러 가지 행동 수정의 원리에 근거하여 고려되었는지 확인한다.

　　　• 교수·학습용 소프트웨어는 학습자가 재시도하거나 반응에 대한 자기교정적인 다른 기회를 제공할 수 있도록 제작되었는지 확인한다.

　　　• 학습자의 동기 측면도 고려한다.

ⓒ 공학기기의 적합성

　　ⓐ 현재 대부분의 교수·학습용 소프트웨어는 멀티미디어를 기반으로 하기 때문에 학습자가 각 매체를 사용·조정할 수 있을지의 여부를 살펴봐야 한다.

　　ⓑ 고려사항

　　　• 화면 구성이 복잡하면 안 되고 문자, 그래픽, 애니메이션, 비디오가 적절하게 배치되었는지와 그 수가 적절한지를 파악한다.

　　　• 대부분의 교수·학습용 소프트웨어는 입력 장치의 조정으로 프로그램이 진행되기 때문에 입력 장치를 고려해야 한다.

　　　• 기타 장비의 적합성 파악에 대한 고려사항

　　　　– 공학기기로써 학습자의 능력·수준을 향상할 수 있는가?

　　　　– 공학을 이용하여 교수자가 주요 기능과 개념을 지도한다면 용이하게 발전할 수 있는가?

　　　　– 교수·학습에 활용하는 자료는 기능과 개념을 실질적으로 향상시킬 수 있는가?

　　　　– 교수·학습자료는 학습자의 참여를 증진시킬 수 있는가?

　　　　– 교수·학습자료는 학습자가 상위 수준의 사고기능을 사용하며 수업에 참여하도록 하는가?

　　　　– 교수·학습에 활용하는 자료는 비용·시간 측면에서 효과가 있는가?

(4) 외부평가

① 외부전문가로 구성된 팀이 종합적·거시적인 평가정보를 제공하는 평가방법이다.

② 외부평가자에게 필요한 자질

　㉠ 소프트웨어가 적용되는 대상자에 대한 전문적인 지식·경험이 있어야 한다.

　㉡ 교과지도 경험이나 교과 관련 전문지식을 보유해야 한다.

　㉢ 특수교육 현장의 고유한 특성과 컴퓨터·관련 디지털 공학 간의 상호관계를 이해해야 한다.

③ 외부평가 단계

단계	내용
1단계	평가할 교수·학습용 프로그램을 수집하고 프로그램 목표, 주요 대상자, 사용 시 고려사항 등의 정보를 확인함
2단계	프로그램의 주요 내용과 대상자의 특성을 고려하여 관련 전문가로 팀을 구성함
3단계	프로그램이 사용될 현장의 정보를 확인하고 주 대상자인 교수자와 학습자를 참여시킨 현장조사를 실시함
4단계	평가 팀의 기본적인 평가와 현장조사 자료를 기반으로 정밀 평가를 실시함
5단계	평가 결과에 대한 재평가를 실시하고 정보를 제공함

④ 외부평가 결과에 기초한 교수자의 고려사항

　㉠ 교수·학습용 프로그램 평가는 정확한 과정으로 이루어졌는가, 과정이 어떠하였는가?

　㉡ 교수·학습용 프로그램 평가는 개인이나 팀으로 이루어졌는가?

　㉢ 평가자는 어떠한 배경을 바탕으로 교수·학습용 프로그램을 평가하였는가?

　㉣ 평가 중에 고려된 주요 요인 및 항목은 무엇인가?

⑸ 기술적 평가와 교육적 평가

① 기술적 측면

    ㉠ 현재 사용 가능한 컴퓨터 환경에서 별도의 하드웨어, 소프트웨어 설치 없이 프로그램이 제대로 구동되는가?

    ㉡ 기술적인 오류는 없는가?

    ㉢ 사용 설명서와 보조자료는 잘 구비되어 있는가?

    ㉣ 화면의 색상과 음질, 디자인의 품질이 떨어지지 않는가?

② 교육적 측면

    ㉠ 원하는 학습목표가 달성될 수 있도록 학습내용이 체계적으로 구성되어 있는가?

    ㉡ 불필요하거나 혼란을 줄 내용은 없는가?

    ㉢ 어휘 수준이 학습자에게 적합한가?

    ㉣ 학습자와의 상호작용이 적절한가?

    ㉤ 내용 제시방법이 효과적인가?

    ㉥ 학습자의 관심을 끌 수 있는가?

22 2013학년도 중등 40번

다음은 장애학생의 교수·학습용 소프트웨어 프로그램 선정을 위한 평가에 대해 설명한 것이다. ㉠~㉣에 대한 설명으로 적절한 것만을 〈보기〉에서 있는 대로 고른 것은? [2점]

> 학급에서 교수·학습용 소프트웨어 프로그램을 선정할 때에는 거시적 관점의 ㉠ <u>외부평가</u>와 미시적 관점의 ㉡ <u>내부평가</u> 과정을 거친다. 이러한 평가 과정은 ㉢ <u>팀 접근</u>을 통해 이루어지는 것이 바람직하며, ㉣ <u>장애학생의 교육적 요구에 부응하고 학습 장면에서 실제적 효용성을 보일 수 있는 프로그램</u>으로 선정해야 한다.

〈보기〉

가. ㉠을 위해 팀을 구성할 때는 장애 특성에 대한 지식이나 교과지도 경험이 없는 전문가로 구성하여 프로그램 선정에 개인적인 관점을 배제하고 프로그램의 기술과 공학에 초점을 두는 평가를 한다.

나. ㉡은 학급 단위로 학급 구성원 개개인을 위해 실시하며 수업과 관련된 일반적인 사항 및 공학기기의 적합성 등을 고려한다.

다. ㉢에서 초학문적 팀 접근을 실시할 때는 다양한 영역의 전문가들의 협력을 기초로 서로의 정보와 기술, 역할을 공유하고 최종 결정은 팀의 합의를 거친다.

라. ㉣은 교수자 중심의 접근으로 설계되어 학습 방식 및 전개 방식이 교사의 수업과 조화를 이루는 것이 좋다.

마. ㉣은 장애학생에게 제공하는 피드백과 강화가 적절해야 하는데, 특히 강화는 교사가 장애학생에게 제공하는 방식과 유사한 것이 좋다.

① 가, 나, 라　　　　　② 가, 다, 마　　　　　③ 나, 다, 마

④ 가, 나, 라, 마　　　　⑤ 나, 다, 라, 마

제3절 보조공학 – 유형과 사정모델

01 정의 및 유형

1. 정의

① 장애인의 기능적 향상을 위해 부가적으로 제공되는 다양한 장치 · 서비스를 의미한다.
② 장애인의 신체적 · 인지적 기능을 유지 · 향상할 목적으로 지원되는 보조공학 장치와 서비스이다.

2. 유형

(1) 연속성에 따른 유형

유형	내용
고급 테크놀로지	컴퓨터, 상호작용 멀티미디어 시스템 등의 정교한 장치
중급 테크놀로지	비디오 장치, 휠체어 등의 덜 복잡한 전기 또는 기계 장치
저급 테크놀로지	• 덜 정교화된 기기 및 장치 • 의사소통판
무 테크놀로지	• 장치나 기기를 포함하지 않음 • 체계적인 교수절차의 사용, 물리치료사나 작업치료사와 같은 관련 서비스, 교실환경 수정 등

(2) 하드테크 vs 소프트테크

유형	내용
하드테크	• 주변에서 구입이나 수집이 가능하여 쉽게 이용할 수 있는 것 • 형태와 실체가 있어 만지거나 접촉해서 쉽게 알 수 있는 것 예 간단한 마우스 스틱, 컴퓨터, 소프트웨어 등
소프트테크	• 의사결정, 전략, 훈련, 서비스 전달 등 인간 영역(보조공학 전달 모형의 구성요소 중 하나)에 해당하고, 일반적으로 사람이나 문서자료, 컴퓨터를 통해 얻어짐 • 즉, 인간의 지식과 경험, 훈련, 교재를 통해 서서히 습득되는 것으로 효과적인 활용 전략을 통해 보조공학의 성패가 좌우되므로 IDEA 등에서 정의된 보조공학 서비스가 여기에 속함 • 이러한 전략을 효과적으로 수립할 수 있는가는 보조공학 서비스팀의 지식과 경험, 창의성에 달림

1. 인간활동 보조공학 모델(HAAT; Human Activity Assistive Technology)

(1) 정의
자신이 참여를 원하는 활동과 활동이 일어나는 환경을 탐색함으로써 개인이 원하는 것을 성취하는 데 중점을 두고, 장애인이 보조공학 기기를 사용하여 주어진 환경 안에서 활동하도록 촉진한다.

(2) 구조 및 하위 요소

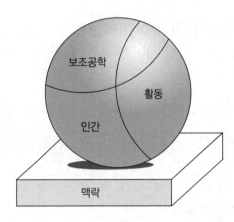

[그림 11-1] 사정모델의 구조 및 하위 요소

요소	내용
인간	신체적 · 인지적 · 정서적 숙련 정도와 관련된 요소
활동	자기보호, 노동, 학업, 여가 등과 같은 실천적 측면의 요소
보조공학	공학적 인터페이스, 수행 결과, 환경적 인터페이스 등의 외재적 가능성
맥락	물리적 · 사회적 · 문화적 · 제도적 요소

■ 핵심 플러스 - 사례 연구

학교 컴퓨터실에서 워드 작업을 해야 할 사람이 있다고 가정하자. 여기서 워드 작업이 그의 활동이 될 것이며 학교 컴퓨터실이 상황의 한 부분이 될 것이다. 그는 이것을 학교 숙제의 한 부분으로 완성할 필요가 있으므로 이것이 상황의 한 부분이 된다. 그는 척수손상 때문에 양손을 사용하지 못할 뿐만 아니라 말도 할 수 없다. 그래서 그를 위해 눈 응시 시스템(보조공학)을 구입했다. 이 시스템은 컴퓨터 스크린에 표시되는 스크린 키보드를 눈으로 응시하면 컴퓨터 모니터에 문자로 나타난다. 그의 기술(눈 응시)을 사용하여 활동(워드 작업)을 달성할 수 있으며, 그가 눈으로 응시하면 자신이 직접 타이핑을 치는 것처럼 보조공학이 그의 눈을 인식해서 컴퓨터에 전달한다. 이 예시의 경우 보조공학 사례는 다음과 같은 요소로 이루어진다.

➡ 활동(워드 작업), 상황(학교 컴퓨터실, 학교 숙제 완성), 인간(눈 응시), 보조공학(눈 응시 시스템)

2. 인간-공학 대응 모델(MPT 모델)

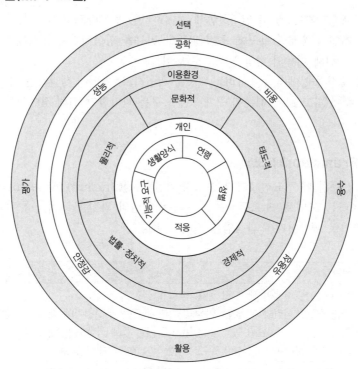

[그림 11-2] 인간-공학 대응 모델(MPT모델)

① 보조공학 기기 사용의 심리사회적 측면을 설명하려고 시도하는 모델이다.
② 인간, 보조공학, 둘 사이의 최적의 대응을 촉진하는 환경(milieu)의 중요성을 강조한다.
③ 사용자의 개성·기질·선호도, 보조공학의 주요 특성, 물리적·사회적 환경, 지원, 기회의 모든 요소가 잠재적으로 보조공학 기기 사용에 미치는 영향에 주목한다.
④ 요소
   ⓐ 가장 안쪽의 첫째 층은 성별, 연령, 생활양식 등과 같은 개인과 관련된 요소로 구성된다.
   ⓑ 다음 층은 물리적·사회적 환경으로 문화, 태도, 정책 등으로 구성된다.
   ⓒ 가장 바깥에 형성된 셋째 층은 비용, 유용성, 안정감과 같은 공학적 요소를 반영한다.
⑤ MPT 모델은 사용자와 서비스 제공자가 현재 처한 맥락에서 어떠한 보조공학 기기가 적절한 해결책인지 주의 깊게 고려하는 것을 돕는다.
⑥ 사용자-주도적 접근(user-driven approach)과 그에 수반되는 평가도구를 활용함으로써 보조공학 사용자로 하여금 공학이 적절한 해법인지를 판단하고, 공학을 선택할 때 고려해야 할 개인적이고 환경적인 요소를 이해하도록 사용자에게 권한을 부여한다는 특징이 있다.

3. 재활 모델

① 재활 모델에서의 중재는 개인이 가능한 한 최대 수준의 기능으로 회복되도록 의료적·사회적·교육적·직업적인 측면에서 통합적이고 조정된 훈련을 중재방법으로 제공한다.
② 필요한 보조공학 기기 유형을 결정하기 위해 일반적으로 개인의 장애를 먼저 확인하고 보조공학 기기를 사용할 기능 수준을 평가한 후, 개인의 신체를 측정하여 기기 사용에 필요한 치수와 장점을 확인한다.
③ 재활 모델의 목표는 최대한의 기능적 독립으로 신체 일부의 상실과 같이 명백하게 기능을 회복할 수 없는 경우를 제외하고는 치료의 우선순위를 기능 회복에 둔다.

4. 욕구 중심 모델

① 개개인이 개인적 목표를 가지고 있고 일상활동에 참여하기를 원한다고 가정한다.

② 따라서 일차적으로 개인이 제시한 욕구에 초점을 두고 기능을 향상시키는 문제해결 접근을 사용한다.

③ 개인의 역량, 안정감, 신체 기능의 향상을 목표로 한다.

④ 개인의 욕구는 그가 특정 환경에서 수행하려는 활동을 확인하고, 개인이 생각하는 기능적 목표 · 욕구를 적절히 정의하면 명확해질 수 있다고 보기 때문에 구체적인 욕구를 파악하기 위해 장애인이 직접 면담과정에 참여할 것을 권장한다.

5. SETT 구조(SETT Framework) 모델

① 학생이 보조공학을 선택할 때 필요한 4가지 주요 영역인 '학생(Student), 환경(Environment), 과제(Task), 도구(Tools)'를 강조하는 모델로, 보조공학을 사용하는 일련의 과정은 교육가나 관련 인물, 가족, 당사자인 학생까지 모두의 참여로 이루어지는 과정임을 전제로 한다.

② 정보수집 내용

영역	내용
학생 (Student)	• 참여자들은 학생이 해야 할 일을 함께 결정함 • 자립적으로 성취할 수 없는 학생을 위한 목표는 무엇인가에 대한 결정을 함 • 학생이 해야 할 필요가 있는 것을 먼저 확인한 후에 학생의 능력, 선호도, 특별한 요구(예 학생이 스위치에 접근하려면 머리를 왼쪽으로 기울여야 함)에 대한 정보를 수집함
환경 (Environment)	• 참여자들은 물리적 환경에 존재하는 것들을 찾아 목록을 작성함 • 교수환경 조정, 필요한 교구, 시설, 지원교사, 접근성에 관한 문제점(예 물리적 · 교수적 · 공학적 환경에의 접근성)을 파악함 • 이때 학생을 지원해 주는 사람들에게 도움이 될 만한 지원 자료도 수집해야 함 • 지원 자료에는 해당 학생의 태도나 기대치도 포함됨
과제 (Task)	• 학생이 수행해야 할 모든 과제가 조사되어야 함 • 학생에게 필요한 활동들을 과제에 포함시켜 그 학생이 전반적인 환경에서 더 많은 활동 참여를 할 수 있게 되고 IEP 목표를 달성할 수 있게 해야 함 • 일단 정보가 수집되면, 참여자들은 중요한 요소들을 검토하여 과제의 본질을 변형시키지 않는 범위 내에서 최선의 조정사항을 결정하도록 함
도구 (Tools)	• 도구는 참여자들의 초기 결정과 뒤따르는 사항들에 대한 지속적인 결정에 사용됨 • 참여자들은 학생과 환경, 필요한 과제들을 잘 알고 있기 때문에 결정에 초점을 둘 수 있음 • 첫 번째 도구는 가능성이 있는 보조공학 해결책(무공학 · 기초공학부터 첨단공학까지)을 함께 심사숙고(brainstorming)하는 것 • 다음 단계는 가장 적절한 혹은 가장 가능성이 있는 해결책을 찾음 • 이어서 참여자들은 선택된 공학에 필요한 교수전략을 결정함 • 마지막으로 사용기간 동안 효과성을 어떻게 점검할 것인지의 방법을 결정함

6. 보조공학 숙고 과정(AT Consideration Process) 모델

① 장애학생의 요구를 충족시켜 줄 수 있는 보조공학을 적절하게 선택하는 직접적 과정을 설명한다. 앞서 설명한 모델들보다 정교하지는 않지만, Castellani 등이 다섯 단계를 거쳐 보조공학을 선택할 것을 제안했다.

② 보조공학 선택의 5단계

단계	내용
검토(review)	• 학생의 능력을 검토하는 단계 • 모든 중요한 측면에서의 학생의 기능적 능력, 학문적 수행뿐만 아니라 관찰, 표준자료 등의 모든 사용 가능한 평가자료를 포함함
개발(develop)	• 학생의 능력과 교육적 발전에 필요한 요건(주 또는 해당 지역의 교육과정 규범)에 맞춰 연간목표·목적·기준을 개발하는 단계 • 참여자들은 학생이 보조공학의 도움으로 주어진 목표와 목적을 달성할 수 있는지를 토론해야 함
조사(examine)	• 학생이 두 번째 단계에 제시된 목표·목적을 수행하는 데 필요한 모든 과제를 조사하는 단계 • 학생이 기술을 발휘하거나 기대를 충족시킬 수 있는 구체적 환경을 알아봐야 함
평가(evaluate)	이전 단계에서 확인된 모든 과제의 난이도를 평가해야 하며, 보조공학은 학생이 과제를 독립적으로 수행할 수 없을 때 사용되어야 함
확인(identify)	• 학생에게 맞는 모든 지원과 서비스를 확인해서 평가 단계에서 정한 목표와 목적을 달성하는 단계 • 특정한 보조공학 지원이나 서비스에 관한 결정을 포함하기도 함

23 2011학년도 중등 22번

특수교육공학에 관한 설명으로 옳은 것만을 〈보기〉에서 모두 고른 것은? [2점]

─────〈보기〉─────

ㄱ. 장애학생에게 공학을 적용할 때에는 하이 테크놀로지(high technology)보다 로우 테크놀로지(low technology)를 먼저 고려하는 것이 바람직하다.

ㄴ. 교실에서 휠체어를 탄 장애학생이 지나갈 수 있도록 책상 간의 간격을 넓혀주는 것은 로우 테크놀로지(low technology)의 적용이라고 할 수 있다.

ㄷ. 사람이 제공하는 서비스 영역을 의미하는 소프트 테크놀로지(soft technology) 없이 하드 테크놀로지(hard technology)를 성공적으로 적용할 수 없다.

ㄹ. 특수교육공학은 사용된 과학기술 정도에 따라 노 테크놀로지(no technology)부터 하이 테크놀로지(high technology)에 이르기까지 다양하게 분류될 수 있다.

① ㄱ, ㄹ   ② ㄴ, ㄷ   ③ ㄱ, ㄴ, ㄹ   ④ ㄱ, ㄷ, ㄹ   ⑤ ㄱ, ㄴ, ㄷ, ㄹ

다음은 보조공학 서비스 전달 과정이다. 이 전달 과정에 대한 설명으로 옳은 것만을 〈보기〉에서 있는 대로 고른 것은? [2.5점]

[인간활동 보조공학(Human Activity Assistive Technology) 모델]

〈보기〉

ㄱ. 보조공학 활용의 중도 포기를 방지하기 위해서는 인간, 활동, 보조공학, 주변 상황을 체계적으로 고려하는 생태학적 사정이 이루어져야 한다.

ㄴ. 보조공학 활용의 목적은 사용자의 기능적 활동 수행을 가능하도록 하는 것으로, 손의 움직임 곤란으로 타이핑이 어려운 장애학생에게 소근육 운동을 시켜서 타이핑을 할 수 있도록 하는 것은 적절한 보조공학 활용 사례이다.

ㄷ. (가)는 초기 평가 단계로서, 사용자에게 알맞은 보조공학을 제공하기 위해 장치의 특성과 사용자의 요구 및 기술 간의 대응을 해야 한다.

ㄹ. (가) 단계에서는 사용자의 감각·신체·인지·언어능력을 평가하는데, 공학 장치를 손으로 제어하기 어려운 학생의 경우 다리보다는 머리나 입을 이용하여 제어가 가능한지를 먼저 고려해야 한다.

ㅁ. (나) 단계에서는 보조공학이 장애학생에게 적용된 이후에도, 보조공학이 사용자의 요구나 목표의 변화에 부합하는지를 지속적으로 재평가하는 장기적인 사후지도가 이루어져야 한다.

① ㄱ, ㄴ, ㄹ 　　② ㄱ, ㄷ, ㅁ 　　③ ㄱ, ㄴ, ㄷ, ㅁ
④ ㄱ, ㄷ, ㄹ, ㅁ 　　⑤ ㄴ, ㄷ, ㄹ, ㅁ

다음은 김 교사가 유치원 통합학급에서 재민이의 놀이활동 참여를 위해 필요한 보조공학 접근을 평가한 내용이다. 물음에 답하시오.

- 재민이의 특성
  - 뇌성마비 경직형 사지마비임
  - 신체활동에 대한 피로도가 높은 편임
  - 주의 집중력이 좋은 편임
  - 발성 및 조음에 어려움이 있으며 놀이활동에 참여하고자 하나 활동 개시가 어려움
  - 활동시간에 교사의 보조를 받아 부분 참여가 가능함
  - 코너체어 머리 지지대에서 고개를 좌우로 정위할 수 있으나 자세를 유지하기 어려움
- 환경 특성
  - 자유놀이시간에 별도의 교육적, 물리적 수정이 이루어지지 않음
  - 교사 지원: 유아들에게 개별 지원을 제공하나 재민이에게만 일대일로 지속적인 지원을 제공하는 데 어려움이 있음
  - 교실 자원: 다양한 놀잇감이 마련되어 있으나 재민이가 조작할 수 있는 교구는 부족함
  - 태도 및 기대: 재민이가 독립적으로 놀이활동에 참여할 수 있기를 희망함
  - 시설: 특이사항 없음
- 수행과제 특성
  - 개별화교육계획과의 연계 목표: 재민이의 사회성, 의사소통 기술 향상
  - 자유놀이활동과 연계된 수행과제: 또래에게 상호작용 시도하기, 놀이 개시하기
- 도구에 대한 의사결정
  - 노 테크(No Tech) 접근: 놀이규칙과 참여방법 수정
  - 보조공학 도구: 싱글 스위치를 이용한 보완·대체 의사소통 방법 활용
  - 요구 파악 및 활용도 높은 도구 선정: 코너체어 머리 지지대에 싱글 스위치를 부착하고, 8칸 칩톡과 연결하여 훑기 방법 지도
  - 적용을 위한 계획수립과 실행을 위한 지속적인 자료수집

---

1) ① 김 교사가 재민이에게 필요한 지원을 계획하기 위해 사용한 보조공학 평가 모델을 쓰시오. 이 평가 모델에 근거하여 ② 현재 재민이의 '환경 특성'에서 평가해야 할 내용 중 <u>빠진</u> 내용을 쓰고, ③ 관련 하위 내용 3가지를 쓰시오. [3점]

- ①: _____

- ②: _____

- ③: _____

다음은 보조공학 사정 모델의 단계별 주요 내용이다. 〈작성 방법〉에 따라 서술하시오. [4점]

사정모델	(㉠)	
단계	주요 내용	유의점
학생능력 검토	• (㉡) • 활동적인 과제를 수행함 • 다양한 방과 후 활동에 참가하고 있음	• 사례사, 관찰, 면담, 진단서 등 다양한 자료를 포함할 것
목표 개발	• 과제수행과 다양한 방과 후 활동에 적극적으로 참가하기 • 이를 위한 휠체어 선정하기	• 목표 달성의 실현가능성에 대해 토론할 것
과제 조사	• 목표 달성에 필요한 다양한 과제조사 • ㉢ 과제수행, 방과 후 활동과 관련한 구체적인 환경 및 맥락 조사	• 학교, 가정 등 다양한 장소에서 조사할 것
과제의 난이도 평가	• 각 과제별 난이도 평가	• 모든 과제에 대해 평가를 실시함
목표달성 확인	• 과제수행과 다양한 방과 후 활동에 적절한 휠체어 선정 ㉣ A B • A는 왼쪽 바퀴에, B는 오른쪽 바퀴에 동력이 전달되도록 주행 능력 평가	• 팔받침대 높이를 낮게 하여 책상에 대한 접근성을 높임 • 활동공간에 따라 ㉤ 보조바퀴(caster)의 크기를 조정함

―――――――〈작성 방법〉―――――――

• ㉠에 들어갈 보조공학 사정 모델의 명칭을 쓸 것
• ㉡에 들어갈 학생의 신체적 특성을 ㉣에 근거하여 적을 것
• Bryant 등(2003)의 '보조공학 사정의 3가지 특성' 중에서 밑줄 친 ㉢에 해당하는 것을 쓸 것
• 현장체험학습을 갈 때 ㉤이 큰 휠체어를 사용하는 경우의 장점을 쓸 것

제4절 보조공학-교과학습 지원

01 컴퓨터 접근

1. OS 기능 조정-내게 필요한 옵션

① 윈도우 프로그램에서 제공하는 '내게 필요한 옵션'은 장애학생의 컴퓨터 접근을 돕는 여러 기능을 포함한다. 컴퓨터 화면을 보는 데 어려움이 있는 시각장애 학생, 컴퓨터 소리를 듣는 데 어려움이 있는 청각장애 학생, 키보드나 마우스를 사용하는 데 어려움이 있는 지체장애 학생을 위한 다양한 옵션이 마련되어 있다.

② '내게 필요한 옵션' 경로: 제어판 → 내게 필요한 옵션 → 각 하위 기능 선택

③ 내게 필요한 옵션의 기능, 내용

기능	내용
키보드	• **고정키**: 두 개의 키를 동시에 누르기 힘든 경우 〈Shift〉, 〈Ctrl〉, 〈Alt〉, 〈Windows 로고〉 키를 누른 상태로 고정할 수 있음 • **필터키**: 너무 짧게 누르거나 반복한 키 입력을 자동으로 무시할 수 있음 • **토글키**: 〈Caps Lock〉, 〈Num Lock〉, 〈Scroll Lock〉 키를 누를 때 신호음을 들을 수 있음
소리	• **소리 탐지**: 시스템 신호음을 시각적으로 표시함 • **소리 표시**: 프로그램에서 나오는 음성, 소리를 화면에 자막으로 표시함
디스플레이	• **고대비**: 읽기 쉽게 구성된 색상과 글꼴을 사용함 • **커서 옵션**: 커서가 깜박이는 속도, 커서 너비를 변경할 수 있음
마우스	• **마우스키**: 키보드의 숫자 키패드로 마우스 포인터를 움직이도록 설정함
일반	• **자동 재설정**: 지정한 시간 동안 유휴 상태이면 '내게 필요한 옵션' 기능이 해제됨 • **알림**: 기능을 활성화할 때 확인 메시지를 표시하며, 기능을 활성화하거나 해제할 때 신호음을 울림 • **직렬키 장치**: 키보드와 마우스 이외의 다른 방법으로 엑세스할 때 설정함 • **관리 옵션**: 로그온 화면에 모든 설정을 적용, 새 사용자의 기본값으로 모든 설정을 적용함
돋보기	• **확대 수준**: 화면 확대 배율을 정할 수 있음 • **추적**: 마우스 커서, 키보드 포커스, 텍스트 편집을 추적하도록 선택할 수 있음 • **표시**: 색 반전, 최소화된 상태로 시작하고 돋보기 표시를 선택할 수 있음

2. 키보드 자체 수정-키가드

키보드 위에 장착하는 투명판으로 자판을 누를 때 손의 떨림이나 불수의적 움직임으로 인한 입력 오류를 방지할 수 있도록 손을 지지하여 키를 누르게 해주는 받침대로, 키보드의 형태와 키의 위치에 맞춰 제작한다.

3. 키보드 키 입력 장치

장치	기능
마우스 포인터	입에 물고 키보드의 키를 입력하며, 끝 부분이 고무팁으로 처리되어 키를 누를 때 미끄럼 방지가 됨
헤드 포인터	머리에 장착하고 키보드의 키를 입력하며, 끝 부분이 고무팁으로 처리되어 키를 누를 때 미끄럼 방지가 됨

4. 대체 키보드

장치	기능
빅 키보드	쿼티(QWERTY) 자판 배열을 따르며 키보드 키가 사방 2.5cm 정도 크기로 일반 키보드의 4배
한 손 사용자용 키보드	• 한 손으로 키보드를 사용할 수 있도록 인체공학적으로 설계됨 • 오른손 사용자, 왼손 사용자용을 선택하여 사용할 수 있음
화면 키보드−클리키 3.2	쿼티(QWERTY) 화면 키보드로, 화면상 키보드를 이용해 워드 프로그램 문서 작성이 가능함

5. 대체 마우스

장치	기능
트랙볼	• 볼 마우스를 뒤집어 소켓 내에 심어놓은 형태 • 사용자는 위에 있는 볼을 손가락이나 다른 신체부위를 사용하여 굴려 커서를 원하는 위치에 놓은 다음, 선택을 하기 위해 볼 위 또는 좌우에 배치된 단추를 누름
조이스틱	• 컴퓨터의 마우스 포트나 범용 직렬 버스에 연결하여 사용하는 입력장치 • **목적**: 마우스와 같이 컴퓨터 화면상 커서의 이동·조작

6. 스위치

① 누르고 떼는 것으로 전기·전자기기에 신호를 보내는 장치이다.

② 컴퓨터 인터페이스 기기를 통해 컴퓨터에 연결하면 인터페이스에 설정된 클릭, 키 입력 등으로 컴퓨터에 신호를 보낼 수 있다.

③ 컴퓨터 이외에 플러그나 건전지로 작동하는 전기·전자제품에도 연결하여 사용할 수 있다.

7. 하이테크 입력 기기

장치	기능
음성인식 시스템 (speech recognition system)	• 키보드 대신 사람의 음성으로 컴퓨터 입력이 가능함 • 사용자가 워드 프로세스를 직접 찾아 마우스로 클릭하는 대신 마이크에 해당 프로그램명을 말하면 그 프로그램이 가동됨 • 입력할 내용을 자판에 두드리는 대신 말로 하면 컴퓨터가 말을 인식하여 글로 변환하는 기능을 함 • 사용자의 음성 패턴을 인식시키는 시스템 훈련을 통해 인식의 정확성을 높일 수 있음
전자지시 기기	• 사용자가 초음파기기, 적외선 빔, 눈동자 움직임, 신경신호, 뇌파 등을 이용하여 화면상의 커서를 움직일 수 있도록 해줌 • 화면 키보드를 사용할 때도 사용자가 글의 입력뿐만 아니라 여러 자료에 접근할 수 있도록 도움 • **활용 시기** 　- 컴퓨터에 저장된 글이나 자료에 접근하고자 하지만 마우스나 키보드 사용이 어려운 경우 　- 화면 키보드를 작동하는 경우 　- 대체 의사소통기구의 환경조정 장비를 작동시키는 경우 • **주요 적용 대상** 　- 컴퓨터 활용 시 손을 사용할 수 없는 경우 　- 머리(목)나 눈의 움직임이 원활한 경우 　- 신경세포나 뇌파를 조절하는 능력을 익힐 수 있는 경우

장치	기능
점자정보 단말기 (braille note taker)	• 종이와 점필 등의 필기도구가 없이도 점자 입력 방식의 키보드로 점자를 기록할 수 있음 • 입력된 자료를 점자나 음성으로 출력할 수 있어 시각장애 아동의 읽기와 쓰기를 돕는 시각장애 전용 컴퓨터와 같은 기기의 역할을 함 • 점자 입력을 위한 여섯 개의 키와 기능키 등을 이용하여 입력이 가능하고, 입력되는 정보는 LCD창을 통해 묵자로 확인할 수 있음 • 읽어야 하는 정보를 점자로 읽을 수 있게 8개의 핀이 하나의 셀을 구성하는 점자 디스플레이를 통해 정보 습득이 가능함 • 상단의 여섯 핀은 6점 점자를 나타내며 하단의 두 핀은 커서의 위치를 알려줌
음성출력장치	• 인쇄된 정보를 음성으로 변환·전달하여 읽기에 어려움이 있는 시각장애 학생, 난독증 학생의 읽기를 지원함 • 보이스아이 – 2차원 바코드 심벌로 저장된 디지털 문자정보를 음성으로 변환하여 들려주는 음성출력장치로, 국내에서 개발됨 – 녹음도서를 만들 필요가 없이 2페이지 분량의 정보가 담긴 보이스아이 심벌을 인쇄물의 우측 상단에 만들어 놓으면, 스캔 장치를 이용하여 음성출력이 가능함 – 실제로 몇몇 인쇄 출판물, 민원 서류 등에 활용되고 있음
단어 예측 프로그램 (word prediction program)	• 일반적으로 워드프로세서 프로그램에서 많이 채용하고 있음 • 사용자가 입력한 첫 번째나 두 번째 글자로 시작되는 낱말 목록을 제시하면 사용자는 원하는 낱말을 선택하여 글을 입력할 수 있음 • 키보드 입력 속도가 느린 지체장애 학생의 키보드 입력 속도를 높일 수 있음 • 낱말 회상이 어려운 학습장애 학생이 낱말을 정확하고 바르게 입력하도록 도움

27 2011학년도 중등 36번

다음은 장애학생의 컴퓨터 접근에 대한 설명이다. (가)와 (나)에 들어갈 내용으로 옳은 것은? [2점]

컴퓨터 경고음을 듣는 데 어려움이 있는 청각장애 학생을 위해서는 시각적인 경고를 활용할 수 있다. 글을 읽는 데 어려움이 있는 학습장애 학생의 컴퓨터 접근을 위해서는 __(가)__ 을/를 활용할 수 있다. 키보드를 이용할 때 두 개 이상의 키를 동시에 누르는 데 어려움이 있는 지체장애 학생을 위해서는 윈도우 프로그램의 '내게 필요한 옵션'에 있는 __(나)__ 기능을 활용할 수 있다.

	(가)	(나)
①	음성 합성기	고정키(sticky key)
②	음성 합성기	탄력키(filter key)
③	화면 읽기 프로그램	토글키(toggle key)
④	화면 읽기 프로그램	탄력키(filter key)
⑤	단어 예측 프로그램	고정키(sticky key)

특수교육공학 장치의 구조나 기능에 대한 설명으로 옳은 것만을 〈보기〉에서 있는 대로 고른 것은? [2점]

〈보기〉

ㄱ. 점자정보 단말기는 6개의 핀이 하나의 셀을 구성하고 있는 점자 디스플레이를 갖추고 있어, 시각장애 학생이 커서의 움직임에 따라 점자로 정보를 읽을 수 있다.

ㄴ. 트랙볼(trackball)은 볼마우스를 뒤집어 놓은 것과 같은 형태로서, 움직이지 않는 틀 위에 있는 볼을 사용자가 움직일 수 있어 운동능력이 낮은 학생이 제한된 공간에서도 쉽게 사용할 수 있다.

ㄷ. 화면 키보드(on-screen keyboard)는 마우스나 대체 마우스를 이용하여 컴퓨터 화면상의 키보드에 입력할 수 있도록 되어 있으며, 사용자의 요구에 맞게 자판의 크기나 배열을 변형할 수 있다.

ㄹ. 음성인식 시스템(speech recognition system)은 키보드 대신 사람의 음성으로 컴퓨터 입력이 가능하며, 사용자의 음성 패턴을 인식시키는 시스템 훈련을 통해 인식의 정확성을 높일 수 있다.

① ㄱ, ㄴ   ② ㄱ, ㄹ   ③ ㄷ, ㄹ   ④ ㄱ, ㄴ, ㄷ   ⑤ ㄴ, ㄷ, ㄹ

(가)는 A 특수학교(중학교)에 재학 중인 민수의 특성이고, (나)는 김 교사가 2011 특수교육 교육과정 중 기본 교육 과정 국어과 교수·학습방법과 평가에 근거하여 수립한 지도계획의 일부이다. 물음에 답하시오.

(가) 민수의 특성

- 뇌성마비(경직형 사지마비)와 정신지체를 가지고 있음
- 구어 사용이 어려움
- 쓰기활동을 할 때 신체 경직으로 손이나 팔다리를 사용할 수 없음

(나) 교수·학습방법과 지도계획

㉠ 해당 학년군별 교육과정을 적용하기 어렵기 때문에 민수의 언어능력에 따라 타 학년군의 교육과정 내용을 참고하여 운용함

㉡ 문법지도에서는 초기 읽기지도를 할 때 음운인식훈련을 통하여 학습한 문자가 일반화될 수 있는지에 중점을 두어 지도함

㉢ 국어교과의 평가는 민수의 언어능력에 따라 언어의 형태와 내용, 사용을 통합적으로 평가함

㉣ 민수의 경우 음성으로 의사소통하기 어렵기 때문에 듣기능력으로 대체하여 평가함

3) 김 교사는 민수의 운동기능을 평가한 후, 컴퓨터를 이용하여 글쓰기를 지도하려고 한다. 민수에게 키가드(key guard)가 부착된 일반 키보드를 사용하도록 하기 위해 제공할 수 있는 입력 보조도구를 1가지만 쓰시오. [1점]

- 입력 보조도구: _____

(가)는 미나의 개별화 교육지원팀의 회의록이고, (나)는 보호자와 담임 교사의 대화이다. 물음에 답하시오.

(가) 개별화교육지원팀 회의록

일시	2020년 ○월 ○일 16:00~17:00
장소	△△학교 열린 회의실
협의내용 요지	1. 대상 학생의 현재 장애 특성 　• 대뇌피질의 손상이 원인 　• 근육이 뻣뻣하고 움직임이 둔함 　• 양마비가 있음　　　　　　　　[A] 　• 까치발 형태의 첨족 변형과 가위 모양의 다리 　• ⊙ 대근육 운동 기능 분류 시스템(Gross Motor Function Classification System: GMFCS) 4단계 　• ⓛ 수동 휠체어 사용 2. 대상 학생의 교육적 요구 파악 　• ⓒ 표준 키보드를 사용하여 입력하는 데 어려움이 있음 　• 구어 사용을 위한 보완대체의사소통 지원 요청 3. 학기 목표, 교육 내용의 적절성 확인 및 평가 계획 안내 　　　　　　　　…(중략)… 4. 특수교육 관련 서비스에 대한 협의 사항 　• 교육용 보조공학기기 　• 특수교육실무원 　• 물리치료 　• (　　ⓔ　　) 5. 기타 지원 정보 　• 방과후 학교, 종일반 참여 여부

(나) 보호자와 담임 교사의 대화

어 머 니: 선생님, 미나 언니가 미나 때문에 스트레스를 받아서 도움이 필요해요. 미나 언니와 같은 비장애 형제자매가 도움을 받을 수 있는 방법이 있을까요?
담임 교사: 네, 어머니께서 필요로 하는 서비스는 교육청에서 도움을 받을 수 있습니다.

2) 미나의 장애 특성을 고려하여 ① ⓒ을 사용하기 위해 부착하는 보조공학기기의 명칭과 ② 그 기기의 사용 장점을 1가지 쓰시오. [2점]

• ①: _____

• ②: _____

(가)는 5세 뇌성마비 유아 슬기의 특성이고, (나)는 지체장애 유아에 대한 유아 특수교사들의 대화이다. 물음에
답하시오.

(가) 슬기의 특성

- 사지를 불규칙하게 뒤틀거나, 팔다리를 움찔거리는 행동을 보임
- 사물에 손을 뻗을 때 손바닥이 바깥쪽으로 틀어지며 의도하지 않는 방향으로 움직임이 일어남
- 정위반응과 평형반응이 결여되어 자세가 불안정함

(나) 대화

장 교사: 저희 원은 새로 입학한 재우를 위해 실내외 환경을 개선했어요. 휠체어를 타는 재우에게 위험하지 않도록
　　　　교실 바닥의 높이 차이를 없앴더니 다른 아이들도 안전하게 생활하게 되었어요.
김 교사: 그렇군요. 교실 바닥 공사가 재우에게만 좋은 것이 아니라 모든 아이들에게도 좋은 거네요.
장 교사: 자갈길로 되어 있던 놀이터 통로도 목재로 바꾸고, 놀이터에 계단 없는 미끄럼틀도 설치했어요. 재우가 휠체　[A]
　　　　어를 타고 내려올 수 있을 정도로 넓게 설치했더니 그 곳에서 재우와 함께 여러 명의 아이들이 미끄럼틀을
　　　　타면서 놀게 되었어요. 이번에는 그네도 바꾸었어요.
김 교사: 와우! ㉠ 재우가 그네도 탈 수 있게 되었네요. 결국 누구나 놀 수 있는 놀이터가 되었네요.
　　　　　　　　　　　　　　　　…중략…
김 교사: 지체장애 유아들은 컴퓨터를 사용할 때 표준형 키보드를 사용할 수도 있지만, 장애 유형과 정도에 따라 대체키보드
　　　　를 사용해야 해요. ㉡ 소근육 운동 조절이 어려운 유아는 미니 키보드가 도움이 된다고 하네요.
장 교사: 그리고 ㉢ 손가락 조절이 어려워 한 번에 여러 개의 키를 동시에 누르는 유아들에게는 타이핑 정확도를 향상시킬
　　　　수 있도록 키가드를 사용하게 해야겠어요.
김 교사: ㉣ 손을 떨고 손가락 조절은 잘 안 되지만, 머리나목의 조절이 가능한 뇌성마비 유아는 헤드스틱이나 마우스 스틱
　　　　을 사용하면 좋을 것 같아요.
장 교사: 그렇군요. ㉤ 마우스를 조정하기 어려운 유아는 트랙볼, 조이스틱을 활용하도록 해야겠어요.

3) 보조공학의 관점에서 ㉡~㉤ 중 **틀린** 것을 1가지 찾아 기호를 쓰고, 대안을 제시하여 고쳐 쓰시오. [2점]

- _____

(가)는 ○○중학교에 재학 중인 지체장애 학생의 특성이고, (나)는 교사가 이를 바탕으로 작성한 지도 계획이다. 〈작성 방법〉에 따라 서술하시오. [4점]

(가) 학생 특성

학생	특성
G	중도 뇌성마비 • 앉기 자세 유지가 어려우며 신체 피로도가 높음 • 등을 대고 누운 자세에서 과도한 신전근을 보임 • 배를 대고 엎드린 자세에서 과도한 굴곡근을 보임
H	뇌성마비 • 양손 사용이 가능함 • 손 떨림 증상이 있어 키보드로 정확하게 입력하는 것이 어려움

(나) 지도 계획

학생	지도 계획
G	• ㉠ 대안적 자세로 과제에 참여할 수 있도록 지원하기 • ㉡ 헤드포인팅 시스템을 활용하여 워드프로세서 입력 지도하기 • ㉢ 휠체어 이용 시 휠체어가 뒤로 기울어지지 않도록 주의하기
H	• 키보드 입력 시 키가드를 제공하고, 한 번에 같은 키 값이 여러 번 찍히지 않도록 ㉣ 고정키 시스템 기능 설정하기 • 철자 중 일부를 입력하여 단어 완성하기가 가능한 ㉤ 단어 예측 프로그램 지도하기

─〈작성 방법〉─

• (가)를 고려하여 (나)의 밑줄 친 ㉡~㉤ 중 틀린 곳 2가지를 찾아 기호를 쓰고, 그 이유를 각각 서술할 것

특수교육공학 제11장 해커스임용 설지민 특수교육학 영역별 이론 + 기출문제 3

제5절 보조공학 – 보완·대체 의사소통(AAC)

01 정의 및 AAC 지도

1. 정의

① 모든 상황에서 독립적으로 의사소통을 할 수 없는 사람의 의사소통을 지원하고 향상시킬 수 있도록 계획된 모든 접근방법을 말한다.

② 용어

구분	내용
보완(augment)	말이 많이 늦거나 언어치료를 받아도 조음이 부정확하여 AAC를 병용하는 경우
보완 의사소통	약간의 의사소통 기술을 가진 사람들의 의사소통 과정을 보충·향상·지원하기 위해 사용하는 것
대체(alternative)	성대수술이나 조음기관 마비로 인해 발음을 할 수 없는 경우(대체적인 의사소통의 경우)
대체 의사소통	말 대신 다른 의사소통 도구를 사용하는 것

2. AAC 지도

(1) 목적

① 의사표현에 어려움을 겪는 사람에게 다른 사람이 이해하기 쉬운 보완·대체 의사소통 방법을 사용하여 의사소통하게 함으로써, 다양한 상호작용을 촉진하여 사회성을 향상시키고 일반 활동에의 참여도를 높이고자 한다.

② 의사표현 기회를 제공하여 말과 언어발달을 촉진한다.

③ 의견을 표시하며 질문하고 대답하는 등과 같은 학습활동에의 참여도를 높인다.

④ 의사소통 기회를 질적·양적으로 확대하여 의사소통 실패로 오는 좌절, 분노, 감정폭발, 자아 학대 등의 문제 행동을 줄이고 정서적으로 바람직한 성장을 돕는다.

⑤ 의사소통을 함으로써 독립적인 생활을 촉진하여 취업기회 확대에도 도움을 준다.

(2) 지도 원칙

구분	내용
최대화의 원칙	• AAC 중재는 의사소통 방법을 배우기 위해 의사소통의 빈도와 양을 최대한 늘리는 것을 목표로 함 • 초기 의사소통 지도는 질적인 측면보다 양적인 접근을 강조하는데, 이는 의사소통의 유창함을 기르고 기술을 습득하는 데 유리함
기능화의 원칙	의사소통의 목적은 사회적 결과에 주목하는 화용론에 초점을 둠
개별화의 원칙	AAC 지도는 개별 아동과 아동의 환경적 요구에 대한 세밀한 평가를 통해 적절한 중재와 지원을 결정함
상호 관계성의 원칙	• 모든 의사소통은 2명 이상의 상호작용으로 이루어짐 • 의사소통 방법의 지도는 상호작용을 둘러싼 사회적인 맥락 안에서 이루어져야 함 • 의사소통 평가는 아동의 표현언어 능력을 평가하는 것이 아니라 다른 사람과의 상호 관계 속에서의 기능성을 평가함
정상화의 원칙	의사소통은 가능한 한 일반아동과 유사한 방법으로 지도하며, 학생에게 AAC를 적용하는 것이 반드시 필요하다는 정당성이 있을 때에만 적용해야 함

3. AAC 사용을 위한 사용자의 기초능력 기술

(1) 언어적 능력

① AAC 사용 아동은 AAC 언어(예 상징 어휘)를 사용할 수 있어야 하며, 대화 상대가 사용하는 언어(예 한국어)도 이해할 수 있어야 한다.

② 이는 마치 이중언어 학습자가 모국어와 제2외국어를 같이 사용하는 것과 같은 맥락으로 볼 수 있다.

③ 이러한 언어적 능력을 형성하기 위해서는 중재자가 여러 문맥 속에서 두 언어(AAC 언어, 모국어) 모두에 대한 경험을 최대한 많이 할 수 있도록 돕는 것이 중요하다.

(2) 도구를 다루는 작동 능력

① AAC 도구를 스스로 다룰 수 있도록 하는 것은 아동에게 맞는 AAC 도구를 마련해 주는 것만큼 중요하다.

② AAC 중재를 지원하는 언어치료사는 AAC 어휘 갱신하기, 의사소통 배열판 바꾸기, 도구나 기기 보호하기, 필요한 수리 요청하기, 미래의 필요를 고려하여 AAC 수정하기, 일상적 사용과 작동 여부 파악하기 등의 중재를 할 수 있어야 한다.

(3) 사회적 능력

① AAC로 의사소통적 상호작용을 시작·유지·확대하고 끝내는 능력을 가르쳐야 한다.

② Light는 AAC 사용자가 긍정적인 자아상을 갖게 하는 것, 다른 사람에게 관심을 갖게 하여 의사소통을 하고자 하는 의욕을 갖게 하는 것, 대화에 적극적으로 참여할 수 있게 하는 것, 의사소통 상대를 편안하게 해주는 것과 같은 사회적 기술을 가르치도록 제안하였다.

(4) 문제상황에 대처하는 능력

① 의사소통을 AAC로 할 때는 구어로 할 때보다 여러 제약이 많다.

   예 대화를 하다가 내가 원하는 어휘나 표현이 내 의사소통판에 없는 경우, 내가 표현한 AAC 메시지를 상대방이 이해하지 못하는 경우

② AAC 사용자는 이러한 문제상황에 대처할 전략을 습득해야 한다.

1. 구성요소 4가지

요소	내용
상징	일반적인 구어(말)가 아닌 간단한 수화, 제스처, 그림이나 사진 등과 같은 아이콘
보조기기(도구)	상징체계를 담기 위해 제작된 물리적인 기기로, 직접 제작한 그림판, 전자 의사소통 기기 등을 포함함
기법	자신의 의견을 표현하는 방법으로, 크게 '직접 선택(direct selection)'과 '스캐닝(scanning)' 방법이 있음
전략	의사소통 기술을 향상시키기 위해 보조공학 기기, 상징, 테크닉을 보다 효과적으로 사용하는 방법

(1) 상징

① 일반적인 구어(말)가 아닌 간단한 수화, 제스처, 그림, 사진 등의 아이콘을 말한다.

② 비도구적 상징: 제스처, 발성, 수화

③ 도구적 상징

  ㉠ 유형 상징: 실제 사물, 축소형 사물, 부분 사물

  ㉡ 표상 상징: 사진, 선화 상징

> **참고** 선화 상징-그림 의사소통 상징

상징	내용
표의문자 의사소통 상징 (PIC)	• 장애아동을 위해 특별히 고안된 것 • 검은 색 바탕에 흰색 상징을 그려 넣어 시각적인 뚜렷함을 높임
픽심 상징 (Picsyms)	문자와 사인이 결합된 상징과 함께 사용되므로 문자를 익힐 수 있을 정도의 지능이 요구됨
그림 의사소통 상징 (PCS)	1400개 이상의 명확하고 간단한 선 그림으로 구성됨
리버스 상징	• 소리에 기반을 둔 약 950개의 상형문자적인 단일 상징체계 • 하나의 리버스는 대부분 하나의 형태소를 나타내지만 때로는 하나의 리버스가 하나 이상의 형태소를 나타내기도 함
블리스 상징	• 약 100개의 기본적인 의미를 이루는 상징으로 구성됨 • 각 상징은 소리나 단어에 관계없이 관련된 의미를 나타냄

  ㉢ 도구적 상징: 철자와 철자 상징

(2) 보조기기

① 상징체계를 담기 위해 제작된 물리적인 기기로, 직접 제작하는 그림판, 전자 의사소통 기기 등을 포함한다.

② 의사소통판, 의사소통책

  ㉠ 전자기기보다 비용이 저렴하고 제작이 용이하며 학생의 필요와 요구에 따라 다양하게 접근할 수 있다는 장점 때문에 가장 보편적으로 사용된다.

  ㉡ 사용

    ⓐ 의사소통 훈련을 시작하거나 제한된 어휘를 필요로 하는 경우 제작과 휴대가 간편하고 이용이 편리한 단면 의사소통판이 사용된다.

    ⓑ 사용하는 어휘 수가 많은 경우 의사소통책, 다면 의사소통판 등을 크기와 주제에 맞게 제작한다.

ⓒ 고려할 점
　　ⓐ AAC 체계를 적용할 때에는 사용자들의 인지기능, 언어발달, 신체기능 등을 고려해야 하는데, 특히 의사소통판은 신체적으로 활용할 수 있도록 사용자의 신체 특성을 고려해서 제작해야 한다.
　　ⓑ 의사소통판을 구성하는 개별 상징은 사용자의 시력, 운동능력, 상징의 유형과 필요한 문항의 수와 문항 간의 간격, 의사소통판의 휴대성 여부, 개인의 신체적 잔존능력 여부에 따라 크기가 달라질 수 있다.
　　ⓒ 문항의 크기는 사용자가 효율적이고 정확하게 선택할 수 있도록 고려해야 한다.
　　ⓓ 의사소통판의 상징의 배열은 사용자의 운동기능(움직임의 범위, 지적할 수 있는 거리, 방향 등)과 지각 능력에 따라 자주 사용되는 상징을 쉽게 지적할 수 있도록 개별적인 필요를 고려해야 한다.
③ 음성출력 의사소통 기기
　ⓐ 국내에 수입되어 사용하는 고우톡, 테크톡, 칩톡 등은 모두 교사가 음성을 녹음하여 사용하는 기기이다.
　ⓑ 기능과 특성이 음성산출, 기자재 조작방법, 내용 구성, 내용 제시방법 등으로 다양하게 개발되어 있다.

(3) 기법
① 자신의 의견을 표현하는 방법을 말한다.
② 직접 선택
　ⓐ 손가락, 주먹 등과 같이 스스로 일관성 있게 의도적으로 움직일 수 있는 신체 부분을 사용하여 그림의사 소통판의 상징을 짚거나 상징이 부착된 기기를 누르는 것이다.
　ⓑ 운동조절 기능이 있는 아동에게는 가장 효율적인 방법으로 직접 선택하기 방법을 지도한다.
　ⓒ 방법

방법	내용
신체적 압력이나 누르기	키나 터치 감지 표면을 눌러 AAC 도구들을 활성화할 수 있음
신체적 접촉	압력이나 누르기보다는 신체적 접촉으로 항목을 선택할 수 있음
지적하기(비접촉)	눈 지적(응시)
말 인식	말은 할 수 있지만 쓰기나 키보드를 조절할 수 없는 경우 주로 음성인식 전략을 선택함

　ⓓ 활성화 전략

전략	내용
시간이 설정된 활성화	• AAC 의존자가 일정한 방식으로 항목을 판별한 다음, 그 도구가 선택 항목을 인식하도록 미리 정한 시간 동안 접촉(또는 머무르기)을 유지하도록 요구함 • 사용자로 하여금 마주치는 항목을 활성화하지 않고도 디스플레이 표면 위에서 자신의 손가락, 헤드스틱, 광선 빔을 움직일 수 있도록 함 • 머무는 시간의 길이는 사용자의 능력과 상황에 따라 다름 • 부주의에 의한 활성화와 사용자에게 요구되는 운동조절의 부담을 줄여주는 장점이 있음
해제 활성화	• 사용자가 디스플레이에 손가락을 갖다 대고 원하는 항목에 도달할 때까지 접촉을 유지해야 하며, 사용자가 디스플레이와 직접적인 접촉을 유지하는 동안에는 선택이 이루어지지 않기 때문에 디스플레이 위의 어디에서든지 자신의 손가락을 움직일 수 있음 • 항목을 선택하려면 사용자가 디스플레이에서 접촉을 해제하면 됨 • 접촉 시간은 개인의 능력과 요구에 따라 조정될 수 있음 • 이 전략의 장점은 사용자로 하여금 확고하게 디스플레이를 사용하도록 해준다는 점임 • 너무 느리거나 비효율적으로 움직여 시간이 설정된 활성화 전략으로는 이득을 얻을 수 없는 사용자의 오류를 최소화함
여과 또는 평균화된 활성화	• 특정 항목과 동떨어진 간단한 움직임을 허용하고 포인터가 각 항목에 머문 시간의 양을 감지함 • 도구는 금세 축적된 정보를 평균화하고 광선, 광학포인터가 가장 오래 지적한 항목을 활성화함 • 촉진자들을 이 체계를 개별화하기 위해 활성화 이전에 미리 소요된 시간의 양을 설정할 수 있음

③ 스캐닝(= 훑기, 간접 선택)
  ㉠ 손으로 직접 선택을 못 하는 경우 신체의 한 부위로 스위치를 눌러 선택하는 간접적인 방법을 사용한다.
  ㉡ 적용 대상
    ⓐ 직접적인 선택을 하지 못하는 경우 스캐닝 방법을 사용하는데, 이는 인지적인 이해력이 있는 아동에게 사용할 수 있다.
    ⓑ 아동이 직접 선택을 정확하게 하지 못하거나, 선택하는 데 걸리는 속도가 매우 늦거나, 피곤한 경우에 사용한다.
  ㉢ 스캐닝 방법

방법	내용
청각적 스캐닝	교사 또는 대화 상대자가 의사소통판의 내용을 천천히 말해주면 원하는 항목이 나왔을 때 정해진 신호를 사용하여 선택하는 방법
시각적 스캐닝	의사소통 기기에서 불빛이 정해진 순서대로 천천히 이동하고 아동이 원하는 항목에 불빛이 왔을 때 스위치를 누르거나 소리내기, 손들기 등으로 선택하는 방법

  ㉣ 스캐닝 형태

형태	내용
원형 훑기	사용자가 스캐너를 멈추고 원하는 항목을 선택할 때까지 도구 자체가 원형 안에 있는 개별 항목을 제시해 주면 자동으로 한 번에 한 항목씩 훑어줌
선형 훑기	항목이 선택될 때까지 첫째 줄의 각 항목, 둘째 줄의 각 항목, 그 다음 줄의 각 항목으로 커서나 화살표가 이동함
집단항목 훑기	마지막 선택이 이루어질 때까지 항목들로 이루어진 집단을 판별한 다음 점차적으로 옵션을 제거함

  ㉤ 활성화 전략

전략	내용
유도된 훑기	• 사용자가 스위치를 활성화할 때 지시기나 커서가 움직이기 시작함 • 스위치가 활성화되면 한 지시기는 미리 설정된 훑기 형태에 따라 움직임 • 스위치가 놓이면 선택이 이루어짐
자동적 훑기	• 사전에 설정된 형태에 따라 지시기나 커서가 자동적으로 계속 움직임 • 선택을 하려면 원하는 집단이나 항목에 지시기를 멈출 수 있도록 스위치를 활성화해야 함
단계적 훑기	• 스위치의 활성화를 위해 지시기나 커서가 사전에 설정된 선택 형태에 따라 한 번에 한 단계씩 움직임 • 커서의 움직임과 스위치 활성화 간에는 일대일 대응관계가 성립함

(4) 전략

  ① 의사소통 기술을 향상시키기 위해 보조공학 기기나 상징, 테크닉을 보다 효과적으로 사용하는 방법이다.
  ② 의사소통 상호작용 전략

전략	내용
충분히 기다려 주기	아동이 메시지를 전달하는 동안 대화 상대자가 충분히 기다려 줌
청각적 피드백 제공하기	사용자가 의사소통 기기로 지적한 항목을 크게 말해주는 청각적 피드백을 제공함
명확한 신호 확립하기	의사소통을 하는 상호과정에서 보다 적극적인 역할을 하고 의사소통 기회를 방해받지 않도록, 의사소통 단위의 시작과 끝을 알리는 명확한 신호를 확립함
잠깐 멈추어 기다리기	프로그램에서 의사소통 대화 상대자와 대화를 주고받는 사이에 잠깐 멈추어 기다림으로써 사용자의 의사소통을 촉진함

03 AAC 평가

1. 평가 모델: 참여 모델

(1) 개념

모든 사람은 의사소통할 수 있다는 신뢰를 바탕으로 평가의 대상으로 보는 관점을 가지며, AAC 사용을 위한 평가를 실행하는 과정에서 일반학생의 기능적 참여 욕구를 기반으로 하여 최적합한 중재 절차를 수립하기 위한 진단 모델이다.

(2) 단계

① 1단계: 의사소통 참여 유형과 요구 평가
  ㉠ AAC를 사용하게 될 학생의 참여 유형과 의사소통 요구를 진단한다. 학생의 집, 학교, 지역사회 등의 일상 생활에서의 활동 목록을 통해 의사소통에 참여하는 유형과 수준, 요구 정도를 관찰하여 작성한다.
  ㉡ 참여 정도는 독립적·언어적·신체적 보조, 참여할 수 없음 등의 환경 내에서 관찰을 통해 기록한다. 장애 학생의 참여 정도는 일반학생의 참여 유형과 비교하여 효과성을 분석하고, 참여를 방해하는 구체적인 요인을 확인한다.

② 2단계: 기회 제한요인 평가

구분		내용
기회 장벽	정책	• AAC 사용자의 상황을 좌우하는 법률, 규정 • 학교, 직장, 거주시설, 병원, 재활센터, 요양소 등에는 주로 그 시설의 관리 규약을 담은 문서에 관련 정책이 요약되어 있으나 AAC 관련 내용 언급은 없음
	실제	• 가정, 학교, 직장에서 이루어지는 일반적인 절차나 관습 • 가정, 학교, 직장에서 실제 정책이 아닌데도 일상적이 된 장벽 예) 많은 학교가 교육청의 기금으로 마련한 AAC 도구를 학교 안에서만 사용하도록 제한하고 있는데, 이는 교육청의 '공식적인' 정책이 아님
	기술	• 도움을 제공하는 사람들이 AAC 기법, 전략을 사용하는 기술이 부족하여 실제로 이행하는 데 어려움 • AAC 기술, 전략에 대한 실제적인 적용방법을 몰라 어려움을 겪음 • AAC 중재계획을 책임지는 개인들의 기술 수준을 진단하는 것도 중요함
	지식	AAC 중재 옵션, 테크놀로지, 교수 전략 등 AAC 사용에 대한 정보 부족
	태도	• 개인의 태도와 신념이 참여의 장벽이 됨 • AAC 팀원의 부정적이고 제한적인 태도는 참여의 범위를 제한시킴 • 장애학생에 대한 기대치를 낮추게 되고 이것은 기회에 대한 참여를 제한시킴
접근장벽		• 사회나 지원체계의 제한이 아닌 AAC 사용자의 능력, 태도 및 지원의 제한, 개인의 잠재적인 능력의 제한을 포함함 • 접근장벽의 부족은 이동성 부족, 사물의 조작과 관리의 어려움, 인지적 기능과 의사결정의 문제, 읽고 쓰기의 결함, 감각-지각적 손상(예) 시각장애나 청각장애) 등과도 관련될 수 있음 • 개인의 현재 의사소통 수준, 말 사용 또는 말사용능력 증가의 잠재성, 환경 조정의 잠재성 등을 모두 평가해야 함

③ 3단계: 학생의 구체적인 능력 평가
  ㉠ AAC 교수에 요구되는 구체적인 능력을 평가한다. 관찰, 인터뷰, 의사소통 행동을 직접 유도해 냄으로써 의사소통에 대한 정보를 수집하여 현재의 의사소통 능력을 평가한다.
  ㉡ 다른 사람과 의사소통을 하는 방법을 관찰하여 자연적인 언어의 사용능력을 평가하고 구어의 명료도, 언어 이해능력과 언어의 기능을 관찰하여 구어 사용 가능성을 평가한다.
  ㉢ AAC 체계를 사용하게 될 경우 AAC 기기 선정을 위한 고려사항도 평가한다. AAC의 휴대성, 내구성, 외관, 배우는 데 필요한 시간, 질과 명료도, 의사소통의 자연스러움 정도 등이 포함된다.

2. AAC 기초능력평가

(1) 운동능력

① 자세 및 이동능력의 평가

- ㉠ 바른 자세를 취할 수 있는지, 어떤 자세 보조기기가 필요한지 등을 평가하여 AAC 체계를 사용할 때의 적절한 자세를 알아본다.
- ㉡ 자세는 근긴장도를 감소시킬 수 있는 안정된 자세를 기반으로 수정한다. 남은 움직임을 유지하고 최대한 편안함을 느낄 수 있으며 움직임에 드는 노력을 최소화하여 피로를 줄일 수 있는 수정이 필요하다. 최대 수준의 기능을 성취하는 데 필요한 최소한의 중재를 제공하는 데 초점을 맞춘다.
- ㉢ 자세 평가는 휠체어를 사용하거나 일반 의자에 앉은 자세를 먼저 관찰하되, 의자를 이용하여 바른 자세를 취할 수 없다면 보조기기를 이용한 지원 방안을 고려한다. 평가팀은 학생이 의자에서의 앉은 자세를 취할 수 있도록 적절히 수정해 준 뒤, 새로운 자세에서 나타날 수 있는 변형, 압력통증, 신경근육 구축 등의 요인을 살펴본다.

② 신체기능의 평가

- ㉠ 상징 선택 및 표현에 필요한 운동능력을 알아보는 것이다. 개인별로 일관성 있고 정확하게 사용할 수 있는 신체부위와 선택 가능한 움직임 패턴을 파악한다.
- ㉡ 선택 가능한 신체기능을 알아내는 것 외에도 신체기능을 효율적으로 표현할 방법을 찾는 과정이다. 그러므로 상황이나 자세에 따라 효율적으로 표현할 수 있는 신체부위를 찾아내는 데 중점을 둔다.
- ㉢ 직접 선택하기가 가능한 신체부위를 찾을 때는 조절하기 쉽고 사용하기 더욱 우세한 손과 팔의 조절능력을 평가하며, 그 다음에는 머리와 목, 마지막으로는 신체적 손상이 있어 직접 선택 기술에 필요하고 팔다리의 미세한 운동 조절기능이 낮은 발과 다리를 평가하는 것이 효과적이다.
- ㉣ 신체기능의 평가는 현재 움직임의 유형과 활동에 관한 정보를 수집하여 상징을 어떤 배열로 제시했을 때 정확하게 지적할 수 있는지에 대하여 각 신체기능의 움직임 범위, 정확성, 조절기능을 평가한다.
- ㉤ 운동의 정확성과 범위에 대한 평가는 헤드스틱이나 라이트포인터, 눈 응시(eye gaze) 방법을 사용하여 선택하는 능력과 다양한 크기의 상징에 정확하게 접근하는 정도나 상징의 최대 범위와 수 등을 평가하고, 키 가드나 다양한 디스플레이의 경사각 등을 제시하여 기기의 수정이 사용자의 움직임 조절능력에 미치는 영향을 관찰하여 평가한다.

(2) 감각능력

- ① AAC 체계의 구성에 필요한 기본 정보, 즉 상징의 유형, 크기, 배치, 간격, 색 등을 결정하기 위해 정확한 시각과 청각능력을 진단하는 것이 매우 중요하다.
- ② AAC 기기에 사용할 상징 유형, 크기, 사용자 눈으로부터의 거리 등을 결정하고 의사소통 상징과 기기들의 적절한 배치와 정렬, AAC의 상징 배치, 항목 간 간격 등을 결정하기 위해 시야(visual field)를 측정하고 시각 관련 근육들의 기능성과 시각을 고정하고 유지하는 능력, 사물의 위치를 파악하고 훑어보기, 추적하기 등과 같은 움직임을 진단한다.

(3) 인지능력

인지능력 진단에서는 AAC 적용과 관련된 기본 인지능력으로 사물 영속성, 부분과 전체의 개념 이해, 범주화 능력을 알아본다. 더불어 사물의 기능에 대한 이해, 사물과 적절한 상징의 대응관계를 파악하는 것도 중요하다.

(4) 언어능력

- ① 수용어휘 및 기본적인 인지능력을 알면 AAC 체계를 계획하는 데 도움이 된다. 여러 상징체계 중 어떤 것이 사용자에게 처음 시작하기 좋은지, 미래를 위해서는 어떤 상징체계로 발전시켜야 할지를 결정하기 위한 평가도 AAC 평가에 포함되는 부분이다.
- ② 언어 평가는 대안적 방법으로 가족 구성원, 양육자를 통한 관찰로 어휘이해 정도를 측정할 수도 있다.

| 참고 | 의사소통을 위한 기초 기술 |

- **언어적 능력(linguistic competence)**: AAC 사용 아동은 AAC 언어(예 상징어휘)를 사용할 수 있어야 할 뿐 아니라 대화 상대들이 사용하는 언어(예 한국어)를 이해할 수도 있어야 한다. 이는 마치 이중언어 학습자가 모국어와 제2외국어를 같이 사용하는 것과 같은 의미라고 할 수 있다. 이러한 언어적 능력을 형성하기 위해서는 중재자가 여러 문맥 속에서 두 언어(AAC 언어, 모국어) 모두에 대한 경험을 최대한 많이 할 수 있도록 하는 것이 중요하다.
- **도구를 다루는 작동능력(operational competence)**: AAC 도구를 스스로 다룰 수 있도록 하는 것은 아동에게 맞는 AAC 도구를 마련해 주는 것만큼 중요하다. AAC 중재를 지원하는 언어치료사는 AAC 어휘 갱신하기, 의사소통 배열판 바꾸기, 도구나 기기 보호하기, 필요한 수리 요청하기, 미래의 필요를 고려하여 AAC 수정하기, 일상적 사용과 작동여부 파악하기 등에 대한 중재를 할 수 있어야 한다.
- **사회적 능력(social competence)**: AAC를 통하여 의사소통적 상호작용을 시작·유지하고, 확대하고, 끝낼 수 있는 능력을 가르쳐야 한다. Light(1998)는 AAC 사용자에게 긍정적인 자아상(self image)을 갖게 하는 것, 다른 사람에게 관심을 갖게 하여 의사소통을 할 의욕을 갖게 하는 것, 대화에 적극적으로 참여할 수 있게 하는 것, 의사소통 상대를 편안하게 해주는 것과 같은 사회적 기술을 가르치도록 제안하였다.
- **문제상황에 대처하는 능력(strategic competence)**: AAC로 의사소통을 할 때는 구어로 할 때보다 여러 가지 제약이 많다. 예를 들어, 대화를 하다 내가 원하는 어휘나 표현이 의사소통판에 없는 상황이 있을 수도 있고, 내가 표현한 AAC 메시지가 상대방에게 이해되지 않는 경우도 있을 수 있다. 그러므로 AAC 사용자는 문제상황에 대처할 전략을 습득하는 것이 중요하다.

04 AAC 지도의 실제

1. 현행 수준 측정

① 일상생활 장면에서의 상황을 관찰하여 의사소통 행동의 특징과 수행능력에 대한 자료를 수집하여 측정한다.
② 의사소통 행동에 대한 현행 수준을 파악할 때에는 대화 상대자, 환경, 기초선을 측정했던 활동의 종류, 시간 등 수행력에 영향을 미칠 수 있는 다양한 변인을 고려한다. 학생의 의사소통 의도를 관찰하기 위해서는 교사의 민감성이 요구된다.
③ 의사소통 기능의 평가는 일상생활 중에 필요한 최소한의 의사표현 능력 수준을 고려하는 것으로 학생과 대화를 자주 하는 부모, 담임교사, 교과교사와 정보를 공유한다.

2. 의사소통 지도목표 수립

① 학생의 현재 수행수준이 파악되면 이를 바탕으로 목표를 설정한다.
② 의사소통 지도의 목표는 실생활에서의 기능성을 전제로 하기 때문에 실생활에서 가치 있고 학생의 기능을 증진할 수 있는 목표를 설정한다.
③ 의사소통 지도의 목표를 설정할 때에는 가르치고자 하는 의사소통 기술이 학생의 현재 생활에 유익함을 주는 기술인지 고려한다.
④ 목표로 선정한 기술이 생활연령 기준에 적합하고 실생활에서 사용할 수 있는 기회가 제공되어 성공적으로 습득 가능한지 점검한다.
⑤ 또래와의 상호작용을 증진시킨다거나, 스스로 필요한 물건을 요구하거나, 입고 싶은 옷을 표현하는 등 학생이 현재 처해 있는 상황에서 학생의 지위를 향상시킬 수 있는 목표를 설정한다.

3. 어휘 수집

구분	내용
핵심어휘	• 여러 사람에 의해 자주 사용되는 낱말과 메시지 　– AAC 체계를 통해 성공적으로 의사소통하는 사람들의 어휘 사용 패턴에 기초한 낱말목록 　– 특정인의 어휘 사용 패턴에 기초한 낱말목록 　– 유사한 상황에서 일반인이 사용하는 말과 글 수행에 기초한 낱말목록
부수어휘	• 개인이 필요로 하는 구체적인 낱말과 메시지 　– 환경 또는 생태학적 목록 　– 의사소통 일지

4. 어휘 선정

(1) 어휘를 선정할 때 고려사항

구분	내용
발달적 관점	• 학생의 인지수준에 적절하며 의미 있고 실용적 기능이 있는 어휘 • '여기, 지금'을 반영한 것이고 자주 사용할 수 있는 어휘 • 언어발달이 지체된 학생을 위한 어휘목록은 동기를 유발하고 일반화를 도울 수 있어야 함
사회적 관점	• 학생이 속한 문화와 성별 • 사회적 지위와 관계된 것
의사소통적 관점	어휘는 의사소통 맥락을 고려하여 선정함

(2) 수집한 어휘목록에서 지도할 어휘를 최종적으로 선정할 때 고려사항

① 문자습득 전 단계의 학생을 위한 어휘 선택은 대화를 하기 위해 기본적으로 알아야 할 어휘 위주로 우선 선정한다. 학생이 음식을 먹을 때, 목욕을 할 때, 게임을 할 때 등 활동을 하는 중에 또는 그 외의 꼭 필요한 상황에 필요한 어휘를 알려주고 확장시켜주어야 한다.

② 인지적 어려움으로 문자습득이 힘든 학생인 경우 개인적 요구를 충족시켜 줄 수 있는 어휘를 선정한다. 효율성을 고려하여 일상에서 반복되어 나타나는 일견단어나 문장 형태의 메시지를 이용한다. 단, 학생의 연령을 고려하여 신중한 어휘 선정이 필요하다.

> 예 학생에게 '좋아요'의 뜻으로 웃는 얼굴 모양의 상징을 이용한다면, 청소년기 학생에게는 엄지손가락을 들어 올리는 상징을 사용하는 것이 적절함

③ 문자를 습득한 학생의 어휘 선택은 적절한 시간 내에 표현할 수 있도록 의사표현의 속도와 표현하는 데 드는 노력을 줄이는 방법을 고려한다. 의사소통은 적절한 시기에 상대방과 주고받는 타이밍이 중요하기 때문이다.

④ 개개인의 사용자에 맞는 어휘들을 선정하기 위해서는 사용하는 학생의 연령, 성, 사회·문화적 배경, 이해 수준 등을 고려하고 대화 상대자와의 친숙한 정도, 대화 상황, 장소 등 개별적인 환경을 고려하여 선정한다.

⑤ 지체장애 학생의 경우 운동능력의 장애를 보완하기 위한 어휘가 필요할 수 있다.

예	지역사회환경	학교환경	가정환경
	가방(휠체어 주머니)에 넣어 주세요.	기저귀가 젖었어요.	가려워요.
	거스름돈은 여기에 넣어 주세요.	너무 멀어요./가까이 해 주세요.	기저귀 갈아 주세요.
	경사로는 없나요?	떨어졌어요./주워 주세요.	단추 풀어/끼워 주세요.

⑥ 장소, 물건, 관계, 움직임, 감정, 긍정/부정, 중지를 나타내는 말, 이름이나 소유격, 사물과의 관계, 반대되는 말, 색, 위치, 모양을 나타내는 말 등을 포함하는 것이 좋다.

⑦ 의사소통 어휘는 교육의 목적에 따라 지도해야 하는 내용에 해당되는 어휘를 선택하여 지도한다.

5. 상징 및 도구 선택

① 의사소통을 지도하기 위해서는 적절한 상징체계를 선택해야 한다. 상징은 학생의 인지 및 생활연령을 고려하여 이해하기 쉽고 사용하기 쉬운 것이어야 하며, 미래의 의사소통 기능의 범위와 폭이 향상될 것을 고려하여 장기적으로 사용과 확장이 가능한 상징을 사용하는 것이 바람직하다.

② 상징체계를 선택할 때에는 학생의 현행 수준에 적합하고 개인의 표현하고자 하는 요구를 충족시킬 수 있고, 미래에도 사용할 것으로 예측되는 상징체계를 선택해야 한다. 의사소통 상징체계를 선정할 때 우선 고려해야 할 점은 학생의 운동기술과 지각 운동능력, 형태, 그림 등 학생의 개인적 특성에 기초하여 선정해야 한다.

③ 구체적인 상징을 선택하기 위해 의사소통 상징의 물리적 특성, 즉 시각적 상징의 명료성, 재인능력(recall)과 학습 가능성, 변별성(discriminability) 등을 고려해야 한다. 시각적 그림상징체계는 국내에서도 개발되고 있으며 유용하게 활용되고 있다.

6. 상징 배열 및 구성

① 원하는 상징을 금방 찾을 수 있고 상황에 따라 사용할 수 있는 상징들을 모아 놓아 범주별로 상징을 분류하는 것이 효율적으로 사용하기 좋다.

② 학생의 언어발달 특성을 고려하여 효율적 · 효과적으로 의사소통할 수 있도록 조직하고 배열해야 한다.

③ 어휘목록 구성 전략

전략	방법	언어발달 촉진 효과
문법적 범주를 이용	• 언어습득 촉진을 위해 전통적으로 가장 많이 사용된 방법은 구어의 어순대로 배열하는 것임 • 영어는 왼쪽에서 오른쪽으로 사람, 행위, 수식어, 명사, 부사의 순서로 나열하고, 의사소통판의 위나 아래쪽에 자주 사용되는 글자나 구절을 배열하여 왼쪽에서 오른쪽으로 단어를 연결하여 문자를 구성하는 방식	
	• 구어의 어순, 즉 문법기능에 따라 어휘를 배열함 • 피츠제럴드 키(Fitzgerald key): 왼쪽에서 오른쪽으로 사람, 행위, 수식어, 명사, 부사의 순서로 나열, 판의 위나 아래쪽에 자주 사용되는 글자나 구절을 배열함 • 각 범주별로 시각적 식별을 쉽게 하기 위해 색을 다르게 하는 경우가 많음	왼쪽에서 오른쪽으로 단어를 배열하여 문자를 구성하는 능력을 학습함
의미론적 범주를 이용	사람, 장소, 활동 등과 같이 상위의 의미론적 범주에 따라 상징을 배열하는 방법	
	• 의미론적 범주(사람, 장소, 활동 등)에 따라 상징을 배열 • Hamilton과 Snell(1993)의 연구: 신체 및 감정에서 필요한 물품과 같은 범주를 사용 • Mirenda 등(1994)의 연구: 간식, 점심, 교통수단, 방과 후 활동, 주말 활동, 자기관리, 친구, 가족 등의 범주를 사용	• 언어발달을 촉진할 가능성에 대해서는 실험적으로 연구된 바가 없고 구성방법 자체가 언어적 속성이 적음 • 언어발달이 주요 목표인 경우 언어발달 촉진을 위한 다른 배열을 함께 사용하는 것이 좋음
환경/활동 중심으로 구성	• 초기 의사소통 방법을 지도하기에 용이한 구성방법 • 하나의 환경이나 활동에 필요한 어휘들을 의사소통판에 모아서 구성해 주는 방법 • 의사소통판에 특정 활동에 참여할 수 있는 다양한 어휘목록을 담을 수 있기 때문에 여러 단어를 연결하여 사용하는 등 언어발달을 촉진하는 기능도 할 수 있음	
	• 각각의 의사소통판이 특정한 환경(예 가게)이나 활동(예 소꿉놀이하기)에 맞는 어휘들로 구성 • 특별하거나 일상적인 활동에의 참여를 촉진하는 풍부한 어휘를 담을 수 있음 • 연령에 맞게 지역사회, 학교, 직업환경에서 사용하도록 고안할 수 있고, 중재자가 비교적 손쉽게 해당 활동에 필요한 어휘만으로 의사소통판을 구성할 수 있음	• 여러 단어를 연결하여 사용하는 등 언어발달을 촉진하는 기능을 할 수 있음 • 발달적 관점에서는 이러한 구성이 초기의 언어 사용을 가장 증진시킨다는 보고도 있음 • 학생의 활동 참여와 어휘습득을 증진시킬 수 있음

7. 지도방법

(1) 환경의 구조화

① 의사소통을 지도하기 위한 의사소통 촉진 전략의 우선 과제는 의사표현과 상호작용의 동기를 유발할 수 있도록 환경을 구조화하는 것이다.

② 지체장애 학생이 자세의 불안정성으로 인해 느끼는 불안감을 감소시키고, 근긴장도를 낮추고, 근육을 이완하여 편안하게 의사소통할 수 있도록 환경을 구조화한다.

③ 적절한 자세 취하기와 AAC 기기의 배치, 의사소통의 동기를 부여할 수 있는 활동을 제공하기 등으로 환경을 조정한다.

(2) 메시지 확인하기(message confirm)

① 학생이 시도한 것에 대해 반응을 보이고, 표현한 것에 대해 확인해 주는 전략으로, 학생의 의사소통 능력을 신장시킬 수 있다.

② 의사소통을 할 때, 학생이 메시지를 표현하는 동안 대화 상대자는 충분히 기다려 준다. 학생이 의사소통 보조 기기나 의사소통판의 그림이나 상징을 지적하여 표현하면 대화 상대자는 학생이 지적한 항목을 크게 말해 주는 청각적 피드백을 제공한다.

(3) 시작과 끝을 알리는 명확한 신호 확립하기

① 의사소통을 하는 상호과정에서 의사소통 기회를 방해받지 않도록 의사소통 단위의 시작과 끝을 알리는 명확한 신호를 정하여 사용한다.

② 대화의 시작과 끝을 나타내는 신호를 정해 사용하는 것은 보다 적극적인 의사소통자로서의 역할을 부여한다.

(4) 시간지연(time delay)

① 학생의 의사표현을 촉진하기 전에 자발적으로 의사표현할 수 있도록 일정 시간을 기다려 주는 전략이다.

② 의사소통 상황에서 학생이 기대하는 반응을 나타내기 전에 어떠한 촉진도 주지 않고 일정 시간을 기다려서 목표 기술을 자발적으로 사용할 수 있는 기회를 제공한다.

(5) 지적하기 촉진(point)

① 시간지연 방법으로도 의사소통할 기회를 갖지 못하는 경우에는 다음의 촉진이 필요한데, 그것이 바로 '지적하기'이다.

② 언어적 촉진과는 달리 대화의 흐름 중에 최소한의 개입을 하여 대화 도중 흐름을 방해하거나 산만하게 하지 않는다. 이는 시각적 촉진을 제공하는 방법이며 시각능력의 손상을 입은 경우 주의집중하는 데 문제가 있으므로, 이 경우 사용자의 팔을 가볍게 건드리는 정도의 접촉을 통한 촉진(touch prompt)을 제공할 수 있다.

③ 지적하기를 촉진해도 바르게 수행하지 못한다면 "이렇게 해 봐."라고 하면서 모델링을 제공한다.

(6) 모델링

① 지적하기 촉진을 해도 목표기술이 나타나지 않을 경우 사용하는 촉진으로, 학생에게 도움이 필요할 때 제공해 주고, 직접 따라 할 수 있도록 촉진해 주고, 의사를 표현하도록 격려하여 성공감을 갖게 하는 촉진 전략이다.

② 말할 차례가 되었을 때 어떻게 하는 것인지 정확하게 모델을 보여 주는 것이다.

③ 의사소통 기술을 성공적으로 사용하기 위해서는 AAC 도구를 바르게 사용하는 것을 모델링해주는 교사의 역할이 중요하다.

(7) 학생에게 대화를 시작할 기회를 많이 제공하는 방법

① 학생보다 말을 적게 하고 학생의 시도에 즉각적으로 반응하는 것이 효과적이다.

② 학생이 먼저 시도한 주제에 대한 대화 주고받기를 한다.

③ 한 주제에 대한 반복적인 대화 주고받기는 의사소통을 촉진하는 데 도움이 된다.

8. 일반화와 유지 점검

일반화 단계는 학교(교실 안, 교실 밖), 가정, 그 밖의 지역사회 환경 내의 다양한 실제 상황에서 지도한 교사가 아닌 다른 사람과도 의사소통 방법을 이용하여 하고 싶은 말을 표현하고 있는지 관찰하는 것이다.

9. 성과 측정

① 의사소통 지도의 목적 실현에 대한 평가는 의사소통 방법의 지도가 학생의 삶과 실생활에서의 유용성으로 평가한다. 질문지, 평정척도, 인터뷰, 형식적인 토론 시간, 관찰 등의 방법으로 유추할 수 있다.

② 학생의 기술습득 정도, 학생의 만족도, 사회성이나 또래관계 등에 미치는 영향, 그 밖의 기대효과 등을 평가한다. 의사표현 능력의 향상 정도는 정기적으로 점검해야 하며, 의사소통 지도의 평가 결과는 교수 프로그램을 향상시키고 앞으로의 교수계획에 반영되어야 한다.

---

33 2020학년도 초등 B 5번 일부

다음은 초임 특수교사가 관찰한 학생들의 특성과 이에 대한 수석교사의 조언 일부이다. 물음에 답하시오.

학생	학생 특성	조언
은지	• 인지 및 언어발달 지체가 심함	
	• 자신의 요구를 나타내려는 듯이 "어-어-, 어-", "우와, 우와, 우와"와 같은 소리를 내고, 교사가 이해하기 어려운 몸짓을 사용하기도 함	• ㉠ 표정, 몸짓, 그림 가리키기, 컴퓨터 등을 포함한 비구어적 수단을 활용하는 지도방법을 통해 언어발달을 도와줄 수 있음
소희	• 상황에 맞지 않거나 문법적 오류가 많이 포함된 2~3어절 정도 길이의 말을 함	• ㉡ 언어지도 시 일상생활과 관련하여 잘 계획되고 통제된 맥락의 활용을 고려해 볼 수 있음
	• 대화 시 교사의 말에 대한 반응이 없거나 늦음	• 학생의 의사소통 기회를 증가시키기 위해 교사가 말을 하다가 '잠시 멈추기'를 해 주는 방법을 쓸 수 있음
인호	• ㉢ "김치 매운 먹어요."와 같은 문장을 사용하거나, ㉣ "생각이 자랐어."와 같은 말을 이해하지 못함	• 언어학의 하위 영역별로 지도하면 좋음
	• ㉤ 주어를 빼고 말하는 경우가 자주 있음	• ㉥ W-질문법을 활용하면 좋음

1) ㉠이 무엇인지 쓰시오. [1점]

• _____

(가)는 지체장애 특수학교 2학년 학생들의 특성이고, (나)는 '2009 개정 슬기로운 생활과 교육과정'에 따른 '마을과 사람들' 단원 지도계획과 학생 지원계획의 일부이다. 물음에 답하시오.

(가) 학생 특성

미나	• 이분척추를 지닌 학생이며, 뇌수종으로 인하여 션트(shunt) 삽입 수술을 받음
현우	• 뇌성마비 학생이며, 상지 사용이 가능하여 휠체어를 타고 이동할 수 있음 • 휠체어를 타고 턱을 넘을 때, 몸통의 근긴장도가 높아지고 깜짝깜짝 놀라는 반응을 보임
은지	• 뇌성마비 학생이며, 전동휠체어를 타고 이동할 수 있음 • 구어 사용은 어렵지만, 간단한 일상적인 대화는 이해할 수 있음 • 그림 상징을 이해하고, 오른손 손가락으로 상징을 지적할 수 있음 • 왼손은 항상 주먹이 쥐어진 채 펴지 못하고 몸의 안쪽으로 휘어져 있음

(나) 단원 지도계획과 학생 지원계획

대주제		이웃		단원	마을과 사람들
차시	차시명	학습목표 및 활동		학생 지원계획	
8-9	우리 마을 둘러보기	○ 우리 마을의 모습을 조사한다. 　– 마을 모습 이야기하기 　– 조사 계획 세우기 　– 마을 조사하기 • 건물, 공공장소 및 시설물 등을 조사하기 • 마을 사람들이 하는 일을 조사하기		• 미나 　– 마을 조사 시 ㉠ <u>션트(shunt)</u>에 문제가 발생하지 않도록 유의하기 • 현우 　– 마을 조사 시 ㉡ <u>앞바퀴가 큰 휠체어</u> 제공하기 • 은지 　– 수업 중 ㉢ <u>스프린트(splint)</u> 착용시키기 　– 보완·대체 의사소통(AAC) 지원 계획하기 • (㉣)을/를 적용하여 평가하기 • 마을 조사 시 궁금한 내용을 질문할 수 있도록 ㉤ <u>어휘목록</u> 구성하기	

4) 다음은 (나)의 ㉣에 대한 설명이다. ㉣에 들어갈 모델의 명칭을 쓰시오. [1점]

> • 보완·대체 의사소통과 관련된 의사결정과 중재를 하기 위한 평가 모델임
> • 생활연령이 동일한 일반학생의 생활 패턴과 그에 따른 의사소통 형태를 근거로 보완·대체 의사소통 평가를 수행함
> • 자연스러운 환경 내에서 의사소통을 가로막는 기회장벽과 접근장벽을 평가함

> • ＿＿＿＿＿＿＿＿＿＿＿＿＿＿＿＿＿＿＿＿＿＿＿＿＿＿＿＿＿＿＿

35 2012학년도 중등 4번

다음은 보완·대체 의사소통(AAC) 체계의 적용을 방해하는 '장벽(barrier)'에 대한 설명이다. (가)와 (나)에 들어갈 내용으로 알맞은 것은? [2점]

AAC는 구어 사용이 곤란한 특수학교(급) 학생들에게 효과적인 의사소통 체계가 될 수 있음에도 불구하고, 그 적용을 방해하는 여러 가지 장벽이 존재한다. 참여 모델(participation model)에 따르면, ___(가)___ 은 AAC 도구가 어떤 활동에 필요한 어휘를 저장할 만큼 충분한 용량을 갖고 있지 않을 때 발생할 수 있다. 그리고 지식장벽은 ___(나)___ 이/가 AAC 사용법에 대한 정보가 부족할 때 발생할 수 있다.

	(가)	(나)
①	기술장벽	AAC를 이용하는 학생
②	기술장벽	AAC를 지도하는 교사
③	기회장벽	AAC를 이용하는 학생
④	접근장벽	AAC를 지도하는 교사
⑤	접근장벽	AAC를 이용하는 학생

36 2018학년도 중등 A 12번 일부

다음은 특수교사인 김 교사가 보완·대체 의사소통(AAC) 기기를 사용하는 학생 J의 부모님께 보낸 전자우편이다. 〈작성 방법〉에 따라 서술하시오. [4점]

안녕하세요? Y 교육지원청 특수교육지원센터에서 실시하는 'AAC 기기 활용 워크숍'에 대해 안내를 드립니다.

㉠ ┌ 이번 워크숍에서는 학생 J가 사용 중인 AAC 기기를 개발한 전문가와 함께 기기에 새로운 상징을 추가해보고, 유형에 따라 상징을 분류하는 방법을 실습합니다. 또한 배터리 문제 발생 시 해결할 수 있는 기기 관리 방법에 대해서도 안내할 └ 예정입니다.

저와 학생 J의 담임교사도 이 워크숍에 참여합니다. 부모님께서도 이 워크숍이 AAC 기기 활용과 관리에 많은 도움이 되시기를 바랍니다. 워크숍에 대한 자세한 내용은 첨부한 파일을 참조하십시오. 감사합니다.

p.s. 다음과 같이 패스트푸드점을 이용하는 상황을 구조화 한 내용으로 의사소통 중재를 시작할 예정입니다. 학생 J가 잘 참여할 수 있도록 격려해주십시오.

㉡ ┌ 점　원: 안녕하세요?
　 학생 J: [안녕하세요]
　 점　원: 무엇을 주문하시겠어요?
　 학생 J: [치즈버거] [주세요]
　 점　원: 2,500원입니다.
　 학생 J: (카드를 꺼내며) [카드 여기 있어요]
　 점　원: 예, 맛있게 드십시오.
└ 학생 J: [감사합니다]
※[　]는 상징을 눌렀을 때 출력된 음성을 의미함

의사소통판 구성(안)

안녕하세요	주세요	카드 여기 있어요	감사합니다
치즈버거	음료수	감자튀김	아이스크림

〈작성 방법〉

• 뷰켈만과 미렌다(D. Beukelman & P. Mirenda)의 참여모델에서 언급한 장벽 중 ㉠을 통해 해결할 수 있는 기회장벽 유형을 2가지 적을 것

다음은 4세 발달지체 유아 승우의 어머니와 특수학급 민 교사 간 대화의 일부이다. 물음에 답하시오.

민 교사: 승우 어머니, 요즘 승우는 어떻게 지내나요?

어 머 니: 승우가 말로 의사 표현을 하지 못하니 집에서 어려움이 많아요. 간단하게라도 승우가 원하는 것을 알고 상호작용을 할 수 있으면 좋겠는데, 어떻게 해야 할지 모르겠어요. 유치원에서는 승우를 어떻게 지도하시는지요?

민 교사: 유치원에서도 ㉠ 승우에게는 아직 의도적인 의사소통 행동이 명확하게 잘 나타나지 않아서, 승우의 행동이 뭔가를 의미한다고 생각하고 반응해 주고 있어요. 그리고 ㉡ 승우가 어떤 사물을 관심을 가지고 바라보고 있을 때, 그것을 함께 바라봐 주는 반응을 해 주고 있어요.

어 머 니: 그렇군요. 저는 항상 저 혼자만 일방적으로 말하고 있는 것 같아서 답답했어요.

민 교사: 집에서도 승우와 대화할 때 어머니의 역할이 중요해요. 그럴 때는 ㉢ 어머니께서 승우가 의사를 표현할 수 있을 거라는 기대를 가지고 기회를 제공하여, 의사를 표현하는 동안 충분히 기다려 주는 것이 필요하지요. 승우에게 필요한 표현을 ㉣ 간단한 몸짓이나 표정, 그림 등으로 나타낼 수 있도록 만들어 가면 어떨까요? 예를 들면, ㉤ 간식시간마다 승우가 먼저 간식을 달라는 의미로 손을 내미는 행동을 정해서 자신의 의도를 표현할 수 있도록 하는 것이지요.

어 머 니: 아, 그렇군요. 원하는 것을 표현하면 얻을 수 있다는 것도 가르쳐야 하는군요.

2) ㉢과 ㉣은 보완·대체 의사소통(AAC)의 4가지 구성요소 중 무엇에 해당하는지 각각 쓰시오. [2점]

• ㉢: _____ • ㉣: _____

38 2017학년도 유아 A 1번 일부

다음은 중복장애 유아 동우의 어머니가 유아 특수교사인 김 교사와 나눈 상담 내용의 일부이다. 물음에 답하시오.

김 교사: 어머니, 가족들이 동우와 의사소통하는 데 어려움이 있다고 하셨지요?

어 머 니: 네. 동우는 ㉠ 근긴장도가 높아서 팔다리를 모두 움직이기가 어렵고, 몸을 움직이려고 하면 뻗치는 경우가 많잖아요. 그리고 선생님께서 아시는 것처럼 시각장애까지 있어서, 말하는 것은 물론 눈빛으로 표현하는 것도 어려워해요. 가족들은 동우가 뭘 원하는지 알 수가 없어요.

김 교사: 그래서 이번 개별화교육계획 지원팀 회의에서 결정한 바와 같이 동우에게 보완·대체 의사소통을 사용하려고 해요. 이를테면, 동우에게 ㉡ 우선적으로 필요한 어휘를 미니어처(실물모형)로 제시하고 자신이 원하는 것을 만져서 표현하도록 하면 좋겠어요. ㉢ 미니어처를 사용하면 누구나 동우가 표현하고자 하는 바를 명확하게 알 수 있으니까요.

어 머 니: 그러면 집에서 동우를 위해 우리 가족이 해야 하는 일은 무엇인가요?

김 교사: 가족들이 반응적인 의사소통 환경을 만들어 주시면 동우의 의사소통 기술이 발달하는 데 도움이 될 수 있어요. 예를 들어, ㉣ 동우가 장난감 트럭을 앞뒤로 밀고 있다면 어머님도 동우가 밀고 있는 장난감 트럭을 보고 있다는 것을 동우에게 알려 주시고, 동우가 보이는 행동에 즉각적으로 의미 있게 반응해 주세요.

2) ㉡은 보완·대체 의사소통 체계(구성요소)에 해당하는 설명이다. ㉡에 나타난 구성요소 2가지와 그에 해당하는 예시를 지문에서 찾아 각각 쓰시오. [2점]

• ①: _____

• ②: _____

3) ㉢에 나타난 보완·대체 의사소통 체계(구성요소)와 관련된 특성 1가지를 쓰시오. [1점]

• _____

39 2010학년도 중등 28번

구어로 의사소통이 어려운 자폐성장애 학생을 위해 교사가 의사소통판을 활용하고자 상징 체계를 선택할 때 고려해야 할 점으로 가장 적절한 것은? [1.5점]

① 선화, 리버스 상징과 같은 비도구적 상징체계를 활용한다.

② 리버스 상징은 사진보다 추상적이므로 배우기가 더 어렵다.

③ 선화는 사진보다 사실적이므로 의사소통 초기 단계에서 활용한다.

④ 블리스 상징은 선화보다 구체적이므로 인지능력이 높은 학생에게 적절하다.

⑤ 블리스 상징은 리버스 상징보다 도상성(iconicity)이 낮으므로 배우기가 더 쉽다.

(가)는 2011 개정 특수교육 교육과정 중 기본 교육과정 미술과 5～6학년 '소통하고 이해하기' 단원 교수·학습 과정안이고, (나)는 자폐성장애 학생 지혜의 특성을 고려하여 보완·대체 의사소통(AAC) 체계를 활용한 의사소통 지도계획이다. 물음에 답하시오.

(가) 교수·학습 과정안

학년	단원	소단원	제재	차시
6	7. 소통하고 이해하기	7.2 생활 속 여러 알림 메시지	1) 우리 주변의 알림 메시지	9/12
교수·학습활동			자료(㉔) 및 유의점(㉨)	
활동 1	• 여러 가지 픽토그램 살펴보기 • ㉠ 픽토그램이 갖추어야 할 조건 알아보기		㉔ 여러 가지 픽토그램 ────[A]──── 예:	
활동 2	• (㉡)		㉨ 수업 중 활용한 픽토그램을 의사소통 지도에 활용한다.	
활동 3	• 여러 가지 픽토그램을 보고 느낀 소감 말하기			

(나) 의사소통 지도계획

지혜의 특성	의사소통 지도계획
• 시각적 자극을 선호함 • 소근육이 발달되어 있음 • 태블릿 PC의 AAC 애플리케이션을 사용함 • 일상생활과 관련된 어휘를 제한적으로 이해하고 사용할 수 있음 • 질문에 대답은 하지만 자발적으로 의사소통을 시도하지 않음	• 미술시간에 배운 [A]를 ㉢ AAC 어휘목록에 추가하고, [A]로 의사소통할 수 있다는 것을 지도한다. • [A]를 사용하여 ㉣ 대화를 시도하고 대화 주제를 유지할 수 있도록 지도한다. • ㉤ '[A]를 사용한 의사소통하기'를 습득한 후, 습득하기까지 필요했던 회기 수의 50% 만큼 연습 기회를 추가로 제공하여 [A]의 사용을 유지할 수 있게 한다.

1) (가)의 ㉠이 의미를 분명하게 전달하기 위해 갖추어야 할 조건 1가지를 쓰시오. [1점]

• _____

(가)는 장애유아의 특성 및 단기목표이고, (나)는 유아 특수교사와 유아교사가 응용특수공학센터(Center for Applied Special Technology: CAST)에서 제안한 보편적 학습설계 원리를 적용하여 작성한 병설유치원 통합학급 5세 반 활동계획안의 일부이다. 물음에 답하시오.

(가) 장애유아의 특성 및 단기목표

유아	장애 유형	특성	단기목표
혜지	중도 · 중복장애	• 뇌성마비로 인해 왼쪽 하지마비가 심하다. • ⊙ AAC 체계를 사용하여 10개 이내의 어휘로 자신의 생각과 요구 등을 표현한다.	(생략)
현구	자폐성장애	• 주로 시각적 단서로 정보를 얻는다. • 선호하는 활동 및 친구에 대해서만 관심을 보이고 빙빙 도는 행동을 자주 한다.	• 활동에 참여하여 또래와 상호작용하기

(나) 활동계획안

활동명	낙엽이 춤춰요.	활동형태	대집단활동
활동목표	• 낙엽의 다양한 움직임을 알고 신체로 표현한다. • ⓒ 신체표현 활동을 즐기고 적극적으로 참여한다.		
활동자료	움직이는 낙엽의 모습이 담긴 동영상, PPT 자료, 움직임 그림카드 4장, 낙엽 그림카드 4장		

활동방법

• 낙엽의 움직임이 담긴 동영상을 감상한다.
　－ 낙엽이 어떻게 움직이고 있나요?
　－ 수업내용의 이해를 돕기 위해 낙엽 한 장의 움직임을 강조한 동영상 자료를 제시한다.
• 활동을 소개하고 움직임 그림카드를 살펴본다.
　－ 어떤 그림이 있죠? 어떻게 움직이면 좋을까?
• 움직임 카드에 따라 약속된 움직임을 표현한다.
　－ 약속한 움직임대로 낙엽이 움직이는 모습을 표현해 보자.
　－ 유아는 카드를 보고, 몸짓 또는 손짓으로 낙엽의 움직임을 나타내거나 낙엽 그림카드를 가리키거나 든다.

ⓒ

| ── 누웠습니다. | 〰 우수수 떨어집니다. | ◎ 빙글빙글 돕니다. | 〰〰〰 데굴데굴 굴러갑니다. |

• 카드의 수를 늘려가며 움직임을 연결하여 표현한다.
　－ 모둠별로 움직여 보자(파랑 모둠: 현구, 노랑 모둠: 혜지 포함).
　－ 카드 2장을 보고 연결해서 낙엽처럼 움직여 보자.
　－ 도는 것을 좋아하는 현구와 친구들이 함께 낙엽의 움직임을 나타낸다(예: 낙엽이 빙글빙글 돌다가 데굴데굴 굴러갑니다.).
• 활동에 대한 생각과 느낌을 말이나 AAC를 사용해서 표현한다.

1) (가)의 ⊙ AAC 체계의 구성요소 중 기법(선택기법) 2가지를 쓰시오. [2점]

• _____　• _____

(가)는 중증 뇌성마비 학생 진수의 특성이고, (나)는 수학과 '공 모양 알아보기' 단원을 지도하기 위한 교수 · 학습 과정안이다. 물음에 답하시오.

(가) 진수의 특성

- 손과 팔의 운동조절 능력은 있으나 필기는 하지 못함
- 전동휠체어를 사용하여 스스로 이동이 가능함
- 구어 표현은 어려우나 인지적 손상이 적어 상징을 통한 의사소통이 가능함
- 음성 출력 의사소통 기기로 의사소통함

(나) 교수 · 학습 과정안

단원명	⊙ 공 모양 알아보기		제재	공 모양 찾아보기
학습목표	우리 주변의 다양한 공 모양 물건을 찾을 수 있다.			
단계	교수 · 학습활동			
	교사활동		학생활동	
도입	• 지난 시간에 배운 둥근 기둥 모양에 대해 이야기하기 • 수박 사진을 보여주며 오늘 배울 내용 안내하기		• 지난 시간에 배운 둥근 기둥 모양에 대해 이야기한다.	
전개	• 공 모양 물건과 둥근 기둥 모양 물건 보여주기		• 공 모양과 둥근 기둥 모양의 물건을 분류한다.	
	• 여러 가지 공 모양의 공통된 성질을 명확하게 설명하기		• 설명을 듣고 공 모양의 성질을 말한다.	
	• 공 모양의 공통된 성질을 활용하여 공 모양의 개념 정의하기			
	• 다양한 공 모양 제시하기		• 공 모양의 ⓒ 결정적 속성과 ⓒ 비결정적 속성을 조사한다.	
	• ⓔ 교실에 있는 공 모양 물건을 찾아오게 하기		• 찾아온 물건이 왜 공 모양인지 그 이유를 설명한다.	
정리	• 공 모양의 성질을 다시 설명하고, 형성 평가 실시하기			

3) 진수는 수업에 참여하기 위하여 AAC 기기의 '직접 선택하기' 방법 중 해제 활성화 전략을 사용하고 있다. 이 전략을 설명하시오. [1점]

- _____

(가)는 지체장애 학생 미주와 영수의 특성이고, (나)는 교사가 2011 개정 특수교육 교육과정 중 기본교육과정 사회과 5~6학년 '우리나라의 명절과 기념일' 단원을 지도하기 위해 개념학습 모형에 따라 작성한 수업계획의 일부이다. 물음에 답하시오.

(가)

미주	• ㉠ 경직형 뇌성마비이며 오른쪽 편마비를 가짐 • 발화는 가능하나 발음은 부정확함
영수	• 독립적인 보행이 어려워 수동휠체어를 사용함 • 보완 · 대체 의사소통(AAC) 도구를 사용함

(나)

• 학습내용 소개
  – ㉡ 텔레비전으로 국경일 동영상 시청하기
• (㉢   )
  – 자신이 가장 기뻐하고 축하받은 날에 대해 ㉣ 이야기 나누기
[A]

• 개념 제시
  – 국경일 관련 경험에 대해 이야기 나누기
  – 국경일 관련 특별 행사 참여 경험 나누기
  – 국경일 관련 특별 프로그램 시청 경험 나누기
• 개념에 대한 정의 내리기
[B]

• 추가 사례 찾기
  – 삼일절, 제헌절, 광복절, 개천절, 한글날 관련 경험 발표하기
• 속성 분류하기

3) (나)의 밑줄 친 ㉣에 참여하기 위해 영수는 여과 활성화(filtered activation) 기능이 적용된 보완 · 대체 의사소통(AAC) 도구를 사용하려 한다. 여과 활성화의 작동 원리를 쓰시오. [1점]

• _____

다음은 김 교사가 중학생 영수(뇌병변, 저시력)의 쓰기지도를 위해 작성한 계획서이다. 지도 단계 중 2단계에 적용된 직접 선택 기법의 활성화 전략 명칭을 쓰시오. [2점]

〈컴퓨터를 통한 쓰기 지도계획〉

• **목표**: 컴퓨터를 이용하여 글쓰기를 할 수 있다.
• **영수의 컴퓨터 접근 특성**
  − 일상생활에서 사용하는 간단한 단어는 말할 수 있음
  − 대근육 및 소근육 운동기능이 떨어져 키보드 또는 마우스를 통한 글자 입력이 어려움
  − 근긴장도가 높아 주먹을 쥔 상태에서 트랙볼을 사용함
  − 트랙볼을 이용하여 마우스 포인터를 이동시켜 특정키(key)를 선택함
  − 빛에 민감하여 눈의 피로도가 높음
• **지도 단계**

단계	지도내용	유의점
1단계	○ 책상 높낮이 조절, 모니터 높낮이 및 각도조절 ○ 컴퓨터 입력 기기 준비: 화상 키보드, 트랙볼	○ 윈도우 프로그램을 기반으로 함
2단계	○ 화상 키보드 환경 설정 • 화상 키보드 사용 방식: '가리켜서 입력' 선택 • 가리키기 시간: 2초 마우스 포인터를 특정 키 위에 2초 이상 유지시키면 해당 키의 값이 입력됨	㉠ 영수의 특성을 고려하여 마우스 포인터의 움직임 속도를 조정함 ㉡ 키보드 개별 키의 크기를 확대하기 위해 '숫자 키패드 켜기'를 설정하지 않음 ㉢ '로그온 시 화상 키보드 시작'을 설정하여 컴퓨터 시작 시에 항상 사용할 수 있게 함
3단계	○ 화상 키보드 연습 • 트랙볼을 조정하여 마우스 포인터를 특정 키 위에 위치시키기 	㉣ 반전기능을 이용하여 대비 수준을 조정함
4단계	○ 글쓰기 • 기본 자모음 입력하기 • 기능키와 함께 단어 입력 하기 • 다양한 기능키를 활용하여 짧은 문장 완성하기	㉤ 간단한 단어 입력을 위해 대체 입력 프로그램인 스크린리더를 병행하여 사용함

45 2009학년도 중등 37번

보완·대체 의사소통 기기의 전자 디스플레이에서 원하는 항목을 선택하는 '훑기(scanning)' 방법에 대한 적절한 설명을 〈보기〉에서 고른 것은? [2점]

> ㄱ. 손이나 도구를 이용하여 항목을 직접 선택하기 어렵거나 선택이 부정확할 때 또는 너무 느릴 때 훑기 방법을 고려한다.
> ㄴ. 원형 훑기(circular scanning)는 원의 형태로 제작된 항목들을 기기 자체가 좌우로 하나씩 훑어주며 제시하는 방식이다.
> ㄷ. 항목이 순차적으로 자동 제시되고 사용자는 원하는 항목에 커서(cursor)가 머물 때 스위치를 활성화하여 선택한다.
> ㄹ. 선형 훑기(linear scanning)를 하는 화면에는 항목들이 몇 개의 줄로 배열되어 있으며, 한 화면에 많은 항목을 담을 경우 비효율적일 수 있다.
> ㅁ. 항목을 제시하는 속도와 타이밍은 기기 제작 시 설정되어 있어 조절이 어려우므로 사용자는 운동 반응 및 시각적 추적 능력을 충분히 갖추어야 한다.

① ㄱ, ㄴ, ㄷ   ② ㄱ, ㄷ, ㄹ   ③ ㄱ, ㄹ, ㅁ   ④ ㄴ, ㄷ, ㅁ   ⑤ ㄷ, ㄹ, ㅁ

---

46 2019학년도 초등 A 3번 일부

(가)는 중복장애 학생 경수의 특성이고, (나)는 특수교사가 작성한 2015 개정 기본 교육과정 수학과 5~6학년 수와 연산영역 교수·학습 과정안의 일부이다. 물음에 답하시오.

(가) 경수의 특성

> ────〈보기〉────
> • 경직형 사지마비로 미세소근육 사용이 매우 어려움
> • 의도하는 대로 정확하게 응시하거나 일관된 신체동작으로 반응하기 어려움
> • 발성 수준의 발화만 가능하고, 현재 인공와우를 착용하고 있음
> • 받아올림이 없는 두 자리 수+한 자리 수의 덧셈을 할 수 있음
> • 범주 개념이 형성되어 있음
> • 주의집중 시간이 짧고, 시각적 피로도가 높음

(나) 교수·학습 과정안

단계	교수·학습활동	자료(자) 및 유의점(유)
익히기와 적용하기	• 덧셈 계산 원리를 다양한 문제에 적용하여 풀기 　– 같은 계산식 유형의 문제 풀기 　– 문장제 문제 풀기 　– 문제 조건을 바꾸어 새로운 문제 만들어보기 　– 실생활 문제 상황에 적용해보기	유 경수의 보완·대체 의사소통(AAC) 도구에 수 계열 어휘를 추가한다. 유 ⓒ 경수의 AAC 디스플레이 형태를 선형 스캐닝에서 행렬 스캐닝으로 변경한다.
정리 및 평가	• 학습내용 정리 및 차시 예고하기	

4) ① (나)의 ⓒ과 같이 변경한 이유를 (가)에서 찾아 쓰고, ② 선형 스캐닝에서 행렬 스캐닝으로 변경했을 때의 장점을 1가지 쓰시오. [2점]

    • ①: _____

    • ②: _____

다음은 김 교사가 유치원 통합학급에서 재민이의 놀이활동 참여를 위해 필요한 보조공학 접근을 평가한 내용이다. 물음에 답하시오.

- 재민이의 특성
  - 뇌성마비 경직형 사지마비임
  - 신체활동에 대한 피로도가 높은 편임
  - 주의집중력이 좋은 편임
  - 발성 및 조음에 어려움이 있으며 놀이활동에 참여하고자 하나 활동 개시가 어려움
  - 활동 시간에 교사의 보조를 받아 부분 참여가 가능함
  - 코너체어 머리 지지대에서 고개를 좌우로 정위할 수 있으나 자세를 유지하기 어려움
- 환경 특성
  - 자유놀이시간에 별도의 교육적, 물리적 수정이 이루어지지 않음
  - 교사 지원: 교사가 유아들에게 개별 지원을 제공하나 재민이에게만 일대일로 지속적인 지원을 제공하는 데 어려움이 있음
  - 교실 자원: 다양한 놀잇감이 마련되어 있으나 재민이가 조작할 수 있는 교구는 부족함
  - 태도 및 기대: 재민이가 독립적으로 놀이활동에 참여할 수 있기를 희망함
  - 시설: 특이사항 없음
- 수행 과제 특성
  - 개별화교육계획과의 연계 목표: 재민이의 사회성, 의사소통 기술 향상
  - 자유놀이활동과 연계된 수행 과제: 또래에게 상호작용 시도하기, 놀이 개시하기
- 도구에 대한 의사결정
  - 노 테크(No Tech) 접근: 놀이규칙과 참여방법 수정
  - 보조공학 도구: 싱글스위치를 이용한 보완 · 대체 의사소통 방법 활용
  - 요구 파악 및 활용도 높은 도구 선정: 코너체어 머리 지지대에 싱글 스위치를 부착하고, 8칸 칩톡과 연결하여 훑기 방법 지도
  - 적용을 위한 계획수립과 실행을 위한 지속적인 자료수집

2) 도구에 대한 의사결정 단계에서 ① 재민이에게 적절한 훑기 선택 조절기법을 쓰고, ② 해당 기법이 적절한 이유를 재민이의 특성에 근거하여 쓰시오. [2점]

- ①: _____

- ②: _____

다음은 컴퓨터 정보화교육 프로그램에 참여한 학생들의 특성과 교육내용이다. 〈작성 방법〉에 따라 서술하시오. [4점]

(가) 학생 D의 특성

- **특성**: 시각장애(광각), 인지적 제한이 없음
- **교육내용**
  - 특성에 적합한 소프트웨어 및 시스템을 활용하여 지도함
    : 화면 낭독 프로그램, ㉠ 광학 문자인식 시스템(OCR)
  - 점자정보 단말기를 활용하여 다음의 기능을 익힘

주요 기능	부가 기능
• 문서 작성 및 편집 • 점자 출력 • (㉡)	• 인터넷 • 날짜, 시간 • 스톱워치, 계산

(나) 학생 M의 특성

- **특성**: 뇌성마비(경직형), 독립 이동과 신체의 조절이 어려움(상지 사용과 손의 소근육 운동에 제한)
- **교육내용**
  - 대체입력장치인 스위치를 적용하기 전에 운동훈련을 실시함

〈스위치 적용 전 운동훈련 4단계〉

단계	목표	내용
1	시간 독립적 스위치 훈련	배터리로 작동하는 장난감 등을 이용하여 자극–반응 간의 (㉢)을/를 익힘
2	시간 종속적 스위치 훈련	스위치를 일정 시간 내에 활성화시키는 훈련

〈스위치 적용 훈련 후〉

- ㉣ 모니터에 훑기(scanning) 방식으로 제시된 항목을 선택하기 위하여 단일 스위치를 사용함

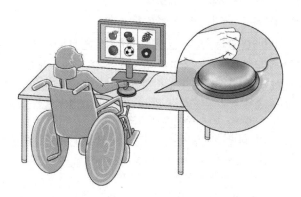

〈작성 방법〉

- 괄호 안의 ㉢에 들어갈 내용을 쓸 것
- 밑줄 친 ㉣의 스위치를 활용한 선택방법의 특징을 서술할 것
  (단, 학생 M의 특성을 연계한 설명은 제외하고, 일반 키보드나 마우스의 항목 선택방법과 비교하여 서술할 것)

뇌성마비 학생 세희는 말 표현과 비언어적 의사소통에 어려움을 보이고 있다. 특수학교 최 교사는 2008년 개정 특수학교 기본 교육과정 국어과에 기초하여, 보완·대체 의사소통(AAC) 체계를 적용하고자 한다. 준비 단계에서 고려해야 할 사항으로 가장 적절한 것은? [1.4점]

① AAC 체계 유형의 선택과 어휘 선정은 학생의 선호도를 고려하여 계획한다.
② 기능적 어휘보다는 장기적으로 성취 가능한 목표어휘를 선정하여 준비한다.
③ 신체기능보다는 학생의 언어발달 수준을 고려하여 AAC 체계 한 가지를 준비한다.
④ AAC 체계에 적용하는 상징은 학생의 정신연령을 최우선으로 고려하여 준비한다.
⑤ 타인과의 상호작용 가능성보다는 학생 개인의 의도 표현에 중점을 두어 계획한다.

(가)는 A 특수학교(중학교) 1학년인 영미의 특성이고, (나)는 영미를 지도하기 위하여 수립한 보완·대체 의사소통 (AAC) 지도 계획안의 일부이다. 물음에 답하시오.

(가) 영미의 특성

• 중도·중복장애를 가지고 있음	• 구어를 사용하여 의사소통하기 어려우며, 글을 읽지 못함

(나) 의사소통 지도 계획안

단계	내용
의사소통 평가	• 영미의 의사소통 특성과 현재 수행능력을 평가하여 AAC 체계를 선정함
목표 설정	• 의사소통 지도의 목표를 수립함
어휘 수집	• 학교 식당에서 필요한 어휘를 수집함
어휘 구성	• ㉠ 수집한 어휘들을 학교 식당에서 효율적으로 사용할 수 있도록 조직화하여 의사소통판을 구성함
의사소통 표현하기 기술 교수	• 영미에게 그림 상징을 지적하여 의사를 표현하도록 지도함 • ㉡ 처음에는 시범을 보이지 않고 영미의 관심에 주의를 기울이면서 요구하기, 그림 상징을 선택하여 답하기의 순서로 의사표현하기 기술을 지도함. 긍정적 반응에는 강화를 제공하고 오반응이나 무반응에 는 올바른 반응을 보여 주어 따라하도록 함 • ㉢ 의사소통 상황에서 영미에게 기대되는 반응이 나타날 때까지 수 초간 어떠한 촉진도 주지 않고, 목표기술을 자발적으로 사용할 수 있도록 기회를 제공함 • ㉣ 대화 상대자 훈련을 계획하여 실시함

1) ① ㉠에서 의사소통판을 제작하기 위하여 사용할 수 있는 어휘목록 구성 전략을 쓰고, ② 그 전략이 효과적인 이유를 1가지 쓰시오. [2점]

• ①: _____

• ②: _____

2) ㉡과 ㉢에서 의사소통을 촉진하기 위해 사용한 전략을 쓰시오. [2점]

• ㉡: _____ • ㉢: _____

(가)는 지체장애 특수학교 2학년 학생들의 특성이고, (나)는 '2009 개정 슬기로운 생활과 교육과정'에 따른 '마을과 사람들' 단원 지도계획과 학생 지원계획의 일부이다. 물음에 답하시오.

(가) 학생 특성

미나	• 이분척추를 지닌 학생이며, 뇌수종으로 인하여 션트(shunt) 삽입 수술을 받음
현우	• 뇌성마비 학생이며, 상지 사용이 가능하여 휠체어를 타고 이동할 수 있음 • 휠체어를 타고 턱을 넘을 때, 몸통의 근긴장도가 높아지고 깜짝깜짝 놀라는 반응을 보임
은지	• 뇌성마비 학생이며, 전동휠체어를 타고 이동할 수 있음 • 구어 사용은 어렵지만, 간단한 일상적인 대화는 이해할 수 있음 • 그림 상징을 이해하고, 오른손 손가락으로 상징을 지적할 수 있음 • 왼손은 항상 주먹이 쥐어진 채 펴지 못하고 몸의 안쪽으로 휘어져 있음

(나) 단원 지도계획과 학생 지원계획

대주제		이웃	단원	마을과 사람들
차시	차시명	학습목표 및 활동		학생 지원계획
8-9	우리 마을 둘러보기	◦ 우리 마을의 모습을 조사한다. 　– 마을 모습 이야기하기 　– 조사 계획 세우기 　– 마을 조사하기 • 건물, 공공장소 및 시설물 등을 조사하기 • 마을 사람들이 하는 일을 조사하기		• 미나 　– 마을 조사 시 ⊙ 션트(shunt)에 문제가 발생하지 않도록 유의하기 • 현우 　– 마을 조사 시 ⓒ 앞바퀴가 큰 휠체어 제공하기 • 은지 　– 수업 중 ⓒ 스프린트(splint) 착용시키기 　– 보완·대체 의사소통(AAC) 지원 계획하기 • (ⓔ)을/를 적용하여 평가하기 • 마을 조사 시 궁금한 내용을 질문할 수 있도록 ⓜ 어휘목록 구성하기

5) (나)의 ⓜ을 다음과 같이 구성하였다. 어떤 어휘목록 구성 전략을 사용한 것인지 쓰시오. [1점]

안녕하세요.	감사합니다.	경찰관	소방관	누구
우체부	의사	환경미화원	힘든 점	좋은 점
언제	어디	무엇인가요?	어떤 일을 하세요?	일하세요?

• _____

(가)는 뇌성마비 학생 F의 의사소통 특성이고, (나)는 학생 F의 수업 참여도를 높이기 위해 교사가 작성한 보완·대체 의사소통 기기 활용계획의 일부이다. 〈작성 방법〉에 따라 서술하시오. [4점]

(가) 학생 F의 의사소통 특성

- 한국 웩슬러 아동용 지능검사 4판(K-WISC-Ⅳ) 결과: 언어이해 지표 점수 75
- 조음에 어려움이 있음
- 태블릿 PC 애플리케이션을 이용하여 수업에 참여함

(나) 보완·대체 의사소통 기기 활용계획

- 활용 기기: 태블릿 PC
- 애플리케이션을 활용한 수업내용
  - ㉠ 문장을 어순에 맞게 표현하기
- 어휘목록
  - 문법 요소, 품사 등 수업내용에 관련된 어휘목록 선정
- 어휘목록의 예
  - 나, 너, 우리, 학교, 집, 밥, 과자 ┐
  - 을, 를, 이, 가, 에, 에서, 으로 ㉡
  - 가다, 먹다, 오다, 공부하다 ┘
- 어휘 선택기법
  - 화면이나 대체 입력기기를 직접 접촉하거나 누르고 있을 동안에는 선택되지 않음 ┐
  - 선택하고자 하는 해당 항목에 커서가 도달했을 때, 접촉하고 있던 것을 떼게 되면 그 항목이 선택됨 ㉢ ┘

─〈작성 방법〉─

- (나)의 ㉡에 해당하는 어휘목록 구성 전략을 1가지 쓰고, ㉠의 수업내용을 고려하여 어휘목록을 구성할 때 어휘를 배열하는 방법을 1가지 서술할 것
- (나)의 ㉢에 해당하는 어휘 선택기법을 1가지 쓸 것

(나)는 은지의 특성이고, (다)는 교사가 은지에게 음성출력 의사소통기기를 사용하도록 지도하는 장면이다. 물음에 답하시오.

(나) 은지의 특성

- 경직형 사지마비인 뇌성마비로 진단받았음
- 오른손으로 스위치를 이용함
- 스캐닝(scanning: 훑기) 기법으로 음성출력 의사소통기기를 사용하여 의사소통함
- 휠체어에 앉아 있을 때의 모습은 다음과 같음

(다) 음성출력 의사소통기기 사용 지도 장면

김 교사:	ⓛ (음성출력 의사소통기기와 스위치를 은지의 휠체어용 책상에 배치한다.) 이 모둠에서는 은지가 한번 발표해 볼까요? (음성출력 의사소통기기와 은지를 번갈아 보며 잠시 기다린다.)
은 지:	(자신의 음성출력 의사소통기기를 본 후 교사를 바라본다.)
김 교사:	은지야, '양달은 따뜻해요.'라고 말해 보자. (음성출력 의사소통기기에서 양달 상징에 불빛이 들어왔을 때, 은지의 스위치를 눌러 '양달은 따뜻해요.'라는 음성이 산출되도록 한다. 그런 다음 은지가 스위치를 누르는 것을 기다려 준다.)
은 지:	(음성출력 의사소통 기기에서 양달 상징에 불빛이 들어왔을 때, 스위치를 눌러 '양달은 따뜻해요.'라는 음성이 산출되도록 한다.)
김 교사:	(ⓒ)

4) (다)의 ⓒ에서 김 교사가 은지의 음성출력 의사소통 기기 사용을 촉진하기 위해 '메시지 확인하기 전략'을 사용하였다. ⓒ에 들어갈 교사의 말을 쓰시오. [1점]

- _____

(가)는 경직형 뇌성마비 학생 주희는 언어 관련 특성이고, (나)는 특수교사와 언어재활사가 협의한 내용이다. 물음에 답하시오.

(가) 주희의 언어 관련 특성

- 호흡이 빠르고 얕으며, 들숨 후에 길게 충분히 내쉬는 것이 어려움
- 입술, 혀, 턱의 움직임이 조절되지 않고 성대의 과도한 긴장으로 쥐어짜는 듯 말함
- ㉠ 말소리에 비음이 비정상적으로 많이 섞여 있음
- 전반적으로 조음이 어려우며, 특히 /ㅅ/, /ㅈ/, /ㄹ/음의 산출에 어려움을 보임

(나) 협의록

- 날짜: 2013년 3월 13일
- 장소: 특수학급 교실
- 협의 주제: 주희의 언어능력 향상을 위한 지도 방안
- 협의 내용
  ① 호흡과 발성의 지속 시간을 점진적으로 늘릴 수 있도록 지도하기로 함
  ② 비눗방울 불기, 바람개비 불기 등의 놀이활동을 통해 지도하기로 함
  ③ /ㅅ/, /ㅈ/, /ㄹ/ 발음의 정확성을 높이기 위하여 반복연습할 기회를 제공하기로 함
  ④ 자연스럽고 편안한 발성을 위하여 바른 자세 지도를 함께 하기로 함
  ⑤ 추후에 주희의 의사소통 문제는 ㉡ 언어의 3가지 주요 요소(미국언어·청각협회: ASHA)로 나누어 종합적으로 재평가하여, 필요하다면 주희에게 적합한 ㉢ 보완·대체 의사소통(AAC) 체계 적용을 검토하기로 함

---

4) 주희에게 ㉢을 적용하고자 할 때, '언어 영역'을 제외한 사용자 평가 영역 중 3가지만 쓰시오. [1점]

- _____ • _____ • _____

(가)는 2011 개정 특수교육 교육과정 중 기본 교육과정 미술과 5～6학년 '소통하고 이해하기' 단원 교수 · 학습 과정안이고, (나)는 자폐성장애 학생 지혜의 특성을 고려하여 보완 · 대체 의사소통 체계(AAC)를 활용한 의사소통 지도계획이다. 물음에 답하시오.

(가) 교수 · 학습 과정안

학년	단원	소단원	제재	차시
6	7. 소통하고 이해하기	7.2 생활 속 여러 알림 메시지	1) 우리 주변의 알림 메시지	9/12

교수 · 학습활동	자료(짜) 및 유의점(유)
활동 1	• 여러 가지 픽토그램 살펴보기 • ㉠ <u>픽토그램이 갖추어야 할 조건 알아보기</u>	짜 여러 가지 픽토그램 ┌──── [A] ────┐ 예: 📖 ❓ └──────────────┘ 유 수업 중 활용한 픽토그램을 의사소통 지도에 활용한다.
활동 2	• (㉡)	
활동 3	• 여러 가지 픽토그램을 보고 느낀 소감 말하기	

(나) 의사소통 지도계획

지혜의 특성	의사소통 지도계획
• 시각적 자극을 선호함 • 소근육이 발달되어 있음 • 태블릿 PC의 AAC 애플리케이션을 사용함 • 일상생활과 관련된 어휘를 제한적으로 이해하고 사용할 수 있음 • 질문에 대답은 하지만 자발적으로 의사소통을 시도하지 않음	• 미술시간에 배운 [A]를 ㉢ <u>AAC 어휘목록에 추가하고, [A]로 의사소통할 수 있다는 것을</u> 지도한다. • [A]를 사용하여 ㉣ <u>대화를 시도하고 대화 주제를 유지할 수 있도록</u> 지도한다. • ㉤ '[A]를 사용한 의사소통하기'를 습득한 후, 습득하기까지 필요했던 회기 수의 50% 만큼 연습 기회를 추가로 제공하여 [A]의 사용을 유지할 수 있게 한다.

3) AAC 사용자가 갖추어야 할 4가지 의사소통 능력 중 (나)의 ㉢과 ㉣을 통해 향상시킬 수 있는 능력은 무엇인지 각각 쓰시오. [2점]

• ㉢: _____

• ㉣: _____

다음은 김 교사가 중도(severe) 뇌성마비 중학생 A에게 음성산출 도구를 적용하는 보완 · 대체 의사소통 중재 과정이다. 각 과정별 적용의 예로 적절한 것을 고른 것은? [2점]

과정	적용의 예
기회장벽 평가	(가) 학생 A가 음성산출도구의 터치스크린을 이용해서 자신이 원하는 상징을 정확하게 지적할 수 있는지 평가하였다.
접근장벽 평가	(나) 학생 A가 휠체어에 앉을 때 랩트레이(lap tray)나 머리 지지대 등이 필요한지 알아보기 위해 자세를 평가하였다.
핵심 어휘 선정	(다) 부모 면담을 통해 학생 A에게 특별한 장소나 사람, 취미와 관련된 어휘를 조사하여 선정하였다.
상징 지도	(라) 음성산출도구의 상징을 지도할 때는 '실제 사물－실물의 축소 모형－컬러 사진－흑백 사진－선화 상징' 순으로 지도하였다.
일상생활에서 음성산출도구 사용 유도	(마) 미술시간에 학생 A의 손이 닿지 않는 곳에 풀과 가위를 두고 기다리는 등 환경 조성 전략을 사용하여, 음성산출도구로 의사소통할 수 있도록 유도하였다.

① (가), (나), (다)
② (가), (나), (라)
③ (가), (다), (마)
④ (나), (라), (마)
⑤ (다), (라), (마)

제**6**절 보조공학 – 장치별 장애학생 지원

01 시각장애 학생을 위한 보조공학

1. 컴퓨터의 활용 – 시각장애 학생의 독특한 요구를 충족시켜 줄 수 있는 컴퓨터의 기능

기능	내용
음성합성	해당 줄이나 단어에 커서를 놓으면 그 문장을 읽어주거나 해당 메뉴를 읽어주는 기능
확대문자 제시	대비가 잘된 확대문자를 프린트하거나 모니터에 나타내는 기능
촉각자료	묵자를 읽을 수 없는 시각장애 학생을 위해서 묵자를 촉각자료로 만들거나 점자로 제시하는 기능
점자 워드프로세싱	워드프로세서를 통해 입력한 내용을 점자 프린터로 출력하는 기능
문자인식	문자인식 프로그램과 음성합성을 이용해 해당 문서를 음성이나 확대문자, 점자, 촉각자료 등으로 변환하는 기능
음성전환	스캐너, 관련 공학을 이용하여 인쇄물을 음성으로 변환하는 기능
음성인식	음성인식 프로그램을 이용하여 관련 명령어를 실행하는 기능

2. 제어판을 통한 환경 수정

기능	내용
포인터 속도와 스크롤 양	• 마우스를 이용해 몇 가지를 수정하면 시각장애 학생이 컴퓨터를 이용하는 데 도움이 될 수 있음 • 마우스 등록정보의 포인터 옵션 중 포인터 속도 선택을 보통보다 느리게 변경하면 시각장애 학생이 쉽게 마우스의 움직임을 추적할 수 있음 • 휠 기능을 조절해 휠의 1회 회전 시 스크롤할 양을 줄여주는 것도 정보 추적을 보다 수월하게 함
고대비와 마우스키	• '내게 필요한 옵션'으로 고대비와 마우스 기능을 설정할 수 있음 • '고대비' 항목에서는 고대비와 커서 옵션의 설정이 가능한데, 읽기 쉽도록 구성된 색상·글꼴을 사용하려면 고대비 옵션을 선택하는 것이 좋음 • '커서' 옵션은 커서가 깜빡이는 속도와 커서의 너비를 변경할 수 있으며, 일반적으로 깜빡이는 속도는 평균보다 조금 느리게, 너비는 넓게 하는 것이 저시력 학생이 커서를 쉽게 확인하는 데 유리함 • '마우스'에서는 마우스의 움직임을 확인할 수 없는 시각장애 학생을 위해 마우스의 기능을 키보드가 대신할 수 있게 조정해야 하며, 키보드의 숫자 키보드로 마우스 포인터를 움직이게 하는 마우스키 사용을 활성화시켜 주는 과정도 요구됨
텍스트 음성 변환 (TTS; Text To Speech)	'음성' 메뉴에서 텍스트 음성 변환, 즉 음성 합성에 적용할 음성, 속도, 기타 옵션을 조정할 수 있음
디스플레이	'디스플레이' 중 설정 메뉴에서 화면해상도를 낮추면 인터넷에 제시되는 글자와 그래픽을 보다 확대된 상태로 볼 수 있음

3. 기타 하드웨어 및 프로그램

프로그램	설명
음성합성장치 (speech synthesizer)	• 문자, 숫자, 구두점 형태의 텍스트 정보를 음성으로 들려주는 기기 • 시각장애 학생은 컴퓨터에 저장된 자료나 모니터에 나타나는 텍스트 정보를 읽을 수 없기 때문에 이를 읽을 수 있도록 해 주는 하드웨어와 소프트웨어가 필요함 • 이와 같이 텍스트 자료를 소리내어 읽는 하드웨어와 소프트웨어의 결합 중 하드웨어에 해당하는 부분이 음성합성장치
스크린 리더 (screen reader)	• 시각장애 학생이 컴퓨터에 저장된 자료나 화면에 제시된 정보를 읽는 데 어려움이 있을 때 이를 읽어 주는 화면 읽기 프로그램 • 컴퓨터 자료를 읽는 데 스크린 리더가 추가적으로 필요함 • 음성합성장치와 연계하여 제어 버튼, 메뉴, 텍스트, 구두점 등 화면에 있는 모든 것을 음성으로 표현해 주는 소프트웨어 • 화면을 검색한 후 정보를 변환하여 음성합성장치를 통해 소리가 나오게 함
화면 확대 프로그램	• 모니터의 특정 부분이나 전체를 확대해서 볼 수 있도록 만든 프로그램 • 윈도우에서 기본적으로 제공하는 기능을 이용할 수도 있으나 별도의 프로그램을 이용하면 다양한 기능을 지원받을 수 있음 • **줌텍스트(Zoom Text)** 　– 특히 우리나라에서 가장 많이 사용되는 화면 확대 프로그램 　– 현재 무상으로 지원되고 있으며, 모니터상의 화면을 1배에서 최대 36배까지 확대가 가능하고 화면 전체 확대기능과 분할 확대기능, 렌즈·라인 형태 확대기능을 가짐

1. 전자 점자기(electronic brailler)

① 종이를 사용하지 않고 금속이나 나일론으로 된 점자알 크기의 핀이 표면으로 올라와 점자를 구성한다.

② 사용자가 이 핀을 다 읽은 후 스페이스 바를 누르면 해당 줄의 점자는 사라지고 다음 줄에 해당하는 점자가 나타나는 원리가 적용되었다.

③ '무지 점자기(paperless brailler)', '재생 가능한 점자기(refreshable brailler)'라고도 한다.

2. 점자정보 단말기(braille note taker)

① 점자용지 위에 점자판 또는 아연판을 덧대거나 점자 프린터기 등을 이용해, 양각에 의한 전통적 입력방식이 아닌 6점 또는 8점의 점자 키보드를 이용한 입력과 점자 표시장치나 음성을 통한 출력이 이루어지도록 고안된 컴퓨터 시스템을 내장한 휴대용 정보통신 장비이다.

② 최근에는 다양한 유형의 점자기를 포함하는 용어로 확대 사용된다.

③ 대표적으로 미국에서 개발된 '브레일 라이트(Braille Lite)'와 국내에서 개발된 '한소네'가 있다.

3. 옵타콘(optacon)

① 맹학생이 일반 묵자를 읽을 수 있도록 소형 촉지판에 있는 핀이 문자 모양대로 돌출된 장치이다.

② 묵자를 점자로 바꿔 주는 대신 카메라에 비친 글자 모양을 읽도록 한다.

4. 음성출력장치

장치	설명
보이스아이 (voiceye)	• 2차원 바코드 심벌로 저장된 디지털 문자정보를 자연인에 가까운 음성으로 변환하여 들려주는 기기 • 이 장치를 사용하려면 반드시 사전에 제작된 보이스아이 심벌이 있어야 함 • 보이스아이 심벌은 가로와 세로 모두 1.5cm 크기의 정사각 모양으로 하나의 심벌에는 책 두 페이지 분량의 정보가 저장됨 • 녹음도서를 따로 만들 필요 없이, 모든 인쇄 · 출판물이나 문서 작업 시 보이스아이 심벌을 만들면 이 심벌에 기기의 스캔장치를 대어 음성 출력이 가능함
녹음도서	• 인쇄물의 내용을 카세트 테이프나 CD에 미리 녹음해 놓은 것 • 지역의 시각장애인복지관, 대학 도서관(점자도서관)에서 대출이 가능함 • 최근에는 인터넷으로 음성 전자도서를 다운로드 받아 이를 음성으로 듣거나 점자로 출력할 수도 있음

5. 기타 공학기기

시각장애 학생의 다양한 요구를 충족시켜줄 수 있는 공학기기로는 '점자타이머, 점자시계, 레이저 지팡이, 점자 프린터' 등이 있다.

척수 손상으로 사지마비가 된 지체장애 학생 A는 현재 수의적인 머리 움직임과 눈동자 움직임만 가능하며, 듣기와 인지능력 및 시력은 정상이나 말은 할 수 없다. A가 사용하기에 적합한 보조공학 기기를 〈보기〉에서 고른 것은?

[1.5점]

─────────────〈보기〉─────────────

ㄱ. 헤드포인터(head pointer)
ㄴ. 음성합성장치(speech synthesizer)
ㄷ. 의사소통판(communication board)
ㄹ. 전자지시 기기(electronic pointing devices)
ㅁ. 음성인식장치(speech recognition devices)
ㅂ. 폐쇄회로 텔레비전(CCTV; closed-circuit television)
ㅅ. 광학 문자 인식기(optical character recognition devices)

① ㄱ, ㄴ, ㄷ, ㄹ
② ㄱ, ㄴ, ㄹ, ㅁ
③ ㄱ, ㄷ, ㅂ, ㅅ
④ ㄴ, ㄹ, ㅁ, ㅅ
⑤ ㄷ, ㄹ, ㅁ, ㅂ

영서는 만 6세이고, 경직형 뇌성마비, 중도 정신지체, 말·언어장애가 있다. 김 교사가 영서를 위해 수립한 보조공학기기 적용 계획으로 적절한 내용을 고른 것은? [1.4점]

ㄱ. 학습활동을 효과적으로 할 수 있도록 그림 이야기 음성출력 기능과 소프트웨어를 함께 사용하게 한다.
ㄴ. 의사표현을 할 수 있도록 리버스 상징보다 이해하기 쉬운 블리스 상징을 적용한 의사소통판을 사용하게 한다.
ㄷ. 고개를 뒤로 많이 젖히지 않고 물을 마실 수 있도록 빨대나 한쪽 면이 반원형으로 잘린 컵을 사용하게 한다.
ㄹ. 움직이는 장난감 자동차를 가지고 놀 수 있도록 장난감 자동차에 스위치를 연결하고 그 스위치를 휠체어 팔걸이에 설치한다.
ㅁ. 뇌성마비 경직형 아동은 독립보행을 할 수 없으므로 원활한 이동을 할 수 있도록 조기에 스스로 전동휠체어를 사용하게 한다.

① ㄱ, ㄴ, ㄷ
② ㄱ, ㄷ, ㄹ
③ ㄴ, ㄷ, ㄹ
④ ㄴ, ㄹ, ㅁ
⑤ ㄷ, ㄹ, ㅁ

다음은 김 교사가 중학생 영수(뇌병변, 저시력)의 쓰기지도를 위해 작성한 계획서이다. 영수의 컴퓨터 접근 특성을 고려할 때, ㉠ ~ ㉤ 중에서 **틀린** 내용 1가지의 기호를 쓰고 그 이유를 설명하시오. [2점]

〈컴퓨터를 통한 쓰기 지도계획〉

- **목표**: 컴퓨터를 이용하여 글쓰기를 할 수 있다.
- **영수의 컴퓨터 접근 특성**
  - 일상생활에서 사용하는 간단한 단어는 말할 수 있음
  - 대근육 및 소근육 운동기능이 떨어져 키보드 또는 마우스를 통한 글자 입력이 어려움
  - 근긴장도가 높아 주먹을 쥔 상태에서 트랙볼을 사용함
  - 트랙볼을 이용하여 마우스 포인터를 이동시켜 특정키(key)를 선택함
  - 빛에 민감하여 눈의 피로도가 높음
- **지도 단계**

단계	지도내용	유의점
1단계	○ 책상 높낮이 조절, 모니터 높낮이 및 각도조절 ○ 컴퓨터 입력 기기 준비: 화상 키보드, 트랙볼	○ 윈도우 프로그램을 기반으로 함
2단계	○ 화상 키보드 환경 설정 • 화상 키보드 사용 방식: '가리켜서 입력' 선택 • 가리키기 시간: 2초 마우스 포인터를 특정 키 위에 2초 이상 유지시키면 해당 키의 값이 입력됨	㉠ 영수의 특성을 고려하여 마우스 포인터의 움직임 속도를 조정함 ㉡ 키보드 개별 키의 크기를 확대하기 위해 '숫자 키패드 켜기'를 설정하지 않음 ㉢ '로그온 시 화상 키보드 시작'을 설정하여 컴퓨터 시작 시에 항상 사용할 수 있게 함
3단계	○ 화상 키보드 연습 • 트랙볼을 조정하여 마우스 포인터를 특정 키 위에 위치시키기 	㉣ 반전기능을 이용하여 대비 수준을 조정함
4단계	○ 글쓰기 • 기본 자모음 입력하기 • 기능키와 함께 단어 입력 하기 • 다양한 기능키를 활용하여 짧은 문장 완성하기	㉤ 간단한 단어 입력을 위해 대체 입력 프로그램인 스크린리더를 병행하여 사용함

특수교육평가 기출경향 및 학습TIP

'검사도구'만 특수교육평가 영역이라고 생각하고, '나중에 검사도구만 외워야지.'라고 생각하면 낭패를 볼 수 있는 영역입니다. '특수교육평가 단계'를 기준으로 하여 각 단계에서 사용하는 검사도구를 먼저 파악하고, 검사도구별 특성을 공부해야 합니다. 가장 출제빈도가 높은 것은 '표준화검사'와 관련된 부분이며, 특히 '점수 해석'이 난이도가 굉장히 높기 때문에 정확한 이해를 필요로 합니다. 이 부분은 각 검사도구에서 제공하는 점수와 연결하여 봐두는 것이 좋습니다. 이때의 검사도구는 기출에 출제된 몇몇 검사도구의 해석부터 준비하는 것을 추천합니다.

해커스임용 설지민 특수교육학
영역별 이론 + 기출문제 3

제 12 장

특수교육평가

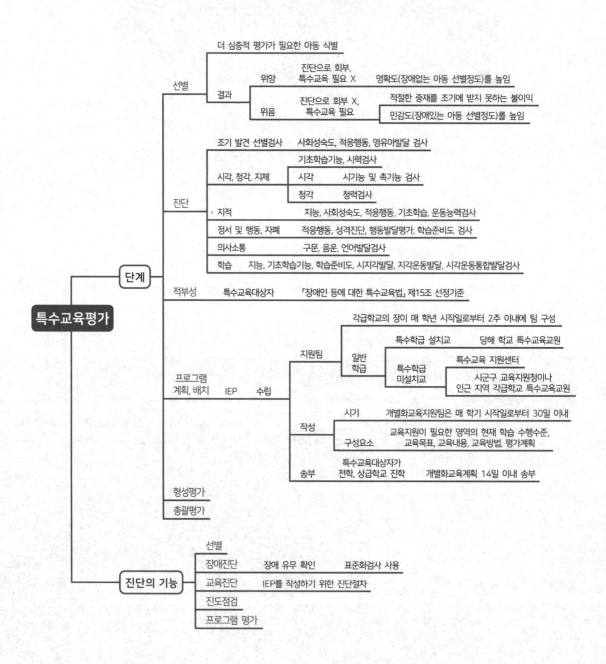

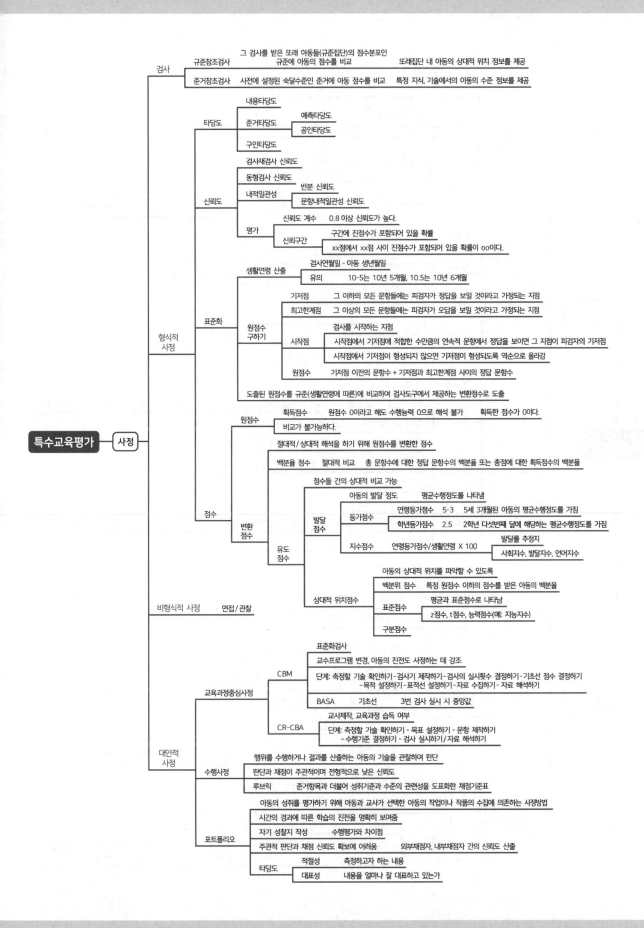

특수교육평가 ─ 사정

검사
- 규준참조검사 — 그 검사를 받은 또래 아동들(규준집단)의 점수분포인 규준에 아동의 점수를 비교 — 또래집단 내 아동의 상대적 위치 정보를 제공
- 준거참조검사 — 사전에 설정된 숙달수준인 준거에 아동 점수를 비교 — 특정 지식, 기술에서의 아동의 수준 정보를 제공

형식적 사정

타당도
- 내용타당도
- 준거타당도 — 예측타당도 / 공인타당도
- 구인타당도

신뢰도
- 검사재검사 신뢰도
- 동형검사 신뢰도
- 내적일관성 — 반분 신뢰도 / 문항내적일관성 신뢰도

평가
- 신뢰도 계수 — 0.8 이상 신뢰도가 높다.
- 신뢰구간 — 구간에 진점수가 포함되어 있을 확률 — xx점에서 xx점 사이 진점수가 포함되어 있을 확률이 oo이다.

표준화
- 생활연령 산출 — 검사연월일 - 아동 생년월일 / 유의 — 10-5는 10년 5개월, 10.5는 10년 6개월
- 원점수 구하기
  - 기저점 — 그 이하의 모든 문항들에는 피검자가 정답을 보일 것이라고 가정되는 지점
  - 최고한계점 — 그 이상의 모든 문항들에는 피검자가 오답을 보일 것이라고 가정되는 지점
  - 시작점 — 검사를 시작하는 지점
    - 시작점에서 기저점에 적합한 수만큼의 연속적 문항에서 정답을 보이면 그 지점이 피검자의 기저점
    - 시작점에서 기저점이 형성되지 않으면 기저점이 형성되도록 역순으로 올라감
  - 원점수 — 기저점 이전의 문항수 + 기저점과 최고한계점 사이의 정답 문항수
- 도출된 원점수를 규준(생활연령에 따른)에 비교하여 검사도구에서 제공하는 변환점수로 도출

점수
- 원점수
  - 획득점수 — 원점수 0이라고 해도 수행능력 0으로 해석 불가 — 획득한 점수가 00이다.
  - 비교가 불가능하다.
- 변환점수 — 절대적/상대적 해석을 하기 위해 원점수를 변환한 점수
  - 백분율 점수 — 절대적 비교 — 총 문항수에 대한 정답 문항수의 백분율 또는 총점에 대한 획득점수의 백분율
  - 유도점수 — 점수들 간의 상대적 비교 가능
    - 발달점수
      - 아동의 발달 정도 — 평균수행정도를 나타냄
      - 등가점수
        - 연령등가점수 — 5-3 — 5세 3개월된 아동의 평균수행정도를 가짐
        - 학년등가점수 — 2.5 — 2학년 다섯번째 달에 해당하는 평균수행정도를 가짐
      - 지수점수 — 연령등가점수/생활연령 X 100 — 발달률 추정치 — 사회지수, 발달지수, 언어지수
    - 상대적 위치점수 — 아동의 상대적 위치를 파악할 수 있도록
      - 백분위 점수 — 특정 원점수 이하의 점수를 받은 아동의 백분율
      - 표준점수 — 평균과 표준점수로 나타냄 — z점수, t점수, 능력점수(예: 지능지수)
      - 구분점수

비형식적 사정
- 면접/관찰

대안적 사정

교육과정중심사정
- CBM
  - 표준화검사
  - 교수프로그램 변경, 아동의 진전도 사정하는 데 강조
  - 단계: 측정할 기술 확인하기-검사지 제작하기-검사의 실시횟수 결정하기-기초선 점수 결정하기 -목적 설정하기-표준선 설정하기-자료 수집하기- 자료 해석하기
  - BASA — 기초선 — 3번 검사 실시 시 중앙값
- CR-CBA
  - 교사제작, 교육과정 습득 여부
  - 단계: 측정할 기술 확인하기 - 목표 설정하기 - 문항 제작하기 - 수행기준 결정하기 - 검사 실시하기/자료 해석하기

수행사정
- 행위를 수행하거나 결과를 산출하는 아동의 기술을 관찰하여 판단
- 판단과 채점이 주관적이며 전형적으로 낮은 신뢰도
- 루브릭 — 준거항목과 더불어 성취기준과 수준의 관련성을 도표화한 채점기준표

포트폴리오 — 아동의 성취를 평가하기 위해 아동과 교사가 선택한 아동의 작업이나 작품의 수집에 의존하는 사정방법
- 시간의 경과에 따른 학습의 진전을 명확히 보여줌
- 자기 성찰지 작성 — 수행평가와 차이점
- 주관적 판단과 채점 신뢰도 확보에 어려움 — 외부채점자, 내부채점자 간의 신뢰도 산출
- 타당도 — 적절성 — 측정하고자 하는 내용 / 대표성 — 내용을 얼마나 잘 대표하고 있는가

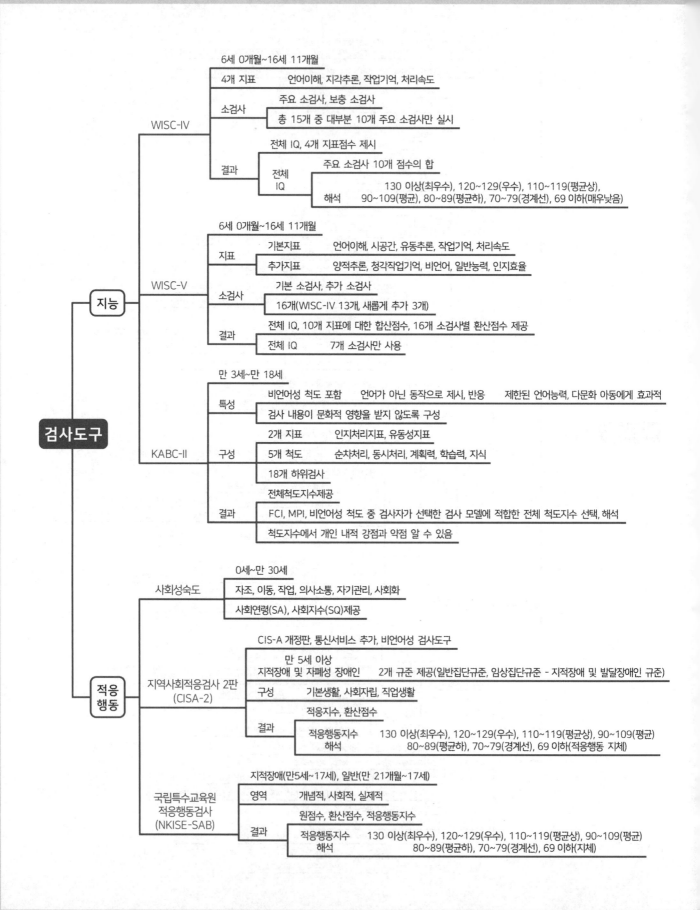

검사도구

지능

WISC-IV
- 6세 0개월~16세 11개월
- 4개 지표 — 언어이해, 지각추론, 작업기억, 처리속도
- 소검사 — 주요 소검사, 보충 소검사 / 총 15개 중 대부분 10개 주요 소검사만 실시
- 결과 — 전체 IQ, 4개 지표점수 제시
  - 전체 IQ — 주요 소검사 10개 점수의 합
    - 해석 — 130 이상(최우수), 120~129(우수), 110~119(평균상), 90~109(평균), 80~89(평균하), 70~79(경계선), 69 이하(매우낮음)

WISC-V
- 6세 0개월~16세 11개월
- 지표 — 기본지표: 언어이해, 시공간, 유동추론, 작업기억, 처리속도 / 추가지표: 양적추론, 청각작업기억, 비언어, 일반능력, 인지효율
- 소검사 — 기본 소검사, 추가 소검사 / 16개(WISC-IV 13개, 새롭게 추가 3개)
- 결과 — 전체 IQ, 10개 지표에 대한 합산점수, 16개 소검사별 환산점수 제공 / 전체 IQ: 7개 소검사만 사용

KABC-II
- 만 3세~만 18세
- 특성 — 비언어성 척도 포함 / 언어가 아닌 동작으로 제시, 반응 / 제한된 언어능력, 다문화 아동에게 효과적 / 검사 내용이 문화적 영향을 받지 않도록 구성
- 구성 — 2개 지표: 인지처리지표, 유동성지표 / 5개 척도: 순차처리, 동시처리, 계획력, 학습력, 지식 / 18개 하위검사
- 결과 — 전체척도지수제공 / FCI, MPI, 비언어성 척도 중 검사자가 선택한 검사 모델에 적합한 전체 척도지수 선택, 해석 / 척도지수에서 개인 내적 강점과 약점 알 수 있음

적응행동

사회성숙도
- 0세~만 30세
- 자조, 이동, 작업, 의사소통, 자기관리, 사회화
- 사회연령(SA), 사회지수(SQ)제공

지역사회적응검사 2판 (CISA-2)
- CIS-A 개정판, 통신서비스 추가, 비언어성 검사도구
- 만 5세 이상 / 지적장애 및 자폐성 장애인 / 2개 규준 제공(일반집단규준, 임상집단규준 - 지적장애 및 발달장애인 규준)
- 구성 — 기본생활, 사회자립, 직업생활
- 결과 — 적응지수, 환산점수
  - 적응행동지수 해석 — 130 이상(최우수), 120~129(우수), 110~119(평균상), 90~109(평균), 80~89(평균하), 70~79(경계선), 69 이하(적응행동 지체)

국립특수교육원 적응행동검사 (NKISE-SAB)
- 지적장애(만5세~17세), 일반(만 21개월~17세)
- 영역 — 개념적, 사회적, 실제적
- 결과 — 원점수, 환산점수, 적응행동지수
  - 적응행동지수 해석 — 130 이상(최우수), 120~129(우수), 110~119(평균상), 90~109(평균), 80~89(평균하), 70~79(경계선), 69 이하(지체)

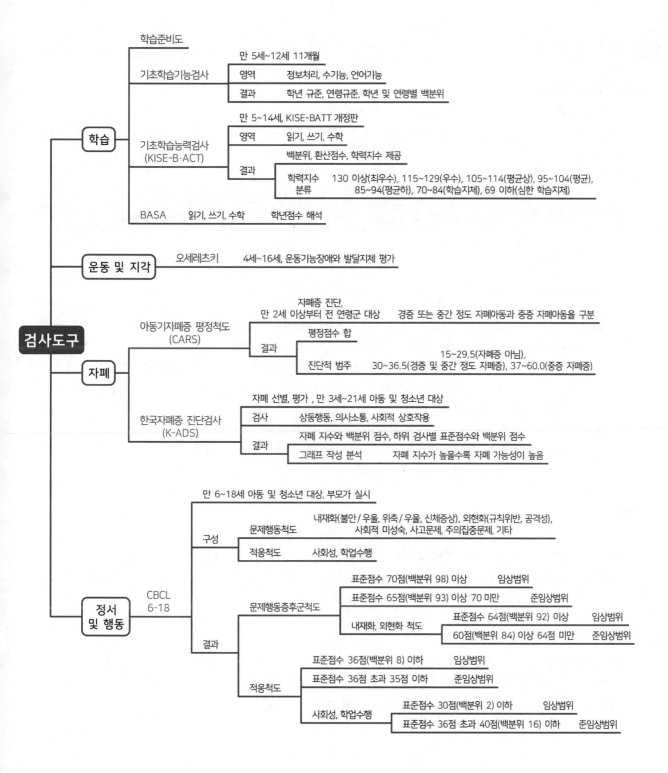

검사도구

학습
- 학습준비도
- 기초학습기능검사
  - 만 5세~12세 11개월
  - 영역 · 정보처리, 수기능, 언어기능
  - 결과 · 학년 규준, 연령규준, 학년 및 연령별 백분위
- 기초학습능력검사 (KISE-B·ACT)
  - 만 5~14세, KISE-BATT 개정판
  - 영역 · 읽기, 쓰기, 수학
  - 결과
    - 백분위, 환산점수, 학력지수 제공
    - 학력지수 분류 · 130 이상(최우수), 115~129(우수), 105~114(평균상), 95~104(평균), 85~94(평균하), 70~84(학습지체), 69 이하(심한 학습지체)
- BASA · 읽기, 쓰기, 수학 · 학년점수 해석

운동 및 지각
- 오세레츠키 · 4세~16세, 운동기능장애와 발달지체 평가

자폐
- 아동기자폐증 평정척도 (CARS)
  - 자폐증 진단, 만 2세 이상부터 전 연령군 대상 · 경증 또는 중간 정도 자폐아동과 중증 자폐아동을 구분
  - 결과
    - 평정점수 합
    - 진단적 범주 · 15~29.5(자폐증 아님), 30~36.5(경증 및 중간 정도 자폐증), 37~60.0(중증 자폐증)
- 한국자폐증 진단검사 (K-ADS)
  - 자폐 선별, 평가 , 만 3세~21세 아동 및 청소년 대상
  - 검사 · 상동행동, 의사소통, 사회적 상호작용
  - 결과
    - 자폐 지수와 백분위 점수, 하위 검사별 표준점수와 백분위 점수
    - 그래프 작성 분석 · 자폐 지수가 높을수록 자폐 가능성이 높음

정서 및 행동
- CBCL 6-18
  - 만 6~18세 아동 및 청소년 대상, 부모가 실시
  - 구성
    - 문제행동척도 · 내재화(불안 / 우울, 위축 / 우울, 신체증상), 외현화(규칙위반, 공격성), 사회적 미성숙, 사고문제, 주의집중문제, 기타
    - 적응척도 · 사회성, 학업수행
  - 결과
    - 문제행동증후군척도
      - 표준점수 70점(백분위 98) 이상 · 임상범위
      - 표준점수 65점(백분위 93) 이상 70 미만 · 준임상범위
      - 내재화, 외현화 척도 · 표준점수 64점(백분위 92) 이상 · 임상범위
      - 60점(백분위 84) 이상 64점 미만 · 준임상범위
    - 적응척도
      - 표준점수 36점(백분위 8) 이하 · 임상범위
      - 표준점수 36점 초과 35점 이하 · 준임상범위
      - 사회성, 학업수행 · 표준점수 30점(백분위 2) 이하 · 임상범위
      - 표준점수 36점 초과 40점(백분위 16) 이하 · 준임상범위

01 평가의 단계

1. 선별(screening)

① 더 심층적인 평가가 필요한 아동을 식별하는 과정이다.

② **선별도구**: 간단·저렴하고, 규준참조평가 형태이며, 표준화된 기준으로 객관적으로 채점되고, 신뢰할 만하고 타당해야 한다.

③ 선별의 4가지 가능한 결과

특수교육 필요 여부	더 심층적인 평가로의 의뢰 여부	
	의뢰됨	의뢰되지 않음
필요함	A	C (위음: False Negative)
필요하지 않음	B (위양: False Positive)	D

㉠ **위양**: 아동이 심층적인 평가로 의뢰되었으나 특수교육이 필요하지 않은 것으로 판별된 경우로, 가족에게 불필요한 불안을 야기하고 평가경비 면에서 불필요한 지출을 초래할 수 있다.

㉡ **위음**: 아동이 심층적인 평가로 의뢰되지 않았는데 나중에 특수교육이 필요한 아동으로 확인되는 경우로, 선별과정에서의 실수로 인해 해당 아동이 필요한 특수교육을 조기에 받지 못하는 불이익을 당한다.

④ 선별에서 위양과 위음의 발생률을 낮추어 선별의 정확성을 높일 필요가 있다.

㉠ **민감도**: 선별도구가 장애를 실제로 가진 아동을 선별해 내는 정도이다.

㉡ **명확도**: 선별도구가 장애를 가지지 않은 아동을 선별해 내지 않는 정도이다.

㉢ 선별도구의 민감도가 높을수록 위음 발생률이 낮아지고, 명확도가 높을수록 위양 발생률이 낮아진다.

2. 진단

① 어떤 상태의 특성과 원인을 파악하는 과정이다.

② 아동이 장애를 가지고 있는지, 만약 그렇다면 장애의 원인은 무엇인지에 대한 결정을 한다.

③ 특정 장애의 유무뿐만 아니라 장애의 원인을 파악하는 것도 중요한데, 이는 진단을 통해 적절한 중재나 교육 프로그램 계획을 위한 유익한 정보를 얻을 수 있기 때문이다.

3. 적부성

① 특수교육 대상자로서의 적격성을 말한다(「장애인 등에 대한 특수교육법」 15조에 선정기준 제시).

② 아동이 특수교육 대상자로 적격한가를 결정하는데, 이는 이전 단계인 진단과정에서 장애를 가진 것으로 판명되었더라도 반드시 특수교육 대상자로 선정되는 것은 아님을 뜻한다.

4. 프로그램 계획 및 배치: 어떤 교육 및 관련서비스를 제공할 것인가

① 개별화교육 프로그램(IEP): 아동에게 적절한 교육을 위해 작성된 문서를 말한다.
② IEP 내용: 아동의 인적사항, 현행수준, 교육목적 또는 교육목표, 배치기관, 정규교육 참여정도, 관련서비스, 평가계획, 관련 전문가와 부모의 동의 등이 포함된다.

5. 형성평가

교수 · 학습이 진행되는 과정에서 아동의 진전을 점검하고, 필요한 경우 교과과정이나 수업방법을 개선하기 위해 실시하는 평가이다(교수방법의 수정).

6. 총괄평가

일정 단위의 교육 프로그램이 실시된 후 설정된 프로그램의 성공기준에 비추어 프로그램이 산출한 가치를 판단하기 위해 실시하는 평가이다(특수교육의 지속 지원 여부 결정).

02 진단의 기능

진단	정의	목적
선별 (screening)	전문적인 장애진단에 의뢰할 대상자 발견을 위한 절차	전문적인 진단에 대한 의뢰 여부 결정
장애진단 (diagnosis)	장애 유무를 확인하기 위한 종합적인 평가 절차	장애의 여부, 성격, 정도 결정
교육진단 (educational assessment)	교수목표를 선정하고 교수계획을 세우기 위한 절차	교수목표 선정 및 교수활동을 위한 일과, 교재, 교구, 교수방법 등의 결정
진도 점검 (monitoring progress)	교수목표를 중심으로 아동의 진보를 확인하는 절차	현행 교수목표와 교수방법의 효과 및 수정의 필요 여부 결정
프로그램 평가 (program evaluation)	개별 아동의 진도와 함께 가족 만족도, 프로그램 효과에 대한 자료를 수집하는 절차	가족의 만족도, 프로그램의 전반적인 성과 결정

1. 「장애인 등에 대한 특수교육법」에 따른 정의

'개별화교육'이란 각급 학교의 장이 특수교육 대상자 개인의 능력을 계발하기 위하여 장애유형 및 장애특성에 적합한 교육목표 · 교육방법 · 교육내용 · 특수교육 관련서비스 등이 포함된 계획을 수립하여 실시하는 교육을 말한다.

2. 특수교육 대상자 선정 및 개별화교육계획의 수립 · 운영 절차

절차	내용	세부내용
의뢰	장애를 가지고 있거나 장애로 의심이 되는 영유아 및 학생	• 보호자 또는 각급 학교의 장이 교육장 또는 교육감에게 진단평가 의뢰서를 작성하여 진단평가 의뢰 • 각급 학교의 장이 진단평가를 의뢰한 경우 보호자의 사전동의 필수
진단 · 평가	진단평가 실시 및 자료수집	• 교육장 또는 교육감이 즉시 진단평가 의뢰서를 특수교육지원센터에 회부 • 특수교육지원센터는 30일 이내에 진단평가 실시 및 특수교육 대상자로의 선정 여부와 필요한 교육지원에 대한 최종 의견을 작성하여 교육장 또는 교육감에게 보고
선정	특수교육 대상자 선정	교육장 또는 교육감은 특수교육지원센터로부터 최종 의견을 통지받은 때부터 2주 이내에 특수교육 대상자로의 선정 여부 및 교육지원 내용을 결정하여 부모 등의 보호자에게 서면 통지
배치	일반학급, 특수학급, 특수학교에 배치	• 교육장 또는 교육감은 해당 특수교육운영위원회의 심사를 거쳐 특수교육 대상자 배치 • 특수교육 대상자의 장애 정도 · 능력 · 보호자의 의견을 종합적으로 판단하여 거주지에서 가장 가까운 곳에 배치 • 해당 특수교육운영위원회는 배치 결정을 30일 이내에 교육감 또는 교육장이나 학교의 장에게 통보 • 배치 결정에 이의가 있는 보호자는 90일 이내에 행정심판 제기
개별화교육계획 작성	장애유형 및 특성에 적합한 특수교육 및 특수교육 관련서비스 등	• 각급 학교의 장은 매 학년 시작일로부터 2주 이내에 각 특수교육 대상자에 대한 개별화교육지원팀(보호자, 일반교육교원, 특수교육교원, 진로 및 직업교육담당교원, 특수교육 관련서비스 담당인력 등) 구성 • 특수교육 대상자에 대한 정보 수집 • 개별화교육지원팀은 매 학기 시작일로부터 30일 이내에 개별화교육계획 작성 • 개별화교육계획 작성 시 특수교육 대상자의 인적사항, 특별한 교육지원이 필요한 영역의 현재 학습 수행수준, 교육목표, 교육내용, 교육방법, 교육계획 및 특수교육 관련서비스의 내용과 방법을 포함
개별화교육계획 실행	개별화교육계획을 실제 수업에 적용	개별화교육지원팀에게 개별화교육계획 복사본 제공
개별화교육계획 평가 및 검토	–	• 각급 학교의 장은 매 학기마다 개별화교육계획에 따른 특수교육 대상자의 학업성취도평가 실시 • 평가 결과를 특수교육 대상자 또는 그 보호자에게 통보 • 개별화교육계획의 진행 여부 검토 및 수정

3. 개별화교육계획 수립

(1) 개별화교육지원팀 구성

① 개별화교육지원팀의 구성원

　ⓐ 일반적인 구성원

　　ⓐ 보호자, 특수교육교원, 일반교육교원, 진로 및 직업교육 담당 교원, 특수교육 관련서비스 담당 인력 등으로 구성한다.

　　ⓑ 필요한 경우 특수교육 대상자 본인, 특수교육 보조인력은 개별화교육지원팀의 요구에 따라 회의에 참여하여 관련 정보를 제공할 수 있다.

　ⓛ 일반학급에 배치된 특수교육 대상자의 개별화교육지원팀

　　ⓐ 특수학급 설치교: 학교장은 당해 학교 특수교육교원의 지원을 받아 개별화교육지원팀을 구성하여 개별화교육계획을 수립할 수 있다. 당해 학교에서 지원하기 어려운 사항이 있을 경우, 특수교육지원센터의 도움을 받을 수 있다.

　　ⓑ 특수학급 미설치교: 학교장은 특수교육지원센터의 지원을 받아 개별화교육지원팀을 구성하여 개별화교육계획을 수립할 수 있다. 이때 특수교육대상자가 일반학급에서 모든 수업을 받으므로 일반학급 담임교사의 적극적인 참여가 요구된다. 특수교육교원의 도움이 필요한 경우, 시·군·구 교육지원청 또는 인근 지역에 소재한 각급 학교의 특수교육교원에게 지원을 받을 수 있다.

② 개별화교육지원팀 구성원의 역할

　ⓐ 일반적인 역할

　　ⓐ 개별화교육계획 수립을 위한 회의 참석, 협의, 의사결정

　　ⓑ 개별화교육계획의 작성, 실행 및 평가, 검토 및 수정(필요시 진행)

　ⓛ 구성원의 역할과 책무성

구성원	역할
각급 학교의 장	• 매 학년 시작 후 2주 이내에 개별화교육지원팀 구성 • 각 특수교육 대상자에 대한 개별화교육계획이 매 학기 시작일로부터 30일 이내에 작성되고, 개별화교육지원팀 구성원이 서명한 내용에 대한 전반적인 책임을 짐 • 개별화교육계획 수립을 위한 행·재정적인 지원 　예 장소 제공, 회의시간 확보, 회의에 소요되는 경비 등 • 개별화교육계획의 실행 및 평가에 대한 관리 • 개별화교육지원팀 구성원 간의 협력 촉진
특수학교 담임교사	• 학급 운영계획과 교과목에 대한 전반적인 정보 제공 • 특수교육 대상자의 강점, 요구, 흥미 등에 대한 정보 제공 • 개별화교육지원팀 구성 및 개별화교육계획 수립을 위한 업무 지원 • '특별한 교육지원이 필요한 영역의 현재 학습 수행수준'을 파악하기 위한 평가 실시 • 교육지원이 요구되는 담당 교과의 교육목표, 교육내용, 교육방법, 평가계획 작성 및 실행 • 특수교육 대상자의 보호자, 다른 교사, 전문가와 지속적인 의사소통 유지, 협력
특수학교 교과담당 교사 (진로 및 직업교육 담당 교원 포함)	• 교과목에 대한 전반적인 정보 제공 • 특수교육 대상자의 강점, 요구, 흥미 등에 대한 정보 제공 • '특별한 교육지원이 필요한 영역의 현재 학습 수행수준'을 파악하기 위한 평가 실시 • 교육지원이 요구되는 담당 교과의 교육목표, 교육내용, 교육방법, 평가계획 작성 및 실행 • 다른 교사 및 전문가와 지속적인 의사소통 유지 및 협력

구성원	역할
보호자	• 개별화교육계획을 위한 회의 참석 • 특수교육 대상자의 개별화교육계획 수립을 위한 다양한 정보 제공 • 자신 또는 자녀에게 제공될 특별한 교육적 지원에 대한 전반적인 의사표현 • 학교와 가정의 지속적인 의사소통 유지, 협력
특수교육 대상자 본인	• 교육목표 설정에 대한 본인의 의사 표현 • 본인이 선호하는 학습양식에 대한 정보 제공 • 자신에게 제공되는 교수적 지원에 대한 이해
특수학급 담당교사	• 개별화교육지원팀이 필요하다고 판단하는 구성원 확보를 지원 • 특수학급 운영계획과 교과목에 대한 전반적인 정보 제공 • 특수교육 대상자의 강점, 요구, 흥미 등에 대한 정보 제공 • 개별화교육계획 수립을 위한 업무 지원 • '특별한 교육지원이 필요한 영역의 현재 학습 수행수준'을 파악하기 위한 평가 실시 • 일반교육 교원에게 적합한 교수적 지원에 대한 정보 제공 • 교육지원이 요구되는 담당 교과의 교육목표, 교육방법, 교육내용, 평가계획 작성과 실행 • 특수교육 대상자의 보호자, 다른 교사, 전문가와 지속적인 의사소통 유지, 협력
일반학교 담임교사	• 학급 운영계획에 대한 정보 제공 • 교과목에 대한 전반적인 정보 제공 • 특수교육 대상자의 강점, 요구, 흥미 등에 대한 정보 제공 • 특수학급 담당 교사 또는 해당 지역의 특수교육지원센터 전문인력의 지원을 받아 '특별한 교육지원이 필요한 영역의 현재 학습 수행수준'을 파악하기 위한 평가 실시 • 특수학급 담당 교사 또는 해당 지역의 특수교육지원센터 전문인력의 지원을 받아 교육지원이 요구되는 담당 교과의 교육목표, 교육내용, 교육방법, 평가계획 작성과 실행 • 특수교육 대상자의 보호자, 다른 교사 및 전문가와 지속적인 의사소통 유지, 협력
일반학교 교과 담당 교사 (진로 및 직업교육 담당 교원 포함)	• 교과목에 대한 전반적인 정보 제공 • 특수교육 대상자의 강점, 요구 흥미 등에 대한 정보 제공 • 특수학급 담당 교사 또는 해당 지역의 특수교육지원센터 전문인력의 지원을 받아 '특별한 교육지원이 필요한 영역의 현재 학습 수행수준'을 파악하기 위한 평가 실시 • 특수학급 담당 교사 또는 해당지역의 특수교육지원센터 전문인력의 지원을 받아 교육지원이 요구되는 담당 교과의 교육목표, 교육내용, 교육방법, 평가계획 작성과 실행 • 다른 교사 및 전문가와 지속적인 의사소통 유지, 협력
특수교육 관련서비스 담당 인력	• 특수교육 대상자의 교육을 위해 필요한 각종 특수교육 관련서비스 내용 결정 • 특수교육 관련서비스의 제공 일정과 횟수 결정 • 교과수업과 관련서비스의 연계성을 갖추기 위한 자문 제공 • 개별화교육지원팀과의 지속적인 의사소통 유지, 협력
특수교육 보조인력	• 개별화교육지원팀 요청 시 회의에 참석하여 필요한 정보 제공 • 특수교육 대상자의 담당 교사와 지속적인 의사소통 유지, 협력
기타 지원 인력	• 개별화교육계획을 위한 회의에 참여하여 도움 제공 • 특수교육 대상자의 학습 강점과 요구 결정에 도움 제공 • 자료와 자원에 대한 조언 제공 • 개별화교육지원팀과의 지속적인 의사소통 유지 • 필요한 경우 보호자 동의하에 평가 수행

(2) **특수교육 대상자에 대한 정보수집**

① **정보수집 내용 및 방법**

ㄱ 개별화교육지원팀의 구성원은 특수교육 대상자의 진단·평가 검사결과, 교육지원 요구사항을 비롯해 개별화교육계획 수립에 필요한 구체적이고 다양한 정보를 수집해야 한다. 특수교육 대상자의 진단·평가 검사결과 이외에 필요한 정보는 면담과 관찰을 통하여 수집한다.

ㄴ 진단·평가 검사결과와 면담 및 관찰을 통한 정보를 가지고 개별화교육계획을 수립하기에 충분하지 않을 때에는 형식적·비형식적 평가 등을 추가로 실시할 수 있다.

ㄷ **정보수집 방법**: 상담, 관찰, 추가 평가(형식적·비형식적 평가 등)

ㄹ **정보수집 내용**: 학습(교과), 사회성 기술, 인지능력, 이동능력, 대근육·소근육 운동기술(필기 가능 여부 등), 의사소통 능력, 동기, 주의집중, 교육과정에의 접근 정도, 행동문제, 진료기록, 의료적 요구사항, 교육력, 강점과 재능, 사회·정서적 요구, 필요한 특수교육 관련서비스 등

② **정보수집 시 유의점**

ㄱ 특수교육 대상자에 대한 정보를 수집할 때는 개별화교육계획 수립에 참고가 될 수 있는 정보를 수집하되, 객관적·과학적인 방법에 의해 작성된 정보를 우선적으로 수집하고, 기타 교육에 참고가 될 수 있는 중요한 정보도 함께 수집한다.

ㄴ 특수교육 대상자에 대한 정보를 수집하기 위해 평가를 할 때에는 개별화교육계획 수립에 참고가 되지 않는 불필요한 평가를 하지 않도록 유의하며, 보호자에게 목적을 설명하고 동의를 구한다.

ㄷ 평가자료는 개별화교육계획을 개발·평가하는 교육목적으로만 사용하며, 다른 목적으로 사용하지 않는다.

(3) **개별화교육계획 작성**

① **개별화교육지원팀의 회의**

ㄱ **회의 준비**

ⓐ 학교장은 개별화교육지원팀 구성에 책임을 지며 의장 역할을 수행할 수 있다.

ⓑ 회의를 주관하는 교사는 학교장이 각 개별화교육지원팀의 구성원 중에서 한 명을 선정하도록 한다. 회의 주관 교사는 회의일정 조정, 회의장소 섭외, 연락 등 회의를 준비하고 보호자를 포함한 모든 구성원에게 회의 목적, 시간, 장소, 참석자를 알려준다.

ⓒ 만약 개별화교육지원팀 구성원이 회의에 참석할 수 없는 경우, 서면으로 의견서를 제출한다.

ⓓ **회의 구성원의 역할 및 준비사항**

구성원	역할 및 준비사항
학교장	회의에 필요한 재정적·행정적 지원
특수교육교원	전년도 개별화교육계획, 새로운 개별화교육계획 양식, 특수교육 대상자에 대한 진단·평가 결과 및 교육지원 내용 등
일반교육교원	학년 교육과정, 학급 운영계획 등
보호자	학생과 관련된 필요한 정보(가정과 지역사회 환경에서의 수행수준, 강점, 재능, 흥미, 보호자가 바라는 교육목표 우선순위 등)
전년도 담임교사	교과별 평가결과, 특수교육 대상자의 사회성 및 정서·행동발달, 학습활동 시의 여러 특성, 특수교육 대상자가 잘 반응하는 강화에 대한 정보, 행동지원에 대한 정보 등
진로 및 직업교육 담당 교원	직업재활 훈련과 자립생활 훈련 등에 대한 평가 결과, 교육지원 내용 등
특수교육 관련서비스 담당 인력	특수교육 관련서비스 영역 평가결과, 전년도 특수교육 관련서비스 지원 정보, 특수교육 대상자에 대한 특수교육 관련서비스 내용과 방법 등

ⓒ 회의 시작
  ⓐ 회의를 주관하는 교사는 회의를 개최하기 전에 확인할 사항을 숙지한다.
  ⓑ 확인할 사항
    • 회의 목적   • 참석자 확인
    • 참석자들의 역할 확인   • 개별화교육계획 기록자(회의내용 기록자)
    • 회의 시간 및 장소   • 회의 순서
ⓒ 회의 진행
  ⓐ 개별화교육지원팀은 특수교육 대상자의 교육적 요구에 대한 정보를 모으고, 수집한 정보를 바탕으로 개별화교육계획을 작성한다. 이때 회의에서는 참석한 모든 사람이 이해할 수 있도록 가급적 전문용어 사용을 피한다.
  ⓑ 그 외 고려할 사항에 대해 논의한다.
    • 특수교육 대상자의 전년도 개별화교육계획 평가결과 보고
    • 특수교육 대상자의 강점, 재능, 흥미, 교육적 요구 등 파악
    • 개별화교육계획을 작성해야 하는 교과 선정
    • 교과에 대한 현재 학습 수행수준 파악
    • 교육적 요구의 우선순위 결정
    • 교육목표, 교육내용, 교육방법, 평가계획 등의 결정
    • 특수교육 관련서비스 내용과 방법 결정
    • 기타 개별화교육계획과 관련된 사항 논의
    • 개별화교육계획 작성
ⓔ 폐회: 폐회 시 회의를 주관하는 교사는 아래의 사항을 확인하도록 한다.
  ⓐ 회의에서 제시된 모든 사항에 대한 요약 보고
  ⓑ 개별화교육계획 최종안에 개별화교육지원팀 구성원의 서명 확인
  ⓒ 개별화교육지원팀 구성원의 요구가 있을 시 개별화교육계획 복사본 제공

② 개별화교육계획 구성요소
  ㉠ 인적사항, 현재 학습 수행수준, 교육목표, 교육내용, 교육방법, 특수교육 관련서비스, 평가계획이 포함된다.
  ㉡ 교과목의 수와 영역, 특수교육 관련서비스, 특수학급 수업시수, 통합학급 수업시수가 포함될 수 있으며 개별화교육계획을 작성하는 교과영역은 특수교육 대상자의 교육적 요구에 따라 개별화교육지원팀에서 결정한다.
  ㉢ 구성요소 및 내용

요소	내용
특수교육 대상자 인적사항 및 정보수집	• 특수교육 대상자의 진단 및 평가 검사결과 이외에 필요한 정보는 면담과 관찰을 통해 수집함 • 진단 및 평가 검사결과와 면담, 관찰로 얻은 정보만으로 개별화교육계획(IEP)을 수립하기 충분하지 않을 때는 형식적·비형식적 평가 등을 추가로 실시할 수 있음
현재 학습 수행수준 진단	현재 학습 수행수준은 학생의 현재 교육적 요구에 대한 수준을 명확하게 보여주어야 함

장·단기 교육목표 설정	• 교육목표의 진술방법은 하나의 의미만을 전달할 수 있도록 명료하고 객관적인 용어로 측정 가능하게 기술함
	• 관찰 가능하고 측정 가능한 교육목표를 진술하기 위한 조건
	  – 행동이 수행될 조건
	  – 수업의 결과로서 학생이 성취해야 하는 행동
	  – 학습활동의 성취 여부를 결정할 기준 또는 수준

요소	내용
교육내용	실제 가르치는 내용을 의미하며, 목표와 매우 유사하게 진술될 수 있음
교육방법	• 특수교육 대상자의 개별 특성에 맞게 기술되어야 함 • 보편적 설계 개념에 충실한 방법을 우선적으로 고려해야 함
개별화교육계획 평가계획	평가결과에 대한 기술방법은 가급적 서술형으로 하되 세부적인 내용들을 함께 기술하도록 함
특수교육 관련서비스	특수교육 대상자에게 필요한 가족지원(가족상담, 양육상담, 보호자교육, 가족지원 프로그램 운영 등), 치료 지원(물리치료, 작업치료 등), 보조인력, 각종 교구 및 학습보조기 지원(보조공학기기 등), 통학 지원(통학차량, 통학비), 기숙사의 설치 및 운영 등
기타 지원 정보	개별화교육지원팀이 교육해야 하는 특수학급 수업시수, 통합학급 수업시수, 종일반 참여, 방과 후 학교, 특수학급 체험활동, 일반학급 체험활동, 창의적 체험활동 등을 개별화교육계획(IEP)에 명시함

③ 개별화교육계획 작성 절차

ㄱ 개별화교육계획은 매 학기의 시작일로부터 30일 이내에 3단계에 따라 작성한다.

ㄴ 작성 절차

단계	구분	내용
1단계	초안 작성	개별화교육지원팀의 구성원은 회의 전에 각자 해당 영역에 대한 개별화교육계획 초안을 작성하여 회의에 참석함
2단계	협의 및 결정	개별화교육지원팀은 회의로 교육목표, 교육내용, 교육방법, 평가계획, 특수교육 관련서비스 내용과 방법을 협의하여 결정함
3단계	최종기 및 서명	기록자는 결정된 사항을 종합하여 개별화교육계획서를 작성하며, 개별화교육지원팀 구성원은 작성된 개별화교육계획서에 서명함

④ 개별화교육계획 보관 시 유의점

ㄱ 개별화교육계획은 누철하여 보관한다.

ㄴ 개별화교육계획에 기재된 특수교육 대상자의 개인정보가 유출되지 않도록 유의하여 보관한다.

ㄷ 특수교육 대상자가 다른 학교로 전출할 경우 또는 상급학교로 진학할 경우, 전출학교는 개별화교육계획을 전입학교에 14일 이내에 송부하여야 한다.

(4) 개별화교육계획 실행

개별화교육계획이 작성되면 개별화교육지원팀 구성원들은 작성된 개별화교육계획에 서명하고, 개별화교육계획에 기록된 교육지원을 담당하는 모든 교사와 담당 인력, 보호자에게 복사본을 제공한다.

(5) 평가 및 검토

① 각급 학교의 장은 매 학기마다 개별화교육계획에 따른 특수교육 대상자의 학업 성취도평가를 실시해야 한다.

② 특수교육 대상자의 교육목표 달성 여부를 평가하고, 결과를 개별화교육계획에 기재한다.

③ 평가 결과는 특수교육 대상자 또는 보호자에게 통보되어야 한다.

④ 개별화교육지원팀은 필요한 경우 특수교육 대상자의 개별화교육계획이 계획대로 잘 진행되고 있는지 여부를 검토하고 수정할 수 있다.

특수교육에서의 진단 · 평가 단계에 관한 진술로 바른 것은? [1.4점]

① 교육 프로그램 계획은 학생의 장애 여부와 특성 및 정도에 관한 정보를 파악하는 것이다.

② 선별(screening)은 개별화교육계획 작성에 필요한 학생의 현행 수준을 파악하는 것이다.

③ 진도 점검 및 프로그램 평가는 학기 초에 학생의 잠재능력에 관한 정보를 파악하는 것이다.

④ 적격성 판정은 학생의 장애 유형과 정도가 특수교육 대상자 선정기준에 부합한지를 결정하는 것이다.

⑤ 진단은 프로그램 실시 중 프로그램의 효과를 파악하기 위하여 필요할 때마다 학생의 진전에 관한 정보를 수집하는 것이다.

김 교사는 특수교육지원센터의 순회교사이고, (나)는 김 교사와 은지 어머니의 대화내용이다. 물음에 답하시오.

(나) 대화

> 어 머 니: 선생님, 지난번에 가르쳐 주신 대로 은지와 상호작용을 하려고 했는데 효과가 별로 없는 것 같아요. 왜 그럴까요?
>
> 김 교사: 어머니들께서 자녀에 대한 중재를 실행하는 것이 쉬운 일은 아니에요. 그래서 ⓐ 은지 어머니께서 배운 방법대로 정확하게 하고 있는지, 그리고 이것을 일관성 있게 하고 있는지 점검하고 모니터링해야 해요. 그래서 이미 개별화교육계획을 작성할 때 이를 위한 절차와 점검표를 계획해 놓았어요. 그럼 이것을 실시해 보도록 하지요.
>
> 어 머 니: 선생님, 한 가지 더 의논드릴 일이 있어요. 우리 이웃집에 은지 또래의 아이가 있는데 발달이 더딘 것 같아 그 아이의 엄마가 걱정을 하고 있더라구요.
>
> 김 교사: 그래요? 그럼 먼저 ⓒ 선별검사를 해 보는 것이 좋겠군요.

4) ⓐ은 무엇을 측정하고자 한 것인지 쓰시오. [1점]

 • _____

5) ⓒ의 선별 과정에서 나타날 수 있는 음성 오류(부적 오류, false negative)를 장애 진단과 관련하여 1가지 쓰시오. [1점]

 • _____

다음은 송희의 개별화교육계획안이다. 물음에 답하시오.

인적사항					
이름	정송희(여)		보호자 이름	정○○	
생년월일	2009.10.15.		전화번호	031-315-****	
주소	경기도 ○○시 ○○로 123		기타 연락번호	010-****-****	
시작일	2013.3.18.		종료일	2013.7.26.	
장애 유형	자폐성장애		진단·평가	(생략)	
발달영역	언어 및 의사소통	작성자	홍○○	작성일	2013.3.

현재 학습 수행수준
• 간단한 지시를 따르고, 요구했을 때 사물 또는 사람을 가리킨다.
• 자기가 하고 싶은 것이 있거나 원하는 물건이 있을 때 상대방의 손을 잡아끄는 것으로 요구를 표현한다.
• 어려운 상황이나 과제에 직면하면 무조건 울음을 터뜨린다.
• 거부의 표현으로 소리를 지르거나 돌아서거나 밀쳐낸다.

교육목표		교육내용	평가계획
장기목표	단기목표		
자신의 요구를 2단어로 말할 수 있다.	㉠ (생략)	필요할 때 말로 요구하기	(생략)
특수교육 관련서비스	(생략)		

1) 현행 「장애인 등에 대한 특수교육법 시행규칙」 제4조 제3항에 제시된 개별화교육계획에 포함되어야 할 것 중 송희의 개별화
교육계획안에 나타나 있지 <u>않은</u> 것 1가지를 쓰시오. [1점]

• _____

3) 다음은 송희의 개별화교육계획안을 작성하기 위해 송희에 대한 정보를 수집하는 과정이다. 적절하지 <u>않은</u> 것 1가지를 찾아
기호를 쓰고, 그 이유를 쓰시오. [2점]

> ⓐ 송희의 활동결과물을 수집하여 분석하였다.
> ⓑ 일과 중 송희의 의사소통 특성을 관찰하여 일화기록을 하였다.
> ⓒ 타당도가 확보된 진단을 하기 위해 지능검사 등의 표준화검사를 주로 실시하였다.
> ⓓ 집에서 송희가 하는 의사소통 행동에 대한 기록물을 부모에게 의뢰하여 주기적으로 수집하였다.

• _____

다음은 진단과 중재 체계를 제시한 그림이다. 유진이는 이 체계에 따라 진단과 중재를 받았다. 물음에 답하시오. [5점]

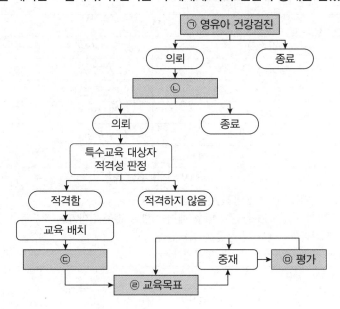

1) ㉠ 단계에서 유진이가 받은 발달평가의 목적을 쓰시오. [1점]

  • _____

2) ㉡과 ㉢에 들어갈 내용을 각각 쓰시오. [1점]

  • ㉡: _____   • ㉢: _____

3) 유진이는 위 체계를 거치면서 여러 가지 검사를 받았다. 그 중에서 '한국 웩슬러 유아지능검사(K-WPPSI)' 결과와 '유아 행동평가척도(CBCL 1.5-5)' 결과로 ㉣을 작성한다면, 이때 발생할 수 있는 문제점 1가지를 쓰시오. [1점]

  • _____

4) ㉤을 실시하는 이유 2가지를 쓰시오. [2점]

  • _____

  • _____

제2절 사정

01 검사

1. 규준참조검사

① 검사를 받은 또래 아동(규준집단)의 점수 분포인 규준에 대상 아동의 점수를 비교함으로써 또래집단 내에서의 아동의 상대적 위치에 대한 정보를 제공하는 검사이다.

② 규준: 규준집단의 점수 분포이다. 규준집단은 모집단에서 선정된 표본을 말하는데 한 검사의 규준이 적절한지 여부는 규준집단이 모집단을 얼마나 잘 대표하는가로 판단한다.

③ 검사를 실시한 집단을 '규준집단'이라 하고, 규준집단에게 검사를 실시해 얻은 점수를 이용하여 만든 점수표를 '규준'이라고 한다.

④ 규준집단의 양호성

구분	내용
대표성	규준집단이 검사도구 대상집단의 특성을 얼마나 잘 대표하는지를 말함 예 성, 연령, 사회경제적 지위, 지역
크기	규준집단에 포함된 아동의 수로, 각 연령당 최소 100명 이상의 아동이 필요함
적절성	• 검사를 받는 아동에 대한 규준집단의 적용 가능성 • 아동에게 검사를 실시하는 목적에 따라 필요한 규준의 유형이 다를 수 있음

2. 준거참조검사

① 사전에 설정된 숙달 수준인 준거에 아동의 점수를 비교함으로써 특정 지식, 기술에 있어서의 아동의 수준에 대한 정보를 제공하는 검사이다.

② 준거: 피검자의 자질, 특성에 대한 수준별 기술을 말한다(예 실패/성공, 기초/보통/우수).

3. 규준참조검사와 준거참조검사의 비교

구분	규준참조검사	준거참조검사
수행 비교대상	피검사의 수행을 검사를 받는 또래 아동들의 수준인 규준에 비교함	사전에 설정된 숙달 수준인 준거에 비교함
정보	또래집단 내 아동의 상대적 위치	특정 지식이나 기술에 있어서의 아동의 수준에 대한 정보
이용도	선별, 진단, 적부성, 배치와 관련된 의사결정	교육 프로그램 계획, 형성평가, 총괄평가
내용범위	• 광범위한 영역 • 각 영역당 소수의 문항	• 좁은 영역을 다룸 • 각 영역당 더 많은 수의 문항을 포함
난이도	• 매우 쉬운 문항부터 어려운 문항까지 다양하게 제작 • 쉬운 문항부터 난이도 순으로 배열	문항 간 난이도가 거의 동등

1. 타당도와 신뢰도

(1) 타당도

① 정의: 검사도구가 측정하고자 하는 능력이나 특성을 실제로 측정하고 있는 정도로, 검사목적에 따른 검사도구의 적합성 정도를 의미한다.

② 유형

유형		내용
내용타당도		측정하고자 하는 영역을 검사문항이 대표하는 정도 **cf** 안면타당도: 검사문항들이 피검자에게 친숙한 정도
준거타당도	예측타탕도	• 검사결과가 미래의 행동을 정확하게 예측할 수 있는 정도 • 미래시점의 준거변인과 관련 ➡ 일정한 시간이 경과해야 함 　**예** 비행사 적성검사에서 높은 점수를 획득한 사람이 나중에 비행기 안전운행에서 높은 점수를 보인다면 비행사 적성검사의 예측타당도는 높다고 할 수 있다.
	공인타당도	• 공인타당도는 검사결과가 거의 동일한 시기에 실시된 다른 검사결과와 일치하는 정도 • 현재시점의 준거변인과 관련 ➡ 검증을 필요로 하는 검사와 준거변인이 되는 다른 검사를 거의 동일한 시기에 실시함 　**예** 새로운 비행사 적성검사를 제작하였을 때 이 검사의 점수가 기존 다른 비행사 적성검사의 점수와 유사하다면 새로 제작된 비행사 적성검사의 공인타당도는 높다고 할 수 있다.
구인타당도		• 측정하고자 하는 이론적 구인을 검사도구가 실제로 측정하는 정도 • **구인**: 눈으로 직접 관찰되지 않는 추상적이고 가설적인 심리적 특성(지능, 창의력, 인성, 동기, 자아존중감, 불안, 논리적 사고력 등) • 타당도 유형 중에서 가장 입증이 어렵고, 입증하는 데 시간도 오래 걸림

③ 타당도계수: 상관계수가 특정 검사점수와 준거변인 측정치 간의 관련 정도를 말한다.

　㉠ 범위는 0.00 ~ +1.0까지이다.

　㉡ 상관계수가 음수로 산출되었을 경우에는 타당도계수를 0.00으로 표시한다.

　㉢ 타당도계수는 클수록 좋지만 전형적으로 .50 ~ .70까지의 범위에서 산출된다.

　㉣ .50 ~ .70보다 작은 타당도계수는 낮은 타당도로 해석하도록 권유한다.

　㉤ 공인타당도가 .80 이상이거나, 예측타당도가 .60 이상이면 타당한 검사라고 할 수 있다.

타당도 계수	타당도 평가
.00 이상 ~ .20 미만	타당도가 거의 없다.
.20 이상 ~ .40 미만	타당도가 낮다.
.40 이상 ~ .60 미만	타당도가 있다.
.60 이상 ~ .80 미만	타당도가 높다.
.80 이상 ~ 1.00 미만	타당도가 매우 높다.

(2) 신뢰도

① 정의

　㉠ 동일한 검사도구를 반복 실시했을 때 개인의 점수가 일관성 있게 나타나는 정도로 반복시행에 따른 검사도구의 일관성 정도를 의미한다.

　㉡ 검사도구가 측정하고자 하는 능력이나 특성을 정확하게 오차 없이 측정하는 정도를 의미한다.

　㉢ 신뢰도는 타당도의 선행요건으로서 신뢰도가 낮으면 높은 타당도를 기대할 수 없다.

② 유형

유형		내용
검사−재검사 신뢰도		• 동일한 검사를 동일한 집단에게 일정 간격을 두고 두 번 실시하여 얻은 점수 간의 상관계수로 추정되는 신뢰도 • 검사 간격이 가까울수록 연습효과로 인해 신뢰도가 높아지므로 연습효과의 영향을 줄이고 검사들 간 검사−재검사 신뢰도의 상대적 비교를 좀 더 용이하게 하기 위해 2주 간격으로 두 번의 검사를 실시하도록 권장함 • 검사도구에 대한 피검자의 반응이 얼마나 안정적인가를 나타내기 때문에 검사도구가 가지는 안정성에 대한 지표가 됨
동형검사 신뢰도		• 두 개의 동형검사를 제작한 뒤 동일한 집단에게 일정한 간격을 두고 실시하여 얻은 점수 간의 상관계수로 추정되는 신뢰도 • 두 개의 동형검사를 가능한 가까운 시일 내에 실시 • 동형검사는 동일한 내용을 측정해야 하고 동일한 문항형태와 문항수로 구성되어 있어야 하며, 동일한 문항 난이도와 문항 변별도를 가지고 있어야 하므로 동형검사 제작에 많은 어려움이 따름
내적 일관성 신뢰도	반분 신뢰도	한 번 실시한 검사를 두 부분으로 나누어 두 부분검사 점수의 상관계수를 산출한 후 Spearman-Brown 공식으로 보정하여 추정되는 신뢰도
	문항 내적 일관성 신뢰도	개별 문항들을 하나의 검사로 간주하여 문항 간의 일관성을 추정한 신뢰도
채점자 간 신뢰도		• 두 검사자가 동일한 집단의 피검자에게 부여한 점수들 간의 상관계수로 추정되는 신뢰도 • 채점자들의 채점이 얼마나 유사한가를 나타냄

③ 신뢰도계수

　㉠ 검사의 일관성의 정도를 신뢰도계수로 나타낸다.

　㉡ **신뢰도의 계수범위: 0.00 ~ +1.00까지이다.**

　㉢ 검사도구를 선정할 때 일반적으로 신뢰도계수 .80 이상을 기준으로 한다.

　㉣ 검사점수가 중요한 교육적 의사결정과 관련될 때 신뢰도계수 .90 이상이 요구된다.

④ 측정의 표준오차(SEM; Standard Error of Measurement)
  ㉠ 개념
    ⓐ 획득점수를 가지고 진점수를 추정할 때 생기는 오차의 정도이다.
    ⓑ 어떤 검사도구를 한 아동에게 무한히 반복 실시한다고 가정했을 때 얻어지는 점수분포의 평균이 진점수이고, 그 표준편차는 측정의 표준오차가 된다.
  ㉡ 검사도구가 측정하고자 하는 능력, 특성을 오차 없이 정확하게 측정한 정도를 의미하는 신뢰도는 신뢰도계수 외에 측정의 표준오차로도 나타낼 수 있다.
  ㉢ 특정 검사점수를 중심으로 신뢰구간을 설정하기 위해 사용한다.
  ㉣ 측정의 표준오차 VS 검사의 표준편차

측정의 표준오차	검사의 표준편차
한 아동에게 어떤 검사를 무한히 반복해서 실시했다고 가정할 때 얻어지는 오차점수들의 변산도	실제로 검사를 실시해서 피검자 집단으로부터 얻은 원점수들의 변산도

  ㉤ 신뢰구간의 설정
    ⓐ 획득점수를 중심으로 아동의 진점수가 포함되는 점수의 범위를 '신뢰구간'이라고 한다.
    ⓑ 신뢰구간 공식

> 신뢰구간 = 획득점수 ± z(SEM)
> • 68% 신뢰수준, z = 1.00
> • 85% 신뢰수준, z = 1.44
> • 90% 신뢰수준, z = 1.65
> • 95% 신뢰수준, z = 1.96
> • 99% 신뢰수준, z = 2.58

    ⓒ 신뢰수준이 증가하면 신뢰구간이 넓어진다.

참고 평균 = 100, SEM = 3

신뢰수준	신뢰구간	해석
68%	100 ± 1.00(3) = 100 ± 3	97점과 103점 사이에 아동의 진점수가 속해 있을 확률이 68%다. 즉, 100회 검사를 실시한다면 68회는 97점과 103점 사이에 아동의 진점수가 있을 것이다.
85%	100 ± 1.44(3) = 100 ± 4	96점과 104점 사이에 아동의 진점수가 속해 있을 확률이 85%다. 즉, 100회 검사를 실시한다면 85회는 96점과 104점 사이에 아동의 진점수가 있을 것이다.
90%	100 ± 1.65(3) = 100 ± 5	95점과 105점 사이에 아동의 진점수가 속해 있을 확률이 90%다. 즉, 100회 검사를 실시한다면 90회는 95점과 105점 사이에 아동의 진점수가 있을 것이다.
95%	100 ± 1.96(3) = 100 ± 6	94점과 106점 사이에 아동의 진점수가 속해 있을 확률이 95%다. 즉, 100회 검사를 실시한다면 95회는 94점과 106점 사이에 아동의 진점수가 있을 것이다.
99%	100 ± 2.58(3) = 100 ± 8	92점과 108점 사이에 아동의 진점수가 속해 있을 확률이 99%다. 즉, 100회 검사를 실시한다면 99회는 92점과 108점 사이에 아동의 진점수가 있을 것이다.

2. 점수의 유형

점수의 유형				척도
원점수				서열척도
				등간척도
변환점수		백분율점수		등간척도
	유도점수	발달점수	등가점수 · 연령 등가점수	서열척도
			등가점수 · 학년 등가점수	서열척도
			지수점수	등간척도
		상대적 위치점수	백분위점수	서열척도
			표준점수 · Z점수	등간척도
			표준점수 · T점수	등간척도
			표준점수 · 능력점수	등간척도
			표준점수 · 척도점수	등간척도
			표준점수 · 정규곡선 등가점수	등간척도
			구분점수	서열척도

(1) 원점수(= 획득점수)

피검자가 옳은 반응을 보인 문항의 수이다.

예 한 아동이 총 15개 문항으로 구성된 수학시험에서 12개 문항에 정답을 보이면 아동의 수학시험 원점수는 12

(2) 변환점수: 아동의 수행에 대한 절대적 또는 상대적 해석을 위해 원점수를 변환한 점수이다.

① 백분율점수: 총 문항수에 대한 정답 문항수의 백분율 또는 총점에 대한 획득점수의 백분율을 나타낸다.

예 한 아동이 총 15개 문항으로 구성된 수학시험에서 12개 문항에서 정답을 보이거나, 50점 만점의 수학시험에서 40점을 받았다면 이 아동의 수학시험 백분율점수는 80%

② 유도점수: 점수 간의 상대적 비교가 가능하도록 원점수를 변환한 점수이다.

    ㉠ 발달점수: 아동의 발달 정도를 나타내는 점수이다.

        ⓐ 등가점수: 특정 원점수를 평균수행으로 나타낸 연령 또는 학년을 말한다.

구분	내용
연령 등가점수	• 연(年)수와 수준을 하이픈으로 연결하여 나타냄 • 8-5: 8년 5개월 ➡ 아동이 8년 5개월된 아동들의 평균수행을 보인다는 의미 예 발달연령, 정신연령, 사회연령, 언어연령
학년 등가점수	• 연령 등가점수와 구분하기 위하여 보통 학년과 달을 소수점으로 연결하여 나타냄 • 1.2: 1학년 둘째 달 ➡ 1학년 둘째 달 아동들의 평균수행 수준을 보인다는 의미

        ⓑ 지수점수(= 비율점수): 발달율 추정치로, 아동의 연령 등가점수를 아동의 생활연령으로 나눈 후 100을 곱해 산출한다.

          예 발달지수, 정신지수, 사회지수, 언어지수

        ⓒ 지수점수 공식

$$지수점수 = \frac{연령\ 등가점수}{생활연령} \times 100$$

ⓛ 상대적 위치점수: 원점수를 변환하여 아동의 상대적 위치를 파악할 수 있도록 한 점수를 말한다.

구분	내용
백분위점수	특정 원점수 이하의 점수를 받은 아동의 백분율(%) 예 한 아동의 원점수가 60점이고 그 원점수에 해당하는 백분위점수가 75라면, 전체 아동 중 75%가 60점 또는 그 미만의 점수를 받았다는 의미
표준점수	• 사전에 설정된 평균과 표준편차에 맞게 정규분포를 이루도록 변환한 점수들을 총칭하는 용어 • 특정 원점수가 평균으로부터 그 이상 또는 이하로 얼마나 떨어져 있는가를 나타냄 　－ Z점수 = (원점수 － 평균) / 표준편차　　　　　－ T점수 = 50 + 10Z 　－ H점수 = 50 + 14Z　　　　　　　　　　　　－ 능력점수 = 100 + 15(또는 16)Z 　－ 척도점수 = 10 + 3Z
구분점수	정규분포를 9개 범주로 분할한 점수로 'C = 2Z + 5'의 계산식으로 구할 수 있음

■ 핵심 플러스 - 점수 범위, 척도점수, 지수와의 관계

범위	최우수	우수	평균상	평균	평균하	저조	최저조
지수(Q)	130 이상	120~129	110~119	90~109	80~89	70~79	69 이하
척도점수	17~19	15~16	13~14	8~12	6~7	4~5	1~3

■ 핵심 플러스 - 상대적 위치점수와 정규분포의 관계

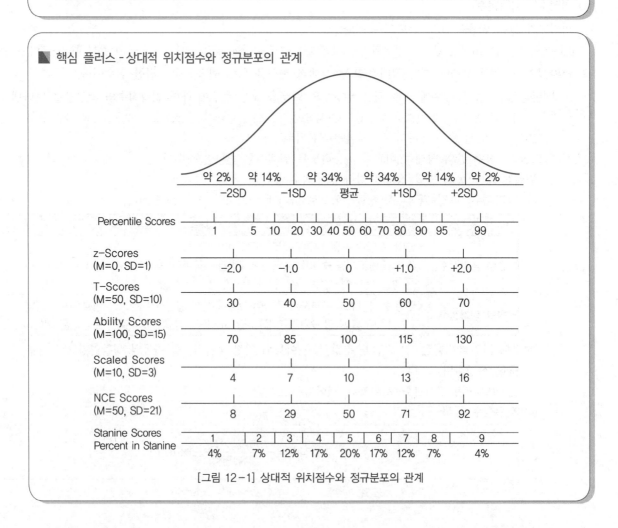

[그림 12-1] 상대적 위치점수와 정규분포의 관계

03 표준화검사

1. 정의

검사의 구성요소, 실시과정, 채점방법, 결과해석 기법을 구조화하는 과정을 거쳐 제작된 검사이다.

2. 생활연령 산출

① 생활연령: 출생 이후의 햇수와 달수를 의미하며 하이픈으로 분리된 두 숫자로 표현된다.

   예 생활연령 6-3은 6년 3개월을, 생활연령 7-11은 7년 11개월을 의미

② 하이픈을 소수점과 상호 교환적으로 사용하지 않도록 주의해야 한다.

   예 생활연령 10-5는 10년 5개월을, 생활연령 10.5는 10 1/2로 10년 6개월을 의미함

③ 생활연령 산출의 예시

예시			설명	비고
아동 A	검사일	2006년 11월 28일	일·월·년의 순으로 검사일에서 출생일을 뺀다. 그 결과, 날짜가 15일 이하일 경우 날짜는 무시하고 생활연령을 산출한다. 따라서 아동 A의 생활연령은 7-3으로 기록된다.	• 영유아를 대상으로 하는 검사에서는 조산을 고려하여 조산 교정연령을 산출하는 경우가 있다. 아동이 조산아일 경우, 검사일에서 출생일을 뺀 생활연령에서 다시 조산기간을 빼서 조산 교정연령을 산출한다. • 생활연령을 산출할 때 날짜가 16일 이상일 경우, 날짜를 무시하는 검사도 있다.
	출생일	1999년 8월 17일		
	생활연령	1997년 3월 11일		
아동 B	검사일	2006년 10월 3일	출생일의 날짜가 검사일의 날짜보다 큰 수일 경우 한 달을 30일로 가정하고 내려서 계산한다. 그 결과, 날짜가 16일 이상일 경우 한 달을 더하여 생활연령을 산출한다. 따라서 아동 B의 생활연령은 8-7로 기록된다.	
	출생일	1998년 3월 10일		
	생활연령	1998년 6월 23일		
아동 C	검사일	2006년 9월 20일	출생일의 달이 검사일의 달보다 큰 수일 경우 1년을 12개월로 가정하고 내려서 계산한다. 따라서 아동 C의 생활연령은 8-11로 기록된다.	
	출생일	1997년 10월 13일		
	생활연령	1998년 11월 7일		

3. 기저점과 최고한계점

① 기저점: 그 이하의 모든 문항들에는 피검자가 정답(옳은 반응)을 보일 것이라고 가정하는 지점이다.

② 최고한계점: 그 이상의 모든 문항들에는 피검자가 오답(틀린 반응)을 보일 것이라고 가정하는 지점이다.

  ➡ 기저점은 제시된 수만큼의 연속적 문항에서 피검자가 정답을 보이는 지점이 되고, 최고한계점은 제시된 수만큼의 연속적 문항에서 피검자가 오답을 보이는 지점이 된다.

③ 시작점: 검사를 시작하는 지점을 말한다.

  ➡ 시작점에서 검사를 시작하여 기저점에 적합한 수만큼의 연속적 문항에서 피검자가 정답을 보이게 되면 그 지점이 피검자의 기저점이 된다.

④ 원점수: 기저점 이전의 문항 수에 기저점과 최고한계점 사이의 정답문항 수를 더한 값을 말한다.

⑤ 피검자의 기저점 또는 최고한계점이 나타나지 않는 경우

구분	내용
바닥효과	• 측정도구가 측정하는 특성의 하위 수준에 속하는 아동들을 변별하지 못하는 현상 • 도구 자체의 점수 범위가 제한적이거나 검사가 너무 어려우면 발생
천장효과	• 측정도구가 측정하는 특성의 상위 수준에 속하는 아동을 변별하지 못하는 현상 • 도구 자체의 점수 범위가 제한적이거나 검사가 너무 쉬우면 발생

⑥ 기저점과 최고한계점 계산 예시

문항	반응	기저점 및 최고한계점	원점수
1			
2			
3			
4			원점수 = 기저점 이전의 문항 수
5	+		+
6	+		기저점과 최고한계점 사이의 정답문항 수
7	+	기저점	= 1번 문항에서 4번 문항까지의 문항 수
8	+		+
9	−		5번 문항과 19번 문항 사이의 정답문항 수
10	+		= 4+9
11	+		= 13
12	+		
13	−		
14	+		
15	−		
16	+		
17	−		
18	−	최고한계점	
19	−		
20			

다음은 ○○초등학교 연수자료 「통합교육 실행 안내서」의 일부이다. 물음에 답하시오.

통합교육 실행 안내서

○○초등학교

1. 학교 차원의 긍정적 행동지원
 1.1 학교 차원의 긍정적 행동지원의 개념

…중략…

 1.2 학교 차원의 긍정적 행동지원의 연속체

1차 지원 단계: ⑤ <u>보편적 지원</u>

- 학교 차원의 기대행동 결정하고 정의하기
  - 기대행동 매트릭스

	기본예절 지키기	안전하게 행동하기	책임감 있게 행동하기
교실	• 발표할 때 손들기 • 바른 자세로 앉기	• 차례 지키기	• 수업 준비물 챙기기

- 학교 차원의 기대행동과 강화체계 가르치기

…중략…

3.4 중재방법 선정 시 유의사항
 3.4.1 (ⓛ) 고려하기
 - 중재목표가 사회적으로 얼마나 중요한가? ⎤
 - 중재과정은 사회적으로 수용 가능하고 합리적인가? ⎬ [A]
 - 중재효과는 개인의 삶을 개선할 수 있는가? ⎦

…중략…

5.3.3 검사의 종류
 - (ⓒ)은/는 피험자가 사전에 설정된 성취기준에 도달했는지에 대한 정보를 제공하는 검사
 - (②)은/는 피험자 간의 상대적인 위치를 평가하며, '상대평가' 또는 '상대비교평가'라고 부르기도 함
 - 상대적 서열에 대한 변환점수의 예로 표준점수, 스테나인 점수, (⑩) 등이 있음

…하략…

---

3) ⓒ과 ②에 들어갈 검사 종류의 명칭을 각각 쓰시오. [1점]

- ⓒ: _____   • ②: _____

4) 다음은 ⑩에 대한 설명이다. ⑩에 들어갈 말을 쓰시오. [1점]

- 전체 학생의 점수를 크기 순으로 늘어놓고 100 등분하였을 때의 순위
- 특정 점수 이하의 점수를 받은 학생 사례 수를 전체 학생 사례 수에 대한 백분율로 나타낸 것
- 상대적 위치 점수

- _____

다음은 특수교육지원센터 홈페이지 질의 · 응답 게시판의 일부이다. 물음에 답하시오.

Q: 우리 아이는 오랜 외국생활로 한국어 사용이나 한국문화에 익숙하지 않습니다. 이런 경우에 사용할 수 있는 지능검사가 있나요?

A: 지능검사는 여러 유형이 있습니다. 특수교육지원센터에서는 학생의 문화 · 언어적 배경에 영향을 받지 않는 ㉠ <u>마임과 몸짓으로 실시하는 비언어성 지능검사</u>를 받을 수 있습니다.

Q: 국립특수교육원 적응행동 검사(KISE-SAB) 결과에서 '일반학생 적응행동 지수'와 '지적장애 학생 적응행동 지수'를 동시에 명시하고 있는데 이해가 어렵습니다. 두 지수의 차이점이 무엇인가요?

A: 일반적으로 ㉡ <u>지적장애 학생을 진단할 때,</u> 먼저 '일반학생 적응행동 지수'를 해석한 후 '지적장애 학생 적응행동 지수'를 해석합니다.

---

1) 밑줄 친 ㉠의 예 1가지를 쓰시오. [1점]

• _____

2) 밑줄 친 ㉡을 하는 이유 1가지를 규준참조검사의 특성을 고려하여 쓰시오. [1점]

• _____

다음은 특수교사와 교육실습생이 나눈 대화의 일부이다. ㉠과 ㉡에 들어갈 내용을 순서대로 쓰시오. [2점]

교육실습생: 선생님, 검사도구를 선택할 때에는 타당도를 고려하라고 하는데 타당도에 대해 설명해 주시겠어요?

특 수 교 사: 타당도는 검사도구의 적합성이라고 생각하면 돼요. 여러 가지 종류가 있는데, (㉠)은/는 검사도구가 얼마나 검사의 목적을 달성할 수 있는 문항으로 구성되었는지를 나타내는 것입니다. 즉 측정하고자 하는 영역을 검사 문항이 얼마나 충실하게 대표하는가를 의미합니다. 그리고 예언타당도는 검사를 통해 얻어진 결과가 향후 학생의 행동이나 특성을 얼마나 정확하게 예측할 수 있는지를 나타내는 것이랍니다.

…중략…

특 수 교 사: 관찰을 할 때에는 관찰자들의 평가 결과가 얼마나 유사한지 관찰자 간 일치도를 파악해야 합니다. 이 자료는 반응기회 기록방법으로 두 사람이 함께 관찰한 결과예요. 그럼 관찰자 간 일치도를 계산해 볼까요?

〈행동 관찰지〉

관찰자 \ 기회	1	2	3	4	5	6	7	8	9	10
관찰자1	×	×	○	○	×	○	×	×	○	○
관찰자2	×	×	○	○	○	○	×	○	○	○

정반응 = ○, 오반응 = ×

교육실습생: 예, 관찰자 간 일치도는 (㉡)%입니다.

• ㉠: _____   • ㉡: _____

(가)는 단순 언어장애 학생 정우에 대한 검사결과이다. 물음에 답하시오.

(가) 검사결과

- 생활연령: 7세 2개월
- K-WISC-Ⅲ 결과: 동작성 지능지수 88, 언어성 지능지수 78
- ㉠ 취학 전 아동의 수용언어 및 표현언어 발달척도(PRES) 결과: 수용언어 발달연령 64개월, 표현언어 발달연령 58개월, 통합언어 발달연령 61개월
- 언어 문제해결력 검사 결과: 원점수 17점, ㉡ 백분위 9
- 순음청력검사 결과: 양쪽 귀 모두 10dB
- 사회성숙도 검사 결과: 사회성 지수 90
- 구강조음기제에서 특이사항 관찰되지 않음
- 사회 · 정서적 문제를 보이지 않음

1) 다음은 (가)의 ㉠을 실시하는 절차이다. 괄호 안의 ⓐ와 ⓑ에 들어갈 말을 쓰시오. [2점]

생활연령을 산출한다.
일 · 월 · 년의 순으로 검사일에서 출생일을 뺀다.

⇩

시작점을 찾는다.
검사 설명서에서 나온 연령층에 적합한 시작점에서 검사를 시작한다.

⇩

기초선(기저선)을 설정한다.
아동이 그 이전의 낮은 단계 문항들을 모두 맞힐 수 있다고 확신할 수 있는 지점을 정한다.

⇩

…중략…

⇩

(ⓐ)을/를 설정한다.
아동이 그 이상의 높은 문항들은 전부 못 맞힐 것이라고 확신할 수 있는 지점을 정한다.

⇩

획득점수(원점수)를 산출한다.
(ⓑ) 문항에서부터 (ⓐ)까지 아동이 맞힌 문항에 부여된 배점을 합산한다.

- ⓐ: _____   • ⓑ: _____

2) 다음은 (가)의 ㉡에 대한 설명이다. 괄호에 들어갈 말을 쓰시오. [1점]

정우의 원점수가 아동이 속한 연령 집단과 비교하여 (   )에 해당한다는 것을 의미한다.

- _____

다음은 한국 웩슬러 아동지능검사(K-WISC-III)의 검사결과를 통해 알 수 있는 점수 유형들이다. 〈보기〉에서 이에 대한 설명으로 적절한 것을 모두 고르면? [1.4점]

원점수, 백분위점수, 환산점수, 지표점수, 지능지수점수

〈보기〉

ㄱ. 소검사 원점수가 0점이라면, 그 소검사에서 측정하는 수행능력이 완전히 결핍되었다고 볼 수 있다.

ㄴ. 백분위점수를 통해 동일 연령대에서 학생의 지적능력의 상대적인 위치를 파악할 수 있다.

ㄷ. 소검사의 환산점수는 표준점수이므로 이를 통해 학생의 환산점수가 각 소검사에서 동일 연령대의 환산점수 평균과 얼마나 차이가 나는지 알 수 있다.

ㄹ. 지표점수 간 비교를 통해 개인 내 강점과 약점을 파악할 수 있다.

ㅁ. 전체 지능지수점수는 비율점수이므로 이를 통해 학생의 발달비율을 알 수 있다.

① ㄱ, ㄴ   ② ㄴ, ㄷ   ③ ㄱ, ㄹ, ㅁ   ④ ㄴ, ㄷ, ㄹ   ⑤ ㄱ, ㄷ, ㄹ, ㅁ

다음은 두 교사가 학생 A의 진단 · 평가 결과보고서에 관해 나눈 대화이다. M검사는 표준화검사이며 점수가 정규분포를 이루고, 평균이 50점이며 표준편차가 10점이다. ㉠~㉣ 중 옳은 것을 모두 고른 것은? [2.5점]

김 교사: 학생 A의 진단 · 평가 결과보고서인데, 한번 보실래요?

이 교사: M검사에서 받은 점수가 39점이니, ㉠ 이 학생의 점수는 규준의 하위 16퍼센타일 이하에 위치한다고 볼 수 있군요.

김 교사: 그러면 이 학생이 받은 점수는 진점수인가요?

이 교사: 이 학생의 점수는 획득점수로, 진점수라고는 말할 수 없지요. ㉡ 진점수는 획득점수를 측정의 표준 오차로 나누어 산출합니다.

김 교사: 그런데 만약 이 학생이 M 검사에서 평균점을 받았다면 백분위점수(순위)는 얼마나 됩니까?

이 교사: 만약 그렇다면, ㉢ 이 학생의 백분위점수는 50이 되지요.

김 교사: 그럼, 이 학생에게 실시한 M 검사는 타당한 도구인가요?

이 교사: ㉣ 이 검사와 동일한 능력을 측정하고 타당성이 인정된 다른 검사와의 상관계수가 .90이므로 공인타당도가 매우 높다고 말할 수 있지요.

① ㉠, ㉢   ② ㉢, ㉣   ③ ㉠, ㉡, ㉣   ④ ㉠, ㉢, ㉣   ⑤ ㉠, ㉡, ㉢, ㉣

다음은 중학교 1학년 학생 A의 읽기능력과 행동 특성을 진단한 결과의 일부이다. 옳은 것만을 〈보기〉에서 있는 대로 고른 것은? [2점]

• 읽기검사 결과: 학년점수(2.5), T점수(35)
　　　　　　　[검사도구: BASA-Reading]
• 행동진단 결과: [검사도구: 아동·청소년 행동평가척도(K-CBCL)]

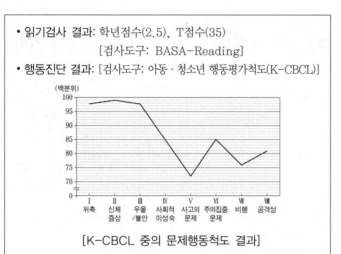

[K-CBCL 중의 문제행동척도 결과]

〈보기〉
㉠ 학생 A의 읽기능력은 일반적인 초등학교 2학년 의 여섯 번째 달에 해당하는 학생 수준이다.
㉡ 읽기검사 결과의 T점수는 원점수이므로 Z점수로 환산하였을 때 집단 내에서의 학생 A의 읽기 수준을 알 수 있다.
㉢ 학생 A의 내재화 문제 정도는 상위 3% 안에 포함 되며, 일반적으로 보았을 때 임상범위 내에 속 한다.
㉣ 학생 A의 주의집중 문제는 ±1 표준편차 범위 안에 들어, 심각하지 않은 편이다.
㉤ K-CBCL은 위에 제시한 문제행동척도 이외에도 사회능력척도가 포함되어 있다.

① ㉠, ㉡　　　② ㉢, ㉤　　　③ ㉠, ㉢, ㉤　　　④ ㉡, ㉢, ㉣　　　⑤ ㉢, ㉣, ㉤

다음의 (가)는 중학교 2학년에 재학 중인 특수교육 대상학생 A의 기초학력검사-쓰기검사 결과의 일부이고, (나)는 이 검사 결과에 대해 특수교육지원센터의 진단·평가 팀장과 신임 특수교사가 나눈 대화 내용의 일부이다. 괄호 안의 ㉠과 ㉡에 해당하는 평가 용어를 각각 쓰시오. [2점]

(가) 학생 A의 기초학력검사-쓰기검사 결과

원점수	백분위점수	학력지수	95% 신뢰수준 (㉠)
47	6	72	68~76

(나) 대화

특수교사: 이 학생의 학력지수는 72점으로 나왔어요. 그러면 68~76은 어떻게 해석해야 할까요?
팀　　장: 이번 결과에서 이 학생이 획득한 점수는 72점 이지만, 이는 이 학생의 (㉡)이/가 68점과 76점 사이에 있을 확률이 95%라는 뜻입니다. (㉠)을/를 구하기 위해서는 학생 A의 획득 점수, 95% 신뢰수준에 해당하는 Z 점수, 이 검사의 측정의 표준 오차가 필요합니다.

• ㉠: _____　　• ㉡: _____

(가)는 5세 유아 민지의 한국판 웩슬러 유아지능검사(K-WPPSI-IV) 결과의 일부이고, (나)는 특수학급 김 교사와 통합학급 최 교사가 민지의 검사 결과에 대해 나눈 대화이다. 물음에 답하시오.

(가) 민지의 한국판 웩슬러 유아지능검사 결과 일부

척도	환산점수 합	지표점수	백분위	95% 신뢰구간	분류 범주
언어이해	10	71	3.0	61~81	경계선
시공간	6	58	0.3	45~71	매우 낮음
유동추론	8	66	2.0	58~74	매우 낮음
작업기억	8	64	1.0	54~74	매우 낮음
처리속도	10	73	3.0	61~85	경계선
전체척도	26	60	0.5	47~73	매우 낮음

(나) 대화

> 최 교사: 민지 어머니께서 지능검사 결과를 민지 편에 보내셨어요.
> 김 교사: 이 검사는 ⊙ 민지의 지능을 또래와 비교하여 상대적인 위치를 보여 주는 검사예요.
> 최 교사: 그럼, 비교할 수 있는 점수표가 있나요?
> 김 교사: 네, ⓒ 민지와 같은 또래들과 비교할 수 있도록 규준이 만들어져 있고, 실시 방법과 채점 방법 등이 정해져 있어요.
> 최 교사: 그럼, ⓒ 각 지표마다 백분율 점수를 산출하는 것이 중요하겠네요.
> 김 교사: ⓔ 민지의 검사 결과 프로파일을 보니 민지는 시공간 능력이 제일 낮아요.
> 최 교사: 그러면 민지의 시공간 능력발달 정도를 알려면 ⓜ 매달 이 검사를 실시해서 시공간 능력이 향상되었는지 살펴보아야겠어요.

1) (가)에서 민지의 '처리속도' 분석 결과를 ① 백분위와 ② 신뢰구간에 근거하여 해석하시오. [3점]

- ①: _____

- ②: _____

2) (나)의 밑줄 친 ⊙~ⓜ 중에서 <u>틀린</u> 내용 2가지를 찾아 기호와 그 이유를 각각 쓰시오. [2점]

- _____

- _____

14 2013학년도 유아 추시 A 3번

다음은 일반 유아와 정신지체 유아 집단을 규준집단으로 하여 동희의 적응행동 수준을 작성한 적응행동검사 (KISE-SAB)프로파일이다. 물음에 답하시오. [4점]

1) A는 동희의 소검사 환산점수선이다. 어떤 집단을 규준집단으로 한 프로파일인지 쓰시오. [1점]

   • _____

2) 동희의 적응행동지수를 해석한 다음의 문장을 완성하시오. [2점]

   > 동희의 전체 적응행동지수는 115이다. 이는 (①) 유아 규준집단의 약 (②)%가 동희보다 낮은 적응행동 점수를 받았음을 의미한다.

   • ①: _____ • ②: _____

3) 이 적응행동 검사는 규준집단의 평균으로부터 적어도 2 표준편차 이하의 수행을 나타낼 때 적응행동에 유의미한 제한성을 지닌 것으로 해석한다. 이와는 달리 개인의 수행을 규준집단의 수행수준과 비교하지 않고, 개인이 일정 숙달수준에 도달했는지의 여부를 알아볼 수 있는 검사 유형을 무엇이라고 하는지 쓰시오. [1점]

   • _____

(가)는 특수교육지원센터에서 실시한 학생 H의 한국 웩슬러 아동용 지능검사 4판(K-WISC-Ⅳ) 결과의 일부이고, (나)는 김 교사와 이 교사가 나눈 대화의 일부이다. 〈작성 방법〉에 따라 서술하시오. [4점]

(가) 검사 결과

지표	환산점수 합계	지표점수	백분위	95% 신뢰구간	질적분류(수준)
언어이해	7	56	0.2	52-68	매우 낮음
지각추론	17	72	2.9	66-83	경계선
작업기억	11	73	3.8	68-85	경계선
처리속도	17	92	28.9	83-103	평균

(나) 대화

김 교사: 이 검사는 학생의 지적능력을 또래와 비교하여 학생의 상대적 위치를 알 수 있게 해 주는 (㉠) 참조 검사이지요. 특수교육에서는 주로 장애진단을 목적으로 많이 사용합니다.

이 교사: 네, 그렇군요. 이 검사에서 사용된 점수에 대해서도 설명해 주세요.

김 교사: 이 점수는 대표성을 띠는 피검자 집단으로부터 구한 평균과 표준편차를 가지고 정규분포를 이루도록 변환한 점수입니다. 정규분포에서 특정 원점수가 평균으로부터 얼마나 떨어져 있는지를 표준편차 단위로 환산한 ㉡ 점수로 Z점수, T점수, 지표점수 등이 이에 해당됩니다.

─〈작성 방법〉─
• (가)의 작업기억의 검사 결과를 신뢰구간에 근거하여 해석하여 서술할 것
• (나)의 괄호 안의 ㉠과 ㉡에 해당하는 용어를 순서대로 쓸 것

04 비형식적 사정

1. 면접

(1) 정의

면접자와 피면접자 간의 면대면 대화를 통해 일련의 질문에 대한 반응을 기록함으로써 자료를 수집하는 방법이다.

(2) 유형

유형	설명
구조화된 면접	• 면접자가 자신의 의도한 바에 따라 미리 작성한 조사지의 내용과 순서를 지키면서 진행하는 면접방법으로 '표준화면접'이라고도 함 • 면접자가 체계적으로 계획한 대로 조사표를 작성하고, 이를 모든 피면접자들에게 일률적으로 적용시키는 것은 불가능하다는 단점이 있음
반구조화된 면접	기본적으로 면담의 핵심을 이루는 몇몇 내용에 대해서는 면접자가 미리 문항을 체계적으로 준비하지만, 피면접자와의 면접과정에서 발생하는 다양한 상황, 예상치 못한 피면접자의 반응 등에 대해서는 면접자가 융통성 있게 진행하는 방법
비구조화된 면접	• 연구의 목적, 즉 조사표의 전체적인 흐름만 정할 뿐 구체적인 질문사항은 면접자의 판단에 의해 이루어짐 • 따라서 면접자의 면담 기술, 관련 지식의 정도에 따라 면접에서 얻을 수 있는 정보의 양이 달라짐 • 조사표 없이 면접이 이루어지는 과정 안에서 피면접자의 반응을 기록해야 하므로, 통계적 분석을 위해 이를 다시 부호화해야 함

(3) 장단점

① 장점

    ㉠ 복잡한 문제에 대해 면접자와 피면접자의 직접적인 대화와 접촉을 통해 다양하고 심층적인 정보를 수집할 수 있다.

    ㉡ 평가대상의 연령이 어릴 경우 적합한 자료수집 방법으로, 면접은 방법적으로 대화의 형식을 이용하기 때문에 아동과의 상호작용이 가능하다.

    ㉢ 면접과정에서 질문 순서를 시기적절하게 통제할 수 있어, 피면접자를 일련의 질문 순서대로 반응하도록 해야 할 경우에 적합하다.

    ㉣ 면접과정에서 질의응답이나 보충설명을 통해 피면접자에게 질문의 의미를 충분하게 이해시킬 수 있으므로 정확한 정보를 수집할 수 있다.

    ㉤ 경제적인 문제, 성 문제와 같이 개인적으로 민감한 문제에 대한 정보를 수집하고자 할 경우에 적합하다.

② 단점

    ㉠ 면접과정에 시간과 노력이 많이 소요되어, 피면접자 수가 많거나 시간이 제한될 때는 적용하기 곤란하다.

    ㉡ 면접자의 태도와 행동이 피면접자에게 영향을 미치기 때문에 반응이 왜곡될 가능성이 있다.

    ㉢ 일반적으로 면접결과의 신뢰도와 객관도가 낮고, 통계적인 분석에도 제약이 있다.

    ㉣ 면접자의 면접기술에 많이 의존하는 방법이므로 면접자가 미숙한 경우 편견, 그릇된 판단 등이 작용하여 자료의 정확성과 객관성을 잃을 우려가 있다.

2. 관찰

(1) 서술기록

① 특정 사건이나 행동의 전모를 이야기하듯 있는 그대로 사실적으로 묘사하는 방법이다.

② 종류

구분	내용
일화기록	특정한 시간이나 장소에 제한 없이 관찰자가 기록할 만한 가치가 있다고 느꼈던 어떤 짧은 내용의 사건, 즉 일화에 대한 간략한 서술적 기록
연속기록	일정한 시간 또는 미리 정해진 활동이 끝날 때까지 사건이 발생한 순서대로 상세하게 이야기식으로 기록하는 것

(2) 간격기록

① 관찰대상 행동을 관찰기간의 일정한 간격으로 여러 회에 걸쳐 관찰하여 기록하는 방법이다.

② 종류

구분	내용
전체 간격 시간표집	전체 관찰시간을 일정한 간격으로 나눈 후 행동이 간격의 처음부터 끝까지 나타났을 때 해당 간격에 행동이 발생했다고 기록하는 것
부분 간격 시간표집	전체 관찰시간을 일정한 간격으로 나눈 후 행동이 간격의 어느 순간 한 번이라도 나타났을 때 해당 간격에 행동이 발생했다고 기록하는 것
순간 시간표집	전체 관찰시간을 일정한 간격으로 나눈 후 행동이 간격의 마지막 순간에 나타났을 때 해당 간격에 행동이 발생했다고 기록하는 것

(3) 사건기록

① 관찰기간에 지속적으로 관찰하여 관찰대상의 행동이 발생할 때마다 기록하는 방법이다.

② 종류

구분	내용
행동의 빈도	관찰기간에 행동이 발생한 횟수
행동의 강도	행동의 힘, 에너지, 발휘력 등의 정도
행동의 지속시간	행동이 시작되어 끝날 때까지의 전체 시간
행동의 지연시간	자극이 주어지고 행동이 발생하기까지의 시간

(4) 평정기록

① 관찰대상 행동을 관찰한 후 사전에 준비된 평정수단을 사용하여 행동의 특성, 정도, 유무를 판단하여 기록하는 방법이다.

② 종류

구분	내용
범주기록	연속성 있게 기술된 몇 개의 범주 중 관찰대상 행동을 가장 잘 나타내는 범주를 선택하여 기록
척도기록	행동의 정도를 몇 개의 숫자로 표시한 척도인 숫자척도를 사용하여 관찰대상 행동을 가장 잘 나타내는 숫자를 선택하여 기록
검목표기록	일련의 행동이나 특성들의 목록, 즉 검목표에 해당 행동이나 특성의 유무를 기록

3. 교육과정중심 사정

(1) 정의 및 개요

① 아동에게 가르치는 교육과정과 관련하여 아동의 수행에 대한 자료를 수집하는 방법이다.
② 낮은 학업성취를 보이는 아동이나 일반학교에서 통합교육을 받는 특수아동을 위한 사정방법이다.
③ 규준참조검사나 준거참조검사의 한계점이 인식되면서 관심이 높아졌다.

(2) 목적

① 초기진단을 수행하기 위한 주요 절차로 사용될 수 있다. 교육과정중심 사정은 일반적으로 여러 발달 영역을 고루 평가할 수 있도록 구성되어 아동의 전반적인 발달 및 성취 수준에 대한 정보를 제공하고, 교사가 추가로 수정해야 할 정보를 결정하는 데 도움이 된다.
② 개별 아동의 강점과 제한점을 파악하는 데 적합하여 장·단기 교수목표를 판별하고 개별화교육계획을 작성하는 데 활용할 수 있다.
③ 아동이 학습해야 할 교수목표의 형태로 평가문항이 기술되어 있고 상업적으로 개발된 도구의 경우에는 대개 교수목표별 교육활동이 함께 제공되므로 교육과정의 내용이나 교수를 실행하는 데 유용한 도구로 활용된다.
④ 대체로 발달순서에 따른 기술이 위계적으로 제시되기 때문에 교수목표를 가르치고 다시 검사하여 진도를 점검하는 연계적·지속적인 진도점검 과정에 활용할 수 있다.
⑤ 전반적인 프로그램의 효과를 평가하기 위한 아동평가의 한 과정으로 활용할 수 있다.

(3) 유형

유형	내용
준거참조-교육과정중심 사정 (CR-CBA)	학습수행으로부터 추출된 목표들에 대한 아동의 숙달 정도를 측정
교육과정중심 측정 (CBM)	아동의 요구에 맞도록 교수 프로그램을 변경·수정하기 위해 교사가 활용할 수 있는 자료를 제공하도록 설계됨으로써 교수 프로그램 수정 후 아동의 진전 사정을 강조
교수설계용 교육과정중심 사정 (CBA-ID)	아동의 수행에 근거하여 그들의 요구를 결정하기 위한 방법으로서 교수내용의 확인, 수정뿐만 아니라 교수자료가 제시되는 수준의 조절에도 초점을 둠
교육과정중심 평가(CBE)	아동의 착오를 분석하고 결핍된 기술 확인에 초점을 둠
교육과정-교수중심 사정(CIBA)	교육과정에 포함된 아동수행의 타당성, 학습을 위한 교수환경의 적절성에 초점을 둠

(4) 준거참조-교육과정중심 사정(CR-CBA)과 교육과정중심 측정(CBM)의 비교

구분	준거참조-교육과정중심 사정(CR-CBA)	교육과정중심 측정(CBM)
공통점	아동에게 가르치는 교육과정 내용을 근거로 아동의 수행에 대한 자료를 수집하며, 경도장애 아동에게 주로 사용	
차이점	준거참조검사의 대안적 방법	규준참조검사의 대안적 방법
	비표준화된 방법	표준화된 방법
	비공식적 방법	공식적(형식적) 방법
	타당도와 신뢰도의 입증이 어려움 (내용타당도는 꼭 갖추어야 함)	타당도와 신뢰도의 입증이 가능함
	특수아평가의 단계 중 프로그램 계획, 형성평가, 총괄평가에서 주로 사용됨	특수아평가의 모든 단계에서 사용할 수 있음
	단기목표에 초점을 둠	장기목표에 초점을 둠
	다양한 영역에서 사용됨 (기초 학습기술, 수학, 과학, 학습기술 등)	특정 영역, 즉 기초 학습기술에서 사용 (읽기, 철자법, 쓰기, 셈하기)
	학령기 아동뿐만 아니라 학령기 전 아동에게도 유용함	학령기 아동에게는 유용하나 학령기 전 아동에게는 제한이 따름

4. 대안적 사정

(1) 수행사정

① 정의: 질문, 문제, 과제에 대한 학생의 반응을 참조하는 사정으로, 전통적인 표준화검사가 학생에게 진위형·선택형을 사용해 학생이 반응을 선택하도록 하는 것과 비교된다. 수행사정은 자신의 과제를 완성하기 위해 지식과 기술을 사용하는 학생의 능력이 강조되는데, 경우에 따라 실제 수행능력을 통한 시범이 요구된다.

② 특징
  ㉠ 수업과 평가를 통합함으로써 유의미한 학습을 촉진한다.
  ㉡ 인지적 영역은 물론 정의적 및 심동적 영역 전반에 걸친 총체적 평가를 지향하며, 종합력·추리력·문제해결능력·메타인지능력 등과 같은 고차원적인 능력을 측정한다.
  ㉢ 교수·학습의 성과는 물론 과정도 중요한 평가대상으로 고려하며, 개인은 물론 집단에 대한 평가도 중시한다.
  ㉣ 학습자의 발달 양상을 정확하게 파악하기 위해 단편적 영역에 대한 일회적인 평가를 지양하고, 전체적 영역에 대한 지속적인 평가를 지향한다.
  ㉤ 교육목표의 달성 여부를 실제 상황에서 확인한다. 이러한 목적을 달성하기 위해 흥미롭고 유의미하며 현실적이고 도전적인 평가과제를 사용한다.
  ㉥ 학습의 성공 여부를 판단하기 위해 복합적인 준거를 활용한다. 이러한 준거들은 학생에게 사전에 공표해 학습 기준으로 활용할 수 있도록 한다.
  ㉦ 평가과제를 수행하는 데 상당한 시간을 허용한다.
  ㉧ 채점은 주로 관찰과 판단을 통해 이루어진다.
  ㉨ 평가결과는 총점이 아니라 프로파일로, 점수가 아니라 서술적으로 보고한다.

③ 단점
  ㉠ 학생은 어떤 특정한 과제를 완벽하게 이해하지 못한 채 과제를 설명할 수 있다.
  ㉡ 수행사정에는 상당한 시간과 노력, 돈과 같은 실제적인 문제가 요구된다. 그럼에도 수행사정을 권장하는 주된 이유 중 하나는 전통적인 사정방법으로 측정하기 곤란한 고등 정신능력을 측정할 수 있기 때문이다.
  ㉢ 전형적으로 낮은 신뢰도를 보인다. 평가과제가 복잡하고 채점절차가 주관적이기 때문에 사정결과에 측정오차가 포함될 가능성이 높고, 그 결과 측정의 신뢰도가 낮아질 가능성이 높다.
  ㉣ 장애인에게 사용했을 때, 수행사정의 정확한 역할이 분명하지 않다. 선행연구에서 학생이 수행사정의 구조와 점수에 대한 오리엔테이션을 제공받았을 때 그들의 선행 성취도가 다음 사정에서 그들의 수행능력에 영향을 미친다는 것을 발견했다. 구체적으로 의미 있는 훈련이 상위 또는 학년 수준 학생들의 다음 수행능력 사정 점수는 증가시켰으나, 학년 수준보다 낮은 학생에게는 그렇지 못하다는 것을 발견했다.
  ㉤ 수행사정의 목적은 사정과 교수를 함께 촉진하는 것이지만 이 영역에 있어 결과는 분명하지 않다. 수행사정을 지지하는 사람들은 수업과 평가활동을 통합하고 고차원적인 사고기능을 측정하려고 하기 때문에 교수 및 학습과정을 획기적으로 개선할 수 있다고 주장하지만, 지금까지 수행사정이 수업과정이나 학생의 학습에 어떤 영향을 미쳤는가를 직접 평가한 연구는 적은 편이다.

(2) 포트폴리오 평가

① **포트폴리오**: 하나 이상의 영역에서 학생의 능력·진보·성취를 나타내주는 의미 있는 학생 작품 모음집'이라고 정의되며, 내용 선택에 있어 학생의 참여, 선택을 위한 기준, 장점을 판단하기 위한 기준, 학생의 자기반성의 증거를 포함해야 한다. 즉, 포트폴리오는 단순한 누적 기록과는 구분되며 학생의 활동, 기준, 판단 등이 함께 포함되어 향상을 설명해주는 자료를 말한다.

② **목적**: 단순한 학생활동 결과의 수집이 아닌 학생의 결과물을 교사와 학생이 함께 순차적으로 평가하고 비교하여 수행능력을 향상시킨다.

③ **특성**

ㄱ 포트폴리오는 한 번의 검사 상황보다는 학생의 행동을 계속해서 수집하는 표본을 포함한다.

ㄴ 다양한 절차와 다양한 자극과 반응 조건하에서 생성된 자료를 적용한다.

ㄷ 자연적 또는 실제적인 맥락에서 정기적으로 수행되는 과제를 표집하려는 경향이 있다.

ㄹ 일반적으로 적어도 두 가지 유형의 자료, 즉 학생의 실제 작품으로 구성되는 원자료와 교사가 편집하는 요약된 자료 형태를 포함한다.

ㅁ 일반적으로 통합을 위해 선택되는 자료의 과정은 학생의 참여가 적어도 일부분 있어야 한다.

④ **장점**

ㄱ 시간의 경과에 따른 학습의 진전을 명확히 보여줄 수 있다.

ㄴ 아동의 최상의 작업이나 작품에 초점을 둠으로써 학습에 긍정적인 영향을 미친다.

ㄷ 다른 아동들의 작업이나 작품과 비교하기보다는 아동 자신의 과거 작업이나 작품에 비교함으로써 동기를 더 부여한다.

ㄹ 아동 스스로 최상의 작업이나 작품을 선정하게 함으로써 자기성찰 기술을 높인다.

ㅁ 아동에게 선정된 작업이나 작품에 대한 자기성찰지를 작성하게 함으로써 성찰학습을 조장한다.

ㅂ 학습의 진전에 대한 아동, 부모, 다른 사람들과의 의사소통을 원활하게 한다.

ㅅ '교수-학습-사정과정'에 있어 교사와 아동 간의 협력을 강화한다.

ㅇ 아동 진전의 다양한 측면을 측정할 수 있다.

⑤ **단점**

ㄱ 포트폴리오를 유지하고 사용하는 데 많은 시간이 소요된다.

ㄴ 주관적인 판단과 채점이 사용되므로 신뢰도의 확보에 어려움이 있다.

ㄷ 정기적으로 교사와 아동 간의 포트폴리오 협의를 실시하는 데 어려움이 따를 수 있다.

⑥ **타당도와 신뢰도 확보**

구분	내용
타당도	• **적절성**: 포트폴리오를 구성할 때 측정하고자 하는 바를 벗어나는 능력, 특성을 요구해서는 안 됨 예 문제해결력을 반영하기 위하여 고안된 중학교 과학 포트폴리오는 중학교 학생의 이해력을 초월하는 과학 정기간행물을 읽도록 요구해서는 안 된다. • **대표성**: 대표성을 보장하는 가장 좋은 방법은 측정하고자 하는 능력, 특성을 명확히 제시하고 이러한 능력이나 특성을 반영하는 다양한 결과물을 요구하는 것
신뢰도	아동과 전혀 접촉을 한 적이 없는 사람과 교사 간의 신뢰도, 즉 외부채점자(external rater)와 내부채점자(internal rater) 간의 신뢰도를 산출해 볼 것

장애학생의 진단·평가를 위해 활용하는 방법 및 특징에 대한 설명으로 옳은 것만을 〈보기〉에서 있는 대로 고른 것은? [2점]

〈보기〉

ㄱ. '표준화검사'의 장점 중 하나는 측정 영역에 대한 학생의 수준을 객관적으로 볼 수 있다는 점이다.
ㄴ. '준거참조평가(criterion-referenced evaluation)'는 학생의 점수를 또래집단과 비교함으로써 집단 내 학생의 상대적 위치에 대한 정보를 제공한다.
ㄷ. '관찰'은 일상적인 상황에서 나타나는 학생의 행동을 기록함으로써 특정현상에 대한 자료를 수집하는 방법이다.
ㄹ. '관찰'에서 사용하는 '시간표집법'은 일정 관찰기간 동안 지속적으로 관찰하여 관찰 대상 행동이 발생할 때마다 기록하는 방법이다.
ㅁ. '구조화 면접'은 질문의 내용과 순서를 미리 준비하여 정해진 방식대로 질문해 나가는 면접이다.

① ㄱ, ㄴ, ㄹ　　　　　② ㄱ, ㄷ, ㅁ　　　　　③ ㄴ, ㄷ, ㅁ
④ ㄴ, ㄹ, ㅁ　　　　　⑤ ㄱ, ㄷ, ㄹ, ㅁ

김 교사는 학습장애가 의심되는 학생 A를 대상으로 계산 유창성 훈련을 실시하고 그 결과를 교육과정중심 측정(curriculum-based measurement, CBM) 방식으로 평가하고 있다. 학생 A에게 실시하는 CBM 방식에 대한 설명으로 적절한 것만을 〈보기〉에서 모두 고른 것은? [2.5점]

〈보기〉

ㄱ. CBM 방식은 계산 유창성 문제의 원인을 밝히는 데 유용하다.
ㄴ. CBM 방식은 준거참조검사의 대안적인 방법으로 비형식적인 사정에 속한다.
ㄷ. CBM 결과는 교수법을 변경하거나 수정하기 위한 자료로 활용될 수 있다.
ㄹ. CBM 결과로 계산 유창성의 수준뿐만 아니라 효율적인 계산 전략의 적용 여부를 파악할 수 있다.
ㅁ. CBM 결과로 계산 유창성의 진전 여부를 확인할 수 있지만, 또래의 성취수준과 비교는 할 수 없다.
ㅂ. CBM 방식에서 계산 유창성 점수는 일정 시간 동안 계산 문제의 답을 쓰게 한 후 정확하게 쓴 숫자를 세어 산출할 수 있다.

① ㄱ, ㄴ　　　　　② ㄷ, ㅂ　　　　　③ ㄱ, ㄴ, ㅁ
④ ㄴ, ㄷ, ㅂ　　　　　⑤ ㄷ, ㄹ, ㅁ, ㅂ

포트폴리오 평가에 대한 바른 설명을 〈보기〉에서 모두 고른 것은? [1.75점]

─────〈보기〉─────
ㄱ. 풍부한 자료수집이 가능하므로 신뢰도와 타당도 확보가 용이하다.
ㄴ. 활동 사진, 비디오 테이프, 활동 결과물과 같은 다양한 자료를 활용할 수 있다.
ㄷ. 활동 내용, 개별화교육계획의 목표, 활동 주제에 따라 다양하게 조직될 수 있다.
ㄹ. 발달지체 유아의 발달적 변화를 파악하기에 적합한 방법이다.
ㅁ. 유아의 수행에 기초한 평가의 한 형태이며, 유아의 강점과 약점을 파악하는 데 필요한 근거를 제공한다.

① ㄱ, ㄴ, ㄷ   ② ㄴ, ㄷ, ㄹ   ③ ㄷ, ㄹ, ㅁ
④ ㄱ, ㄴ, ㄷ, ㄹ   ⑤ ㄴ, ㄷ, ㄹ, ㅁ

다음은 특수교사 연구회 모임에서 포트폴리오 사정에 대해 나눈 대화이다. ㉠∼㉤ 중에서 옳은 것만을 모두 고른 것은? [2점]

김 교사: 저는 학생들이 작성한 쓰기 표본, 녹음자료, 조사보고서 등을 수집해서 실시하는 포트폴리오 사정을 하려고 해요.
박 교사: 저도 ㉠ 우리 반 학생들은 장애 정도가 다양하고, 오랫동안 외국에서 생활하고 온 학생도 있어서 포트폴리오 사정이 효과적이라고 생각해서 사용하고 있어요.
이 교사: 그런데 ㉡ 포트폴리오에는 학생의 과제수행 표본뿐만 아니라 교사가 요약한 자료도 포함된다고 하는데 시간이 많이 걸리지 않나요?
정 교사: 그럴 수도 있어요. 그래서 저는 ㉢ 체크리스트와 평정척도를 포트폴리오 사정에 활용해서 시간을 효율적으로 쓰고 있어요.
양 교사: 맞아요. ㉣ 수행사정에는 필수적으로 포함되어 있는 자기평가가 포트폴리오 사정에는 제외되어 있어서 시간이 절약되더라고요.
최 교사: 그런데 이 평가방법은 타당도에 문제가 있을 수 있잖아요. ㉤ 타당도를 높이기 위해서는 두 명 이상이 채점한 결과를 비교하는 것이 필요하다고 생각해요.

① ㉠, ㉡   ② ㉠, ㉤   ③ ㉠, ㉡, ㉢
④ ㉡, ㉢, ㉣   ⑤ ㉢, ㉣, ㉤

다음은 5세 유치원 통합학급에서 유아 특수교사와 유아교사가 쿡과 프렌드(L. Cook & M. Friend)의 협력교수 유형을 적용하여 작성한 활동계획안의 일부이다. 물음에 답하시오.

○ 대집단 – 일반 유아 21명
● 소집단 – 발달지체 유아(나리)/일반 유아(서영, 우재, 민기)

소주제	우리 동네 사람들이 하는 일	활동명	일하는 모습을 따라 해봐요.
활동목표	• 다양한 직업에 대해 관심을 갖는다. • 직업의 특징을 몸으로 표현한다.		
활동자료	다양한 직업(버스기사, 교통경찰, 미용사, 요리사, 화가, 발레리나, 의사, 사진기자, 택배기사, 축구선수)을 가진 사람들의 모습이 담긴 사진 10장		
㉠ 나리의 IEP 목표 (의사소통)	• 교사의 질문에 사물을 손가락으로 가리킬 수 있다. • 자신의 느낌과 생각을 손짓이나 몸짓으로 표현할 수 있다.		

교수 · 학습활동	
○ 대집단 – 유아교사	● 소집단 – 유아 특수교사
○ 다양한 직업의 모습이 담긴 사진을 보면서 이야기 나누기 – "다양한 직업의 특징을 말해보자." ○ 직업을 신체로 표현하는 방법에 대해서 이야기 나누기 – "이 사람은 무엇을 하고 있니?" – "이 사람은 일을 할 때 어떻게 움직이고 있니?" ○ 직업을 다양하게 몸으로 표현하고 알아맞히기 – "사진 속 직업을 몸으로 표현해보자." ○ 직업을 가진 사람들의 움직임을 창의적인 방법으로 표현해보기 – "또 다른 방법으로 표현해볼 수 있을까?"	● 유아가 자주 접하는 직업의 모습(동작)이 담긴 5장의 사진을 보면서 이야기 나누기 – ㉡ 사진(의사, 버스기사, 요리사 사진)을 보여주면서 "맛있는 음식을 만드는 사람은 누구니?" – ㉢ 사진(축구선수, 미용사 사진)을 보여주면서 "축구공은 어디 있니?" – "요리사는 음식을 만들 때 어떻게 움직이고 있니?" ● 유아가 자주 접하는 직업의 모습(동작)이 담긴 사진을 보면서 손짓이나 몸짓으로 표현하기 – (교통경찰 사진을 보며) "손을 어떻게 움직이고 있니?"

활동평가		평가방법
○	• 다양한 직업에 대해 관심을 갖고 있는가? • 직업의 특징을 다양하게 몸으로 표현할 수 있는가?	• 관찰
● (나리)	• 직업의 특징을 손짓이나 몸짓으로 표현할 수 있는가?	• (㉣)

3) 유아 특수교사는 수행평가 방법의 하나인 ㉣을 다음과 같이 실시하였다. ㉣에 들어갈 말을 쓰시오. [1점]

> 유아 특수교사는 하루 일과 내 계획된 활동이 끝나면 활동에서 산출된 모든 작업샘플들(사진, 일화기록 등)을 분석한 후 나리의 발달영역과 IEP 목적 및 목표에 따라 분류하여 각각의 서류파일 안에 넣어 저장하였다. 수집한 자료는 정기적인 회의에서 유아의 진도를 점검하는 자료로 사용하였다.

• ㉣: _____

제3절 사정도구

01 지능

1. 한국 웩슬러 아동용 지능검사 4판(K-WISC-Ⅳ)

(1) 목적 및 대상

아동의 종합적인 인지능력을 평가하기 위해 만 6세 0개월 ~ 16세 11개월의 아동을 대상으로 개별적으로 실시하는 개인용 지능검사 도구이다.

(2) 구성 체계

① 4개의 지표(언어이해, 지각추론, 작업기억, 처리속도)와 15개의 소검사로, 총 627문항으로 구성된다.

② 언어이해 지표는 5개, 지각추론은 4개, 작업기억은 3개, 처리속도는 3개의 소검사로 구성되어 있다.

③ 지표 및 측정내용

지표	소검사	측정내용	문항 수	
언어이해	공통성	언어적 추론과 개념 형성을 측정	23	137
	어휘	아동의 언어지식과 언어적 개념 형성을 측정	36	
	이해	언어적 추론과 개념화, 언어적 이해와 표현, 과거 경험을 평가하고 사용하는 능력, 실제적 지식을 발휘하는 능력을 측정	21	
	상식	일반적이고 사실적인 지식을 획득하고, 유지하고, 인출하는 능력을 측정	33	
	단어추리	서로 다른 유형의 정보를 통합 및 종합하는 능력, 대개 개념을 만들어 내는 능력을 측정	24	
지각추론	토막 짜기	추상적 시각 자극을 분석하고 종합하는 능력을 측정	14	115
	공통 그림 찾기	추상화와 범주적 추론 능력을 측정	28	
	행렬추리	유동성 지능을 측정	35	
	빠진 곳 찾기	시지각 및 시각적 조직화, 집중력, 사물에 대한 시각적 재인을 측정	38	
작업기억	숫자	청각적 단기기억, 계열화능력, 주의력, 집중력을 측정	16	60
	순차연결	계열화, 정신적 조작, 주의력, 처리 속도 등을 측정	10	
	산수	정신적 조작, 집중력, 주의력, 단기기억과 장기기억, 수와 관련된 추론능력, 기민함을 측정	34	
처리속도	기호 쓰기	처리속도와 단기기억, 학습능력, 시지각, 시각-운동 협응 등을 측정	119 (A형:59)	315 (240)
	동형 찾기	집중력, 시각적 변별, 인지적 우연성 등을 측정	60 (A형:45)	
	선택	시각적 선택 주의, 각성, 시각적 무시를 측정	136	

문항 수 총합: 627 (A형: 552)

*A형: 6~7세, B형: 8~16세

(3) 실시방법

① 검사 소요시간: 65 ~ 80분 정도이나 아동의 개인차에 따라 측정 시간이 다르게 소요될 수 있다.

② 소검사의 실시 순서

  ㉠ 15개의 소검사로 구성되어 있지만 대부분 10개의 주요 소검사만을 실시한다.

  ㉡ '토막 짜기 → 공통성 → 숫자 → 공통 그림 찾기 → 기호 쓰기 → 어휘 → 순차연결 → 행렬추리 → 이해 → 동형 찾기 → 빠진 곳 찾기 → 선택 → 상식 → 산수 → 단어추리' 순서로 진행된다.

③ 보충 소검사 실시

  ㉠ 주요 소검사와 보충 소검사를 함께 실시함으로써 아동의 지능에 대한 정보를 최대한으로 얻을 수 있다.

  ㉡ 주요 소검사와 보충 소검사

주요 소검사	보충 소검사
공통성, 어휘, 이해	상식, 단어추리
토막 짜기, 공통 그림 찾기, 행렬추리	빠진 곳 찾기
기호 쓰기, 동형 찾기	선택

④ 시작점, 역순규칙, 중지규칙

  ㉠ 소검사 실시 시간을 단축하고 아동이 피로해하거나 지루해하지 않도록 전문가 지침서와 검사기록 용지에 명시된 시작점, 역순규칙, 중지규칙에 따라 소검사를 실시해야 한다.

  ㉡ 시작점은 제시된 연령의 시작점에서 검사를 시작하는 것이며, 역순규칙은 역순문항이 있는 소검사에서는 처음 실시되는 두 문항에서 아동이 완벽한 점수를 받으면 시작점 이전의 미실시 항목들에 대해 모두 만점을 부여하고, 그 소검사를 시작하는 것이다. 중지규칙은 소검사마다 다르며, 일반적으로 아동이 특정 수의 연속적인 문항에서 0점을 받은 후에 소검사 실시를 중지하는 것이다.

⑤ 가르치는 문항과 연습문항

  ㉠ 몇 개의 소검사는 과제에 대한 아동의 이해를 돕기 위해 가르치는 문항과 연습문항을 제공하고, 아동의 반응에 대한 교정을 위한 피드백을 제공하기도 한다.

  ㉡ 지침서에 따라 문항에 대해 설명하고 가르쳐주며, 연습과 피드백을 제공해야 한다.

⑥ 추가 질문, 촉구, 문항 반복: 공통성 등 몇 개의 소검사에서는 검사를 실시할 때 추가 질문이나 촉구를 제공하고 지시문을 반복하게 하여 아동에게 과제를 상기시키며 수행능력을 최대한 발휘하게 한다.

⑦ 반응 기록: 소검사를 실시할 때 누락되거나 미실시한 문항과 구별하기 위해 실시한 모든 문항에 대한 반응을 기록용지에 기록하는 것이 바람직하다. 평가와 채점에 사용 가능하도록 아동의 반응을 그대로 기록한다.

(4) 결과 및 해석

① K-WISC-Ⅳ의 검사 결과로는 전체 IQ와 함께 4개의 지표 점수인 언어이해(VCI), 지각추론(WMI), 작업기억(WMI), 처리속도(PSI)가 제시된다.

② 결과 분석

합산 점수	분류	포함 비율(%)
130 이상	최우수	2.2
120~129	우수	6.7
110~119	평균상	16.1
90~109	평균	50
80~89	평균하	16.1
70~79	경계선	6.7
69 이하	매우 낮음	2.2

2. 한국 웩슬러 아동지능검사 5판(K-WISC-V)

(1) 개요

곽금주와 장승민(2019)이 미국의 WISC-V을 한국 아동을 대상으로 표준화한 것이다.

(2) 목적 및 대상

6세 0개월 ~ 16세 11개월의 아동을 대상으로 지능을 평가하기 위한 종합적인 임상도구이다.

(3) 구성

① 16개의 소검사(토막짜기, 공통성, 행렬추리, 숫자, 기호쓰기, 어휘, 무게비교, 퍼즐, 그림기억, 동형찾기, 상식, 공통그림 찾기, 순차연결, 선택, 이해, 산수)로 구성되어 있다. 이 16개 소검사는 K-WISC-Ⅳ와 동일한 13개 소검사와 K-WISC-Ⅴ에서 새롭게 개발한 3개의 소검사로 이루어져 있다.

② 15개 소검사를 '주요 소검사'와 '보충 소검사'로 나눈 K-WISC-Ⅳ와는 달리, K-WISC-Ⅴ는 16개 소검사를 '기본 소검사'와 '추가 소검사'의 2가지 범주로 나눈다.

③ K-WISC-Ⅴ는 전체 IQ와 기본지표점수를 10개의 기본 소검사를 사용하여 산출하는데 특히 전체 IQ의 경우 7개 소검사만을 사용하며, 소검사 대체는 전체 IQ에서만 1회 허용된다.

④ 구성 내용

구분	소검사	
전체 IQ	• 토막 짜기(대체 가능 소검사: 퍼즐) • 공통성(대체 가능 소검사: 상식, 이해) • 행렬추리(대체 가능 소검사: 공통 그림 찾기) • 숫자(대체 가능 소검사: 그림기억, 순차연결) • 기호 쓰기(대체 가능 소검사: 동형찾기, 선택) • 어휘(대체 가능 소검사: 상식, 이해) • 무게비교(대체 가능 소검사: 공통 그림 찾기, 산수)	
기본 지표	언어이해지표	공통성, 어휘
	시공간지표	토막 짜기, 퍼즐
	유동추론지표	행렬추리, 무게비교
	작업기억지표	숫자, 그림기억
	처리속도지표	기호 쓰기, 동형찾기
추가 지표	양적추론지표	무게비교, 산수
	청각작업 기억지표	숫자, 순차연결
	비언어지표	토막 짜기, 행렬추리, 기호 쓰기, 무게비교, 퍼즐, 그림기억
	일반능력지표	토막 짜기, 공통성, 행렬추리, 어휘, 무게비교
	인지효율지표	숫자, 기호쓰기, 그림기억, 동형찾기

(4) 실시

① K-WISC-Ⅴ의 검사설명서와 기록용지에 제시된 순서대로 소검사를 실시한다. 만약 아동이 특정 소검사의 수행을 거부한다면 해당 소검사를 일시적으로 보류하고 다음 소검사를 실시할 수도 있다. 아동이 검사에 좀 더 집중하게 되면 보류했던 소검사로 되돌아간다.

② 10개의 기본 소검사를 모두 실시하였을 경우 아동의 지적능력에 대한 종합적인 설명과 평가는 가능하나 6개의 추가 소검사는 아동의 지적기능에 대해 좀 더 풍부한 정보를 제공할 수 있으므로 기본 소검사와 함께 실시하는 것이 좋다.

(5) 결과

① 16개 소검사별 환산점수와 전체 IQ 및 10개 지표(5개 기본지표, 5개 추가지표)에 대한 합산점수를 제공한다.

② 소검사별 환산점수는 평균이 10이고 표준편차가 3인 표준점수이며, 전체 IQ 및 1개 지표에 대한 합산점수는 평균이 100이고 표준편차가 15인 표준점수이다.

③ 전체 IQ 및 10개 지표에 대해서는 백분위점수도 제공한다.

참고 | **K-WISC-V와 K-WISC-IV의 비교**

1. 구성 비교

K-WISC-V			K-WISC-IV	
소검사 범주		소검사	소검사 범주	소검사
기본 소검사	①	토막 짜기	주요 소검사	토막 짜기
	②	공통성	주요 소검사	공통성
	③	행렬추리	주요 소검사	행렬추리
	④	숫자	주요 소검사	숫자
	⑤	기호 쓰기	주요 소검사	기호 쓰기
	⑥	어휘	주요 소검사	어휘
	⑦	무게비교	–	
	⑧	퍼즐	–	
	⑨	그림기억	–	
	⑩	동형찾기	주요 소검사	동형찾기
추가 소검사	⑪	상식	보충 소검사	상식
	⑫	공통 그림 찾기	주요 소검사	공통 그림 찾기
	⑬	순차연결	주요 소검사	순차연결
	⑭	선택	보충 소검사	선택
	⑮	이해	주요 소검사	이해
	⑯	산수	보충 소검사	산수

➡ K-WISC-IV의 15개 소검사 가운데 2개(단어추리, 빠진곳 찾기)가 K-WISC-V에 포함되지 않았다.

2. 지표점수 비교

K-WISC-V			K-WISC-IV
기본 지표	①	언어이해지표	언어이해지표
	②	시공간지표	지각추론지표
	③	유동추론지료	
	④	작업기억지표	작업기억지표
	⑤	처리속도지표	처리속도지표
추가 지표	①	양적추론지표	–
	②	청각작업기억지표	
	③	비언어지표	
	④	일반능력지표	
	⑤	인지효율지표	

➡ K-WISC-V에서는 전체 IQ와 더불어 5개 기본지표점수와 5개 추가지표점수를 산출하게 되어 있어 전체 IQ와 4개 지표점수를 산출할 수 있는 K-WISC-IV와 차이가 있다.

3. 한국 웩슬러 유아지능검사 4판(K-WPPSI-IV)

(1) 목적 및 대상

① K-WPPSI-IV는 만 2세 6개월 ~ 7세 7개월 유아의 인지능력을 임상적으로 평가하기 위해 개별적으로 실시하는 개인용 지능검사 도구이다.

② 영재성, 인지발달 지연, 지적장애를 판별하는 사정방법으로 사용되며, 검사 결과는 임상현장이나 교육프로그램 배치를 결정할 때 지침으로 사용할 수 있다.

(2) 구성 체계

① 연령별로 만 2세 6개월 ~ 3세 11개월용은 3개의 기본지표(언어이해지표, 시공간지표, 작업기억지표)와 3개의 추가지표(어휘습득지표, 비언어지표, 일반능력지표)로 구성되고, 7개의 소검사가 총 169문항으로 구성된다.

② 만 4세 ~ 7세 7개월용은 5개의 기본 지표(언어이해지표, 시공간지표, 유동추론지표, 작업기억지표, 처리속도지표)와 4개의 추가 지표(어휘속도지표, 비언어지표, 일반능력지표, 인지효율성지표)로 구성되고, 15개 소검사에 총 524문항으로 구성된다.

③ K-WPPSI-IV 연령별 소검사

2:6~3:11용		4:0~7:7용			
소검사	문항 수	소검사	문항 수	소검사	문항 수
1. 수용어휘	31	1. 토막 짜기	A형-8	8. 선택하기	96
2. 토막 짜기	17		B형-9	9. 위치 찾기	20
3. 그림기억	35	2. 상식	29	10. 모양 맞추기	13
4. 상식	29	3. 행렬추리	26	11. 어휘	23
5. 모양 맞추기	13	4. 동형 찾기	66	12. 동물 짝짓기	72
6. 위치 찾기	20	5. 그림기억	35	13. 이해	22
7. 그림명명	24	6. 공통성	23	14. 수용어휘	31
		7. 공통 그림 찾기	27	15. 그림명명	24
총 문항 수	169	총 문항 수			524

④ 소검사는 '핵심 소검사, 보충 소검사, 선택 소검사'로 구분된다.

ㄱ '핵심 소검사'는 지표점수와 규준의 산출에 사용된다.

ㄴ '보충 소검사'는 핵심 소검사가 생략되거나 유효하지 않은 경우 사용된다.

ㄷ '선택 소검사'는 보충 소검사처럼 지적기능에 대한 더 많은 정보를 제공할 수 있지만 지표점수 산출에 사용되지 않는다.

⑤ 검사 세부내용

연령군	지표 검사	핵심 소검사	대체 소검사
2:6~3:11	전체 IQ	수용어휘	그림 명명
		상식	–
		토막 짜기	–
		모양 맞추기	–
		그림기억	위치 찾기
	비언어지표 (Nonverbal Index)	토막 짜기	–
		모양 맞추기	–
		그림기억	–
		위치 찾기	–
	일반능력지표 (General Ability Index)	수용어휘	그림 명명
		상식	–
		토막 짜기	–
		모양 맞추기	–

연령군	지표 검사	핵심 소검사	대체 소검사
4:0~7:7	전체 IQ	상식	어휘/이해
		공통성	어휘/이해
		토막 짜기	모양 맞추기
		행렬추리	공통 그림 찾기
		그림기억	위치 찾기
	비언어지표 (Nonverbal Index)	동형 찾기	–
		토막 짜기	선택하기/동물 짝짓기
		행렬추리	모양 맞추기
		공통 그림 찾기	–
	일반능력지표 (General Ability Index)	상식	어휘/이해
		공통성	어휘/이해
		토막 짜기	모양 맞추기
		행렬추리	공통 그림 찾기
	인지효율성지표 (Cognitive Proficiency Index)	그림기억	–
		위치 찾기	–
		동형 찾기	동물 짝짓기
		선택하기	동물 짝짓기

(3) **실시방법 및 채점**

① **실시방법**

㉠ **2:6~3:11세용:** 전체 IQ(5개 핵심 소검사)를 얻는 데 필요한 시간이 약 26분이고, 3개 기본지표 점수(6개 핵심 소검사)를 얻기 위한 평균 실시 시간이 약 32분이다.

㉡ **4:0~7:7세용:** 전체 IQ(6개 핵심 소검사)를 얻기 위한 평균 실시 시간이 약 32분이고, 5개 기본지표 점수(10개 핵심 소검사)를 얻기 위한 평균 실시 시간이 약 58분이다.

㉢ **소검사의 실시 절차, 순서:** 연령군별 소검사 실시 순서에 따라야 한다. 모든 소검사를 실시하지 않을 경우, 생략할 소검사는 건너뛰고 표준 순서에 따라 계속 실시한다. 검사자는 필요한 모든 소검사를 한 회기에 실시하도록 해야 하나 아동이 피로해지면 실시 중이던 소검사를 마치고 잠시 휴식한 후 검사를 완료한다. 두 회기로 나누어 검사해야 할 경우 두 번째 회기는 가능하면 일주일 이내에 실시한다.

㉣ 소검사 선택 시 핵심 기본 지표 소검사의 실시를 통해 전체 점수 및 모든 기본 지표점수를 산출해 주는 동시에 어휘습득지표(VAI)를 제외한 모든 추가 지표점수를 산출해 준다. 가능하면 핵심 소검사를 실시해야 하며 지표점수별로 단 1개 소검사만 대체가 허용되며, 동일한 인지영역 내의 보충 소검사와 핵심 소검사 간의 대체가 이루어져야 한다.

㉤ 검사 실시방법은 K-WISC-Ⅳ와 동일하게 시작점, 역순규칙, 중지규칙이 사용된다. 또한 시범문항, 연습문항, 추가 질문, 촉구를 사용하여 유아의 검사 참여도를 높일 수 있다.

㉥ 기록지에는 연습문항을 포함한 검사문항에 대한 모든 반응을 기록하여 미실시 문항과 구분해야 하며, 지침서에 따라 이후 평가나 채점이 필요한 경우를 위해 유아의 반응을 그대로 기록해야 한다. 반응기록 시 추가 질문(Q), 촉구(P), 반복(R), 비언어적 반응(가리킴, 무반응) 등의 발생 여부를 기록하는 것이 중요하다.

(4) **결과 및 해석**

① K-WPPSI-Ⅳ의 검사 결과는 전체 IQ(FSIQ)와 함께 지표점수(언어이해, 시공간, 작업기억)를 알 수 있다.

② 결과 분석내용은 K-WISCI-Ⅳ의 결과 분석내용과 동일하다.

4. 한국 웩슬러 성인용 지능검사 4판(K-WAIS-IV)

(1) 목적 및 대상

① 16세 0개월 ~ 69세 11개월의 청소년과 성인을 대상으로 인지능력을 개인적으로 평가할 수 있도록 개발된 개인용 지능검사 도구이다.

② 검사는 청각장애인, 난청인 사람을 포함하여 특수한 집단의 인지능력 평가가 가능한 소검사를 포함한다.

(2) 구성 체계

① 4개 지표(언어이해, 지각추론, 작업기억, 처리속도) 15개의 소검사로, 총 532문항으로 구성된다.

② 검사 내용

지표	소검사	설명	문항 수		
언어이해	공통성	공통적인 사물이나 개념을 나타내는 2개의 단어가 제시되면 수검자는 그 둘이 어떠한 유사점이 있는지를 기술해야 한다.	18	92	532
	어휘	그림 문항의 경우 수검자는 시각적으로 제시되는 물체의 이름을 말해야 한다. 언어적 문항의 경우 인쇄된 글자와 동시에 구두로 제시되는 단어의 뜻을 말해야 한다.	30		
	상식	폭넓은 영역의 상식에 관한 질문에 대답해야 한다.	26		
	이해	사회적 상황에 대한 일반적 원리와 이해에 근거해서 질문에 답해야 한다.	18		
지각추론	토막 짜기	제한 시간 내에 제시된 그림과 모형 또는 그림만 보고 빨간색과 흰색으로 이루어진 토막을 사용해 똑같은 모양을 만들어야 한다.	14	117	
	행렬추론	일부가 빠져 있는 매트릭스를 보고 행렬 매트릭스를 완성할 수 있는 반응 선택지를 골라야 한다.	26		
	퍼즐	제한 시간 내 퍼즐을 보고 그 퍼즐을 만들 수 있는 3개의 반응을 찾아야 한다.	26		
	무게 비교	제한 시간 내 양쪽 무게가 달라 균형이 맞지 않은 저울 그림을 보고 균형을 맞추는 데 필요한 반응을 찾는다.	27		
	빠진 곳 찾기	사회적 상황에 대한 일반적 원리와 이해에 근거해 질문에 답해야 한다.	24		
작업기억	숫자	숫자 바로 따라 하기(8문항)에서 검사자가 읽어 준 일련의 숫자를 동일한 숫자로 기억해 내야 한다.	24	56	
	산수	제한 시간 내에 일련의 산수 문제를 암산으로 풀어야 한다.	22		
	순서화	검사자는 수검자에게 일련의 숫자와 글자를 읽어 주면 수검자는 숫자와 글자를 순서대로 회상해야 한다.	10		
처리속도	동형 찾기	제한 시간 내에 탐색 집단에서 표적 기호와 동일한 것을 찾아야 한다.	60	267	
	기호 쓰기	제한 시간 내에 숫자와 짝지어진 기호를 옮겨 써야 한다.	135		
	지우기	제한 시간 내에 조직적으로 배열되어 있는 도형들 속에서 표적 모양을 찾아 표시해야 한다.	72		

(3) K-WAIS-IV 실시방법 및 채점

① 표준화 자료수집 과정에서 15개의 소검사를 모두 실시하는 데 평균 80분이 소요된다.
  ㉠ 지적능력이 떨어지는 경우는 약 60분, 그렇지 않은 경우 최장 100분 정도 소요된다.
  ㉡ 10개 핵심 소검사만 실시하는 경우 20~30분 정도 단축된다.
② 10개의 핵심 소검사와 5개의 보충 소검사, 총 15개의 소검사로 구성된다.
  ㉠ 핵심 소검사는 지표점수와 전체 IQ를 산출하는 데 사용한다.
  ㉡ 보충 소검사는 부가적인 임상정보를 제공하기 위해 사용하거나 핵심 소검사를 대체해서 사용할 수 있다.
③ 원활한 검사 진행을 위해 시작점, 되돌아가기, 중지 규칙을 활용할 수 있다.
  ㉠ 시간제한이 있는 소검사의 경우 초시계를 사용해 정확한 시간을 측정하여 기록한다.
  ㉡ 시간제한이 없는 소검사의 경우 30초 지침을 사용하여 반응을 도와주는 데 활용한다.
④ 시범, 연습, 교육은 정해진 문항에 한해 정해진 방식으로 실시하여 검사자가 과제를 쉽게 설명하는 데 도움을 준다.

(4) 결과 및 해석

① 검사 결과는 소검사 문항에 대한 원점수를 채점하고, 원점수를 환산점수로 바꾸어 언어이해, 작업기억, 처리속도, 전체 검사의 조합점수표로 백분위와 90% 신뢰도 구간을 산출하고 해석한다.
② 소검사별로 소검사 환산점수와 평균 환산점수의 차이를 비교하여 평균과의 차이, 임계치를 분석하고 강점과 약점, 기저율을 알 수 있다.

5. 국립특수교육원 한국형 개인 지능검사(KISE-KIT)

(1) 개념

국립특수교육원 한국형 개인 지능검사(Korea Institute for Special Education - Korea Intelligence Test for Children: KISE-KIT)는 국립특수교육원에서 박경숙, 정동영, 정인숙(2008)이 국내외에서 많이 사용되는 여러 개의 지능검사를 분석하여 우리나라 전통과 일상생활 소재를 활용한 문항들로 개발한 한국형 지능검사 도구이다.

(2) 목적 및 대상

KISE-KIT는 만 5세~17세까지의 아동 및 청소년의 지적능력을 측정하기 위해 개발된 개인 지능검사 도구이다.

(3) 구성 체계

① 크게 2개 영역(동작성 검사, 언어성 검사)으로 구성되며, 동작성 보충검사 1개, 언어성 보충검사 1개를 포함한 12개의 소검사가 총 161문항으로 이루어진다. 보충검사는 특정 검사를 수행하지 못할 때 실시한다.
② 검사 내용

동작성 검사		언어성 검사	
소검사	문항 수	소검사	문항 수
1. 그림배열	10	2. 낱말이해	15
3. 이름기억	11	4. 계산	20
5. 칠교놀이	6	6. 낱말유추	16
7. 숨은그림	10	8. 교양	24
9. 그림무늬	7	10. 문제해결	18
11. 손동작(보충 소검사)	10	12. 수 기억(보충 소검사)	14
소계	54	소계	107
총 문항 수		161	

(4) 실시방법 및 채점

① KISE-KIT는 동작성 검사부터 시작하여 언어성 검사와 교대로 소검사를 하나씩 실시해야 한다.

② 피검사자의 특성에 따라 검사 진행이 어려운 경우 소검사의 순서를 바꿔 실시하고, 다른 소검사를 모두 실시한 다음 빠진 소검사를 실시할 수도 있다. 10개의 소검사를 시행하는 데 소요되는 시간은 90~120분이다.

(5) 결과 및 해석

① 검사 결과는 동작성 IQ 점수, 언어성 IQ 점수, 전체 IQ 점수의 산출이 가능하다.

② 검사 결과는 최우수, 우수, 평균상, 평균, 평균하, 경계선, 지적장애로 진단적 분류를 하며, 학습장애 아동 등의 진단 및 지원계획 수립 시 도움이 되는 정보를 제공한다.

6. 카우프만 아동용 지능검사 2판(KABC-II)

(1) 개념

① 카우프만 아동용 지능검사(Kaufman Assessment Battery for Children: KABC)는 카우프만 등이 1983년에 개발한 개인 지능검사로, 우리나라에서는 문수백, 변창진(1997)이 처음 표준화하고 이후 문수백(2014)이 KABC-II를 표준화했다.

② 아동과 청소년의 정보처리와 인지능력 측정을 위해 개발된 개인 지능검사로서 미취학 아동부터 고등학생의 심리, 임상, 심리교육, 신경심리 평가를 위한 목적으로 개발되었다. 사고력과 전반적 인지능력을 모두 측정할 수 있어 학생의 교육·치료 배치계획을 세우는 데 도움을 주며, 인지능력과 사고력에 있어 개개인의 강점과 약점을 파악할 수 있어 학습장애의 핵심 양상인 기본적 사고처리과정의 장애를 파악하는 데 유용하다.

③ 이 검사는 비언어성 척도를 포함하고 있어 비언어성 척도의 하위검사에서 검사자가 몸짓으로 문항을 제시하고 피검사자는 언어가 아닌 동작으로 반응할 수 있어 청각손실이나 언어장애로 인해 제한된 언어능력을 가진 다문화 아동에게도 효과적으로 적용할 수 있다.

(2) 목적 및 대상

① KABC-II는 만 3세~18세까지의 아동 및 청소년의 인지능력을 측정하기 위한 개인 지능검사 도구이다.

② 교육적 또는 심리적으로 문제가 있는 아동을 이해하는 데 필요한 순차처리, 동시처리, 학습력, 추리력, 결정성 지적능력을 포함하는 광범위한 인지능력을 측정할 수 있다.

(3) 구성 체계

① 2개의 지표(인지처리지표, 유동성지표)와 5개의 척도(순차처리, 동시처리, 계획력, 학습력, 지식), 18개의 하위 검사(두 가지 검사 중복: 형태추리, 이야기 완성)가 총 626문항으로 구성되며, 아동의 인지발달단계(연령)에 따라 5~10개 검사가 실시된다.

② 검사 내용

척도	하위 검사	실시 대상 연령(세)			문항 수	
		핵심	보충	비언어성		
순차처리/Gsm	수회생	4~18	3		24	74
	단어배열	4~18			27	
	손동작		4~18	4~18	23	
동시처리/Gv	블록세기	13~18	5~12	7~18	35	215
	관계유추	3~6		3~6	28	
	얼굴기억	3~4	5	3~5	12	
	형태추리	5~6			36	
	빠른길 찾기	6~18			22	
	이야기 완성		6		18	
	삼각형	3~12	13~18	3~18	27	
	그림통합		3~18		37	

척도	하위 검사	실시 대상 연령(세)			문항 수	
		핵심	보충	비언어성		
계획력/Gf (7~18세)	형태추리	7~18		5~18	36	54
	이야기 완성	7~18		6~18	18	
학습력/Gir	이름기억	3~18			54	98
	암호해독	4~18			21	
	이름기억-지연		5~18		12	
	암호해독-지연		5~18		11	
지식/Gc (CHC 모델에만 해당)	표현어휘	3~6	7~18		44	185
	수수께끼	3~18			51	
	언어지식	7~18	3~6		90	
총 문항 수					626	

※ 두 가지 검사 중복: 형태추리, 이야기 완성

(4) 실시방법 및 채점

① KABC-Ⅱ는 18개의 하위 검사로 구성되지만, 핵심 하위 검사 수와 소요 시간이 Luria 모델은 약 25~60분, CHC 모델은 약 70분으로 연령별로 다르다.

② 핵심 하위 검사

모델	구분	3세	4세	5세	6세	7~12세	13~18세
Luria 모델 (MPI)	하위 검사 수	5	7	7	8	8	8
	핵심 하위 검사 실시 평균시간(단위: 분)	25~30	30~35	35~40	45~50	55~60	50~55
CHC 모델 (FCI)	하위 검사 수	7	9	9	10	10	10
	핵심 하위 검사 실시 평균시간(단위: 분)	30~35	40~45	45~50	55~60	70~75	65~70
비언어성 척도 (NVI)	하위 검사 수	4	4	5	5	5	5
	핵심 하위 검사 실시 평균시간(단위: 분)	20	20	30	30	40	40

(5) 결과 및 해석

① KABC-Ⅱ의 검사 결과에 따른 전체 척도 지수(MPI, FCI, NVI)를 해석한다.

② FCI(CHC 모델), MPI(Luria 모델), 비언어성 척도(NVT) 중 검사자가 선택한 검사 모델에 따라 적합한 전체 척도지수를 선택하여 해석한다. 또한 FCI(CHC 모델)와 MPI(Luria 모델)는 일반 지능의 의미로 해석하기 위한 것은 아니며, KABC-Ⅱ 하위 척도들에 의해 측정된 여러 지능들을 단순하게 요약하기 위한 것이다.

③ 검사 결과는 개인 내의 특징(강점과 약점), 개인 간의 특징(강점과 약점)을 확인하기 위해서 피검사자의 하위 척도 프로파일을 해석하며, 척도지수에서 개인의 내적 강점과 약점을 알 수 있다.

④ 검사 내용이 문화적 변인의 영향을 받지 않도록 구성되어 있으며, 채점 사이트(http://inpsyt.co.kr)의 결과 처리 프로그램에 입력하면 검사 결과를 해석할 수 있다. 검사 결과를 통해 개인 내의 특징과 개인 간의 특징의 차이를 분석하여 교육계획 수립에 활용할 수 있다.

1. 기초학습기능 검사

(1) 개념

기초학습기능 검사(Individual Basic Learning Skills Test)는 개인용 표준화 검사로서, 학생의 학습 수준이 정상 수준에서 어느 정도 떨어지는가를 알아보거나, 학습집단 배치에서 어느 정도 수준의 학생집단에 들어가야 하는가를 파악할 수 있도록 고안된 검사이다. 윤점룡, 박경숙, 박효정(1989)이 개발한 학력검사로 언어기능, 수기능 및 정보처리기능이 복합된 검사도구이다.

(2) 목적 및 대상

① 학생의 기초 학습기능의 학년 및 연령 수준을 파악하기 위한 검사로서, 만 5세~12세 11개월까지의 학생을 대상으로 한다.
② 능력이 부족한 장애학생뿐만 아니라 일반학생의 학력 수준도 평가할 수 있다.

(3) 구성 체계

① 기초학습기능 검사는 3개 영역(정보처리기능, 수기능, 언어기능)으로 구성되며 총 270문항이다.
② 검사 영역

영역	소검사	측정요소	검사순서	문항 수	총 문항 수
정보처리기능	정보처리	관찰능력	1	60	270
		조직능력			
		관계능력			
수기능	셈하기	기초개념 이해능력	2	60	
		계산능력			
		문제해결능력			
언어기능	읽기 Ⅰ	문자와 낱말의 재인능력	3	50	
	읽기 Ⅱ	독해능력	4	50	
	쓰기	철자의 재인능력	5	50	

(4) 실시방법 및 채점

① 기초학습기능 검사의 각 소검사는 학생의 학년에 따라 다르다.
② 시작점 문항에서 실시하여 3문항을 모두 맞추지 못하면 시작점 바로 이전 문항에서 거꾸로 실시하여 3문항을 연속으로 맞출 때까지 실시한다. 3문항을 연속으로 맞추었을 때는 그 이전의 쉬운 문항들은 맞춘 것으로 간주하고, 다시 시작점 문항 뒤로 돌아가 계속 실시한다. 정보처리, 셈하기, 읽기(Ⅰ, Ⅱ) 소검사는 시작점 문항부터 연속해서 5문항을 틀리면 검사를 중지하나, 쓰기(철자의 재인능력)검사는 7개 문항을 틀리면 검사를 중지한다.
③ 시간제한이 없는 능력 검사이므로 피검사자가 충분히 생각하여 대답하도록 하되 셈하기 검사의 경우 약 30초, 다른 소검사들은 15초 정도가 적당하다. 총 소요시간은 40~60분 정도이다.

④ 검사 내용

구분		정보처리	셈하기	읽기 I (문자와 낱말의 재인)	읽기 II (독해력)	쓰기
시작	시작점 문항	• 유치원: 1번 • 초 1~2학년: 5번 • 초 3~4학년: 10번 • 초 5~6학년: 15번	• 유치원: 1번 • 초 1~2학년: 7번 • 초 3~4학년: 14번 • 초 5~6학년: 21번	• 유치원: 1번 • 초 1~2학년: 6번 • 초 3~4학년: 13번 • 초 5~6학년: 20번	전 학년 모두 연습문제 실시 후 1번 문항부터 시작	• 유치원: 1번 • 초 1~2학년: 6번 • 초 3~6학년: 9번
	방법	시작점 문항부터 실시하며 3문항을 모두 맞추지 못하면, 시작점 바로 이전 문항에서 거꾸로 실시하여 3문항을 연속으로 맞출 때까지 실시하며, 3문항을 연속으로 다 맞추면 다시 시작점 문항으로 가서 계속 실시함				정보처리, 셈하기, 읽기 I과 동일
중지		시작점 문항부터 계속해서 5문항 틀리면 검사 중지				계속해서 7문항 틀리면 검사 중지
지시		구체적인 지시에 관한 내용은 검사 실시요강 19~26쪽 참조				
채점		검사기록 용지에 피검사자가 대답한 문항번호를 그대로 기입한 후, 정답지를 참고하여 채점		피검사자가 읽은 낱말을 듣고 맞게 읽었으면 ○, 틀리면 × 표시	피검사자가 대답하는 문장 번호 기입한 후 정답지를 참고하여서 채점	정보처리, 셈하기와 동일

(5) 결과 및 해석

기초학습기능 검사는 검사 실시 결과로 얻은 원점수를 의미 있게 해석하기 위하여 학년 규준(grade equivalents), 연령 규준(age equivalents), 학년 및 연령별 검사 백분위의 3가지 유형의 유동점수(derived score)를 산출한다. 이러한 점수들은 각 소검사 및 전체검사로 제시된다.

2. 기초학습능력 검사(NISE-B·ACT)

(1) 개념

① 기초학습능력 검사(NISE-Basic Academic Competence Test: NISE-B·ACT)는 국립특수교육원에서 2015~2016년에 이태수, 서선진, 나경은, 이준석, 김우리, 이동원, 오유정이 표준화 과정을 거쳐 개발한 검사도구로 2018년 현장에 새롭게 보급될 예정이다.

② 기존의 국립특수교육원 기초학력 검사(KISE-BAAT)를 개정한 것으로 학생이 학습함에 있어 가장 기본적으로 필요한 읽기, 쓰기, 수학 등의 기초학습 기술(Basic Academic Skills)의 사용 능력을 평가한다.

(2) 목적 및 대상

만 5~14세 학생을 대상으로, 장애발생 고위험군 학생과 특수교육 대상학생을 진단·평가하기 위한 것이다.

(3) 구성 체계

① NISE-B · ACT는 3개의 영역(읽기, 쓰기, 수학), 총 444문항으로 구성된다.

② 읽기 소검사 구성 및 내용

소검사	구인	실시학년	문항 수	총 문항 수
Ⅰ. 음운처리	1. 음절 합성	k~초1	8	44
	2. 음절 탈락	k~초1	8	
	3. 음절 변별	k~초1	8	
	4. 음절 대치	k~초1	8	
	5. 음소 변별	k~초1	10	
	6. 빠른 자동 이름하기(사물, 색깔)	k~초1	2	
Ⅱ. 글자 · 단어 인지	1. 글자 인지	k~초2	20	100
	2. 단어 인지(규칙 단어, 불규칙 단어)	k~초2	80	
Ⅲ. 유창성	2. 글 읽기 유창성 문학, 비문학(각각 지문 1개씩)	초2~초6	2	
Ⅳ. 어휘	1. 단어 뜻하는 그림 찾기	초2~중3	9	59
	2. 반대말	초2~중3	14	
	3. 비슷한 말	초2~중3	13	
	4. 유추	초2~중3	10	
	5. 빈칸 채우기	초2~중3	13	
Ⅴ. 읽기 이해	1. 문장 이해	k~초2	10	27
	2. 짧은 글 이해	초2~중3	7	
	3. 긴 글 이해	초3~중3	10	
총 합계				230

③ 쓰기 소검사의 구인과 검사내용

소검사	구인	주요 내용	문항 수	총 문항 수
Ⅰ. 글씨쓰기	1. 쓰기 준비도	선 따라 그리기, 도형 똑같이 그리기, 같은 글자 찾기, 글자모양과 이름 알기, 글자 및 낱말의 조성	7	12
	2. 글씨의 질	줄 · 칸에 대한 인식, 글자의 모양, 쓰기 속도	5	
Ⅱ. 철자쓰기	1. 받아쓰기	낱말 · 구 · 문장을 듣고 맞춤법에 맞게 쓰기	11	28
	2. 옳은 철자 쓰기	맞춤법이 틀린 낱말 고치기, 의미에 맞는 정확한 낱말 고르기	9	
	3. 기억해서 쓰기	낱말과 문장을 기억해서 쓰기	8	
Ⅲ. 글쓰기	1. 문장 완성하기	문장카드 퍼즐 완성하기, 문장에 어울리는 공통된 낱말 찾기, 논리적 흐름에 맞게 연결되는 문장 쓰기	10	28
	2. 문법지식	문장부호, 높임말, 문장성분, 주어-서술어 호응, 교정부호, 외래어	9	
	3. 짧은 글짓기, 이야기 구성하기	제시된 낱말로 짧은 글짓기하기	5	
	4. 쓰기 유창성	주어진 시간 내에 제시된 낱말로 문장 만들기	4	
총 합계				68

④ 수학 소검사의 구인과 검사내용

영역	구분		주요 내용	문항 수	총 문항 수
Ⅰ. 수와 연산	산술	기본수준	네 자리 이하의 수, 두 자릿수의 덧셈과 뺄셈, 곱셈구구	53	105
		중간수준	다섯 자리 이상의 수, 세 자릿수의 덧셈과 뺄셈, 곱셈, 나눗셈, 자연수의 혼합계산, 분수, 소수, 분수와 소수의 덧셈과 뺄셈		
		상위수준	약수와 배수, 분수의 덧셈과 뺄셈, 분수의 곱셈과 나눗셈, 소수의 곱셈과 나눗셈, 분수와 소수, 소인수분해		
	유창성		1. 덧셈, 뺄셈	30	
			2. 곱셈, 나눗셈	22	
Ⅱ. 도형		기본수준	입체도형의 모양, 평면도형의 모양, 평면도형과 그 구성요소	16	65
		중간수준	도형의 기초, 평면도형의 이동, 원의 구성요소, 여러 가지 삼각형, 여러 가지 사각형, 다각형		
		상위수준	합동과 대칭, 직육면체와 정육면체, 각기둥과 각뿔, 원기둥과 원뿔, 입체도형의 공간 감각		
Ⅲ. 측정		기본수준	양의 비교, 시각 읽기, 시각과 시간, 길이	20	
		중간수준	시간, 길이, 들이, 무게, 각도, 어림하기(반올림, 올림, 버림), 수의 범위(이상, 이하, 초과, 미만)		
		상위수준	평면도형의 둘레와 넓이, 무게와 넓이의 여러 가지 단위, 원주율과 원의 넓이, 겉넓이와 부피		
Ⅳ. 규칙성		기본수준	규칙 찾기	15	
		중간수준	규칙 찾기, 규칙과 대응		
		상위수준	비와 비율, 비례식과 비례배분, 정비례와 반비례, 문자의 사용과 식의 계산, 일차방정식, 좌표평면과 그래프, 일차함수와 그래프		
Ⅴ. 자료와 가능성		기본수준	분류하기, 표 만들기, 그래프 그리기	14	
		중간수준	자료의 정리, 막대 그래프와 꺾은선 그래프		
		상위수준	가능성과 평균, 자료 표현, 비율 그래프(띠 그래프, 원 그래프), 자료의 정리와 해석		
총 합계					170

(4) 실시방법 및 채점

① NISE-B·ACT는 연령 또는 학년에 따라 시작점 문항이 다르며, 소검사 영역별로 학년에 따라 주어진 시작점 문항에서부터 차례로 시행한다.

② 읽기검사의 경우 'Ⅲ. 유창성'을 평가하는 문항(1분 내 읽기) 이외에는 검사 시간의 제한이 없다. 채점은 유창성을 제외한 모든 문항에서 0~1점 점수를 사용한다.

③ 쓰기검사는 'Ⅰ. 글씨쓰기', 'Ⅱ. 철자쓰기', 'Ⅲ. 글쓰기'의 순으로 실시한다. 오류가 연속해서 3개 문제 이상에서 발생될 때 검사를 종료한다. 채점은 0~2의 세 가지 점수를 사용한다.

④ 수학검사의 경우 'Ⅰ. 수와 연산' 영역에서 연산유창성을 평가하는 연산유창성(1)과 연산유창성(2)에서 각각 3분까지만 허용하는 시간 제한이 있으며, 이외의 소검사 문항에는 시간 제한이 없다. 오류가 연속해서 3개 문제 이상에서 발생할 때 검사를 종료하며 0~1점의 두 가지 점수를 사용하여 채점된다.

(5) 결과 및 해석

① NISE-B · ACT의 검사 결과는 (주)샤크로 홈페이지(http://sharkro.co.kr/bact)에서 각각의 소검사에 대한 원점수와 Z점수, 전체평균 점수를 제공한다.

② 원점수는 백분위점수, 환산점수, 학력지수로 변환되어 산출되며, 학년규준은 자동화되어 산출된다. 특히 통계학적 지식이 적은 사람에게는 학력지수를 분류하여 진단적 명칭을 붙여 설명하는 것이 좋다.

③ NISE-B · ACT의 학력지수에 대한 진단적 분류

학력지수	분류	포함비율(%)
130 이상	최우수	2.3
115~129	우수	13.6
105~114	평균상	21.2
95~104	평균	25.8
85~94	평균하	21.2
70~84	학습지체	13.6
69 이하	심한 학습지체	2.3

3. 기초학습기능 수행평가체제(BASA) 읽기검사

(1) 개념

① 기초학습기능 수행평가체제(Basic Academic Skills Assessment: BASA) 읽기검사는 김동일(2000)이 개발한 것으로, 교육과정중심 측정(Curriculum-Based Measurement) 읽기검사의 측정학적 특성과 절차를 반영하여 우리나라 초등학교 1~3학년 973명을 대상으로 표준화한 읽기검사이다.

② BASA 검사는 중재반응 모형(Responsiveness to Intervention: RTI) 이론을 기초로 한다.

(2) 목적 및 대상

① BASA 읽기검사는 읽기부진 학생의 선별과 학습장애 영역의 읽기장애 진단을 위한 읽기 유창성검사이다.

② 초등학교 1~3학년의 학생을 대상으로 한다.

③ 그러나 읽기기술의 수준을 알고 싶다면 학년과 나이에 상관없이 중·고등학생에게도 시행할 수 있다.

(3) 구성 체계

① BASA 읽기검사의 기본 체제는 기초평가와 형성평가로 나뉘어 있으며, 읽기 정확성과 유창성을 측정하기 위한 구두 읽기검사와 읽기 독해력을 측정하기 위한 선택형 빈칸 채우기 검사로 구성된다. 구두 읽기검사의 경우, 주어진 읽기자료를 학생이 1분 동안 얼마나 정확하게 많이 읽었는지를 측정한다.

② 검사를 통해 학생의 읽기 유창성이 또래 학생의 수행수준과 비교할 때 상대적으로 어느 정도인지, 현재의 학년 수준에 비추어 보았을 때 읽기 발달이 어느 수준에 있는지에 대한 정보를 얻을 수 있다.

③ 선택형 빈칸 채우기 읽기 검사는 집단용 읽기검사로, 문맥에 맞는 적절한 단어를 선택하는 문항으로 구성된다.

평가	하위 검사	검사내용	자료
기초평가	읽기검사 자료 1 (읽기 정확성)	학생이 제한된 시간 내에 얼마나 많은 글자를 얼마나 정확하게 읽는가를 측정하는 문항으로 구성됨	• 읽기검사 (1)-'토끼야 토끼야' (김학선, 1991) • 읽기검사 (2)-'분명히 내 동생인데' (교육개발원, 1991)
	읽기검사 자료 2 (빈칸 채우기)	독해력을 측정하는 집단검사로서 문맥에 맞는 적절한 단어를 선택하는 문항으로 구성됨	'남자와 여자'(두손미디어, 1993)
형성평가	읽기검사 자료 (읽기 유창성)	지속적으로 대상 학생의 읽기 진전도를 모니터링할 수 있게 다양한 읽기자료를 활용한 구두 단락읽기 검사로 구성됨	초등학교 저학년 수준의 21개 이야기로 구성(교육개발원, 1991)

(4) **실시방법 및 채점**

① 검사는 약 35분 소요되며, 기초평가 읽기검사 자료 1을 3회 실시하여 [읽기검사 (1) → 읽기검사 (2) → 읽기검사 (1)] 기초선을 확인한다.

② 검사지는 학생용과 검사자용(채점을 위한 누적 음절수 표시)으로 구성되어 있다. 1분 동안 얼마나 많은 글자를 얼마나 정확하게 읽는가를 측정하는 것으로 검사자는 학생이 틀리게 읽은 글자에 사선(/)을 긋고, 빠뜨리거나 더 넣거나 잘못 발음한 글자는 모두 틀린 글자로 간주하되, 학생이 스스로 고쳐서 읽으면 틀린 것으로 간주하지 않는다.

③ 형성평가의 실시요령은 기초평가의 읽기 검사자료 1과 같다. 매 검사마다 검사자는 우선적으로 하나의 검사자료를 뽑아서 형성평가를 실시하며, 1분 이전에 읽기를 모두 마쳤다면 그동안 걸린 시간을 하단에 기록한다.

④ 읽기검사 자료 2(빈칸 채우기)는 독해력을 측정하는 집단검사이다. 검사지는 학생용과 검사자용(정답이 표시되어 있음)으로 되어 있다. 학생이 3분 동안 글을 읽으면서 문맥에 적절한 단어를 선택(정답이 되는 단어를 포함한 3개의 단어 제시 구성)하는 것으로 시간이 될 때까지 확실하지 않더라도 옳다고 생각되는 단어를 빠짐없이 선택해야 한다.

(5) **결과 및 해석**

① BASA 읽기검사는 원점수, 백분위점수, T점수, 학년점수 수준을 제공하며, 결과 처리는 인싸이트 홈페이지 (http://inpsyt.co.kr)에서 제공하는 온라인 자동채점 프로그램을 이용할 수 있다.

② 기초평가의 읽기검사 자료 1과 형성평가는 학생이 1분 동안 읽은 글자 수 중 맞게 읽은 글자 수가 원점수가 되고, 읽기검사 자료 2(빈칸 채우기)는 학생의 검사지를 채점해서 맞은 문제 수가 원점수가 된다.

③ 백분위점수 단계와 현재 수준의 설명

단계	백분위	현재 수준 설명
1단계	95% 초과	매우 우수한 읽기 수준입니다.
2단계	85% 초과 95% 이하	우수한 읽기 수준입니다.
3단계	15% 초과 85% 이하	정상적인 읽기 수준입니다.
4단계	5% 초과 15% 이하	기초읽기능력 향상을 위하여 지도를 부탁드립니다.
5단계	5% 이하	전반적이고 지속적인 읽기지도가 필요합니다.

| 참고 | BASA 읽기검사 결과 예시 |

이름		박영운(가명)	검사자	나**
성별		남	검사실시일	2008년 11월 29일
학교명		**초등학교	생년월일	2000년 02월 24일
학년·반		3학년 1반	검사 시 연령	8년 9월 5일
읽기검사 1회	①	원점수		176
읽기검사 2회	②	원점수		162
읽기검사 3회	③	원점수		208
읽기 수행수준	④	원점수(중앙값)		176
	⑤	T점수(중앙값)		38.19
	⑥	백분위점수(중앙값)		11
	⑦	백분위점수 단계		4단계
	⑧	현재 수준 설명		기초읽기능력 향상을 위하여 지도를 부탁드립니다.
	⑨	현재 학년		3.7
	⑩	학년점수(중앙값)		1.8
	⑪	학년 차이 (학년점수 - 현재 학년)		1.9
	⑫	월 진전도		6+
빈칸 채우기	⑬	원점수		5
	⑭	백분위점수		13
	⑮	T점수		36.31
	⑯	학년점수		2.2

• 결과 분석

박영운(가명)의 읽기검사를 실시한 결과를 보면, 현재 학년점수는 1.8학년으로 현재 학년인 3.7학년과 비교할 때 1.9학년의 차이를 보이고 있다. 백분위점수에 의해 영운이는 현재 4단계로 기초읽기능력 향상을 위하여 지도가 필요하다. 대체로 백분위 점수 15% 미만을 기준으로 이보다 낮은 백분위점수를 나타낼 때 구체적인 중재가 필요한 것으로 판단된다. 따라서 영운이는 읽기 영역, 특히 기초읽기능력의 향상을 위한 구체적인 중재가 필요하다. 빈칸 채우기 검사 결과는 영운이의 기초 독해력 수준 을 보여 주는 것으로서 현재 학년점수는 2.2학년 수준으로 나타났다. 백분위점수가 약 15 미만일 경우에 구체적인 중재에 들어가야 하는 것으로 여겨지는데, 영운이는 36.31로 또래보다 낮기는 하지만 읽기 해독능력이 향상되면 독해력 수준이 또래 수준으로 곧 회복될 것으로 보인다. 종합적으로 영운이의 읽기검사 결과는 현재 읽기 유창성과 독해력 능력이 학년 수준보다 지체되어 있다고 볼 수 있다.

4. 기초학습기능 수행평가체제(BASA) 쓰기검사

(1) 개념
① 기초학습기능 수행평가체제(Basic Academic Skills Assessment: BASA) 쓰기검사는 김동일(2008)이 개발한 것으로, 대안적인 평가체제인 교육과정중심 측정 절차에 의해 제작되었다.
② 제한된 시간 내에 촉진문장 뒤에 이어질 글을 산출하는 능력을 측정한다. 학생이 산출한 글은 총 음절 수, 정확한 음절 수 등의 양적 기준을 적용한 정량적 평가와 글의 내용, 조직 등에 대한 질적 기준을 적용한 정성적 평가를 모두 실시한다.

(2) 목적 및 대상
① 학생의 쓰기능력을 쓰기부진, 쓰기장애 학생의 진단평가와 형성평가로 활용할 수 있는 검사이다.
② 규준은 초등학교 1~6학년이 대상으로 되어 있으나 성인 대상으로도 검사가 가능하다.

(3) 구성 체계
① BASA 쓰기검사는 개인검사로서 이야기 서두 제시검사의 형태로 실시되며, 학생이 주어진 시간 내에 얼마나 많은 글자를 얼마나 정확하게 쓰는가를 측정한다.
② BASA 쓰기검사의 기본 체제는 기초평가와 형성평가로 나눈다. 정량적 평가는 학생의 쓰기 유창성을 측정하기 위해 실시하며, 정성적 평가는 부가적 평가로 학생의 쓰기능력에 대한 구체적인 정보를 얻기 위해 실시한다.
③ 검사 내용

구분	하위 영역	검사내용
기초평가	정량적 평가	쓰기 유창성을 측정하기 위해 실시되며, 학생이 쓴 글에서 정확한 음절의 수를 계산해서 기록함. 정확한 음절의 수는 총 음절에서 오류의 수를 뺀 값으로 산출되며, 학생이 쓴 글에서 발견된 오류를 유형에 따라 기호로 표시해 두어야 함. 오류의 유형에는 '소리 나는 대로 쓰기', '삽입', '대치', '생략'이 포함됨
	정성적 평가	부가적 평가로서 학생의 쓰기능력에 대한 구체적인 정보를 얻기 위해 실시되며, 이야기 서두 제시검사에서 학생이 쓴 글에 대해 '글의 형식', '글의 조직', '글의 문체', '글의 표현', '글의 내용', '글의 주제' 영역으로 나누어 분석적으로 평가함
형성평가	정량적 평가	기초평가를 통해 쓰기 수행수준을 확인한 후, 다양한 이야기 서두를 활용하여 지속적으로 대상 학생의 쓰기발달을 모니터링할 수 있음. 매 검사마다 검사자는 무선적으로 하나의 검사자료를 뽑아서 실시하며, 대상 학생의 쓰기 수행을 점검함

(4) 실시방법 및 채점
① BASA 쓰기검사는 기초평가와 형성평가로 나누어 실시하며, 검사 소요시간은 40분이다.
② 기초평가용으로 제작된 이야기 서두를 제시한 후 총 4분(1분 생각하기, 3분 작성) 동안 이야기 서두에 이어질 내용을 쓰도록 하여 기초선을 확인한다. 3분 동안 작성한 분량에 '//' 표시를 한다. 학생이 이야기를 끝까지 완성하기를 원한다면 계속 쓰도록 하지만, 분석은 '//'까지만 한다.
③ 기초평가는 1회 실시를 원칙으로 하되, 학생의 검사수행 태도에 근거하여 검사 결과를 신뢰하기 어려울 때는 이야기 서두 제시검사를 총 2회 실시하여 더 높은 점수를 채택하도록 한다.
④ 검사의 채점은 쓰기 유창성 수준을 측정하는 정량적 평가를 기본으로 하되, 학생의 쓰기 수행에 대한 부가 정보를 얻기 위해 정성적 평가를 실시할 수 있다. 쓰기 유창성을 평가하는 정량적 평가의 채점은 학생이 쓴 글에서 정확한 음절의 수를 계산해서 기록한다(정확한 음절의 수 = 총 음절 - 오류의 수).
⑤ 형성평가는 기초평가를 통해 쓰기 수행수준을 확인한 후, 매 검사 회기마다 검사자가 무선적으로 하나의 검사자료를 뽑아서 실시한다. 검사의 채점은 정량적 평가를 기본으로 한다.
⑥ 정성적 평가는 학생이 쓴 글을 6개 영역(글의 형식, 조직, 문체, 표현, 내용, 주제)으로 나누어 1~5점 중 적절한 점수를 부여한다.

(5) 결과 및 해석

① BASA 쓰기검사는 원점수, 백분위점수, T점수, 학년점수 수준을 제공하며, 결과 처리는 인싸이트 홈페이지 (http://inpsyt.co.kr)에서 제공하는 온라인 자동채점 프로그램을 이용할 수 있다.

② 백분위점수 단계와 현재 수준의 설명

단계	백분위	현재 수준 설명
1단계	95% 초과	매우 우수한 쓰기 수준입니다.
2단계	85% 초과 95% 이하	우수한 쓰기 수준입니다.
3단계	15% 초과 85% 이하	정상적인 쓰기 수준입니다.
4단계	5% 초과 15% 이하	기초쓰기능력 향상을 위하여 지도를 부탁드립니다.
5단계	5% 이하	전반적이고 지속적인 쓰기지도가 필요합니다.

참고 BASA 쓰기검사 결과 예시

이름	김소연(가명)	검사자	최**
성별	여	검사실시일	2008년 6월 26일
학교명	서울초등학교	생년월일	1998년 5월 25일
학년·반	3학년 7반	검사 시 연령	10년 1월 1일

나는 오늘 아침에 일찍 일어났습니다.
그래서 부모님께 넘겨 인사를 하고 세수도 하고 아침밥을 먹고 다시 이빨을 닦고 머리도 빚고 양말도 신고 수져도 챙기고 신발을 신고 학교로 간 다음 선생님께 인사를 드리고 하루를 시작했습니다.

쓰기 유창성수준	①	원점수	72
	②	T점수	47.34
	③	백분위점수	32
	④	백분위점수 단계	3단계
	⑤	현재 수준 설명	정상
	⑥	현재 학년	3.3
	⑦	학년수준	2.9
	⑧	학년차이(학년점 - 현재 학년)	0.4
	⑨	월 진전도	2+
정성적 평가 결과 (선택)	⑩	형식	2
	⑪	조직	2
	⑫	문체	3
	⑬	표현	3
	⑭	내용	3
	⑮	주제	3
	⑯	총평	

• 결과 분석
김소연(가명)은 백분위 32%에 속하고, 단계는 3단계로 정상적인 쓰기 수준이며, 정성적 평가 결과를 바탕으로 소연이의 약점은 조직과 형식 영역에 있음이 드러났다. 따라서 소연에게는 글의 형식과 조직 영역에 특별한 지도가 필요할 것으로 보인다.

5. 기초학습기능 수행평가체제(BASA) 수학검사

(1) 개념

① 기초학습기능 수행평가체제(Basic Academic Skills Assessment: BASA) 수학검사는 김동일(2007)이 제한된 시간에 연산 문제를 빠르고 정확하게 푸는 능력을 측정하도록 개발한 것으로, 대안적인 평가체제인 교육과정중심측정 절차에 의하여 제작되었다.

② 학습부진 학생이나 특수교육 대상자의 수학 수행수준을 진단·평가하는 국내 최초의 검사이다.

(2) 목적 및 대상

① 학생의 수학 연산능력을 수학부진, 수학장애 학생의 진단평가와 형성평가로 활용할 수 있는 검사이다.

② 대상 규준은 초등학교 1～3학년이나 중·고등학생까지도 가능하다.

(3) 구성 체계

① BASA 수학검사는 초등 1～3학년 교과서와 익힘책을 분석하여 수와 연산, 도형, 측정, 확률과 통계, 규칙성과 문제해결의 단계별로 4가지 검사로 구성되어 있다.

② Ⅰ단계 검사는 1학년 수준 연산문제에 대한 시간 제한 검사, Ⅱ단계 검사는 2학년 수준 연산문제에 대한 시간 제한 검사, Ⅲ단계 검사는 3학년 수준 연산문제에 대한 시간 제한 검사, 통합단계는 1～3학년의 연산문제에 관한 내용을 모두 다루는 시간 제한 검사문제를 담고 있다.

(4) 실시방법 및 채점

① BASA 수학검사의 검사 소요시간은 25분이다. 초등 1학년 학생에게는 Ⅰ단계와 통합단계, 초등 2학년 학생에게는 Ⅱ단계와 통합단계, 초등 3학년 이상 학생에게는 Ⅲ단계와 통합단계 검사를 실시한다.

② 정답인 경우는 괄호 안의 점수로 채점한다. 오답일 경우, 맞은 숫자의 수를 세어 채점하고 두 자리 수 곱셈이나 나눗셈의 경우 부분 계산을 통해 각 단계별 부분 점수를 적용한다(단, 받아올림이나 받아내림에 부분점수를 적용하지 않는다). 정답보다 한 자리 수를 더 쓴 경우, '정답인 경우의 점수 −1'로 계산한다.

③ 검사자용 검사지 옆에 표시된 총점수를 참고하여 학생의 CD(Correct Digits)점수를 기록하며, 이것이 검사 원점수가 된다. 백분위가 15% 이하인 경우 아래 학년 단계의 검사, 즉 초등 2학년 학생은 Ⅰ단계, 초등 3학년 이상 학생에게는 Ⅱ단계 수학검사를 실시하여 백분위를 확인한다. 3학년 이상 학생인 경우, Ⅱ단계 검사에서도 백분위가 15% 이하라면 Ⅰ단계 검사를 실시한다.

④ BASA 수학검사 채점 및 학년별 재검사 종류

BASA 수학검사 채점				학년별 재검사 종류			
구분	Ⅰ단계	Ⅱ단계	Ⅲ단계	통합단계	구분	Ⅰ단계	Ⅱ단계	Ⅲ단계
1학년	○			○	1학년			
2학년		○		○	2학년	○		
3학년			○	○	3학년		○	

(5) 결과 및 해석

① BASA 수학검사는 원점수, 백분위점수, T점수, 학년점수 수준을 제공하며, 결과 처리는 인싸이트 홈페이지(http://inpsyt.co.kr)에서 제공하는 온라인 자동채점 프로그램을 이용할 수 있다.

② 백분위점수 단계와 현재 수준 설명

단계	백분위	현재 수준 설명
1단계	95% 초과	매우 우수한 수준입니다.
2단계	85% 초과 95% 이하	우수한 수준입니다.
3단계	15% 초과 85% 이하	정상적인 수행 수준입니다.
4단계	5% 초과 15% 이하	기초수학능력 향상을 위하여 지도를 부탁드립니다.
5단계	5% 이하	전반적이고 지속적인 수학지도가 필요합니다.

참고 BASA 수학검사 결과 예시

1. BASA 수학검사 결과: 학년단계(Ⅲ)

이름			김순희(가명)	검사자	강**
성별			여	검사실시일	2006년 10월 19일
학교명			**초등학교	생년월일	1994년 03월 13일
학년·반			5학년 5반	검사 시 연령	12년 7월 6일
Ⅲ단계	1차 검사	①	원점수		14
	2차 검사	②	원점수		17
	3차 검사	③	원점수		18
수학수행 수준		④	원점수(중앙값)		17
		⑤	T점수(중앙값)		33.06
		⑥	백분위점수(중앙값)		3
		⑦	백분위점수 단계		5단계
		⑧	현재 수준 설명		전반적이고 지속적인 수학지도가 필요합니다.
		⑨	현재 학년		5.6
		⑩	학년점수(중앙값)		3.0 이하
		⑪	학년차이(학년점수 – 현재 학년)		2.6 이상
		⑫	월 진전도		4+

2. BASA 수학검사 결과: 학년단계(통합단계)

이름			김순희(가명)	검사자	강**
성별			여	검사실시일	2006년 10월 20일
학교명			**초등학교	생년월일	1994년 03월 13일
학년·반			5학년 5반	검사 시 연령	12년 7월 7일
Ⅲ단계	1차 검사	①	원점수		20
	2차 검사	②	원점수		28
	3차 검사	③	원점수		24
수학수행 수준		④	원점수(중앙값)		24
		⑤	T점수(중앙값)		28.69
		⑥	백분위점수(중앙값)		3
		⑦	백분위점수 단계		5단계
		⑧	현재 수준 설명		전반적이고 지속적인 수학지도가 필요합니다.
		⑨	현재 학년		5.6
		⑩	학년점수(중앙값)		2.4
		⑪	학년차이(학년점수-현재 학년)		3.2
		⑫	월 진전도		2+

- 결과 분석

김순희(가명)는 현재 5학년으로 기초평가는 학년단계(Ⅲ)와 통합단계를 각각 3회씩 총 6회를 실시하였다. 학년 단계(Ⅲ)의 결과를 살펴보면, 현재 학년 차이는 2.6학년의 차이를 보이고 있다. 백분위점수에 의하면 순희는 현재 5단계로 전반적이고 지속적인 수학지도가 필요함을 보인다. 통합단계는 3.2학년의 차이를 보이고 있다. 백분위점수에 의한 단계 역시 5단계로 전반적이고 지속적인 수학지도가 필요한 것으로 나타났다. 결과적으로 순희는 현재 학년에 비해 2학년 이상 뒤쳐져 있음을 알 수 있다. 수학능력 향상을 위하여 구체적인 중재가 필요한 것으로 보인다.

1. 우리말 조음 · 음운평가(U-TAP)

(1) 개념

우리말 조음 · 음운평가(Urimal Test of Articulation and Phonation: U-TAP)는 조음검사를 위해 김영태, 신문자(2004)가 만든 조음 · 음운 평가도구이다.

(2) 목적 및 대상

① 단어와 문장 수준에서 자음과 모음의 오류 여부를 검사하기 위한 목적으로 제작되었으며 2세~12세 아동을 대상으로 한다.

② 정상발달 아동과 비교하여 조음치료의 필요 여부를 결정하고, 음소목록과 분석자료를 이용해 조음치료 계획을 수립할 수 있도록 해 준다.

③ 그림낱말검사와 그림문장검사를 실시한다.
　　㉠ 그림낱말검사는 이름 말하기, 따라 말하기가 가능한 아동의 조음평가에 활용할 수 있고, 지적장애, 청각장애, 뇌병변 아동에게도 실시할 수 있다.
　　㉡ 그림문장검사는 이야기 구성이나 문장 따라 말하기가 가능한 아동에게 실시할 수 있다.

(3) 구성 체계

① U-TAP의 그림낱말검사는 아동이 목표낱말을 쉽게 산출할 수 있는 그림들로 구성되어 있다.

② 자음의 경우 우리말 19개 음소의 각 위치(어두초성, 어중초성, 종성)에 따라 총 43개 음소검사를 실시하며, 한 낱말 속에 최대 2개의 음소(총 23개의 낱말판에서 검사)가 포함된다. 모음의 경우 우리말 단모음 10개에 한해 검사하며, 한 낱말 속에 최대 2개의 단모음(총 7개의 낱말 그림판에서 검사)이 포함된다.

③ 그림문장검사는 그림낱말검사에서 사용하고 있는 30개의 목표낱말(자음검사 23개, 모음검사 7개)을 16개 문장 속에 포함시켜 검사하며, 평균 5개 어절 및 15.5개 음절로 한 문장을 구성한다. 그리고 하나의 그림에서 2~3개의 문장을 유도하고, 그림 내 각 사물을 보면서 문장을 산출한다.

(4) 실시방법 및 채점

① 검사자는 기록지와 그림을 준비해 두고 검사 실시 내용을 녹음기로 녹음하거나 비디오로 녹화할 수 있도록 사전에 준비한다.

② 검사자가 그림을 보여 주면서 목표문장을 들려주면 아동이 이를 모방하거나 재구성해서 말하게 하여 조음능력을 평가한다. 발음전사를 할 때 낱말 전체 정조음은 '+'로 기록하고 오조음은 발음대로 음소를 표기한다. 모방산출은 '( )'를 쳐서 구분하고 반응하지 않는 경우 'NR'로 기록한다.

③ 오류분석을 기록할 때 목표음소 대치는 대치한 음소대로 기록하고, 왜곡한 경우 'D'로 기록하며, 생략한 경우 '∅'로 기록한다. 출현한 음운변동이 있으면 검사지의 해당 빈칸에 '×'로 표시한다.

④ 모든 검사낱말에서 해당 음운변동이 나타난 빈도('×'표시 개수)를 세어 음운변동 출현 기회 수로 나눈 후 100을 곱하여 해당 음운변동의 출현율을 계산한다.

(5) 결과 및 해석

① U-TAP는 문장발음전사와 낱말발음전사를 통해 어두초성, 어중초성, 종성에서의 오류분석을 실시하며, 낱말 수준과 문장수준에서의 오류횟수를 계산하여 자음정확도와 모음정확도를 산출한다.

② 피검사자의 자음정확도가 −1 표준편차 이하인 경우 조음치료를 고려해야 하며, −2 표준편차 이하인 경우 조음치료가 반드시 요구된다.

③ 음운변동 분석을 통해 생략 및 첨가 음운변동, 대치음운변동에 대한 오류를 분석할 수 있다.

2. 그림어휘력검사(PPVT-R)

(1) 개념

① 그림어휘력검사(Peabody Picture Vocabulary Test-Revised: PPVT-R)는 미국의 피바디 그림어휘력검사를 기초로 아동의 수용어휘능력을 측정할 수 있도록 김영태, 장혜성, 임선숙, 백현정(1995)이 제작한 검사이다.

② 2세~8세 11개월의 서울 및 대구 지역 비장애아동을 대상으로 연령, 성별, 지역, 생활수준을 고려하여 표준화되었다.

(2) 목적 및 대상

2세~8세 11개월을 대상으로 하는 검사로, 비장애아동은 물론 지적장애, 청각장애, 뇌손상, 자폐성장애, 행동장애, 뇌병변 등으로 인해 언어문제를 겪는 아동의 수용어휘력을 평가하는 데 사용할 수 있다.

(3) 구성 체계

① 검사 도구: 검사를 위한 그림책, 실시요강, 검사지로 구성되며 11개의 문항으로 이루어진다.

② 검사 영역

영역	문항구성	문항 수
품사	명사(56%), 동사(20%), 형용사(12%), 부사(1%)	112개
범주	동물, 건물, 음식, 가구, 가정용품, 신체부위, 직업, 도형, 식물, 학교 및 사무실의 비품, 기구 및 장치, 악기, 교통기관, 날씨, 계절 등	

(4) 실시방법 및 채점

① 그림어휘력검사는 그림책을 아동에게 보여 주고 검사문항에 따른 아동의 반응을 검사지에 표시하는 검사이다.

② 실시요강에 나와 있는 연령별 시작문항 번호를 참조하여 첫 문항을 실시하되, 연속해서 8개 문항을 바르게 반응하지 못하면 8개 문항을 연속해서 바르게 맞출 때까지 낮은 번호의 문항으로 내려가서 기초선을 확립한다.

③ 기초선이 확립되면, 계속 높은 번호의 문항들을 검사해 나가다가 아동이 연속적인 8개의 문항 중 6개를 틀리게 반응하면 중지한다. 이때 틀리게 반응한 마지막 문항을 최고한계선으로 한다. 최고한계선 이후의 문항은 틀린 것으로 간주한다.

④ 각 문항은 1점씩 배정하여 원점수를 계산한다.

(5) 결과 및 해석

검사의 원점수를 계산하며, 원점수를 또래의 평균과 비교하여 백분위를 구하고, 현재 아동의 수용어휘력의 등가연령을 구한다.

3. 구문의미 이해력검사(KOSECT)

(1) 개념

구문의미 이해력검사(Korea Sentence Comprehension Test: KOSECT)는 아동의 구문의미 이해능력을 진단하기 위해 배소영, 임선숙, 이지희, 장혜성(2004)가 제작했다.

(2) 목적 및 대상

① 4세부터 초등학교 3학년 수준의 구문이해력 범주에 있는 아동을 대상으로 하며, 구문의미 이해력 평가를 하기 위한 목적으로 사용된다.

② 단순 언어장애 아동의 하위 유형을 판별하거나 여러 언어 하위 영역 중에서 구문의미에 대한 아동의 강점과 약점을 파악하고자 할 때 사용한다. 치료교육의 기초방향과 치료교육의 효과를 보고자 할 때도 사용할 수 있다.

③ 장애아동의 경우 생활연령이 9세를 넘어도 구문이해력이 초등학교 3학년 아동보다 지체를 보인다면 사용할 수 있다.

(3) KOSECT 구성 체계

① 구문의미 이해능력을 알아보는 57개(문법형태소 10문항, 구문구조 28문항, 의미 19문항) 문항으로 구성된다.

② 1개의 목표항목 검사 시 모두 3개의 그림을 제시하며 하나는 정답문항, 2개는 혼동문항으로 구성된다.

(4) 실시방법 및 채점

① 검사 책자를 아동에게 보여 주고 검사문항에 따른 아동의 반응을 검사지에 표시하는 검사이며, 10~15분 정도의 짧은 시간에 평가가 가능하다.

② 모든 아동은 1번 문항부터 시작하고 천정점을 찾을 때까지 검사를 실시한다. 천정점은 연속해서 3문항을 틀리는 문항으로, 천정점 이후의 항목은 틀린 것으로 간주한다.

③ 문장을 듣고 3개의 그림 중에서 맞는 그림을 손가락으로 가리키는 방법으로 검사한다. 맞으면 '+'표시를 하고, 틀리면 틀리게 응답한 기호를 쓰거나 '−'표시를 한다.

(5) 결과 및 해석

① '+'표시된 항목 수를 모두 더하여 원점수를 계산하고 기록지의 검사 결과 부분에 있는 '원점수'란에 기록한다. 생활연령 또는 학년에 근거한 백분위점수를 구한 후 평균과 표준편차 집단에 따른 결과를 살펴본다. 또래 비교 집단은 1년 집단 또는 6개월 집단에서 선택할 수 있다.

② 이 검사는 아동의 연령과 학년을 고려하여 또래 아동의 85% 이상이 맞춘 항목을 피검아동이 틀린 경우, 지침서의 실시안내서를 참고하여 그 항목번호들을 적어 둠으로써 항목별로 검토할 수 있다.

4. 문장이해력 검사

(1) 개념

문장이해력 검사는 아동의 문장이해능력의 수준을 측정하기 위해 장혜성, 임선숙, 백현정(1994)에 의해 제작되었다.

(2) 목적 및 대상

문장이해력 검사는 4세~6세 11개월 아동들에 대한 문장이해능력 수준을 측정하며 비장애아동을 대상으로 할 뿐만 아니라 지적장애, 청각장애, 언어장애, 자폐장애, 주의력결핍과잉행동장애, 뇌병변 등의 문제로 인해 언어에 문제를 가지고 있는 아동을 대상으로 한다.

(3) 구성 체계

검사도구는 실시요강과 그림자료, 검사지로 구성되어 있으며 4세~6세 11개월 아동에게 적절한 총 27문항으로 구성되어 있다.

(4) 실시방법 및 절차

① 검사 책자를 아동에게 보여 주고 문항에 따른 아동의 반응을 검사지에 표시하는 검사이다.

② 본 검사는 아동의 생활연령에 관계없이 1번 문항부터 시작한다. 만약 아동이 첫 문항부터 시작하여 연속적으로 5문항 이상 실패하면 검사를 중단한다. 통과했으면 빈칸에 '+', 실패했으면 '−', 무반응이면 'NR', 실시하지 않은 문항은 '·'을 기입한다.

③ '+'의 숫자로 총점(원점수)을 구한다.

(5) 결과 및 해석

① 원점수로 백분위 산출표에서 백분위점수를 구하여 아동의 문장이해력을 또래집단과 비교할 수 있다.

② 등가연령을 산출하여 문장이해력 발달수준을 대략적으로 파악할 수 있다.

5. 언어문제해결력 검사

(1) 개념

아동의 언어문제 해결능력을 진단하기 위해 배소영, 임선숙, 이지희(2000)가 표준화한 검사이다.

(2) 목적 및 대상

① 아동의 논리적 사고과정을 언어화하는 상위 언어기술과 언어를 통한 문제해결 능력을 측정하기 위한 검사로 5세부터 12세까지를 대상으로 하는 검사이다.

② 언어적 추리력과 조직 기술이 부족한 아동, 학습장애가 의심스러운 아동, 단순 언어장애가 의심스러운 아동의 언어 사용능력, 기타 언어장애 아동의 의사소통능력을 평가하는 데 사용될 수 있다.

③ 검사 결과는 학령기 아동의 언어장애 유무를 판단하고, 아동이 동일 연령 집단 내에서 어느 정도 수준에 해당하는지 상대적인 위치 파악을 할 수 있도록 한다.

(3) 구성 체계

① 17개의 그림판과 총 50개의 검사문항으로 구성되어 있다.

② 검사 내용

범주	질문	문항 수	총 문항 수
원인이나 이유를 파악하는 원인 이유 범주	'왜'라는 의문사를 포함	18	
해결 대안을 제시해야 하는 해결 추론 범주	'어떻게'가 포함된 질문	20	50
상황 단서나 미래 상황을 추측하는 단서 추측 범주	어떻게 알았나요?	12	

(4) 실시방법 및 채점

① 그림판을 아동에게 보여 주고 검사문항에 따른 아동의 반응을 검사지에 표시하는 개인 검사로 검사 소요시간은 20 ~ 30분 정도이다.

② 검사자는 대답하는 말을 듣는 동시에 검사지에 적고, 적을 수 없는 상황일 때는 녹음기를 사용하여 검사 후에 바로 전사한다. 검사자는 각 문항별로 아동의 반응을 채점 기준에 의거하여 0, 1, 2점 중 하나로 채점하고 각 쪽의 소계를 합한 후 마지막 쪽에 있는 총계 점수의 세 범주 점수란에 기입한다.

(5) 결과 및 해석

① 총점과 세 범주에 대한 원점수와 아동이 속한 연령 집단을 비교 기준으로 퍼센타일 점수대를 기록한다.

② 총점과 세 범주의 퍼센타일 점수대를 프로파일에 옮겨 아동의 언어문제해결력의 강·약점을 표시한다.

③ 이때 개개인의 상대적인 강·약점을 파악하는 데 중점을 둔다.

6. 수용·표현 어휘력검사(REVT)

(1) 개념

수용·표현 어휘력검사(Receptive and Expressive Vocabulary Test: REVT)는 어휘능력을 측정하기 위해 김영태, 장혜성, 임선숙, 백현정(2009)이 제작한 검사도구이다.

(2) 목적 및 대상

① 수용어휘력과 표현어휘력을 측정하는 검사로, 2세 6개월부터 만 16세 이상 성인 연령을 대상으로 한다.

② 검사는 환경적 요인, 유전적 요인이나 발달적 요인, 단순 언어장애, 지적장애, 청각장애, 뇌손상, 자폐, 전반적 발달장애, 뇌병변 등으로 인해 수용어휘력이나 표현어휘력 발달의 지연이 예상되는 자를 대상으로 한다.

③ 검사대상자의 어휘 발달수준과 같은 생활연령대 대상자들에 대한 상대적인 어휘발달 수준을 제시할 수 있다.

④ 품사별, 의미 범주별 수행 분석을 통해 치료 진행 시 목표어휘 선정과 치료효과를 점검하거나 특정 집단 간 어휘 능력 비교 등의 연구에 활용할 수 있다.

(3) 구성 체계

검사 내용은 수용어휘(명사 98개, 동사 68개, 형용사 및 부사 19개)와 표현어휘(명사 106개, 동사 58개, 형용사 및 부사 21개)로 구성되어 있으며, 총 문항 수는 수용어휘와 표현어휘 각 185문항이다.

(4) 실시방법 및 절차

① 그림판을 아동에게 보여 주고 아동의 반응에 따라 검사문항을 검사지에 표시하는 개인 검사이다.

② 6세 미만인 경우에는 연습문항 A, B, C를 실시하고, 6세 이상일 경우에는 연습문항 D와 E를 실시한다. 검사를 실시하기 위해서는 대상자의 생활연령을 계산해야 한다.

③ 표현어휘검사부터 실시하고, 검사지침서에 나와 있는 표를 참고하여 생활연령에 따른 시작 문항을 결정한다.

④ 수용어휘검사의 경우 표현어휘검사에서 설정된 기초선 번호를 시작 문항번호로 한다. 연속해서 8개를 맞히는 문항을 기초선으로 하고, 8개 중 6개를 틀리는 문항을 최고한계선으로 하고 검사를 중지한다.

(5) 결과 및 해석

① 이 검사는 어휘능력 발달에 대한 전반적인 정보를 제공하는 선별검사이므로, 검사 결과를 1차적으로 '정상발달', '약간 지체/유의 요망', '어휘능력 발달지체'로 나눌 수 있다.

② -1표준편차 내에 해당하는 경우 '정상발달', -1 ~ -2표준편차 내에 해당하는 경우 '약간 지체/유의 요망', -2표준편차를 넘어선 점수를 얻는 경우 '어휘능력 발달지체'로 판정한다.

③ 본 검사는 어휘력 발달이 문제가 되는 경우 수용 및 표현어휘력 발달연령 규준을 제공하여 정상발달 연령 수준과 어느 정도 차이를 보이는지 설명할 수 있도록 수용 및 표현어휘력 획득점수에 따른 등가연령과 백분위점수를 산출한다.

7. 파라다이스-유창성검사(P-FS)

(1) 개념

파라다이스-유창성검사(Paradise-Fluency Assessment: P-FS)는 유창성장애 검사를 위해 심현섭, 신문자, 이은주(2004)가 제작한 검사도구이다.

(2) 목적 및 대상

① P-FS는 취학 전 아동, 초등학생, 중학생 등을 대상으로 의사소통장애 중 유창성장애 여부와 그 정도를 파악하는 데 목적을 둔다.

② 유창성 문제를 진단함으로써 문제의 진전을 예방하고 치료계획을 수립, 재평가를 통해 효과를 검증한다.

③ 구어영역뿐만 아니라 의사소통 태도를 함께 평가함으로써 유창성 문제의 전반적인 평가가 가능하다.

(3) 구성 체계

① P-FS는 크게 '구어평가'와 '의사소통 태도평가'로 구분된다.

② 검사 과제는 시간 제약과 목적에 따라 다르며, '필수과제'와 '선택과제'로 구분된다. 필수과제는 문장그림, 그림책, 읽기, 이야기그림, 말하기그림, 대화 영역으로 구분되고, 선택과제는 낱말그림, 따라 말하기로 구분된다. 필수과제의 경우 연령별로 구분되며, 취학 전 아동은 문장그림, 그림책, 말하기그림을 포함하고, 초등학생의 경우 읽기, 이야기그림, 말하기그림을 포함한다.

③ 중학생 이상의 경우 읽기, 말하기그림, 대화의 세 가지로 구분된다.

④ 의사소통 태도 평가는 초등학생과 중학생 이상의 두 유형으로 구분된다.

(4) 실시방법 및 채점

① P-FS를 실시할 때에는 검사 대상의 연령별로 필요한 평가과제와 검사도구, 기록지 등을 확인하고 연령별 검사지침에 따라 실시해야 한다.

② 녹화 또는 녹음을 하더라도 비유창성, 부수행동이나 특이사항이 관찰되면 바로 결과기록지에 기록하며, 검사과제와 연령에 따라 수집해야 할 최소 음절 수를 파악하고 충분한 발화표본을 얻도록 유도한다.

(5) **결과 및 해석**

① 검사 결과는 우선 결과기록지에 각 과제들의 점수, 부수행동 정도, 의사소통 태도 평가 점수를 기록해야 한다.

② 필수과제에 해당되는 과제들의 점수를 합해 필수과제 점수를 산출하고 점수분포표를 이용하여 백분위점수의 범위와 말더듬 정도를 파악할 수 있다.

③ 대략 1~40 백분위점수는 약한 정도, 41~80 백분위점수는 중간 정도, 81 백분위점수 이상은 심한 정도로 볼 수 있다.

04 적응행동

1. 국립특수교육원 적응행동검사

(1) 개념

국립특수교육원 적응행동검사(Korea National Institute for Special Education-Scales of Adaptive Behavior: KNISE-SAB)는 우리나라의 사회적 · 문화적 맥락을 반영하고 생활양식에 적합한 내용의 적응행동을 측정하고자 정인숙, 강영택, 김계옥, 박경숙, 정동영(2003)이 국립특수교육원에서 개발, 표준화한 검사도구이다.

(2) 목적 및 대상

① 장애학생의 적응행동능력 측정에 활용되며, 주로 지적장애와 발달지체(장애)를 구별하는 도구로 사용된다.

② 검사 적용 대상은 지적장애 학생은 만 5세 ~ 17세, 일반 학생은 만 21개월 ~ 17세이다.

(3) 구성 체계

① 3개 영역(개념적 적응행동, 사회적 적응행동, 실제적 적응행동)에 걸쳐 총 242문항으로 구성된다.

② 검사 영역

영역	문항 내용	문항 수	총 문항 수
1. 개념적 적응행동	언어 이해	18	72
	언어 표현	20	
	읽기	10	
	쓰기	9	
	돈 개념	6	
	자기 지시	9	
2. 사회적 적응행동	사회성 일반	10	68
	놀이 활동	10	
	대인관계	10	
	책임감	10	
	자기존중	9	
	자기보호	9	
	규칙과 법	10	

영역	문항 내용	문항 수	총 문항 수
3. 실제적 적응행동	화장실 이용	6	102
	먹기	10	
	옷 입기	11	
	식사준비	7	
	집안정리	8	
	교통수단 이용	8	
	진료받기	8	
	금전관리	8	
	통신수단 이용	9	
	작업기술	10	
	안전 및 건강관리	17	
총 합계			242

(4) 실시방법 및 채점

① 피검자를 6개월 이상 관찰해 피검자의 특성과 행동을 제대로 파악하고 있는 부모, 교사 등의 정보 제공자를 대상으로 실시하며, 검사 소요시간은 40분 정도이다.

② 정보 제공자에게 문항에 따른 질문을 할 때에는 모든 소검사의 1번 문항부터 시작한다. 7세 이상의 일반학생은 중간 문항부터 시작하거나 거꾸로 검사를 실시할 수 있고, 거꾸로 실시했을 때 연속 2개의 문항을 맞히면 이전 문항은 모두 맞힌 것으로 한다. 연속해서 3개 문항을 수행하지 못할 경우 검사를 중지한다.

③ 채점 기준

적응행동 수준(판단 기준)	채점
세 번 기회가 주어졌을 때 문항의 내용을 또래와 같은 수준으로 한 번도 수행하지 못하는 경우	0점
세 번 기회가 주어졌을 때 문항의 내용을 또래와 같은 수준으로 한 번 수행하는 경우	1점
세 번 기회가 주어졌을 때 문항의 내용을 또래와 같은 수준으로 두 번 수행하는 경우	2점
세 번 기회가 주어졌을 때 문항의 내용을 또래와 같은 수준으로 세 번 모두 수행하는 경우	3점

(5) 결과 및 해석

① KNISE-SAB의 결과로 원점수, 환산점수, 적응행동지수를 얻을 수 있다. 검사 결과는 지적장애를 판별하는 준거로도 활용될 수 있으며, 적응행동지수에 비추어 진단할 수 있다.

② 결과 분석

적응행동지수	분류	비율(%)
130 이상	최우수	2.2
120~129	우수	6.7
110~119	평균상	16.1
90~109	평균	50.0
80~89	평균하	16.1
70~79	경계선	6.7
69 이하	지체	2.2

2. 지역사회적응검사 2판(CISA-2)

(1) 개념

지역사회적응검사 2판(Community Integration Skills Assessment-2: CISA-2)은 이달엽, 김동일, 박희찬(2004)의 CIS-A 개정판으로서 변화한 시대적 흐름과 요구에 따라 통신서비스 적응기술을 추가해 김동일, 박희찬, 김정일(2017)이 개발, 표준화한 비언어성 검사도구이다.

(2) 목적 및 대상

① 지적장애인과 자폐성장애인이 지역사회에 통합되는 데 있어 필수적인 적응기술을 포괄적으로 검사하는 도구로, 지역사회 적응 관련 교육 및 훈련계획을 수립하는 데 필요한 정보도 제공한다.

② 검사의 적용대상은 만 5세 이상의 지적장애인과 자폐성장애인이다.

(3) 구성 체계

① 3개 영역(기본생활, 사회자립, 직업생활)에 걸쳐 총 161문항으로 구성된다.

② 검사 영역

영역	CISA-2 하위 영역	문항 수	총 문항 수
1. 기본생활	기초개념	17	66
	기능적 기호와 표지	16	
	가정관리	16	
	건강과 안전	17	
2. 사회자립	지역사회 서비스	17	64
	시간과 측정	16	
	금전관리	15	
	통신서비스	16	
3. 직업생활	직업기능	15	31
	대인관계와 예절	16	
총 합계			161

(4) 실시방법 및 채점

① 검사자가 질문하면 피검사자가 답변하는 형식으로 실시되며, 요인 1에서 요인 10까지 순서대로 진행하지만 요인의 실시 순서를 변경할 수도 있다. 총 점수가 필요하지 않을 경우 몇 개의 요인을 생략할 수도 있다.

② 홈페이지의 심리검사 채점 프로그램에 검사 결과를 입력하면 검사 환산점수, 영역지수, 적응지수 등을 자동으로 산출해 주며, 검사의 시간 제약은 없지만 보편적으로 검사 소요시간은 1시간~1시간 30분 정도이다.

(5) 결과 및 해석

① CISA-2의 결과는 지역사회 적응 정도를 파악하는 데 활용할 수 있으며, CIS-A의 형식을 유지했다. 적응지수와 환산점수를 통해 적응 수준을 파악할 수 있다.

② 결과 분석

적응지수	적응 수준	환산점수	적응 수준
69 이하	적응행동 지체	1~3	매우 낮음
70~79	경계선	4~5	낮음
80~89	평균하	6~7	평균하
90~109	평균	8~12	평균
110~119	평균상	13~14	평균상
120~129	우수	15~16	높음
130 이상	최우수	17~19	매우 높음

3. 바인랜드 적응행동척도 2판(K-Vineland-II)

(1) 개념

바인랜드 적응행동척도 2판(Korea Vineland Adaptive Behavior Scales-Second Edition: K-Vineland -Ⅱ)은 1965년에 미국에서 개발한 바인랜드 사회성숙척도(Vineland Social Maturity Scale)의 개정판 (Vineland Adaptive Behavior Scales-Second Edition)을 황순택, 김지혜, 홍상황(2015)이 우리나라에서 표준화한 검사도구이다.

(2) 목적 및 대상

① 지적장애 진단에 필요한 적응행동이거나 개인의 일상생활 기능을 평가하는 데 사용할 수 있는 검사도구이다.
② 검사의 적용대상은 0세～90세 11개월 개인이다.

(3) 구성 체계

① 평가 방식에 따라 면담형과 보호자 평정형으로 구성된다.
② 면담형은 4개 주영역(의사소통, 생활기술, 사회성, 운동기술)과 부적응행동 영역까지 총 433문항이다.
③ 보호자 평정형은 면담형과 영역 및 하위영역 명칭은 다르지만 문항 내용과 문항 수는 같으며, 구체적으로 4개 주영역(의사소통, 일상생활, 사회성, 신체활동)과 문제행동 영역에 걸쳐 총 433문항으로 이루어진다.
④ 검사 영역

영역		하위 영역		문항 수	총 문항 수
면담형	보호자 평정형	면담형	보호자 평정형		
의사소통	의사소통	수용	듣기, 이해하기	20	99
		표현	말하기	54	
		쓰기	읽기, 쓰기	25	
생활기술	일상생활	개인	자신 돌보기	41	109
		가정	집안 돌보기	24	
		지역사회	사회생활	44	
사회성	사회성	대인관계	다른 사람과의 관계	38	99
		놀이 및 여가	놀이, 여가시간	31	
		대처기술	적응하기	30	
운동기술	신체활동	대근육	대근육 운동	40	76
		소근육	소근육 운동	36	
부적응행동	문제행동 영역1	내현화	하위 영역 A	11	50
		외현화	하위 영역 B	10	
		기타	하위 영역 C	15	
	문제행동 영역2	결정적 문항	하위 영역 D	14	
총 합계					433

(4) 실시방법 및 채점

① 면담을 시작하기 전에 대상자의 시작점을 결정하는데, 시작점은 만 연령을 기준으로 정한다. 발달지연이 의심되거나 하나 이상의 하위 영역에서 결손이 의심되는 경우 모든 하위 영역에서 낮은 시작점을 적용하여 실시한다.

② 면담형의 경우 각 하위 영역에 따른 문항은 '2', '1', '0', 'DK', 'N/O'로 채점을 하고, 연속해서 4문항이 0점으로 채점될 때 중지한다.

③ 보호자 평정형도 같은 형식으로 이루어지며, 판단기준에 따른 채점 기준을 제시한다.

④ 검사 소요시간은 면담형은 20~50분, 보호자 평정형은 30~60분 정도이다.

⑤ 채점 기준

적응행동 수준(판단기준)	채점
그러한 행동을 항상 독립적으로(별도의 도움 없이) 할 수 있을 때 그러한 행동을 지금 하지는 않지만 할 수 있는 능력이 명백하게 있을 때 과거에는 그러한 행동을 했지만 지금은 나이가 들어 하지 않는 경우	2점
그러한 행동을 가끔 하거나 부분적으로 도움을 받아서 할 때	1점
그러한 행동을 전혀 하지 못할 때	0점
그러한 행동을 대상자가 할 수 있는지에 대해 응답자가 잘 알지 못할 때 (보호자 평정형: 작성자가 대상자의 행동을 잘 알지 못할 때)	DK
기회가 없어 그러한 행동을 한 적이 없을 때	N/O

(5) 결과 및 해석

① K-Vineland-Ⅱ의 결과는 적응 수준과 부적응 수준을 파악하는 데 활용할 수 있다.

② 결과 분석

적응 수준	V-척도점수	표준점수	부적응 수준	V-척도점수
낮음	1~9	20~70	임상적으로 의미 있는	21~24
약간 낮음	10~12	71~85	다소 높은	18~20
평균	13~17	86~114	보통 정도	1~17
약간 높음	18~20	115~129		
높음	21~24	130~160		

4. 사회성숙도 검사(SMS)

(1) 개념

사회성숙도 검사(Social Maturity Scale: SMS)는 자조, 이동, 작업, 의사소통, 자기관리, 사회화 등과 같은 적응행동을 측정하기 위해 1965년 미국에서 개발한 바인랜드 사회성숙척도(Vineland Social Maturity Scale)를 김승국, 김옥기(1985)가 우리나라 실정에 맞게 개발, 표준화한 검사도구이다.

(2) 목적 및 대상

① SMS는 개인의 성장, 변화, 개인차 등을 측정하거나 지적장애를 구별하고, 생활지도와 훈련의 기초자료 수집 도구로 사용할 수 있다.

② 검사의 적용대상은 0세 ~ 만 30세이다.

(3) 구성 체계

① SMS는 6개의 행동영역(자조, 이동, 작업, 의사소통, 자기관리, 사회화)에 걸쳐 총 117문항으로 구성된다.

② 검사 영역

영역	문항내용		문항 수	총 문항 수
1. 자조	자조 일반 (self-help general: SHG)	이동의 예비적 단계	5	14
		조작능력	4	
		대소변	2	
		이동능력	1	
		자기관리능력	1	
		의사소통능력	1	
	자조 식사 (self-help eating: SHE)	음료	3	25
		식사도구 사용	4	
		통제력과 판별력의 유무	4	
		전반적인 종합력을 표현	1	
	자조 용의 (self-help dressing: SHD)	옷 입고 벗기	6	
		씻고 닦기	5	
		몸단장	2	
2. 이동	기어 다니는 능력부터 어디든 혼자 다닐 수 있는 능력		10	10
3. 작업	단순한 놀이부터 고도의 전문성을 요하는 직업에 이르는 다양한 능력		22	22
4. 의사소통	동작, 음성, 문자 등을 매체로 한 수용과 표현		15	15
5. 자기관리	금전의 사용, 구매, 경제적 자립 준비와 지원, 기타 책임 있고 분별 있는 행동 등에 관한 독립성과 책임감		14	14
6. 사회화	사회적 행동, 사회적 책임, 현실적 사고		17	17
총 합계				117

(4) **실시방법 및 채점**

① SMS는 검사지를 사용해서 피검사자를 잘 아는 사람(부모, 교사, 기타)과의 면접을 통해 실시한다. 만약 정보 제공자의 대답이 믿기 어려운 경우에는 피검사자를 직접 만나서 그의 행동을 관찰해 보고 판단한다.

② 정보 제공자에게 문항에 따른 질문을 할 때에는 1번 문항부터 질문을 시작하기보다는 피검사자의 연령과 능력 등을 고려하여 시작 질문의 번호를 정해 질문한다.

③ 각 문항의 답은 '+', '+F', '+No', '±', '-'로 표시한다. 계속 질문을 하다가 3개 문항이 계속해서 '-'로 표시되면 검사를 끝낸다.

④ 지적장애 학생일 경우에는 5개 정도의 문항이 계속 '-'로 표시될 때 검사를 끝낸다.

⑤ **채점 기준**

기입 방법	문항 판단 기준	점수
+	• 부당한 강요나 인위적인 유인이 없어도 각 항목이 지시하는 본질적인 행동을 습관적으로 수행하는 경우 • 현재는 습관적으로 하고 있지 않으나 하려고만 하면 쉽게 수행할 수 있을 경우	1
+F	검사 시에는 특별한 제약(예 일시적인 질환, 환경적인 제약)으로 각 항목이 지시하는 행동을 성공적으로 수행하지 못하였지만 평상시에는 성공적으로 수행하였을 경우	1
+No	지금까지는 기회의 부족으로 각 항목이 지시하는 행동을 수행하지 못하였지만 기회가 부여된다면 곧 성공적으로 수행 또는 습득할 수 있는 경우	1/0/0.5
±	각 항목이 지시하는 행동을 가끔 하기는 하나 그 행동이 불안정할 경우, 즉 과도적 상태이거나 발현 중인 상태에 있을 경우	0.5
-	• 각 항목이 지시하는 행동을 전혀 수행하지 못할 경우 • 부당한 강요나 유인이 있을 때에만 수행할 경우 • 과거에는 성공적으로 수행하였으나 현재는 노쇠나 비교적 항구적인 정신적 또는 신체적 장애로 수행하지 못할 경우	0

※ '+No'는 '+'와 '+', '+F'와 '+F', '+'와 '+F', '+No'와 '+' 또는 '+F' 사이에 있을 경우: 1점, '-'와 사이에 있을 경우: 0점
그 밖의 경우: 0.5점

(5) **결과 및 해석**

① SMS 결과는 각 검사 문항에 대한 총점을 계산하고 사회연령(SA)과 사회지수(SQ)를 산출하고 해석한다.

② 총점은 기본점과 가산점을 합산하여 구한다. 이렇게 구한 총점을 바탕으로 사회 연령 환산표에서 사회 연령을 환산한다. 산출한 사회 연령을 활용하여 '(사회 연령/만 생활연령) × 100'의 공식으로 사회지수(SQ)를 계산 및 정리해 기록 용지 1면에 적는다.

참고 **지적장애 판별 준거**

분류	IQ(K-WISC)	학력(%)	SQ
교육가능 지적장애(경도)	55~69	하위 0.1~5	55~74
훈련가능 지적장애(중등도)	25~54	하위 0.1 미만	25~54
중도 및 최중도 지적장애	24 이하	-	24 이하

5. 한국판 적응행동검사(K-SIB-R)

(1) 개념

한국판 적응행동검사(Korean-Scales of Independent Behavior-Revised: K-SIB-R)는 적응행동을 측정하기 위해 1996년에 미국 미네소타 대학에서 개발한 SIB-R(Scales of Independent Behavior-Revised)을 백은희, 이병인, 조수제(2007)가 우리나라에서 표준화한 검사도구이다.

(2) 목적 및 대상

① 지적장애 학생의 사회 적응기술(적응행동) 정도를 측정해 일반 학생의 기준에서 볼 때 어느 수준에 있는가를 확인하는 선발·배치에 사용할 수 있으며, 추후 학생의 개별화가족지원계획(IFSP)이나 개별화교육프로그램(IEP)의 교육목표 설정에 유용한 자료로 사용할 수 있다.

② 검사 적용 대상은 만 0세부터 17세까지이다.

(3) 구성 체계

① K-SIB-R은 크게 독립적 적응행동과 문제행동 영역으로 구분된다.

② 독립적 적응행동 영역은 4개 척도(운동기술, 사회적 상호작용 및 의사소통 기술, 개인생활기술, 지역사회생활기술)에 걸쳐 총 259문항, 문제행동 영역은 3개 척도(내적 부적응행동, 외적 부적응행동, 반사회적 부적응행동)에 걸쳐 총 32문항으로 되어 있다.

③ 검사 영역

영역	척도내용		문항 수		총 문항 수
독립적 적응행동	1. 운동기술	대근육 운동	19	38	259
		소근육 운동	19		
	2. 사회적 상호작용 및 의사소통 기술	사회적 상호작용 및 의사소통	18	56	
		언어 이해	18		
		언어 표현	20		
	3. 개인생활 기술	식사와 음식 준비	19	88	
		신변처리	17		
		옷 입기	18		
		개인위생	16		
		가사/적응행동	18		
	4. 지역사회생활기술	시간 이해 및 엄수	19	77	
		경제생활	20		
		작업 기술	20		
		이동 기술	18		
문제행동	부적응 행동	내적	자신을 해치는 행동	4-조건형	32	32
		외적	타인을 해치는 행동	4-조건형		
		외적	물건을 파괴하는 행동	4-조건형		
		외적	방해하는 행동	4-조건형		
		내적	특이한 반복적인 습관	4-조건형		
		반사회적	사회적으로 공격적인 행동	4-조건형		
		내적	위축된 행동이나 부주의한 행동	4-조건형		
		반사회적	비협조적인 행동	4-조건형		

(4) **실시방법 및 채점**

① K-SIB-R은 피검자의 특성과 행동을 파악하고 있는 사람(부모나 양육자 등)이 체크리스트 형식의 검사지에 기입하거나 검사자의 질문에 응답하는 방식으로 실시한다.

② 정보 제공자에게 문항에 따른 질문을 할 때에는 모든 하위척도의 1번 문항부터 질문을 시작한다.

③ 채점은 판단 기준을 바탕으로 각 문항의 원점수를 계산하고, 각 영역별 총점을 구한다.

④ 채점 기준

적응행동 수준(판단 기준)	채점
과제를 수행할 것을 요구했음에도 불구하고 전혀 또는 거의 수행하지 못함	0점
수행하지만 잘하지는 못함-전체 과제 중 약 1/4 수행함-과제 수행을 요구할 필요가 있음	1점
꽤 잘 수행함-전체 과제 중 약 3/4 수행함-과제 수행을 요구할 필요가 있음	2점
매우 잘 수행함-항상 또는 거의 항상 수행함-과제 수행을 요구할 필요가 없음	3점

(5) **결과 및 해석**

① K-SIB-R의 결과는 독립적 적응행동과 문제행동별로 나누어진다.

　㉠ 독립적 적응행동은 각 검사 문항에 대한 원점수를 계산하고 원점수를 W점수로 바꾸며, 등가 연령점수를 제공한다. 이를 바탕으로 비교 습득 지수, 표준점수 및 백분위점수를 산출하고 해석한다.

　㉡ 문제행동은 각 영역별 검사에 따른 부적응행동 지수를 제공하고 이를 해석한다.

② 적응행동과 부적응행동 점수를 조합하여 지원점수를 제공하며, 이 결과를 통해 지원의 강도를 결정하는 데 활용할 수 있다.

③ 표준점수 범위

표준점수 범위	131 이상	121~130	111~120	90~110	80~89	70~79	69 이하
백분위	98~99.9	92~97	76~91	25~75	9~24	3~8	0.1~2
K-SIB-R 판별	매우 뛰어남	뛰어남	평균 이상	평균	평균 이하	낮음	매우 낮음

④ 부적응행동지수는 문제행동의 빈도와 심각성을 보여준다.

⑤ 부적응행동지수의 지수와 심각성 수준

지수	-10 이상	-11~-20	-21~-30	-31~-40	-41 이하
심각성 수준	정상	심각성의 경계	약간 심각	심각	매우 심각

1. 한국판 오세레츠키 운동능력검사

(1) 목적 및 대상

① 한국판 오세레츠키 운동능력검사는 학생의 운동기능을 평가하고, 운동훈련 프로그램을 개발·평가하는 데 활용할 수 있으며, 운동기능 장애와 발달지체를 평가하는 도구로 사용할 수 있다.

② 검사의 적용대상은 만 4세부터 16세까지이다.

(2) 구성 체계

① 한국판 오세레츠키 운동능력검사는 6개 영역(일반적 정적 협응검사, 손동작 협응검사, 일반동작 협응검사, 운동속도검사, 동시적 자발동작검사, 단일동작 수행능력검사)에 걸쳐 총 60문항으로 되어 있다.

② 검사 영역

영역	연령별 문항 수										문항 수	총 문항 수
	4세	5세	6세	7세	8세	9세	10세	11~12세	13~14세	15~16세		
일반적 정적 협응검사	1	1	1	1	1	1	1	1	1	1	10	60
손동작 협응검사	1	1	1	1	1	1	1	1	1	1	10	
일반동작 협응검사	1	1	1	1	1	1	1	1	1	1	10	
운동속도검사	1	1	1	1	1	1	1	1	1	1	10	
동시적 자발동작검사	1	1	1	1	1	1	1	1	1	1	10	
단일동작 수행능력검사	1	1	1	1	1	1	1	1	1	1	10	

(3) 실시방법 및 채점

① 한국판 오세레츠키 운동능력검사는 피검자에게 직접 실시한다.

② 피검자가 그의 나이에 해당하는 검사의 수행이 불가능하거나 두 항목 이상 할 수 없을 때 검사자는 즉시 피검자의 연령 수준보다 단계가 낮은 검사로 내려가서 실시한다.

③ 검사가 성공적으로 끝났을 때는 '+'를, 실패로 끝났을 때는 '-'를 채점표에 기록한다. 피검자의 나이에 해당하는 검사를 성공적으로 통과했을 때는 그 연령 수준보다 한 단계 높은 검사를 실시하며 한 연령집단의 모든 검사를 실패할 때까지(6개 문항을 모두 실패하는 연령 수준까지) 계속한다.

(4) 결과 및 해석

① 한국판 오세레츠키 운동능력검사 결과, 1년 ~ 1년 반이 뒤떨어지면 '가벼운 운동지체'가 있고, 1년 반 ~ 3년의 차이가 나도록 뒤떨어지면 '보통의 운동지체'이며, 3 ~ 5년이 뒤떨어지면 '심각한 운동지체'로 특별한 조치를 취해야 한다.

② 생활연령에서 5년 이상 뒤떨어지면 운동능력에 있어 '장애'로 볼 수 있다.

2. 한국판 아동 시지각발달검사(K-DTVP-3)

(1) 목적 및 대상

① 학생의 시지각 또는 시각−운동 통합에 특별한 문제가 있는지 실제로 확인하거나 보다 심각한 문제가 있을 수 있는 학생을 찾아 타 전문기관에 의뢰하고자 할 때 사용할 수 있다.

② 검사의 적용대상은 만 4세부터 12세까지이다.

(2) 구성 체계

① 5개 하위 검사(눈−손 협응 5문항, 따라 그리기 18문항, 도형−배경 23문항, 시각 통합 26문항, 형태 항상성 24문항)에 걸쳐 총 96문항으로 되어 있다.

② 검사 내용

종합척도	운동개입 정도	하위 검사	문항 수
1. 시각−운동 통합 (Visual-Motor Intergration: VMI)	운동개입 강화	1. 눈−손 협응(EH)	96
		2. 따라 그리기(CO)	
2. 운동축소−시지각 (Motor-Reduced Visual Perception: MRVP)	운동개입 최소화	3. 도형−배경(FG)	
		4. 시각 통합(VC)	
		5. 형태 항상성(FC)	
3. 일반시지각 (General Visual Perception: GVP)	운동개입 강화	1. 눈−손 협응(EH)	
		2. 따라 그리기(CO)	
	운동개입 최소화	3. 도형−배경(FG)	
		4. 시각 통합(VC)	
		5. 형태 항상성(FC)	

(3) 실시방법 및 채점

① 피검사의 연령과 관계없이 모든 하위 검사에서 1번 문항부터 시작하며, 검사 소요시간은 20~40분 정도이다.

② 하위 검사는 눈−손 협응, 따라 그리기, 도형−배경, 시각 통합, 형태 항상성 순으로 실시한다.

③ 중단 규칙

　㉠ 첫째, '하위 검사 1: 눈−손 협응'의 경우 중단조건 없이 마지막 문항까지 실시한다.

　㉡ 둘째, '하위 검사 1: 눈−손 협응'을 제외한 나머지 4개의 하위 검사에서는 연속적으로 3개 문항에서 0점을 받을 경우 해당 하위 검사의 실시를 중단한다. 만약에 실수로 중단점을 넘어서 검사를 실시하게 된 경우, 피검자가 중단점 이후의 문항에서 정답반응을 한 경우라도 오답으로 간주하고 0점으로 처리한다.

(4) 결과 및 해석

① 원점수를 바탕으로 규준점수를 산출하며, 규준점수를 활용해 표준점수와 백분위를 확인한다. 검사 결과를 학부모나 다른 전문가들에게 보고할 경우 연령 평균 규준점수보다 표준점수와 백분위를 활용하는 것이 좋다.

② 하위 검사별 척도점수는 각 하위검사의 원점수를 평균 10, 표준편차 3인 분포 하위점수로 변환한 점수이다. 종합척도지수는 VMI, MRVP, GVP의 3개 척도점수를 합산한 다음, 평균 100, 표준편차 15인 표준점수로 변환한 점수이다.

③ 결과 분석

척도점수	17~20	15~16	13~14	8~12	6~7	4~5	1~3
표준점수	> 130	121~130	111~120	90~110	80~89	70~79	< 70
기술 평정	매우 우수	우수	평균상	평균	평균하	낮음	매우 낮음
백분율	2.34	6.87	16.12	49.51	16.12	6.87	2.34

1. 아동기 자폐증 평정척도(CARS)

(1) 개념

아동기 자폐증 평정척도(CARS)는 아동기 자폐증을 진단하기 위해 Schopler, Reichler와 Renner(1988)에 의해 제작된 미국판 CARS를 우리나라에서 김태련과 박랑규(1996)가 번역한 자폐증 진단도구이다.

(2) 목적 및 대상

① CARS는 자폐증상이 있는 아동을 진단하고 그들을 자폐증상이 없는 발달장애 아동들과 구별하기 위해 만들어진 행동 평정척도로 만 2세 이상 취학 전 아동을 포함하여 모든 연령군을 대상으로 하는 검사이다.

② 이 평정척도는 경증 또는 중간 정도의 자폐아동과 중증의 자폐아동을 분류할 수 있다.

(3) 구성 체계

문항구성			문항 수
• 사람과의 관계	• 모방	• 정서적 반응	
• 신체 사용	• 물체 사용	• 변화에의 적응	
• 시각적 반응	• 청각적 반응	• 맛·냄새·촉각 반응과 사용	15
• 두려움과 신경과민	• 언어적 의사소통	• 비언어적 의사소통	
• 활동수준	• 지적 기능의 수준과 항상성	• 일반적인 인상(느낌)	

(4) 실시방법 및 채점

① CARS는 아동의 보호자가 검사지의 문항을 읽고 체크리스트를 완성하도록 한다.

② 평정점수는 1점, 1.5점, 2점, 2.5점, 3점, 3.5점, 4점으로 이루어져 있고, 각 척도별로 평정점수를 합산하여 척도란에 해당 평정점수를 기입하며, 척도별 평정점수를 합산하여 총 점수를 계산한다.

(5) 결과 및 해석

① 평정점수의 합은 최저 15점(정상)부터 최고 60점까지의 범위에 속한다.

② 자폐증과 기타 발달장애를 구분하는 경계점수는 30.0점이다.

③ CARS 진단적 범주

전체점수	진단적 분류	기술적 수준
15 ~ 29.5	자폐증 아님	자폐증 아님
30 ~ 36.5	자폐증	경증 및 중간 정도 자폐증
37 ~ 60.0	자폐증	중증 자폐증

2. 이화-자폐아동 행동발달 평가도구(E-CLAC)

(1) 목적 및 대상

① 자폐성장애 아동의 일반적인 행동발달 및 병리적 수준을 평가하기 위해 만들어진 검사도구로서 만 1세~6세를 대상으로 하는 검사이다.

② 저항, 주의산만 등으로 검사 실시가 불가능한 자폐성장애 아동을 대상으로 실시할 수 있는 검사이며, 검사 결과는 아동의 개별수업 프로그램 수립을 위한 기초자료로 사용할 수 있다.

(2) 구성 체계

① 총 18개 영역으로 나누어져 있으며 56개 문항으로 구성되어 있다. 이는 단계별로 표시하도록 되어 있는 43개의 척도 문항과 해당하는 모든 항목에 표시하도록 되어 있는 13개의 비척도 문항으로 구성되어 있다.

② 검사 영역

발달문항 영역	문항구성	병리문항 영역	문항구성
식사	자립의 정도	식사	편식의 정도, 식사시간
배설	소변습관	배설	대변장소
착탈의	옷 입기, 옷 벗기	수면	수면습관(1)
위생	씻기 및 몸단장	착탈의	옷 입기, 옷 벗기
언어	언어이해, 발음	위생	위생습관
표현활동	변별능력, 그림 그리기, 인물 그리기, 쓰기, 읽기	놀이	어른들과의 놀이, 아이들과의 놀이, 놀이 종류, TV
행동	지시에 의한 모방, 계획성, 대근육 운동, 소근육 운동	집단에의 적응	집단적응성
		대인관계	부모와의 대인관계, 형제자매와의 대인관계, 다른 어른과의 대인관계, 다른 아이들과의 대인관계
		언어	언어이해, 억양리듬, 의사소통
		취급하기	타인에의 의존성
		지시따르기	지시 따르기
		행동	자발성, 집중성, 자발적 모방
		운동성	과잉행동, 부동성
		안전관리	안전의식

(3) 실시방법 및 채점

① E-CLAC는 아동의 일상생활을 전반적으로 잘 알고 있는 부모 또는 부모의 대리자가 검사를 실시할 수 있으며 검사시간은 40~50분이 소요된다.

② 결과에 나온 원형 사이코그램은 각 문항이 방사선 하나하나로, 각 단계는 5개의 동심원으로 나타난다.

③ 1단계는 각 문항을 나타내는 방사선과 중심원의 교차점으로, 5단계는 방사선과 외곽선의 교차점으로 구성된다.

④ 각 문항의 해당 달성단계에 따라 원주선을 연결하면 사이코그램이 완성된다.

(4) 결과 및 해석

① 검사 결과는 검사 이후 사이코그램을 작성하여 파악한다.

② 아동의 발달 정도를 정확히 파악하기 위해 TP에 복사된 '발달문항에서의 단계별 달성 연령', '병리문항에서의 단계별 달성 연령'을 해당 사이코그램으로 옮겨 그 결과를 시각화하고 해석한다.

③ 그림의 면적이나 각 문항에 따른 요철상태를 살펴봄으로써 대상 아동의 발달이나 병리 상태를 알 수 있다.

④ 면적이 크고 요철이 많은 영역은 발달적으로 향상된 영역으로, 문제가 비교적 적다.

3. 심리교육 프로파일(PEP-R)

(1) 개념

① Schopler, Reichler, Bashford, Lansing, Marcus(1990)가 만들고 김태련, 박량규(2005)가 우리나라에 맞게 표준화하였다.

② PEP-R은 7개 영역의 발달척도와 4개 영역의 행동척도로 구성된 총 174문항을 번역한 후 예비 연구를 거쳐 수정·제작되었다.

(2) 대상 및 목적

① 자폐성장애 아동, 유사 발달장애 아동의 발달수준과 특이한 학습 및 행동 패턴을 평가하기 위해 제작된 검사도구로서 만 1세~7세 5개월까지를 대상으로 하는 검사이다.

② 아동의 현재 발달기능과 행동특성을 평가할 뿐 아니라 아동의 특이한 학습 및 행동 패턴을 평가하며 이를 바탕으로 개별 치료교육 프로그램에 활용하기 위해 제작되었다.

(3) 구성 체계

① PEP-R은 발달척도와 행동척도를 합쳐 총 174문항이다. 행동척도는 자폐증의 비정상적 행동패턴 특징을 규정하도록 구성되어 있으며 큰 발달변화를 나타내지는 않는다.

② 검사 영역

영역	문항구성	문항 수	총 문항 수
발달척도	모방	16	131
	지각	13	
	소근육	16	
	대근육	18	
	눈-손 협응	15	
	동작성 인지	26	
	언어적 인지	27	
행동척도	대인관계 및 감정	12	43
	놀이 및 검사재료에 대한 흥미	8	
	감각반응	12	
	언어	11	
총 합계			174

(4) 실시방법 및 채점

① 본 검사는 숙련된 검사자를 통해 이루어지며 검사도구를 활용하여 순서대로 진행된다.

② 문항별로 검사가 끝난 즉시 정상, 경증, 중증의 세 수준으로 채점한다.

③ 검사의 소요시간은 45분~1시간 30분 정도이다.

④ 항목들은 발달상 쉬운 것에서부터 더 어려운 과제로 나열되고 있다. 표준화된 순서를 준수할 필요는 없지만 일반적으로 번호 순서대로 진행한다.

(5) 결과 및 해석

① PEP-R의 검사 결과는 발달척도와 행동척도별로 총 합격점을 근거로 하위영역별 발달연령과 전체 반응 발달연령을 산출하여 발달척도 결과표를 작성한다.

② 행동척도에서는 4개의 하위영역이 표시되어 있는 사분원의 중심에서 바깥쪽으로 중증에 해당하는 문항 수만큼 회색으로 칠하여 행동척도 결과표를 작성한다.

③ PEP-R의 문항 통과 결과가 '합격, 싹트기 반응, 실패'의 세 수준으로 나타나기 때문에 싹트기 반응이 나타난 문항을 중심으로 개별 지도계획을 수립하여 지도하면 성취도를 높일 수 있다.

4. 한국 자폐증 진단검사(K-ADS)

(1) 대상 및 목적

자폐성장애에 대한 선별뿐만 아니라 자폐성장애를 평가하여 적절한 중재 방안을 제시할 수 있는 평가도구로서 만 3세~21세까지의 아동 및 청소년을 대상으로 하는 검사이다.

(2) 구성 체계

상동행동(14문항), 의사소통(14문항), 사회적 상호작용(14문항)에 대한 3개의 하위 검사에 걸쳐 총 42문항으로 구성되어 있다.

(3) 실시방법 및 채점

① 아동과 적어도 2주 이상 정기적으로 접촉해 온 교사나 부모가 실시할 수 있다.
② 하위 검사별로 4점 척도로 평정하도록 되어 있으며 검사 소요시간은 약 5~6분이다.
③ 의사소통이 어려운 검사 대상의 경우 검사문항의 생략이 가능하며 나머지 하위검사를 통해 점수를 산출할 수 있으므로 의사소통이 어려운 대상자도 검사가 가능하다.

(4) 결과 및 해석

① 검사를 하고 검사지에 기록한 다음 테스피아 홈페이지의 온라인 심리검사 채점 프로그램에 입력·출력한다.
② 검사 결과는 자폐지수와 백분위점수로 제시되며, 하위 검사별로 표준점수와 백분위점수를 산출할 수 있다.
③ 결과 해석은 하위 검사의 표준점수로 자폐지수, 자폐 정도, 자폐 확률을 구하며, 검사 프로파일의 그래프를 작성하여 분석하도록 한다. 검사 결과는 자폐지수가 높을수록 자폐 가능성이 높다고 해석된다.

5. 사회적 의사소통 설문지(SCQ)

(1) 개념

Rutter, Bailey, Berument, Lord, Pockles(2003)에 의해 만들어진 검사이다. 우리나라에서 유희정(2008)에 의해 표준화되었으며 DSM-IV와 ICD-10의 진단기준에 의거하여 자폐성장애를 선별할 수 있는 검사도구이다.

(2) 대상 및 목적

① 임상적으로 자폐성장애의 가능성에 대해 철저한 임상적 평가가 필요한 아동을 선별하기 위한 도구로 이용될 뿐만 아니라 자폐성장애 증상의 대략적인 심각성 수준을 알려 주는 지표로 이용할 수 있는 검사이다.
② 만 2세 이상의 자폐성장애가 의심되는 아동 및 성인을 대상으로 한다.
③ '일생형'과 '현재형'의 두 가지 양식이 있다. 일생형은 진단 의뢰를 목적으로 전반적인 발달을 평정하는 것이고, 현재형은 중재효과의 평가를 목적으로 진보를 평정하는 것이다.

(3) 구성 체계

① 일생형과 현재형 각각 40문항으로 이루어져 있다.
② 일생형은 아동의 평생 동안의 행동에 대한 것으로 지금까지 또는 아동의 인생 중 어떤 시점에서 발생한 행동을 진단하며 진단적 선별검사의 목적으로 이용할 수 있다.
③ 현재형은 아동의 현재 행동에 대한 것으로 현재부터 지난 3개월 사이에 일어난 행동을 통해 자폐증상을 검사할 수 있다. 현재형은 이전에 자폐성장애로 진단받은 개인의 시간에 따른 변화에 초점을 맞출 경우 유용하다.

(4) **실시방법 및 채점**

① SCQ는 아동의 발달과 현재 행동에 대하여 잘 알고 있는 부모나 보호자가 사회적 상호작용, 언어와 의사소통, 행동의 제한적·반복적·상동적 패턴 등 3개 하위 영역의 각 문항에 대하여 '예' 또는 '아니오'로 평정한다.

② 검사시간은 10분 정도 소요되며, 점수 계산에 5분 정도 소요된다. 일생형을 시행할 때는 부모에게 여기에 제시된 대부분의 질문은 지금까지 아동의 삶에서 어떤 시점에서든지 부모가 아동의 이런 행동을 본 적이 있는지 묻는 것이고, 몇몇의 질문은 만 4~5세 사이 아동의 부모가 아동의 이런 행동을 본 적이 있는지를 묻는 것이라는 내용을 말해 준다.

(5) **결과 및 해석**

① 1번 문항은 아동이 2개 이상의 단어(구절)를 말하는지 아닌지를 기록할 뿐 점수와는 무관하며, 2번에서 40번의 동그라미는 0 또는 1의 점수를 나타낸다.

② 총합을 계산하기 위해 각각의 세로열에서 '1'의 응답수를 세고 그 세로열의 맨 밑에 합계를 기록하며 총 4개의 세로열 합계를 합산한 것이 총계에 해당한다.

③ 검사 결과는 현재형과 일생형별로 별도로 제시되며, 일생형의 경우 15점 이상이면 자폐성장애의 가능성이 있는 것으로 해석한다. 이 검사는 집단 간 비교나 지도 전후의 효과 분석에도 유용하다.

6. 자폐증 진단 면담지-개정판(ADI-R)

(1) **개념**

① Rutter, Le Couteur, Lord(2003)가 만든 검사로 우리나라에서는 유희정(2007)에 의해 개발된 진단도구이다.

② 이 검사는 DSM-IV와 ICD-10의 진단기준에 의거하여 자폐성장애의 선별과 진단을 목적으로 실시하며 지도 전후의 효과를 평가하는 데도 유용하게 사용될 수 있다.

③ 피검자의 행동을 직접 관찰하여 평가하는 자폐증 진단 관찰 스케줄 2판(ADOS-2)과 상호 보완적인 도구로도 활용된다.

(2) **대상 및 목적**

① 자폐증을 선별하는 데 필요한 특정적인 행동들을 기술한 정보를 수집할 수 있고, 다른 유형의 발달장애로부터 자폐성장애를 선별할 수 있는 검사도구이다.

② 언어의 수준에 관계없이 만 2세 이상부터 성인을 대상으로도 사용 가능하며 자폐성장애와 직접 관련이 없는 발달의 전 영역에 대한 평가가 가능하다.

(3) **구성 체계**

① 현재 행동 알고리듬과 진단적 알고리듬의 두 세트로 구성되어 있으며 구성에 따라 사용연령이 다양하다.

② 현재 행동 알고리듬은 아동의 지도 전후의 효과 정도를 평가하는 데 유용하며 2세 ~ 3세 11개월, 4 ~ 9세 또는 10세 이상의 연령군에 맞는 검사를 실시하도록 한다.

③ 진단적 알고리듬은 자폐성장애를 진단하는 데 사용할 수 있으며, 2세 ~ 3세 11개월 또는 4세 이상 연령을 대상으로 해당 연령에 맞는 검사를 실시하도록 한다.

④ ADI-R은 도입부 질문, 초기 발달, 언어·기타 기능의 습득과 상실, 언어와 의사소통 능력, 사회적 발달과 놀이, 흥미와 행동, 일반적 행동 등의 7개 하위 영역의 93개 문항으로 구성되어 있으며, 각 영역별로 개별 점수를 산출할 수 있도록 되어 있다. 또 40개 문항으로 구성된 축소형 평가서도 있다.

(4) 실시방법 및 채점

① 자폐성장애를 평가하기 위한 반구조화된 부모 면담지로서 검사시간은 90분 ~ 2시간 정도 소요된다.

② 충분히 숙련된 검사자에 의해 실시되며 부모나 보호자와의 면담을 통해 이루어진다. 현재 행동 알고리듬은 현재 행동에 초점을 두어 평가하도록 하며, 진단적 알고리듬은 4 ~ 5세 사이에 가장 비정상이었던 때를 기준으로 한 행동에 초점을 두고 평가하도록 한다.

③ 각 문항은 진단준거에 의해 0 ~ 9점까지의 점수로 코드화하고 항목코드에서 알고리듬 점수로 전환한다. 코드 0은 알고리듬 점수 0점, 코드 1은 1점, 코드 2와 3은 2점, 코드 7, 8, 9는 0점으로 처리한다.

(5) 결과 및 해석

진단적 알고리듬을 통해 자폐증을 진단하며, 상호작용, 의사소통과 언어, 행동의 제한적 · 반복적 · 상동적 패턴에 대한 세 가지 행동영역 모두에서 최소한의 절단점을 충족시키거나 초과할 때 자폐증으로 진단한다.

7. 자폐증 진단 관찰 스케줄 2판(ADOS-2)

(1) 개념

자폐증 진단 관찰 스케줄 2판(ADOS-2)은 자폐스펙트럼장애의 진단을 위한 관찰 평가에서 '최적의 표준'이라고 여겨져 온 ADOS의 개정판으로 유희정 등(2015)이 우리나라에서 표준화한 반구조화된 관찰도구이다.

(2) 대상 및 목적

① 자폐스펙트럼장애를 정확하게 평가 및 진단하기 위한 평가도구이며, 기타 전반적 발달장애 감별도 가능하다.

② 생활연령 만 12개월부터 성인까지 자폐스펙트럼장애가 의심되는 모든 사람을 대상으로 한다.

③ 개정판에서는 새로운 비교점수 추가 및 알고리듬의 개정으로 더욱 정확한 규준으로 평가 · 진단할 수 있다.

(3) 구성 체계

① ADOS-2는 총 5개의 모듈로 구성되고, 각 모듈은 자폐스펙트럼장애를 진단하는 데 중요하다고 여겨져 온 행동을 관찰할 수 있는 표준 활동들로 구성되어 있다.

② 대상자의 연령, 발달 단계, 언어능력에 알맞은 모듈을 선택하여 의사소통, 사회적 상호작용, 놀이, 제한 및 반복적인 행동들을 측정한다.

③ 모든 모듈에 대해 개정된 전문가 지침서와 프로토콜을 제시하며 모듈 T가 추가되었다. 모듈 T는 12 ~ 30개월 사이에 지속적으로 구어 · 구절의 언어를 사용하지 못하는 대상자에게 적용하며, 절단점수에 초점을 맞추기보다 잠재적으로 위험 범위에 속할 가능성이 있는 아동을 선별할 수 있도록 했다.

④ 모듈 1은 10개 활동과 34개 동반된 항목을 사용하여 31개월 이상이면서 구(句) 언어를 일관되게 사용하지 않는 아동을 대상으로 한다.

⑤ 모듈 2는 14개의 활동과 29개의 동반된 항목을 사용하며 연령에 관계없이 어구를 사용하지만 언어가 유창하지 않은 아동을 대상으로 사용한다.

⑥ 모듈 3은 14개의 활동과 29개의 동반된 항목을 사용하여 언어가 유창한 아동과 나이가 어린 청소년을 대상으로 사용한다.

⑦ 모듈 4는 10개 ~ 15개의 활동과 32개의 동반된 항목을 사용하여 언어가 유창하고 나이가 많은 청소년과 성인을 대상으로 사용한다.

(4) ADOS-2 실시방법 및 채점

① 관찰 실시와 관련된 훈련을 받은 전문가 검사자와 아동 간의 상호작용을 관찰하고 기록하며 이루어진다.

② 검사시간은 각각의 모듈별로 40～60분 정도가 소요된다. 한 사람에게는 한 번에 한 가지 모듈만을 사용하고, 각각의 활동은 모듈 내에서 번호로 표시되어 있다.

③ 채점은 검사를 시행하는 동안 관찰한 것들과 기록들을 근거로 전체적인 점수를 부여하며, 회기가 끝난 직후에 이루어진다. 그 후 점수들을 알고리듬 점수로 전환하며, 이 점수를 이용하여 진단적 알고리듬을 작성한다.

④ 모듈 1～4를 위한 알고리듬은 자폐스펙트럼장애 분류를 위해 절단점을 사용하는 반면, 모듈 T의 알고리듬은 검사자가 임상적 인상을 체계화하도록 돕는 '우려 수준'을 제시한다.

⑤ 모듈 1～3까지는 '비교 점수'가 제시되는데, 검사 대상자의 자폐스펙트럼 관련 증상의 수준과 검사 대상자가 가진 자폐스펙트럼 관련 증상들의 시간 경과에 따른 변화를 해석하는 데 사용될 수도 있다.

⑥ 채점을 결정할 때 대부분 점수는 0(비정상이 아님)부터 2 또는 3(가장 비정상)까지의 범위에 있게 된다.

⑦ 몇몇 항목들은 명료성을 높이고 채점의 범주를 더 넓게 하며, 변화를 측정할 더 많은 기회를 제공하기 위해 새로운 점수 '3점'을 포함한다.

⑧ 0점은 '최적의 수준 또는 기대되는 정도로 수행하였음'(이 영역에서 장애의 근거가 없음)을 설명하는 점수이며, 나머지 점수들은 부분적이거나, 최소한이거나, 비일관적인 수행을 나타낸다.

⑨ 임상적으로 사용할 경우 0, 1, 2, 3의 점수를 가장 많이 고려한다. 8, 9점은 적용할 수 없거나 다른 점수를 줄 수 없을 때 어떤 항목이든 사용할 수 있으며, 8, 9점을 포함한 모든 누락된 자료는 알고리듬에서 0점 처리된다.

(5) 결과 및 해석

① 모듈 1～4까지의 각 모듈에는 자폐증, 자폐스펙트럼장애, 비스펙트럼 중 어디에 속하는지를 결정하는 절단점을 사용하는 알고리듬이 있다.

② 모듈 1～3에서의 비교 점수는 1점부터 10점까지의 연속 측정 점수로, 대상자의 알고리듬 전체 총합을 동일 생활연령과 언어 수준을 가진 다른 자폐스펙트럼장애 아동들의 점수와 비교하는 데 사용한다.

③ 모듈 T의 알고리듬에는 '약간-전혀 우려되지 않음', '경도-중도의 우려', '중도-고도의 우려'의 3개 우려 수준이 있으며, 각 수준은 아동이 자폐스펙트럼에 해당하는 행동을 보이는 정도, 임상적 추적의 필요성을 나타낸다.

④ 정상 발달을 보이는 대부분의 아동은 '약간-전혀 우려되지 않음'으로 분류되고, 자폐스펙트럼에 해당하는 거의 모든 아동은 '경도-중도의 우려' 수준 또는 '중도-고도의 우려' 수준으로 구별되도록 구성되어 있다.

1. 아동 · 청소년 행동 평가척도(CBCL6-18)

(1) 목적 및 대상
① 만 6~18세 아동 및 청소년을 대상으로 부모가 사회적 적응 능력 및 정서 · 행동문제를 지필식 설문으로 평가하는 도구로서 정서 · 행동장애 학생의 선별과 진단에 사용된다.
② 그러나 이서정 등(2015)은 생물학적 연령보다 교육연령이 심리사회적 적응에 중요한 영향을 미칠 수 있다는 점을 감안하여 우리나라에서는 초등학교 1학년부터 고등학교 3학년까지를 대상으로 실시하도록 권장한다.

(2) 구성 체계
① CBCL6-18은 크게 '문제행동척도'와 '적응척도'로 나뉜다.
② 문제행동척도는 8개의 증후군 척도와 한 개의 기타 척도로 내재화 문제행동(불안/우울, 위축/우울, 신체증상), 외현화 문제행동(규칙위반, 공격행동), 사회성 미성숙, 사고문제, 주의집중문제, 기타 문제 문항의 총 120문항으로 구성된다. 적응척도는 사회성과 학업 수행의 14개의 문항으로 이루어져 있다.
③ 이외에 DSM-Ⅳ상의 ADHD 진단기준에 따라 문제행동을 6개 하위 영역(정서문제, 불안문제, 신체화문제, 주의력 결핍/과잉행동문제, 반항행동문제, 품행문제)으로 분류한 DSM 진단척도와 문제행동 특수척도 문항들로 구성되어 있다.
④ 검사 내용

요인					문항내용	문항 수	점수범위
증후군 척도	① 총 문제 행동	② 내재화		④ 불안/우울	'잘 운다.', '신경이 날카롭고 곤두서 있거나 긴장되어 있다.' 등 정서적으로 우울하고 지나치게 걱정이 많거나 불안해하는 것과 관련된 문항들로 구성됨	13	0~26
				⑤ 위축/우울	'즐기는 것이 매우 적다.', '말을 하지 않으려 한다.' 등 위축되고 소극적인 태도, 주변에 대한 흥미를 보이지 않는 것 등과 관련된 문항들로 구성됨	8	0~16
				⑥ 신체증상	'어지러워한다.', '별다른 이유 없이 지나치게 피곤해한다.' 등 의학적으로 확인된 질병이 없음에도 불구하고 다양한 신체증상을 호소하는 것과 관련된 문항들로 구성됨	11	0~22
		③ 외현화		⑦ 규칙위반	'잘못된 행동(버릇없이 굴거나 나쁜 짓을 함)을 하고도 잘못했다고 느끼는 것 같지 않다.', '집이나 학교 또는 다른 장소에서 규율을 어긴다.' 등 규칙을 잘 지키지 못하거나 사회적 규범에 어긋나는 문제행동을 충동적으로 하는 것과 관련된 문항들로 구성됨	17	0~34
				⑧ 공격행동	'말다툼을 많이 한다.', '자기 물건을 부순다.' 등 언어적 · 신체적으로 파괴적이고 공격적인 행동이나 적대적인 태도와 관련된 문항들로 구성됨	18	0~36
		-		⑨ 사회적 미성숙	'어른들에게 붙어 있으려 하거나 너무 의존적이다.', '다른 아이들과 잘 어울려 지내지 못한다.' 등 나이에 비해 어리고 미성숙한 면, 비사교적인 측면 등 사회적 발달과 관련된 문항들로 구성됨	11	0~22
				⑩ 사고문제	'어떤 생각들을 마음에서 떨쳐버리지 못한다(강박사고).', '비정상적인 이상한 생각을 한다.' 등 어떤 특정한 행동이나 생각을 지나치게 반복하거나, 실제로는 존재하지 않는 현상을 보거나 소리를 듣는 등의 비현실적이고 기이한 사고 및 행동과 관련된 문항들로 구성됨	15	0~30
				⑪ 주의집중 문제	'자기가 시작한 일을 끝내지 못한다.', '집중력이 없고 어떤 일에 오래 주의를 기울이지 못한다.' 등 주의력 부족이나 과다한 행동 양상, 계획을 수립하는 것에 곤란을 겪는 것 등과 관련된 문항들로 구성됨	10	0~20
				⑫ 기타문제	'손톱을 깨문다.', '체중이 너무 나간다.' 등 앞에 제시된 여덟 개의 증후군에는 포함되지 않지만 유의미한 수준의 빈도로 나타나는 문제행동과 관련된 문항들로 구성됨	17	0~34

요인		문항내용	문항 수	점수범위
DSM방식 척도	⑬ DSM 정서문제	'자기가 가치가 없거나 남보다 못하다고 느낀다.', '지나치게 죄책감을 느낀다.' 등 여러 가지 증상들로 나타나는 정서문제와 관련된 문항들로 구성됨	13	0~26
	⑭ DSM 불안문제	'학교에 가는 것을 겁낸다.', '걱정을 한다.' 등 불안증상과 유사한 행동들을 평가하는 척도로, 전반적인 혹은 구체적인 상황에서의 불안을 측정하는 문항들로 구성됨	6	0~12
	⑮ DSM 신체화 문제	'몸이 여기 저기 아프다(배나 머리가 아프다고 하는 경우는 제외).', '발진 혹은 기타 피부의 이상' 등 의학적으로 확인된 질병이 없음에도 불구하고 심리적인 불안정, 긴장들이 해소되지 않을 경우 나타날 수 있는 신체적인 불편 또는 통증을 호소하는 것과 관련된 문항들로 구성됨	7	0~14
	⑯ DSM ADHD	'충동적이거나 생각해 보지 않고 행동한다.', '집중을 잘 못하고 쉽게 산만해진다.' 등 행동에 일관성이 없고, 부산하거나 한 가지 일에 주의 집중하는 데 어려움을 겪고, 즉각적인 요구 충족을 바라는 것과 관련된 문항들로 구성됨	7	0~14
	⑰ DSM 반항 행동문제	'말다툼을 많이 한다.', '고집이 세고 시무룩해지거나 짜증을 부린다.' 등 행동적으로 나타나는 폭력성, 비협조적 행동 등과 관련된 문항들로 구성됨	5	0~10
	⑱ DSM 품행문제	'가족이나 다른 아이의 물건을 부순다.', '남을 신체적으로 공격한다.' 등 사회적으로 용납되지 않는 행동을 반복적으로 하는 것과 관련된 문항들로 구성됨	17	0~34
문제행동 특수척도	⑲ 강박증상	'어떤 생각들을 마음에서 떨쳐버리지 못한다(강박사고).', '특정 행동을 계속 되풀이한다(강박행동).' 등 특정 사고나 행동을 반복적으로 하는 것과 관련된 문항들로 구성됨	8	0~16
	⑳ 외상 후 스트레스 문제	'어른들에게 붙어있으려 하거나 너무 의존적이다.', '나쁜 생각이나 나쁜 행동을 할까 봐 두려워한다.' 등 심각한 회상적인 사건에 직면한 후 나타날 수 있는 문제행동과 관련된 문항들로 구성됨	14	0~28
	㉑ 인지속도 부진	'혼란스러워하거나 갈피를 못 잡는다.', '공상을 하거나 멍하게 자기 생각에 빠지곤 한다.' 등 정신 및 신체적으로 수동적이고 활동 저하와 관련된 문항들로 구성됨	4	0~8
적응척도	㉒ 사회성	아동·청소년의 사회적 적응 수준을 평가할 수 있는 내용들, 즉 친구의 수와 어울리는 횟수 및 각 관계(친구, 형제, 부모 혹은 혼자 있는 경우)별로 얼마나 잘 어울리고 시간을 잘 보내는지 평가함	4영역	0~9
	㉓ 학업 수행	아동·청소년의 학업 수행 수준을 평가할 수 있는 내용들, 즉 성적(주요 과목의 수행 평균), 특수학급에 있는지 여부, 휴학 여부, 기타 학교에서의 학업 관련 문제 여부에 대한 항목들로 구성됨	4영역	0~7

(3) 실시방법 및 채점

① CBCL6-18의 검사 소요시간은 약 15~20분이다.

② 부모에게서 대상 아동이나 청소년의 문제행동과 사회적 적응능력 영역에 관한 자료를 수집하는 도구로서 '전혀 해당되지 않는다(0점)', '가끔 그렇거나 그런 편이다(1점)', '자주 그렇거나 많이 그렇다(2점)'의 범위에서 응답 표시를 하게 한다.

③ 문항을 빠뜨리거나 이중으로 답을 해서는 안되며, 특히 적응척도의 경우 각 소척도들 중 하나라도 기재가 누락 되어 있는 경우 총점을 계산하지 않는다.

④ 문제행동 총점은 내재화 문제 점수와 외현화 문제 점수를 합산한다.

⑤ 채점은 온라인과 오프라인으로 가능하다. 온라인 채점의 경우, 부모의 평가 결과를 ASEBA 개발사 홈페이지 (http://www.aseba.co.kr)에 입력하면 결과가 막대그래프 형태로 제공되어 하위척도별 비교가 가능하기 때문에 별도의 환산표나 계산 과정을 거치지 않고도 즉시 결과를 해석할 수 있어 편리하다.

(4) 결과 및 해석

① 문제행동증후군 소척도(9개 하위영역), DSM 진단척도, 문제행동 특수척도의 경우 표준점수가 70점(백분위 98) 이상이면 임상범위, 65점(백분위 93) 이상 70점 미만이면 준임상범위로 해석한다.

② 문제행동증후군 소척도 중 내재화 척도(불안/우울, 위축/우울, 신체증상)와 외현화 척도(규칙위반, 공격행동)를 합산한 문제행동 총점의 경우, 표준점수 64점(백분위 92) 이상이면 임상범위, 60점(백분위 84) 이상 64점 미만 이면 준임상범위로 해석한다.

③ 적응척도에서는 적응척도의 총점과 사회성, 학업수행 척도의 점수에 대한 표준점수 기준이 다르다.

    ㉠ 사회성과 학업수행 척도는 표준점수 30점(백분위 2) 이하이면 임상범위, 표준점수 30점 초과 35점 이하 이면 준임상범위로 본다.

    ㉡ 적응척도의 총점은 표준점수 36점(백분위 8) 이하이면 임상범위, 표준점수 36점 초과 40점(백분위 16) 이하이면 준임상범위로 본다.

    ㉢ 적응척도는 표준점수가 기준치보다 낮을 때 증상이 심각한 상태로 해석된다.

2. 청소년 자기행동 평가척도(YSR)

(1) 목적 및 대상

YSR은 만 11세 ~ 18세의 청소년이 자신의 적응 및 정서 행동을 평가하는 도구이다.

(2) 구성 체계

① YSR은 크게 '적응능력척도'와 '문제행동증후군 척도'로 구성되어 있다.

② 적응능력척도 영역은 '사회성, 학업수행, 총 적응능력'의 3개 하위 척도와 문제행동증후군 척도 영역은 '위축과 우울, 신체증상, 불안/우울, 사회적 미성숙, 사고문제, 주의집중 문제, 규칙위반, 공격행동, 기타'의 9개 하위척도로 구분되고 있다.

③ 하위 영역을 묶어서 다시 내재화 문제 · 외현화 문제 하위척도로 구성되어 있다.

④ 검사 내용

전체척도		하위 척도	비고	문항 수
적응능력 척도	1	사회성	–	6
	2	학업 수행	4~5세는 해당되지 않으며 6세인 경우에도 초등학생에게만 적용	4
문제행동 증후군	1	위축/우울	–	8
	2	신체증상	–	10
	3	불안/우울	–	13
	4	사회적 미성숙	–	11
	5	사고문제	–	12
	6	주의집중 문제	–	9
	7	규칙위반	–	15
	8	공격행동	–	17
	9	기타	–	10
	9	내재화 문제	위축, 신체증상, 불안/우울 척도의 합	31
	10	외현화 문제	규칙위반, 공격행동 척도의 합	32

(3) 실시방법 및 채점

① YSR은 청소년이 자신의 적응능력 영역과 문제행동증후군 영역에 대해 평정하도록 되어 있다.

② 소요시간은 15~20분 정도이다.

③ 3점 리커트 척도(전혀 해당되지 않는다: 0점, 자주 그런 일이 있다: 1점, 많이 그렇다: 2점)로 실시한다.

④ ASEBA 개발사 홈페이지(http://www.aseba.co.kr)에서 온라인으로 채점과 결과 확인이 가능하다.

(4) 결과 및 해석

YSR 결과 해석은 CBCL6-18과 같은 범위기준으로 제공된다.

3. KISE 정서 · 행동장애 학생 선별척도

(1) 개념

Walker 문제행동 체크리스트(Walker Problem Behavior Identification Checklist: WPBIC), 아동행동평정 척도(The Child Behavior Ration Scale: CBRS), 학교행동체크리스트(School Behavior Cehcklist: SBC)의 문항을 참고하여 류문화, 서경희가 연구 · 개발하고 국립특수교육원에서 발행한 평정척도이다.

(2) 목적 및 대상

① 초등학교 2학년과 5학년 학생만을 대상으로 한다.
② 정서 · 행동장애 아동을 진단하기 전의 단계에 사용할 수 있는 선별도구이다.

(3) 구성 체계

① 5개의 하위 영역으로 총 65문항으로 구성된다.
② 검사 영역

행동 하위영역	학생 특성별 영역	점수	문항 수	총 문항 수
(가) 행동군	동료나 교사들과의 대인관계에 부정적인 문제를 나타내는 행동군	45	9	
(나) 행동군	주의집중결함 · 과잉행동장애군	90	18	
(다) 행동군	행위장애군	85	17	65
(라) 행동군	늘 불안해하고 우울한 기분으로 생활하는 행동군	65	13	
(마) 행동군	학교나 개인문제에 연관된 정서적인 장애 때문에 신체적인 통증이나 공포를 느끼는 행동군	40	8	

(4) 실시방법 및 채점

① 교사가 6개월 이상 관찰한 다음에 선별하기를 권장하며, 특별한 훈련을 받지 않고도 실시할 수 있다.
② 선별 척도는 총 65문항으로 5단계 행동평정 척도로 담임교사가 각 문항을 읽고 전혀(1), 조금(2), 보통(3), 꽤(4), 매우(5) 중에서 학생의 상태를 가장 잘 나타내는 항에 동그라미 표시를 하여 평정한다.
③ 채점은 학생이 획득한 점수를 행동영역별로 합산하여 학년별(2, 5학년), 남녀별 절단점에 따라 하위영역별로 정서 · 행동장애 학생으로 선별할 수 있다. 그리고 전체점수를 산출하여 전체점수 절단점을 참고하면서 정서 · 행동장애 학생으로 선별할 수 있는지를 제공받게 된다.

(5) 결과 및 해석

1차적인 선별과정에서 사용하기 때문에 평정결과에 의해 정서 · 행동장애 학생으로 의심된다고 하더라도 바로 정서 · 행동장애 학생이라는 명칭을 붙이는 것은 삼가야 한다.

1. 한국판 주의력결핍 과잉행동장애 진단검사(K-ADHDDS)

(1) 목적 및 대상

ADHD가 의심되는 만 3 ~ 23세의 아동 및 청소년을 대상으로 한다.

(2) 구성 체계

3개의 하위 검사로 구성되어 있으며, 과잉행동 13개 문항, 충동성 10개 문항, 부주의 13개 문항으로 총 36개의 문항이 포함된다.

(3) 실시방법 및 채점

① 피검사자와 적어도 2주 이상 정기적으로 접촉해 온 부모나 교사가 실시할 수 있다.

② 검사 대상의 행동이 얼마나 나타나는지를 잘 모를 경우에는 검사를 중단하고 정확히 관찰한 후 평가해야 한다.

③ 문항 1번부터 36번까지 빠짐없이 실시하며 0 ~ 2점까지 0(문제가 없음), 1(문제가 가벼움), 2(문제가 심각함)로 평정한다.

④ 하위 검사별로 검사 대상의 ADHD 증상에 관한 행동을 평정한 후에는 먼저 원점수를 계산한 후, 원점수를 표준점수와 백분위점수로 전환하고, 각 하위 검사의 표준점수를 합하여 ADHD 지수를 산출하는 단계를 거친다.

(4) 결과 및 해석

① 하위 검사별로 원점수를 계산한 후, 원점수를 척도점수와 백분위점수로 전환하고 각 하위검사의 척도점수를 합하여 ADHD 지수를 산출한다.

② '척도점수'란 검사 점수가 평균으로부터 떨어져 있는 거리를 표준편차(평균 10, 표준편차 3)로 나타낸 점수로 척도점수가 크면 클수록, ADHD 지수가(평균 100, 표준편차 15) 높을수록 ADHD 정도가 심함을 의미한다.

③ ADHD 심도가 '약함' 수준이라고 해도 ADHD 성향이 없는 것이 아니라 ADHD를 가진 아동 중 '경도' 수준에 속한다는 점에 주의하여 해석한다.

④ 결과 분석

하위 검사 척도점수(SS)	ADHD 지수	백분위(%ile)	ADHD 심도	임상적 해석
17~19	130+	99+	아주 심함	최고도
15~16	120~129	92~98	심함	최고도
13~14	110~119	76~91	평균 이상	고도
8~12	90~109	25~75	평균	고도
6~7	80~89	9~24	평균 이하	중등도
4~5	70~79	2~8	약함	경도
1~3	≤69	1	아주 약함	최경도

특수학교 중학부 1학년에 재학 중인 정신지체 학생 A의 개별화교육계획과 평가도구를 보고 적절한 것을 〈보기〉에서 모두 고른 것은? [2.5점]

〈개별화교육계획〉

인 적 사 항

| 이름: A | 학교: K학교 중학부 1학년 2반 | 작성일자: 00년 0월 0일 | 작성자: 000 |

구 분	내 용	구 분	내 용
생년월일	1995년 1월25일	주소	경기도 S시
전(前)학교명	~~K초등학교~~	전화번호	031-500-XXXX

| IEP 시작일 | 00년 0월 0일 | IEP 종료일 | 00년 0월 0일 |

| 장애상황 | 1. 장애유형: 정신지체
2. 장애원인: 조산 및 원인불명
3. 특이사항: 경기(소발작)
 -약물복용 | 학교장:
교 감:
교 무:
학부모: | |

	영역	도구명	검사일	검사결과
진단평가	지능		00년 0월 0일	
	학습		00년 0월 0일	
	행동		00년 0월 0일	
	발달		00년 0월 0일	
	운동		00년 0월 0일	

학업특성	강점	보완할 점
		글을 읽는 데 유창성이 낮으며, 말할 때 문장으로 자신의 의사를 표현하는 데 어려움이 있다. 숫자 쓰기나 문자 변별 과정에서 반전(reversal) 현상이 나타난다.

| 학부모요구 | 사회성 기술 향상, 쓰기 자신감 향상, 일상생활 독립기술 향상, 미술 활동 기회제공 |

〈평가도구〉

영역	지도요소	평가항목 ※ 성취준거 3/3은 완성	평가일 0월0일		
말하기	간단한 문장으로 질문하기	① 질문이 있으면 손을 들어 표시하기	V		
		② 질문 내용을 분명한 발음으로 표현하기	V		
		③ 알고 싶은 것과 모르는 것을 낱말을 사용하여 질문하기	V		
		④ 알고 싶은 것과 모르는 것을 문장을 사용하여 질문하기			
	상대에 맞게 말하기	① 나, 너, 우리 등의 대명사를 상황에 맞게 사용하기	V		
		② 상대에 따라 주어와 동사를 구분하여 말하기			
		③ 적절한 예사말과 높임말을 상대에 맞추어 사용하기			
	이어진 그림을 보고 그 내용 말하기	① 그림을 보고 물음에 맞게 그림내용을 말하기	V		
		② 그림을 일의 순서대로 배열하기			
		③ 그림을 일의 순서대로 배열하고 내용을 차례대로 말하기			
		④ 그림을 보고 사건의 인과관계를 설명하기			
듣기	남의 말을 끝까지 듣기	① 말하는 사람을 바라보며 듣기	V		
		② 말하는 사람의 표정을 살피며 듣기	V		
		③ 말하는 사람을 바라보며 관심을 가지고 듣기			
		④ 말하는 사람을 바라보며 끝까지 듣기			
	남의 말을 주의해서 듣고 잘못 들은 말을 되묻기	① 상대방이 하는 말을 주의를 집중하여 듣기			
		② 상대방이 하는 말을 차례를 생각하며 듣기			

〈보기〉

㉠ A의 학업특성상 시지각검사를 실시할 필요가 있다.

㉡ 포테이지 발달검사는 A의 현재 발달 정도를 측정하기에 적합하다.

㉢ K-WISC-Ⅲ검사를 통해 A의 동작성 지능과 언어성 지능을 측정한다.

㉣ 오레세츠키 운동능력검사는 A의 전반적인 운동능력을 측정하기에 적합하다.

㉤ 학습준비도검사는 A의 읽기, 쓰기 및 수학 학습 성취수준을 측정하기에 적합하다.

㉥ 아동·청소년 행동평가척도를 통해 A의 SA(사회연령)와 SQ(사회성 지수)를 측정한다.

㉦ 앞에 제시한 〈평가도구〉의 유형은 교육과정중심 평가이며, 이는 교육과정에 근거한 규준참조검사 도구이다.

㉧ 적응행동검사를 통해 A의 적응행동능력을 측정할 수 있으며, 이 검사는 6가지 행동 영역(자조, 이동, 작업, 의사소통, 자기관리, 사회화)을 측정한다.

① ㉠, ㉢, ㉣
② ㉠, ㉣, ㉧
③ ㉠, ㉢, ㉣, ㉧
④ ㉡, ㉣, ㉥, ㉦
⑤ ㉢, ㉤, ㉥, ㉦

정신지체로 의심되는 학생을 특수교육 대상자로 선정할 것인지의 여부를 결정하기 위하여 특수교육지원센터에서 진단·평가를 실시하려고 한다. 「장애인 등에 대한 특수교육법」(시행규칙 포함)에 제시된 선별검사 및 진단·평가 영역과, 각 영역에 적절한 검사도구 및 내용이 바르게 짝지어진 것은? [1.4점]

	선별검사 및 진단·평가 영역	검사도구	검사내용
①	지능검사	한국 웩슬러 아동지능검사 (K-WISC-Ⅲ)	언어성 검사와 동작성 검사로 구성되어 있으며, 결과는 지수점수와 백분위점수로 제시된다.
②	적응행동검사	KISE 적응행동검사 (KISE-SAB)	개념적 적응행동, 사회적 적응행동, 실제적 적응행동 검사로 구성되어 있으며, 결과는 지수점수로 제시된다.
③	기초학습검사	기초학습기능 검사	정보처리기능, 언어기능, 수기능을 측정하도록 구성되어 있으며, 결과는 연령점수와 T점수로 제시된다.
④	행동발달검사	아동·청소년 행동평가척도 (K-CBCL)	사회능력척도와 문제행동증후군 척도로 구성되어 있으며, 결과는 백분위점수와 T점수로 제시된다.
⑤	운동능력검사	오세레츠키 운동능력검사	소근육 운동기술과 대근육 운동기술을 측정하도록 구성되어 있으며, 결과는 운동연령과 정신연령으로 제시 된다.

A는 만 13세의 중학교 1학년 학생으로 정신지체가 의심된다. (가)~(라) 중 「장애인 등에 대한 특수교육법」의 특수교육 대상자 선별검사 및 진단·평가 영역에 근거하여 A에게 실시할 수 있는 적절한 검사도구명과 해당 특성이 바르게 제시된 것만을 있는 대로 고른 것은? [2.5점]

	검사도구	검사도구의 특성
(가)	한국 웩슬러 지능검사 (K-WISC-Ⅳ)	• 언어이해지표, 지각추론지표, 작업기억지표, 처리속도지표로 구성된다. • 영역별 합산 점수와 전체적인 인지 능력을 나타내는 IQ를 알 수 있다.
(나)	국립특수교육원 기초학력검사 (KISE-BAAT)	• 읽기, 수, 정보처리 영역으로 구성된다. • 하위검사별 백분위점수, 학력지수, 학년규준점수를 알 수 있다.
(다)	국립특수교육원 적응행동검사 (KISE-SAB)	• 개념적 기술, 사회적 기술, 실제적 기술로 구성된다. • 하위검사별 적응행동지수와 전체적응행동지수를 알 수 있다.
(라)	한국판 시지각발달검사 (K-DTVP-2)	• 일반시지각, 운동-감소시지각, 시각-속도통합으로 구성된다. • 하위검사별 연령지수, 백분위 점수를 알 수 있다.

① (가), (다) 　　② (나), (라) 　　③ (다), (라)

④ (가), (나), (다) 　　⑤ (가), (나), (라)

24 2013학년도 중등 추시 B 2번 일부

(가)는 자폐성장애 학생 철규의 진단·평가 결과이다. 물음에 답하시오.

(가) 진단·평가 결과

검사명	결과	해석
적응행동검사 (KISE-SAB)	전체 적응행동지수 62	㉠ 전체 적응행동지수 62는 1표준편차 범위로 정상 범위의 적응행동을 보인다.
아동기자폐증 평정척도 (CARS)	척도 평정점수 42점	㉡ 척도 평정점수 42점은 아동기 자폐증 평정척도 점수 분류 표에서 중증 자폐에 속한다.
한국자폐증 진단검사 (K-ADS)	자폐지수 132	㉢ 자폐지수 132는 2표준편차 이상으로 자폐 확률이 매우 높다.
기초학습기능 검사	쓰기 백분위점수 2	㉣ 쓰기 백분위점수 2는 3표준편차 이하로 또래들보다 쓰기 기술이 낮다.

1) ㉠~㉣에서 틀린 것 2가지를 찾아 그 기호를 쓰고, 바르게 고쳐 쓰시오. [2점]

- _____
- _____

25 2010학년도 유아 33번

곽 교사는 장기간 입원 후 유치원에 입학한 만 6세 정우가 탐구생활 '수학적 기초 능력 기르기' 학습에서 어려움이 있다는 것을 알고, 학습 수준과 전반적인 발달 정도를 알아보기 위해 진단이 필요하다고 판단하였다. 〈보기〉에서 곽 교사가 실시할 수 있는 진단에 관한 설명으로 바른 것을 모두 고른 것은? [1.75점]

─〈보기〉─
- ㄱ. 기초학습기능검사를 통해 수기능, 언어기능, 정보처리기능을 알아볼 수 있다.
- ㄴ. 기초학습기능검사는 준거참조검사이므로 준거를 통해 각 영역별 연령점수와 상대적인 현재수준을 알 수 있다.
- ㄷ. 비형식적 검사 시 관찰 결과가 관찰자들 사이에서 얼마나 일치하는지를 알아보는 타당도 검증이 필요하다.
- ㄹ. 교육과정 중심 진단을 위해 K-DIAL-3(Korean Developmental Indicators for the Assessment of Learning-3)을 활용한다.
- ㅁ. 전반적인 발달 수준을 알아보기 위해 AEPS(Assessment, Evaluation, and Programming System for Infants and Children)를 활용한다.

① ㄱ, ㄷ   ② ㄱ, ㅁ   ③ ㄱ, ㄷ, ㅁ   ④ ㄴ, ㄷ, ㄹ   ⑤ ㄴ, ㄹ, ㅁ

다음은 경도 정신지체로 진단된 수미에게 실시한 한국판 K-ABC(Korean Kaufman Assessment Battery for Children) 지능검사 결과의 일부이다. 올바른 해석을 〈보기〉에서 고른 것은? [1.4점]

인지처리 하위검사 평균=10/ 표준편차=3	원점수	척도점수			백분위
		순차처리	동시처리	비언어성	
1. 마법의 창	5		7		16
2. 얼굴기억	2		7		16
3. 손동작	7	11			63
4. 그림통합	9		14		91
5. 수회생	5	11			63
6. 삼각형	3		7		16
7. 단어배열	1	4			2
8. 시각유추					
9. 위치기억					
10. 사진순서					
척도점수 합계		26	35		

습득도 하위검사 평균=100/ 표준편차=15	원점수	표준점수 ± 측정오차 95% 신뢰수준	백분위
11. 표현어휘	4	67 ± 11	1
12. 인물과 장소	2	85 ± 13	16
13. 산수	1	71 ± 8	3
14. 수수께끼	1	90 ± 11	25
15. 문자해독		±	
16. 문장이해		±	
표준점수 합계		313	

종합척도 평균=100/ 표준편차=15	척도점수/ 표준점수 합계	표준점수 ± 측정오차 95% 신뢰수준	백분위
순차처리척도	26	91 ± 8	27
동시처리척도	35	88 ± 8	21
인지처리과정 척도	61	87 ± 7	19
습득도척도	313	67 ± 8	1
비언어성척도		±	
종합척도 간의 비교 > · = · <			
순차처리 = 동시처리 (유의차: ⓝ없음, 5%, 1%)		동시처리 > 습득도 (유의차: 없음, 5%, ①1%)	
순차처리 > 습득도 (유의차: 없음, 5%, ①1%)		인지처리 > 습득도 (유의차: 없음, 5%, ①1%)	
*( )안은 유의수준			

〈보기〉

ㄱ. 인지처리과정 척도 [마법의 창] 검사와 [수회생] 검사에서의 수행능력은 동일한 수준이다.

ㄴ. 습득도 척도 [인물과 장소] 검사 결과의 표준점수 85점이 진점수가 될 확률은 95%이다.

ㄷ. 습득도 척도 [산수] 검사에서의 수행능력은 규준집단의 평균 수준에 못 미친다.

ㄹ. 검사한 결과, 습득한 지식과 기술에 비해 정보처리 및 문제해결능력이 더 우수함을 알 수 있다.

ㅁ. 검사한 결과, 정보를 동시에 처리하는 능력이 순차적으로 처리하는 능력보다 더 우수함을 알 수 있다.

① ㄱ, ㄴ   ② ㄱ, ㅁ   ③ ㄴ, ㄷ   ④ ㄷ, ㄹ   ⑤ ㄹ, ㅁ

영수는 ○○ 유치원 5세 반에 다니고 있다. (나)는 박 교사와 특수교육지원센터 순회교사인 최 교사와의 대화 내용이다. 물음에 답하시오.

(나) 두 교사의 대화

박 교사: 선생님, 지난번 특수교육지원센터에서 영수의 발달 문제로 검사를 하셨잖아요.

최 교사: 네, ⓒ 한국 웩슬러 유아지능검사(K-WPPSI)와 ② 한국판 적응행동검사(K-SIB-R)를 했어요. 그 외 여러 가지 장애진단 검사들도 실시했어요.

박 교사: 그래요? 그럼 결과는 언제쯤 나오나요?

최 교사: 다음 주에 나올 것 같아요.

박 교사: ⑩ 검사 결과가 나오면 그것을 토대로 개별화교육지원팀이 영수의 개별화교육계획을 수립할 수 있겠네요.

3) ⓒ과 ②의 하위 검사 영역 2가지를 각각 쓰시오. [2점]

• ⓒ: _____   • ②: _____

4) ⑩이 적합하지 않은 이유 1가지를 쓰시오. [1점]

• _____

(나)는 교육실습생과 지도교사가 학습장애 학생 은미의 검사 결과에 대해 나눈 대화 내용의 일부이다. 물음에 답하시오.

(나)

교육실습생: ㉠ K-WISC-Ⅳ는 같은 연령의 또래와 비교하여 은미 지능의 상대적 위치를 알 수 있는 준거참조검사로 알고 있어요. 이 검사 결과를 보면, ㉡ 은미의 전체 지능지수는 4개 지표 합산점수의 평균인 91이에요. ㉢ 4개 지표 합산점수들은 71에서 102 사이에 분포하고 있어 전체 지능지수가 은미의 전반적인 지적능력을 반영한다고 단정짓기는 어려운 것 같습니다. 또한 ㉣ '처리속도 지표' 합산점수는 71로 -1 표준편차에서 -2 표준편차 사이에 위치하는 것을 알 수 있어요.

〈은미의 'K-WISC-Ⅳ' 결과 요약〉

지표	합산점수
언어이해	98
지각추론	102
작업기억	93
처리속도	71

…중략…

교육실습생: BASA 읽기검사 결과를 바탕으로 은미의 읽기지도 계획을 수립하려고 하는데 어떻게 해야 하는지 궁금해요.
지 도 교 사: 이 검사는 교육과정중심 측정(CBM)을 활용한 검사예요. 이 검사에서는 3회에 걸쳐 실시한 읽기검사 원점수의 중앙치로 기초선을 설정하는데 은미의 경우 (㉤)이 되겠지요. 기초선 설정 후 목표수준을 정하고 ㉥ 읽기 중재를 하면서 매주 2회 정도 읽기검사를 해요.

〈은미의 기초학습기능 수행평가체제: 읽기검사 결과 요약〉

읽기검사 1회	원점수: 63
읽기검사 2회	원점수: 68
읽기검사 3회	원점수: 66

2) (나)의 ㉠~㉣에서 틀린 것을 2가지 찾아 기호와 이유를 각각 쓰시오. [2점]

• _____

• _____

3) (나)의 ① ㉤에 들어갈 점수를 쓰고, ② ㉥의 이유 1가지를 쓰시오. [2점]

• ①: _____

• ②: _____

29 2011학년도 유아 5번

다음은 특수교육지원센터에서 인수에게 실시한 표준화 검사 결과의 일부이다. 결과에 대한 설명으로 옳은 것은?

[1.75점]

○ 발달검사 – DQ 85
○ 사회성숙도검사 – SQ 95
○ 한국 웩슬러 유아지능검사 – IQ 85

○ 아동 · 청소년 행동평가척도(K-CBCL)
• 위축척도 – 70T
• 주의집중문제 척도 – 백분위 65

---

① 인수는 발달연령에 비해 생활연령은 더 낮고 사회연령은 더 높다.
② 인수는 발달수준과 지능수준이 같고 발달수준에 비해 적응행동 수준은 더 높다.
③ 인수보다 지능이 높은 유아의 비율과 발달이 빠른 유아의 비율은 약 84%로 같다.
④ 인수의 적응행동 수준은 평균보다 조금 낮으며, 인수보다 주의 집중 문제가 더 심각한 유아의 비율은 약 35%이다.
⑤ 인수보다 위축 문제가 더 심각한 유아의 비율은 약 2%이며, 주의집중 문제가 더 심각한 유아의 비율은 약 35%이다.

30 2010학년도 초등 13번

다음은 정신지체 학생 예지의 지역사회 적응검사(CIS-A) 결과를 기록한 검사지의 일부이다. 이 결과에 대한 해석으로 가장 적절한 것은? [1.4점]

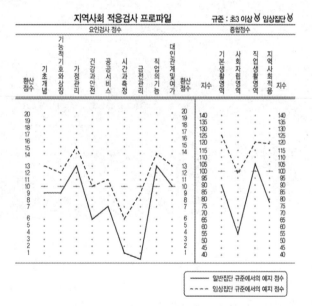

① 예지는 기본생활 영역보다 사회자립 영역에서 더 높은 수준을 보인다.
② 임상집단 규준에서의 예지 점수는 모든 장애학생을 대상으로 한 상대적 적응행동 수준을 보여준다.
③ 직업생활 영역의 경우 일반집단 규준에 기초한 예지의 지수 점수는 105로 평균으로부터 1 표준편차 범위 안에 있다.
④ 일반집단 규준에 근거하여 예지의 종합 점수를 볼 때, 지역사회통합 훈련에서는 기본생활 영역을 우선 지도해야 한다.
⑤ 사회자립 영역의 경우 예지의 지수 점수는 임상집단 규준에서는 적응행동지체 수준을 보이지만, 일반집단 규준에서는 평균의 수행수준을 보인다.

전환교육 기출경향 및 학습TIP

'전환교육'은 공부만 해두면 큰 문제가 없는 영역입니다. 그러나 다른 중요한 영역에 비중을 빼앗겨서 복습을 하지 못하여 내용을 잘 모르는 영역이 되기 쉽습니다. '전환교육'에 '자기결정'을 배치한 이유는 이 때문이기도 합니다. 전환교육은 하나의 영역은 맞지만 '통합교육'과 함께 묶어 복습하는 계획을 항상 짜두는 것을 권장합니다. 중등 특수의 경우, 전환교육만 보는 것보다는 기본 교육과정의 '진로', '직업교과'와 함께 묶어 봐두는 것이 좋습니다.

제 13 장

전환교육

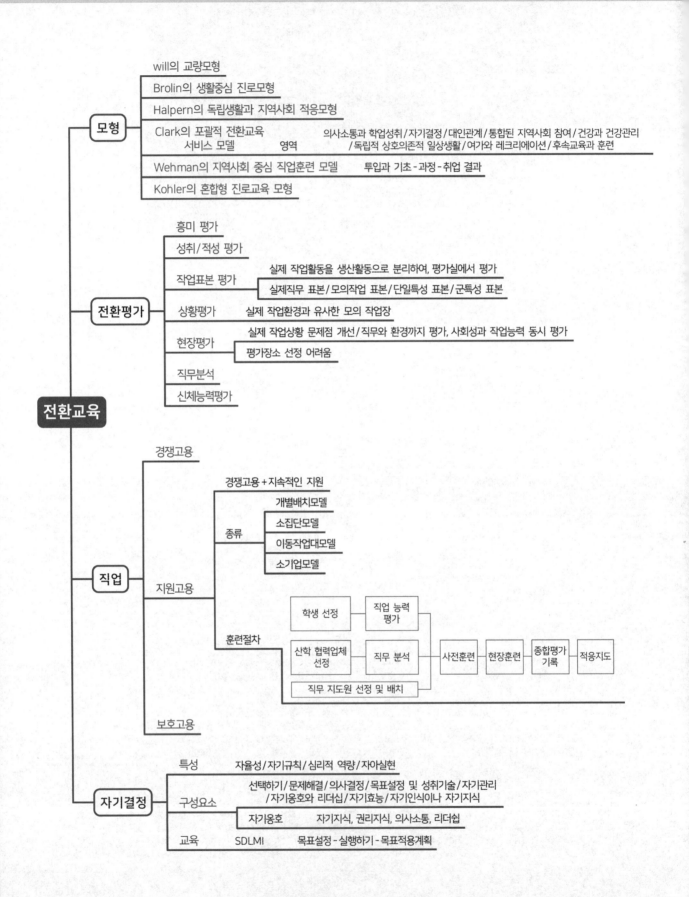

전환교육

모형
- will의 교량모형
- Brolin의 생활중심 진로모형
- Halpern의 독립생활과 지역사회 적응모형
- Clark의 포괄적 전환교육 서비스 모델
  - 영역: 의사소통과 학업성취 / 자기결정 / 대인관계 / 통합된 지역사회 참여 / 건강과 건강관리 / 독립적 상호의존적 일상생활 / 여가와 레크리에이션 / 후속교육과 훈련
- Wehman의 지역사회 중심 직업훈련 모델: 투입과 기초 - 과정 - 취업 결과
- Kohler의 혼합형 진로교육 모형

전환평가
- 흥미 평가
- 성취 / 적성 평가
- 작업표본 평가
  - 실제 작업활동을 생산활동으로 분리하여, 평가실에서 평가
  - 실제직무 표본 / 모의작업 표본 / 단일특성 표본 / 군특성 표본
- 상황평가: 실제 작업환경과 유사한 모의 작업장
- 현장평가
  - 실제 작업상황 문제점 개선 / 직무와 환경까지 평가, 사회성과 작업능력 동시 평가
  - 평가장소 선정 어려움
- 직무분석
- 신체능력평가

직업
- 경쟁고용
- 지원고용
  - 경쟁고용 + 지속적인 지원
  - 종류
    - 개별배치모델
    - 소집단모델
    - 이동작업대모델
    - 소기업모델
  - 훈련절차
    - 학생 선정 → 직업 능력 평가
    - 산학 협력업체 선정 → 직무 분석 → 사전훈련 → 현장훈련 → 종합평가 기록 → 적응지도
    - 직무 지도원 선정 및 배치
- 보호고용

자기결정
- 특성: 자율성 / 자기규칙 / 심리적 역량 / 자아실현
- 구성요소: 선택하기 / 문제해결 / 의사결정 / 목표설정 및 성취기술 / 자기관리 / 자기옹호와 리더십 / 자기효능 / 자기인식이나 자기지식
  - 자기옹호: 자기지식, 권리지식, 의사소통, 리더십
- 교육: SDLMI: 목표설정 - 실행하기 - 목표적용계획

01 전환모형

1. Will의 교량모형

[그림 13-1] Will의 교량모형

① 중등학교에서 직업준비과정으로 다리 역할을 하는 세 가지 다른 수준의 교육과정을 제시하였다.
② 장애학생이 학교를 졸업한 후 지역사회에 적응하는 데 필요한 직업기술을 적절하게 갖출 수 있도록 학교 교육과정에서 특수교육과 직업교육을 확고하게 설정하는 것이다.

2. Brolin의 생활중심 진로교육

(1) 특징

① 취학 전부터 진로중심 교육을 강조한다.
② 모든 일반 교수영역으로의 진로교육 통합, 가능한 한 직접적인 학습경험, 학교·부모·안내자·기업체나 업체·지역사회 기관들 간의 적극적인 협력 유지, 전환 서비스 책임자의 적절한 훈련요소의 개발을 강조한다.
③ 개인 발달의 모든 측면을 강조하는 총체적 인사 접근이다.

(2) 3차원 주요 구성요소

① 1차원: 능력

일상생활 기능	대인·사회적 기능	직업안내 및 준비
1. 가정경제 관리 2. 가정의 선택·관리·유지 3. 자기필요의 충족 관리 4. 자녀양육, 가정생활 향상 5. 음식구입 및 관리 6. 의복구입 및 관리 7. 시민적 활동이행 8. 오락과 여가활동 9. 지역에서의 이동	10. 자기인식 11. 자신감 획득 12. 사회적 책임수행 기능 13. 좋은 인간관계 유지 기능 14. 독립적 행동 15. 문제해결 기능 16. 타인과의 적절한 의사소통	17. 직업가능성 인식과 탐색 18. 직업선택과 계획 19. 적절한 신체적 수동적 기능 과시 20. 숙달된 신체적 수동적 기능 과시 21. 구체적 기능 습득 22. 직장발견 및 지속

② 2차원: 학교, 가정, 지역사회에서의 경험
③ 3차원: 단계
　㉠ 진로인식 단계
　　ⓐ 초등학교 저학년에서 시작하여 전 생애에 걸쳐 계속된다.
　　ⓑ 할 수 있는 일의 종류와 다양한 직업에 필요한 작업 습관과 기술뿐만 아니라 직업의 긍정적인 면과 장차 성공적인 직업인이 되는 방법을 알기 시작한다.
　㉡ 진로탐색 단계
　　ⓐ 초등학교 고학년부터 중학교까지의 시기이다.
　　ⓑ 직업, 자원봉사, 다른 생산적 활동을 탐색하게 한다.
　　ⓒ 가정과 가족생활의 책임을 부여하는 간섭단계이다.
　　ⓓ 실세계의 요구가 탐색될 수 있고, 학습에 통합될 수 있도록 지역사회의 자원이 이용된다.
　　ⓔ 성인이 되었을 때 필요한 능력을 기를 수 있는 방법과 기술을 습득한다.
　㉢ 진로 준비 단계
　　ⓐ 고등학교부터 시작하여 성인기까지 계속되는 시기이다.
　　ⓑ 진로인식과 탐색의 기회를 기초로 한다.
　　ⓒ 자신의 흥미, 능력, 요구에 적절한 과정(대학진학 또는 취업준비)에 관한 논리적이고 잠정적인 진로 의사결정에 참여한다.
　　ⓓ 학생이 잠정적으로 선택한 직업군을 통하여 취업하는 데 필요한 능력을 기를 수 있는 방법과 기술을 습득한다.
　㉣ 진로 배치와 추수지도 단계
　　ⓐ 학교 졸업, 직업을 얻은 후의 시기이다.
　　ⓑ 개인에게 직장은 물론 가족생활, 시민생활, 생산적인 여가 활동 등에서 성공적인 사회적응을 위한 평생교육의 기회가 주어져야 한다.
　　ⓒ 이 단계에서는 교육자, 지역사회, 공무원, 가족들이 협력해야 한다.
　　ⓓ 모형

단계	초등학교	중학교	고등학교	고등학교 이후	성인기
100%				취업지도	
교육	–	–	–	추수지도	
50%				계속 교육	
과정		직업탐색	직업준비		
0%	직업인식			직업재활원	
직업교육 책임 소재	특수교육 (1차 책임) 상담/일반교육 (2차 책임) 부모 기업/산업체 지역사회기관	특수교육 (1차 책임) 직업교육 상담/ 일반교육 부모 기업/산업체 지역사회기관	특수교육 직업교육, 직업재활 재활기관 부모 기업/산업체 지역사회기관	(1차 책임) 독립생활프로그램 재활기관 발달장애/기타기관 부모 기업/산업체	

3. Halpern의 독립생활과 지역사회 적응모형

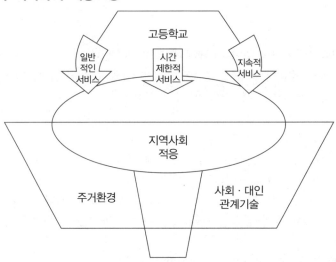

고등학교

일반적인 서비스 시간 제한적 서비스 지속적 서비스

지역사회 적응

주거환경 사회·대인 관계기술

[그림 13-2] Halpern의 독립생활과 지역사회 적응모형

① Will이 고용에만 중점을 두었던 것을 변화시켜, 성과중심의 교육효과를 극대화하기 위하여 성인의 지역사회 적응을 돕는 생활자립을 강조한다.
② 이 모델은 전환교육의 일차적인 목표인 취업을 위하여 직업교육과정 훈련에 중점을 둔 것이다.
③ 장애인이 학교에서 성인사회로의 전환에 성공하기 위해서는 취업을 위한 준비, 질적인 주거환경, 사회·대인관계 기술이 함께 갖추어지는 것이 중요하므로 전환교육의 범위를 확대하였다.

4. Clark의 포괄적 전환교육 서비스 모델

교육내용		전환진출 시점과 결과	
지식기술 영역	발달/인생단계	진출 시점	
• 의사소통과 학업성취 • 자기결정 • 대인관계 • 통합된 지역사회 참여 • 건강과 건강관리 • 독립적/상호의존적 일상생활 • 여가와 레크레이션 • 후속교육과 훈련	영·유아 및 가정훈련	유치원 프로그램과 통합된 지역사회로 진출	
	유치원 및 가정훈련	초등학교 프로그램과 통합된 지역사회로 진출	
	초등학교	중학교 프로그램과 연령에 적절한 자기결정과 통합된 지역사회로 진출	
	중학교	고등학교 프로그램이나 단순직 고용, 연령에 적절한 자기결정과 통합된 지역사회로 진출	
	고등학교	중등교육 이후의 교육이나 단순직 고용, 성인·평생교육, 전업주부, 자기결정을 통한 삶의 질과 통합된 지역사회 참여로 진출	
	중등교육 이후의 교육	특수분야, 기술직, 전문직, 관리직 고용, 대학원 또는 전문학교 프로그램, 성인·평생교육, 전업주부, 자기결정을 통한 삶의 질과 통합된 지역사회 참여로 진출	

① 가정: 전환은 한 시기에 한 번으로 국한된 것이 아니라 학령기 동안 여러 번 있고, 이러한 전환 성공 과정이 이후의 전환들을 성공적으로 이끌 가능성이 많다는 것을 전제로 한다. 또한 진출 시간과 결과에 대해 생의 각 단계에는 단계마다 일련의 기준 결과나 진출 시기가 있어 전환과정 중에 전환목표로 삼아야 할 것들이 있다고 본다.
② 학생이 한 교육단계에서 다음 단계로 이동할 때와 교육 및 서비스 모델이 전환교육과 전환 서비스 수행 시 필요할 때, 나이나 발달 수준에 따른 학생의 성과와 전환 출발점에 대한 견해를 반영한 것이다.

5. Wehman의 지역사회 중심 직업훈련 모델

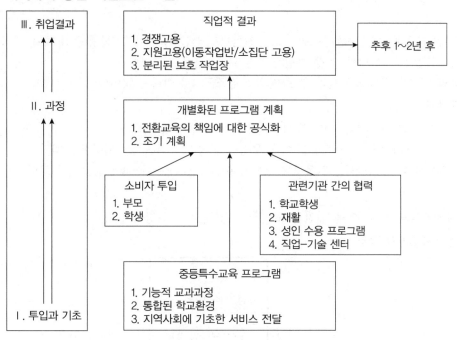

[그림 13-3] Wehman의 지역사회 중심 직업훈련 모델

(1) 설명
① 작업 준비에 강조점을 둔 모형으로, 지역사회 중심의 직업훈련 단계를 제시했다.
② 이 모형은 특수교육, 직업교육, 재활영역의 연계를 강조하며, '투입-과정-산출'의 세 단계를 거친다.

(2) 특징
① 훈련과 서비스 전달 체제 내에 있는 구성원들은 반드시 참여해야 한다.
② 부모는 구성원에 필수로 포함되어야 한다.
③ 직업 전환계획은 반드시 21세 이전에 수립되어야 한다.
④ 과정은 반드시 계획적이고 체계적이어야 한다.
⑤ 양질의 직업교육 서비스가 제공되어야 한다.

6. Kohler의 혼합형 진로교육 모형

(1) 개념

① 학교에서의 교육내용에 중점을 둔 모형으로, 전환교육에서 제공해야 할 '학생 중심 계획, 가족 참여, 프로그램의 구조와 속성, 기관 간 협력, 학생 개발'영역의 교육내용을 강조한다.

② 이 모형의 핵심은 전환도 교육의 한 측면으로 강조되어야 한다는 것이다.

(2) 주요활동 3가지

① 졸업 이후의 목적은 학생의 능력, 흥미, 관심, 선호도에 따라 정해져야 한다.

② 교수활동과 교육경험은 학생의 졸업 이후 목적을 달성하기 위해 개발되어야 한다.

③ 학생을 포함한 다양한 인사들이 목적을 정하고 이를 개발하는 데 함께 참여해야 한다.

(3) 특징

결과중심 계획과정과 교과내용을 개인의 요구에 연관시킨다는 특징이 있다.

(4) 학교의 교육내용 5가지 영역

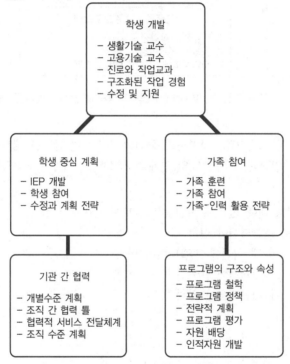

[그림 13-4] Kohler의 혼합형 진로교육 모형

1. 직업평가

① 성취 가능한 직업목표의 결정, 목표를 성공적으로 달성하는 데 필요한 구체적인 기술과 행동들의 확인, 이 기술 들과 행동들을 개발하기 위한 가장 효과적인 교수방법의 결정을 목적으로 한다.

② 직업평가는 내담자의 일반적인 취업 가능성 또는 직업 태도, 직업 행동, 가치관 등의 직업인성요인을 측정하고, 직업기능, 능력, 적성과 같은 직업기술을 결정하며, 개인의 능력과 인내력에 대한 종합적인 정보를 제공한다.

③ 직업평가의 초점은 고용 가능성과 배치 가능성을 포함하는 내담자의 직업에 대한 준비도 측정에 있으며, 평가 결과를 통해 내담자는 직업배치와 유지에 필요한 조건들을 인식하게 된다.

④ 직업평가는 내담자의 직업 선택과 고용 가능성에 대한 정보를 수집하기 위해 진행된다. 직업평가에서 얻어진 정보는 내담자의 직업재활 서비스 적격성 판정, 내담자의 취업지원에 요구되는 서비스 또는 활동에 대한 계획 수립, 내담자 자신의 능력과 직업에 대한 통찰력 증대와 적합한 직업 선택에 쓰인다.

2. 유형

(1) 인지 평가

지능검사는 학업성취도에 대한 정보를 제공한다. 지능에 대한 평가는 내담자를 위한 직업재활 계획을 개발하는 데 유용하지만 문제점 또한 가지고 있다. 지능은 추론적인 구성개념이며, 어떤 행동이 검사 항목으로 평가되는지를 평가자가 결정지어야 한다. 검사 선택 시 신중함이 필요하며, 지능검사에 대한 평가자 훈련이 선행되어야 한다.

(2) 적응행동 평가

적응행동은 환경의 자연적 · 사회적 요구에 대응하는 개인의 효과성과 관련이 있다. 적응행동은 일상생활을 하는 데 필요한 개념적 · 사회적 · 실제적인 모든 기술을 의미하며, 많은 연구가 작업 환경에의 적응과 적응행동 간의 높은 상관을 보고한다.

(3) 흥미 평가

흥미는 일반적으로 어떠한 유형의 활동에 종사하고자 하는 경향 또는 욕구로, 대상이나 활동, 경험 등에 계속적으로 몰두하거나 그만두려고 하는 행동 경향으로 정의한다. 직업흥미는 일반적인 흥미와는 달리 수많은 직종 가운데 어떤 특정 직장에 대해 호의적으로 수용적인 관심, 태도를 갖는 것을 말한다.

(4) 성취검사와 적성검사

① 직업평가의 목적 중의 하나는 내담자가 직업과 관련된 자신의 강점과 약점을 이해하고, 동시에 대부분의 고용 기회에서 일반적으로 요구되는 사항을 파악하도록 돕는 것이다. 이때 요구사항은 읽기, 쓰기, 지각능력, 지시를 이해하고 다루는 능력을 포함한다. 이러한 기술과 능력은 성취검사와 적성검사를 통해 파악할 수 있다.

② '성취검사'는 교육이나 경험을 통해 배운 정보를 평가하도록 고안되었다. 성취검사는 학교나 다른 공공훈련을 받은 후 습득한 내용과 취업에 필요한 능력을 평가하기 위해 사용될 수 있다. 이러한 정보를 통해 적합한 직업을 선택하고 원하는 직업 분야에 진입하기 위해 어느 정도의 훈련이 필요한지 탐색할 수 있다.

③ '적성검사'는 주어진 활동을 성취하는 것을 학습할 수 있는 잠재력을 측정하도록 제작된 검사이다. 적성은 미래 의 어떤 직업이나 분야에서 일을 수행하거나 학습을 할 수 있는 개인의 능력을 구분하는 특성을 의미한다.

(5) 작업표본 평가

'작업표본'은 실제 직무 또는 직무표본에서 사용되는 과제나 유사한 과제를 수행하기 위한 재료와 도구들을 사용하는 능력을 검사하기 위해 고안된 모의작업 또는 작업활동이다.

⑹ **상황평가와 현장평가**

① **상황평가**: 재활시설의 작업장이나 실제의 작업현장과 유사한 작업상황을 만들어 놓고 그 안에서 평가대상자가 작업하는 행동을 평가하는 방법이다. 작업활동, 감독, 임금, 근로시간 등이 전체 작업환경과 유사한 모의환경에서 이루어지며, 이를 통해 내담 장애인의 직업 잠재력과 직업 스트레스와 같은 문제상황에 대한 해결능력을 관찰할 수 있는 것이다. 이와 같은 상황평가는 작업표본 평가와 전통적인 심리검사의 결과를 검증하며, 직무능력과 직업 적응력을 측정하는 종합적 평가의 기능을 하거나 특정 평가 질문에 답하기 위해 정해진 몇 가지 행동유형에 초점을 맞추기도 한다.

② **현장평가**: 내담자의 직업능력, 적성, 현장 적응능력 등 직업적 제반 특성을 파악하는 것을 목적으로 사업체에서 평가를 실시하는 것이다. 현장평가의 내용은 작업 의욕·작업에 대한 흥미·작업 지속성·작업 내용의 이해도·작업방법 및 작업 실시 결과 등의 작업능력에 관한 사항, 근로시간 및 지시사항 엄수 등의 근로 습관에 관한 사항, 인사성·대인 관계·협조성 등의 사회성에 관한 사항, 건강관리·신변처리 능력 등의 기타 사항이다. 현장평가 담당자는 결과 사항을 종합적으로 검토하여 대상자의 직업능력과 적성 등을 평가하여 직업재활 계획을 수립하고, 신속하게 취업알선 등의 재활 서비스 조치를 실시한다.

⑺ **직무분석**

① **직무**: 생산활동을 하는 개별 종사자에 의해 계속적으로 수행되었거나 수행되도록 설정·교육·훈련된 업무로, 직업 분류의 가장 기본적인 개념이다.

② **직무분석**: 특정 직무에서 수행하는 업무의 내용과 업무를 수행하기 위해 요구되는 작업자의 역량을 체계적으로 밝히는 것이다. 즉, 직무를 구성하고 있는 일과 그 직무를 수행하기 위해 작업자에게 요구되는 지식, 능력, 책임, 숙련도, 다른 직무와 구별되는 것 등을 결정하여 보고하는 수단과 방법을 의미한다. 특정 직무와 관련된 중요한 양상에 관한 정보를 수집하는 의도적·체계적인 절차이다.

⑻ **신체능력 평가**

신체능력 평가의 목적은 기본적인 신체기능과 의료적 측면의 파악이다. 근력, 시력, 색각 등 주로 구직 장애인의 기본적인 신체기능을 평가하며, 정확한 신체능력 평가를 위해 의학적 진단을 요하는 경우 의료 전문가에게 의료평가를 의뢰한다.

---

01 2012학년도 중등 9번

다음은 두 가지 전환모형의 특성을 설명한 것이다. 각 모형의 특성에 대한 설명으로 옳은 것만을 있는 대로 고른 것은? [2점]

전환 모형	특성
Will의 모형	(가) 전환의 초점을 과정보다는 결과인 '고용'에 둔다. (나) 고등학교와 고용 사이의 다리 역할로서의 전환교육을 강조한다. (다) 전환교육의 범위에는 고용뿐만 아니라, 주거환경, 사회·대인관계 기술이 포함된다.
Clark의 모형	(라) 전환 프로그램의 지식과 기능 영역에는 의사소통, 자기결정, 여가와 레크레이션이 포함된다. (마) 전환 과정을 투입과 기초, 과정, 취업 결과의 3단계로 구분하고, 중등학교 특수교육의 직업교육 프로그램을 강조한다. (바) 생애의 각 단계마다 수료점과 결과(exit point and outcomes)가 있어, 전환은 생애에 걸쳐서 한 번이 아니라 여러 번 나타난다.

① (가), (다), (마)
② (나), (라), (바)
③ (가), (나), (라), (바)
④ (가), (다), (마), (바)
⑤ (나), (다), (라), (마)

(가)는 김 교사가 A 특수학교 중학생 경아에 대해 진로상담을 한 내용이다. 물음에 답하시오.

(가) 경아의 진로상담 내용

- 김 교사는 경아 부모님과의 진로상담을 통해, 경아가 ㉠ 고등학교를 졸업하고 취업하기를 원하는 것을 알게 됨
- 김 교사는 경아 부모님께 고등학교 졸업 후 성공적으로 취업한 영수의 사례를 소개함

    〈영수의 사례〉
    ㉡ 영수의 직업담당 교사는 인근 복지관의 직원과 협력하여 영수가 개별적으로 지역사회 사업체에 배치되도록 지도하였으며, 배치 후에도 계속적인 훈련과 지원을 하여 현재까지 고용 상태를 유지하고 있음

- 김 교사는 향후 경아의 진로지도 계획을 수립하기 위하여, 올해의 진로와 직업교과의 성과를 ㉢ 2011 특수교육 교육과정 중 기본 교육과정에 근거하여 평가할 계획임

1) ㉠을 위해 전환 과정을 '투입과 기초', '취업의 결과', '과정' 3단계로 구분하여 중등학교 직업교육 프로그램을 강조한 전환 모형 1가지를 쓰시오. [1점]

- 전환모형: _____

(가)는 초등학교 6학년 정신지체 학생 연우가 소속된 통합학급 최 교사와 특수학급 김 교사가 나눈 대화이다. 물음에 답하시오.

(가) 대화

최 교사: 다음 주 실과 수업시간에는 '다양한 직업의 세계'에 대해 공부할 거예요. 연우의 수업 참여를 위해 제가 특별히 더 계획해야 할 것이 있을까요?
김 교사: 선생님께서 늘 하시는 대로 보편적 학습설계(UDL)원리의 지침을 잘 적용하여 수업을 계획하시면 될 것 같아요. 다만 연우와 같은 정신지체 학생에게 실과 교과는 조기 전환교육의 필요성에 부응하기 위한 과목이고, 특수교육 기본 교육과정에서는 중학교의 (㉠) 교과와도 연계되어 있는 과목이라는 점을 염두에 두시면 좋겠네요.
최 교사: 그렇군요. 저는 전환교육이 학교 졸업 후 성인기 생활에 잘 적응할 수 있도록 고등학교에서 실시하는 교육인 줄 알았어요.
김 교사: 꼭 그렇지만은 않아요. 예를 들어, ㉡ 클라크(G.M.Clark)는 개인은 발달 단계에 따라 전환을 여러 번 경험한다는 점을 강조해요. 또 성공적인 전환을 위해 의사소통 및 학업성취, 자기결정, 대인관계, 고용 등을 포함한 9개의 지식과 기술 영역을 각 발달 단계에 맞게 성취해야 할 전환교육의 영역으로 보지요.
최 교사: 그렇다면 제가 이번 수업에 적용하려고 하는 협동학습도 연우의 성공적인 전환을 위한 지식과 기술 습득에 도움이 될 것 같네요.

1) (가)의 ㉠에 들어갈 교과명을 쓰시오. [1점]

- _____

2) (가)의 ㉡에서 설명하는 모델 명칭을 쓰시오. [1점]

- _____

04 2011학년도 중등 38번

장애학생의 전환교육 및 전환계획과 관련된 내용 중 옳은 것만을 〈보기〉에서 모두 고른 것은? [2점]

〈보기〉

㉠ 전환계획 수립 시 장애학생이 원하는 진로와 성인기 전환영역을 고려하여 학생과 학생의 현재 및 미래 환경에 대한 포괄적인 전환평가가 선행되어야 한다.
㉡ 장애학생의 전환교육과 관련하여 「장애인 등에 대한 특수교육법」에서는 관련 기관과의 협력을 통해 직업재활훈련 및 자립생활훈련을 실시하는 지원고용을 강조하고 있다.
㉢ 개별화전환계획은 개별화교육계획의 한 과정으로, 성공적인 성인기 전환을 준비하기 위하여 학령 초기에는 학업기술에 집중하고 청소년기부터 체계적으로 전환교육을 실시하는 것이 중요하다.
㉣ 장애학생의 전환교육과 관련하여 '2008년 개정 특수학교 기본 교육과정' 직업교과의 직업기능 영역에서는 사회생활과 직업을 통하여 일과 직업에 대한 이해, 감각 및 신체적 기능 향상, 기초 학습기능 향상 등에 중점을 두고 있다.
㉤ 중등교육 이후의 전환을 효과적으로 준비하기 위하여 개인중심계획(person-centered planning)을 통해 장애학생의 적극적인 참여를 유도하고 학생과 가족, 전문가가 서로 협력하여 장애학생의 교육적 요구를 파악하는 것이 중요하다.

① ㉠, ㉣ ② ㉠, ㉤ ③ ㉡, ㉢ ④ ㉠, ㉣, ㉤ ⑤ ㉠, ㉢, ㉣

05 2013학년도 중등 9번

다음은 장애학생의 전환계획을 수립하기 위해 실시한 전환평가(transition assessment)에 대한 설명이다. 옳은 것만을 〈보기〉에서 있는 대로 고른 것은? [2.5점]

〈보기〉

㉠ 학생의 자기결정 및 자기옹호 기술, 학습스타일, 생활기술 관련 교육적 요구, 직업의 흥미, 적성 및 능력 등에 대한 평가가 포함된다.
㉡ 상황평가는 학습 및 직업상황과 유사한 과제와 자료 등을 활용하여 실제 생활환경의 통제된 조건하에 실시한다.
㉢ 직무분석은 장애학생의 능력과 수준에 맞추어 직무과제를 여러 요소로 나누고, 그 요소들을 추가 · 면제 · 재결합하여 직무 배치 후 실시한다.
㉣ 장애학생 개인에 대한 평가와 더불어, 미래의 생활 · 학습 · 직업 환경에서 요구되는 사항이 무엇인지 파악하고, 미래의 생활 · 학습 · 직업 환경에서 어떤 지원이 제공되는지 확인한다.
㉤ 관심목록(interest inventory)은 직무기술의 잠재적 유창성을 측정하기보다는 직업의 여러 가지 유형에 대한 학생의 느낌 및 선호도를 평가하는 데 활용될 수 있다.
㉥ 장애학생의 능력과 흥미에 부합하는 직업을 찾아주는 역할이 중요하므로, 모든 성인 생활영역에 대한 포괄적 평가보다는 교육 및 고용 영역에 국한하는 집중성과 특수성에 초점을 맞추어 평가한다.

① ㉠, ㉥ ② ㉢, ㉤ ③ ㉠, ㉣, ㉤ ④ ㉡, ㉣, ㉥ ⑤ ㉠, ㉡, ㉢, ㉥

(가)는 ○○특수학교 고등학교과정 학생을 위한 진로와 직업교과 교수·학습 과정안의 일부이고, (나)는 지적장애 학생의 전환평가를 위한 대화 내용이다. 〈작성방법〉에 따라 서술하시오. [4점]

(가) 교수·학습 과정안

단원명	5. 효율적인 작업	제재	지속적인 작업
학습 목표	지속적인 작업을 위한 신체를 준비할 수 있다.		
단계	교수·학습 활동		지도 중점 사항
	…(중략)…		
전개	〈활동 1〉 튼튼한 몸 만들기 • 올바른 식습관 알아보기 • 나의 몸무게 알고 관리하기 〈활동 2〉 • 작업을 오래 지속하기 위해 필요한 내용 알기 • 교사의 시범을 보면서 운동 동작 따라하기 ⟶ ㉠		• 음식과 비만, 신체적 영향이 관계성 알기 • 운동을 통해 건강한 신체 단련하기

(나) 대화

김 교사: 학생들의 세탁 보조에 대한 직무평가를 어떤 방법으로 해야 할지 고민입니다.

박 교사: 우리 학교의 직업교육실을 실제 세탁 직무를 수행하는 장소와 유사하게 꾸며서 평가하면 좋을 것 같습니다. 작업 과제나 재료, 도구도 실제 세탁 직무에서 사용하는 것과 유사한 것을 활용한다면, 학생들이 더욱 실제적인 작업을 경험하게 되니 작업 동기도 향상될 수 있습니다. ㉡

김 교사: 학교에서 활용할 수 있는 전환평가 방법일 것 같군요. 그렇다면 전환평가 방법 중 ㉢ 학생이 근무할 곳의 근로자 특성을 파악하도록 설계되어 다양한 직무수행 잠재력을 평가하는 방법도 있겠군요.

박 교사: 이외에 ㉣ 직무현장평가(On the Job Evaluation) 방법을 학생들에게 적용하는 방안도 고려해 봅시다.

─────────〈작성 방법〉─────────

• (가)의 ㉠에 해당하는 '지식과 기술 영역'의 명칭을 쓸 것 [단, 클라크(G. Clark)의 종합적 전환교육 모델에 근거할 것]
• (나)의 ㉡이 의미하는 전환평가의 명칭을 쓰고, ㉡의 한 형태인 ㉢의 명칭을 쓸 것
• (나)의 ㉡과 밑줄 친 ㉣과의 차이점 1가지를 장소 측면에서 비교하여 서술할 것

제**2**절 직업

01 경쟁고용

1. 개념
① 장애인이 일반인과 같은 임금과 연금을 받을 수 있는 직업에 배치되는 것이다.
② 장애인에게 배치 이전이나 배치 초기에 집중적인 지원 서비스가 제공되나 지원 서비스 기간은 제한되며, 일반적으로 경도 장애학생에게 적당한 고용선택이다.

2. 의의
경쟁고용은 일반인과의 통합 기회를 제공할 수 있고, 진보에 대한 기회환경을 제공해 줌으로써 정상화를 위한 촉매제가 될 수 있다.

02 지원고용

1. 정의
통합된 직업환경에서 이루어지는 경쟁고용으로, 심한 장애인을 대상으로 하며, 경쟁고용이 전통적으로 이루어지지 않은 사람들, 심한 장애의 결과로 경쟁고용이 중단된 사람, 심한 장애로 인해 지속적인 지원 서비스가 필요한 사람들을 위한 고용이며, 그러한 일을 수행하게 하는 확대된 서비스를 의미한다.

2. 전통적 직업훈련과 지원고용 간의 비교

기준	전통적 접근	지원고용 접근
기본접근	선훈련 후배치	선배치 후훈련
과정	특정상황에서 학습된 행동은 다른 상황으로 전이됨	직무를 수행하는 작업환경 내에서 학습할 때 가장 효과적이지만 전이나 일반화가 적음
중재유형	치료활동, 일상활동, 작업활동	과제분석, 실제 작업환경 내에서 개인별·작업별 특수훈련을 함
지원·지도·감독	개인의 필요와 욕구보다는 프로그램의 규모나 규정 정도에 따라 결정됨	• 훈련 초기에는 집중적인 훈련을 하고, 시간이 경과할수록 지원의 양을 줄여감 • 훈련의 양은 개인의 필요에 따라 정해짐
진단 및 평가	일반적으로 학습이나 훈련이 이루어지기 전 개인에 대한 평가가 실시됨	훈련 시작 전과 훈련 과정에서 구체적인 직무 수행 가능성이 개인과 환경 차원에서 진단, 평가됨
프로그램 유형	일상활동, 작업활동, 보호고용	개별배치, 이동작업대, 전환작업, 소기업
비장애인과의 통합 기회	통합이 제한적이거나 주류사회와 분리	통합이 강조되며 지역사회에 중심을 둔 프로그램에 많이 참가함
작업과 관련된 기능	작업을 갖기 위한 전제조건으로, 작업 과정에서 크게 강조되지는 않음	작업현장에서 작업기능이 지도되고 강조됨
임금	임금수준이 낮고, 임금인상 기회가 제한됨	경쟁적 임금체제 또는 작업결과에 따라 비교적 높은 수준의 임금을 받음

3. 유형

유형	내용
개별배치 모델	• 작업자를 위한 작업코치가 장애인과 일대일로 배치되어 전반적인 훈련을 실시함 • 작업코치는 배치와 훈련 및 추수지도 등 작업 전반에 대해 관리하고 지원하면서 지원의 강도와 횟수 등을 점차 줄여나감
소집단 모델	• 지역에 있는 기업에서 일하는 특별한 작업집단으로, 보통 3~8명으로 구성된 그룹임 • 최상의 작업라인에서 바로 작업하기 어려움이 있어 지원을 더 필요로 하는 중증 장애인을 대상으로 실시함 • 소집단 내의 작업자들은 회사의 다른 작업자들과 동일한 임금, 근로시간, 휴가, 상여금 등을 받음
이동작업대 모델	• 1~2명의 감독이 3~8명의 작업자를 담당하는 집단적인 지원고용 운영 형태 • 지역 내에서 특정한 하청 서비스를 수행함 • 수위(경비), 눈 치우기, 건물관리 및 청소, 정원 관리, 농장 용역, 식물 관리, 칠 작업 등 용역 작업을 진행 • 작업내용 계약 조건에 따라 활동하며 장소를 옮겨 다닌다는 점에서 소집단 모델과 다름 • 감독자는 중증 장애인을 훈련할 수 있는 능력을 갖추어야 하고, 지역의 하청을 수주하고 이동작업을 위한 전반적인 작업 및 일정관리를 할 수 있어야 함
소기업 모델	• 장애인과 비장애인이 함께 고용되어 영리를 목적으로 운영되는 기업 • 사업을 통해 수입을 창출하고 직원들에게 임금을 지급하는 일반기업과 같은 형태로 운영됨 • 심한 장애를 가진 중증 장애인도 생산적인 활동을 할 수 있고 사회에 기여할 수 있다는 것을 지역사회에 보여줌으로써 지역인들의 장애에 대한 편견을 완화하는 데 기여할 수 있음

4. 지원고용 훈련 절차

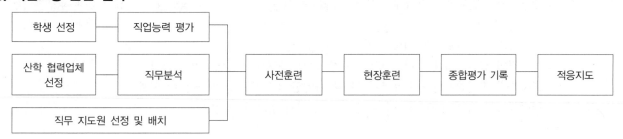

[그림 13-5] 지원고용 훈련 절차

(1) **직업능력 평가**

① **작업표본(work sample)**

㉠ 실제 직무나 모의된 직무를 평가실에서 실시하여 직업평가의 목적을 달성하고자 하는 것으로, 검사를 하기 위한 목적으로 실제 작업활동을 생산활동으로부터 분리해서 실시하는 것이라고 볼 수 있다.

㉡ 장점

ⓐ 학생들에게 통제된 상황에서 여러 가지 직업을 탐색하고 시도해 볼 수 있는 기회를 제공한다.

ⓑ 직업의 일부분을 학교나 교실로 옮겨 올 수 있게 한다.

ⓒ 흥미·태도평가보다 더 실제적인 작업을 경험하게 함으로써 동기를 더 갖게 해준다.

ⓓ 흥미, 태도, 작업습관을 포함한 다양한 특성을 평가할 수 있게 한다.

㉢ 단점

ⓐ 인성적인 측면보다는 생산품의 질과 양을 강조한다.

ⓑ 직무수행과 관련된 조건(환경)이 작업표본에 의해 충분히 나타날 수 없기 때문에 흥미와 태도의 심층적인 면을 제시하는 데 한계를 가진다.

ⓒ 작업표본을 활용하는 데 비용과 시간 소비가 많다.

ⓓ 심리적인 면에서 특정한 직업수행을 정확하게 예측하기 위한 확신이 부족하다.

② 상황평가
    ㉠ 실제 작업환경과 유사한 모의 작업장에서 내담자의 직무수행과 행동을 체계화된 관찰기법을 통해 평가한다.
    ㉡ 상황평가는 작업활동, 감독, 임금, 근로시간과 같은 실제 작업환경과 유사한 모의환경에서 이루어지며, 사전에 관찰 스케줄과 방법이 계획된 체계적인 관찰방법을 통해 내담자의 직업 잠재력을 다양한 작업환경에서 평가할 수 있고, 직업 스트레스 등의 문제 상황을 해결하는 능력을 관찰할 수 있다.
    ㉢ 내담자 평가는 보호작업장, 지원고용, 전환 프로그램 등에서 작업관리자, 고용주, 직업훈련 교사가 내담자에게 직무에 대한 지시를 하고 직업평가사가 관찰함으로써 이루어진다.
    ㉣ 목적
        ⓐ 다른 평가방법을 적용할 수 없는 내담자의 정보 획득을 위해 실시하며, 작업표본과 심리검사 결과를 검증하는 의미를 갖는다. 평가결과는 내담자의 과업 수행능력에 대한 정보와 잠재적 수행능력에 대한 단서를 제공한다.
        ⓑ 상황평가는 직무능력과 직업 적응력을 측정하는 종합적 평가의 기능을 하거나 특정 평가질문에 답하기 위해 정해진 몇 가지 행동 유형에 초점을 맞추기도 한다.
        ⓒ 상황평가는 일반적으로 내담자의 고용 가능성과 관계된 행동인 감독 수용 정도, 동료와의 관계, 정규 노동시간 근로에 적합한 인내성과 생산성, 스트레스 수용 정도 등을 평가한다.
    ㉤ 장점
        ⓐ 작업표본에 비해 평가환경이 실제 산업현장과 유사하다.
          • 생산성 기준에 합당한 내담자에게 임금이 지급되고, 정규 근로시간을 지킨다.
          • 실제 작업현장에서 나타나는 것과 유사한 대인관계를 경험할 수 있다.
        ⓑ 내담자가 인간관계나 과업에 적응해 나가는 방식을 관찰함으로써 직업과 사회성 기술 문제를 발견하고 수정할 수 있다.
        ⓒ 내담자가 근로자로서의 역할을 학습할 수 있다.
        ⓓ 전통적인 심리검사에서 나타나는 시험에 대한 불안감이 일어나지 않는다.
        ⓔ 표준화된 심리검사나 작업표본평가보다 다양한 직업행동을 평가할 수 있다.
        ⓕ 현장평가에 비해 적은 비용이 들며 많은 장비가 필요하지 않다.
    ㉥ 단점
        ⓐ 평가장소를 찾기 어렵고, 조립, 포장과 같은 보호작업장의 단순한 비숙련 직무는 실제 산업현장 직무와 차이가 있어 지역사회 배치 가능성을 알기 어렵다.
        ⓑ 보호작업장 교사의 관대한 평가로 인해 내담자에게 실제 산업현장 근로자와 동일한 기준을 적용하지 않아 개인차를 판별하기 어려울 수 있다.
        ⓒ 평가결과를 객관화된 수치로 표현하기 어려운 행동관찰에 기초하기 때문에 평가사의 주관과 편견이 개입되어 신뢰도 문제가 제기될 수 있다.
        ⓓ 평가특성에 대한 조작적 정의를 내리지 않는 한 평가특성이 불분명하고 애매모호하다.
        ⓔ 높은 기능수준의 내담자는 단순 과업에 동기화되기 어렵다.
        ⓕ 평가사의 관찰에 의존하기 때문에 고도의 훈련과 경험을 가진 평가사가 필요하다.
        ⓖ 시간이 많이 소요된다.

③ 현장평가(On-the-Job Evaluation)
  ㉠ 직업목표에 적합한 실제 작업환경에서 내담자의 직무기능을 평가하는 것이다.
  ㉡ 내담자의 인성, 태도, 적성, 직업특성, 직업기술, 신체적 능력의 측정에 목적이 있으며 실제 산업현장, 재활시설이 평가장소가 된다. 고용주와 내담자는 평가에 대한 수당을 받을 수도, 받지 않을 수도 있다.
  ㉢ 내담자는 정규 근로자와 같은 감독과 지시를 받지만 반드시 고용으로 연결되는 것은 아니다. 평가기간은 일반적으로 1~2주 가량 소요되나 내담자의 특성에 따라 하루에서 한 달 이상 소요되는 경우도 있다.
  ㉣ 현장평가는 이전 평가결과를 토대로 평가의 마지막 단계에서 실행되는 것이 적합하며 현장평가만을 계획하는 것은 내담자, 고용주, 평가사 모두에 시간낭비로 부정적 경험을 제공할 가능성이 있다.
    ⓐ 내담자의 적성, 흥미 영역을 심리검사나 상황평가를 통해 파악하여 고용 가능성이 높은 특정 직업분야에 배치하여 현장평가하는 것이 효율적이다.
    ⓑ 내담자가 낯선 작업환경 때문에 흥미, 적성과는 관계없이 조기에 평가를 포기하는 경우도 있기 때문이다.
  ㉤ 평가사는 내담자를 현장평가에 배치하기 전, 직무분석을 실시하여 보다 많은 유용한 정보를 얻을 수 있다.
    ⓐ 하나의 직업이 여러 직무를 포함하는 경우 직무분석을 통하여 각 직무에 대한 측정과 전체 직무에 대한 측정을 모두 할 수 있다.
    ⓑ 특정 직업에서 내담자가 상위의 수행능력을 보인다면 유사한 직업적성을 가진 직업에서의 성공을 예측할 수 있다.
    ⓒ 반대로 특정 직업에서의 낮은 수행능력은 그 분야 직업적성의 결여를 의미한다.
  ㉥ 의의
    ⓐ 실제 고용주와 산업 현장을 사용하여 내담자에게 보다 현실적으로 실제적인 직업경험과 기회를 제공한다.
    ⓑ 실제 직무를 수행하는 능력이 지역사회 내의 고용주, 감독자에 의해 관찰되어 정확한 평가가 이루어진다.
    ⓒ 내담자의 직업적 장점을 개발하고 직업 경험을 수정하는 훈련과정이다.
    ⓓ 훈련과 평가가 동시에 이루어지기 때문에 지적장애인과 같은 기능 일반화가 어려운 내담자에게 적절하며, 내담자는 완전한 직무조건 속에서 연속적 모의 반복을 통해 기능을 향상시킬 수 있다.
    ⓔ 직무과업과 작업환경이 강조되며 생체공학, 재활공학, 직무조정의 개념이 적용된다.
    ⓕ 평가과정 종결 후 내담자는 재활시설로 되돌아가서 직업배치와 관련된 종합적인 평가를 받는데, 이는 심한 인지장애를 가진 내담자에게 효과적인 훈련이 된다.
  ㉦ 목표
    ⓐ 내담자의 고용목표와 직업흥미, 선호도를 발견한다.
    ⓑ 지역사회 내 직업에서 요구되는 내담자의 행동을 관찰한다.
    ⓒ 내담자가 직업환경 적응에 성공할 수 있도록 지원해주는 장소, 사람, 사물, 활동과 같은 자원을 발견한다.
    ⓓ 내담자의 직업행동, 직업적응과 생산성 성취를 저해하는 문제를 발견·수정한다.
    ⓔ 특정 직업에 대한 내담자의 만족도를 탐구한다.

◎ 현장평가의 장점
　　ⓐ 정규 근로자와 비교할 수 있는 실제 작업환경에서 평가한다.
　　ⓑ 정규 근로시간, 정규 근로자, 자신의 흥미분야의 직무과업이 제공되는 경쟁고용 형태의 작업장에서의 직무수행을 통해 자신을 평가할 기회를 가진다.
　　ⓒ 현장평가의 고용주는 자신의 직업분야에서 전문적인 평가사이다.
　　ⓓ 현장평가의 장소는 직무과업 수행이 항상 이루어질 수 있는 시설이다.
　　ⓔ 내담자의 실제 작업능력에 대한 감독자의 긍정적 평가는 유사한 직무에의 직업배치 가능성을 제시한다.
　　ⓕ 해당 직종이 요구하는 능력의 정확한 평가와 관찰이 가능하다.
　　ⓖ 일의 숙련도, 작업 순서 등 일련의 과정을 일정한 기준을 두고 평가할 수 있다.
　　ⓗ 훈련과 평가가 동시에 이루어지므로 기능 일반화가 어려운 내담자도 평가를 통해 훈련될 수 있다.

ⓩ 단점
　　ⓐ 어떤 현장평가 장소의 경우 임금이 지불되지 않기 때문에 실제 작업환경과 차이가 있다.
　　ⓑ 감독자가 현장평가 내담자의 관리를 부담스러워하거나 동정의 의미로 생각하는 경우 협조를 구하기 힘들다.
　　ⓒ 실제 현장을 현장평가의 장소로 이용하기 때문에 장소 선정이 어렵다.
　　ⓓ 작업상황이 복잡한 경우 능력과 적성에 대한 효과적인 구분이 어렵다.
　　ⓔ 평가할 수 있는 인원이 제한적이며 평가에 많은 시간이 소요되어 경제적 측면에서 비효율적이다.

(2) 직무분석(job analysis)

① 직무분석은 학생이 참여하게 될 각 작업 현장에서 어떤 고용 준비활동을 해야 하는지 알 수 있게 한다.
② 직무분석을 통해 학생이 수행하게 될 직무와 관련된 과제와 순서, 사회적이거나 비직업적인 과제와 기술 등을 파악한다. 직무분석을 통해 일련의 직업수행 절차를 개발하고, 이것을 학생과 어떻게 수업할지 결정해야 할 사항에 대해 사전에 협의를 할 수 있다.
③ 교사가 훈련을 위해 직무분석한 내용을 회사의 관계자에게 사전에 검토를 받아 보다 정확하게 분석하는 것이 도움이 된다.

(3) 직업코치

① 실제 작업현장에서 지원고용 장애인에게 직업훈련을 직접 제공할 뿐만 아니라, 가장 먼저 지원고용 장애인에게 지원과 도움을 제공하는 역할을 한다.
② 문제점
　㉠ 직업코치가 있다는 것이 자연적인 작업환경에 방해가 될 수 있다.
　㉡ 지원고용 장애인은 직업코치가 있을 때에 평소와는 다르게 일할 수 있다.
　㉢ 직업코치가 있다는 것은 지원고용 동료나 비장애 동료들과의 상호작용을 감소시킬 수 있다.
　㉣ 직업코치가 변화하는 작업환경의 요구에 항상 민감하기는 어렵고, 이러한 변화에 부합되는 지원과 훈련을 지속적으로 제공하기에 어려움이 있다.
　㉤ 직업코치가 작업현장에 와서 지원과 훈련을 제공하는 데 드는 비용이 비싸고, 작업 현장에 있는 동료직원을 통해 일상적인 상황에서 자연적으로 하는 것보다 효율성이 낮을 수 있다.
　㉥ 직업코치가 있다는 이유로 장애 고용인으로 인해 발생하는 문제에 대해 고용주나 동료직원들이 자연적인 방안으로 해결하려는 시도를 하지 않을 수 있다.
　㉦ 지원고용 방안은 직업코치에게 너무 의존하게 되어 지원고용 장애인이 직장에서 문제를 해결하는 방안을 배우거나 자신이 책임지는 것을 방해할 수 있다.

1. 정의

① 주로 장애인을 고용하는 후생국에서 운영하는 사업으로, 일반적으로 서비스를 제공하는 일 또는 작은 계약의 일을 수행한다.

② 보호고용은 장애인을 지원고용 사업장에 배치하기 위한 적응훈련과 직업기능 훈련의 전환수단으로 계획된다.

③ '보호산업, 보호작업장, 작업활동센터'의 세 범주로 분류된다.

④ **보호작업장**: 참가자에게 보호된 환경 아래서 다른 장애인과 함께 작업대에서 일하는 것을 말하며, 일반적으로 보호작업장 종사자는 하루에 극히 적은 수당을 받는다.

2. 목적

장애인에게 직업과 관련된 구체적인 기술을 훈련하여 지역사회 안의 경쟁고용으로 나아가게 하는 것이다.

3. 보호작업장이 갖춘 요소

① 재활, 훈련, 어떤 경우 완전취업을 제공한다.

② 의미 있는 작업을 제공하기 위해 보호작업장은 자체적으로 사업체를 운영한다.

형태	내용
하청업	• 대부분의 보호작업장이 하는 주요한 사업 • 하청(도급): 보호작업장이 정해진 시간 안에 정해진 일(간단한 물건을 조립하거나 포장하는 것 등)을 해서 납품하고, 그에 따른 돈을 받는 것
기본적인 생산업	어떤 기초적인 공산품을 디자인하고, 생산하고, 판매하고 발송하는 것을 포함
재활용 사업	폐품을 수집하거나 구입하여 그것을 재활용품으로 다시 만들어 판매하는 것

07 2010학년도 중등 22번

장애학생의 졸업 후 취업 방안으로 '지원고용'을 고려할 때, 이를 실시하는 방법에 대한 설명으로 옳은 것을 〈보기〉에서 모두 고른 것은? [2점]

─〈보기〉─

㉠ 직업평가와 직무분석 결과를 비교하여 지원고용의 적합성 정도를 분석한다.

㉡ 직업현장에 배치되기 전에 그 직업에 대한 기술훈련을 집중적으로 실시한다.

㉢ 직업적응을 위해 직업현장에서의 조정(accommodations)은 최소로 이루어지게 한다.

㉣ 직무수행 능력을 높이기 위하여 인위적 지원의 제공과 함께 자연적 지원을 활용한다.

① ㉠   ② ㉠, ㉡   ③ ㉠, ㉣   ④ ㉢, ㉣   ⑤ ㉡, ㉢, ㉣

(가)는 김 교사가 A 특수학교 중학생 경아에 대해 진로상담을 한 내용이다. 물음에 답하시오.

(가) 경아의 진로상담 내용

> • 김 교사는 경아 부모님과의 진로상담을 통해, 경아가 ⑤ 고등학교를 졸업하고 취업하기를 원하는 것을 알게 됨
> • 김 교사는 경아 부모님께 고등학교 졸업 후 성공적으로 취업한 영수의 사례를 소개함
>
> > 〈영수의 사례〉
> > ⓒ 영수의 직업담당 교사는 인근 복지관의 직원과 협력하여 영수가 개별적으로 지역사회 사업체에 배치되도록 지도하였으며, 배치 후에도 계속적인 훈련과 지원을 하여 현재까지 고용 상태를 유지하고 있음
>
> • 김 교사는 향후 경아의 진로 지도 계획을 수립하기 위하여, 올해의 진로와 직업교과의 성과를 ⓒ 2011 특수교육 교육과정 중 기본 교육과정에 근거하여 평가할 계획임

2) ① ⓒ에 해당하는 지원고용의 유형을 쓰고, ② 그 유형의 장점을 1가지만 쓰시오. [2점]

- ①: _____
- ②: _____

다음은 일반 고등학교에 다니는 정신지체 학생인 준하의 개별화교육계획(IEP) 관련 상담 내용이다. 밑줄 친 ⑤의 특징 2가지를 쓰고, 밑줄 친 ⓒ과 ⓒ이 갖는 공통점 2가지와 차이점 1가지를 설명하시오. [5점]

> 특수교사: 오늘은 준하의 IEP에 대해 의견을 듣고자 합니다.
> 어 머 니: 저는 우리 아이가 졸업 후에 비장애인들과 함께 일할 수 있도록 교육을 받았으면 해요.
> 특수교사: 네, 그렇군요. 장애학생의 진로를 결정하는 데 효과적인 방법의 하나로 ⑤ 개인중심계획(PCP, Person-Centered Planning)을 적용하여 전환 계획을 수립하는 것이 강조되고 있어요. 이제 준하의 진로를 위해서 우리도 전환계획을 구체화할 필요가 있겠네요.
> 담임교사: 네, 준하는 친구들과 지내는 데 별 문제가 없으니까 친구들과 함께 일할 수 있겠네요.
> 특수교사: 준하야, 너는 졸업하면 어떤 곳에서 일하고 싶니?
> 준   하: 저는 우리 반 친구들이랑 같이 일하고 싶어요.
> 특수교사: 그렇구나. 여러분의 의견을 들어보니 준하는 졸업 후 ⓒ 지원고용이나 ⓒ 경쟁고용을 고려해 보는 것이 더 좋겠네요. 이제 준하의 진로 준비를 위해서 직무능력평가와 ② 생태학적 목록(ecological inventory)을 조사해 봐야 할 것 같아요.

- ⑤: _____
- 공통점: _____
- 차이점: _____

다음은 ○○고등학교 현장실습위원회가 협의한 내용의 일부이다. 밑줄 친 ㉠에 해당하는 고용 모형의 명칭을 쓰고, 밑줄 친 ㉡이 의미하는 지원 방법의 명칭을 쓰시오. [2점]

> 장 교사: 학생들의 현장실습을 위해 교내 · 외 실습장소에서 도움을 줄 수 있는 방법에 대해 논의해 봅시다.
>
> 홍 교사: 통합된 환경에서 실습이 어려운 중도 장애학생들을 위해 교내에서는 특수학급에서 워크 액티비티를 실시하고, 외부 실습은 ㉠ 장애인 직업재활시설 작업장에서 인근 사업체 하청 작업(볼펜 조립)을 반복적으로 수행하여 작업 기능을 높일 수 있도록 합시다.
>
> 민 교사: 분리된 환경에서의 실습은 사회 통합의 기회를 제한할 수 있습니다. 교내실습은 보조인력을 제공하고, 외부에서 실시하는 바리스타 실습은 직무지도원을 배치하여 도울 수 있습니다.
>
> 최 교사: 유급 인력의 공식적인 지원에만 의존하는 것도 사회통합을 방해할 수 있을 것입니다. ㉡ 교내에서는 비장애 또래를 통해 도움을 제공하고, 외부에서는 직장동료의 도움을 활용하는 방법으로 지역사회 통합과 개인의 삶의 질 향상을 도모할 수 있도록 합시다.

• ㉠: _____

• ㉡: _____

제3절 자기결정

01 정의 및 영역

1. 정의

① **자기결정**: 선택할 수 있는 범위를 고려해서 적절한 결정을 하고 자율적 의사와 독립성, 행동에 대한 책임감을 가지는 개인의 능력이다.

② Wehmeyer(1976)는 자기결정을 '자신의 질적인 삶을 위해 외부 영향을 받지 않고 자신의 삶을 능동적으로 살고 선택과 결정을 하는 행동'으로 정의내렸다.

③ 삶의 일차적인 원인주체로서 행동할 수 있게 하고 자신의 삶의 질을 유지·향상시킬 수 있는 의지적 행동이다.

2. 영역

요소	설명
자율성	필요성, 기호, 관심과 능력에 대한 행동으로, 외부의 부당하고 무리한 간섭에서 벗어나 행동할 수 있는 능력
자기조정	자기모니터링, 자기교수, 자기평가, 자기강화와 같이 자기조절 전략 등이 포함됨
심리적 역량	개인의 효율성, 통제 귀인, 동기화 등을 포함하며, 자신이 한 행동을 스스로 통제하고 행동의 결과에 대한 예측을 할 수 있는 능력
자아실현	환경과의 상호작용을 통해 자신의 입장을 알고, 자신과 타인과의 관계를 이해하고 평가할 수 있는 능력

1. 구성요소

자기결정 구성요소	지도 기술	지도를 위한 공학자료 활용
선택하기 (choice making)	선택할 사항을 두 가지 제시	두 가지 선택을 위한 on-off 스위치, 터치스크린 사용
결정하기 (decision making)	후속결과가 따르는 두 가지 이상의 선택 사양이나 정보를 제시	후속결과가 따르는 두 가지 이상의 선택 사양으로 구성된 터치스크린 사용
문제해결 (problem solving)	해결해야 할 문제상황 제시	새로운 대답, 자기결정된 학습 모델로 이루어진 의사소통 체제
목표 설정 및 획득	목표에 도달하기 적합한 필요한 단계를 결정	착상(생각해내기)하기 위주의 목표설정 양식 활용
위기관리, 독립성, 안전	학생이 안전 문제를 이해하고 대처할 수 있는지에 대한 결정	위기상황 시 대처할 순서를 단계별로 디지털화한 지원 시스템 활용
자기조절 (self-regulation)	목표에 맞게 프로그램에 따라 진행하도록 함	과제분석, 행동의 자기모니터링
자기교수 (self-instruction)	새로운 기술 학습을 통한 독립성 증진	과제 완성을 위해 언어적 교수 녹음을 디지털 기록 장치로 전환하거나 과제를 PDA에 그림으로 나타낸 단계 활용
내적 통제소 (internal locus of control)	주변 상황에 영향을 미치는 내적 행동에 대한 이해	• 개인으로 하여금 지원을 요청할 기회를 제시 또는 다른 사람에게 직접 요청할 기회 제공 • 의사소통 장치를 활용하여 작업장에서 다른 사람에게 협조를 요청하게 함
자기효시와 결과 기대의 긍정적 지각 (positive perceptions of self-efficacy and outcome expectancy)	• 자신이 과제를 수행할 수 있음을 이해하게 함 • 자신이 할 수 있다고 여기면 스스로 성공할 수 있음	• 전자 포트폴리오를 통해 1년 동안 수행한 것을 보고 자신의 장점 등을 인식하도록 함 • 스스로 목표에 도달할 수 있다는 인식을 갖게 함
자기옹호와 리더십 (self-advocacy and leadership)	자신과 다른 사람을 위해 권리·행동을 지원하고 대변할 수 있는 능력	사전에 녹음된 의사소통 메시지를 통해 "나의 권리를 옹호해 줄 수 있니? 나는 …에 권리를 가지고 있다." 등으로 이야기할 수 있음
자기지식 (self-knowledge)	개인의 권리와 약점을 이해할 수 있는 태도	자신의 장애에 대해 알기 위해 인터넷 검색을 활용
자기인식 (self-awareness)	개인의 삶의 질을 신장하기 위한 자기 지식을 활용하는 것을 아는 것	개인의 장점, 요구, 선호도, 흥미를 인식시켜 줄 컴퓨터화된 검색도구 사용

2. 자기결정의 지도방법: 자기결정 교수 모델(SDLMI)

① 학생으로 하여금 자신의 삶과 학습을 스스로 해결하도록 하는 데 초점이 맞추어져 있다.
② 하위 기술을 평가하고 지도하는 일련의 과정이 고정된 틀에 의해 수행되는 것이 아니라 오히려 교육과정, 평가, 교수전략들을 안내해 주는 과정이다.
③ 현재의 교육과정, 평가, 교수전략들이 학생의 자기결정 기술이나 교과 또는 기능적 내용을 향상시키는 데 활용된다. 따라서 교사는 문제해결 기술(problem solving skills)을 지도하여 학생의 현재 상황과 원하는 결과(designed outcomes)간의 거리를 좁혀 줌으로써, 학생의 자기결정 기술을 향상시킬 수 있다.

참고 | **자기결정 교수 진행 과정**

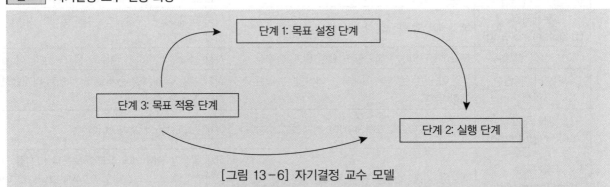

[그림 13-6] 자기결정 교수 모델

자기결정 교수 모델(SDLMI)
[단계 1] 목표 설정: 나의 목표가 무엇이지?

- 학생 질문 1: 내가 배우길 원하는 것이 무엇이지?
- 교사 목표
  - 학생이 구체적인 장점과 교수 요구를 파악할 수 있게 한다.
  - 학생의 선호, 흥미, 신념, 가치에 대해 파악할 수 있게 한다.
  - 학생이 필요로 하는 것을 우선시 할 수 있도록 지도한다.

- 학생 질문 2: 지금 내가 알기 원하는 것이 무엇이지?
- 교사 목표
  - 학생의 교수적 필요와 관련하여 현재의 입장을 파악하도록 한다.
  - 학생의 환경에서 기회와 방해 요인에 대한 정보를 수집할 수 있도록 도와준다.

- 학생 질문 3: 내가 모르는 것을 배우기 위해 내가 고쳐야 하는 것은 무엇이지?
- 교사 목표
  - 학생으로 하여금 실행하려고 하는 것이 환경을 활용하고 수정할 수 있는지 또는 두 가지 모두를 가능하게 하는지를 결정할 수 있게 한다.
  - 학생이 우선적으로 선정한 것을 선택할 수 있도록 지원한다.

- 학생 질문 4: 이것이 가능하도록 내가 할 수 있는 것이 무엇이지?
- 교사 목표: 학생이 목표를 진술하도록 지도하고, 그 목표를 달성하기 위한 준거들을 파악하도록 한다.

[단계 2] 실행하기: 나의 계획이 무엇이지?
• 학생 질문 5: 내가 모르는 것을 배우기 위해 내가 할 수 있는 것은 무엇이지?
• 교사 목표: 학생이 현재 입장에 대해 자기평가를 하고, 목표에 대해 자기판단을 할 수 있게 한다.
• 학생 질문 6: 실행하기 위해 내가 할 수 있는 것이 무엇이지?
• 교사 목표: 학생으로 하여금 목표와 현재 입장 사이를 좁혀 줄 실행계획을 결정하도록 한다.
• 학생 질문 7: 내가 이들 방해 요인을 어떻게 극복할 수 있지?
• 교사 목표 　– 최선의 교수 전략들을 선정할 수 있도록 학생과 협력한다. 　– 학생주도 학습전략들로 지도하도록 한다. 　– 학생주도 학습전략들을 수행할 수 있도록 지원한다. 　– 교사주도 교수는 학생과의 상호 동의하여 제시한다.
• 학생 질문 8: 실행은 언제 하지?
• 교사 목표 　– 실행계획을 위한 일정을 결정할 수 있게 한다. 　– 학생의 실행계획을 수행할 수 있게 한다. 　– 학생의 진행 과정을 자기조정할 수 있게 한다.
[단계 3] 목표 적용 및 수정: 내가 배워 온 것이 무엇이지?
• 학생 질문 9: 내가 실행을 어떻게 해야 하지?
• 교사 목표: 학생이 목표를 달성할 수 있도록 그들의 진행 과정을 자기평가할 수 있게 한다.
• 학생 질문 10: 어떤 방해 요인이 없어졌는가?
• 교사 목표: 학생과 협력하여 바람직한 결과에 도달할 수 있도록 진행 과정을 비교하게 한다.
• 학생 질문 11: 내가 모르는 것이 어떻게 수정되었는가?
• 교사 목표 　– 진행 과정이 충분치 않다면 학생으로 하여금 그들의 목표를 재평가하도록 해준다. 　– 학생으로 하여금 처음 선정한 목표나 수정된 목표를 상기하여 결정할 수 있도록 도와준다. 　– 수정되어 제시된 목표나 원래 목적이 실행하기에 적절한지, 적절하지 않은지를 학생과 협력하여 판단한다. 　– 필요하다면 학생의 실행계획을 수정할 수 있도록 도와준다.
• 학생 질문 12: 내가 알고 싶은 것을 어떻게 알 것인가?
• 교사 목표: 진행과정이 적절한지 적절하지 않은지 또는 목표에 도달했는지를 결정할 수 있게 한다.

11 2009학년도 중등 8번

성공적인 전환(transition)을 위한 자기결정(self-determination) 행동의 구성요소를 〈보기〉에서 고른 것은?

[1.5점]

─────〈보기〉─────

㉠ 독립성	㉡ 외적 통제소	㉢ 문제해결하기
㉣ 장애에 초점 맞추기	㉤ 갈등과 비판에 대처하기	

① ㉠, ㉡, ㉢　　　② ㉠, ㉢, ㉤　　　③ ㉠, ㉣, ㉤　　　④ ㉡, ㉢, ㉣　　　⑤ ㉢, ㉣, ㉤

장애학생의 자기결정과 관련된 설명으로 옳은 것만을 〈보기〉에서 모두 고른 것은? [2점]

───────────〈보기〉───────────
ㄱ. 장애학생의 자기결정 증진은 장애학생의 성공적인 성인기 전환 및 삶의 질과 관련이 있다.
ㄴ. 자기결정 행동 구성요소에는 의사결정, 문제해결, 목표설정 및 달성, 자기인식 등이 포함된다.
ㄷ. 교사주도적 학습을 통한 장애학생의 자기결정 증진은 장애학생의 긍정적인 학업성취에 영향을 미친다.
ㄹ. 장애학생에게 다양한 선택의 기회를 제공하는 것은 장애학생의 자기결정 증진에 긍정적인 영향을 미친다.
ㅁ. 자기결정 기능 모델에서는 자율성, 사회적 능력, 심리적 역량강화, 자아실현의 네 가지 특성으로 자기결정 행동의 기능을 설명한다.

① ㄱ, ㄹ   ② ㄷ, ㅁ   ③ ㄱ, ㄴ, ㄹ   ④ ㄱ, ㄹ, ㅁ   ⑤ ㄴ, ㄷ, ㅁ

정신지체 특수학교 김 교사는 기본교육과정 실과의 '동물 기르기와 관련된 직업 알아보기'를 지도하기 위해 학생들의 특성을 고려하여 아래와 같은 교수·학습과정안을 작성하였다. 자기결정력의 구성요소를 지도하기 위한 전략이 적절히 반영된 것을 고르면? [1.4점]

학습목표		애완동물 기르기와 관련된 직업을 말할 수 있다.	
단계		교수·학습활동	지도상의 유의점
도입		• 학습활동 안내 • 교사가 학생이 기르고 싶어할 만한 애완동물 사진을 3장씩 골라 나누어주기	

전개	인식하기	• 교사가 나누어 준 사진 중에서, ㉠ 학생이 자신의 선호도에 따라 하나씩 골라 이야기하기
		  – 애완동물의 이름과 생김새 알아보기
		  – ㉡ 자신이 선택한 애완동물을 왜 좋아하게 되었는지 말하게 하고, 그 동물을 기르는 데 필요한 애완동물 용품의 이름을 발표하기
			㉢ 애완동물 및 애완동물 용품의 이름을 기능적 어휘와 관련지어 지도한다.

	적용하기	• 강아지 기르는 방법 알아보기 • 금붕어 기르는 방법 알아보기 • ㉣ 강아지와 금붕어 기르는 방법에 대해 알고 있는 정도를 학생이 체크리스트에 표시하고 결과 확인하기	애완동물에게 먹이를 많이 주었을 때 발생하는 문제에 대처하는 방법을 지도한다.
	실천하기	자신의 적성, 흥미, 능력을 고려해 자기가 선택한 애완동물과 관련된 직업 종사자 역할 놀이하기	
정리 및 평가		• 단원정리 • 차시예고	㉤ 본 주제는 직업교과의 '가축 기르는 방법 알아보기'로 발전됨을 안내한다.

① ㉠, ㉡, ㉢   ② ㉠, ㉡, ㉣   ③ ㉠, ㉢, ㉤   ④ ㉡, ㉣, ㉤   ⑤ ㉢, ㉣, ㉤

(나)는 경아를 지도하기 위해 작성한 차시별 지도 계획안의 일부이다. 물음에 답하시오.

(나) 차시별 지도 계획안

단원	나의 진로		
단원목표	진로 과정을 이해하고 미래에 자신이 하고 싶은 일을 탐색한다.		
제재	희망하는 직업 살펴보기		
차시(단계)	활동내용	자료	교수지원
1차시 (ㄹ)	• '내가 희망하는 직업은 무엇인가?'를 지도하기 　- 학생 질문 1: 내가 배우고 싶은 것은 무엇인가? 　　　　…중략… 　- 학생 질문 4: 이것을 위해 내가 할 수 있는 것은 무엇인가?	• 동영상 • 직업 카드	• 선택하기 교수
2차시 (계획 및 실행)	• '내가 희망하는 직업을 가지기 위한 계획은 무엇인가?'를 지도하기 　- 학생 질문 5: 모르는 것을 배우기 위해 내가 할 수 있는 것은 무엇인가? 　　　　…중략… 　- 학생 질문 8: 나는 언제 계획을 실행할 것인가?	• 동영상 • 유인물	• 자기일정 계획 • 자기점검 전략
3차시 (ㅁ)	• '내가 희망하는 직업을 가지기 위해 배운 것은 무엇인가?'를 지도하기 　- 학생 질문 9: 내가 실행한 계획은 무엇인가? 　　　　…중략… 　- 학생 질문 12: 내가 알고 싶었던 것을 알게 되었는가?	• 동영상	• 자기평가 전략

4) (나)는 자기결정 학습을 위한 교수모델(Self-Determined Learning Model of Instruction: SDLMI) 3단계에 기초하여 작성된 차시별 지도 계획안의 일부이다. ㄹ과 ㅁ에 들어갈 단계명을 쓰시오. [2점]

　• ㄹ: _____

　• ㅁ: _____

(가)는 민지의 특성이고, (나)는 교육실습생과 지도 교사의 대화이다. 물음에 답하시오. [5점]

(가) 민지의 특성

- 간단한 문장을 읽고 이해할 수 있다.
- 자신의 의사를 간단하게 표현할 수 있다.
- 학교에서 배운 것을 일상생활에 잘 적용하지 못한다.

(나) 교육실습생과 지도 교사의 대화

교육실습생: 다음 국어시간에는 '바른 말 고운 말 사용하기' 수업을 역할 놀이로 진행한다고 들었어요. 선생님, 지적장애 학생을 교육할 때 어떤 점을 유의해야 할까요?

지 도 교 사: 교사는 ㉠ 결정적인 자료가 없는 한 학생을 수업활동에 배제하지 않고 교육적 지원을 계속해야 하고, 학교에서 배운 것이 학습 결과로 바로 나타난다고 생각하기보다 ㉡ 학생의 생활, 경험, 흥미 등을 중심으로 현재 필요한 것이면서 미래의 가정과 직업, 지역사회, 여가활동 등에 활용될 수 있는 생활 기술들을 지도해야 합니다.

교육실습생: 네, 감사합니다.

…(중략)…

교육실습생: 민지의 의사소통 능력 증진을 위한 교수 전략을 추천해 주실 수 있을까요?

지 도 교 사: 일상의 의사소통 상황을 자연스럽게 구조화하여 지속적인 반응적 상호작용을 통해 의사소통을 촉진하는 대화 중심의 교수법을 추천하고 싶습니다. ⎤ [A] ⎦

…(중략)…

교육실습생: 이 수업에 자기결정 교수학습 모델을 적용할 수 있을까요?

지 도 교 사: 네, 가능합니다. ㉢ 자기결정 행동의 구성요소 중에서 '학생이 학습 문제를 해결하도록 학생 스스로 말해 가면서 실행하는 것'과 같은 요소를 중심으로 지도하면 좋겠네요. 이 때 자기결정 교수학습 모델을 단계별로 적용하면 됩니다.

교육실습생: 네, 감사합니다.

3) ① ㉢에 해당하는 기술을 쓰고, ② 다음 ⓐ에 들어갈 말을 쓰시오. [2점]

자기결정 교수학습 모델		
구분	성취해야 할 학생의 과제	교수적 지원
1단계	나의 목표는 무엇인가?	선택하기 교수, 목표설정 교수
2단계	나의 계획은 무엇인가?	자기일정(계획), 목표달성 전략
3단계	ⓐ	자기평가 전략, 자기점검

- ①: _____

- ②: _____

(가)는 정신지체 학생 진아에 대해 통합학급 김 교사와 특수학급 박 교사가 나눈 대화 내용이다. 물음에 답하시오.

(가) 대화

김 교사: 이번에 ㉠ <u>자기결정</u>에 대한 연수를 받고 왔는데 내용이 어려웠어요. 박 선생님께서 자기결정 행동에 대해 설명해 주시겠어요?

박 교사: 네, 선생님, 자기결정 행동에는 여러 가지 구성요소가 있어요.

박 교사: (자기결정 행동의 구성요소를 메모지에 적으면서 자세하게 설명한다.)

> 〈메모 내용〉
> • 자신이 기대하는 결과를 성취할 능력이 있다고 믿는 것을 ㉡ '<u>효능성에 대한 긍정적 인식</u>'이라고 함
> • 가능한 정보들을 이용하여 문제에 대한 다양한 해결책을 찾아보고 구상하는 것을 ㉢ '<u>문제해결 기술</u>'이라고 함
> • 개인의 선호도를 확인하고 두 가지 이상의 선택 상황에서 자신이 선호하는 것을 분명하게 표현하는 것을 ㉣ '<u>선택하기 기술</u>'이라고 함
> • 자신의 강점이나 능력, 요구 등에 대해 합리적이며 정확하게 이해하는 것을 ㉤ '<u>자기옹호 기술</u>'이라고 함

…중략…

박 교사: 김 선생님, 지난번에 말씀드린 대로 진아는 슈퍼마켓에서 물건을 사는 데 어려움이 있어요. 그래서 진아에게 지역사회중심교수를 체계적으로 실시할 수 있는 (㉥)을(를) 적용하여 지도해보면 좋겠어요.

1) 위마이어(M. Wehmeyer)가 분류한 ㉠의 특성 4가지를 쓰시오. [1점]

• _____, • _____, • _____, • _____

2) ㉡~㉤ 중에서 설명에 맞지 <u>않는</u> 자기결정행동 구성요소 1가지를 찾아 기호를 쓰고, 설명에 맞는 구성요소로 고쳐 쓰시오.

[1점]

• _____

(가)는 통합학급 박 교사와 최 교사, 유아특수교사 김 교사가 지적장애 유아 은미와 민수의 행동에 대해 협의한 내용의 일부이고, (나)는 민수의 관찰 기록지이다. 물음에 답하시오. [5점]

(가)

[3월 23일]

김 교사: 은미와 민수가 통합학급에서 또래들과 잘 어울리고 있는지 궁금해요.

박 교사: 은미는 혼자 있는 걸 좋아하고 자기표현이 거의 없어요. 그래서인지 친구들도 은미와 놀이를 안 하려고 해요. 오늘은 우리 반 현지가 자기 장난감을 은미가 가져갔다고 하는데 은미가 아무 말도 하지 않아서 오해를 받았어요. 나중에 찾아보니 현지 사물함에 있었어요.

김 교사: 은미가 많이 속상해 했겠네요. ㉠ 은미가 자신에게 억울한 상황을 자신의 입장에서 분명하게 이야기할 수 있도록 지도해야겠어요. 최 선생님, 민수는 어떤가요?

최 교사: 민수가 활동 중에 갑자기 자리를 이탈해서 아이들이 놀라는 경우가 많아요. 그래서 친구들이 민수 옆에 앉지 않으려고 해요. 민수의 이런 행동은 이야기 나누기 활동에서 많이 나타나는 것 같아요.

김 교사: 선생님들의 말씀을 듣고 보니, 은미와 민수가 속해 있는 통합학급 유아들을 대상으로 ㉡ 또래지명법부터 해 봐야겠다는 생각이 들어요.

박 교사: 네, 좋은 생각이네요.

최 교사: 그런데 김 선생님, 요즘 민수가 자리이탈 행동을 더 많이 하는 것 같아서 걱정이 되네요.

김 교사: 그러면 제가 민수의 행동을 관찰해 보고 다음 주에 다시 협의하는 건 어떨까요?

최 교사: 네, 그렇게 하는 것이 좋겠어요.

[4월 3일]

최 교사: 선생님, 지난주에 민수의 행동을 관찰하기 위해 이야기 나누기 활동을 촬영하셨잖아요. 결과가 궁금해요.

김 교사: 네, ㉢ 민수의 자리이탈 행동의 원인이 선생님의 관심을 얻기 위한 것으로 확인되었어요.

최 교사: 그렇군요. 그러면 민수의 자리이탈 행동을 줄이려면 어떻게 해야 할까요?

김 교사: ㉣ 자리이탈을 하지 않고도 원하는 강화를 받을 수 있게 하여 문제 행동의 동기를 제거할 수 있는 전략을 적용해 보는 것도 좋을 것 같아요.

---

1) ㉠에 근거하여 은미에게 지도해야 할 자기결정 행동의 구성 요소를 쓰시오. [1점]

● _____

다음은 지적장애 특수학교 고등학교 과정에 다니는 자녀를 둔 학부모가 교육청 질의응답 게시판에 올릴 글이다. 전환교육의 개념과 「2015 개정 교육과정에 따른 특수교육 교육과정(교육부 고시 제2015-81호)」의 기본 교육과정에 비추어 학부모의 글에서 **틀린** 내용을 3가지 찾아 바르게 고쳐 서술하시오. [4점]

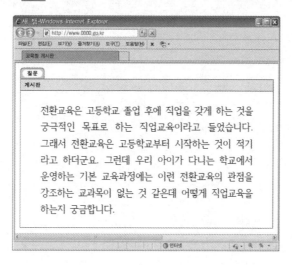

전환교육은 고등학교 졸업 후에 직업을 갖게 하는 것을 궁극적인 목표로 하는 직업교육이라고 들었습니다. 그래서 전환교육은 고등학교부터 시작하는 것이 적기라고 하더군요. 그런데 우리 아이가 다니는 학교에서 운영하는 기본 교육과정에는 이런 전환교육의 관점을 강조하는 교과목이 없는 것 같은데 어떻게 직업교육을 하는지 궁금합니다.

- _____
- _____
- _____

해커스임용 설지민 특수교육학
영역별 이론 + 기출문제 3

정답·해설

제9장 긍정적 행동지원

제1절 긍정적 행동지원의 이해

01

정답

2) 긍정적 행동지원

해설

■ 긍정적 행동지원

문제행동의 이유를 이해하고 문제행동이 왜 발생하는지에 대한 가설에 따라 개인의 독특한 사회적·환경적·문화적 배경에 적합한 종합적인 중재를 고안하는 문제해결 접근방법이다. 긍정적 행동지원의 가장 중요한 목표는 단기간에 문제행동을 감소시키는 것이 아니라 개인의 전반적인 삶의 질에 영향을 미칠 수 있도록 장기간에 걸쳐 지속되는 변화를 만들어 내는 것이다.

02

정답 ①

해설

㉠ 면담은 기능평가 단계 중에서 간접적인 방법에 해당하는 것으로, 면담 대상자는 학생의 특성이나 문제행동 파악에 도움을 주는 부모나 동료와 학생 본인을 대상으로 한다.

㉣ 긍정적 행동지원은 학생의 행동에 긍정적인 환경을 만들기 위해, 학교나 가족, 지역사회의 기능을 활용한 체계적인 방법이다. 따라서 긍정적 행동지원은 모든 학생을 대상으로 다양한 영역에서 결과를 향상시켜 문제행동은 감소시키고, 바람직한 행동은 향상시키는 학교 환경의 조성과 유지를 목표로 한다.

㉡ 긍정적 행동지원은 단기간에 문제행동을 감소시키는 것이 아니라 개인의 전반적인 삶의 질에 영향을 미칠 수 있도록 장기간에 걸쳐 지속되는 변화를 만들어 내는 것이다.

㉢ 기능분석에 대한 설명이다.

㉤ 기능평가에 대한 설명이다.

03

정답 ④

해설

㉠ 행동목표를 작성할 때 포함되어야 할 요소는 학습자(학생), 학생의 행동, 그 행동이 일어나는 상황의 조건, 목표가 되는 기준이며, 〈보기〉에는 조건과 기준이 생략되었고 구체적인 행동 용어로 진술되지 않았다.

➡ [아동/학습자]가 [조건]에서/할 때, [기준]수준으로 [행동] 할 것이다.

㉢ 가설을 설정할 때에는 아동의 이름, 선행사건, 문제행동, 문제행동의 기능을 포함해야 하나, 〈보기〉에는 문제행동의 기능이 생략되었다.

제2절 개별화된 긍정적 행동지원

04

정답

1) ① 장면번호: 2 → 1 → 3
  ② 이유: 문제행동의 우선순위는 문제행동의 심각성에 따라 '파괴행동 → 방해행동 → 경미한 방해행동' 순서로 설정한다.

2) 1. 바깥놀이 시간에 비가 와서 나가지 못하자 계속 운다(동일성에 대한 고집).
  2. 물컹거리는 찰흙을 만지기 싫어하며, 부드러운 천으로 만들어진 자신의 옷만 만진다(감각적 자극에 대한 비정상적인 반응).

3) 노력, 결과의 질, 결과의 즉각성, 결과의 일관성, 처벌 개연성 중 택 1

해설

1) 문제행동의 우선순위는 행동의 심각성이나 관심의 정도를 근거로 설정한다.

■ 문제행동 종류

파괴행동	자신이나 다른 사람에게 해가 되거나 위협적인 행동
방해행동	자신이나 다른 사람을 즉각적으로 해롭게 하는 것은 아니지만, 긍정적인 발달에 필요한 매일의 활동과 경험을 방해하는 행동
경미한 방해행동	자신의 나이에 일반적으로 기대되는 행동에서 벗어나지만 실제로는 학습과 매일의 활동 참여를 방해하지 않는 행동

2) 자폐성장애의 정의

▌DSM-5의 자폐성장애 진단기준 ▌

B. 제한적이고 반복적인 행동·흥미·활동을 보이며, 다음 중 적어도 두 가지가 현재 또는 이전부터 지속적으로 나타난다.
1. 상동적이거나 반복적인 동작, 사물 또는 말의 사용
   - 예 단순한 상동적 동작, 장난감을 길게 줄 세우기, 사물 흔들기, 반향어 사용, 특이한 어구의 사용 등
2. 동일성에 대한 고집, 판에 박힌 일과에의 집착, 언어 또는 비언어적 행동의 의례적(예배의식과 같은) 패턴
   - 예 작은 변화에도 과도하게 불안해함, 전이의 어려움, 경직된 사고패턴, 판에 박힌 인사하기 일과, 매일 동일한 일과 또는 동일한 음식 섭취에 대한 요구 등
3. 정도나 초점이 비정상적인 매우 제한적이고 한정된 흥미
   - 예 특이한 사물에 대한 강한 집착이나 몰두, 과도하게 한정된 흥미에의 몰두 등
4. 감각자극에 대한 둔감이나 민감반응 또는 환경의 감각 양상에 대한 특이한 감각적 관심
   - 예 고통 또는 온도에 대한 분명한 무감각, 특정 소리나 감각에 대한 혐오적 반응, 과도하게 냄새를 맡거나 과도하게 사물을 만짐, 빛이나 움직임에 대한 강한 시각적 흥미 등

3) 교체기술 선택 기준(반응의 효율성)

- **노력**: 학생이 습득해야 할 교체기술(예 요청하기)은 학생이 나타내고 있는 문제행동(예 때리고 뺏기)보다 최소한 더 어렵지 않아야 한다.
- **결과의 질**: 동일하거나 더 나은 결과를 가져와야 한다.
- **결과의 즉각성**: 초기에 교체기술을 사용했을 때 즉각적인 긍정적 반응을 받을 수 있어야 효과적이다.
- **결과의 일관성**: 학생이 교체기술을 사용했을 때 주변의 사람들이 일관되게 적극적이고 즉각적으로 반응해 주는 것이 필요하다.
- **처벌 개연성**: 문제행동에는 혐오적 결과가, 교체기술의 사용에는 언제나 긍정적 경험이 주어지도록 해야 한다.

---

05   **2016학년도 유아 A 1번 일부**

정답

2) 기능평가

해설

■ 기능평가

수동적 행동은 선행자극에 의해 통제되고, 조작적 행동은 강화와 벌의 3단계 유관을 구성하는 선행사건과 결과에 의해 통제된다. 기능평가는 문제행동과 기능적으로 관련 있는 선행사건과 결과에 관한 정보를 수집하는 과정이다. 기능평가는 어떤 문제행동이 왜 일어나는지를 결정하는 데 도움을 주는 정보를 제공해 준다. 기능평가를 수행하기 위해 사용하는 방법에는 면접과 질문지로 정보를 수집하는 '간접평가법', 관찰자가 발생하는 선행사건, 행동, 결과를 기록하는 '직접관찰법', 선행사건과 결과를 조작하여 이들이 문제행동에 미치는 영향을 관찰하는 '실험법'이 있다.

---

06   **2016학년도 초등 A 3번 일부**

정답

1) 반구조화된 면접은 미리 준비된 목록이 있으며, 비구조화된 면접은 특정 지침이 없다.

해설

■ 면접의 종류

비구조화된 면접	• 특정 지침 없이 면접자가 많은 재량을 가지고 융통성 있게 질문을 해나가는 것 • 전반적인 문제를 확인하는 데 유용할 수 있으며, 특정 영역을 심층적으로 다루고자 할 때나 아동의 문제가 즉각적인 의사결정이 필요할 정도로 심각한 상태일 때 특히 선호됨
반구조화된 면접	• 미리 준비된 질문 목록을 사용하되, 응답 내용에 따라 필요한 추가질문을 하거나 질문순서를 바꾸기도 하면서 질문을 해나가는 것 • 특정 심리적 관심사, 신체적 문제에 대한 자세한 정보를 얻고자 할 때 특히 유용함
구조화된 면접	• 미리 준비된 질문 목록의 순서에 따라 정확하게 질문해나가는 것 • 정신의학적 진단을 내리거나 연구 자료를 얻고자 할 때 유용함

---

07   **2015학년도 초등 A 2번 일부**

정답

1) 산점도(= 행동분포 관찰, 행동발생 분포도)

해설

행동분포 관찰은 '산점도'라고도 하며, 문제행동이 자주 발생하는 시간과 자주 발생하지 않는 시간대를 시각적으로 쉽게 알아볼 수 있도록 구성되어 있다. 행동분포 관찰을 통해 얻은 정보는 더욱 자세한 정보를 수집해야 할 시간대를 결정하는 데 도움을 준다.

---

08   **2018학년도 중등 A 11번 일부**

정답

- 산점도(행동 분포 관찰, 행동발생 분포도), 더욱 자세한 정보를 수집해야 할 시간대를 결정하는 데 도움을 준다.
- 아동의 행동이 많이 발생하는 시간대에 아동의 문제행동을 집중적으로 탐색하고 관찰함으로써 문제행동의 원인을 탐색한다.

해설

ⓒ 문제행동과 선행사건이나 후속결과의 관련성을 알려주기 때문에, 그 정보를 기초로 행동과 환경 사이의 관계에 대한 가설을 만들 수 있다.

■ 행동발생 분포도

주로 문제행동이 발생하는 시간과 당시 진행 중인 활동을 긴 시간 동안 관찰하여 기록한다. 분포도를 보면, 문제행동이 어떤 시간대에, 어떤 활동 중에 주로 발생하는지 그 경향성을 쉽게 파악할 수 있다. 분포도에 나타난 자료를 보고 특정 시간대에 진행 중인 활동이나 교육 프로그램 중에 문제행동을 유도하는 선행요인이 존재할 가능성을 추론할 수 있다. 따라서 치료자는 활동시간을 집중적으로 탐색하고 주의를 기울여 관찰함으로써 문제행동을 유도하는 변별자극을 비교적 쉽게 찾아낼 수 있다.

---

09   **2019학년도 초등 B 2번 일부**

정답

4) 더욱 자세한 정보를 수집해야 하는 시간대를 알려준다.
5) ⓐ: 교사가 다른 학생을 지도하거나, 은지에게 주의를 주지 않으면
   ⓑ: 관심을 얻기 위해

해설

■ 행동분포 관찰

문제행동이 가장 빈번하게 발생하는 시간을 찾기 쉽게 작성되어 있다. 행동분포 관찰은 '산점도'라고도 하며, 문제행동이 자주 발생하는 시간과 자주 발생하지 않는 시간대를 시각적으로 쉽게 알아볼 수 있도록 구성되어 있다. 행동분포 관찰을 통해 얻은 정보는 더 자세한 정보를 수집해야 할 시간대를 결정하는 데 도움을 준다.

---

10   **2021학년도 유아 A 3번 일부**

정답

2) ①: 행동 분포 관찰(산점도)
   ②: 신체적 접촉 회피

해설

■ 행동분포 관찰(= 산점도)
　– 문제행동이 자주 발생하는 시간대와 자주 발생하지 않는 시간대를 시각적으로 쉽게 알아볼 수 있도록 구성한다.
　– 행동분포 관찰로 얻은 정보는 더 자세한 정보를 수집해야 할 시간대를 결정하는 데 도움을 준다.

■ 문제행동의 기능

유쾌자극의 획득	혐오자극의 회피
❶ 유형물/활동의 획득	❹ 유형물/활동의 회피
❷ 사회적 자극의 획득	❺ 사회적 자극의 회피
❸ 감각 자극의 획득	❻ 감각 자극의 회피

❶ 유형물/활동의 획득

음식, 장난감, 게임과 같은 구체적인 물건이나 활동을 얻으려는 것이다. 이 경우, 문제행동은 얻고자 하는 유형물 또는 활동이 주어지는 정적 강화에 의해 유지된다.
　예 엄마를 따라 가게에 간 아동이 장난감을 사달라고 떼쓰는 것, 자폐 아동이 음식을 얻기 위해 손등을 물어뜯으며 소리를 지르는 것, 가지고 놀던 장난감을 친구가 가져갔을 때 장난감을 되돌려 받기 위해 징징거리거나 벽 또는 방바닥에 머리를 박는 것, 또래의 공놀이 활동에 끼고 싶어 공을 가로채는 것

❷ 사회적 자극의 획득

관심과 같은 사회적 자극을 얻으려는 것이다. 이 경우, 문제행동은 관심과 같은 사회적 자극이 주어지는 정적 강화에 의해 유지된다.
　예 교사의 관심을 끌기 위해 수업을 방해하는 것

❸ 감각 자극의 획득

생물학적인 내적 자극(예 약물+엔도르핀) 또는 감각적(예 시각적, 청각적, 촉각적) 자극을 얻으려는 것이다. 이 경우, 문제행동은 스스로 만들어 내는 자동적인 정적 강화에 의해 유지된다. 따라서 그 행동이 다른 사람이나 외부 환경에 미치는 분명한 영향이나 사회적인 결과가 없어도 감소하지 않고 꾸준히 지속되는 특성이 있다.
　예 자신의 눈 앞에서 손을 흔들거나 떠는 행동에서 나타나는 시각적 자극이 느낌을 좋게 하기 때문에 그런 행동을 하는 것

❹ 유형물/활동의 회피

어려운 과제, 싫은 요구와 같은 구체적인 활동을 피하려는 것이다. 이 경우, 문제행동은 싫어하는 활동을 제거해주는 부적 강화에 의해 유지된다.
　예 어려운 질문에 답해야 할 때 소리를 지르고 울면 질문을 취소해주는 것, 싫어하는 음식을 먹어야 할 때 팔목을 깨물면 그 음식을 제거해주는 것

❺ 사회적 자극의 회피

모든 사람이 자신을 바라보는 상황처럼 자신에게 주어지는 부정적인 사회적 자극(예 사회적 관심, 찡그린 얼굴 표정, 꾸중)을 피하려는 것이다. 이 경우, 문제행동은 부정적인 사회적 자극이 제거되는 부적 강화에 의해 유지된다.
　예 모두가 자신을 쳐다보는 상황에서 발표하는 것을 피하기 위해 징징거리면서 우는 행동

❻ 감각 자극의 회피

고통, 가려움 등과 같은 내적 자극이나 감각적인 자극을 피하려는 것이다. 이 경우, 문제행동은 고통스러운 내적 자극이 제거되는 부적 강화에 의해 유지된다.
　예 아동이 주변의 특정 소음이 듣기 싫어 머리를 심하게 흔들거나 귀를 틀어막는 행동, 자폐 아동이 누군가가 껴안아줄 때 안아주는 압력의 정도를 피하기 위해 상대방을 밀어내는 행동

정답

3) ㉣: 아동의 중재지원계획 개발에 필요한 선행사건과 후속결과에
대한 단서를 제공한다.

㉤: 수업을 직접적으로 방해하지 않으며, 비교적 사용하기가 쉽고,
시간 간격마다 행동 발생빈도를 기록하기 때문에 문제행동이 언
제 가장 많이 발생하는지 시간 흐름에 따른 행동 발생 분포를
알 수 있다.

해설

■ ABC 관찰기록법

ABC 자료수집 양식은 세 칸으로 나누어진다. 첫 번째 칸
에는 선행사건을, 두 번째 칸에는 문제행동을, 마지막 칸은
그 행동에 뒤따르는 후속결과를 기록한다. 종종 ABC 양식
의 세 칸에 소제목을 넣어 관찰자가 문제행동이 일어난 시
간, 문제행동이 일어났을 때 진행된 활동, 문제행동의 특징
등의 구체적 정보를 적게 한다.

일화기록과 마찬가지로 ABC 양식은 많은 정보를 제공하
지만, 작성하는 데 많은 시간이 소요된다. 한편 ABC 양식은
지원계획 개발에 필요한 선행사건과 후속결과에 대한 단서
를 제공한다는 장점이 있다.

■ 빈도기록법

수업을 직접적으로 방해하지 않고, 비교적 사용하기 쉽고,
시간 간격마다 행동 발생빈도를 기록하기 때문에 문제행동
이 언제 가장 많이 발생하는지 시간 흐름에 따른 행동 발생
분포를 알 수 있다는 장점이 있다. 그러나 행동의 빈도만 가지
고는 행동 형태가 어떤지 설명하지 못하고, 지나치게 짧은
시간 간격으로 자주 또는 오랜 시간에 걸쳐 일어나는 행동에
적용하기 어렵다는 단점이 있다.

정답

(가): ABC 관찰기록법

해설

ABC 관찰기록법의 목적은 정상 조건에서 문제행동과 관련된
직전 선행사건과 직후 결과를 기록하는 것이다.

정답

3) 영우의 지시를 거부하는 행동은 교사가 영우의 문제행동 기능에 따른
적절한 후속결과를 제공하지 못해서 부적강화되었다. 영우가 과제
자체를 회피하거나 과제를 수행하는 환경에서 벗어날 수 있도록 함
으로써 문제행동을 부적강화시켜, 영우의 문제행동이 계속 발생한다.

4) ①: ㉮ → 행동

②: ㉯ → 후속결과

해설

■ ABC 관찰카드의 활용

– 생태환경 요인과 전후맥락 요인을 관찰·기록한다. 문제
행동이 발생한 시간과 장소, 진행 중인 활동, 동석한 사람,
물리적 환경, 문제행동이 발생한 전후맥락 등을 자세히
살펴 기록한다.

– 문제행동 발생 직전에 일어난 일들로, 문제행동(B) 발생
에 직접적인 발단이 된 선행사건(A)들을 확인하여 기록
한다.

– 문제행동(B)이 어떤 형태로 발생하고 있는지 각각의 반응
을 구체적으로 기록한다.

– 문제행동이 발생한 직후에 일어난 후속사건(C)을 관찰
하여 기록한다. 문제행동이 발생했을 때 그 행동에 대해
누가, 무엇을, 어떻게 했는지를 자세하게 기록한다. 이는
문제행동을 강화하는 사회적 정적강화 또는 부적강화를
탐색하기 위한 것이다.

정답

1) ①: 기능분석

②: 교대중재 설계

해설

■ 기능분석과 기능평가

기능분석은 문제행동을 둘러싼 환경을 체계적으로 조작하
여 행동과 환경 사이의 기능적 관계를 입증하는 방법이다.
즉, 기능평가를 통해 알게 된 문제행동의 원인을 설명하는
가설을 실험적으로 검증하는 것이다.

기능평가는 행동의 선행사건과 후속결과를 찾아내는 다양
한 접근과정을 의미하고, 기능분석은 어떤 행동과 관련 있는
환경을 체계적이고 계획적인 방법으로 조작하여 그 행동을
통제하는 선행조건의 역할이나 그 행동을 유지하도록 하는
결과를 검증하는 방법을 의미한다.

기능평가를 위해 면담, 척도지 평가, 관찰 평가 등으로 정보를 수집해도 명확한 가설을 세우기 어렵거나 기능평가에 근거한 중재가 효과적이지 않다면, 행동과 환경변수 간의 관계를 검토하는 기능분석을 실시할 수 있다. 가설의 성립, 즉 문제행동과 환경의 기능적 관계에 대한 입증을 위해서는 선행사건이나 결과를 조작하는 기능분석을 해보아야 한다.

15

정답 ⑤

해설

⑤ **저빈도 행동 차별강화(DRL)**: 정해진 시간 동안 수업방해 행동이 설정된 기준보다 적게 발생할 경우, 학생이 좋아하는 활동을 허용한다. 따라서 DRL 계획은 일정한 시간이 필요하므로 단시간에 수업방해 행동을 감소시키기에 적절하지 않은 계획이다.

① **소거**: 강화 제거로 유기체의 반응이 더 이상 나타나지 않는 현상을 말한다.

② **대체행동 차별강화(DRA)**: 아동이 부적절한 행동 대신 미리 선정해둔 바람직한 대체행동을 할 경우에 강화를 제공함으로써 부적절한 행동을 감소시키는 전략이다.

③ **비유관 강화**: 목표로 하는 특별한 행동과 관계없이 학습자에게 강화가 제공되는 것이다.

④ **자발적 회복**: 문제행동이 소거된 후 자발적으로 회복하는 경우로, 문제행동이 자발적으로 회복되었을 때 강화를 받으면 일종의 간헐강화가 되어 소거는 더 어려워진다.

16

정답 ③

해설

① 숙제의 난이도를 조정하는 것은 선행사건 중재에 해당된다. 우선 민지가 숙제를 하지 않을 때 무시하는 것은 후속자극에 대한 중재에 해당하고, 숙제를 하지 않을 때 사회적 강화를 차단하는 무시는 민지의 문제행동 기능과 관련이 없는 중재이다. 소거는 아동의 문제행동을 지속시키는 유지변인을 차단하는 것이다.

② 숙제를 하지 않을 때 5분 동안 벽을 보고 서 있게 하는 것은 타임아웃을 적용한 것이다.

④ 매일 5분씩 시간을 늘리면서 해당 시간 동안 숙제를 하면 스티커(토큰)를 주는 것은 행동형성 전략에 해당된다.

⑤ 민지가 숙제를 하지 않으면 텔레비전을 볼 수 없도록 하는 것은 반응대가로, 민지가 선호하는 정적강화물(텔레비전 보기)을 철회하여 문제행동(숙제를 하지 않는 행동)을 감소시키는 것이다.

17

정답

1) 물건 얻기

2) 새로운 행동은 문제행동보다 빠르고 쉽게 기능을 달성해야 한다.

3) ③, 최 교사는 정우의 문제행동을 유지시키는 변인을 정확하게 파악하지 못하였다. 교사가 정우에게 적용한 방법은 '무시하기'로 소거의 일종이다. 소거는 문제행동을 강화시키는 변인을 제거하는 것인데, 이것이 정우의 '물건 얻기'라는 문제행동 기능에 적절하게 적용이 되려면 정우의 문제행동이 발생했을 때 그 뒤에 얻게 되는 물건을 얻지 못하게 하는 방법으로 적용되어야 한다.

4) 집단강화, 종속적·상호 종속적 집단강화의 경우 정우의 행동이 집단이 강화를 받는 데 영향을 미치게 된다. 정우가 이것을 알고 집단의 노력을 고의로 방해할 수 있다.

해설

1) 문제행동의 기능

기능	설명
관심	행동의 목적이 다른 사람의 관심을 끌기 위한 것 예 교사가 다른 친구를 도와주고 있을 때 친구를 때려서 교사를 자신 쪽으로 오게 한다.
회피	행동의 목적이 특정 사람이나 활동을 피하기 위한 것 예 그리기를 싫어하는 학생은 도화지를 찢음으로써 그리기를 하지 않아도 되기에 찢기 행동이 회피기능을 획득하게 만든다.
원하는 물건이나 활동 요구	행동의 목적이 원하는 것을 얻기 위한 것 예 어떤 학생은 친구를 때리고 친구가 가지고 노는 장난감을 뺏음으로써 원하는 것을 얻는다. 때로 원하는 것을 잃거나 원하는 활동이 끝나서 그것을 유지하기 위한 행동을 하기도 한다.
자기조절	행동의 목적이 자신의 각성 수준을 조절하기 위한 것 예 어떤 학생은 외부 자극에 대처하여 자신을 안정시키기 위해서 소리 지르기를 한다. 이는 '상동행동' 또는 '자기자극 행동'이라고 부른다.
놀이 또는 오락	자기조절과 유사하게 보이는 행동으로, 심심하거나 무료해서 놀이나 오락으로 행동을 하는 것 예 어떤 학생은 무료해서 습관적으로 자신의 손톱을 물어뜯는 행동을 한다.

2) 대체행동의 효율성

반응 효율성	새로운 행동은 문제행동보다 빠르고(효율성) 쉽게(효과성) 원하는 결과를 얻어야 함
반응 수용성	새로운 행동은 주변 환경 안에서 다른 사람들이 받아들여야 함
반응 인식성	새로운 행동은 친근한 사람이나 생소한 사람들이 쉽게 알아야 함

3) 소거는 문제행동을 강화하는 후속자극을 환경에서 제거하거나 차단함으로써 문제행동이 더 이상 강화될 수 없도록 조치하여 약화시키는 방법이다. 문제행동을 강화하고 유지시키는 후속자극이 밝혀지면 문제행동이 더 이상 강화될 수 없도록 소거전략을 사용하여 행동에 수반되는 정적강화나 부적강화를 차단하는 것이다.

■ 소거법 사용 시 고려할 사항
- 소거는 효과가 느리다는 점을 기억해야 한다.
- 소거 초기에 나타나는 행동의 증가현상에 대처한다.
- 소거 후에 나타나는 자발적 회복현상에 대처한다.
- 어떤 형태든 부적절한 행동에 관심을 보이면 안 된다.
- 소거 초기에 공격적 행동이 유발될 수 있다.
- 상반행동과 대체행동의 차별강화 전략을 병행하여 사용한다.
- 주변의 모든 사람이 소거계획에 협조할 수 있도록 사전에 동맹을 맺는다.

4) ■ 집단강화의 문제점

또래압력은 집단 유관에서 강력한 도구이다. 이는 매우 강력하기 때문에 집단 내 몇몇 구성원에게 부당한 압력이 되는 부작용을 나타내지 않도록 주의하여 사용해야 한다. 집단유관을 설정하는 데 가장 중요한 규칙은 집단 구성원 모두가 수행할 수 있는 표적행동을 설정하는 것이다. 이것이 위반되면 어떤 학생은 구어적·신체적으로 다른 또래의 학대 대상이 될 위험이 있고, 어떤 구성원은 집단의 노력을 고의로 방해하게 될 수도 있다.

■ 집단강화의 장점
- 집단강화는 시간 절약이라는 큰 이점을 가진다.
- 개별적인 행동관리가 어려운 상황에서 아주 편리하게 활용될 수 있다.
- 수업 분위기 와해와 같은 집단의 심각한 문제행동을 신속히 해결하는 데 효과적으로 활용된다.
- 또래를 행동치료자 및 행동관리자로 활용할 수 있어 또래압력과 영향력을 긍정적으로 극대화할 수 있다.
- 집단 내에서 긍정적인 사회적 상호작용과 행동적 지원을 촉진하는 데 효과적으로 활용할 수 있다.
  ➡ 후속자극으로 강화자극이 아닌 벌을 제공할 수도 있다. 단체기합이 그 예시인데, 이는 한 사람의 잘못으로 집단 전체에 벌을 주는 방법이다. 그러나 집단 내 개인이나 몇몇 사람의 행동에 따라 전체 구성원이 벌을 받는 제도는 집단의 응집력을 와해하고 개인을 집단으로부터 고립시키는 등의 많은 부작용을 유발하므로 신중하게 사용해야 한다.

---

18 〔2019학년도 유아 A 4번 일부〕

〔정답〕

3) 과제 회피

4) 손을 들고 도움을 요청하는 방법을 가르친다.

〔해설〕

3) 문제행동의 기능

기능	설명
관심	행동의 목적이 다른 사람의 관심을 끌기 위한 것 예 교사가 다른 친구를 도와주고 있을 때 친구를 때려서 교사를 자신 쪽으로 오게 한다.
회피	행동의 목적이 특정 사람이나 활동을 피하기 위한 것 예 그리기를 싫어하는 학생은 도화지를 찢음으로써 그리기를 하지 않아도 되기에 찢기 행동이 회피기능을 획득하게 만든다.
원하는 물건이나 활동 요구	행동의 목적이 원하는 것을 얻기 위한 것 예 어떤 학생은 친구를 때리고 친구가 가지고 노는 장난감을 뺏음으로써 원하는 것을 얻는다. 때로 원하는 것을 잃거나 원하는 활동이 끝나서 그것을 유지하기 위한 행동을 하기도 한다.
자기조절	행동의 목적이 자신의 각성 수준을 조절하기 위한 것 예 어떤 학생은 외부 자극에 대처하여 자신을 안정시키기 위해서 소리 지르기를 한다. 이는 '상동행동' 또는 '자기자극 행동'이라고 부른다.
놀이 또는 오락	자기조절과 유사하게 보이는 행동으로, 심심하거나 무료해서 놀이나 오락으로 행동을 하는 것 예 어떤 학생은 무료하기에 습관적으로 자신의 손톱을 물어뜯는 행동을 한다.

4) 교체기술

고려할 질문	목적과 제한점
문제행동과 동일한 기능으로 작용할 수 있는 기술은 무엇인가?	• 목적 문제행동과 동일한 결과를 가져올 수 있는 효과적인 방법을 학생에게 제공함 • 제한점 - 문제행동의 기능을 언제나 존중해 줄 수 있는 것은 아님 - 하나의 대체기술만으로는 문제상황(예 과제가 너무 어려운 경우)을 예방하거나 변형시키기 매우 어려움

---

19 〔2019학년도 중등 A 14번 일부〕

〔정답〕

㉠ 문제행동과 동일한 기능을 가진 바람직한 행동이다.

㉡ 대처 및 인내기술

〔해설〕

■ 세 가지 유형의 대체기술

❶ 교체기술

고려할 질문	목적과 제한점
문제행동과 동일한 기능으로 작용할 수 있는 기술은 무엇인가?	• 목적: 문제행동과 동일한 결과를 가져올 수 있는 효과적인 방법을 학생에게 제공함 • 제한점 - 문제행동의 기능을 언제나 존중해 줄 수 있는 것은 아님 - 하나의 대체기술만으로 문제상황(예 과제가 너무 어려운 경우)을 예방하거나 변형시키기 매우 어려움

❷ 대처 및 인내기술

고려할 질문	목적과 제한점
어떤 기술을 가르치는 것이 어렵고 즐겁지 않은 상황에도 적응하거나 대처할 수 있도록 학생을 도와줄 수 있을 것인가?	• **목적**: 변경이 어렵거나 불가능한 상황에서 사회적으로 수용 가능한 대처방법을 교수함 • **제한점** 　– 대개 이것 하나만으로는 효과적이지 않음. 원하는 성과를 얻을 수 있는 대처방법을 습득하거나 문제상황을 변화시킬 수 있을 때 (예 어려운 일을 할 수 있는 기술을 지니고 있는 경우) 더욱 잘 적용될 수 있음 　– **주의사항**: 대체기술이나 일반적인 적응기술을 가르치지 않거나 선행/배경사건을 변화시키지 않고 학생에게 불편한 상황을 견디도록 하는 것은 비윤리적임

❸ 일반적인 적응기술

고려할 질문	목적과 제한점
• 문제행동의 발생 가능성을 예방할 수 있는 관련 기술은 무엇인가? • 학생에게 의미있는 생활을 향상시킬 수 있는 기술은 무엇인가?	• **목적**: 문제 상황을 예방하고, 학생이 자신의 선호도와 흥미를 추구할 수 있도록 사회적, 의사소통적, 학업적 능력을 향상시킴 • **제한점** 　– 대체기술을 가르치는 것보다 많은 노력을 필요로 하는 교수 　– 즉각적인 필요에 의하여 먼저 대체기술의 학습이 필요할 수도 있음

20　　　　2020학년도 유아 B 4번 일부

[정답]

2) 1. 반응의 효율성
　2. 반응의 수용성

[해설]

■ 대체행동 선택 기준
　– 대체행동은 문제행동과 기능이 동일해야 한다.
　– 대체행동은 문제행동보다 힘을 덜 들이면서도 학생이 선호하는 결과를 즉각적으로 얻을 수 있어야 한다.
　– 학생의 주위 사람들로부터 사회적으로 수용될 수 있는 것이어야 한다.

21　　　　2020학년도 초등 B 1번 일부

[정답]

3) 학생이 습득해야 할 교체기술은 학생이 나타내고 있는 문제행동 보다 최소한 더 적은 노력으로 수행할 수 있다.

[해설]

■ 교체기술 선택 기준(반응의 효율성)
　– **노력**: 학생이 습득해야 할 교체기술(예 요청하기)은 학생이 나타내고 있는 문제행동(예 때리고 뺏기)보다 최소한 더 어렵지 않아야 한다.
　– **결과의 질**: 동일하거나 더 나은 결과를 가져와야 한다.
　– **결과의 즉각성**: 초기에 교체기술을 사용했을 때 즉각적인 긍정적 반응을 받을 수 있어야 효과적이다.
　– **결과의 일관성**: 학생이 교체기술을 사용했을 때 주변의 사람들이 일관되게 적극적이며 즉각적으로 반응해 주는 것이 필요하다.
　– **처벌 개연성**: 문제행동에 혐오적 결과가, 교체기술 사용에는 언제나 긍정적 경험이 주어지도록 해야 한다.

22　　　　2015학년도 초등 A 2번 일부

[정답]

4) 선행사건 중재

[해설]

선행/배경사건 중재에서는 문제행동을 일으키는 요인으로 알려진 특정한 사건들을 없애거나 수정하는 것은 물론, 바람직한 행동과 관련된 사건들을 수정하거나 증가시키거나 도입하기도 한다. 문제행동이 발생한 후에 후속결과를 조절하여 문제행동을 감소시키기보다 처음부터 문제행동의 발생을 예방할 수 있게끔 환경을 재구성하도록 구성된 것이다.

23　　　　2017학년도 유아 A 8번 일부

[정답]

1) ㉠: 증거기반 중재
　㉡: 중재충실도
2) ①: 좋아하는 활동자료를 선택할 수 있게 한다.
　②: 쉬는시간을 자주 제공한다.

[해설]

1) ■ 증거기반 중재
　　엄격한 연구방법을 통해 다양한 연구에 의해 효과성이 검증된 실제이다.
　■ 중재충실도
　　중재를 계획대로 얼마나 충실하게 실행했는지를 의미한다. 중재충실도를 알아볼 계획의 내용으로는 연구에서 실행된 중요한 절차가 얼마나 자주, 얼마나 정확하게 실행되는지를 어떻게 알아볼 것인가를 기술한다.
2) 도움을 요청하는 방법을 알려주는 것은 대체기술 교수 중 '대체행동 차별강화'에 해당하는 내용이다. 차별강화는 문제행동에 대한 반응을 의미한다.

24 2017학년도 유아 B 1번 일부

정답

2) 위기관리계획

해설

중재 노력에도 불구하고 학생에 따라 자신이나 다른 사람에게 해가 될 수 있는 매우 위험한 행동을 하거나 학교, 가정, 지역사회 활동을 심각하게 방해할 수 있는 고도의 방해적인 행동을 하는 경우가 있다. 이 경우 위기관리계획이 세워져야 한다. 위기관리계획은 교사, 부모, 기타 다른 사람이 잠재적으로 위험하거나 방해가 되는 행동을 발산시키고 학생과 다른 사람의 안전을 지키기 위해 따라야 하는 특정 단계를 설명한다.

제3절 응용행동분석 – 연구방법

25 2013학년도 초등 A 3번 일부

정답

1) 목표 1: 목표행동은 행동을 구체적으로 표현하는 명시적인 동사로 작성되어야 한다. 영진이의 첫 번째 행동 목표에서 '바르게 행동할 것이다.' 부분은 명시적 동사로 작성되지 않았다.

목표 2: 행동목표의 수락기준이 빠져 있다. 영진이의 행동목표에서 수락기준이 작성되지 않아 목표달성 여부를 확인하기가 어렵다.

해설

■ 메이거의 목표진술 양식

목표진술에 있어 세 가지 조건을 만족해야 한다.
– 도착점 행동(명시적 동사로 작성)
– 그 행동이 나타나는 상황이나 조건의 명시
– 수락 기준

26 2015학년도 초등 B 4번 일부

정답

4) 수학시간에 1,000원과 5,000원 지폐가 주어지면 10번 중 9번 이상 1,000원과 5,000원 지폐를 변별할 수 있다.

해설

■ 메이거의 목표진술 양식

목표진술에 있어 세 가지 조건을 만족해야 한다.
– 도착점 행동(명시적 동사로 작성)
– 그 행동이 나타나는 상황이나 조건의 명시
– 수락 기준

27 2018학년도 유아 A 1번 일부

정답

2) 1. 조건 – 교사가 숟가락을 잡은 진수의 손을 잡고 입 주위까지 가져다 주면
2. 기준 – 3일 연속으로 10회 중 8회
3. 행동 – 음식을 입에 넣을 수 있다.

해설

행동목표를 작성할 때 포함해야 할 4가지 구성요소는 '학습자(학생), 학생의 행동, 행동이 일어나는 상황의 조건, 목표가 되는 기준'이다.

28 2013학년도 유아 추시 A 7번 일부

정답 3) 신뢰도

해설

■ 조작적 정의

관찰할 행동은 관찰 가능하고 구체적이어야 한다. 행동의 관찰이 가능하다는 것은 행동 측정이 가능하다는 것을 의미한다. 바꾸어 말하면 관찰할 행동은 관찰 가능하고 측정 가능한 용어를 사용하여 조작적으로 정의해야 한다. 어떤 행동에 대한 정의가 없거나 그 정의가 주관적이어서 관찰자마다 다른 정의를 가지고 있다면 신뢰할 만한 관찰과 평가를 기대하기 어렵다. 똑같은 행동이라도 정의가 다르면 서로 다른 평가를 하게 된다. 따라서 서로 다른 관찰자가 하나의 행동을 보고 행동이 발생했는지에 대해 서로 동의할 수 있으려면 행동의 조작적 정의가 필요하다. 이뿐만 아니라 같은 관찰자가 행동을 관찰할 때도 관찰할 행동이 발생했을 때 다른 행동과 변별할 수 있으려면 행동의 조작적 정의가 필요하다. 객관적 관찰과 측정을 용이하게 하는 행동의 조작적 정의가 있으면 행동에 대한 구체적 교수목표를 세울 수 있고, 목표의 달성 여부를 객관적으로 측정할 수 있으며, 중재 효과를 평가하여 행동과 중재 프로그램 사이의 기능적 관계를 입증할 수 있다.

29 2020학년도 유아 B 2번 일부

정답

1) ①: 빈도
②: 오늘도 스무 번은 지른 것 같아요.

해설

■ 행동의 직접적 측정단위 – 빈도

횟수/빈도는 행동이나 사건이 일어난 횟수를 계수하는 방법이다. 빈도로 행동을 측정하는 경우 관찰할 행동의 시작과 끝이 분명하여 각 행동의 발생 여부를 구별할 수 있어야 한다.

정답

1) ㉠: 조작적 정의
   ㉡: 관찰자 간 신뢰도
2) 관찰 간격을 짧은 시간 간격으로 나누고, 시간 간격 동안 지속적으로 발생했을 경우 기록한다.
3) ①: 순간시간 표집
   ②: 관찰 간격을 짧은 시간 간격으로 나누고, 각각의 시간 간격이 끝나는 순간에 행동이 발생했을 경우 기록한다.

해설

■ **조작적 정의**

표적행동의 현재 수준이나 중재효과를 평가하려면 학생의 행동을 관찰하고 평가할 수 있어야 한다. 행동을 관찰하고 평가하기 위해서는 먼저 무엇을 관찰하고 어떻게 측정할지 결정해야 한다. 그러려면 관찰할 행동은 관찰 가능하고 구체적이어야 한다. 행동의 관찰이 가능하다는 것은 행동의 시작과 끝이 분명하다는 것이며, 행동이 구체적이라는 것은 행동의 측정이 가능하다는 것을 의미한다. 즉, 관찰할 행동은 관찰 가능하고 측정 가능한 용어를 사용하여 조작적으로 정의해야 한다.

■ **관찰자 간 신뢰도(= 관찰자 간 일치도)**

관찰과 측정의 일치란 같은 것을 측정할 때 일관되게 같은 결과를 산출할 수 있는 정도를 말한다. 관찰 일치도가 높은 관찰은 자료가 관찰자에 따라 달라지지 않고, 같은 관찰자가 동일한 방법으로 다시 관찰해도 같은 결과를 얻을 수 있는 것을 말한다. 같은 행동에 대해 누가 관찰하든 언제나 같은 해석을 할 수 있을 때 관찰자 간 신뢰도가 높다고 한다.

■ **관찰자 간 신뢰도를 높이는 방법**

- 관찰자 간 신뢰도를 높이기 위해서는 관찰자가 중재목적을 모르는 것이 좋다. 중재목적을 알고 있을 경우, 중재효과를 의식하여 관찰에 영향을 미칠 수 있기 때문이다.
- 관찰장소에서 관찰을 시작하기 전에 관찰자 훈련을 하는 기간에 높은 관찰 일치도 기준을 설정하여 관찰훈련을 하는 것이 좋다. 보통 90% 이상의 관찰 일치도를 목표로 훈련할 것을 권한다. 관찰자를 훈련할 때에는 가능한 한 실제 상황에서 훈련한다. 실제 상황의 관찰이 어려울 경우 관찰내용을 녹화한 비디오 테이프를 이용할 수도 있다.
- 훈련이 끝나고 관찰을 시작한 후에도 관찰자 간의 관찰 일치도를 정기적으로 조사해야 한다. 중재가 시작된 후 관찰하는 도중에 관찰자의 관찰 기준이 바뀌지 않았는지 검토하는 것이 필요하다. 이렇게 관찰자의 관찰 기준이 점진적으로 바뀌는 현상을 '관찰자 표류(observer drift)'라고 한다. 관찰자가 두 명 이상이라면 관찰 도중에는 두 관찰자가 서로 영향을 받지 않도록 관찰자 간의 접촉을 최소화하는 것이 좋다. 또한 관찰자가 수시로 관찰 기준을 점검할 수 있도록 표적행동의 조작적 정의와 관찰 기준에 대한 성문화된 안내지를 작성하는 것이 필요하다. 일반적으로 관찰자 간 신뢰도는 85% 이상을 요구한다.
- 직접 관찰은 자연스러운 상태에서 학생의 행동을 관찰한다는 데 큰 의의가 있다. 직접 관찰을 하게 되면 학생은 다른 사람이 자신의 행동을 관찰한다는 것을 의식하여 행동을 더 잘하게 되거나 긴장하여 더 못하게 될 수가 있다. 이러한 현상을 '반동(reaction)'이라고 하는데, 반동의 영향을 감소시키기 위해서는 비디오 카메라를 설치하여 학생의 행동을 녹화한 후 비디오테이프를 통하여 관찰할 수 있다. 또한 비디오카메라를 사용하거나 관찰자가 직접 관찰하여 학생이 관찰 과정에 익숙해지는 적응 기간을 두어 자신의 행동이 관찰된다는 사실을 의식하지 않도록 한다.

정답 ③

해설

③ 전체간격 기록 시에는 표적행동의 유지가 이루어진 구간을 찾아 기록한다.

> - **전체간격 기록법** = 지속적 기록 구간/전체 구간 × 100
> - **지속적 기록 구간**: 40~50, 50~60, 60~70, 70~80

➡ $\dfrac{4}{12} \times 100 = 33.3$, 따라서 33.3%이다.

① 전체간격 기록법은 행동의 유지 여부가 중요한 경우에 사용된다.
② 순간표집 기록법으로 상동행동을 관찰하면 행동 발생률은 41.7%이다.
  ➡ 전체 12칸(120초) 중 5칸(50초)에서 발생
    $5/12 \times 100 = 41.7\%$
④ 부분간격 기록법에 의해 상동행동을 관찰하면 행동발생률은 50%이다.
  ➡ 6(30~40, 40~50, 50~60, 60~70, 70~80, 80~90)/12 × 100 = 50%
⑤ 전체간격 기록법은 공부하기, 주의집중하기, 손가락 빨기 등과 같이 한번 시작되면 상대적으로 오래 지속되는 행동을 측정 대상으로 한다. 순간시간표집법은 관찰시간을 분 단위로 표집하기 때문에 발생비율이 낮고 지속시간이 짧은 행동의 관찰방법으로는 적당하지 않고, 학습과제, 교육활동과 같이 비교적 장시간 지속되는 특성을 가진 행동을 관찰할 때 많이 사용된다.

32
2011학년도 중등 21번

정답 ③

해설

$$총\ 간격\ 일치도(\%) = \frac{일치간격의\ 수}{일치간격의\ 수 + 불일치간격의\ 수} \times 100$$

➡ 27/30 × 100 = 90, 따라서 90%이다.

33
2019학년도 초등 A 4번 일부

정답 4) 50%

해설

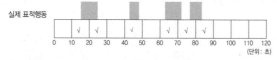

➡ 6/12 × 100 = 50, 따라서 50%이다.

34
2013학년도 초등 A 3번, 2013학년도 유아 A 1번 일부

정답

3) ① 빈도기록법(사건기록법)
　② 관찰길이가 각기 다른 기간 동안 행동의 발생횟수를 비교할 수 있다.

해설

■ 사건기록법

시작과 끝이 분명하고 비교적 짧은 시간에 발생했다가 사라지는 독립적 행동을 측정할 때 주로 사용된다. 예컨대, 수업 중에 급우를 때리는 것, 소리 지르는 것, 단어를 틀리게 읽는 것 등은 시작과 끝이 분명하고, 짧은 시간에 다른 행동과 상관없이 독립적으로 발생한다. 이러한 행동의 출현 여부를 쉽게 판단할 수 있고, 몇 번이나 출현했는지 그 발생빈도를 정확히 셀 수 있다.

■ 빈도(= 비율)

일정한 단위시간당 발생한 반응의 횟수가 보고된 측정치를 '빈도' 또는 '비율'이라고 한다. 빈도는 발생횟수와 같은 것으로 보이지만, 두 측정치 간의 차이는 시간 개념의 개입 여부에 따라 구분된다. 대부분의 응용행동분석 보고서에서 반응의 비율과 빈도는 동일한 의미로 사용되는 경우가 많은데, 실제로 대부분의 연구에서 반응의 발생빈도를 측정할 때 항상 미리 정해진 일정한 실험시간 내에서 발생한 반응의 수를 관찰하기 때문이다. 그러나 때로는 실제 관찰시간의 길이가 각 관찰회기마다 다른 상황에서 행동의 발생빈도를 관찰할 수 있다.

35
2013학년도 중등 추시 B 2번 일부

정답

3) 지속시간 백분율: 35%
　　평균 지속시간 일치도: 85%

해설

■ 백분율

동일한 양적 특성을 대비시켜(반응횟수 ÷ 반응횟수, 지속시간 ÷ 지속시간) 얻은 비율을 의미하는 것으로, 전체를 100으로 가정하여 환산한 통계치 10문제 중 정답의 수는 8개이고 오답의 수는 2개라면 정답의 백분율은 (8 ÷ 10) × 100으로 80%가 되고, 오답의 백분율은 (2 ÷ 10) × 100으로 20%가 된다.

➡ (14 ÷ 40) × 100 = 35, 따라서 35%이다.

■ 평균 지속시간 일치도

총 지속시간 일치도의 단점을 보완하고 관찰자간 일치도의 신뢰성을 높이기 위하여 고안된 보다 보수적이고 의미 있는 관찰 일치도로, 두 관찰자에 의하여 측정된 각 표적행동의 발생당 지속시간의 관찰 일치도를 먼저 계산한 다음 그 평균치를 계산한다.

➡ (75% + 100% + 80%) ÷ 3 = 85, 따라서 85%이다.

■ 총 지속시간 일치도

한 관찰회기 중에 두 관찰자에 의하여 측정된 각각의 전체 지속시간을 상호 비교하여 백분율로 환산한 것이다.

$$총\ 지속시간\ 일치도(\%) = \frac{작은\ 수치의\ 전체\ 지속시간}{큰\ 수치의\ 전체\ 지속시간} \times 100$$

36
2020학년도 중등 B 3번

정답

• 행동형성법
• 고정 지속시간 강화계획
• 지속시간 기록법, 관찰해야 하는 행동적 특성이 계속해서 의자에 앉아 있는 것으로 지속되는 시간의 길이를 측정하는 지속시간 관찰기록법이 적절하다.

해설

■ 행동형성법

도달점 행동을 향한 점진적 접근을 차별 강화하는 방법이다. 도달점 행동은 행동형성의 최종목표를 의미하는 것으로서, 표적행동의 형태, 빈도, 지연시간, 지속시간 또는 강도 등의 특성이 일정한 기준에 도달한 상태를 일컫는다.

■ 지속시간 강화계획
표적행동을 일정 시간 동안 계속해야만 강화가 제시된다.

고정 지속시간 강화계획	학생이 표적행동을 일정한 시간 동안 지속했을 때 강화가 주어지는 것 예 5분동안 의자에 앉아 있을 때마다 강화가 주어진다.
변동 지속시간 강화계획	학생이 표적행동을 평균 지속시간 동안 지속하면 강화가 주어지는 것 예 지속시간을 3분, 6분, 5분, 4분, 7분으로 설정하여 강 화를 한다.

■ 지속시간 기록법
표적행동이 시작될 때의 시간과 끝날 때의 시간을 기록하여
행동이 지속된 시간을 계산하여 기록하는 방법이다. 행동이
지속되는 시간 길이에 관심 있을 때 사용할 수 있다. 지나치
게 짧은 시간 간격으로 발생하는 행동에는 적용하기 어렵고,
행동의 강도를 설명해 주지 못한다는 단점이 있다.

37   2015학년도 중등 A (기입형) 6번

정답
①: 손바닥을 퍼덕이는 행동은 발생빈도가 너무 높아서 눈으로 표적
  행동을 정확히 관찰기록할 수 없다.
②: 간격기록법

해설
　빈도(사건)기록법은 시작과 끝이 분명하고 비교적 짧은 시간에
발생했다가 사라지는 독립적 행동을 측정할 때 주로 사용된다.
하지만 시간적으로 비교적 장시간 지속되는 행동을 측정할 때
사건기록법은 적절하지 않다. 또한 그 행동의 발생빈도가 너무
높아 관찰·기록하기 어려울 때에도 사용하기 어렵다.
예 아주 빠른 눈 깜박임을 측정할 때, 빠르게 움직이는 몸동작
을 관찰·기록할 때
　간격기록법은 사건기록법을 사용하기 어려운 경우에 사용될
수 있다. 사건기록법을 적용하기 어려운 경우란 많은 아동을 관
찰하거나, 한 학생의 여러 행동을 관찰하는 경우, 행동의 빈도
가 매우 높거나 지속시간의 변화가 심한 경우이다.

38   2015학년도 초등 A 2번 일부

정답
5) ⓜ: 지속시간 백분율
　ⓗ: 60%

해설
ⓜ 관찰방법에 따른 자료요약

관찰기록 방법	자료요약 방법	예
지속시간 기록	시간의 누계 평균 시간 백분율	• 50분 중 35분 동안 자리이탈 • 평균 과제집중 시간 4분 • 관찰시간의 20% 동안 협동놀이

$$\dfrac{8+4+7+5}{40} \times 100 = 60, \text{ 따라서 } 60\%\text{이다.}$$

39   2021학년도 중등 B 7번 일부

정답
• ㉠: 관찰자 표류
　㉡: 관찰자가 다른 사람이 자신의 행동을 관찰한다는 것을 의식하여
　행동을 더 잘하게 되거나 긴장하여 더 못하게 되는 현상
• 총 지연시간 관찰자 일치도 = 96%
　평균 발생당 지연시간 관찰자 일치도 = 90%

해설
■ 관찰과 측정의 정확성과 일치도를 높이는 방법
❶ 관찰과 측정에 대한 반응성
　직접 관찰은 자연스러운 상태에서 연구 대상의 행동을
관찰한다는 데 큰 의의가 있는데, 직접 관찰을 하면 연구
대상이 자신의 행동을 다른 사람이 관찰한다는 것을 의
식하여 행동을 더 잘하거나 오히려 긴장하여 더 못할 수
도 있다. 이 현상을 반응성(reaction)이라고 하는데, 관
찰대상의 반응성을 감소시키기 위해서는 연구대상의 행
동을 비디오카메라로 녹화한 후 비디오테이프를 통해 관
찰할 수 있다. 또한 비디오카메라를 사용하든 관찰자가
직접 관찰하든 연구대상이 관찰과정에 익숙해지는 적응
기간을 두어 자신의 행동이 관찰된다는 사실을 의식하지
않도록 할 수 있다. 실제 관찰이 시작되기 며칠 전부터
관찰자가 교실에 가 있거나 비디오카메라를 설치해두어
실제 관찰이 시작될 때 연구대상이 관심을 기울이지 않
게 하는 것이다. 이 반응성은 관찰자에게서도 나타난다.
일반적으로 관찰자는 관찰 일치도를 검사한다는 사실을
알고 있을 때, 그렇지 않을 때보다 정확한 관찰을 한다.
❷ 관찰자 표류(observer drift)
　시간이 흐르면서 관찰자의 관찰 기준이 점진적으로 바뀌
는 현상을 의미한다. 관찰자가 행동에 대한 원래 정의로
부터 바람에 떠밀리듯 표류하게 된다는 것이다. 이를 막
기 위해 관찰자가 2명 이상이면 관찰 도중에는 두 관찰
자가 서로로부터 영향을 받지 않도록 관찰자 간의 접촉
을 최소화하는 것이 좋다. 아니면 중간중간 새로운 관찰
자를 이용해 관찰자 간 일치도를 구하여 관찰자 표류 현
상이 드러나게 하는 방법도 있다. 또한 관찰자가 수시로
관찰 기준을 점검할 수 있도록 표적 행동의 조작적 정의
와 관찰 기준에 대한 성문화된 관찰 지침서를 작성하고,
필요하면 연구 도중에도 관찰자 훈련을 다시 반복한다.
❸ 관찰자의 기대
　관찰자가 중재의 목적을 알고 있거나 연구자로부터 관찰
에 대해 피드백을 받는 경우, 중재 효과를 의식하여 관찰
기준이 느슨해질 수 있다. 그러므로 관찰자는 중재 목적
을 모르는 것이 좋다.

❹ 관찰의 복잡성 정도

한 관찰자가 여러 행동을 관찰해야 하거나 관찰 과정이 복잡하다면 일관성 있는 관찰을 기대하기 어려울 수 있다. 그러므로 관찰과 측정의 일치도를 높이고 정확한 관찰이 이루어지려면 관찰자를 훈련해야 한다. 먼저, 관찰자에게 무엇을 관찰하고, 어떻게 기록할 것인지, 즉 관찰 내용, 관찰 방법, 관찰 규칙 및 기록 방법을 훈련해야 한다. 관찰자 훈련은 관찰해야 할 표적 행동에 대한 정의를 설명하고, 관찰 부호에 대해 해당하는 행동의 예와 그렇지 않은 예를 들어 설명하는 것으로 시작한다. 그 다음에 관찰 도구 사용법과 관찰과 기록 방법을 가르친다.

■ 일치도

– 총 지연시간 일치도: 24/25 × 100 = 96으로, 96%
– 평균 발생당 지연 시간 관찰자 일치도: (6/6 × 100) + (8/10 × 100) + (9/10 × 100)/3 = 90으로, 90%

40

정답

5) 통제제시 기록법(반응기회 기록법)

해설

■ 통제제시 기록법

❶ 개념

– 사건기록법을 변형한 것으로, 교사가 학생이 행동을 수행할 기회의 수를 조절하거나 구조화하는 것이다. 기회 또는 시도의 횟수를 미리 결정하여 각 회기에서 제시하는 방식이 가장 많이 사용된다.
– 시도(trial)는 확인할 수 있는 시작과 끝을 가지기 때문에 불연속적 발생으로 간주된다. 시도는 '선제자극, 반응, 결과자극(S-R-S)'의 세 가지 행동적 요소로 정의된다. 선제자극의 제시(일반적으로 구어적 단서)는 시도의 시작을, 결과자극의 제시(강화, 교정, 벌)는 시도의 종료를 의미한다.

– 예를 들어, 교사가 회기 내에서 학생이 요구에 반응할 기회나 시도를 10회 제공하는 것으로 정하는 것이다. 각 시도에 대해 정반응인지 오반응인지를 기록한다. 통제 제시는 교사가 단순하게 각 회기의 정반응 수를 확인함으로써 진전을 점검할 수 있도록 한다.
– 교사가 단순히 각 회기의 정반응 수를 확인함으로써 진전을 점검할 수 있도록 해준다.

❷ 시도 후 유의사항

각 시도 후에 정반응에 해당되는 시도 번호에 동그라미(o)를, 오반응에 해당되는 시도 번호에 슬래시(/)를 표시한다. 각 회기 후에 다음 절차를 진행한다.

– 정반응 수를 합한다.
– 각 회기 세로줄에 있는 숫자 중 정반응 수에 해당하는 수를 찾아 네모를 친다.
– 이 자료양식에 직접 그래프를 그리기 위해 네모 쳐진 수들을 회기에 따라 연결하여 학습곡선을 그린다.
– 오른쪽 세로줄은 회기별 정반응 수(네모 쳐진 수)를 백분율로 전환해 볼 수 있다. 한 회기의 20회 시도 중 정반응 시도 수가 8이라면, 마지막 세로줄을 보았을 때 그것이 40%임을 알 수 있다.

41

정답
• 통제제시 기록법(반응기회 기록법)

해설

■ 통제제시 기록법

사건 기록법을 변형한 것이다. 이 방법에서는 교사가 학생이 행동을 수행할 기회의 수를 조절하거나 구조화한다. 기회 또는 시도의 수를 미리 결정하여 각 회기에서 제시하는 방식이 가장 많이 사용된다.

42

정답

2) 지속시간, 위치

해설

■ 행동의 차원

차원	정의	예
빈도	행동의 발생 수	영희는 45분 동안 읽기 수업시간에 일곱 번 옆 친구들과 소리 내어 이야기한다.
지속시간	행동이 지속되는 시간 길이	철수는 교사와 평균 5분씩 논쟁을 한다.
지연시간	선행자극과 반응행동의 시작 사이에 걸리는 시간 길이	민수는 교사의 지시를 받은 후, 지시를 따르기 시작하는 데 7분이 걸린다.

차원	정의	예
위치	행동이 일어난 장소	영우는 거의 언제나 통학 버스에서 친구와 싸운다.
형태	반응행동의 모양	인철이는 싸울 때 두 주먹으로 다른 아동의 얼굴을 친다.
강도	행동의 힘 또는 세기	영혜가 지르는 소리는 87데시벨이다. 영혜가 교실에서 소리를 지르면 20m가 떨어진 교실에 있는 사람이 들을 수 있다(기계로 행동의 강도를 직접 측정하는 경우와 간접적으로 행동이 환경에 미치는 정도를 측정하는 경우가 있다.)

43   2017학년도 유아 B 1번 일부

정답
1) 1. ㉠, 교사는 주관적 해석을 배제한 채 보이는 사실만을 기술한다.
   2. ㉣, 관찰 결과의 타당도와 신뢰도를 높이기 위하여 '자주'와 같은 모호한 표현을 쓰지 않는다.

해설
㉠ 관찰한 아동에 대한 관찰자의 느낌이나 해석과 실제 일어난 사실은 구별하여 기록한다.
㉣ 관찰하는 행동을 명세적으로 정의하고, 관찰된 행동을 객관적으로 서술한다.
■ 일화기록법 사용 시 주의할 점
 - 사건이 생긴 즉시 기록하는 것이 바람직하다. 시간이 지나면 기억이 뚜렷하지 않거나 관찰자의 편견이 들어갈 가능성이 많아진다. 사건 발생 즉시 기록하기 위해서 관찰자는 메모지와 필기구를 몸에 지니고 다니거나 손이 닿기 쉬운 일정한 장소에 두어야 한다.
 - 관찰된 행동을 사실적·객관적으로 기록한다. 관찰자의 주관적 해석을 덧붙이고 싶은 경우에는 객관적 관찰 내용과 분명히 구분하기 위하여 따로 칸을 나누거나 다른 색깔의 펜으로 기록하거나 밑줄을 긋는 것이 좋다. 일화 관찰기록법의 가치는 사건에 대한 객관적 사실의 기록에 있다.
 - 유아에 대한 각각의 일화는 독립적으로 기록한다. 즉, 하나의 일화 관찰기록은 하나의 사건을 기록하는 것이어야 한다. 이러한 일화 관찰기록을 누적하여 보존하면 유아의 행동 패턴에 대한 판단이 가능해진다.
 - 관찰 대상 유아의 행동과 말을 구별하여 기록한다. 관찰 대상 유아의 말을 기록할 때는 인용부호(" ")를 사용하여 말한 내용을 그대로 기록한다. 즉, 구어적 표현과 비언어적 표현을 구분하여 기록해야 한다. 예컨대 '현선이가 새 옷을 자랑하듯 외치며 교실로 뛰어 들어왔다.'는 표현보다는 '현선이가 "이것 좀 보세요. 엄마가 사 주신 새 옷이에요."라고 외치면서 교실로 뛰어 들어왔다.'는 표현이 적절하다. 관찰 대상인 유아와 상호작용하는 사람들의 말은 인용부호(" ")를 사용하여 말한 내용을 그대로 기록한다.

44   2020학년도 유아 B 1번 일부

정답
1) 1. 관찰시간이 상대적으로 짧고, 정해진 관찰시간이 없다.
   2. 관찰자에게 의미 있는 행동이나 영역을 중심으로 관찰·기록한다.

해설
■ 일화기록
 구체적 일화, 즉 행동 사례를 될 수 있는 대로 상세하고 구체적으로 기록하는 방법이다. 유아에 대한 관심 행동을 중심으로 직접 관찰하여 관찰된 내용을 이야기식으로 기록하는 것으로, 일정한 형식이 없는 비공식적인 방법이다.
 표본기록법보다 관찰시간이 상대적으로 짧고, 정해진 관찰시간이 없다는 점에서 표본기록법과 다르다. 또한 일화기록법은 관찰자에게 의미있는 행동이나 영역을 중심으로 관찰하고 기록하지만, 표본기록법은 특정 관심 영역을 두지 않고 유아의 여러 행동 유형과 범위를 알아보기 위해 관찰한다.

45   2017학년도 초등 B 1번 일부

정답
2) ①: 행동결과물 중심 관찰기록(영속적 산물기록)
   ②: 즉시 기록하지 않으면 다른 사람이 행동 결과를 치워버릴 수 있다.

해설
■ 영속적 행동결과 기록
 행동의 결과가 반영구적으로 남는 것을 관찰할 때 사용할 수 있는 것으로, '수행결과물 기록'이라고도 한다. 이 방법은 관찰할 행동과 그 행동의 결과가 무엇인지 정의한 다음, 행동이 결과를 일으키는 시간에 그 결과를 관찰하는 방법이다. 영속적 행동결과 기록방법으로 측정할 수 있는 행동의 예로 학생시험 답안지, 학생이 집어던진 연필의 수, 학생이 훔친 지우개의 수, 손을 씻은 후 비누통에 남아 있는 물비누 양, 담배꽁초의 수 등이다.
■ 영속적 행동결과 기록의 단점
 즉시 기록하지 않으면 다른 사람이 행동 결과를 치워버릴 수 있고 학생 행동의 강도, 형태, 시간 등을 설명하지 못한다.

46   2009학년도 초등 35번

정답 ⑤

해설
㉢ 양분선 - 자료점들을 좌우로 2등분한다.
㉠ 중간 자료점을 기준으로 좌우 양분한다.
㉢ 중앙치를 기준으로 상하 양분한다.
㉣ 사분교차 진행선을 그린다.
㉡ 양분 진행선을 그린다.

47 ── 2011학년도 중등 19번

정답 ⑤

해설

ⓒ 기초선과 중재의 추세 방향성이 달라 안정성이 높은 그래프이다.

ⓔ 기초선과 중재에서 나타난 점들이 서로 중복이 되지 않고 확실하게 분리되어 있다. 실험조건의 자료점들이 인접한 조건의 자료점들과 같은 범위 내에서 서로 중복되는 일이 적을수록 독립변수의 효과성에 대한 신뢰도가 높아진다.

㉠ 기초선이 계속 증가 추세이며, 중재단계에서도 계속적으로 증가하고 있다. 과제수행이 증가하는 것이 중재의 효과인지 계속적으로 증가하고 있던 추세인지 알기 어렵다.

ⓛ 기초선과 중재 구간 둘 다 변산이 높다. 외재변수가 영향을 끼치고 있을 가능성이 높다.

48 ── 2016학년도 초등 A 3번 일부

정답

3) 1. 기초선과 비교하였을 때, 중재의 평균 수준선이 상승되었다.
   2. 중재를 제공한 뒤에 추세가 상승하고 있다.

4) 일반화

해설

3) 그래프 해석

변산도	• 행동 측정치들이 서로 얼마나 다른지 그 차이의 정도를 나타내는 용어로, 주어진 실험조건에서 변산도가 높다는 것은 측정된 자료들의 값이 서로 많이 다르다는 것을 의미 • 안정된 자료통로란 측정치들 간의 차이가 적고 제일 높은 측정치와 제일 낮은 측정치 간의 범위가 작은 것
수준	• 일련의 행동 측정치(자료점들)의 범위를 대표하는 세로(y)축 척도상의 값 • 자료점들의 평균치, 중앙치, 범위 등과 같은 y축 척도상의 절대값으로 표현되며, 자료의 안정성 또는 변산의 정도는 수준에 비추어 평가됨
추세	• 자료통로에 의하여 결정되는 전반적인 자료의 방향 • 자료의 이동 방향, 각도와 크기, 변산의 범위 등으로 기술됨

49 ── 2019학년도 중등 A 14번 일부

정답

• 기초선과 중재구간의 평균선 값으로 비교하며, 평균선은 한 상황 내의 모든 자료점의 Y축을 합한 것을 상황 내의 전체 자료점수로 나누고, 얻어진 값을 X축과 평행하게 긋는 것이다.

• 기초선 구간의 마지막 회기와 중재 구간의 첫 번째 회기 간 수준 차이가 유의미한 차이인지 비교한다.

해설

■ 시각적 분석 요인

❶ 자료의 수준

그래프의 세로 좌표에 나타난 자료의 크기로 살펴볼 수 있다. 한 상황 내에서 자료의 수준은 자료의 평균치를 의미하기도 한다. 한 상황 내에서의 수준을 의미하는 평균선(mean line)을 그리는 방법은 한 상황 내의 모든 자료점의 Y축 값을 합한 것을 그 상황 내의 전체 자료점의 수로 나누고, 얻어진 값을 X축과 평행하게 긋는 것이다.

❷ 효과의 즉각성 정도

'정도'란 중재효과가 얼마나 빨리 나타났는지를 평가하는 것으로, 한 상황의 마지막 자료와 다음 상황의 첫 자료 사이의 차이 정도를 의미한다. 중재효과의 즉각성이 떨어질수록 중재와 행동 간의 기능적 관계도 약해진다.

50 ── 2012학년도 중등 10번

정답 ②

해설

㉠ 피험자의 생명이나 건강에 해를 끼칠 위험이 있는 경우에 중재를 철회하는 것은 윤리적 문제를 야기할 수 있다.

ⓜ ABC 설계는 'A-기초선', 'B-중재 1', 'C-중재 2'의 과정을 거친다.

ⓛ AB 설계는 '기초선-중재구간'으로 구성되며, 외적인 변인을 배제할 수 없어 문제행동과 중재 간 기능적 관계를 입증하기에 부족하다.

ⓒ BAB 설계는 아동의 위험한 행동습관을 시급하게 치료할 필요가 있거나 주의집중 행동을 빨리 개선할 필요가 있을 때 사용한다.

ⓔ 대상자 간 중다기초선 설계는 동일한 상황에서 동일한 목표 행동을 보이는 대상자를 적어도 3명 이상 선정한다. 대상자들의 기초선은 동시에 측정하지만, 중재는 순차적으로 제공한다.

51 ── 2021학년도 중등 B 4번 일부

정답

• 수업시간 소리를 지르지 않으면 강화를 제공한다.

• 1. B_1단계가 안정적이지 못한데, A_1단계를 실시하였다.
   2. B_1단계에서 중재의 효과가 증명되지 않았는데, A_2단계를 실시하였다.

해설

■ 타행동 차별강화(= 다른 행동 차별강화)

일정 시간 동안 표적행동이 나타나지 않으면 강화자극을 제공한다.

■ ABAB 설계

단계	내용
A₁	중재가 도입되기 전에 존재하던 조건하에서 표적행동에 대한 자료를 수집하는 최초의 기초선
B₁	• 표적행동을 바꾸기 위해 선정된 중재의 최초 도입 • 표적행동이 준거에 도달할 때까지 혹은 행동의 바람직한 변화 경향이 나타날 때까지 중재는 계속됨
A₂	중재를 철회하거나 종료함으로써 원래의 기초선 조건으로 복귀함
B₂	중재 절차를 재도입함

52

정답

4) 기초선 기간에는 손톱 깨무는 행동이 30% 정도로 높게 지속되나, 자유놀이시간을 제공하자 5% 정도로 낮아진다. 자유놀이시간을 제거하자 다시 손톱 깨무는 행동이 증가하였고, 자유놀이시간을 재적용하자 손톱 깨무는 행동이 줄어들었다. 즉, 강화제로 사용된 자유놀이시간은 아동의 손톱깨무는 행동과 기능적 관계가 있음을 알 수 있다.

해설

반전 설계(ABAB 설계)는 기초선 조건과 치료적 중재 조건을 일정 기간 반복하면서 행동 변화와의 시간적 일치성을 거듭 확인하여 가능한 모든 경쟁가설을 배제하려는 것이 기본원리이다.

53

정답 ③

해설

ⓒ 중다기초선 설계는 다수의 기초선을 동시에 측정해야 하는 단점이 있다.
ⓔ 한 실험조건을 여러 사람에게 적용한 대상 간 중다기초선 설계이므로 교사는 여러 명의 장애학생을 대상으로 선정하여 관찰할 수 있으므로 교육현장에서 사용하기 용이하다.
㉠ 대상자 간 중다기초선을 사용하고 있다. 대상자 간 중다간헐기초선이 되기 위해서는 기초선 수집과정에 있어 자료점이 띄엄띄엄 있어야 한다.
ⓔ 학생 3의 기초선이 지속적인 감소 추세에 있어 기초선이 안정되지 못했으므로, 중재를 실시하기에 적합하지 않다.

54

정답

3) ①: 자신에 의해 설정된 준거
②: 상황 간 중다기초선설계는 한 아동의 같은 행동에 대해 여러 상황에서 적용하는 것이며, 대상자 간 중다기초선설계는 여러 아동의 기능적으로 유사한 행동에 중재를 적용하는 것이다.
③: 첫 번째 변인이 행동 목표에 설정해놓은 준거에 도달했을 때, 혹은 첫 번째 변인에 대한 자료가 연속 3회 바람직한 방향으로 경향을 보일 때 실시한다.

해설

■ 자기평가
행동을 관찰하는 것과 행동을 어떤 정해진 목적, 기준에 의해 평가하는 것을 포함한다. 이상적으로는 자신의 기준을 설정하고, 목적을 향한 자신의 행동을 점검하며, 목적을 달성했는지를 평가하고, 수행이 만족할 만하면 스스로를 칭찬하는 것이다.

■ 중다기초선설계
여러 개의 기초선을 측정하고 순차적으로 중재를 적용하며 그 이외의 조건을 동일하게 함으로써 표적행동의 변화가 오직 중재 때문에 변화한 것임을 입증하는 설계이다.
이 설계는 기초선이 여러 개이므로 한 개 이상의 종속변수를 동시에 분석할 수 있다. 여러 개의 A-B 설계에서 동시에 기초선의 자료를 측정하다가 어떤 행동(종속변수)에 대해 중재(B)를 실시하고, 그 행동(종속변수)에서 중재의 효과가 나타날 때 또 다른 행동(종속변수)에 중재를 실시하는 방법을 나머지 행동(종속변수)에 대해서도 동일한 방법으로 반복 적용하는 설계이다. 따라서 중다기초선설계에서는 적절한 시점에 중재를 순차적으로 도입하는 것이 매우 중요하다.

❶ 사용
중다기초선설계는 중재를 제거하는 것이 윤리적으로 옳지 않은 경우나 중재의 효과가 기초선 수준으로 되돌아갈 수 없는 행동에 사용하기 좋은 설계이다.

❷ 종류
한 아동의 여러 행동에 중재를 순차적으로 실시하여, 중재가 적용되지 않은 행동은 안정적이고 중재가 적용된 행동에만 변화가 나타나는 것을 통해 행동의 변화가 중재 때문임을 입증하는 것을 행동 간 복수기초선설계라고 한다. 이와 동일한 방법으로 한 아동의 같은 행동에 대해 여러 상황에서 적용하는 것은 상황 간 복수기초선설계라고 하고, 여러 아동의 기능적으로 유사한 행동에 적용하는 경우는 대상자 간 복수기초선설계라고 한다.

❸ 실행

　중다기초선설계를 사용하는 교사는 각 종속변인에 대한 자료를 동시에 수집한다. 기초선 조건하에서의 각 학생, 각 행동 혹은 각 상황에 대한 자료를 수집한다. 교사는 자료수집 체계를 정할 때 프로그램에 포함된 각 변인에 적합한 세로좌표 눈금을 선정해야 한다. 자료분석이 가능하도록 각 종속변인에 대해 동일한 눈금(예 수학 정반응 수 혹은 과제 이행 행동 백분율)이 사용되어야 한다.

　첫 번째 변인에 대해 안정적인 기초선이 확립된 후에 그 변인에 대한 중재가 시작될 수 있다. 이 중재 기간 동안 남아 있는 변인에 대한 기초선 자료수집은 계속된다.

　두 번째 변인에 대한 중재는 첫 번째 변인이 행동목표에 설정한 준거에 도달했을 때 혹은 첫 번째 변인에 대한 자료가 연속 3회 바람직한 방향으로 경향을 보일 때에 시작해야 한다. 첫 번째 변인에 대한 중재는 계속되어야 하고, 세 번째 변인이 있을 때는 그에 대해 기초선 자료가 여전히 수집되어야 한다. 이 순서는 행동변화 프로그램에 명시된 모든 변인에 중재가 적용될 때까지 계속된다.

---

55 2015학년도 중등 B 4번

정답

①: 상황 간 중다기초선 설계법

②: 중재 투입시기의 오류로 문제행동과 중재 간의 기능적 관계가 성립되지 않는다.

③: 1. 장소 A에서 문제행동에 대한 중재효과가 나타나기 전에 장소 B에 중재를 투입하여 장소 A에서의 중재효과를 알 수 없다.

　2. 장소 B의 기초선이 감소 추세인데, 중재가 투입이 되어 중재의 효과인지 기초선의 연장인지 알 수 없다.

④: 중다기초선 설계는 오랜 시간 동안 기초선 자료를 수집해야 하는데, 중다간헐기초선 설계에서는 중재가 실행되지 않는 상황에 대한 자료를 지속적으로 수집하지 않고 간헐적으로 수집한다.

해설

중다기초선 설계에서는 잇따른 중재가 각 종속변인에 독립처리 효과를 나타내는지 확인하기 위해 근접한 그래프를 검사해야 한다. 첫 번째 종속변인만이 첫 번째 중재에 의해 영향을 받아야 한다. 두 번째 종속변인의 변화는 두 번째 중재가 적용되었을 때만 나타나야 한다.

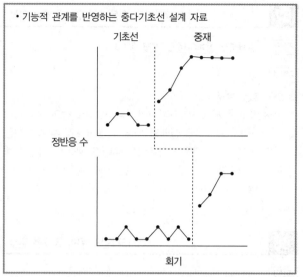

• 기능적 관계를 반영하는 중다기초선 설계 자료

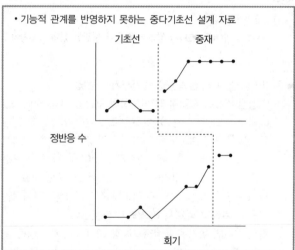

• 기능적 관계를 반영하지 못하는 중다기초선 설계 자료

---

56 2016학년도 유아 B 2번 일부

정답

1) ①: 대상 간 중다기초선 설계

　② 오류 ⓐ: 민우의 기초선이 안정적이지 않을 때 민우에게 중재를 투입하였다. 특히 신아에게 중재를 제공했을 때 민우의 행동이 함께 변하는데, 이는 민우가 신아에게 제공되는 중재에 부수적으로 반응했다고 볼 수 있다.

　오류 ⓑ: 민우에게 중재 투입 후, 중재효과가 안정적으로 나타난 후에 성미에게 제공해야 하는데, 민우에게 중재효과가 나타나지 않은 상황에서 성미에게 중재를 제공하여, 민우의 중재로 인한 행동의 효과를 증명할 수 없다.

정답   준거변경 설계(기준선 변경 설계)

해설

■ 준거변경 설계

기초선과 중재기간만 가지지만, 단순한 기초선과 중재기간으로 이루어지는 AB 설계와 다른 점은 중재단계에서 행동의 기준이 계획적으로 지정된다는 점이다. 행동의 기준은 행동이 중재 적용 동안에 얼마만큼 변화해야 한다고 미리 정해놓은 달성 수준이다.

정답

2) ① : 준거변경 설계

   ② : 준거의 단계적 변화에 맞추어 행동이 일관성 있게 변화한다.

해설

■ 준거변경 설계의 신뢰성을 증가시키는 방법

- 안정된 비율이 확립될 때까지 하위 구간을 계속하기: 교실에서 사용할 때 다음 하위 구간으로 넘어가기 전에 행동을 2회기(혹은 3회기 중 2회기) 동안 중간 준거에 유지시키는 것은 충분히 통제를 입증하는 것이다. 각 하위 구간은 뒤따르는 하위 구간에 대한 기초선으로 작용하고, 그 하위 구간은 다음 하위 구간이 시작되기 전에 안정적인 비율이 확립될 때까지 계속되기 때문이다.
- 하위 구간의 회기 수를 바꾸기: 각 하위 구간에서 중간 준거에 따라 보통 3회기가 지속되었으나, 회기 수를 몇몇 하위 구간에서는 다르게 설정하는 것이다.
- 하위 구간에서 요구되는 수행의 증가량(또는 감소)을 다양화하기: 특정 하위 구간의 준거는 2분이 아닌 1분 증가로 설정되었다. 준거 변화의 크기를 다양하게 하면 실험 통제에 대한 보다 설득력 있는 증거를 얻을 수 있다.
- 1개 이상의 구간에서 최종 목표의 반대 방향으로 변화를 요구하기: 특정 하위 구간에서 강화에 대한 준거의 변화가 최종 목표와 반대되는 방향으로 설정되었다. 학생이 이전에 숙달한 준거 수준으로 복귀하는 것은 ABAB 설계에서 기초선 조건으로 복귀하는 것과 유사한 반전효과를 나타낸다.

■ 기능적 관계 입증

종속변인과 독립변인 간의 기능적 관계는 학생의 수행 수준이 지속적으로 변경되는 수행 및 강화 준거에 대등하게 맞을 때 입증된다. 기능적 관계를 평가하는 이러한 방법은 변경되는 준거에 반복적으로 맞추어지는 것이 복제를 의미한다는 견해에 근거한다. 중간 준거를 갖는 각 하위 구간은 다음 하위 구간의 증가된(혹은 감소된) 준거에 대한 기초선의 역할을 한다. 일반적으로 기능적 관계를 인정하기 전에 학생은 최소한 연속적으로 3개 구간에서 준거를 충족해야 한다.

정답   ②

해설

(가)는 준거변경 설계(기준선 변경설계)이고, (나)는 교대중재 설계이다.

② 준거변경 설계는 표적행동의 처치단계 동안에 표적행동의 달성수준을 지정한다. 이어지는 중간 단계와 격차를 보일 경우, 수행 정도가 안정되게 나타나지 않아 내적 타당도가 떨어지므로 중간 준거를 조정할 필요가 있다.

① 준거변경 설계는 점진적이고 단계적으로 증가 또는 감소시킬 수 있는 목표행동에 유용하기 때문에 시급한 행동수정을 필요로 하는 행동에는 부적절하다.

③ 준거변경 설계는 연속된 세 구간에서 단계목표가 달성되면 기능적 인과관계를 입증한다.

④ 한 가지 행동에 하나 이상의 중재 전략을 사용하여 중재효과의 내적 타당도를 위해 중재 간의 임의적 배열과 평형화가 중요하다.

⑤ 교대중재 설계는 두 가지 이상의 사례나 중재조건이 표적행동에 미치는 효과를 비교할 때 활용된다.

정답

3) ① : 지연시간 관찰법

   ② : 각 구간의 중재기간을 서로 다르게 설정한다.

해설

- 기준변경 설계를 사용하여 독립변수와 종속변수의 기능적 관계를 입증하기 위해서는, 각 구간의 중재기간을 서로 다르게 해 볼 수 있다. 중재기간이 새로운 기준 제시마다 3회기, 5회기, 3회기, 4회기로 서로 다르게 적용했다.
- 기준의 변경 정도를 동일 간격이 아니라 다양하게 해 볼 수 있다. 매번 2회씩 증가시키도록 계획할 수도 있지만, 1회, 3회, 2회, 4회 등으로 다양하게 적용할 수 있다. 이를 통해 종속변수의 변화는 독립변수 때문임을 더욱 잘 입증할 수 있다.
- 종속변수의 변화가 자연적으로 발생하는 것이 아니라는 것을 보여 주기 위해서 기준을 단계적으로 변화시키는 중간에 그 이전 단계의 낮은 기준을 제시해 볼 수 있다. 그렇게 해도 주어진 기준만큼의 변화를 보이면 독립변수의 효과임을 강력히 보여 주는 것이다.

61 | 2016학년도 중등 A (기입형) 6번

정답

①: 교대중재 설계

②: 학생에게 제공하는 중재의 순서를 임의적으로 배열하여 다른 외부적 요인들이 설계에 영향을 주지 않도록 한다.

해설

교대중재는 한 회기 내에서 순서적으로 이루어질 수도 있고(A 뒤에 B), 한 회기에서 다음 회기(같은 날 오전에 A, 오후에 B)에 걸쳐 이루어질 수도 있고, 하루에 한 번(월요일에 A, 화요일에 B) 이루어질 수도 있다. 일정은 평형을 이루어야 하는데, 즉 한 회기에서 첫 번째로 적용된 처치는 다음 회기에서는 두 번째로 적용되어야 하고, 첫째 날 오전에 적용된 처치는 둘째 날에는 오후에 적용되어야 하며, 첫째 주 월요일에 적용된 처치는 두 번째 주 화요일에 적용되어야 한다(처치를 시행하는 사람이나 처치의 위치 등과 같은 외생변인을 최소화하기 위해서 연구 상황에서 유사한 평형화가 사용됨). 이러한 평형화는 효과 이월이나 효과 연속의 가능성을 통제해야 한다. 처치를 임의적 순서로 제시함으로써 각 처치가 다른 처치에 끼칠 수 있는 영향을 최소화할 수 있다.

62 | 2017학년도 초등 B 1번 일부

정답

3) ①: 교대로 실시하는 중재끼리 비교하므로 중재효과를 입증하기 위해 중재를 제거할 필요가 없다.

②: 자기점검, 더욱 효과적인 중재를 적용한다.

해설

■ 교대중재 설계의 장점
 - 한 대상에게 두 가지 중재를 빠르게 교체하여 실시하기 때문에 기초선 자료의 측정을 반드시 하지 않아도 되므로 기초선 측정 없이 빠른 중재에 들어갈 수 있다. 또한 교체하여 실시하는 중재끼리 비교하기 때문에 중재 효과를 입증하기 위해 중재를 제거할 필요가 없다.
 - 중재제거 설계나 중다기초선 설계는 중재 시작 전에 기초선 자료의 안정성이 요구되는 반면, 중재교대 설계는 기초선 기간에 표적행동의 변화 정도에 상관없이 중재를 교체할 수 있다는 점이다.
 - 조건변경 설계는 오랜 시간을 두고 중재를 교체하는 반면, 교대중재 설계는 회기별로 또는 한 회기 안에서 중재를 교체하기 때문에 상대적으로 중재효과를 빨리 비교할 수 있다는 장점도 있다.

■ 기능적 관계를 입증하는 3구간 교대중재 설계

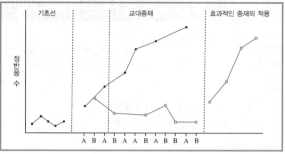

63 | 2014학년도 중등 A 3번

정답

㉠, 문제행동과 중재 간의 기능적 관계를 입증하기 위하여 반전구간이나 복제구간이 필요하지만, 위의 그래프에선 알 수 없다. 또한 중다중재는 2개 이상 중재의 효과를 비교하기 위한 설계법이다.

㉢, 문제행동의 기초선이 악화되고 있을 때에는 중재를 적용할 수 있다. 중재를 적용함에 따라 문제행동의 빈도가 낮아지는 것은 중재 효과가 강력하다는 것을 입증할 수 있기 때문이다.

해설

자폐성장애 학생 A에게 실시된 단일대상 연구방법은 중다중재 설계이다.
㉡ 기초선이 확립되면 교사는 선택된 중재를 도입하고 자료수집을 통해 그 효과를 측정한다. 만일 첫 번째 중재가 학생의 수행에 변화를 나타내지 못하거나, 변화가 충분한 정도가 아니거나 바람직한 방향이 아니라면 교사는 두 번째 중재를 설계할 수 있다. 두 번째 중재는 전략을 완전히 변경한 것일 수도 있고, 앞의 중재를 수정한 것일 수도 있다.
㉣ 체계적인 순서로 중재를 실시하되, 그 결과를 해석할 때 언제나 근접한 중재방법끼리만 비교할 수 있다. 또한 어떤 중재방법이 우수하다는 기능적인 관계를 증명하기 위해서는 적어도 2번 이상 실시해야 한다.

■ 중다중재 설계(조건변경 설계, 중다처치 설계, ABC 설계)
 학생의 행동(종속변인)에 대한 두 가지 이상의 처치(독립변인)의 효과를 연구할 때 사용하는 방법으로, 교대중재 설계와 달리 처치가 순서적으로 도입된다. 이 설계는 특정 학생에게 어떤 중재가 성공적인지를 알기 전에 여러 가지 중재를 시도해 볼 필요가 있는 교사에게 유용하다.

제4절 응용행동분석 – 기법

64　　2014학년도 초등 B 3번 일부

정답

3) ① 정적 강화 기법: 프리맥의 원리
　② 지도 내용: 동호가 사진찍기 활동에 참여하면 트램펄린에서 뛰게 해준다.

해설

■ 프리맥의 원리

상대적으로 더 높은 발생빈도를 갖는 행동은 상대적으로 낮은 발생빈도를 갖는 행동을 강화할 수 있다. 즉, 발생빈도가 낮은 행동(숙제)을 강화하기 위하여 발생빈도가 높은 행동(TV 보기)을 강화자극으로 후속시키는 것이다.
　예 숙제를 마친 후에 TV를 볼 수 있다.

65　　2020학년도 유아 B 5번 일부

정답

2) ① 각자 원하는 놀이를 하게 해준다.
　② 활동 강화제

해설

■ 프리맥의 원리

활동 자체가 강화제로 기능할 수 있다고 보고 이를 체계적으로 적용하여, 아동이 자주 자발적으로 참여하는 활동은 거의 참여하지 않는 활동에 대한 강화제로 사용될 수 있음을 밝혔다. 이렇게 발생 가능성이 높은 활동을 발생 가능성이 낮은 활동 뒤에 오게 하여 발생 가능성이 낮은 행동의 발생률을 증가시킬 수 있는 것을 '프리맥의 원리'라고 한다.

66　　2013학년도 중등 17번

정답　　②

해설

ⓒ 고정비율 강화계획은 선행한 강화로부터 미리 정해둔 수만큼의 반응을 한 뒤에 강화가 주어지는 간헐강화 계획의 하나이다.

ⓑ 변동간격 강화계획은 강화와 강화 간의 시간 간격이 무작위로 정해져 일정하지 않고 제각각 다르다.

ⓐ 음식물의 경우 1차적 강화에 속하며, 1차적 강화는 자극의 박탈 상태에서만 효과를 기대할 수 있으며, 박탈 정도에 따라 강화력에 큰 차이를 보인다. 계속적인 강화는 강화 포만을 발생시킨다.

ⓒ 1차적 강화는 대부분 본능적인 욕구를 충족하는 것으로, 먹을 것, 수면 등이다. 2차적 강화는 사회적으로 형성되는 강화로 칭찬, 격려 등을 말한다.

ⓔ 인사할 때마다 칭찬을 제공하는 것은 연속강화에 해당한다.

ⓜ 고정시간 간격계획은 강화 후 반응의 중단 현상이 길게 발생하며, 간격의 중반에 이르러 서서히 반응이 시작되어 종반부로 가면서 가속화되고, 강화가 제공되기 직전에 반응률이 절정에 이른다. 이와 같은 형태를 '가리비 효과'라고 한다.

67　　2015학년도 유아 B 1번 일부

정답

4) ① 강화포만이 발생한다.
　② 변동비율 강화

해설

■ 강화계획의 종류

강화계획		강화 시기	장점	단점
연속		표적행동 발생할 때마다	새로운 행동 습득에 유용함	포화 문제가 생길 수 있음
비율	고정비율	표적행동이 정해진 수만큼 발생할 때	표적행동 비율을 높일 수 있음	부적절한 유창성 문제나 강화 후에 휴지 기간 현상이 나타남
	변동비율	표적행동이 정해진 평균 수만큼 발생할 때	부정확한 반응이나 강화 후 휴지 기간을 방지할 수 있음	많은 아동들에게 동시에 적용하기 어려움
간격	고정간격	표적행동이 정해진 시간 간격이 경과한 후, 처음 표적행동이 발생할 때	1인 교사가 여러 아동에게 실행 가능함	• 표적행동 발생 비율을 낮춤 • 고정간격 스캘럽 현상이 나타남
	변동간격	표적행동이 정해진 평균시간 간격이 경과한 후, 처음 표적행동이 발생할 때	낮아지는 행동 발생률이나 고정간격 스캘럽 문제를 방지할 수 있음	간격의 길이가 다양하도록 관리하는 어려움이 있음

68　　2020학년도 초등 A 4번 일부

정답

3) ① 간헐 강화
　② 일반화 상황에서 주어지는 자연적 강화를 이용하기 위해 훈련 상황에서도 자연적 강화를 사용하도록 한다.

연속 강화계획이 새로운 행동을 습득하는 데 매우 유용한 방법이지만 계속해서 사용할 때 학생이 강화 없이는 행동을 하지 않는 것처럼 강화에 대한 강한 의존성을 보일 수 있다. 또한 습득된 행동을 유지하게 하기 위해 계속해서 연속 강화계획을 실행하기는 매우 어려울 뿐 아니라, 강화받는 학생도 곧 포화를 경험하여 강화제가 효력을 잃을 수 있다. 학생이 새 행동을 습득하면, 그 행동을 유지하게 하기 위해 연속 강화계획을 조금씩 약화시켜 나갈 필요가 있다. 즉, 연속되는 강화계획에서 간헐적 강화계획으로 옮겨가야 한다는 뜻이다.

- **일반화하기 위한 전략**
  - 일반화 상황에서 주어지는 자연적 강화 사용하기
  - 일반화 상황에서 표적행동을 바르게 했을 때 강화하기
  - 일반화 상황에 있는 다른 사람에게 강화 방법 가르치기
  - 일반화 상황에서 간헐적으로 강화하기
  - 자신의 행동에 대한 자기관리 방법 가르치기

---

69 · 2020학년도 중등 B 9번

정답

- 대상자 간 중다기초선 설계
- 과제에 대한 설명
- 1. ⓛ, 초기에는 작은 행동에 대해 작은 양으로 자주 강화한다.
- 2. ⓔ, 계약을 모두 이해한 후 계약서에 서명을 하고 복사하여 한 부씩 서로 나눠 갖는다.

해설

- **대상자 간 중다기초선 설계**
  중다기초선 설계는 여러 개의 기초선을 측정하고 순차적으로 중재를 적용하며, 그 이외의 조건을 동일하게 함으로써 표적행동의 변화가 오직 중재 때문에 변화한 것임을 입증하는 설계이다. 기초선이 여러개이므로 한 개 이상의 종속변수(대상)을 동시에 비교할 수 있다.

- **행동계약**
  ❶ 행동계약의 구성요소
    - 과제에 대한 설명
    - 과제 완성에 따라 주어지는 보상에 대한 설명
    - 과제수행 여부에 대한 기록
    - 계약자와 피계약자의 서명
  ❷ 절차
    - 학생의 이해 수준에 맞게 행동계약이 무엇인지 설명하고 행동계약을 하겠다는 학생의 동의를 얻는다.
    - 계약서에 명시할 표적행동을 선정한다. 학생에게 바라는 바람직한 행동을 중심으로 하되, 하나의 계약에 세 가지 이하의 행동을 다루는 것이 좋다.
    - 행동목표를 달성하면 줄 강화제 내용을 결정하고, 강화제를 받을 수 있는 기준과 계약 기한을 결정한다.

- 계약 내용의 이행에 관련 있는 사람이 모두 계약 내용을 이해하고 동의한 후 계약서에 서명하고 복사하여 한 부씩 나누어 갖고, 각자 보관한다. 계약은 절대로 강요하지 않아야 한다.
- 행동계약서에 있는 표적행동의 발생에 대한 정보를 수집하면서 계약서에 명시된 기한에 계약서 내용을 검토하고 그대로 이행한다. 계약 내용의 수행은 미루지 않고 계약서의 내용대로 즉각 이루어져야 한다.
  ➡ 행동계약을 실행할 때도 토큰제도처럼 초기에는 작은 행동에 작은 양으로 자주 강화하고, 잘 지켜질 때 점점 어려운 행동에 대한 새로운 계약을 해가는 것이 바람직하다.

---

70 · 2018학년도 초등 A 2번 일부

정답

2) ①: 독립적 집단강화
   ②: 강화는 각자의 행동 수행 여부에 따라 주어지므로, 다른 사람의 행동 수행에 영향을 받지 않는다.

해설

독립적 집단강화(집단유관)는 강화가 일정 기준을 달성한 학생에게만 주어진다. 강화가 집단에 소개되지만 각자의 행동수행 여부에 따라 주어지므로, 다른 사람의 행동 수행에 서로 영향을 받지 않는다. 즉, 집단 전체에 동일한 목표 행동을 설정하고, 그 목표행동을 수행한 사람은 누구나 강화를 받도록 하는 것이다. 문제행동을 자주 보이는 학생의 행동이 집단 강화에 영향을 주지 않고, 구성원 각자가 수행 기준을 만족하면 강화받는다.
⑩ 누구나 지각하지 않고 제시간에 등교하면 강화제를 받는 것

---

71 · 2012학년도 중등 14번

정답 ⑤

해설

⑤ DRO: 표적행동이 0회 발생했을 때 강화한다.

① DRL: 표적행동이 낮은 빈도로 발생했을 때 강화한다.
  질문하는 행동이 2회 이하일 경우 강화한다.

② DRI: 표적행동과 양립할 수 없는(동시에 발생할 수 없는) 행동을 했을 때 강화한다. 지우개를 던지는 행동이 표적행동일 경우, 지우개로 지우는 행동을 할 때 강화한다.

③ DRA: 표적행동과 같은 기능의 행동을 했을 때 강화한다. 화가 나서 친구를 때리는 행동이 표적행동일 경우, 친구에게 "나 화났으니까 건드리지 마."라고 말했을 때 강화한다.

④ NCR: 미리 설정된 간격에 따라 행동에 관계없이 강화한다. 행동에 관계없이 5분마다 강화한다.

정답

2) 타행동 차별강화(DRO)

해설

- **DRO 사용 시 고려사항**
  - 순수하게 DRO 기법만을 사용하여 행동수정을 계획할 경우, 아동이 어떤 행동을 하든 상관없이 정해진 시간 내에 표적행동만 하지 않으면 정적강화를 제공해야 한다. '타행동 차별강화'란 정해진 시간 동안 표적행동이 발생하지 않았을 때 '표적행동의 중단' 자체를 차별적으로 강화함으로써 표적행동의 발생비율을 점차적으로 감소시키는 방법이다. 아동이 정해진 시간 동안 표적행동을 하지 않는다고 해도, 수많은 다른 부적절한 행동을 할 가능성이 있는데, 이러한 경우에도 강화해야 하는 문제가 발생한다. 즉, 다른 부적절한 행동을 강화해야 하는 모순에 빠지게 된다. 이러한 이유 때문에 DRO를 사용할 경우에는 예상치 않게 발생하는 다른 부적절한 행동을 감소시킬 수 있는 방법을 병행해야 한다.
  - DRO 기법은 행동의 부재를 강화할 수 있다. 아동들은 정해진 시간동안 표적행동만 하지 않으면 보상을 얻게 된다. 즉 행동의 공백을 강화할 수 있으므로 DRO 기법을 활용하여 행동수정을 계획할 때는 부적절한 행동을 대체할 바람직한 행동을 마련하여 강화하는 것이 바람직하다.
  - DRO 기법 효과는 사용되는 강화자극에 의해 좌우된다. DRO 계획에서 사용되는 강화자극은 적어도 현재의 문제행동을 유지시키는 강화자극과 동일한 강도나, 그 이상의 유인가를 가진 것이어야 한다.

정답

3) 행동의 부재를 강화할 수 있다.

해설

- **타행동 차별강화의 단점**
  - 표적행동이 아닌 다른 문제행동을 강화할 수 있다.
  - 교사는 타행동 차별강화를 통하여 바람직하지 않은 행동을 제거함으로써 '행동의 진공상태'를 만들 수 있다.
  - 교사가 주는 강화가 학생이 바람직하지 않은 행동을 통해 얻을 수 있는 강화보다 강력하지 않으면 효과가 없으므로 효과적인 강화제를 선택해야 한다.

정답

2) ①: 다른 행동 차별강화는 표적행동 이외의 다른 모든 행동을 강화하는 반면, 대체행동 차별강화는 표적행동과 동일한 기능을 가진 대체행동을 강화한다.
　　②: 다른 행동 차별강화의 목적은 표적행동이 발생하지 않는 시간을 증가시키는 것인 반면, 대체행동 차별강화는 대체행동 강화를 통한 표적행동의 제거이다.
　　③: 대체행동 차별강화를 적용한다. 그 이유는 지혜가 바람직한 행동을 했을 때 강화를 제공하여 아동의 바람직한 행동을 증가시키기 때문이다.

해설

- **차별강화의 종류**

종류	강화받는 행동	목적
저비율 차별강화	정해진 기준치 이하의 표적행동	표적행동 발생빈도의 감소
타행동 차별강화	표적행동 외의 모든 행동	표적행동이 발생하지 않는 시간의 증가
대체행동 차별강화	표적행동과 동일한 기능의 대체행동	대체행동의 강화를 통한 표적행동의 제거
상반행동 차별강화	표적행동의 상반행동	상반행동을 통한 표적행동의 제거

정답

4) 대체행동 차별강화

해설

- **차별강화**
  - ❶ **개념**
    물리적으로 서로 다른 두 가지 이상의 행동 가운데 한 행동은 강화하고 나머지 행동은 모두 소거시키는 방법을 말한다. 차별강화는 물리적으로 서로 다른 두 가지 이상의 행동이 개입되고, 그 중 한 행동은 강화하며, 다른 모든 행동은 소거시키는 과정이 있어야 한다.
  - ❷ **차별강화의 종류**

저빈도 행동 차별강화 (DRL)	• 표적행동으로 설정된 행동 자체가 문제라기보다는 그 행동의 발생빈도가 지나치게 높아서 문제되는 경우에 그 행동의 빈도수가 수용될 만큼의 기준치로 감소되었을 때 강화하는 것 • 행동이 정해진 시간 간격 동안 정한 기준만큼 또는 기준보다 적게 발생했을 때 강화하는 것으로, 발생빈도가 낮은 행동에 대해 차별강화함
타행동 차별강화 (DRO)	• 일정 시간 간격 동안에 표적행동이 발생하지 않으면, 그 시간 간격 동안에 어떤 행동이 발생하든 상관없이 강화하는 것 • 표적행동이 발생하지 않는 것에 대해 강화함

대체행동 차별강화 (DRA)	• 학생이 문제행동을 할 때는 강화하지 않고 문제행동을 대신할 수 있는 바람직한 행동(대체행동)을 할 때는 강화를 하는 것 • 바람직한 행동에 대한 강화와 바람직하지 않은 행동에 대한 소거를 결합한 것이라고 할 수 있으며, 대체행동 차별강화에서 대체행동의 기능은 문제행동의 기능과 동일해야 함
상반행동 차별강화 (DRI)	상반행동이란 문제행동과 동시에 발생할 수 없는 바람직한 행동을 뜻하며, 상반행동 차별강화란 문제행동의 상반행동에 대해 강화하는 것을 뜻함

---

76 2020학년도 유아 B 2번 일부

정답

2) 상반행동 차별강화

해설

■ 상반행동 차별강화
어떤 행동과 동시에 할 수 없는 행동을 뜻하며, 문제행동의 상반행동에 대해 강화하고 문제행동에는 소거를 적용한다.

---

77 2021학년도 중등 A 3번

정답

㉠: 전체 회기 저비율행동 차별강화

㉡: 반응시간 저비율행동 차별강화(간격 저비율행동 차별강화)

해설

■ 저비율행동 차별강화 종류
❶ 전체 회기 저비율행동 차별강화
정해진 회기 전체 동안 행동이 정해진 수보다 적게 발생하는 경우에 강화를 제공하는 것이다.
  예 전체 수업시간 동안 자리 이탈을 8번 이하로 했을 때 강화하는 것
❷ 반응시간 저비율 행동 차별강화
행동과 행동 사이에 정해진 시간 간격이 지나야 강화하는 것으로, 문제행동의 속도를 늦추고자 할 때 사용하는 방법이다.
  예 한 번 손들어 발표하고 나면 10분이 지난 후에 다시 손들어 발표할 기회를 주는 것
❸ 간격 저비율 행동 차별강화
한 회기를 여러 시간 간격으로 나누고 각 간격에서 행동이 발생하지 않으면 강화를 제공하는 방법이다.

---

78 2017학년도 유아 B 1번 일부

정답

3) ①: 소거폭발
②: 소거계획을 중단하면 간헐강화가 될 수 있으니, 강화계획을 중단하지 않고 일관되게 시행한다.

해설

■ 소거 사용 시 고려사항
- 소거의 효과가 느리다는 점을 기억해야 한다. 소거의 효과는 즉시 나타나지 않으며 상당한 시간이 요구된다. 이러한 특성을 '소거저항'이라고 하며, 간헐강화를 경험한 행동에서 더욱 높게 나타난다. 간헐강화는 보상이 언젠가는 주어질 것이라는 기대를 버릴 수 없게 하므로 강화가 중단되어도 행동은 소거되지 않고 상당 기간 지속된다.
- 소거 초기에 나타나는 행동의 증가현상에 대처해야 한다. 초기의 소거 과정에서는 현격한 행동의 감소가 시작되기에 앞서 표적행동의 비율과 강도가 크게 증가한다. 이러한 초기 증가현상을 '소거폭발(소거발작)'이라고 하는데, 많은 교사와 부모들은 초기의 폭발적 증가현상에 당황하거나 참지 못하고 포기하는 경우가 많다. 만일 이러한 상황에서 소거치료를 중단하면 간헐강화의 효과가 가중되어 소거저항은 더욱 높아진다.
- 소거 후에 나타나는 자발적 회복현상에 대처해야 한다. 소거 초기에 나타나는 소거폭발 현상과 함께 소거 과정에서 발생하는 또 하나의 특징인 자발적 회복현상은 완전히 제거된 줄로만 알았던 문제행동이 얼마의 시간이 지난 뒤에 다시 나타나는 현상이다.
- 어떤 형태로든 부적절한 행동에 관심을 보여서는 안 된다.
- 소거 초기에 공격적 행동이 유발될 수 있다.
- 상반행동과 대체행동의 차별강화 전략을 병행한다.
- 주변의 모든 사람들이 소거계획에 협조할 수 있도록 사전에 동맹을 맺는다.
- 소거전략을 일관성 없이 사용하면 간헐강화의 효과로 소거저항이 높아진다.

정답

• 관심얻기

• 소거, 소거발작으로 강화를 받지 못했을지라도 그 행동이 약간 증가하면 다시 강화를 받을 수 있다고 학습했기 때문이다.

• 선행사건 중재

해설

■ 소거폭발

소거 동안에 반응이 증가하는 것을 말한다. 만약 교실에서 한 아이가 교사의 관심을 끌기 위해 손을 들고 손가락으로 딱 소리를 내는 행동을 어느 정도 했는지 기록했다가 소거를 하려고 한다면(손가락으로 딱 소리를 내는 행동을 완전히 무시한다면), 그 학생이 손가락으로 딱 소리를 내는 행동이 감소하는 것이 시작되기 전에 소거의 처음 몇 분 동안은 증가하는 것을 관찰하게 될 것이다. 그 이유는, 대부분의 사람이 어떤 행동을 했을 때 반응이 없더라도 그 행동이 약간 증가하면 다시 반응이 나타나게 된다고 학습했기 때문이다.

■ 선행사건 중재

문제행동이 발생하기 전에 예방을 위해 문제행동 유발요인이 되는 환경을 재구성하는 것으로, 문제행동의 발생 원인이 될 수 있는 선행사건을 수정 또는 제거하여 더 이상 문제행동을 일으키는 요인으로 작용하지 않도록 하는 것이다.

　예 기대행동과 그에 대한 구체적인 사회적 행동을 결정하여 가르치는 것, 일과 시간표를 조정하는 것, 환경의 물리적 구조를 변경하는 것, 성인의 관심과 감독을 증가시키는 것, 효율적 교수방법을 적용하는 것

정답　③

해설

③ 과잉(과다)교정: 특정 행동을 지나칠 정도로 반복하는 행동 감소 기법이다.

과잉교정	정적 연습	내담자가 교정행동을 여러 번 반복함
	복원	문제행동의 발생에 따라 내담자가 문제행동의 환경적 결과를 바로 잡고, 문제행동 전보다 더 나은 조건으로 환경을 복원시키는 절차

① 반응대가: 공격행동을 보이면 스티커 한 장을 회수한다.

② 소거: 과제를 회피하기 위해 울고 있더라도 교사는 학생이 과제를 마저 끝내도록 지시한다.

④ 토큰경제: 교사는 학생이 5분간 과제에 집중하면 스티커 한 장을 주고, 모은 스티커도 강화물과 교환하도록 하였다.

⑤ 타임아웃: 교사는 학생에게 교실 구석에서 벽을 보고 1분간 서 있게 하였다.

정답

이유: 1. 점수를 모아 원하는 물건으로 교환할 수 있도록 하여, 바람직한 수업행동을 증가시킨다.

　　 2. 가지고 있던 것을 잃게 하여 수업 방해행동을 감소시킨다.

ⓒ: 아동에게 회수할 수 있는 점수의 최저점을 미리 설정하여, 설정된 점수 이하로 회수할 수 없도록 한다.

ⓔ: 바람직한 행동에 대한 점수를 상향하고, 방해행동을 할 때 회수되는 점수의 크기를 줄여, 아동이 포기하지 않도록 회수되는 점수의 양을 조정한다.

해설

■ 반응대가의 변형 – 정적강화와의 병용

❶ 개념

반응대가는 단독으로 사용될 때보다 정적강화와 병용될 때 더욱 효과적이다. 예컨대, 토큰제도를 도입하여 학생들의 바람직한 학습활동을 강화하는 한편, 바람직하지 못한 행동을 할 때마다 일정량의 토큰을 벌금으로 징수하는 방법이다. 구체적인 토큰제도를 예로 들면, 오전 중에 학생들에게 10개의 학습과제를 주고 한 학습과제를 완성할 때마다 학생들에게 1점 또는 별표 하나 또는 스티커를 한 장씩 준다. 이렇게 하면 최대한 10장을 벌 수 있다. 반면 욕설의 경우 한 번당 1점, 별표 하나 또는 스티커 한 장을 벌금으로 회수한다. 단 최대한 6장까지만 벌금을 징수하도록 한다. 만일 한 학생이 과제를 다 풀어 스티커를 10장 벌었고 욕설을 4번 하여 스티커 4장을 회수 당했다고 가정하면, 아직 스티커는 6장이 남아 있고 이후에 지원강화와 교환할 수 있다.

❷ 장점

– 벌어들인 토큰을 반응대가(벌금)로 모두 잃는 것은 아니다. 나머지 토큰으로 차후에 지원강화와 교환할 수 있다. 따라서 반응대가로 차압된 토큰 때문에 큰 좌절과 실망감을 느끼지 않을 수 있다.

– 앞으로의 노력에 따라 바람직한 표적행동으로 토큰을 다시 벌어들일 수 있는 기회가 주어진다. 따라서 기본권리나 인권침해 요소가 없기 때문에 법적 또는 윤리적 문제는 발생하지 않는다.

82

정답

3) ①: 행동계약서

②: 반응대가

해설

■ 행동계약서

행동목표를 달성할 때 주어지는 강화에 대해 학생과 교사가 동의한 내용을 문서로 작성하는 것으로, 강화조건과 강화제 내용을 문서화한 것이다.

■ 행동계약서의 구성요소

❶ 학생의 표적행동

❷ 표적행동의 조건과 준거

❸ 강화 내용과 방법

❹ 계약기간

❺ 계약자와 피계약자의 서명란

■ 반응대가

학생이 문제행동을 했을 때 그 대가로서 이미 지니고 있던 강화제를 잃게 함으로써 문제행동의 발생률을 감소시키는 절차이다.

㉑ 자동차 운전 시 속도나 주차 법률을 위반하면 벌금을 지불하는 것, 공과금을 늦게 내면 연체료를 지불하는 것, 수업 시간에 떠들면 휴식시간이 감소하는 것, 도서관의 책 반납 기한이 넘으면 연체료를 지불하는 것

■ 반응대가 사용 시 유의점

반응대가나 보너스 반응대가를 사용할 때는 강화제를 모두 잃게 되는 경우에 대비해야 한다. 더 이상 잃을 것이 없으면 잃지 않기 위해 애쓸 필요가 없어지기 때문에 적절한 행동을 하고자 하는 동기를 상실할 수 있다.

83

정답

2) ①: 행동연쇄법

②: 사회적 강화제

해설

■ 행동연쇄법

'행동연쇄'란 강화를 얻기 위해 행해져야 하는 모든 단위행동의 순서로, 연쇄상에 있는 모든 단위행동을 수행했을 때만 강화가 주어진다. 아동의 행동연쇄가 완전히 만들어지지 않았을 때 행동연쇄법으로 일련의 행동을 형성시킬 수 있다. '행동연쇄법'은 복잡한 행동을 형성하기 위해 분리된 단위행동들을 연결시키는 과정을 의미한다. 즉, 행동연쇄상에 있으면서 이미 한 사람의 행동목록에 존재하는 단위행동들을 적절한 방법으로 연결하여, 보다 복잡한 행동의 학습을 위해 요구되는 각 단위행동을 강화하여 행동연쇄를 발달시키는 방법이다.

■ 물리적 특성에 따른 강화제의 종류

강화제 종류	설명
음식물 강화제	씹거나, 빨아먹거나, 마실 수 있는 것
감각적 강화제	시각, 청각, 후각, 미각, 촉각에 대한 자극제
물질 강화제	학생이 좋아하는 물건
활동 강화제	좋아하는 활동을 할 기회·임무·특권을 주는 것
사회적 강화제	여러 방법으로 학생을 인정해주는 것

84

정답 ④

해설

홍 교사의 지도방법은 행동연쇄 전략 중 후진 행동연쇄법에 해당한다.

■ 행동연쇄

행동연쇄는 구조적인 행동을 형성하기 위해 분리된 행동들을 연결시키는 과정을 의미하며, 진행 방향에 따라 '전진 행동연쇄'와 '후진 행동연쇄'로 분류된다. 전진 행동연쇄는 '자극－반응 요소'를 순차적으로 지도하는 반면 후진 행동연쇄는 '자극－반응 요소'를 역순으로 가르친다. 후진 행동연쇄에서는 학습자가 모든 과정에서 자연적으로 강화를 받는 반면, 전진 행동연쇄에서는 학습자가 모든 과정을 수행하지 않기 때문에 마지막 단계를 제외한 나머지 단계에서는 인위적인 강화가 적용된다.

정답 ③

해설

㉠, ㉡ 복합행동을 가르치기 위해 과제분석이 필요한데, 과제분석은 이미 그 과제를 유능하게 하는 사람의 행동을 관찰하여 실시한다.

㉣ 전체과제 제시법은 이미 숙련하고 있으나 순서대로 수행하지 못할 때 적절한 방법이다.

㉢ 과제분석 측정방법 중 다수기회법을 이용하였다.

㉤ 전체과제 제시법은 각각의 하위 행동이 아닌, 전체 과제를 한꺼번에 수행한다.

정답

3) ① 전략: 후진형 행동연쇄
   ② 장점: 자연적 강화물을 얻을 수 있다.

해설

후진 행동연쇄법을 사용하면 학생의 입장에서 매 회기 마지막 단계까지 완수하고 강화를 받게 된다는 장점이 있다. 또한 후진 행동연쇄법을 사용하는 동안 계속해서 그 과제를 끝까지 여러 차례 반복할 수 있는 기회가 학생에게 주어진다.

정답

- 1. 숙달되지 않은 단계를 동시에 모두 배울 수 있다.
- 2. 하위 과제들을 순서대로 가르칠 수 있다.

해설

■ 세 가지 연쇄법

전체과제 제시법	• 학습자는 한 번에 모든 단계를 다 시도해야 하며 그래야 숙달되지 않은 단계를 동시에 모두 배울 수 있음 • 교사는 숙달되지 않은 단계에서 촉구나 칭찬을 제공함 • 강화물은 마지막 단계 바로 직후에 제공되어야 함 • 훈련은 모든 단계를 숙달할 때까지 계속되어야 함
전진 연쇄법	• 첫 단계에서 시작해서 각 단계는 다음 단계로 가기 전에 꼭 숙달되어야 함 • 교사는 촉구와 강화물을 제공함 • 각 시행에서 이전에 숙달한 모든 단계의 수행이 요구됨 • 한 번에 한 단계씩 배우며 마지막 단계까지 나아감
후진 연쇄법	• 마지막 단계에서 시작해서 마지막 전 단계로 거슬러 가며 숙달되어야 함 • 교사는 촉구를 제공함 • 각 시행에서 이전에 숙달한 모든 단계의 수행이 요구되며, 각 마지막 단계에서 강화물을 받음 • 한 번에 한 단계씩 배우며 마지막 단계에서 처음 단계로 거슬러 올라감
모든 연쇄법 (공통점)	과제분석을 함

정답

㉠: 전체과제 제시법
㉡: 변별자극

해설

■ 행동연쇄 기법의 선정

기법	내용
전과제형 행동연쇄	① 학습자가 하위과제 대부분을 이미 습득해 새로 가르칠 것은 별로 없고, 하위과제들을 일련의 순서대로 수행하도록 가르치는 것이 주목적인 경우 ② 하위과제 수가 많지 않아 비교적 단순하고, 모방 능력이 있고 장애의 정도가 심하지 않은 개인을 대상으로 훈련하는 경우
전진형 행동연쇄	① 비교적 복잡하고 장황한 행동을 새로 가르칠 땐 전진형 및 후진형 행동연쇄가 더 적절함 ② 전진형 행동연쇄에서는 초기 단계의 표적행동이 짧아 한 회기에 다수의 훈련 시행이 가능하지만, 새로운 훈련 단계가 시작될 때마다 표적행동의 양이 증가되어 욕구 좌절과 학습에 대한 저항을 불러올 수 있음
후진형 행동연쇄	① 비교적 복잡하고 장황한 행동을 새로 가르칠 땐 전진형 및 후진형 행동연쇄가 더 적절함 ② 장애 정도가 심한 개인을 대상으로 훈련할 경우, 후진형 행동연쇄가 더 효과적임. 매 훈련 시행에서 과제의 전 과정이 처음부터 끝까지 반복되기 때문에 과제 완성의 만족감과 연습에 의한 학습전이 효과를 기대할 수 있고, 표적행동의 추가분에 대한 저항감도 적으며, 하위과제들 간의 연결이 용이하기 때문임 ③ 한 시행에 소요되는 시간이 길어 초기부터 지루할 수 있고 한 회기에 많은 훈련을 시행할 수 없다는 단점이 있음

■ 변별자극
행동에 민감하게 영향을 미칠 수 있도록 변화된 선행자극을 말한다.

정답

4) ①: ⓑ → ⓐ → ⓒ
   ②: 매 과제 수행 시 자연적 강화물을 받을 수 있다.

해설

■ 후진 연쇄법
과제분석을 통해 나누어진 행동들을 마지막 단계부터 처음 단계까지 역순으로 가르치는 것이다. 마지막 단계의 행동 이전의 행동 단계들은 교사가 모두 완성해 준 상태에서 마지막 단계의 행동을 학생이 하도록 하는 방법이다. 후진 연쇄법을 사용하면 학생 입장에서는 매 회기에 마지막 단계까지 완수하고 강화를 받게 된다는 장점이 있다. 후진 연쇄법을 사용하는 동안 계속해서 그 과제를 끝까지 여러 차례 반복할 수 있는 기회가 학생에게 주어질 수 있다.

정답 ⑤

해설

ⓒ 용암은 지원이나 촉진을 점차 줄여 학생 스스로 해결하도록 하는 점진적 변화기법이다.

ⓔ 촉진(촉구)은 적절한 행동을 할 가능성을 증가시키기 위해 사용되는 선행자극 또는 방법이다.

ⓜ 점진적 안내(graduated guidance)는 신체적 촉구를 점차적으로 감소시킨다.

➡ 전반적 지원 → 부분적 → 가벼운 접촉 → 그림자 기법

ⓐ 여러 가지 촉구 없이 변별자극만으로 정반응이 나타날 때, 독립적 수행이 이루어진 것으로 본다.

ⓒ 최대 – 최소 촉진의 장점에 관한 설명이다.

정답

3) 촉구에 의존성이 커져 행동이 더 이상 발전하지 않는다.

해설

촉구의 점진적 제거를 '용암'이라고 한다. 어떤 촉구든 점진적으로 용암되어야 변별자극만 제시되었을 때도 반응이 발생하고 강화되어야 한다. 중요한 것은 용암의 최적 비율을 결정하는 것이다. 너무 빠르면 행동이 충분히 발생하지 않을 것이고, 반대로 너무 느리면 학생이 영원히 촉구에 의존하게 될 것이다.

정답 ③

해설

ⓜ 자극 용암에 대한 설명이다.

ⓐ 자극 외 촉진에 대한 설명이다.

ⓑ 자극 내 촉진에 대한 설명이다.

ⓒ 시범촉진(모델링)에 대한 설명이다.

ⓔ 행동형성에 대한 설명이다.

ⓗ 자극의 일반화에 대한 설명이다.

정답

3) ①: 그림자료 I을 아동 가까이에 놓아준다.

　②: 그림자료 I에 테이프를 추가로 붙여준다.

정답

3) 자극 내 촉구

해설

자극촉구는 정확한 반응을 더 잘하게 하기 위하여 변별자극을 변화 또는 증가시키거나, 변별자극에 대한 추가적 단서를 주는 것 등을 의미한다. 변별자극 자체나 그 위치를 변화시키는 것을 '자극 내 촉구'라고 하며, 다른 자극을 추가하거나 변별자극에 대한 단서를 외적으로 주는 것을 '가외 자극촉구'라고 한다.

정답

3) ⓒ: 언어적 촉구(또는 단서 촉구)

　ⓔ: 몸짓 촉구

해설

■ 교사 촉진의 종류

종류	내용	적용 예시
언어적 촉진	아동에게 현재 주어진 과제를 수행하도록 지원하는 단순한 설명	손을 씻기 위해서 수도 손잡이를 잘못된 방향으로 돌리고 있는 아동에게 "다른 쪽으로 돌려봐."라고 말함
시범 촉진	아동이 목표행동을 수행할 수 있을 때 주어지는 방법으로, 언어나 몸짓 또는 두 가지를 함께 사용	한쪽 운동화를 신겨 주면서 "이쪽은 선생님이 도와줄 테니 저쪽은 네가 혼자 신어 보렴."이라고 말함
신체적 촉진	과제를 수행할 수 있게 신체적으로 보조해 주는 방법으로, 부분적이거나 완전한 보조의 형태로 주어짐	식사 시간에 숟가락을 사용하도록 팔꿈치에 가만히 손을 대고 있거나(부분적인 촉진), 숟가락을 잡은 손을 붙들고 음식을 먹도록 움직여줌(완전한 신체적 촉진)
공간적 촉진	아동의 행동 발생 가능성을 높이기 위해 사물을 특정 위치(예 과제 수행에 필요한 장소, 아동에게 더 가까운 장소)에 놓는 방법	손을 씻을 때 수건을 세면대 가까이에 가져다 놓음
시각적 촉진	그림이나 사진, 색깔, 그래픽의 시각적인 단서를 사용하는 방법	아동의 사물함이나 소유물에 아동마다 고유한 색깔로 표시하거나, 손 씻는 순서를 사진으로 붙여놓음
단서 촉진	언어나 몸짓으로 주어지는 촉진으로 과제 수행의 특정 측면에 대한 직접적인 관심을 유도하기 위한 방법이며, 이때 사용되는 단서는 자극이나 과제를 가장 잘 대표할 수 있는 특성이어야 함	교사가 손가락으로 숟가락을 가리키면서 "자, 식사 시간이다."라고 말함(식사의 특성을 가장 잘 나타내는 숟가락을 사용해서 독립적인 식사기술을 촉진)

정답

1) ①: 가외자극 촉구
   ②: 아동이 타인의 도움이 아닌 변별자극을 통해 바람직한 반응을 높이기 위하여 자극에 촉구를 제공한다.

해설

■ 가외자극 촉구(자극 외 촉구)
변별자극 외에 다른 자극을 추가하는 것이다. 촉구의 기능은 바람직한 행동을 하여 그 행동이 강화받도록 하는 데 있다.
㉠ 어느 수가 큰지 비교하는 경우 각 숫자 밑에 숫자에 해당하는 만큼의 사물이나 사물의 그림을 제시하는 것

정답

①: 점진적 안내
②: 1. 일일이 말로 해야 하는 구어적 촉구시간을 단축시켜 준다.
     2. 타인이 없어도 사용할 수 있다.
③: 점심시간 이전에 손을 씻을 수 있도록 지도한다.
    (자연스럽게 손을 씻는 상황을 설정)

해설

■ 자연적 단서
교사는 "접시를 닦자."(교수적 촉진)라고 말하는 대신 지저분한 접시가 놓인 싱크대를 가리키며(자연적 단서) 일반적인 촉진을 사용할 수 있다.

정답

3) ① 유형: 점진적 안내
   ② 교사 행동: 교사의 손이 학생의 신체와 가깝지만 접촉하지 않은 상태로, 아동의 행동을 따라 그림자처럼 아동의 손 위로 훈련자의 손을 움직여 주며 오류가 발생할 때 도울 수 있도록 한다.
   ③ 학생 행동: 학생은 카트에 물건을 담는다.

해설

■ 점진적 안내
물리적 촉진의 양을 감소시킬 때 사용되는 기법이다. 훈련 초기에는 표적행동을 유도하기에 충분한 만큼의 물리적 도움을 제공한다. 즉, 학습자의 손을 잡고 물리적으로 지도한다. 다음 단계에는 손목만 잡고 지도하고, 그 다음 단계에는 학습자의 팔꿈치만 약간 건드려 주는 식으로 점차 물리적 도움을 줄인다. 마지막 단계에는 물리적 접촉은 피하고, 그림자 기법으로 대치한다.

■ 그림자 기법
– 아동의 신체에 직접 손을 대지 않고 아동의 행동을 따라 그림자처럼 아동의 손 위로 훈련자의 손을 움직여주는 방법이다.
– 교사의 손을 학생의 움직이는 부분에 가까이 있되 접촉하지 않고, 필요할 때(오류가 발생할 때) 도울 수 있는 준비를 하고 있는 것을 말한다.
– 예를 들어 어깨에 손을 얹고 있을 때 아동이 바람직한 행동을 지속적으로 보인다면, 그림자(shadowing) 전략을 사용할 수 있다. 이는 신체 접촉을 직접적으로 하지 않지만 아동에게 매우 근접하게 손을 대고 아동의 움직임을 따르는 것을 말한다.

정답   ③

해설

③ 최소–최대 촉진은 교사의 개입(촉진 또는 촉구)이 최소 수준부터 최대 수준으로 제시되는 반응촉진(촉구) 체계이다.

■ 최소–최대 촉진의 절차
– 반응 지연시간을 정하고 학생과 과제에 맞는 2~4개의 촉진을 정한다. 최소로 도와줄 촉진부터 최대로 도와줄 촉진 순서로 배열한다.
– 장애학생에게 과제를 수행하도록 지시하고 반응 지연시간 동안 반응하도록 기다린다.
– 정반응에는 강화를 주고, 다음 훈련단계나 회기로 넘어간다.
– 장애학생이 오류나 무반응이면 촉진 위계의 첫 번째 촉진을 주고 반응 지연시간 동안 기다린다. 장애학생이 또 오류나 반응을 보이면 그 다음 단계의 촉진을 주고 기다린다. 이런 식으로 정해진 마지막 수준의 촉진까지 제공한다.
– 그 다음 순서의 촉진을 제공함으로써 오류를 중지시킨다.
– 마지막 촉진을 통해 충분히 반응이 산출되어야 한다.
– 장애학생이 점차로 최소한의 촉진에 반응하는 것을 배우고 궁극적으로 독립적 수행을 하게 됨에 따라 촉진의 용암이 일어난다.

정답   ⑤

해설

(가) 고정 시간지연
미리 정해둔 계획에 따라 5초 간격을 두고, 5초 안에 정반응이 없으면 교수적 촉진을 제공한다.
➡ 지연시간이 동일한 길이 즉, 일관성 있게 운영되는 것이다.

(나) 점진적 안내

교사의 손은 A의 손목, 팔꿈치, 어깨의 순서로 옮겨가며 과제수행을 유도한다. 독립수행이 일어나면 손을 사용하는 지원은 없앤다.

➡ 전체 훈련을 통해 도움을 점진적으로 줄여 나간다. 학습자가 과제를 완성할 때, 즉 과제를 독립적으로 수행하면 교사는 위와 같이 안내(도움)를 끝내는 것이다.

(다) 간접구어 촉진

"자, 이젠 무엇을 해야 하지?"

➡ 행동을 직접적으로 알려주는 것이 아니라 질문의 형식(간접적)으로 구어를 촉진을 하는 것이다.

101

정답

① : 용암법

② : 용암법-새로운 행동을 만들기 위하여 제공된 촉진자극의 양을 조금씩 줄여, 촉진자극이 없이 자연적 변별자극만으로 올바른 반응을 할 수 있도록 가르치는 방법이다.
행동형성법-새로운 행동을 만들기 위하여 표적행동에 점진적으로 가까운 행동을 차별강화하는 방법이다.

③ : 행동형성은 목표행동에 점진적으로 가까워지는 행동(반응)에 강화하는 반면, <보기>의 목표행동은 '식사용 매트 위에 식사 도구를 올려놓는다.'로 동일하며, 목표행동을 이끌어내기 위해 여러 가지 촉진적 자극을 단계적으로 사용한다. 따라서 <보기>의 방법은 자극을 변화시키는 용암법에 해당한다.

해설

■ 용암법과 행동형성법
  ❶ **공통점**: 차별강화와 점진적 변화를 포함한다.
  ❷ **차이점**

구분	용암법	행동형성법
학습	이미 학습된 행동을 다른 자극의 통제하에 두기 위해 사용	새로운 행동을 가르치기 위해 사용
변화	행동 자체는 변하지 않고, 선제 자극만 변함	행동 자체가 변함
조작	선제자극이 조작됨	후속결과가 조작됨

102

정답 2) 최대-최소 촉진(도움 감소법)

해설

■ 도움 감소법(최대-최소 촉구법)
  – 처음에는 아동이 바람직한 행동을 수행하기에 충분할 만큼 최대한 촉구를 제공하여 아동이 정반응을 보이면 점차 그 양을 줄여가는 것이다.

– 학습 초기 단계에 많이 발생하는 오류를 제거할 수 있다는 장점이 있어 오류로 인한 좌절을 방지할 수 있다.

103

정답 3) 최소-최대 촉진(도움 증가법)

해설

■ 촉구 양식의 조합으로 촉구를 증가시키는 법
  – **독립적 수준**: 참여자는 훈련자로부터 어떠한 촉구 없이 제한된 시간 내에 요구되는 과제를 수행한다.
  – **언어적 수준**: 만일 참여자가 독립적 조건에서 정반응을 수행하지 못하면 훈련자는 언어적으로 과제수행 방법을 지시한다.
  – **언어적 및 몸짓 수준**: 만일 참여자가 언어적 지시에 맞게 반응하지 못하면 훈련자는 언어적 지시를 제공하면서 과제를 시범 보인다.
  – **언어적 및 안내 수준**: 만일 촉구의 다른 수준이 성공적이지 못하면 훈련자는 언어적 지시가 제공되는 동안에 참여자가 과제를 수행하도록 신체적으로 안내한다.

104

정답 3) 동시촉구

해설

촉구는 학생이 SD에 반응하지 않을 때 주어지는 것이라고 알려져 있으나 그 예외가 동시촉구다. 이러한 형태의 반응촉구를 사용할 때는 SD가 제시와 함께 촉구(정반응을 이끌어 주는 것, 흔히 정반응 자체)를 제공하고 학생은 즉시 정반응을 하는데, 마치 시간지연법을 시간지연 없이 사용하는 것처럼 보인다.

105

정답

• '촉구 지연법은 촉구를 제시하는 시간 길이를 바꿔가는 것이다.', '아동의 반응 전에 반응촉구가 주어진다.' 중 택 1

해설

촉구 지연법은 도움 감소법, 도움 증가법과 다른 점이 있다. 도움 감소법, 도움 증가법은 촉구 자체의 형태가 바뀌는 반면, 촉구 지연법은 촉구를 제시하는 시간 길이를 바꿔 가는 것이다. 자극이 제시된 후에 촉구를 제시하기까지의 시간을 지연시킴으로써 촉구에서 변별자극으로 자극통제를 전이하는 것이다. 또한 도움 감소법, 도움 증가법은 아동의 반응 뒤에 반응촉구가 주어지지만, 촉구 지연법은 아동의 반응 전에 반응촉구가 주어진다.

정답 ⑤

해설

⑤ 교사는 A에게 문제행동의 발생 여부와 상관없이 설정된 시간 간격에 따라 강화를 제공한다. 그래서 A로 하여금 문제행동을 하려는 요구 자체를 제거하는 것으로, 이는 비유관강화에 해당한다.

① 소거: 강화의 제거로 인해 반응이 더 이상 나타나지 않는 현상을 말한다.

② 다른 행동 차별강화(DRO): 부적절한 목표행동이 발생하지 않는 시간 동안을 강화한다.

③ 상반행동 차별강화(DRI): 부적절한 목표행동과는 상반되는 행동을 강화한다.

④ 대체행동 차별강화(DRA): 부적절한 목표행동들을 제외한 포괄적 범위의 대안적 행동을 강화한다.

정답

2) 민수에게 수업시간에 소리 지르는 행동과 관계없이 일정 간격에 따라 교사의 관심을 제공한다.

해설

■ 비유관 강화(= 비수반적 강화)

문제행동을 감소시키기 위해 사용되는 선행중재의 한 방법으로, 학습자의 행동과는 무관하게 고정시간계획 또는 변동시간계획에 따라 강화자극을 제공하는 것을 말한다. 비수반적 강화의 핵심은 이제까지 문제행동만으로 얻을 수 있었던 특정 강화자극을 앞으로는 문제행동과 상관없이 무조건적으로 자주 얻을 수 있는 환경을 조성함으로써 문제행동의 동기나 요구 자체를 제거하려는 전략이다. 문제행동을 수행하지 않고도 원하는 강화를 넘치게 얻을 수 있는 환경을 조성함으로써 문제행동의 동기 자체를 제거하려는 것이다.

정답

3) ①: 약 2분마다(3분보다 짧은 시간) 교사의 관심을 제공한다.

    ②: 원하는 강화를 노력 없이 쉽게 얻을 수 있어 바람직한 행동에 대한 동기까지 감소될 수 있다.

해설

■ 비유관강화(NCR)

문제행동을 감소시키기 위해 사용되는 선행중재의 한 방법으로, 학습자의 행동과는 무관하게 고정시간계획 또는 변동시간계획에 따라 강화자극을 제공하는 것을 말한다. 비유관강화의 핵심은 지금까지 문제행동으로만 얻을 수 있었던 특정 강화자극을 앞으로는 문제행동과 상관없이 무조건적으로 자주 얻을 수 있는 환경을 조성하여 문제행동의 동기나 요구 자체를 제거하려는 전략이다. 문제행동을 수행하지 않고도 원하는 강화를 넘치게 얻는 환경을 조성함으로써 문제행동의 동기 자체를 제거하려는 것이다. 원하는 강화자극들로 포화된 환경 자체가 동기해지조작(AO)으로서의 기능을 수행한다. 비유관강화는 기능성 평가를 통해 문제행동을 유지시키고 있는 강화자극을 확인한 다음, 바로 그 강화자극을 학습자에게 비유관적으로 풍족히 제공함으로써 문제행동의 발생 동기를 사전에 제거하는 것이 목적이다.

■ 강화 간격 정하기

다음 절차에 따라 초기의 강화간격을 설정할 수 있다.

❶ 첫째, 전체 기초선 관찰시간의 총합을 계산한다.

❷ 둘째, 전체 기초선 기간 중에 관찰된 문제행동의 총 발생 횟수를 계산한다.

❸ 셋째, 기초선 관찰시간의 총합을 총 발생건수로 나눈다.

❹ 넷째, 앞의 계산에서 얻은 값, 즉 문제행동의 발생 한 건당 지속시간을 최초의 강화간격으로 정하거나 또는 약간 낮은 값을 최초의 강화간격으로 정한다.

예를 들어, 아동의 자해행동을 4일 동안 30분씩 관찰하여 기초선을 설정하였다. 기초선 기간 중에 관찰된 자해행동의 총 발생건수가 24회라고 가정하고 최초의 강화간격을 정해 보자.

❶ 기초선 관찰시간의 총합은 120(4일×30분)분이다.

❷ 자해행동의 총 발생횟수는 24회이다.

❸ 총 지속시간(120분) ÷ 총 발생건수(24회) = 5(분)이다.

문제행동은 5분당 한 번씩 발생한 셈이므로 최초의 강화간격은 5분으로 정할 수 있다. 또는 초기의 영향력을 고려하여 조금 낮추어 4분에서 시작하면 된다.

■ 비유관강화의 장단점

구분	내용
장점	① 비유관강화 기법은 문제행동을 감소하기 위한 방법으로서 다른 어떤 긍정적 치료기법보다 활용하기 쉬움. 다른 기법처럼 치료 회기 내내 피험자의 행동을 지켜보면서 정해진 표적행동이 발생할 때마다 강화자극을 제공해야 하는 어려움이 없기 때문임 ② 긍정적 학습 환경을 조성하는 데 큰 도움이 됨. 예컨대 비유관 도피를 수시로 허용함으로써 문제행동의 발생을 예방할 수 있고, 벌이나 혐오자극을 치료방법으로 사용하지 않기 때문에 긍정적 분위기를 유지할 수 있음 ③ 문제행동을 소거하려 할 때 비유관강화 전략을 병행함으로써 소거 초기에 발생하는 소거폭발 현상을 약화시킬 수 있음. 소거폭발은 기대했던 강화자극의 중단으로 인한 욕구좌절이나 분노 때문에 발생하는데, 비유관 강화가 수시로 제공되는 환경에서는 이러한 욕구좌절이나 분노의 기회가 감소되기 때문임 ④ 어떤 바람직한 행동이 비유관강화와 우연히 일치할 기회가 많음. 따라서 기대하지 않았던 바람직한 행동이 강화되어 유지될 수 있음
단점	① 원하는 강화자극을 노력 없이 쉽게 얻을 수 있기 때문에, 문제행동에 대한 동기뿐만 아니라 바람직한 행동에 대한 동기까지 감소될 수 있음 ② 문제행동과 비수반적 강화가 우연히 일치하는 경우가 발생하면 원하지 않는 문제행동이 강화될 우려가 있음 ③ 비유관강화에서 부적 강화가 사용될 경우(학습 상황으로부터의 도피를 허용할 경우) 수업 진행에 지장을 초래할 수 있음

109

정답 ⑤

해설

⑤ '고확률 요구연속'이란 학습자에게 일련의 고확률 요구들을 먼저 제시한 후에 즉시 계획된 저확률 요구를 제시하는 연속적인 과정을 말한다. 즉, 학습자가 연속되는 여러 개의 고확률 요구에 성공적으로 반응할 때 계획된 저확률 요구를 재빨리 삽입하여 반응을 유도하는 방법이다.

① **반응대가**: 학생이 문제행동을 했을 때 그 대가로 이미 지니고 있던 강화제를 잃게 함으로써 문제행동의 발생률을 감소시키는 절차이다.

② **토큰경제**: 학생이 바람직한 행동을 하면 토큰을 받아 나중에 학생이 원하는 강화제와 교환할 수 있게 하는 것이다.

③ **부적강화**: 행동에 수반하여 어떤 자극을 회수 또는 제거함으로써 그 행동을 증가시키는 방법이다.

④ **점진적 시간지연**: 촉구를 즉각 제시하기보다는 아동에게 반응할 시간을 주고 기다린 다음에 촉구하는 것이다. 지연간격이 0초에서 8초 이상까지 점차적으로 증가한다.

110

정답

• 혐오자극을 사용하지 않고도 문제행동을 감소시킴으로써 요구에 순응하는 행동을 가르칠 수 있는 방법이다.
• 1. 이미 학습되어진 행동
  2. 반응시간이 짧고, 요구에 대한 순응이 보장되는 행동
• 고확률 요구의 수를 줄인다.

해설

■ 고확률(high-p) 요구연속

❶ 개념

여러 학습자에게 일련의 고확률 요구들을 먼저 제시한 후에 즉시 계획된 저확률(low-p) 요구를 제시하는 연속적인 과정이다. 즉, 학습자가 연속되는 여러 개의 고확률 요구에 성공적으로 반응할 때 계획된 저확률 요구를 재빨리 삽입하여 반응을 유도하는 방법이다.

고확률 요구연속을 적용하려면, 먼저 치료자는 학습자가 쉽게 할 수 있는 짤막한 과제 2~5개를 준비한다. 선택된 과제는 학습자의 능력에 맞는 쉬운 것이어야 하며 이제까지의 경험으로 보아 이 과제에 불응하지 않고 순응하였던 경력이 입증되어야 한다. 치료자는 표적과제(저확률요구)를 아동에게 제시하기 직전에 먼저 고확률 요구를 연속적으로 제시한다.

고확률 요구연속은 혐오자극을 사용하지 않고도 바로 이러한 문제행동을 감소시킴으로써 요구에 순응하는 행동을 가르칠 수 있는 적절한 방법이다. 이 방법은 부모나 교사의 지시를 거역하고, 반응 지연시간이 지나치게 길고, 주어진 과제에 대한 수행이 지나치게 느린 아동을 지도하는 데 효과가 있다.

❷ 고확률 요구연속의 효과적 활용법

– 고확률 요구연속에 사용될 과제는 이미 학습되어 아동의 행동저장고에 존재하는 것이어야 한다.

> **고확률 요구과제를 선택하는 절차**
> 1) 학습자의 순응을 이끌어 낼 수 있는 요구목록을 작성하고, 목록에 있는 각 요구과제를 5회기에 걸쳐 각각 실행해본다.
> 2) 학습자의 순응을 100% 이끌어 낼 수 있는 과제만을 고확률 요구과제로 선정한다. 이 기법의 효과는 사용되는 고확률 요구의 수가 많을수록 더욱더 증가한다. 즉, 고확률 요구가 2개 제시될 때보다 5개 제시될 때 더욱 효과적이다.
> 3) 훈련 중 저확률 요구에 대한 학습자의 순응이 일관성 있게 지속되면 점차로 고확률 요구의 수를 줄인다.

– 확률 요구를 신속히 연속적으로 제시한다. 즉, 요구와 요구 간의 간격은 짧아야 한다. 그리고 최초의 저확률 요구는 마지막 고확률 요구에 대한 순응을 강화한 후 즉시 제공한다.
– 고확률 요구에 올바르게 반응할 경우 즉시 칭찬한다.
– 강력한 강화자극을 사용한다.

제10장 지체 · 중복 · 건강장애

제1절 지체장애 유형

01 2011학년도 초등 10번, 2011학년도 유아 10번

정답 ②

해설

ㄱ. 불수의 운동형은 전체 뇌성마비의 15~20%로 다른 유형에 비해 인지적 손상이 적은 편이다. 뇌의 기저핵 손상으로 발생하며, 근육의 떨림이나 근긴장도가 수시로 변하며 팔, 얼굴 근육 등에서 비자발적이고 불수의적인 운동이 일어난다.

ㄹ. 듀센형은 나이가 들어감에 따라 독립적인 보행이 어려워지므로 휠체어를 사용한다. 가우어 징후는 일어설 때 손을 땅과 무릎에 의지하는 듀센형 초기 증상이다.

ㅂ. 척수수막류를 가진 사람의 70~90%가 뇌척수액이 뇌에 고이는 뇌수종으로 발전한다. 의료적 처치로 출생 후 척수의 돌출된 낭을 제거하여 척추의 열린 부분을 닫히게 하는 수술과 뇌에 션트를 삽입해 뇌실의 뇌척수액을 배출시켜 뇌압 상승으로 인한 손상을 방지하는 수술을 할 수 있다.

ㄴ. 뇌성마비는 비진행성이다.

ㄷ. 종아리 부위의 근육이 뭉친 듯한 모습은 듀센형(가성비대형)과 베커형의 특성이다.

ㅁ. 척추부위에 있는 혹과 같은 모양은 척추뼈가 완전히 닫히지 않아 분리된 척추 사이로 척수액이나 신경섬유가 돌출된 것으로 척수수막류의 특성이다.

02 2010학년도 초등 8번, 2010학년도 유아 8번

정답 ③

해설

ㄴ. '소리나 움직임에 크게 놀라는 반응'은 경악반사에 대한 설명이다. 경악반사는 생후 4~5개월 사이에 소실되어야 하는 반사로, 원시반사의 잔존 현상이다.

ㄷ. '의도하지 않은 불필요한 동작이나 이상한 방향으로 돌발적인 동작은 불수의 운동형에 대한 설명이다. 불수의 운동형은 대뇌 기저핵에 문제가 있을 때 발생한다.

ㄱ. 불수의 운동형은 저긴장도에서 과긴장까지 다양한 근긴장도를 나타낸다.

ㄹ. 뇌성마비는 신경계 장애로 분류된다.

03 2009학년도 중등 33번

정답 ④

해설

하지의 내전 구축으로 가위형태의 자세를 보이고, 첨족 보행을 하는 것은 뇌성마비 중 '경직형'에 해당하는 특징이다.

① 불수의 운동형에 대한 설명이다.
② 강직형에 대한 설명이다.
③ 진전형에 대한 설명이다.
⑤ 운동실조형에 대한 설명이다.

04 2010학년도 중등 34번

정답 ②

해설

ㄱ. 뇌성마비는 중추신경계 손상에 의한 근육 마비와 협응성 장애, 근육 약화, 기타 운동기능 장애로 특징 지어지는 신경장애이다.

ㄹ. 척추측만증 교정을 위해 맞춤화된 앉기 보조도구를 제공하여 가장 편하고 바른 자세를 잡아 주더라도, 구축예방을 위해 주기적으로 자세도 변경해 준다.

ㅁ. 보바스 법은 뇌성마비 아동을 위한 신경발달접근법, 운동치료 접근법으로, 바람직한 자세에 대한 운동감각을 익히도록 하는 접근이다. 이는 비정상적인 자세 패턴을 억제하고, 바람직한 자세에 대한 감각패턴을 익히도록 한다.

■ 보이타(Vojta) 방법

아동의 신체에서 운동 유발을 일으키는 6개의 주 유발점과 5개의 보조 유발점 등 특수한 부위 11곳의 유발점(zone)을 찾아내어, 이 유발점에 압력을 가함으로써 반사적 기기와 반사적 뒤집기 등을 자동적으로 유발하는 방법이다. 이는 주로 1세 이하의 뇌성마비 아동의 치료 및 진단에 사용된다.

보이타는 일정한 출발자세와 일정한 부위에 방향성을 가진 일정한 자극을 줌으로써 반사적 기기와 반사적 뒤집기를 유발하여 대뇌에 비정상적인 자세 및 운동패턴이 기억되는 것을 억제하고, 정상적인 패턴을 촉진시켜 대뇌에 잠재기억을 형성하여 정상발달을 활성화시키는 것이 치료의 기본원리라고 하였다.

정답

1) 불수의 운동형

해설

■ **불수의 운동형(= 무정위 운동형)**

　뇌의 바닥 부위인 기저핵(basal ganglia) 손상이 주된 원인으로, 전체 뇌성마비의 20~25% 정도를 차지한다. 운동 특성은 목적 없는 빠르거나 느린 운동 패턴이 나타나고, 휴식 시에도 팔다리가 꿈틀꿈틀 움직이거나 움찔거리는 불수의적 동작이 일어난다. 진전(tremor)이 동반되기도 하고, 상지 말단의 운동이 상지 근위부로 물결치듯 퍼져 마치 벌레가 움직이는 것처럼 보인다. 손으로 물체를 잡으려고 뻗칠 때에 불규칙적이고 원하지 않는 방향으로 움직임이 일어나게 된다. 불수의 운동은 움직이려고 노력하거나 말을 할 때 또는 흥분을 하거나 깊은 생각을 하는 모든 것이 자극되어 일어난다. 불수의 운동은 조절방법을 잘 배우면 어느 정도 조절이 가능하며, 피로, 졸음, 완전한 집중을 유지하고 있을 때는 감소하고 엎드린 자세에서도 감소한다. 불수의 운동형은 사지뿐만 아니라 혀를 포함한 구강근육과 안면 등 신체 모든 부위에서 나타날 수 있으므로 발음과 호흡근의 조절장애로 인한 언어장애와 의사소통 문제가 발생하고, 얼굴 찡그림이나 침 흘림 등으로 사회적 상호작용에도 영향을 미친다. 신체 근위부(어깨, 골반 등) 안정성이 부족하고, 자세 유지에 필요한 정위반응과 평형반응이 결여되어 자세가 불안하다. 지능은 정상인 경우가 많고 비교적 높은 편이다.

정답　　③

해설

뇌성마비 학생의 손상부위는 대뇌피질 부분으로 양측의 반구 모두에 손상이 있음을 알 수 있다.

③ **경직형－양마비(diplegia)**: 과도하고 뻣뻣한 근육 움직임, 마찰음과 폐쇄음(긴장도↑)

① **운동 실조형(ataxic)**: 소뇌 손상으로 인한 균형과 거리감의 문제, 말의 끊김(로봇 음성)

② **경직형－편마비(hemiplegia)**: 같은 쪽 상지와 하지 마비, 발끝(첨족) 걷기, 단조로운 억양과 과다비음

④ **진전형(tremor)**: 떨림과 근력의 조절 제한, 말더듬

⑤ **불수의 운동형(athetoid)**: 긴박하고 불수의적인 움직임과 뒤틀림, 거친 호흡과 쉰 소리

정답

• 1. 경직형은 근긴장도가 높아 신체움직임이 뻣뻣하며 움직임이 둔하다.
　2. 무정위 운동형은 근긴장도가 수시로 변해 신체를 바르게 정렬하는 것이 어렵다.

• 추체로

해설

■ **경직형**

　경직형은 가장 보편적인 뇌성마비 유형으로 추체계에 손상을 입으면 발생하고 전체 뇌성마비 중 약 75%를 차지한다. 추체계는 운동피질과 운동피질에서 척수로 내려오는 경로인 추체로로 구성되어 있다. 추체계에 해당하는 일차 운동피질의 각 영역은 특정 신체 부분의 동작을 조절한다.
　경직형은 근육이 뻣뻣하며 움직임이 둔한 특징을 갖는다. 근긴장도가 높아 움직이기가 어렵고 움직인다고 해도 속도가 느리다. 쉬는 동안에도 과긴장(hypertonia)이 나타나는 경향이 있다. 척추의 후만, 측만이 많고 구축 위험성이 높다. 근육의 구축으로 다리가 서로 겹쳐지는 가위 모양의 자세를 보이고 이동이나 움직임의 범위에 한계를 보인다.

■ **불수의 운동형(= 무정위 운동형)**

　전체 뇌성마비의 15~20%에 해당하며 '무정위 운동형'이라고도 불린다. 다른 유형에 비해 인지적 손상이 적은 편이며 근육의 떨림이나 근긴장도가 수시로 변하여 팔, 손, 얼굴 근육 등에서 비자발적이고 불수의적인 운동이 나타난다. 수면 중에는 불수의 움직임이 덜 나타나기도 한다. 의식이 깨어 있을 때 근육의 긴장도가 더 강하게 나타나며 정서적으로 긴장하면 심해지는 경향이 있고 갑작스러운 근긴장의 변화를 나타내는 것이 특징이다. 특히, 머리 조절이 힘들고 중심선상에서의 운동조절 능력이 현저히 떨어진다. 불수의적인 움직임을 억제하고 안정성을 확보하기 위해 신체 일부분을 과도하게 사용하여 척추 기형이 나타나며, 연령이 증가할수록 긴장이 높아지는 경향이 있고 호흡, 유창성 이상 등의 문제를 가진다. 인지능력은 다른 유형보다 양호하며 신체 비대칭성이 가장 큰 특징이다.

정답

1) ①: 경직형
　②: 타인의 도움을 받아 이동한다.

해설

■ 경직형 뇌성마비

경직형은 가장 보편적인 뇌성마비 유형으로 추체계에 손상을 입으면 발생하고 전체 뇌성마비 중 약 75%를 차지한다. 추체계는 운동피질과 운동피질에서 척수로 내려오는 경로인 추체로로 구성된다. 추체계에 해당하는 일차 운동피질의 각 영역은 특정 신체 부분의 동작을 조절한다.

경직형은 근육이 뻣뻣하며 움직임이 둔한 특징을 갖는다. 근 긴장도가 높아 움직이기가 어렵고 움직인다고 해도 속도가 느리다. 쉬고 있는 동안에도 과긴장이 나타나는 경향이 있다. 척추의 후만, 측만이 많고 구축의 위험성이 높다. 근육의 구축으로 다리가 서로 겹쳐지는 '가위 모양의 자세(scissors position)'를 보이고 이동이나 움직임의 범위에 한계를 보인다.

■ GMFCS level IV

학생은 대부분의 환경에서 타인의 신체적 도움을 받거나 전동휠체어를 사용하고, 몸통과 골반의 자세 조절을 위해 개조된 의자가 필요하다. 대부분 이동 시 신체적 도움을 필요하고, 가정에서는 바닥을 구르거나 기어서 이동한다. 신체적 도움을 받아 짧은 거리를 걷거나 전동휠체어를 사용하고, 자세를 잡아주면 학교나 가정에서 체간지지워커를 사용할 수 있다. 학교, 야외, 지역사회에서 타인이 학생의 수동휠체어를 밀어주거나 전동휠체어를 사용하여 이동하고, 이동성의 제한으로 인해 체육 및 스포츠 활동에 참여하기 위해서는 신체적 도움이나 전동휠체어와 같은 장치가 필요하다.

정답 ②

해설

ㄴ. 환측은 병리적인 쪽, 건측은 정상적인 쪽을 뜻한다. 편마비가 오면 자연스레 마비가 오지 않은 쪽을 자주 사용하게 되면서 발육의 차이가 생긴다. 경직형 편마비의 경우 한쪽 대뇌피질이 병변 부위이므로 감각피질의 손상으로 인해 반맹이나 감각장애가 발생할 수 있다. 일반적으로 편마비의 50%가 감각장애를 보인다.

ㄹ. 운동은 신체의 근위부에서 원위부로, 근육의 수축은 반사적에서 수의적으로, 대근육에서 소근육으로 발달하게 되는데, 뇌성마비의 경우 이러한 정상 운동발달 과정을 방해한다.

ㄱ. 뇌성마비는 만 2세 이전의 어린 시기에 발생하는 비진행성 질환이다.

ㄷ. 관절 구축은 근긴장도의 지속적 증가로 인해 근육·인대·관절막의 길이가 단축되는 것으로, 성장할수록 근육 간의 불균형을 초래한다. 골격이 관절에서 이탈된 것은 탈구에 해당한다.

ㅁ. 보상적 운동패턴은 신체적 결함을 보충하기 위해 나타나는 비정상적 운동패턴이다. 보상적 운동패턴을 억제하고 바른 자세를 취하게 하여 신체의 균형적 발달을 유도해야 한다.

정답 ⑤

해설

⑤ 들숨을 빨리 쉬고 날숨을 길게 내쉬도록 한다.

■ 호흡지도와 발성지도

호흡지도	발성지도
• 들숨을 빨리 쉬게 하기 • 안정 시 호흡 횟수를 정상치에 가깝게 하기 • 구강호흡, 비강호흡의 분리·촉진 등을 지도 • 머리 조절과 과도한 근긴장을 이완시키는 자세 유지하기 • 호흡 근력을 강화시키고 호기 및 발성의 지속시간의 연장을 도모하기	• 안정된 호흡상태 취하기 • 상황에 적절한 발성하기 • 의도적으로 호흡 변화시키기 • 의도적으로 소리를 내고 변화시키기 • 의도적으로 성량, 목소리의 질 변화시키기

정답

1) 연인두 폐쇄 부전으로 인해 구강음을 발음할 때에도 비강으로 호흡이 들어가 과대비음이 발생한다.

해설

■ 연인두 폐쇄기능

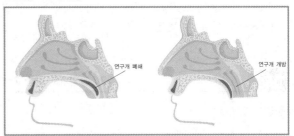

후설이 연구개에 접촉하게 되면 '가'에서 /ㄱ/, '방'에서 /ㅇ/ 소리가 나온다. 숨을 쉬는 동안에는 연구개의 위치가 후인두벽으로부터 떨어져 있어서 공기가 비강과 인두 사이를 이동하지만, 연구개의 위치가 상승하면 후인두를 폐쇄시켜서 구강과 인두강 사이를 막게 되는데, 그로 인하여 비음인 /m/, /n/, /ŋ/음을 제외한 소리를 산출할 경우 기류가 비강으로 새어 나가는 것을 막아준다. 이것을 '연인두 폐쇄'라고 한다. 비음을 산출할 경우 연구개가 다시 낮아지면서 비강으로도 공기가 방출되는데 만일 구개파열로 인해 연인두 폐쇄기능이 적절히 이루어지지 않으면 과다비음이 발생한다.

정답

비대칭성 긴장성 경반사(ATNR)는 뇌성마비 아동이 가지고 있는 원시 반사의 한 형태로, 목이 측면으로 돌아갔을 때, 돌아간 방향의 팔과 다리는 펴지고 반대쪽의 팔과 다리는 구부러지는 반응을 나타내는 반사이다.

고유수용성 감각장애는 운동감각 중 하나로, 근육·관절·힘줄 등의 신체 내 수용기를 통해 자신의 신체 위치, 자세, 평형, 움직임에 대한 정보를 파악하여 중추신경계로 전달하는 감각이다.

신경발달 처치법(NDT)은 '보바스 방법'이라고도 불리며, 비대칭성 긴장성 경반사(ATNR)와 같은 비정상적 움직임 패턴을 억제하고, 바람직한 자세로 아동의 자세를 유지하여 그 자세에 대한 감각을 고유수용성 감각을 통해 익혀 바람직한 자세반응(평형반응, 정위반응)을 촉진하려는 접근법이다.

학생 A를 위해서 교실환경을 구성할 때, 첫째, 교실에서의 좌석 배치는 비대칭성 긴장성 경반사가 발생하지 않도록 하기 위해 정중선을 유지할 수 있도록 교실 중앙에 배치한다. 둘째, 책상의 높이는 어깨와 팔꿈치가 적절한 각도를 이루고 편안한 자세로 책상에 놓을 수 있는 적절한 높이로 설정한다. 셋째, 음성출력 의사소통 기기와 트랙볼의 위치는 정중선에 배치하여 비대칭성 긴장성 경반사가 발생하지 않도록 한다.

해설

■ **고유수용성 감각**

자신의 신체 위치, 자세, 평형, 움직임(운동 정도, 운동 방향)에 대한 정보를 파악하여 중추신경계로 전달하는 감각이다. 눈을 감고 음료수를 들어서 마신다고 할 때, 우리는 시각적인 정보에 의지하지 않고도 어느 정도의 힘으로 음료수를 집어야 하며 어떤 속도로 입에 가져가야 음료수가 쏟아지지 않는지 알 수 있고, 눈으로 입이 어디에 있는지 확인하지 않더라도 정확하게 음료수를 입으로 가져갈 수 있다. 이와 같이 고유수용성 감각은 몸의 각 부분이 어디에 있고, 어떻게 움직이는지를 뇌에 전달한다.

고유수용성 감각이 잘 조직화되지 않은 경우에는 눈으로 볼 수 없는 상황에서 무엇인가를 실행하는 데 매우 어려움을 보이거나 두려워할 수 있다. 때때로 고유수용성 감각은 운동감각과 동일한 의미로 사용되기도 하지만, 운동감각은 고유수용성 감각의 특수한 경우로 한정하기도 한다. 예를 들어, 고유수용성 감각은 주로 우리 몸의 압박감, 움직임, 떨림, 위치감, 근육통증, 평형감 등에 대한 모든 감각정보를 의미하고, 운동감각은 팔과 다리의 운동 범위에 방향에 대한 처리능력으로 한정하는 경우도 있다.

어떤 자극에 반응을 하기 위해서는 자극을 받아들이는 기관이 필요한데, 신체 밖에서 발생한 자극을 받아들여 처리하는 신경조직을 '외수용기'라 하고, 몸속에서 발생한 자극을 처리하는 신경조직을 '내수용기'라 한다. 고유수용성 감각은 근육, 관절, 힘줄에서 발생하는 감각이기 때문에 내수용기에 의존한다. 따라서 고유수용성 감각은 근육의 수축과 신장, 혹은 관절이 구부러지거나 펴지는 등의 신체 내부의 자극에 의하여 신체의 움직임이나 운동 방향을 알 수 있도록 한다. 그러므로 고유수용성 감각은 시각이나 청각기관과 같은 외수용기가 자극에 대하여 의식의 개입을 허락하는 것과 달리 대뇌의 의식적인 처리 과정을 거치지 않기 때문에 자극을 느끼는 것이 아니라 단지 반응을 통해서만 나타난다. 즉, 시각이나 청각은 의식적으로 자극에 대한 집중이나 선택을 할 수 있는 반면에 근육, 관절, 뼈에서 발생하는 자극은 의식적인 선택이나 집중의 과정 없이 반응할 수 있다. 고유수용성 감각은 그 특징상 우리 몸이 움직이는 동안에 주로 발생하지만 서 있는 동안에도 우리의 자세 등에 대한 정보를 대뇌에 전달한다.

■ **신경발달 처치법(NDT)**

❶ **개념**

보바스(Bobath) 방법은 1943년에 보바스 부부가 개발한 신경생리학적 치료방법으로, 뇌성마비뿐만 아니라 뇌졸중(stroke) 환자의 치료방법으로도 널리 사용되고 있다. 시대에 따라 치료원리가 조금씩 변화되어 최근까지 발전했으며 현재는 '신경발달 치료(Neurodevelopmental Treatment, NDT)'로 불린다.

보바스 방법에서 뇌성마비 환자를 치료하는 데 가장 중요한 원리는 비정상적인 반사를 억제하고 정상적인 반사를 촉진하는 것이다. 그러기 위해서 보바스 방법 초기에는 반사억제 자세(RIP)를 이용하여 비정상적인 반사의 억제를 시도하기도 하고, 정상아동의 정상 운동발달(normal motor development)을 모방하여 운동발달 개념을 도입하기도 했다. 그 다음 동적인 치료개념을 강조했는데, 중력에 대항하는 운동능력, 운동의 다양성, 섬세한 운동능력이 정위반응과 평형반응의 배경으로 이러한 반응은 적당한 자극에 의해 유도되고, 이것에 의해서 비정상적인 패턴을 억제할 수 있다고 본다. 따라서 근긴장도의 비정상적인 분포를 억제하는 방향으로 환자를 다루는 것이 필요하고, 그러기 위해 반사억제 자세보다는 반사억제 패턴(Reflex Inhibitory Patterns, RIPs)을 사용하여 비정상적인 자세와 근긴장도를 조절하는 방법을 사용했다.

최근의 접근방법은 환자 스스로 운동조절과 균형을 획득하도록 유도하고, 환자와 치료사 간의 피드백을 강조하고 있다. 또한 치료 자체가 환자의 기능적인 활동(functional activities)과 관련시켜 기능적 상황(functional situation)을 생각하여 치료하는 것을 강조한다.

❷ NDT 치료 원리

경직형 뇌성마비 아동을 치료하는 첫 번째 원리는 경직 억제를 통한 근긴장도 분포를 정상화하는 것이다. 이는 항진된 반사를 억제함으로써 정상적인 근긴장도를 얻을 수 있고, 그 결과 동작의 촉진이 가능해진다. 따라서 긴장성 목반사(tonic neck reflex), 긴장성 미로반사(tonic labyrinthine reflex)의 억제를 충분히 해야 한다. 두 번째 원리는 정위반응과 평형반응을 촉진하는 것이다. 이는 환자에게 자동반응이 되게 하기 위해 다양한 자세를 취하게 하고 균형을 깨뜨려 줌으로써 정위반응과 평형반응이 나타나게 한다. 세 번째 원리는 환자로 하여금 수의적인 운동이 일어나도록 유도하는 것이다. 뇌성마비 아동에게는 움직임을 가르치는 것이 아니고, 움직임으로써 생기는 정상적인 감각을 획득하여 정상동작의 가능성을 가지도록 훈련하는 것이 중요하다.

---

13   2017학년도 중등 B 1번

정답

ⓐ: 뇌성마비 아동이 자발적으로 시작하는 동작을 평가하는 시스템으로, 기능적 제한과 손으로 잡는 보행 보조기구나 바퀴달린 이동 보조기구가 필요한가에 근거하여 단계를 구분한다.

ⓑ: 1. 신체기능적 측면에서 아동이 머리(목)를 가눌 수 있는 GMFCS IV수준이므로, 머리의 지지가 필요없는 프론 스탠더를 제공하는 것이 적절하다.
　　2. 교수·학습 측면에서 서서 수업하는 활동에 참여하기 적절하며, 몸통을 조절할 수 있게 도와 팔과 손의 사용능력을 증가시킨다.

ⓒ: 금속 재질의 숟가락보다 감각적 자극이 적은 플라스틱이나 실리콘 재질의 숟가락을 사용한다. 1회용 플라스틱은 부러질 위험이 있으므로 제외한다.

해설

■ 대운동기능 분류시스템(GMFCS)
뇌성마비 아동이 자발적으로 시작하는 동작을 평가하는 시스템으로서 앉기, 이동 동작, 가동성에 초점을 둔 것이다. 다섯 단계 분류의 주된 기준은 기능적 제한과 손으로 잡는 보행 보조기구(워커, 크러치, 지팡이 등)나 바퀴달린 이동 보조기구가 필요한가에 근거하여 단계를 구분하며, 동작의 질 또한 구분 기준이 된다.

■ 서기 자세 보조기기
서기 자세 보조기기를 사용하여 몸통을 똑바로 세울 수 있도록 지지해 주면 몸통 조절력이 향상되어 학생의 팔과 손의 사용능력이 증가하게 된다. 보조기기를 사용하여 대안적인 서기 자세를 취하게 해 주면 머리 조절과 손의 사용을 자유롭게 하여 좀 더 쉽게 기능적 움직임이 가능하고, 활동과 일과에의 참여를 촉진시킨다.

---

14   2020학년도 초등 B 2번 일부

정답

1) ①: 근이영양증으로 인한 안면근육의 약화로 발생한다.

　　②: 모든 환경에서 타인이 수동 휠체어를 밀어줘야 이동이 가능하다.

해설

■ 안면견갑 상완형
근이영양증 중 가장 예후가 좋으며, 발병 연령과 침범 정도가 다양하지만 10~20세 전후로 잘 발생하고 안면근육의 약화가 나타난다. 입술을 오므리거나 빨대로 음료수 먹기, 휘파람 불기 같은 동작을 할 수 없으므로 정확하게 확인할 수 있다.

■ 대운동기능 분류시스템(GMFCS)

GMFCS Ⅰ수준	집, 학교, 실외에서 잘 걷는다. 난간을 잡지 않고 계단을 오를 수 있다. 달리기와 점프 같은 대운동 기능을 수행할 수 있지만 속도와 균형, 협응을 제한적이다.
GMFCS Ⅱ수준	대부분의 환경에서 걸을 수 있고 난간을 잡고 계단을 오를 수 있다. 장거리 걷기와 평평하지 않는 지면이나 경사로, 사람들이 많은 공간, 비좁은 공간에서 균형을 잡는 데 어려움을 느낀다. 신체 보조, 손으로 잡는 보행 보조기구, 휠체어를 사용하면 조금 먼 거리도 걸을 수 있다.
GMFCS Ⅲ수준	대부분의 실내 환경에서 손으로 잡는 보행 보조기구를 사용하여 걸을 수 있다. 감독 또는 보조 아래 난간을 잡고 계단을 오를 수 있다. 장거리를 이동할 때 휠체어를 사용해야 하고, 짧은 거리는 스스로 휠체어를 추진하여 이동할 수 있다.
GMFCS Ⅳ수준	대부분의 환경에서 물리적 보조가 필요한 이동 보조기구 또는 전동 휠체어를 사용한다. 집에서는 신체 보조 또는 전동 휠체어, 자세를 지지해 주는 워커를 사용하여 짧은 거리를 걸을 수 있다. 학교와 실외, 지역사회에서는 수동 휠체어를 밀어주거나 전동 휠체어로 이동할 수 있다.
GMFCS Ⅴ수준	모든 환경에서 수동 휠체어를 밀어줘야 이동이 가능하다. 중력을 이기고 머리와 몸통 자세를 유지하기 어렵고, 팔과 다리의 움직임을 조절하는 능력이 제한적이다.

---

15   2014학년도 중등 A (기입형) 13번

정답

ⓐ: 가우어 징후

ⓑ: 가성비대

해설

■ 가우어 징후
가우어 징후는 듀센형 영유아 시기 근이영양증 발달과정의 주요한 징후이다. 듀센형 아동이 바닥에 앉았다가 일어나려고 할 때 볼 수 있다. 이 징후가 나타나는 아동은 대개 발과 손을 바닥에 넓게 벌려 짚은 상태에서 시작하고 완전히 서기까지 손을 사용하여 무릎과 허벅지를 밀어 올린다. 이것은 근육의 약화로 인해 발생한다.

■ 가성비대증

가성, 즉 '허위'라는 의미의 단어와 비대, 즉 '커지다'라는 의미의 단어에서 나오게 되었다. 근육질의 다리처럼 보이는 종아리 증대를 나타내지만, 사실 지방세포, 결합 조직, 섬유질 조직이 근육조직으로 침입한 결과다.

■ 근이영양증 발달의 2가지 주요 징후

가우어 징후	아동이 바닥에 앉아 있다 일어설 때 볼 수 있는데, 발을 넓게 벌리고 손을 사용하여 발목과 무릎, 허벅지를 차례로 짚어 누르면서 일어나는 전형적인 형태를 말한다.
가성 비대증	종아리 근육의 가성비대는 실제 근육의 발달로 비대해지는 것이 아니고 근육의 변성과 재생이 반복되면서 지방조직과 괴사 조직으로 대체되어 보이기에만 커진 것이다.

16   2017학년도 중등 A (기입형) 4번

정답

㉠: 척추측만

㉡: 골절

해설

■ 특발성 척추측만증

원인을 알 수 없는 척추측만을 의미하며, 척추측만증을 갖고 있는 사람의 약 80%에 해당한다. 척추측만증은 척추의 측면으로의 굴곡이다. 척추측만증이 있는 사람을 뒤에서 보면 척추가 곧게 뻗지 않고 한 방향 또는 다른 방향으로 굴곡을 이루며 나타난다.

■ 골형성부전증

취약성 골절로도 알려져 있고, 극도의 뼈 부서짐과 뼈 기형의 결과를 낳는 결합 조직의 유전적 장애를 말한다. 여러 가지 형태의 장애가 있는데, 가장 심각한 형태의 골형성부전은 보통 자궁 내에서 복합적 골절이 있어 사산이나 태어난 후 짧은 시간 안에 사망하는 경우다.

17   2020학년도 중등 B 10번 일부

정답

• 유형: 운동실조형

• ㉠: 종아리 부분의 약해진 근육을 보상하기 위해, 근육이 지방 섬유로 대치되어 마치 건강한 근육조직처럼 보이는 것이다(= 의사성장).

• ㉡: 가우어 징후

해설

■ 운동실조형

운동실조형은 균형감각과 손의 사용감각이 특히 떨어진다. 걸을 때 현기증을 느끼고 보조가 없으면 넘어지는 매우 불안한 걸음을 보인다. 의도하는 물건을 집을 때는 과잉동작이 수반된다. 동작은 흔들리고 불규칙적이며 자주 과잉행동 패턴을 보인다. 운동실조형은 소뇌의 병변에 의해 발생하며, 술에 취한 것처럼 걸음을 걷고, 자주 말이 흐려진다. 걸을 때 가장 뚜렷하게 나타나고 오히려 뛰는 것은 잘할 수 있다.

18   2012학년도 중등 35번

정답   ①

해설

㉠ 발작이 진행 중일 때는 의식을 환기시키는 자극에 주의해야 하며, 발작이 멈춘 후 충분한 휴식을 취할 수 있도록 한다.

㉢ 치아와 잇몸의 손상, 구강반사의 문제, 연하 곤란 등은 음식물이 기도를 막아 질식사고의 원인이 될 수 있다.

㉡ 케톤 식이요법은 지방을 늘리고 단백질과 탄수화물을 적게 섭취하는 식이요법을 의미한다.

㉣ 하임리히 구명법은 우리말로 '복부 밀쳐 올리기'로, 학생의 뒤에서 팔로 안듯이 잡고, 명치 끝에 힘을 가해 복부 위쪽으로 강하게 밀쳐 올리는 방법이다.

㉤ 의식을 잃어 누워있을 때에도 구조자가 환자의 무릎 쪽에 앉아 두 손을 환자의 배 쪽으로 넣은 후 선 자세와 마찬가지로 압박을 가하면 된다.

19   2019학년도 초등 A 6번 일부

정답

1) ㉠: 대발작(전신 긴장성 - 간대성 발작)
   ㉡: 질식

해설

발작 중에는 어떠한 것도 입 안에 넣으려고 해서는 안된다. 혀를 깨물어서 상처를 입는 경우도 있지만, 입 안에 있는 무엇인가가 원인이 되어 상처를 입게 되는 경우보다 훨씬 드물 뿐만 아니라, 그렇게 심각하지도 않다. 발작 중에 무엇인가를 입 안에 넣게 되면, 턱이 빠질 수도 있고, 치아가 부서질 수도 있으며, 기도가 막힐 수도 있다. 음식이나 음료수 등을 주지 않아야 함은 물론이다. 의식이 없을 뿐만 아니라, 음식물이 기도로 들어갈 수도 있기 때문이다.

20

정답

3) ①: ⓑ, 경련이 끝날 때까지 지켜보며, 발작이 끝난 후에도 아동에게
　　음식물이나 음료수를 주지 않는다.

　②: ⓓ, 아동을 옆으로 뉘여 입으로부터 침이 흘러나오도록 한다.

해설

■ 경련 시 대처방안 및 유의사항

구분	대처방안	유의사항
발작 시	• 머리를 보호하고 편안히 누울 수 있도록 머리 밑에 부드러운 물건을 받쳐줌 • 안경 등 깨지기 쉬운 물체를 치움 • 옷을 느슨하게 풀어 줌 • 날카롭거나 딱딱한 물체를 치움 • 아동을 옆으로 뉘어 입으로부터 침이 흘러나오도록 함	• 아동의 입에 어떤 물건도 강제로 밀어 넣지 않음 • 발작을 억제하기 위해 아동을 흔들거나 억압하지 않음 • 학급 또래를 안정시킴
발작 후	아동이 완전히 깰 때까지 한 사람이 곁에서 지켜봄	• 아동에게 음식물이나 음료수를 주지 않음 • 상처 입은 곳을 살펴봄

21

정답

①: 부재발작

②: 발작 후 수업의 어느 부분을 학습하고 있는지 찾도록 도와주는 또래
　도우미를 지정하여 지원해 준다.

해설

■ 발작에 대한 중재

학업적 능력은 모든 유형의 발작에 의해 직·간접적인 영향을 받는다. 심지어 심각하지 않은 정도의 발작도 발작 동안 또는 후에 학생이 학습내용을 망각하게 하는 결과를 가져온다. 교사는 발작 때문에 놓친 학습정보에 대하여 필요한 경우 추가 교수를 제공하는 것이 필요하다. 부재발작을 자주 하는 아동의 경우에는 발작 후 수업의 어느 부분을 학습하고 있는지 찾도록 도와주는 또래도우미를 지정하여 지원해 준다. 또래도우미는 발작이 끝난 후 책의 어느 페이지를 읽고 있는지 찾아주는 것만으로도 학생을 지원할 수 있으며, 이는 읽기활동 시 특히 유용하다. 투여 중인 약물의 각성도가 피로에 영향을 주어 학습문제가 나타날 수도 있다. 만약 학교 교사가 이 사실을 모른다면 아동을 학습 부진아로 생각할 수 있다. 그러므로, 교사는 이러한 약물 부작용을 알아야 하며, 학습에 영향을 받게 된다면 부모와 의사에게 알려야 한다.

제2절 감각·운동·지각

22

정답　⑤

해설

ㄷ. 도형-배경 변별력(무수한 여러 자극 중에서 어떤 특정한 것을 선택할 수 있는 능력) 향상을 위해 물결선 위에 그려진 도형그림을 찾게 하였다.

ㄹ. 눈과 손의 협응력(눈의 시각정보와 손의 운동정보가 효율적으로 적용되어 작용하는 능력) 향상을 위해 그림에 있는 ○, □, △ 등의 모양을 손가락으로 따라 그리게 하였다.

ㅁ. 시지각 변별력(시각적 자극을 선행경험과 관련하여 인식하고 변별하는 능력) 향상을 위해 ○, □, △ 등의 도형카드를 제시하고 그림 속의 비슷한 모양을 찾게 하였다.

ㄱ. 같은 색깔을 찾는 훈련은 동일한 크기 찾기, 동일형 찾기와 더불어서 도형의 항상성 지각력 향상에 도움을 준다.

ㄴ. 형태 지각력은 형태의 정확성을 관찰하고 구분하는 능력을 의미하기 때문에 사람의 형태나 모양을 답하도록 지도한다.

정답

3) 고유수용성 감각

해설

■ 고유수용성 감각(proprioception)

자신의 신체 위치, 자세, 평형 및 움직임(운동의 정도, 운동의 방향)에 대한 정보를 파악하여 중추신경계로 전달하는 감각이다. 눈을 감고 음료수를 들어서 마신다고 했을 때 우리는 시각적인 정보에 의하지 않고도 어느 정도의 힘으로 음료수를 집어야 하며, 어떤 속도로 입에 가져가야 음료수가 쏟아지지 않는지 알 수 있고, 또한 눈으로 입이 어디에 있는지 확인하지 않더라도 정확하게 음료수를 입으로 가져갈 수 있다. 이와 같이 고유수용성 감각은 몸의 각 부분이 어디에 있으며, 어떻게 움직이는지를 뇌에 전달한다. 따라서 고유수용성 감각이 잘 조직화되지 않은 경우에는 눈으로 볼 수 없는 상황에서 무엇인가를 실행하는 데 매우 어려움을 보이거나 두려워할 수 있다.

24　2019학년도 중등 B 6번 일부

정답

ⓒ: 아기들이 태어나면서 생존을 위해 자신의 근육을 이용하여 수의적인 조절을 할 수 있을 때까지 보이는 반사적이고 자동적인 움직임으로, 아기를 보호하거나 초기 운동기술 발달을 위한 기초를 형성한다.

문제점: 정위반응, 평형반응과 같은 것들로 통합되지 않고, 자신의 신체를 수의적으로 조절할 수 있는 움직임이 발달되지 않는다.

해설

■ 원시반사
  ❶ 개념: 모든 아동은 생존을 위해 자신의 근육을 이용하여 수의적인 조절을 할 수 있을 때까지 반사적이고 자동적인 반응을 보이는데, 이를 원시반사라 한다. 원시반사는 아기를 보호하거나, 초기 운동기술 발달을 위한 기초를 형성한다.
  ❷ 문제점: 중추신경계 손상을 가진 중도 · 중복학생은 정상적으로 발생하는 범위를 지나 반사적인 운동패턴이 지속적으로 나타날 수 있다. 지속적인 반사운동은 발달을 촉진한다기보다 오히려 전체 신체운동을 조절하려고 하는 학생의 능력을 방해한다. 중추신경계 손상이 있는 경우, 반사반응은 자연적인 상태에서 무조건 일어날 수 있다. 즉, 중도 · 중복장애 학생은 자극이 존재하는 매 시간 일어나는 운동반응으로부터 벗어나는 것이 매우 어려울 수 있다. 기능적인 운동을 위한 시도가 반사반응에 의해 방해받을지도 모른다. 더불어 중력에 대한 수직 자세 조절을 위한 바로하기, 보호하기, 평형반응과 같은 보다 높은 수준의 자세반응은 어떤 원시반사가 지속됨으로 인해 정상적으로 발달할 수 없다.

제3절　자세 및 이동

25　2010학년도 중등 20번

정답　①

해설

ㄴ. 돌린 쪽의 팔의 신전근이 증가되고 반대쪽 팔이 굴곡근이 증가하므로 기능적인 팔 사용이 어렵다.
ㄷ. 머리의 좌우 돌림에 따라 반사가 나타나므로 머리가 한쪽으로 돌아가 있을 경우 시각적 탐색능력이 저하된다.
ㄹ. 머리의 좌우 돌림에 따라 반사가 나타나므로, 반사가 활성화되지 않도록 몸의 정중선 앞에 자료를 배치한다.
ㄱ. STNR 반사가 일어날 경우 나타나는 결과이다.
ㅁ. 얼굴이 돌려지는 쪽의 눈높이에 자료를 배치하지 않고, 반사가 일어나지 않도록 몸의 정중선에 앞에 자료를 배치한다.
ㅂ. STNR 반사 특성을 가진 학생에 대한 설명이다. ATNR의 경우 반사가 일어나지 않도록 자료를 중앙에 배치한다.

26　2013학년도 중등 28번

정답　①

해설

ㄱ. ATNR은 목이 옆으로 돌아가는 경우 반사가 활성화되므로 교재나 자료를 중심선상에 유지한다.
ㄹ. 뇌성마비 학생을 의자에 착석하기 위해 골반의 지지, 하지의 지지, 몸통의 지지, 머리 조절, 상지의 지지가 필요하다.
ㄴ. 운동이 분화되지 못하고 함께 움직이는 원시적 공동운동 패턴은 최대한 억제시키고, 바른 자세를 유지할 수 있도록 자세유지 보조기구를 사용하여, 관절의 구축과 변형을 예방하고 좌골의 욕창을 예방한다.
ㄷ. 학생 A의 반사가 일어나지 않게 아동의 정면에 모니터와 스위치를 위치시킨다.
ㅁ. 직접선택능력 평가는 '손, 팔 → 머리와 목 → 발과 다리' 순으로 진행하는 것이 효과적이다. 간접 선택능력(스캐닝)을 위한 스위치 평가 순서는 '손가락 → 손 → 머리 → 발 → 다리 → 무릎' 순이다.

27　2010학년도 유아 19번

정답　①

해설

(가)는 긴장성 미로반사 음성, (나)는 양성이다.
① 긴장성 미로반사에 대한 설명이다.
② 목 정위반사에 대한 설명이다.
③, ⑤ 비대칭성 긴장성 경반사에 대한 설명이다.
④ 대칭성 긴장성 경반사에 대한 설명이다.

28　2014학년도 중등 A 4번

정답

①: 웨지(삼각보조대)
②: 긴장성 미로반사는 머리를 신전시키고 바로 누워 있을 때에는 몸 전체에 신전근의 긴장이 증가하고, 엎드려 누워 있는 경우에는 굴곡근의 긴장이 증가하는 반사다. 이러한 반사의 영향을 피하기 위하여 누워 있을 때에는 옆으로 눕는 자세를 취하는 것이 좋고, 앉은 자세에서 적절한 자세 잡기 기기를 사용하면 이 반사의 영향을 많이 줄일 수 있다.
③: ⓒ은 치료지원을 교실환경 내에서 지원받게 되며, ⓔ은 따로 분리된 환경에서 지원이 이루어진다. ⓒ에서 학생은 위치하고 있는 통합환경에서 지원을 받게 되므로, 일반교육과정 내에서 다른 학생들과 상호작용할 기회를 제공받는다.

■ 긴장형 미로반사(Tonic Labyrinthine Reflex: TLR)

자극	몸의 복와위(배로 누운자세)와 앙와위(등으로 누운 자세)를 취함
결과	• **앙와위**: 신전이 증가 • **복와위**: 굴곡근이 증가
운동 수행	• 복와위 시 머리를 들어 올릴 수 없으며 앉거나 무릎으로 기기를 할 수 없거나 전완을 지지하기 위해 몸 아래서 위로 팔을 들어 올릴 수 없음 • 앙와위 아동은 머리를 들어 올리거나 앉을 수 없고, 중심선에 팔을 모으거나 돌릴 수 없음
교수를 위한 제안	• 아동이 복와위나 앙와위 자세를 취하는 것을 피하고 자세 교정기구는 필요할 때만 사용 • 아동이 매트에 누워 있을 때 옆으로 눕는 자세를 선택

29 · 2021학년도 중등 B 6번 일부

정답

• 긴장성 미로반사, 반사가 활성화되지 않도록 옆으로 누운 자세를 취한다.

해설

■ 긴장성 미로반사(Tonic Labyrinthine Reflex: TLR)
 - 머리를 신전시키고 바로 누워 있을 때는 몸 전체에 신전근의 긴장이 증가하고, 엎드려 누워 있을 때는 굴곡근의 긴장이 증가하는 반사이다.
 - 머리가 신전되거나 앞으로 굴곡되지 않도록 머리의 위치를 중립에 두면 이 반사의 영향을 감소시킬 수 있으며, 앉은 자세에서 등받이를 뒤로 기울일 경우 이 반사가 나타나지 않도록 특히 주의해야 한다. 휠체어가 뒤로 기울어지면 몸 전체에서 강한 신전 패턴이 나타나고, 갑자기 휠체어에서 움직이면 앞으로 미끄러지므로 주의깊게 평가해야 한다.
 - TLR의 영향을 받은 아동은 복와위 시 머리를 들어올릴 수 없고 앉거나 무릎으로 기기를 할 수 없다. 앙와위 시 머리를 들 수 없고, 앉기 위해 몸을 일으킬 수도 없으며, 신체 중심선에 팔을 모으기도 어렵다.
 - 이러한 반사의 영향을 피하기 위해 누워 있을 때 옆으로 눕는 자세(side-lying position)를 취하는 것이 좋고, 앉은 자세에서 적절한 자세 잡기 기기를 사용하면 이 반사의 영향을 많이 줄일 수 있다.

30 · 2012학년도 중등 36번

정답 ④

해설

ㄴ. 관절의 운동범위가 제한되면 필수적으로 활동 범위가 제한된다. 따라서 제한된 활동 범위만으로도 과제에 참여할 수 있도록 보조기기나 교수적 수정이 필요하다.

ㄷ. 선택의 기회를 제공하는 것은 선행자극의 조정방법 중 하나로 자기결정력을 향상시키고 문제행동을 감소시킨다.

ㄹ. 다면적 점수화는 학생의 능력, 노력, 성취 영역을 모두 평가하는 것이다. 아동의 학습동기가 낮기 때문에 노력에 대한 평가로 아동이 성공경험을 가져 학습 참여에 대한 동기를 높일 수 있도록 한다.

ㄱ. 체간의 전방굴곡이 일어나고 있기 때문에 책상의 높이를 높여주어 자세를 정렬하도록 한다.

ㅁ. 반응촉구는 정반응을 높이기 위해 학생에게 제공하는 교사의 행동이고, 자극촉구는 정반응을 높이기 위해 교사가 자극을 변화시키는 것이다.

31 · 2016학년도 초등 B 4번 일부

정답

2) ①: 골반과 등이 수직이 될 수 있도록, 골반의 벨트를 45도 각도로 제공하여 지지해준다.

 ②: 의자에 앉았을 때 무릎과 의자 밑판의 앞부분과의 거리가 손가락 1~2개 정도일 때가 가장 적절한 의자의 깊이이며, 다리가 바르게 정렬될 수 있도록 내외전대를 제공한다.

 ③: 발바닥의 전면이 바닥에 닿도록 발을 고정할 수 있는 벨크로 등의 고정끈을 제공한다.

3) ①: 은지는 대칭성 긴장성 경반사를 보이므로, 목을 앞뒤로 움직이게 되면 반사가 발생한다. 따라서 은지의 눈높이에 배치한다.

 ②: 은지는 오른손을 사용할 수 있으므로, 스위치는 오른쪽에 수직으로 배치한다.

해설

2) 휠체어 유의사항

골반과 고관절 지지	• 골반은 중립의 위치에 있어야 하며, 앞으로 휘거나, 좌우로 흔들리거나, 몸이 앞으로 기울지 않아야 함 • 바른 자세는 골반이 등과 수평이거나 앉아 있을 때 수직일 때이며, 골반이 바르게 위치되었을 때 몸과 머리의 조절이 용이함 • 골반은 의자벨트로 지지해 줄 수 있고, 기형을 막기 위해 45도 각도로 제공하는 것이 좋음 • 좀 더 편안한 자세를 위해서는 팔걸이, 책상 등을 제공함 • 이때 책상은 휠체어를 이용하는 아동이 사용할 수 있는 높이여야 함

하지의 지지	• 아동의 다리가 바르게 정렬되고 교실 바닥이나 휠체어 발판에 바르게 지지할 수 있도록 함 • 의자에 앉았을 때 무릎과 의자 밑판의 앞부분과의 거리가 손가락 1~2개 정도일 때가 가장 적절한 의자의 깊이 • 너무 깊으면 고관절의 정상 각도를 유지하지 못하고 골반의 후방경사가 일어나며, 슬관절도 과다신전됨 • 체중이 엉덩이에 고르게 지지되어야 하므로 비대칭적인 엉덩이를 가진 경우 이를 고려한 특수 밑판을 제작하여 체중으로 인한 압력이 고르게 지지되도록 함 • 다리를 모으지 못하고 발판 밑으로 떨어뜨리거나, 다리를 바짝 붙이거나, 벌리지 못하는 등 다리를 적절히 정렬하지 못하는 경우 외전대(abductor), 내전대(adductor) 등으로 다리가 정렬되도록 함 • 다리는 다리 분리대(leg seperater)와 발을 고정할 수 있는 밸크로 등의 고정 끈을 이용하여 발바닥의 전면이 바닥에 닿도록 하는 것이 안정감을 유지하는 데 좋음. 이 때 슬관절이 약 90도를 유지할 수 있도록 발판의 높이를 조절함

3) STNR 반사의 촉발을 막기 위한 하나의 방법은 수평보다는 수직으로 정위된 디스플레이나 스위치를 배치하는 것이다. 반사가 활성화되지 않도록, 학생의 눈높이에서 접근한다. AAC 디스플레이는 눈높이에 배치하고 스위치는 수직적으로 조정되어야 한다.

32

정답

①: 1. 하지 정렬: 내전대(기능상)를 다리 양쪽에 제공하여 다리를 내전시키도록 하여 다리가 정렬되게 한다.
　　2. 몸통 정렬: 가슴, 어깨에 벨트를 제공하여 몸통을 적절히 고정시켜 안정성을 확보한다.
②: 수파인 스탠더, 다리에 체중지지 경험을 제공할 수 있다.

해설

■ 서기 자세 보조기구
기립자세의 감각 경험을 제공하고, 혈액순환의 개선, 관절 구축의 예방, 서서 하는 활동에 참여하기 위한 목적으로 사용한다. 몸통과 하지를 바로 세움으로써 자세 정렬을 바르게 하고, 서 있는 동안 팔과 손을 사용한 다양한 활동을 할 수 있다.

■ 수파인 스탠더(supine stander)
상체와 하체의 조절 능력이 저조하여 세우기가 힘든 경우 등을 대고 누운 자세에서 다리 및 몸통을 고정시킨 후 전동·수동 장치를 이용하여 각도를 세워 바로 설 수 있도록 보조하는 기기이다. 머리를 스스로 가누지 못하는 학생은 수파인 스탠더를 사용하여 기립 자세를 유지한다.

■ 서기 자세의 장점
 - 보행을 준비하기 위한 체중부하 경험을 제공한다.
 - 뼈의 성장, 순환, 호흡 기능을 지원한다.
 - 가성 수준을 증가하거나 경고를 제공하며, 직립 경험을 통한 심리적 이익을 제공한다.
 - 엉덩이 굴근의 스트레칭 기회를 제공한다.

33

정답

1) ①: 경직형 사지마비
　 ②: ⓓ, 어깨 관절이 활짝 펴져 뒤쪽을 향하게 되면 아동이 몸을 뻗치게 되는 특성이 더 강해진다. 어깨 관절을 살짝 앞으로 굴곡될 수 있게 자세를 잡아준다.

34

정답

2) 넓은 지지면으로 균형을 잡기가 쉬우며, 체중을 앞뒤로 옮길 수 있다.
3) ⓐ, 양 하지의 길이가 다를 때에는 발판의 높이를 달리하며, 다리가 바르게 정렬될 수 있도록 한다.
4) 프론 스탠더

해설

2) W 앉기
 ❶ 자세: 다리를 옆으로 벌려 W형태로 하여 체중을 엉덩이 쪽으로 똑같이 싣는다.
 ❷ 장점
 　 - 넓은 지지면을 제공한다.
 　 - 자세에 상관없이 체중을 앞뒤로 옮길 수 있다.
 　 - 독립적으로 앉을 수 있는 유일한 자세이다.
 ❸ 단점
 　 - 엉덩이와 무릎 관절에 긴장을 높인다.
 　 - 균형 잡힌 움직임 형태 지원: 회전운동과 옆으로 체중 이동에 제한이 있다.
 　 - 습관적으로 W형태로 앉는 학생들에게 보다 능숙한 움직임으로 발달이 제한되는 경향이 있다.

3) 하지의 지지
학생의 다리가 바르게 정렬되고 교실 바닥이나 휠체어 발판에 바르게 지지되도록 해준다. 의자에 앉았을 때 무릎과 의자 밑판 앞부분의 거리가 손가락 1~2개 정도일 때가 가장 적절한 의자 깊이이다. 너무 깊으면 고관절의 정상 각도를 유지하지 못하고, 골반의 후방경사가 일어나며, 슬관절도 과다신전된다. 너무 얕은 의자는 학생이 의자에서 밀려나는 느낌을 갖게 하므로 학생에게 적절한 의자를 선택한다. 양쪽 다리길이에 차이가 있는 경우 이를 고려하여 의자 밑판과 발판의 길이를 다르게 만든 특수의자를 제작한다. 또한 체중이 엉덩이에 고르게 지지되어야 하므로 비대칭적 엉덩이를 가진 경우 이를 고려한 특수 밑판을 제작하여 체중으로 인한 압력이 고르게 지지되도록 한다.

4) 프론 스탠더(prone stander)

스스로 서기가 어려운 학생에게 엎드린 자세로 다리와 몸통을 고정한 후 전동이나 수동 장치를 이용하여 각도를 세워 바로 설 수 있도록 보조하는 기기이다. 머리를 스스로 가눌 수 있는 경우 사용할 수 있으며, 상체의 조절이 어느 정도 가능한 경우는 체중을 앞으로 실은 채 기대어 두 손을 기능적으로 사용하는 것이 가능하므로 상지기능의 강화를 위해 사용할 수도 있다.

35 　　　　　　　　　　　　　2009학년도 중등 28번

정답 ⑤

해설

ㄷ. 건강한 피부를 위해서는 다음의 네 가지를 숙지한다. 첫째, 피부를 청결하고 마르게 유지한다. 둘째, 적절한 영양을 유지한다. 셋째, 적당한 활동을 유지한다. 넷째, 신체의 일부에 지속적 압력을 가하는 시간을 낮춘다.

ㄹ. 실금으로 인해서 생식기와 항문 주변에 변이 묻을 가능성이 있어, 습해질 수 있는 요인이 된다. 이에 따라 과도하게 씻을 수가 있는데 이때 피부의 마찰 저항력이 낮아져 피부통증을 유발할 수 있어 주의가 당부된다.

ㅁ. 장애학생이 불편함을 표시하는 데 어려움이 있다면 AAC 등을 이용해서 표현을 할 수 있도록 도움을 제공해야 한다.

ㄱ. 욕창 방지 쿠션을 깔아 놓았더라도 계속적인 압박으로 인해 혈액순환이 되지 못하면 욕창이 발생할 수 있다. 따라서 장애학생의 자세를 수시로 바꿔주어 욕창 발생을 막아야 한다.

ㄴ. 적절한 신체 움직임은 근육의 크기를 고르게 유지하며 욕창 발생 가능성을 낮춘다.

36 　　　　　　　　　　　2013학년도 초등 B 4번 일부

정답

2) 특정 부분에 지속적인 압력이 가해지지 않도록 주기적으로 자세를 바꾸어 준다.

3) 책상 간 간격을 넓혀 휠체어를 이용하는 수지가 이동할 수 있는 공간을 확보한다.

해설

2) 욕창은 휠체어나 침대에서 자신의 몸을 자유롭게 이동하지 못할 때 발생한다. 자세를 자주 바꾸어주는 것이 필요하며, 욕창을 방지할 수 있는 특수 쿠션도 유용하다.

■ 욕창을 방지하는 방법
　－ 피부를 청결하고 마르게 유지하기
　－ 적절한 영양 유지하기
　－ 적당한 활동 유지하기
　－ 신체의 일부에 지속적 압박을 가하는 시간을 낮추기

---

3) 지체장애 학생의 통합교육

❶ 물리적 환경의 배려
　－ 학교에 편의시설(경사로, 화장실 보조 장비) 설치
　－ 교실 내에서 휠체어나 목발을 사용하여 이동하기 쉽도록 공간을 만듦
　－ 특수하게 고안된 책상과 의자를 제공

❷ 교수 방법
　－ 일반교사와 특수교육 전문가가 협의하여 결정
　－ 치료사와 협력하여 지체장애 아동들에게 물리치료 · 작업치료 · 언어치료를 제공
　－ 지체장애를 가지고 있다하더라도 가능한 스스로 하도록 하고 오래 걸리더라도 기다려주는 것이 이들의 독립성 증진에 바람직함

37 　　　　　　　　　　　　　2011학년도 중등 26번

정답 ②

해설

그림에 제시된 학생의 장애 유형은 머리를 수동적으로 체간의 축을 따라서 좌 또는 우로 회전시키면, 턱이 향한 쪽의 상하지가 신전하고 반대쪽의 상하지가 굴곡하는 자세반사의 일종인 비대칭성 긴장성 경반사(ATNR)이다.

(가) 비대칭성 긴장성 경반사를 최소화하기 위해 옆으로 눕는 자세를 취하게 한다.

(마) 다리를 올바르게 정렬할 수 있도록 외전대(기능상)를 제공해준다.

■ 뇌성마비 유형별 책상 높이
　－ 경직형: 학생의 제한적인 움직임을 방해하지 않도록 낮은 책상을 제공한다.
　－ 불수의 운동형: 학생이 팔꿈치를 지지할 수 있도록 높은 책상을 제공한다.

38 　　　　　　　　　　　　　2013학년도 중등 29번

정답 ①

해설

(가)는 후방지지형 워커, (나)는 프론 스탠더, (다)는 목발이다.

ㄱ. (가) 그림은 '후방지지형 워커(walker)'로, 잡고 일어설 수 있으나 체중이 앞으로 많이 치우치는 아동에게 몸을 기립 상태로 유지시켜 걷게 하는 운동기구이다.

ㄴ. 워커는 손잡이 두 곳을 모두 양손으로 각각 잡아 두 팔로 몸을 지지하여 몸을 세워 몸 전반의 균형을 잡고 자세를 바르게 하여 안정적으로 걷게 도와주는 보조공학 기기이다.

ㄹ. (나) 그림은 '프론 스탠더(prone stander)'이다. 이는 스스로 서기가 어려운 학생에게 엎드린 자세로 다리 및 몸통을 고정시킨 후 전동이나 수동 장치를 이용하여 각도를 세워 바로 설 수 있도록 보조하는 기기이다. 특히, 상체의 조절이 어느 정도 가능한 경우는 상지기능 강화를 위해 사용할 수 있다.

ㄷ. 프론 스탠더는 전반적으로 하체와 몸의 지지가 어렵지만 상체 및 머리의 조절이 가능한 지체장애 학생에게 적절한 보조기기이다.

ㅁ. 계단을 내려갈 때는 목발(crutch)과 불편한 발이 먼저 내딛도록 한 다음 손상되지 않은 발이 내려가도록 한다. 이와 반대로 계단을 올라갈 때는 불편하지 않은 발을 먼저 내딛도록 한 다음 목발과 불편한 발을 내딛는 것이 안전한 보행법이다.

ㅂ. 목발 사용 시 키의 16%를 감산하여 크기를 정하고, 어깨와 팔의 각도가 25~30도가 되도록 높이를 조절한다. 적절한 목발 선택방법은 겨드랑이에서 손가락 2~3개 아래에 있도록 목발의 길이를 조절하는 것이다.

39   2015학년도 초등 A 6번 일부

정답

1) 감염되지 않도록 청결히 관리한다.

2) 휠체어의 앞바퀴가 클수록 충격 흡수에 용이하다. 마을을 조사할 때 장애물 통과시 충격이 적어 충격에 의해 변화하는 현우의 근긴장도를 유지하며, 놀라는 반응을 줄일 수 있다.

3) 주먹을 쥐고 있는 은지의 왼손에 적용하여 은지의 왼손이 조금 더 기능적인 자세를 취할 수 있도록 해준다.

해설

1) 션트는 감염되거나 막힐 수 있다. 막힘이 발생했을 때 아동은 두통, 흐릿한 시야, 구역질이나 구토, 무기력, 팔 힘의 약화, 또는 심할 경우 동공 확대를 경험할 수 있다. 그러한 실수가 자주 일어날 경우 정서장애(폭력 포함), 학교 수행능력 감소 등과 같은 증상도 나타날 수 있다. 션트가 고장난 것은 응급 상황으로, 검사를 위해 병원에 보내야 한다. 아동이 성장하게 되면 성장에 맞추어 교정할 수 있도록 정기적인 션트 수정이 필요하다. 션트의 밸브에도 고장이 생길 수 있다는 것을 인지하는 것은 중요하며, 어떤 션트 밸브의 경우 프로그램 될 수 있고 부주의로 인해 압력환경이 바뀔 때 알려주므로 정기적인 측정이 필요하다. 일반적으로 학생 행동을 제한해서는 안 되지만, 머리 손상의 위험이 높은 접촉이 있는 스포츠에서는 배제하거나 제외해야 한다. 카펫이 깔린 교실은 학교에서 학생이 쓰러지더라도 보호할 수 있다.

2) 앞바퀴는 휠체어가 앞으로 나가게 해 주는 작은 바퀴이다. 큰 앞바퀴는 충격흡수 측면에서 더 좋으며, 작은 앞바퀴는 방향 전환 시 간편하다는 장점이 있다.

3) 스플린트, 석고붕대, 보조기 등은 아동이 좀 더 쉽게 움직이게 하여 이동성과 기능을 높일 수 있는 자세로 신체 부위를 잡아주기 위하여 주문제작한 장비다. 이러한 장비는 경직된 조직을 서서히 펴는 데 사용할 수 있다. 스플린트는 보통 단단한 플라스틱 모형으로 만들며, 팔과 손의 자세를 잡기 위해 사용한다. 석고붕대는 보통 비정상적으로 과도한 근 긴장도를 줄이거나, 근육이 짧아져 생기는 관절 구축을 완화하여 근육을 펴기 위해 사용한다. 석고붕대는 대체로 좀 더 중도의 장애를 가진 아동이 기능적인 자세 잡기를 취하도록 하는 데 사용되므로, 보조기와 스플린트는 그 다음에 사용될 수 있다.

40   2017학년도 초등 B 2번 일부

정답

1) 키보드 입력 속도가 느린 학생에게 키보드 입력 속도를 증가시킬 수 있다.

3) ①: 석고붕대
　　②: 욕창이 나타날 수 있다.

해설

1) 단어예측 프로그램(word prediction program)
 – 일반적으로 워드프로세서 프로그램에서 많이 채용하고 있다.
 – 사용자가 입력한 첫 번째나 두 번째 글자로 시작되는 낱말 목록을 제시하면 사용자는 원하는 낱말을 선택하여 글을 입력할 수 있다.
 – 키보드 입력 속도가 느린 지체장애 학생의 키보드 입력 속도를 증가시킬 수 있다.
 – 낱말 회상이 어려운 학습장애 학생이 낱말을 정확하고 바르게 입력할 수 있도록 돕는다.

■ 스플린트, 석고붕대와 보조기
아동이 좀 더 쉽게 움직이게 하여 이동성·기능성을 높일 수 있는 자세로 신체부위(보통 몸통 또는 사지)를 잡아주기 위해 주문제작하는 장비이다.

스플린트	• 단단한 플라스틱 모형으로 만들며, 팔과 손의 자세를 잡기 위해 사용함 • 어떤 환경(예 손바닥에서 엄지손가락의 자리를 잡기 위해)에서는 부드러운 스플린트가 사용될 수 있음 • 작업치료사는 일반적으로 아동을 위해 주문 제작한 스플린트를 만듦 • 어떤 활동의 위해 밤에만 착용하거나, 하루 대부분의 시간 동안 착용하거나, 하루 중 일부 시간 동안 착용하거나 떼어낼 수 있음
석고붕대	• 비정상적으로 과도한 근긴장도를 줄이거나, 근육이 짧아져 생기는 관절 구축을 완화하여 근육을 펴기 위해 사용함 • 비교적 심한 중도의 장애를 가진 아동이 기능적인 자세 잡기를 취하도록 하는 데 사용되므로, 보조기와 스플린트는 그 다음에 사용될 수 있음

보조기	• 아동이 체중 지지 활동을 시작할 때 사용함 • 착용 시간은 서서히 늘리며, 일반적으로 아동이 깨어 있는 대부분의 시간 동안 착용하게 함 • 부모와 전문가는 보조기가 잘 맞는지 확인하고, 아동의 피부에 욕창이 생기는 것을 예방하기 위해 가까이에서 함께 살펴보아야 하며, 빈번한 수정과 재수리가 종종 필요함

41

정답 ④

해설

ㄴ. 초기에 곧바로 일반형 워커를 사용하는 것이 힘들 수 있으므로 적응정도에 따라 몸통이나 팔 지지형 워커에서 일반형 워커로 사용하도록 한다.

ㄹ. 바른 자세 정렬을 하기 위해, 다리가 내전되어 있을 때 다리를 외전시키는 기능을 가진 도구를 사용하여 하지를 바르게 정렬시킨다.

ㅁ. 걷기의 운동형태는 워커를 사용하여 걷는 것이고, 운동기능은 화장실로 이동하는 것이다.

ㄱ. 시각–운동 통합발달검사는 시지각 및 소근육 운동 협응능력의 평가가 목적이다.

ㄷ. 자문과 역할방출은 간접서비스에 해당한다.

42
2010학년도 중등 36번

정답 ②

해설

② 좌석 넓이가 너무 좁을 경우, 휠체어에 살이 끼거나 피부의 마찰이 발생할 수 있다. 반대로 좌석의 폭이 너무 넓을 경우, 이동 시 몸이 안정되지 않아 불안정하기 때문에 좌석의 폭은 몸이 차체에 직접 닿아 압력을 느끼지 않는 범위 내에서 좁혀야 한다.

① 큰 앞바퀴는 충격을 흡수할 때 용이하고, 작은 앞바퀴는 방향전환이 용이하다. 큰 뒷바퀴는 착용감과 주행 시 안정성이 뛰어나다는 장점이 있지만 뒷바퀴가 클수록 지면에 전달되는 힘이 적기 때문에 기동력을 향상시키기 위해서는 뒷바퀴가 작아야 한다.

③ 지나치게 유연한 등받이는 요추부 지지와 혈액 순환에 영향을 주기 때문에 등받이는 다소 딱딱한 재질을 사용할 것을 권장한다.

④ 랩 트레이는 양손의 기능적 사용에 유용하고 몸통과 머리의 안정성에 도움이 되지만, 호흡 곤란을 야기하거나 옷의 정돈(구겨짐)에 방해가 될 수 있다.

⑤ 팔걸이는 척추에 작용하는 압력을 줄여, 상체 균형의 안정성을 더해 준다.

43
2013학년도 초등 B 1번 일부

정답

2) 아동이 자세를 취할 때는 아동의 교육활동, 사회적 환경 등을 고려하여 교육적 사회적 활동에 적합한 자세를 취할 수 있도록 해야 한다. 민수가 모둠별 활동에 적절히 참여하기 위해서는 서기 자세보단 앉아 있는 자세가 사회적 상호작용에 있어 훨씬 더 적절하다.

3) 뇌성마비로 인한 신체불균형 개선과 상지기능 강화를 위해 양손을 사용하도록 한다.

해설

2) 대안적인 자세를 취할 때는 아동의 활동 내용, 사회적 환경 등을 고려하여 교육적, 사회적 활동에 적합한 자세를 취할 수 있도록 배려해야 한다. 즉, 어떤 대안적인 자세를 취함으로써 참여 중이던 활동을 더 이상 할 수 없다거나 또래와의 사회적 상호작용이 감소되어야 한다면 이는 바람직한 자세라고 할 수 없다. 보조도구의 사용이나 자세의 결정은 신체적인 요인뿐만 아니라 아동의 생활연령과 기술 수준, 그 자세에서 수행할 활동의 종류 등을 고려하여 가능한 한 신체적으로 고립되거나 부정적인 낙인이 찍히지 않고 사회적 상호작용을 저해하지 않는 자세를 선택해야 한다.

3) 프론 스탠더는 스스로 서기가 어려운 학생에게 엎드린 자세로 다리 및 몸통을 고정시킨 후 전동이나 수동 장치를 이용하여 각도를 세워 바로 설 수 있도록 보조하는 기기다. 특히, 상체의 조절이 어느 정도 가능한 경우는 상지기능 강화를 위해 사용할 수 있다.

44
2018학년도 중등 A 14번

정답

• 왼손으로 세면대를 잡고, 오른손으로 얼굴을 씻도록 지도한다. 한쪽만 지나치게 사용할 경우 발작의 우려가 있기 때문에 양손을 균형적으로 사용하도록 지도해야 한다.

• 오른쪽의 불편하지 않은 발을 먼저 내딛고 이후 목발과 함께 왼쪽의 불편한 발을 내딛는다.

• 옆으로 뉘여 침이 기도를 막지 않고 흘러나올 수 있도록 한다.

해설

■ 경직형 편마비

경직형 편마비는 대부분 걸을 수 있으나 마비된 쪽의 팔, 다리를 사용하지 않는 경향이 있으며 모든 기능적인 동작을 손상되지 않은 쪽으로만 해결하려고 한다. 그러나 한쪽만 지나치게 사용하면 발작이 나타날 우려가 있으므로 주의가 필요하다. 안정성과 운동성을 동시에 추구하기 때문에 산만하고 분주하며 집중력이 떨어진다.

510 교원임용학원 강의만족도 1위, **해커스임용** teacher.Hackers.com

■ 목발
- **크기**: 사용자의 체격이나 키에 따라 높이를 조절하여 사용하는데, 키의 16%를 감산하여 크기를 정하고, 어깨와 팔의 각도가 25~30도가 되도록 높이를 조절한다. 목발의 길이는 겨드랑이에서 손가락 2~3개 아래에 있도록 조절하는 것이 적절하다.
- **계단 사용**: 계단을 올라갈 때에는 불편하지 않은 발을 먼저 내딛고, 이후 목발과 불편한 발을 내딛도록 지도하고 계단을 내려갈 때에는 목발과 불편한 발을 먼저 내딛고 불편하지 않은 발이 내려가도록 지도하는 것이 안전하다.

---

45   2020학년도 초등 B 2번 일부

정답

2) ①: 교사는 학생 뒤쪽에서 겨드랑이 사이로 팔을 넣어 학생의 양 손목을 단단히 잡고, 몸통으로 아동의 머리를 지지한다.

②: 올라갈 때는 건측(오른쪽 다리)으로 계단을 살짝 뛰어올라간 뒤, 몸과 함께 목발을 들어올린다.
내려갈 땐 목발을 한 단 아래 계단에 놓은 뒤, 건측(오른쪽 다리)으로 한 계단 내려온다.

해설

■ **휠체어에서의 자리이동**
휠체어에서 의자나 바닥으로 자리를 이동시킬 때에는 먼저 휠체어를 자리이동하고자 하는 곳까지 최대한 가깝게 위치시킨다. 사지마비의 경우 좌우 어느 쪽이든 편리한 방향에 휠체어를 위치시키면 되고, 편마비나 신체 좌우 어느 한쪽의 기능이 좀 더 나은 경우 양호한 쪽에 휠체어를 위치시킨다. 이때 브레이크는 반드시 잠그고, 학생 쪽에 위치한 발받침이나 팔받침을 제거하면 자리이동이 쉽다. 2인이 자리이동 시킬 때에는 한 사람은 학생 뒤쪽에서 겨드랑이 사이로 팔을 넣어 학생의 양 손목을 단단히 잡고, 다른 사람은 무릎과 발목 뒤쪽을 각각 지지하여 휠체어에서 동시에 들어 올린다. 혼자서 자리이동 시킬 때에는 학생의 양손을 깍지 끼워 교사의 목을 감싸 안도록 하며, 교사는 학생의 골반 뒤쪽을 잡고 휠체어에서 일어서도록 한다.

■ **손잡이가 없는 계단 오르내리기**
- 목발을 이용해서 손잡이가 없는 계단 오르기
  ❶ 가능한 한 계단 가까이에서 시작한다. 목발을 양 팔 아래에 그대로 둔 자세에서 목발 손잡이에 몸무게를 의지한다.
  ❷ 성한 다리로 한 계단 위를 살짝 뛰어오르거나 올라간다.
  ❸ 몸과 함께 목발을 한 계단 위로 들어올린다.

- 목발을 이용해서 손잡이가 없는 계단 내려가기
  ❶ 가능한 한 계단 가까이에서 시작한다. 목발을 양 팔 아래 그대로 둔다.
  ❷ 몸을 앞으로 숙여서 목발을 한단 아래 계단의 중단에 놓는다. 목발의 손잡이에 몸을 의지한다.
  ❸ 다친 다리를 살짝 앞으로 내민다.
  ❹ 성한 다리로 한 계단 아래를 내려온다.

---

46   2018학년도 초등 A 3번 일부

정답

4) ⓐ: 등받침
   ⓑ: 랩보드

해설

■ **휠체어 선택 시 고려해야 할 요소**

등받침	• 접을 수 있도록 제작된 형태가 대부분임 • 학생의 자세를 위해서는 딱딱한 재질이 더 바람직함 • 고개를 가누는 정도에 따라 높이 조절이 필요함
휠체어용 책상 (lap board)	휠체어를 이용하는 학생의 섭식과 의사소통기기를 놓는 등 학습활동에 사용이 편리하나, 독립적인 이동을 방해하며 휠체어의 무게와 전후좌우 길이를 증가시켜 불편을 초래함

---

47   2011학년도 중등 23번

정답   ③

해설

학생을 안아 옮길 때에는 학생에게 이동의 필요성을 알린 후 휠체어의 위치를 알려주어야 한다. 교사는 체간(몸통)의 안정성을 확보한 후 과도한 긴장으로 인해 근육이 수축되지 않도록 가슴을 평평하게 펴도록 한다. 이때 지체장애 아동은 늑골을 포함한 흉부가 취약하기 때문에 손상되지 않도록 무리하게 힘을 주지 않도록 주의한다. 이완 상태를 유지한 상태로 무릎과 골반 아래에 팔을 넣어 감싼 후, 허리에 무리(체중부하)가 가지 않도록 무릎을 구부려 학생이 유연성을 확보하여 무게 부담이 줄어든 후에 든다. 이때 교사는 학생의 머리가 갑작스럽게 뒤로 젖혀지지 않도록 팔꿈치로 머리를 지지해주며, 머리는 목표점과 시선이 일치되도록 한다. 골반의 안정성과 하지가 지지된 안정적인 자세로 의자에 착석시킨다.

ㄱ. 교사는 등과 무릎 아래에 팔을 넣어 감싼 후, 허리에 무리(체중 부하)가 가지 않도록 무릎을 구부려 학생이 유연성을 확보하고 교사의 다리를 이용하여 학생을 안는다.

ㄷ. 과도한 긴장으로 인하여 수축(contract)된 근육을 이완(relax)시킨 후 든다.

정답

3) 아동의 다리를 벌려 교사의 허리에 각각 끼워 교차된 아동의 다리를 정렬해 준다.

4) 발작 시 도움요청 카드를 꺼내 다른 사람에게 도움을 요청하도록 한다.

해설

■ 껴안기 방법의 유의점
- 아동의 머리가 체간과 수직이 되게 하고, 팔 안으로 안고 있으며 허리를 걸치고 있는 자세가 되는 것이 좋은 껴안기 법이다.
- 해당 아동의 특징이 되어버린 나쁜 자세 패턴과 반대의 자세를 취하도록 한다. 다리를 서로 교차시키는 경향이 있는 아이에겐 다리를 벌리고, 계속 다리를 뻗고 있는 아동에겐 다리를 가지런히 하고, 뒤집기가 강한 아이에게는 둥글게 껴안는 것이 좋다.

제4절 일상생활 기술

정답 ②

해설

ㄴ. 컵 안의 음료가 보이며, 컵의 윗부분을 잘라낸 플라스틱 컵 (cutaway cup)은 금속이나 유리 재질의 보통 컵보다 덜 민감하고, 컵 속의 내용물을 확인할 수 있어 놀라지 않기 때문에 과신전을 줄일 수 있다.

ㅁ. 장애학생의 눈높이에 맞추어 식사를 제공하는 것은 장애학생에게 심리적으로 안정감을 제공하여, 식사하는 데 심적으로 불편함을 없앨 수 있다. 더불어 식사 시 바른 자세의 유지가 필요하다. 구강운동 근육들은 나쁜 자세, 특히 머리와 어깨의 정렬이 흐트러지면 제대로 협응된 수축동작을 하기 어렵기 때문이다. 대부분은 장애학생들은 앉아서 식사하는데, 이때 자세 정렬은 앉은 상태에서 체중을 지지하는 첫 번째 표면인 골반과 엉덩이로부터 시작되어야 한다. 척추는 직립자세에서 고개를 바르게 정렬하고 엉덩이와 골반을 기반으로 해서 똑바로 세운다. 좋은 자세를 유지하기 어려울 경우 수정된 의자나 특수한 보조도구를 사용하여 적절한 자세를 잡아주도록 한다.

ㄱ. 식사기술을 지도하는 데 가장 기본적인 것은 정상화의 원칙이다. 식사기술의 지도는 일반적인 환경에서 정해진 식사시간에 다른 사람들이 섭취하는 음식을 그대로 섭취할 수 있도록 지도하는 것이 최상의 지도방법이다.

ㄷ. 혀의 조절장애가 있는 경우 음식물의 통제가 어려워진다. 연식보다 유동식이 더욱 통제하기 힘들어 음식이 바로 기도로 넘어갈 수 있다.

ㄹ. 구역질 반사가 과민하면 입안에 들어오는 모든 음식을 바깥으로 토하게 된다.

정답 ①

해설

① 턱 조절을 돕기 위해서는 아동의 구강과 안면의 과민반응을 줄이는 것이 필요하다. 구강운동을 촉진하는 활동은 입술, 안면, 뺨 주변 두드리기, 잇몸과 입 천장 마사지하기, 씹기, 삼키기, 입술 닫기 등과 관련한 부위의 피부 문지르기, 입 주위에 얼음을 대 보고 감각느끼기, 입술과 뺨 주위의 근육 스트레칭하기, 구강과 안면근육 진동시키기, 혀를 입 안에서 여러 방향으로 움직이기 등이 있다.

② 식사를 하기 위해 수직 자세를 취하며, 씹는 능력을 기르기 위해 작은 고기조각이나 육포 등을 어금니 양쪽에 번갈아 놓아 주어 씹는 운동을 지도한다.

③ 강직성 씹기반사가 나타나므로, 입안 자극을 낮추기 위해 플라스틱이나 실리콘 숟가락을 사용한다. 1회용 플라스틱 숟가락은 부러질 수 있기 때문에 사용하지 않는다.

④ 신체적 보조방법은 자세의 교정, 음식의 수정, 식사도구 및 환경을 먼저 수정한 후에 되도록 적게 사용하는 것이 좋다.

⑤ 컵을 사용하여 음료 마시기를 지도할 때에는 컵의 가장자리를 아동의 아랫입술에 놓아서 깨무는 자극을 줄인다.

정답

1) ①, 아동 스스로 턱을 조절하여 씹을 수 없기 때문에 교사가 아동의 턱을 직접 잡고 턱 움직임을 촉진해 준다.

④, 학생이 상징이해 능력이 떨어지므로 상징을 사용하는 도구보다는 비상징적 의사소통을 사용할 수 있도록 지도한다.

2) ①: 청결
②: 수분

3) ①, 식사 후엔 음식물이 역류할 수 있으므로 앉은 자세를 유지하는 것이 바람직하다.

③, 현우는 구강을 통한 섭식으로는 충분한 영양분을 받을 수 없기 때문에 비구강섭식(위루관이나 비강삽입관)을 실시한다.

해설

3) ① 자세 유지는 흡인을 예방할 뿐만 아니라 치료하는 데 필수적인 전략이다. 입으로 식사를 하는 학생은 머리는 약간 앞쪽으로 구부리고 바른 자세로 식사를 하게 된다. 이 자세는 능동적 삼키기를 촉진하고, 음식물이 목으로 내려가는 것을 수동적으로 예방한다. 식사를 마친 뒤 역류가 발생할지 모르기 때문에, 식사 후 적어도 45분간은 반쯤 기댈 수 있는 자세로 유지해야 한다.

③ 위루관과 비강삽입관으로의 섭식은 입으로보다는 다른 방법으로 영양분을 제공하는 두 가지 방법이다. 학생들이 그들에게 필요한 양만큼의 충분한 영양분과 음료를 입으로 섭취하지 못하는 경우 이러한 방법들을 사용할 수 있다.

52   2013학년도 중등 27번

정답   ④

해설

④ 침 흘림, 입 다물기의 조절방법: 중지는 턱, 검지는 턱과 입술 사이, 엄지는 눈 주변의 얼굴 옆에 위치하고 아래턱의 개폐를 보조하고 조절할 수 있게 한다. 턱의 움직임을 조절해 줄 때 윗입술을 아래로 당기는 것은 입술 수축을 자극할 수 있기 때문에 피해야 한다.

① 위식도 역류는 위에 있는 음식이 식도로 역류되는 것으로, 위에 있는 내용물이 식도로 밀려나오면서 잦은 구토와 염증을 유발한다. 식사 후 약 1시간 동안 수직 또는 반수직 자세를 취해 주거나, 작은 조각 또는 뻑뻑한 질감의 음식은 위식도 역류를 개선할 수 있다. 약물을 사용할 수도 있으며, 다른 조치가 효과가 없을 때는 수술이 필요할 수도 있다.

② 강직성 씹기반사는 입 안에 음식을 넣어 주면 의도하지 않게 갑자기 입을 다무는 강직성이 나타나 숟가락으로 음식을 먹이는 것을 방해하고 씹는 것을 극도로 어렵게 한다. 입 안에 들어오는 자극에 대한 민감도가 강하고 비자발적이어서 금속 재질의 숟가락을 사용할 경우 치아 손상에 노출되어 사고가 발생할 수 있다. 또한 금속 재질의 숟가락은 열 전도율이 좋아 학생들에게 뜨겁거나 차가운 자극을 빨리 전달한다. 이러한 사고를 방지하기 위해 유아들이 사용하는 플라스틱, 고무, PVC 등으로 만들어진 수저를 사용하여 보다 안전한 식사를 할 수 있도록 한다.

③ 혀 내밀기 반사는 구강반사 종류 중 하나로, 혀가 자극되었을 때 음식물을 밀어내게 하는 반사이다. 숟가락으로 목구멍 쪽 혀의 뿌리에 음식을 놓을 경우 저작하기도 전에 음식을 삼켜 기도폐쇄 등으로 이어져 위험한 상황을 초래할 수 있으므로 음식물은 혀의 중앙에 놓아준다.

⑤ 삼킴장애의 경우 음식을 먹는 동안 고개를 뒤로 젖히고 턱을 들어 올려 음식물이 식도로 흘러 넘어가게 되면 기도폐쇄로 호흡을 할 수 없어 질식사고로 이어질 수 있다. 따라서 장애학생의 목은 뒤로 젖혀 있는 것보다는 목을 약간 구부리게 하는 자세가 질식 없이 쉽게 삼키도록 하며 비정상적인 반사작용을 최소화한다.

53   2011학년도 중등 24번

정답   ①

해설

(가) 옷을 입을 수 없는 학생에게 새로운 행동을 가르치기 위해 행동연쇄법을 적용한다. 특히 후진형 행동연쇄는 자연적 강화를 받을 수 있으므로, 중증의 학생들에게 많이 사용되며, 아동이 독립적으로 수행하지 못할 경우 계획에 따른 촉구와 용암을 적용한다.

(다) 고정시간지연 절차는 미리 정해둔 계획에 따라 초 단위로 고정적인 간격을 두고, 정해진 초 단위 안에 반응이 없으면 교수적 촉진을 제공한다. 따라서 학생 A에게 수정된 식사도구 제공과 고정시간지연 절차를 사용하여 음식을 먹도록 촉구하는 것은 적절한 지도방법이다.

(나) 아동은 빨기의 기술을 습득하기 이전에는 신체생리학적인 삼킴의 문제로 빨대로 음료를 마실 수 없으므로 아동의 신체적 문제를 고려한 섭식지도가 필요하다.

(라) 배변훈련 이전, 학생의 생리적 준비기능을 평가하여 의학적인 문제나 기능의 문제를 먼저 평가한다. 생리적인 요인이 있는 경우 의료적인 문제를 우선 해결해야 한다.

54   2018학년도 중등 B 3번 일부

정답

ⓒ: 반사가 일어나지 않도록 목을 뒤로 젖히지 않고 물을 섭취해야 한다.

ⓔ: 식사 후 약 1시간가량 수직적 자세를 취해준다.

해설

ⓒ 컵 안의 음료가 보이도록 컵의 윗부분을 잘라 낸 컵은 목이 뒤로 젖혀지는 것을 막아주어 흡인의 위험을 줄여주고 음료가 코에 닿지 않게 한다.

ⓔ 음식물의 역류와 흡인을 예방하기 위해서는 식사 자세는 수직 자세가 좋고, 식사 후 45분간은 눕지 않고 이러한 자세를 유지하는 것이 도움이 된다. 앉은 자세에서 식사하는 것이 힘든 학생의 경우라도 상체를 30도 이상 세워서 먹도록 하고, 식사 후 반쯤 기댄 자세나 앉은 자세가 역류 예방에 도움이 된다.

55

2018학년도 중등 B 5번 일부

정답

㉠: 견딜만한 자극부터 시작하여 신체 부위에 여러 가지 자극을 제공하여 점차 얼굴 쪽의 접촉 자극에 대한 과민성을 줄인다.

㉡: 따뜻한 물에 적신 수건을 이용

해설

㉠ 감각자극 촉진을 통한 과민반응 줄이기

중도중복장애 학생 중에는 얼굴 주변이나 입안에 음식이 들어오면 신체를 경직시키거나 긴장감이 높아지는 학생이 있다. 이들의 식사 지도는 감각자극에 대한 입과 얼굴 주변의 과잉반응의 민감도를 줄이는 활동으로 지도를 시작한다. 학생이 견딜만한 자극부터 시작하여 신체 부위에 여러 자극을 제공하여 점차 얼굴 쪽의 접촉 자극에 대한 과민성을 줄인다.

㉡ 다른 사람의 전적인 보조를 받아 양치질을 할 때 치약이나 양치액을 삼키는 경우는 물로만 사용하며, 치아나 잇몸이 예민한 경우에는 따뜻한 물에 적신 수건을 이용한다.

> 과민반응에 대한 지침
> - 자극은 먼 곳에서부터 가까운 곳으로 제공한다.
>   - 자극은 얼굴에서 먼 곳으로부터 시작하여 점차 얼굴 쪽으로 이루어져야 한다.
>   - 감각에 좀 더 익숙한 손이나 팔에서부터, 얼굴, 입으로 순차적으로 자극한다.
> - 깊숙하고 안정된 자극을 제공한다.
>   - 가벼운 자극은 중추신경계를 더욱 자극할 수 있다. 깊숙하고 안정된 자극이 신경계를 활성화시키기에 가장 좋으며, 이는 관절, 근육, 감각기관까지 잘 전달된다.
> - 자극은 대칭적인 형태로 제공한다.
>   - 몸의 한쪽 부분에 자극을 주었다면 다른 한쪽도 동일하게 자극해 준다.

56

2011학년도 유아 16번

정답 ④

해설

ㄱ. 배변훈련의 일반화와 유지를 위해 각 교과교사들이 담임교사와 함께 각기 다른 장소에서도 일관성 있게 지도할 수 있도록 배변훈련 계획을 공유한다.

ㄴ. 스스로 화장실 사용 시도하기를 위해 학생이 젖어 있다는 느낌을 느끼지 못하게 하는 기저귀를 제거하고 입고 벗기 편한 속옷을 입도록 지도한다.

ㄹ. 지체장애 학생은 그들이 가진 제한으로 인해 모든 단계를 독립적으로 수행해야 할 필요가 없다는 점을 염두에 두고 부분참여 원리를 적용할 필요가 있다.

ㄷ. 처음에는 낮 시간 동안의 배설 패턴을 조사하고, 낮 시간 동안의 훈련이 성공적으로 끝난 후에 밤 시간 동안에도 조사와 훈련을 실시한다.

57

2012학년도 초등 24번

정답 ⑤

해설

㉡ 중도 정신지체 학생의 경우 스스로 화장실을 이용할 수 있도록 자조능력을 길러 주어야 한다.

㉢ 학생을 지도할 때 언어적 촉구만으로는 부족할 경우 교사가 직접 시범(모델링)을 보여주고 그 동작을 따라 하도록 한다.

㉣ 행동연쇄법 중 전진형 행동연쇄 기법을 활용할 경우 모든 과제수행마다 인위적 강화인을 주어야 한다.

㉠ 바지에 오줌을 쌌을 경우에는 지체 없이 학생을 청결하게 해주는 것은 맞지만, 사회적 강화를 해주는 것은 잘못 되었다. 강화는 행동을 증가시키는 방법이다.

㉢ 용변 바르게 처리하기 기술은 정신지체 학생들에게 반드시 지도해야 하는 실제적 적응행동 기술에 포함된다.

58

2014학년도 중등 B 3번

정답

① 위루관을 통해 섭식을 하는 학생 A에게는 정상화의 원리에 따라 또래 친구들이 식사하는 급식시간에 섭식을 하는 것이 가장 적절하다.

② 학생 A가 섭식을 하기에 가장 적절한 자세는 똑바로 앉는 자세이다. 만약 이것이 불가능할 경우에는 바닥에서 체간을 45도 이상 일으켜 주어야 한다.

③ 학생 B는 소변훈련을 받을 준비가 되어 있다. 준비도 평가에서 소변을 보는 배변 패턴이 1시간 30분 정도로 일정하게 나타나고, 소변보기와 관련된 생리학적인 문제를 가지고 있지 않다.

해설

음식물 섭취와 관계없이 음식물 투입은 동료들과의 식사시간이나 간식시간 동안 이루어져야 한다. 학생은 식사시간 기술 개발을 증진시키고 식사시간에 발생할 수 있는 모든 사회적 상호작용에 참여하기 위한 기회를 갖기 위해 가능하면 전형적인 방식으로 그들의 식사시간에 참여해야 한다.

■ 위관영양 가이드라인

- 교직원은 월별로 학생이 어떤 음식이나 음료를 먹을 수 있는지 알고 있어야 한다.
- 관류는 배치(NG 튜브)와 개방성(개방 상태)을 점검해야 한다.
- 학생은 누워서 영양공급을 받아서는 안 되며, 적어도 30도 높이로 높여져야 한다. 학생은 똑바로 앉거나 옆으로 앉아서 영양공급을 받는다.

- 영양공급이 너무 빠르면 경련과 설사, 메스꺼움, 구토를 일으킬 수 있기 때문에 위관영양은 적절한 속도로 주어져야 한다. 주사기통이나 영양공급 주머니가 높을수록 전달 속도가 빨라진다.
- 올바른 위관영양 처치는 공기가 위로 들어가지 않아야 한다. 공기가 위로 들어가면 경련과 설사, 메스꺼움, 구토가 일어나기 때문이다.
- 보통 실온에서 액체가 주어진다. 사용하지 않는 영양액의 보관은 사용설명서나 의사의 지시에 따르며, 냉장이 필요한 경우가 많다.
- 장비는 적절하게 세척해야 한다. 보통 비누와 물 세척이면 되지만, 요원은 의사나 간호사가 제공한 처치에 따라야 한다.
- 요원은 흡인, 관의 위치변경, 메스꺼움, 구토, 경련, 설사, 부위감염, 위 내용물의 누출, 관 막힘과 같은 의료처치와 연관된 일반적인 문제에 대해서 어떻게 해야 할지 알고 있어야 한다.
- 학생과 관련된 교직원의 적절한 훈련과 관리감독이 있어야 한다.
- 교육팀은 학생이 의료처치를 수행하거나 수행에 얼마간 참석하는 법을 배울 수 있는지를 결정해야 한다.

■ 바른 식사자세 고려
- **바닥에서 체간의 각도 고려**: 섭식 시 기본적으로 똑바로 누운 자세가 아니라, 몸을 일으킨 상태가 좋다. 몸을 바닥에서 45도 정도까지 일으켜 주면 능동적인 음식물 처리와 연하가 쉬워진다.
- **머리와 체간의 각도를 고려**: 목의 근육이 이완되도록 머리를 조금 앞으로 구부리게 한다. 특히 정면에서 볼 때, 머리, 체간, 허리 등이 비틀리지 않도록 바르게 하는 것이 중요하다.
- **반사억제 자세를 고려**: 일반적으로 어깨, 팔꿈치, 허리, 무릎, 발목의 관절을 굽혀서, 몸 전체가 둥글게 되도록 하면 긴장이 풀리기 쉽다. 아동의 긴장 정도에 따라 굽히는 각도를 다르게 하고, 때로는 쿠션이나 모래주머니 등을 무릎이나 등에 대 주는 방법도 필요하다.

59 | 2015학년도 유아 A 8번 일부

정답
1) ①: 아직 준비되지 않았다.
   ②: 소변을 보는 간격이 일정하지 않고, 1일 소변 횟수가 많다.
2) 자세 조절

해설
1) 준비도 평가
- 최소 2세의 생활연령
- 보통 하루 1~2시간 정도 건조한 상태 유지

- 안정적 배설의 양식, 일정한 시간에 하루 3~5회 배뇨
- 규칙적인 장 운동, 보통 하루 한 번 장 운동
- 기저귀나 옷이 젖거나 지저분해졌을 때, 다르게 행동하는 등의 배설에 대한 의식 수준
2) 자세 조절은 정적인 활동(앉기)과 동적인 활동(기어가기, 걷기)을 하는 동안 중력에 반하는 자세를 유지하거나 취할 수 있는 능력이다.

60 | 2017학년도 초등 A 3번 일부

정답
2) 마비가 있는 오른쪽 소매를 먼저 끼워 넣고, 비마비쪽 소매를 끼워 넣는다.

해설
■ 편마비 옷 입기
- 입을 때는 마비쪽 소매를 먼저 끼워 넣어 어깨까지 입힌 후 비마비쪽 소매를 끼워 넣는다. 벗을 때는 마비쪽 어깨를 벗긴 다음 비마비쪽 상지를 소매부터 빼고 마비쪽 소매를 뺀다.
- 머리부터 입는 셔츠는 마비쪽 소매를 끼워 넣은 후 비마비쪽 소매를 끼워넣는다. 셔츠 뒤의 옷자락을 잡고 머리부터 씌운다. 벗을 때는 역으로 목 뒤의 옷자락을 잡아 앞으로 당겨 머리를 뺀 후 비마비쪽 상지를 빼고 마비쪽 상지를 뺀다.
- 바지는 마비쪽을 대퇴 부위까지 먼저 입고 비마비쪽 바지를 입는다. 벗을 때는 역으로 비마비쪽부터 벗는다.

61 | 2020학년도 중등 B 10번 일부

정답
- 마비된 오른쪽 다리부터 넣은 후 대퇴부까지 올리고, 비마비쪽인 왼쪽 다리를 넣고 바지를 올린다.

해설
■ 편마비 옷 입기
- 편마비의 경우 입을 때에는 마비쪽 소매를 먼저 끼워 넣어 어깨까지 입힌 후 비마비쪽 소매를 끼워 넣는다. 벗을 때에는 마비쪽 어깨를 벗긴 다음 비마비쪽 상지를 소매부터 빼고 이어서 마비쪽 소매를 뺀다.
- 머리부터 입는 셔츠는 마비쪽 소매를 끼워 넣은 후 비마비쪽 소매를 끼워넣는다. 셔츠 뒤 옷자락을 잡고 머리부터 씌운다. 벗을 때는 역으로 목뒤 옷자락을 잡아 앞으로 당겨 머리를 뺀 후 비마비쪽 상지를 빼고 마비쪽 상지를 뺀다.
- 바지는 마비쪽을 대퇴 부위까지 먼저 입고 나서 비마비쪽 바지를 입는다. 벗을 때는 역으로 비마비쪽부터 벗는다.

62

정답 ③

해설

ㄹ. 학업 성취도평가 시 가능하다면 대상자의 평가 당일 학교 출석을 권장한다. 건강상의 이유로 출석이 곤란한 경우에는 병원학교 담당교사와 소속 학교의 담임 교사 간 협의를 통해 가정이나 병원에서 평가한다.

ㅁ. 학급에서는 창수의 학교 복귀를 도울 수 있도록 학업·심리·사회 적응 등을 위한 학교 복귀프로그램을 실시한다.

ㄱ. 병원학교에서의 학사관리는 학적은 학생의 소속 학교에 두고 출석확인서를 소속 학교에 통보하여 출결을 처리한다.

ㄴ. 개별화교육계획은 매학기 시작일 30일 이내에 작성한다.

63

정답 ③

해설

ⓒ 「장애인 등에 대한 특수교육법」 시행령 제3조 의무교육의 비용 등에 근거하여 국가 또는 지방자치단체가 부담해야 하는 비용은 입학금, 수업료, 교과용 도서대금 및 학교급식비로 한다.

ⓒ '병원학교'란 장기입원이나 치료로 인해 학교교육을 받을 수 없는 학생들을 위해 병원 내에 설치된 학교로 병원에서 의료적 처치를 받으면서 공부할 수 있도록 최소한의 교육환경을 구비하고 교사를 파견하여 교육함으로써 지속적인 학교 생활이 가능하도록 도와주는 교육시설이다. '원격수업'이란 초·중·고 건강장애 학생이 컴퓨터나 개인용 휴대단말기를 통하여 인터넷 상에서 실시간 양방향 수업과 탑재된 콘텐츠를 통해 학습하는 형태를 말한다.

ⓖ 「장애인 등에 대한 특수교육법」에서는 건강장애를 만성질환으로 인하여 3개월 이상의 장기 입원 또는 통원 치료 등 계속적인 의료적 지원이 필요하여 학교생활 및 학업수행에 어려움이 있는 사람으로 정의하고 있다.

ⓔ 건강장애 학생이 특수교육 대상자로 선정되기 위해선 다른 장애 영역의 특수교육 대상자와 동일한 과정을 거친다.

64

정답

㉠: 2시간 이상

㉡: 출석확인서

㉢: 학업성적관리

해설

병원학교에서의 학사관리는 우선 학적은 학생의 소속 학교에 두고 출석확인서를 소속 학교에 통보하여 출결을 처리한다. 출석확인서는 해당 교육청(초·중-지역교육청, 고-시교육청)에서 발급하며 학생 1일 적정 교육시수는 초등학생 1시간 이상, 중·고등학생은 2시간 이상을 1일 최소 수업시수로 한다. 이때 1단위시간은 최소 20분으로 한다. 정규교사 미배치 병원학교의 경우 수업확인 증명서 발급을 통해 출석으로 인정한다. 학력평가는 원 소속 학교에서 처리하되, 학업 성취도평가 시 가능하면 학생의 평가 당일 소속 학교 출석을 권장하며, 건강상의 이유로 출석이 곤란한 경우에는 병원학교 담당교사와 소속 학교 담임 간 협의를 통해 가정이나 병원에서 평가할 수도 있다. 직접평가가 불가능한 경우에는 학교장이 당해 학교의 '학업성적관리규정'에 의거하여 성적을 결정한다. 병원학교 교육과정 운영을 위해 배치된 특수교사 외 인근 학교 교사자원봉사단, 예비교사도우미 등의 방문교육, 사이버 가정학습 서비스, 화상강의 시스템을 적극 활용하도록 하고 있다.

65

정답 ②

해설

② 심장장애를 가진 학생들은 추운 날씨에 청색증에 유의하여 외부활동을 실시해야 한다. 그러나 동절기에 운동장에서 하는 체육수업을 받지 않고 특수학급에서 다른 교과의 수업을 받게 하는 것은 최소 제한환경에 위배되는 행위이며, 통합교육의 맥락과 맞지 않다. 더 나아가 「장애인 등에 대한 특수교육법」 제4조 차별금지 사항 중 '2. 수업참여 배제 및 교내외 활동 참여 배제'와도 관련 있다.

66

정답

①: 신장장애

②: 수업일수는 각급 학교의 장이 정하며, 기준 일수는 매 학년도 150일이다.

해설

■ 신장장애

신장의 기능부전으로 인해 혈액투석이나 복막투석을 지속적으로 받아야 하거나 신장 기능에 영속적인 장애가 있어 일상생활 활동에 현저한 제한을 받는 경우를 말한다.

■ 순회교육

제20조(순회교육의 운영 등)	
순회교육 계획의 작성과 운영	① 교육장이나 교육감은 법 제25조 제1항에 따른 순회교육을 하기 위하여 순회교육을 받는 특수교육 대상자의 능력, 장애 정도 등을 고려하여 순회교육계획을 작성·운영하여야 한다.
수업이수	② 순회교육의 수업일수는 매 학년도 150일을 기준으로 하여 각급 학교의 장이 정하되, 순회교육을 받는 특수교육 대상자의 상태와 교육과정의 운영상 필요한 경우에는 지도·감독기관의 승인을 받아 30일의 범위에서 줄일 수 있다.

67

정답

• 건강장애 선정의 직접적인 원인이 된 질병이 완치된 경우

• 소아당뇨, 초콜릿과 사탕 등의 저혈당 간식 제공

해설

■ 건강장애 취소 사유

- 건강장애 학생으로 선정된 학생도 몇 가지 사유에 해당하는 경우 선정 취소가 가능하다.

- 건강장애 선정의 직접적인 원인이 된 질병이 완치된 경우 취소된다.

- 소속 학교로 복귀하여 정상적으로 출석을 하는 경우나, 치료 또는 진단을 위해 월 1~2회 외래 치료하는 경우도 포함된다.

- 소속 학교에서 휴학 또는 자퇴를 하고자 하는 경우 특수교육 대상자는 의무교육 대상자이므로 선정 취소를 한 후 필요한 학적 처리를 해야 한다. 건강장애 선정을 취소하려면 특수교육 대상자(건강장애) 선정·배치 취소 신청서와 특수교육 대상자 선정·배치 취소 동의서(학부모용)를 제출해야 한다.

■ 소아당뇨

당뇨란 인슐린이 부족하거나 기능에 이상이 발생하는 질환으로, 몸에 섭취된 당분이 잘 사용되지 못하고 혈액 속을 떠돌다가 소변으로 배설되는 것이다. 현재 당뇨병은 완치될 수는 없으나, 매일 인슐린 주사를 맞고 칼로리 처방에 의한 식사 요법을 적용하며 적당한 운동과 정규적인 병원 진료를 통하여 조절할 수 있다.

교사는 수업시간이나 학교활동 중 저혈당이 생겼을 때 응급조치 방법에 대해 미리 숙지해야 한다. 학생들은 몸이 힘들어 수업에 집중이 안 되고 저혈당 증세를 느끼더라도 사탕을 선뜻 꺼내 먹기가 어렵다고 말한다. 사회성이 부족하고 내성적인 학생일수록 대처를 잘 하지 못해 심한 저혈당 혼수상태에 빠지기도 한다. 또한 단체활동 중이거나 청소, 벌을 받는 중에는 저혈당이 오는 것을 알더라도 대처하지 못하기도 한다. 이럴 때 저혈당 간식을 섭취한 후 교실이나 보건교육실에서 잠시 휴식을 취하면 수업을 계속할 수 있다.

68

정답

• 바늘을 0에 오게 한 후, 바로 선 자세에서 숨을 깊게 들이마시고, 입술로 기계의 입구를 막아 공기가 새지 않도록 한 후 최대한 빠르고 힘차게 숨을 내뱉는다. 1분 간격으로 총 3회 실시한 후 가장 높은 수치를 기록한다.

• 분산시도

• ⓓ, 호흡하기 좋은 환경을 만들어 준다.

• ⓐ, 누운 자세보다는 벽에 기대어 서서 고개를 숙이게 하거나 옆으로 누운 자세를 취하게 한다.

해설

■ 최대호기유속량(Peak Expiratory Flow: PEF) 측정기

매일의 천식 증상 변화를 살펴보기 위해 이용한다. 흡입제를 사용하기 전에 측정하며, 하루 두 번(아침, 저녁) 측정한다.

■ 사용법

❶ 바늘을 '0'에 오게 한다.

❷ 바로 선 자세에서 입을 벌리고 숨을 깊게 들이마신다.

❸ 입술로 기계의 입구를 막아 공기가 새지 않도록 한 후에 최대한 빠르고 힘차게 숨을 내 뱉는다.

❹ 바늘이 움직인 곳의 수치를 읽고, ❶~❷의 과정을 2회 더 반복한다. 정확한 측정값을 위해 1분 간격으로 3회를 반복하는 것이다.

❺ 가장 높은 수치를 기록한다.

■ **천식 발작이 나타났을 때의 응급대처**

학생이 교실에서 갑자기 숨을 내쉬는 시간이 상당히 길어지는 호흡곤란 증상을 보인다면 호흡을 편하게 해줄 수 있는 응급처치가 필요하다. 다음은 천식 증상이 악화되어 천식 발작이 나타날 때의 징후이다.

천식 발작이 나타나는 징후
1. 앉아 있거나 천천히 걸을 때도 호흡곤란이 있다.
2. 호흡곤란 증상이 속효성 기관지 확장제로 전혀 좋아지지 않는다.
3. 숨이 차서 말을 잇기가 어렵고 하던 일을 계속하지 못한다.
4. 밤에 기침이 나고 숨이 차서 잠을 잘 수가 없다.
5. 최대호기속도가 예상 기대치의 60% 미만이다.
6. 호흡과 맥박이 빨라진다.
7. 숨 쉴 때 쌕쌕거림이 심해지거나, 숨을 얕게 쉬면서 아예 쌕쌕 소리가 들리지 않고, 가슴과 목이 부풀어지고, 숨 쉴 때 들썩거린다.
8. 입술, 혀, 손끝과 발끝이 파래진다.
9. 식은땀이 나고 정신이 몽롱해진다.
10. 호흡할 때 가슴과 목이 부풀어지고 들썩거린다.
11. 하던 활동을 중단하고 다시 시작하지 못한다.

천식 발작이 나타날 때 돕는 방법은 호흡하기 좋은 환경을 만드는 것이다. 방 안을 환기해 신선한 공기를 마시게 한다. 미지근한 물을 마시거나 호흡을 천천히 길게 내쉬게 한다. 사용하는 천식 치료약이 있다면 사용하게 한다.

다음으로, 호흡하기 좋은 자세를 취하게 한다. 발작이 나타나면 숨 쉬는 데 에너지를 다 소모하며, 평평한 곳에 눕거나 앉아 있기도 힘들어한다. 이때는 벽에 기대어 서서 고개를 숙여보게 한다. 옆으로 누운 자세를 취하는 것도 호흡에 도움이 된다. 약간 무릎을 벌리고 팔꿈치에 기대어 앞으로 숙인 자세와 베개를 껴안듯이 앞으로 몸을 숙이는 자세도 호흡하기 편한 자세이다. 의자에 앉히고 편안한 자세를 취하게 한다. 상체를 비스듬히 세워 주어 안정을 취하게 하면 숨이 덜 차게 된다. 편하게 숨 쉴 수 있는 자세를 취하게 하면서 천천히 깊게 숨을 쉬도록 한다. 이는 소아천식 학생을 안심시켜 마음을 평온하게 한다.

응급 상황에서는 천식 학생의 처치도 중요하지만 다른 학생들도 함께 있으므로 침착하고 차분하게 대처한다. 식사하거나 옷을 입거나 일상생활 중에도 급성으로 천식 발작이 나타날 때는 아무 일도 하지 못하게 된다. 심할 땐 생명을 잃을 위험도 있으므로, 발작 시간이 길어지거나 약을 먹어도 좋아지지 않는 등 중발작 이상의 증상이 계속되는 경우 구급차를 불러 의료기관으로 이동한다.

■ **천식 발작 시 즉시 병원에 가야 하는 상황**

- 이전에 극심한 발작으로 중환자실에 입원한 경험이 있는 경우
- 기관지 확장제 투여 후에도 즉시 반응이 없고 1시간 동안 반응이 지연되는 경우
- 호흡곤란이 심하고 입술이나 손끝이 파랗게 되는 경우
- 경구 스테로이드 투여 후 시간이 지나도 증상이 좋아지지 않는 경우
- 속효성 기관지 확장제 투여 후에도 최대호기속도가 예측치의 60% 미만인 경우

증상은 몇 분에서 며칠간 나타나기도 하고 그 이상 지속될 수도 있다. 이러한 증상이 지속되지 않도록 조기에 충분한 치료와 중재를 제공하고 해로운 상황을 피하도록 하는 것이 중요하다. 응급처치 후에도 천식치료 흡입약이 잘 듣지 않거나 말하기 힘들고 입술이나 손톱이 파르스름한 색으로 변할 때, 호흡으로 인해 갈비뼈 사이가 함몰될 때, 심장 박동이나 맥박이 매우 빨라지거나 걷기 힘들 때는 병원에 가야 한다.

■ **목표기술 연습방법**

집중시도	• 단일 과제를 집중적으로 여러 차례에 걸쳐서 가르치는 것 • 새로운 기술을 습득하거나 유창성을 높이기 위해서는 1:1 집중시도가 효과적임
간격시도	• 교사가 단일 과제를 가르친 후 학생을 쉬게 함. 학생이 쉬는 동안 다른 학생에게 시켜보거나 다른 과제를 하게 해서 해당 학생이 다시 똑같은 것을 배우기 전에 조금 전에 배운 것을 생각해보고 친구가 하는 것을 볼 기회를 줌 • 집단으로 가르치거나 일반학생과 교과서 또는 화면을 보고 읽는 연습을 할 때 효과적임
분산시도	• 하루 일과 중에 자연스러운 상황 속에 삽입해서 목표행동을 가르치는 것으로, 연습과 연습 사이에 다른 활동을 할 수도 있고, 다른 행동을 배울 수도 있음 • 자연스러운 환경에서 그 단어들이 쓰이는 곳에서 실시할 때 효과적임

제11장 특수교육공학

제1절 접근성

01
2010학년도 중등 40번

정답 ④

해설

ㄴ. 인식의 증대를 위해 멀티미디어 컨텐츠에는 자막, 대본 (script), 수화를 제공한다.

ㄷ. 원활한 운용을 위해 모든 기능은 키보드로 사용할 수 있어야 한다.

ㄹ. 변화하는 문자가 많을 경우 학생의 주의집중에 방해가 될 수 있다.

ㄱ. 원활한 운용을 위해 프레임 사용은 가급적 줄여야 한다. 단, 프레임·컨텐츠 지정 블록에는 적절하게 적용한다.

ㅁ. 인식 증대를 위해 콘텐츠는 화려하지 않은 무채색이 좋다.

02
2012학년도 중등 20번

정답 ①

해설

ㄱ. 건너뛰기 링크는 반복 영역의 내비게이션을 생략하고 웹 페이지의 다른 영역으로 이동할 수 있는 버튼이나 텍스트 링크를 의미한다.

ㄹ. 콘텐츠는 색에 관계없이 인식될 수 있어야 하므로, □, △, ○, ▤, ▥, ▨, ▦ 등으로 표현하여 색상 이외로도 구분할 수 있도록 제공해야 한다.

ㄴ. 멀티미디어 콘텐츠에는 자막, 원고, 수화를 제공해야 한다.

ㄷ. '여기', '더 보기' 같은 링크 텍스트보다 '특수교사를 꿈꾸며 홈페이지로 이동'과 같이 해당 링크를 클릭했을 때 목적지 정보나 어떤 내용을 볼 수 있는지를 보다 구체적으로 제시해야 한다.

ㅁ. 콘텐츠는 논리적인 순서로 제공해야 하며, 일반적인 순서는 위쪽에서 아래쪽, 왼쪽에서 오른쪽이다(① 메뉴→② 왼쪽 링크→③ 본문→④ 오른쪽 링크).

03
2016학년도 유아 A 3번 일부

정답

2) 웹 접근성

3) ㉣, 콘텐츠는 색에 관계없이 인식될 수 있어야 한다.

㉤, 사용자가 의도하지 않는 기능(새 창, 초점 변화 등)은 실행되지 않아야 한다.

해설

2) 웹 접근성

웹 콘텐츠에 접근하려는 모든 사람이 어떤 컴퓨터나 운영체제 또는 웹 브라우저를 사용하든지, 어떤 환경에 처해 있든지 구애받지 않고 웹 사이트가 제공하는 모든 정보에 접근하고 이용할 수 있도록 보장하는 것을 말한다.

3) 웹사이트의 접근성 준수에 관한 설계 지침

㉣ 콘텐츠는 색에 관계없이 인식될 수 있어야 한다.

> **인식의 용이성**: 사용자가 장애 유무 등에 관계없이 웹 사이트에서 제공하는 모든 콘텐츠를 동등하게 인식할 수 있도록 제공하는 것을 의미한다.

지침	검사항목
1.1 대체 텍스트	1.1.1. (적절한 대체 텍스트 제공) 텍스트 아닌 콘텐츠는 그 의미나 용도를 인식할 수 있도록 대체 텍스트를 제공해야 한다.
1.2 멀티미디어 대체 수단	1.2.1. (자막 제공) 멀티미디어 콘텐츠에는 자막, 대본 또는 수화를 제공해야 한다.
1.3 명료성	1.3.1. (색에 무관한 콘텐츠 인식) 콘텐츠는 색에 관계없이 인식될 수 있어야 한다.
	1.3.2. (명확한 지시사항 제공) 지시사항은 모양, 크기, 위치, 방향, 색, 소리 등에 관계없이 인식될 수 있어야 한다.
	1.3.3. (텍스트 콘텐츠의 명도 대비) 텍스트 콘텐츠와 배경 간의 명도 대비는 4.5 대 1 이상이어야 한다.
	1.3.4. (자동 재생 금지) 자동으로 소리가 재생되지 않아야 한다.
	1.3.5. (콘텐츠 간의 구분) 이웃한 콘텐츠는 구별될 수 있어야 한다.

ⓔ 사용자가 의도하지 않은 기능(새 창, 초점 변화 등)은 실행되지 않아야 한다.

> **이해의 용이성**: 사용자가 장애 유무 등에 관계없이 웹 사이트에서 제공하는 콘텐츠를 이해할 수 있도록 제공하는 것을 의미한다.
>
> | 지침 | 검사항목 |
> |---|---|
> | 3.1 가독성 | 3.1.1. (기본 언어 표시) 주로 사용하는 언어를 명시해야 한다. |
> | 3.2 예측 가능성 | 3.2.1. (사용자 요구에 따른 실행) 사용자가 의도하지 않은 기능(새 창, 초점에 의한 맥락 변화 등)은 실행되지 않아야 한다. |
> | 3.3 콘텐츠의 논리성 | 3.3.1. (콘텐츠의 선형 구조) 콘텐츠는 논리적인 순서로 제공해야 한다. |
> | | 3.3.2. (표의 구성) 표는 이해하기 쉽게 구성해야 한다. |
> | 3.4 입력도움 | 3.4.1. (레이블 제공) 사용자 입력에 대응하는 레이블을 제공해야 한다. |
> | | 3.4.2. (오류 정정) 입력 오류를 정정할 수 있는 방법을 제공해야 한다. |

04   2017학년도 중등 B 6번 일부

정답

- 1. ⓒ, 시간에 관계없이 한 번만 입력하게 하는 것은 '필터키'의 기능이며, '토글키'는 키를 누름에 따라 값이 변하는 키이다.
  2. ⓔ, 음성인식 기능은 음성신호를 사용하여 관련 명령어를 실행시키는 기능이다.
- 아동은 빛에 매우 민감하게 반응하므로, 광과민성 발작을 일으킬 수 있는 콘텐츠를 제공하지 않도록 한다.

해설

토글키는 키를 한 번 누르면 한 값이 되고, 다시 한번 누르면 다른 값으로 변하는 키로, 값이 변할 때 청각적 신호가 제공된다.
예 Caps Lock 키를 누르면 영어 대·소문자가 변경됨

05   2020학년도 초등 A 2번 일부

정답

2) ① 확대 키보드
   ② ⓒ, 모든 기능은 키보드만으로도 사용할 수 있어야 한다.

해설

■ 확대 키보드
확대 키보드는 정확한 키스트로크를 위해 더 큰 목표 범위가 필요한 소근육 운동 조절이 어려운 학생에게 도움이 된다. 확대 키보드를 사용하려면 모든 키에 접근할 수 있는 충분한 관절운동 범위가 필요하다.

■ 운용의 용이성
사용자가 장애 유무 등에 관계없이 웹 사이트에서 제공하는 모든 기능을 운용할 수 있게 제공하는 것을 의미한다.

> 제2조 (운용의 용이성)
> 2.1(입력장치 접근성) 콘텐츠는 키보드로 접근할 수 있어야 한다.
> 2.2(충분한 시간 제공) 콘텐츠를 읽고 사용하는 데 충분한 시간을 제공해야 한다.
> 2.3(광과민성 발작 예방) 광과민성 발작을 일으킬 수 있는 콘텐츠를 제공하지 않아야 한다.
> 2.4(쉬운 내비게이션) 콘텐츠는 쉽게 내비게이션 할 수 있어야 한다.

06   2021학년도 중등 B 10번

정답

- L학생: 멀티미디어 콘텐츠에는 자막, 대본 또는 수화를 제공해야 한다. 콘텐츠는 색에 관계없이 인식될 수 있어야 한다.
  ₩학생: '초당 3~50회 주기로 깜빡이거나 번쩍이는 콘텐츠를 제공하지 않아야 한다.', '모든 기능은 키보드만으로도 사용할 수 있어야 한다.' 중 택 1
- 시뮬레이션형, 비용이나 위험부담이 높은 학습과제에 최대한 유사한 환경을 제공할 수 있다.

해설

■ 웹 접근성 지침
❶ 인식의 용이성: 사용자가 장애 유무 등에 관계없이 웹 사이트에서 제공하는 모든 콘텐츠를 동등하게 인식할 수 있도록 제공하는 것을 의미한다.

지침	검사항목
1.1 대체 텍스트	1.1.1. (적절한 대체 텍스트 제공) 텍스트 아닌 콘텐츠는 그 의미나 용도를 인식할 수 있도록 대체 텍스트를 제공해야 한다.
1.2 멀티미디어 대체 수단	1.2.1. (자막 제공) 멀티미디어 콘텐츠에는 자막, 대본 또는 수화를 제공해야 한다(*청지각 변별에 어려움이 있어 동영상 자료 활용 시 자막이 있어야 함*).
1.3 명료성	1.3.1. (색에 무관한 콘텐츠 인식) 콘텐츠는 색에 관계없이 인식될 수 있어야 한다(*색 변별에 어려움이 있어 색상 단서만으로 자료 특성을 구별하기 어려움*).
	1.3.2. (명확한 지시 사항 제공) 지시 사항은 모양, 크기, 위치, 방향, 색, 소리 등에 관계없이 인식될 수 있어야 한다.
	1.3.3. (텍스트 콘텐츠의 명도 대비) 텍스트 콘텐츠와 배경 간의 명도 대비는 4.5 대 1 이상이어야 한다.
	1.3.4. (자동 재생 금지) 자동으로 소리가 재생되지 않아야 한다.
	1.3.5. (콘텐츠 간의 구분) 이웃한 콘텐츠는 구별될 수 있어야 한다.

❷ **운용의 용이성**: 사용자가 장애 유무 등에 관계없이 웹 사이트에서 제공하는 모든 기능을 운용할 수 있도록 하는 것을 의미한다.

지침	검사항목
2.1 입력장치의 접근성	2.1.1. (키보드 사용 보장) 모든 기능은 키보드만으로도 사용할 수 있어야 한다(*마우스 사용이 어려우며 모든 기능을 키보드로 조작함*).
	2.1.2. (초점 이동) 키보드에 의한 초점은 논리적으로 이동해야 하며 시각적으로 구별할 수 있어야 한다.
	2.1.3. (조작 가능) 사용자 입력 및 컨트롤은 조작 가능하도록 제공되어야 한다.
2.2 충분한 시간 제공	2.2.1. (응답시간 조절) 시간제한이 있는 콘텐츠는 응답시간을 조절할 수 있어야 한다.
	2.2.2. (정지 기능 제공) 자동으로 변경되는 콘텐츠는 움직임을 제어할 수 있어야 한다.
2.3 광과민성 발작 예방	2.3.1. (깜빡임과 번쩍임 사용 제한) 초당 3~50회 주기로 깜빡이거나 번쩍이는 콘텐츠를 제공하지 않아야 한다(*반짝이고 동적인 시각 자극에 민감하며 종종 발작 증세가 나타남*).
2.4 쉬운 내비게이션	2.4.1. (반복 영역 건너뛰기) 콘텐츠의 반복되는 영역은 건너뛸 수 있어야 한다.
	2.4.2. (제목 제공) 페이지, 프레임, 콘텐츠 블록에는 적절한 제목을 제공해야 한다.
	2.4.3. (적절한 링크 텍스트) 링크 텍스트는 용도나 목적을 이해할 수 있도록 제공해야 한다.

■ **컴퓨터 보조수업 – 시뮬레이션형**

비용이나 위험 부담이 높은 학습과제의 경우, 컴퓨터를 이용해 최대한 유사한 환경을 개발하여 제공하는 형태이다.

구분	내용
교사의 역할	• 주제 소개 • 배경 제시 • 간략하지 않은 안내
컴퓨터의 역할	• 역할하기 • 의사결정 결과 전달 • 모형의 유지와 모형의 데이터베이스
학습자의 역할	• 의사결정 연습 • 선택하기 • 결정의 결과 받기 • 결정 평가
예시	• 고난 극복 • 역사 • 의료진단 • 시뮬레이터 • 사업관리 • 실험실 실험

07 2020학년도 유아 A 2번 일부

정답

2) ①: 보편적 설계
　 ②: 좌석이 달려 있는 그네

■ **보편적 설계**

단순히 건물이나 편의시설을 추가 비용이 없거나 거의 없이 설계함으로써 장애의 유무에 상관없이 모든 사람에게 매력적이고 기능적이도록 설계하는 것을 말한다.

08 2010학년도 중등 9번

정답 ③

해설

ㄱ. 보조공학은 제품이 완성된 후 또는 서비스가 전달되는 동안 적용되지만, 보편적 학습설계는 교육과정이 개발되기 전에 이루어진다.

ㄴ, ㄹ. 보편적 학습설계에서는 교육과정의 설계 단계부터 장애학생을 포함한 모든 학생이 접근할 수 있는 교육과정이 만들어져야 한다고 제안한다. 이는 교수적 수정을 통한 일반교육과정 접근과는 다른 새로운 방법이다. 교수목표, 교수내용, 교수방법, 평가방법 등을 융통성 있게 조직함으로써 장애학생이 일반학생과 함께 학습할 수 있는 교육과정이 만들어진다면, 이후에 교수적 수정을 해야 하는 추가적인 노력이 필요하지 않을 것이다.

ㄷ. 보편적 학습설계는 건축물에서의 접근과 같이 도전적인 요소를 모두 없애고 편리함만을 제공하는 것은 최적의 학습조건이 아니며, 도전적인 목표 제시나 과제물 제시와 같은 적절한 도전적 요소를 제공하는 것을 중요시여긴다.

09 2011학년도 중등 40번

정답 ②

해설

ⓛ 원리Ⅱ: 다양한 표현 수단을 제공한다.
　➡ 지침 4. 신체적 행동 – 4.1 신체적 반응 방식의 선택

ⓔ 원리Ⅱ: 다양한 표현 수단을 제공한다.
　➡ 지침 5. 표현기술과 유창성 – 5.2 작문과 문제해결을 위한 도구의 선택

ⓖ 원리Ⅰ: 다양한 정보 제시(표상) 수단을 제공한다.
　➡ 지침 3. 이해 – 3.4 기억과 전이를 지원하기 위한 선택

ⓒ 원리Ⅲ: 다양한 참여 수단을 제공한다.
　➡ 지침 8. 지속적인 노력과 유지 – 8.2 도전과 지원의 수준을 다양화하기 위한 선택

ⓜ 원리Ⅰ: 다양한 정보 제시(표상) 수단을 제공한다.
　➡ 지침 3. 이해 – 3.1 배경지식을 제공하거나 활성화시키기 위한 선택

ㅁ. 지침 1.3 – 시각적인 정보에 어려움을 느끼는 사람을 위한 대표적인 대안으로, 시각장애 학생이나 그래픽에 익숙하지 않은 학생을 위한 지침이다. 시각적 정보 지각의 어려움에 대해 김 교사가 오디오북을 구비해놓은 것은 본 지침에 근거한 행동이다.

10   2013학년도 중등 추시 B 3번 일부

정답   2) 다양한 방식의 행동과 표현 수단의 제공

해설

■ 다양한 방식의 행동과 표현 수단 제공

구분	내용
신체적 표현 방식에 따른 다양한 선택 제공	4.1 응답과 자료탐색 방식을 다양화하기 4.2 다양한 도구와 보조공학 기기의 이용을 최적화하기
표현과 의사소통을 위한 다양한 선택 제공	5.1 의사소통에 여러 매체 사용하기 5.2 작품의 구성과 제작에 여러 도구를 사용하기 5.3 연습과 수행을 위한 지원을 점차 줄이면서 유창성 키우기
자율적 관리 기능에 따른 다양한 선택 제공	6.1 적절한 목표 설정에 대한 안내하기 6.2 계획과 전략 개발을 지원하기 6.3 정보와 자료 관리를 용이하도록 돕기 6.4 학습 진행 상황을 모니터하는 능력을 증진시키기

11   2017학년도 중등 A 9번 일부

정답

① : 다양한 방식의 행동과 표현 수단의 제공

② : 지필평가 대신 구두로 답하게 한다.

해설

■ 평가조정 방법

평가환경	평가공간	독립된 방 제공
	평가시간	시간 연장, 회기 연장, 휴식시간 변경
평가도구	평가자료	시험지의 확대, 점역, 녹음
	보조인력	수화통역사, 대필자, 점역사, 속기사 제공
평가방법	제시방법	지시 해석해주기, 소리 내어 읽어주기, 핵심어 강조하기
	응답방법	손으로 답 지적하기, 보기 이용하기, 구술하기, 수화로 답하기, 시험지에 답 쓰기

12   2012학년도 초등 3번, 2012학년도 유아 3번

정답   ③

해설

ㄱ, ㄷ, ㅁ은 UDL의 원리 I '다양한 정보 제시 수단 제공'에 속하는 내용이다.

ㄱ. 지침 3.2 – 누구나 정보를 더 이용하게 하는 여러 방법 중 단서를 노골적으로 제공하는 것으로, 김 교사가 중요 부분을 미리 형광펜으로 표시해 놓은 것은 본 지침의 사용에 근거한 행동이다.

ㄷ. 지침 3.1 – 배경지식을 활용하면 다양한 정보를 이해하는 데 도움이 된다는 것으로, 배경지식을 제공하거나 활성화한다면 장벽이 낮아져 결과적으로 김 교사가 배경지식을

13   2015학년도 초등 B 5번 일부

정답

4) ㄹ : 다양한 방식의 학습 참여 제공

    ㅁ : 다양한 방식의 행동과 표현 수단 제공

해설

ㄹ 다양한 방식의 학습 참여 제공 중 흥미를 돋우는 다양한 선택 제공에 해당한다.

흥미를 돋우는 다양한 선택 제공	7.1 개인의 선택과 자율성을 최적화하기 7.2 학습자와의 관련성, 가치, 현실성, 최적화하기 7.3 위협이나 주의를 분산시킬 만한 요소들을 최소화하기

ㅁ 다양한 방식의 행동과 표현 수단 제공 중 표현과 의사소통을 위한 다양한 선택 제공에 해당한다.

표현과 의사소통을 위한 다양한 선택 제공	5.1 의사소통을 위한 여러 가지 매체 사용하기 5.2 작품의 구성과 제작을 위한 여러 가지 도구 사용하기 5.3 연습과 수행을 위한 지원을 점차 줄이면서 유창성 키우기

14   2014학년도 유아 A 1번 일부

정답

3) 1. 다양한 방식의 행동과 표현수단 제공

    2. 다양한 방식의 학습참여 제공

해설

■ 보편적 학습설계(UDL)의 원리
   – 다양한 방식의 행동과 표현수단 제공

> 4: 신체적 표현 방식에 따른 다양한 선택 제공
> 4.1 응답과 자료 탐색 방식을 다양화하기
> 4.2 다양한 도구들과 보조공학 기기이용을 최적화하기

   – 다양한 방식의 학습참여 제공

> 7: 흥미를 돋우는 다양한 선택 제공
> 7.1 개인의 선택과 자율성을 최적화하기
> 7.2 학습자와의 관련성, 가치, 현실성, 최적화하기
> 7.3 위협이나 주의를 분산시킬 만한 요소들을 최소화하기

정답

2) ①: 다양한 방식의 행동과 표현 수단 제공

　　②: 다양한 방식의 표상을 제공

해설

ⓒ 다양한 방식의 행동과 표현 수단 제공

표현과 의사소통을 위한 다양한 선택 제공	5.1 의사소통을 위한 여러 가지 매체 사용하기 5.2 작품의 구성과 제작을 위한 여러 가지 도구 사용하기 5.3 연습과 수행을 위한 지원을 점차 줄이면서 유창성 키우기

ⓒ 다양한 방식의 표상을 제공

인지방법의 다양한 선택 제공	1.1 정보의 제시 방식을 학습자에 맞게 설정하는 방법 제공하기 1.2 청각 정보의 대안을 제공하기 1.3 시각 정보의 대안을 제공하기

정답

1) ①: 다양한 방식의 표상 제공

　　②: 팀 티칭

해설

Ⅰ. 다양한 방식의 표상을 제공

1: 인지방법의 다양한 선택 제공
　1.1 정보의 제시 방식을 학습자에 맞게 설정하는 방법 제공하기
　1.2 청각 정보의 대안을 제공하기
　1.3 시각 정보의 대안을 제공하기
⇩
2: 언어, 수식, 기호와 다양한 선택 제공
　2.1 어휘와 기호의 뜻을 명료하게 하기
　2.2 글의 짜임새와 구조를 명료하게 하기
　2.3 문자, 수식, 기호의 해독을 지원하기
　2.4 범언어적인 이해를 증진시키기
　2.5 다양한 매체를 통해 의미를 보여주기
⇩
3: 이해를 돕기 위한 다양한 선택 제공
　3.1 배경지식을 제공하거나 활성화시키기
　3.2 패턴, 핵심부분, 주요 아이디어 및 관계 강조하기
　3.3 정보처리, 시각화, 이용의 과정을 안내하기
　3.4 정보 이전과 일반화를 극대화하기
⇩
학습자원이 풍부하고 지식을 활용할 수 있는 학습자

정답

2) 다양한 방식의 표상 제공

해설

Ⅰ. 다양한 방식의 표상을 제공

1: 인지방법의 다양한 선택 제공
　1.1 정보의 제시 방식을 학습자에 맞게 설정하는 방법 제공하기
　1.2 청각 정보의 대안을 제공하기
　1.3 시각 정보의 대안을 제공하기
⇩
2: 언어, 수식, 기호와 다양한 선택 제공
　2.1 어휘와 기호의 뜻을 명료하게 하기
　2.2 글의 짜임새와 구조를 명료하게 하기
　2.3 문자, 수식, 기호의 해독을 지원하기
　2.4 범언어적인 이해를 증진시키기
　2.5 다양한 매체를 통해 의미를 보여주기
⇩
3: 이해를 돕기 위한 다양한 선택 제공
　3.1 배경지식을 제공하거나 활성화시키기
　3.2 패턴, 핵심부분, 주요 아이디어 및 관계 강조하기
　3.3 정보처리, 시각화, 이용의 과정을 안내하기
　3.4 정보 이전과 일반화를 극대화하기
⇩
학습자원이 풍부하고 지식을 활용할 수 있는 학습자

정답

1) 다양한 방식의 학습 참여 제공

해설

■ UDL 핵심 원리

다양한 방식의 표상 제공	• 학생이 선호하는 학습 양식을 고려하여 정보를 제시함 • 교재뿐 아니라 영상 자료와 내레이션 제공, 텍스트를 구어로 전환하는 방법(TTS) 등을 활용함
다양한 방식의 행동과 표현수단 제공	• 학생이 선호하는 방식으로 의사를 표현하도록 함 • 필기시험 외 그림을 활용한 평가, 구술평가, 포트폴리오 평가, 면담평가 등을 활용함
다양한 방식의 학습 참여 제공	• 학생의 흥미를 유발하여 학습에 참여할 수 있도록 함 • 협동학습, 보조공학, 소집단 및 대집단 활동 등의 호기심을 유발하는 방법을 활용함

제2절 컴퓨터 활용

19
2010학년도 초등 2번, 2010학년도 유아 2번

정답 ④

해설

교육용 프로그램은 적절한 교육적 기법과 원리에 따라 단계적으로 구성되고, 단계별 내용 간의 연계성이 확보되어야 하며, 프로그램을 사용하는 학습자의 특성이 모두 다르기 때문에 학습자의 능력에 맞게 제시되어야 한다. 이를 위해 프로그램의 내용을 쉽게 변화시킬 수 있는 다양한 옵션이 제공되어야 하고, 학생의 주의집중을 높이기 위해 역할 분담과 학생의 다양성을 반영해야 한다.

ㄹ. 화려하고 복잡한 그래픽이나 애니메이션은 오히려 학생의 집중력을 떨어뜨릴 수 있다.

ㅂ. 학습자의 특성(장애 정도 및 유형, 읽기능력, 연령 수준 등)을 고려하여 개발된 프로그램이라도, 교수-학습 장면, 학습 유형 등에 따라 제시된 과제에 대한 반응시간이 달라질 수 있다. 따라서 학생 전체에게 한 개의 프로그램을 획일적으로 적용하는 것은 피해야 한다.

20
2016학년도 유아 A 3번 일부

정답

1) 반복학습형, 개인교수형

해설

■ 컴퓨터 보조학습(CAI) 모형

컴퓨터를 이용하여 학습이 이뤄지도록 하는 교수·학습방법이다. 컴퓨터를 주된 매체로 사용하며 학습자와 컴퓨터의 직접적인 상호작용이 이루어지도록 하는 교수·학습과정이다.

유형	내용
반복 학습형	다양한 상황과 특정 상황을 반복적으로 제시하여 과제를 수행하도록 함
개인 교수형	컴퓨터 시스템과 학습자가 상호작용하는 방법으로 과제를 수행하도록 함
시뮬레이션형	실제 조건과 유사한 상황을 모의실험 속에서 제시함으로써 과제를 수행하도록 함
교수 게임형	습득해야 할 지식과 기술을 게임 형식으로 제시함으로써 과제를 수행하도록 함
문제 해결형	컴퓨터의 정보처리 능력과 계산 능력을 이용하여 문제를 해결하도록 함
자료 제시형	방대한 정보 중에서 필요한 자료와 정보를 선택, 검색, 분석, 종합할 수 있도록 구성됨

21
2018학년도 초등 B 2번 일부

정답

2) ① 다양한 방식의 학습 참여 제공
   ② 반복연습형

해설

■ 다양한 방식의 학습 참여 제공

흥미를 돋우는 다양한 선택 제공	7.1 개인의 선택과 자율성을 최적화하기
	7.2 학습자와의 관련성, 가치, 현실성, 최적화하기
	7.3 위협이나 주의를 분산시킬 만한 요소들을 최소화하기
지속적인 노력과 끈기를 돕는 선택 제공	8.1 목표나 목적을 뚜렷하게 부각시키기
	8.2 난이도를 최적화하기 위한 요구와 자료들을 다양화하기
	8.3 협력과 동료 집단을 육성하기
	8.4 성취지향적(mastery-oriented) 피드백을 증진시키기
자기조절 능력을 키우기 위한 선택 제공	9.1 학습 동기를 최적화하는 기대와 믿음을 증진시키기
	9.2 극복하는 기술과 전략을 촉진시키기
	9.3 자기평가와 성찰을 발전시키기

22
2013학년도 중등 40번

정답 ③

해설

나. 내부평가는 학급 단위로 학급 구성원 개개인을 위해 실시하여 미시적인 평가정보를 제공하는 평가로 수업과 관련된 일반적인 사항, 교육의 적절성, 공학기기의 적합성을 고려해야 한다.

다. 초학문적 팀은 서로 간의 상호작용을 통해 종합적이면서도 통일된 중재계획을 제공할 수 있는 이점이 있기 때문에, 중재계획에 적합한 소프트웨어를 선정하여 교육효과를 극대화할 수 있다.

마. 교사가 제공하는 강화는 학생에게 이미 학습이 되어 있기 때문에 강화를 제공했을 때 학생이 처음부터 강화로 받아들일 수 있다.

가. 외부평가자는 다음과 같은 자질을 갖추어야 한다. 첫째, 평가자는 소프트웨어가 적용되는 대상자에 대한 전문적인 지식과 경험을 가져야 한다. 둘째, 평가자는 교과지도 경험이나 교과 관련 전문지식을 가져야 한다. 셋째, 평가자는 특수교육 현장의 고유한 특성과 컴퓨터 및 디지털 관련 공학 간의 상호관계를 이해해야 한다.

라. 소프트웨어의 개발 또는 선정에 있어 정확성, 피드백, 학습자 통제, 선수학습, 사용의 용이성 등을 고려해야 한다. 학습자는 자신의 학습진도와 방향을 자유선택할 수 있어야 하며, 학습자의 이전 경험과 관련된 예시일 때 학습효과가 더 높다.

23

[정답] ④

[해설]

ㄱ. 우선 복잡한 고급 테크놀로지 장치나 체제보다는 수행이나 기능에 일정한 수준의 도움을 줄 수 있는 가장 낮은 단계의 테크놀로지를 찾아봐야 한다.

ㄷ. 하드테크놀로지는 기술의 결과로 만들어지는 도구적 성격의 하드웨어이다. 소프트 테크놀로지(과정 테크놀로지)는 문제해결을 위한 비도구적 성격의 소프트웨어이다. 보조공학은 훌륭한 교수 전략과 함께 할 때만 장애학생의 능력을 향상시킬 수 있다.

ㄹ. 과학기술 정도에 따른 분류는 '노 테크놀로지 → 로우 테크놀로지 → 미디엄 테크놀로지 → 하이 테크놀로지' 순이다.

ㄴ. 교실에서 휠체어가 지나갈 수 있도록 책상 사이의 간격을 넓힌다. ➡ 무 테크놀로지 적용

24

[정답] ④

[해설]

ㄱ. HAAT의 4가지 요소는 인간, 활동, 보조공학, 환경이다.

ㄷ, ㄹ. (가)는 초기 평가 단계로, 장애학생의 욕구와 목표를 파악하고 감각, 신체, 인지, 언어의 기술을 평가한다. 신체부위를 평가할 때 좀 더 정상적인 신체부위부터 평가한다.

ㅁ. (나)는 장기 사후지도 단계로, 보조공학 적용 이후 지속적인 재평가가 필요하여 실시한다.

ㄴ. 손의 움직임 곤란으로 타이핑이 어려운 장애학생에게 소근육 운동을 시키는 것은 작업치료나 재활훈련으로 볼 수 있다.

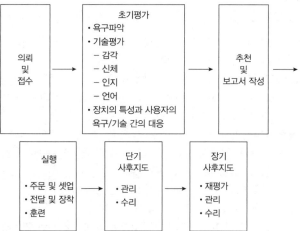

❶ 의뢰 및 접수

이 시점에서 이용자 혹은 이용자의 보호자는 보조공학 중재의 필요성을 파악하게 되고, 의뢰를 위해 해당 분야의 보조공학 전문가에게 도움을 요청한다. 서비스 제공자는 기본적인 정보를 수집하고 자신이 제공하는 서비스 유형과 파악된 소비자의 요구 간에 대응이 있을지를 판단한다.

❷ 초기평가 단계

이용자의 보조공학에 대한 요구사항을 좀 더 구체화하는 욕구파악에서부터 시작된다. 이용자의 욕구사항을 철저히 파악한 이후 그의 감각적·신체적·중추적 처리기술도 파악된다. 뿐만 아니라 이용자의 요구와 이에 부합하는 공학기기가 파악되고 이에 대한 시험적인 평가도 이루어진다.

❸ 추천 및 보고서 작성 단계

초기평가의 결과를 요약하고 관계자들 간의 합의를 기초로 보조공학 기기에 대한 추천이 이루어진다. 이상의 내용들은 다시 서면화된 보고서로 요약되는데, 이는 보조공학 기기 및 서비스를 구매하는 데 필요한 기금 마련의 타당성을 확보하는 데 이용된다.

❹ 실행 단계

추천된 기기가 주문되거나 개조 혹은 제작된다. 또한 이용자가 사용할 수 있도록 기기가 설치되거나 전달된다. 뿐만 아니라 기기의 기본 조작법에 관한 기본적인 훈련과 효과적인 사용방법에 대한 지속적인 훈련도 이 단계에서 이루어진다.

❺ 단기 사후지도 단계

단기 사후지도는 시스템이 전체적으로 효율성 있게 기능하는지를 파악해야 될 필요성에 의해 실시된다. 따라서 이용자의 시스템 만족도, 설정된 목표의 충족 여부 등을 파악하게 된다.

❻ 장기 사후지도 단계

일종의 서비스 순환고리로 연결함으로써 추가적인 보조공학 서비스의 필요성이 시사될 때마다 이용자와의 정규적인 상호작용이 이루어질 수 있는 장치를 마련하는 것이다. 이를 통해 이용자는 필요 할 때마다 다시 처음의 의뢰 및 접수 단계로 환류하게 되며, 이후의 과정이 전체적으로나 부분적으로 반복된다. 서비스 전달과정에 이와 같은 장기 사후 지도 단계를 둠으로써 이용자의 요구가 평생에 걸쳐 고려되는 것이 확실하게 가능해진다.

25

[정답]

1) ①: SETT 모델

②: 접근성

③: 물리적·교수적·공학적 환경에의 접근성

■ SETT 구조 모델

❶ 개념

SETT 구조(SETT Framework) 모델은 학생이 보조공학을 선택할 때 필요한 네 가지 주요 영역인 학생(Student), 환경(Environment), 과제(Task), 도구(Tools)를 강조하는 모델로, 보조공학을 사용하는 일련의 과정은 교육가나 관련인, 가족, 학생 모두의 참여를 통해 이루어지는 과정임을 전제로 한다.

❷ 정보수집 내용

학생 (Student)	• 참여자들은 학생이 해야 할 일을 함께 결정함 • 즉, 자립적으로 성취할 수 없는 학생을 위한 목표는 무엇인지를 결정함 • 학생이 해야 할 필요가 있는 것을 먼저 확인한 후, 학생의 능력, 선호도, 특별한 요구(예 학생이 스위치에 접근하려면 머리를 왼쪽으로 기울여야 한다.)에 대한 정보를 수집함
환경 (Environment)	• 참여자들은 물리적 환경에 존재하는 것들을 찾아서 목록을 작성함 • 교수환경 조정, 필요한 교구, 시설, 지원교사, 접근성에 관한 문제점(예 물리적 환경, 교수적 환경, 공학적 환경에의 접근성)을 파악함 • 이때, 학생을 지원해주는 사람들에게 도움이 될 만한 지원 자료도 수집해야 함 • 지원 자료에는 해당 학생의 태도나 기대치도 포함됨
과제 (Task)	• 학생이 수행해야 할 모든 과제를 조사해야 하며, 학생에게 필요한 활동을 과제에 포함시켜서 전반적인 환경에서 더 많은 활동에 참여하게 하고, IEP 목표를 달성할 수 있게 해야 함 • 일단 정보가 수집되면, 참여자들은 중요한 요소들을 검토하여 과제의 본질을 변형시키지 않는 범위 내에서 최선의 조정사항을 결정한다.
도구 (Tools)	• 도구는 참여자들의 초기 결정과 이를 뒤따르는 사항에 대한 지속적인 결정에 사용됨 • 즉, 참여자들은 학생과 환경, 필요한 과제를 잘 알고 있으므로 결정에 초점을 둘 수 있음 • 첫 번째 도구는 가능성이 있는 보조공학 해결책(무공학, 기초공학으로부터 첨단공학까지)을 함께 심사숙고(brainstorming)하는 것 • 다음 단계는 가장 적절하거나 가장 가능성이 있는 해결책을 찾고, 이어 선택된 공학에 필요한 교수전략을 결정함 • 마지막으로, 사용 기간 동안 효과성을 어떻게 점검할지 방법을 결정함

26   2018학년도 중등 A 10번 일부

정답

• 보조공학 숙고 모델
• 오른쪽 편마비가 있다.
• 생태학적 사정
• 이동 시 충격을 흡수하여 승차감이 좋고 장애물 통과가 쉽다.

■ 보조공학 사정

생태학적 사정	• 핵심적인 철학으로서 어떤 종류의 행동도 혼자만의 장소나 고립된 상태에서 일어나지 않는다는 인식이 있음 • 그래서 행동이 발생하는 인간의 다양한 환경을 고려함 • 생태학적인 사정은 특이하게 보조공학에 잘 맞음 • 장치들이 다양한 경우와 다수의 중요한 사람들과 관련되어 사용되기 때문 • 결과적으로, 효과적인 사정은 사용자에게 영향을 끼칠 사람들과 장치가 사용될 다양한 상황을 고려해야 함
실천적인 사정	• 보조공학 사정에 대한 기대를 가지고, 우리는 이것의 사전적 의미로서 '실천적인'이라는 용어를 사용함 • '실행하거나 행동하는 것과 관련되거나, 관계하는 것'으로, 생태학적 사정 아래서 나오는 생각들은 학생들의 행동이 나타날 상황(예 교실, 직장)에서 장치들을 사용함으로써 현실적으로 계속되어야 함 • 실천적인 사정은 사용자들이 자연적인 환경에서 장치들을 사용하면서 경험을 얻는 것과 동시에, 장치로 훈련을 받는 것을 허용함 • 또 다른 보조공학 서비스가 있는 사용자들의 복합적인 환경에서 다양한 사람들과 함께 행해질 수 있게 장치로 훈련하는 것을 허락함 • 장치가 선택되고 사용자에게 맞춰진 후, 사정은 장치들이 사용될 복잡한 상황에서 계속됨
계속적인 사정	• 사정의 주요 목적은 장애의 존재를 서류화하는 것과 대체할 만한 적격성 여부를 결정하는 것 • 그러한 사정은 보통 한 번에 행해지고, 그 정보는 학생의 문서의 목적과 자료를 위해 안전하게 보관되는 반면에, 보조공학 사정은 끝이 없음 • 사정이 한 가지 형식이나 다른 형식으로 계속됨 • 사정팀의 결정이 정확하고 장치가 효과적이고 올바른 방향으로 사용되고 있는지 확인하기 위해 장치의 사용이 감시되고 지속적으로 평가되기 때문

제4절   보조공학 – 교과학습 지원

27   2011학년도 중등 36번

정답   ①

해설

(가) **음성 합성기**: 숫자, 구두점 형태의 텍스트 정보를 음성으로 안내하며, 기동성이 뛰어나다.

(나) **고정키**: 두 개의 키를 동시에 누르기 힘든 경우 〈Shift〉, 〈Ctrl〉, 〈Alt〉, 〈Windows 로고〉 키를 눌린 상태로 고정할 수 있다.

■ 컴퓨터상의 기능

– **탄력키**: 짧게 누르거나 반복한 키 입력을 자동으로 무시하는 기능으로 반응속도 조절이 가능하다.

– **토글키**: 〈Caps Lock〉, 〈Num Lock〉, 〈Scroll Lock〉 키를 누를 때 신호음을 들을 수 있다.

– **화면 읽기 프로그램(스크린 리더)**: 음성 합성기와 연계하여 제어 버튼, 메뉴, 텍스트, 구두점까지 화면의 모든

요소를 음성으로 표현한다. 세밀한 표현이 가능한 반면, 이는 단점으로도 작용한다.

- 단어 예측(예견) 프로그램: 사용자가 화면상에 나타난 단어 목록에서 원하는 단어를 선택하여 문장을 완성할 수 있게 하는 프로그램으로, 일종의 자동 완성 프로그램이다.

---

28 · 2012학년도 중등 39번

정답 ⑤

해설

ㄴ. 트랙볼은 마우스와 달리 제한된 공간에서도 쉽게 사용할 수 있다.

ㄷ. 화면 키보드는 컴퓨터 화면상에 키보드를 배치하고 마우스, 대체마우스를 이용하여 타이핑하는 소프트웨어이다.

ㄹ. 음성인식 시스템은 입력 도구의 하나로 키보드 대신 사람의 음성으로 입력하는 방식이다.

ㄱ. 점자정보 단말기는 6점이 아니라 8점의 점자 키보드로 구성되며, 이 중에 7점과 8점은 커서키를 나타낸다.

---

29 · 2013학년도 중등 추시 B 1번 일부

정답 3) 헤드포인터, 헤드스틱, 마우스포인터, 마우스 스틱

해설

- **대체입력 기기**: 헤드포인터나 헤드스틱, 마우스포인터나 마우스스틱, 손가락용 스틱 등 손가락을 대신하여 키보드를 누를 수 있는 도구를 말한다.
- **헤드포인터, 헤드스틱**: 끝부분에 연필을 끼워 쓰기를 하거나 스틱을 끼워 키보드를 누를 때 사용한다.
- **마우스포인터, 마우스 스틱**: V자형으로 된 부분을 입으로 물고 키보드를 누를 때 사용한다.
- **손가락용 스틱**: 한 손의 손가락을 사용할 수 있는 사용자를 위한 입력 보조기기이다.

---

30 · 2021학년도 초등 B 1번 일부

정답 2) ①: 키가드
② : 정확하게 입력할 수 있다.

해설

■ **키가드**

표준 키보드 위에 놓고 사용하는 것으로, 운동신경장애가 있는 사용자가 다른 키를 건드리지 않고 원하는 키를 찾아 정확하게 입력할 수 있게 도와주는 장치이다. 마우스 스틱 사용자나 머리에 헤드 스틱을 장착하여 키보드를 입력하는 사용자도 유용하게 사용할 수 있다.

---

31 · 2020학년도 유아 A 2번 일부

정답 3) ⓒ, 확대 키보드를 제공한다.

해설

■ **확대 키보드**

확대 키보드는 전체적인 크기뿐만 아니라 개별 키의 크기도 표준형보다 크다. 일부는 알파벳 배열의 레이아웃을 사용하며, QWERTY 배열의 확대 키보드도 있다. 일부 확대 키보드는 미리 프린트된 키보드 레이아웃을 오버레이할 수 있어 쉽게 표준형 QWERTY 키보드 오버레이를 대신할 수 있다. 확대 키보드는 정확한 키 스트로크를 위해 더 큰 목표 범위가 필요한 소근육 운동 조절이 어려운 학생에게 도움이 된다. 확대 키보드를 사용하려면 모든 키에 접근할 수 있는 충분한 관절운동 범위가 필요하다.

---

32 · 2021학년도 중등 B 6번 일부

정답

- ⓒ, 앉기 자세 유지가 어려워 머리를 일관되게 사용할 수 없으며, 신체 피로도가 높기 때문에 직접선택보다는 간접선택을 활용한다.

- ⓔ, 고정키 시스템은 여러 키를 동시에 눌러야 할 때 순차적으로 누를 수 있도록 하는 시스템이며 한 번에 여러 번 찍히지 않도록 하는 것은 필터키의 기능이다.

해설

■ **키보드 통제능력**

❶ 고정키 시스템은 운동 조절 능력이 부족한 장애인이 컴퓨터의 명령키와 같은 특수키를 이용할 수 있게 해 주는 방식이다. 즉 〈Ctrl + Alt + Del〉 같은 바로가기 키를 한 번에 하나씩 입력하도록 해 줌으로써 한 손만 사용할 수 있는 장애인이 멀티키 기능을 수행할 수 있게 한다.

❷ 필터키 시스템은 '필터키 설정' 선택을 통해 탄력키와 느린 키(반복키) 기능을 설정할 수 있도록 활성화시킬 수 있다.

- 탄력키는 발작 증세를 보이는 사람과 파킨슨병이 있는 사람을 포함한 손떨림이 있는 이들이 보다 수월하게 키보드를 조작할 수 있도록 지원한다. 프로그램은 빠른 속도로 계속해서 두 번 누르는 것, 즉 일정 시간이 지나기 전에는 반복해서 누른 키를 수용하지 않는다. 만약 평상시와 같은 시간적 간격을 두고 같은 키를 두 번 누른다면, 탄력키는 입력을 받아들일 것이다.

- 느린키는 신중히, 그리고 보다 강한 압력에 의해 자판을 누르는 경우에 한해 컴퓨터가 이를 인식하고 실행하도록 한다. 느린키는 자판을 가볍게 누르는 것을 무시하는데, 사용자가 의도하지 않은 것으로 우연히 자판을 친 것으로 가정한다. 사지마비 혹은 발작을 일으키는 사람은 물론 뇌성마비 장애를 가진 사람이 누르고자 하는 바를 정확하게 할 수 있도록 한다.

– 고정키와 필터키는 신체적인 움직임에 어려움이 있는 장애인이 보다 수월하게 컴퓨터에 접근할 수 있도록 하는 시스템이다.
❸ 토글키는 〈Caps Lock〉, 〈Num Lock〉, 〈Scroll Lock〉 키를 누를 때 청각적 신호를 제공함으로써 컴퓨터에 대한 시각 장애인의 접근성을 향상시킨다.

제5절 보조공학 – 보완 · 대체 의사소통(AAC)

33 2020학년도 초등 B 5번 일부

정답

1) 보완대체 의사소통

해설

■ 보완대체 의사소통(AAC)

말하기와 쓰기 등의 장애로 인하여 원활한 의사소통이 어려운 사람들을 일시적 혹은 영구적으로 보완 · 대체함으로써 이들의 의사소통을 원활하게 해 주는 방법이다.
– '보완'은 어떤 것을 증가시키거나 첨가하는 것으로, 보완 의사소통(augmentative communication)은 소리를 낼 수 있지만 발음이 정확하지는 않기 때문에 원활한 의사소통이 어려운 경우 몸짓, 얼굴, 표정, 컴퓨터나 보조도구 등을 추가적으로 이용함으로써 의사소통이 원활하게 이루어지도록 하는 것을 의미한다.
– '대체'는 기존의 사람이나 사물을 다른 사람이나 사물로 대신하여 바꾼다는 것이며, 대체 의사소통(alternative communication)은 보완 의사소통과는 달리 의사표현을 전혀 할 수 없는 경우 그림, 글자, 컴퓨터 등의 대체물을 통해 의사소통하는 것을 뜻한다.

34 2015학년도 초등 A 6번 일부

정답

4) 참여모델

해설

■ 기회장벽
❶ 개념
AAC 대상자를 제외한 다른 사람에 의해 강제되는 것으로, AAC 체계, 중재, 주의 제공만으로는 단순히 해결할 수 없는 장벽이다.

❷ 종류

정책장벽	• AAC 사용자의 상황을 좌우하는 법률이나 규정으로 인해 나타남 • 학교, 직장, 거주시설, 병원 재활센터, 요양소 등
실제장벽	학교, 직장에서 이루어지는 일반적인 절차나 관습
지식장벽	• AAC 사용자가 아닌 다른 누군가의 정보 부족 • AAC 중재 옵션, 테크놀로지, 교수전략 등
기술장벽	광범위한 지식에도 불구하고 도움을 제공하는 사람들이 AAC 기법이나 전략을 실제로 이행하는 데 어려움을 지닐 때 발생함
태도장벽	개인의 태도와 신념이 장벽이 되는 경우를 말함

■ 접근장벽
❶ 개념
AAC 대상자의 능력이나 의사소통 체계의 제한으로 인해 주로 발생한다.
❷ 기능
– 현재의 의사소통 평가
– 말 사용 및 말 증가의 잠재성 평가
– 환경적 조정의 잠재성 평가
– AAC 체계 또는 도구의 활용 잠재성 평가

35 2012학년도 중등 4번

정답 ④

해설

(가) 접근장벽
AAC 도구가 어떤 활동에 필요한 어휘를 저장할 만큼 충분한 용량을 갖고 있지 않을 때 발생한다는 점으로 미루어 보아 AAC 도구 자체의 문제이므로 접근장벽으로 볼 수 있다.

(나) AAC를 지도하는 교사
지식장벽은 기회장벽의 하위 유형 중 하나이며 AAC 사용자가 아닌 다른 누군가의 장벽을 말한다. 그러므로 AAC를 지도하는 교사가 답이 된다. AAC를 이용하는 학생이라면 접근장벽이어야 한다.

36 2018학년도 중등 A 12번 일부

정답

지식장벽, 기술장벽

해설

■ 기회장벽의 유형

지식장벽	• AAC 사용자가 아닌 다른 누군가의 정보 부족 • AAC 중재 옵션, 테크놀로지, 교수전략 등
기술장벽	광범위한 지식에도 불구하고 도움을 제공하는 사람들이 AAC 기법이나 전략을 실제로 이행하는 것에 어려움을 지닐 때 발생

정답

2) ⓒ: 전략

ⓔ: 상징

해설

■ 보완대체 의사소통(AAC)의 구성요소

상징	일반적인 구어(말)가 아닌 간단한 수화나 제스처, 그림이나 사진 등과 같은 아이콘
보조기기 (도구)	• 상징체계를 담기 위해 제작된 물리적인 기기 • 직접 제작하는 그림판이나 전자 의사소통 기기 등을 포함함
기법	• 자기의 의견을 표현해 내는 방법 • '직접선택(direct selection)'과 '스캐닝(scanning)' 방법 등이 있음
전략	의사소통 기술을 향상시키기 위해 보조공학 기기나 상징, 테크닉을 보다 효과적으로 사용하는 방법

정답

2) ①: 상징 - 미니어처(실물 모형)

②: 기법 - 자신이 원하는 것을 만져서 표현하므로 직접선택에 해당한다.

3) 상징이 나타내고자 하는 것과 유사한 도상성이 높을수록 의미 전달이 명확하다.

해설

2) 보완·대체 의사소통(AAC)의 구성요소

상징	일반적인 구어(말)가 아닌 간단한 수화나 제스처, 그림이나 사진 등과 같은 아이콘
도구	상징 체계를 담기 위해 제작된 물리적인 기기를 말하며 직접 제작하는 그림판이나 전자 의사소통 기기 등을 포함함
기법	• 자기의 의견을 표현해 내는 방법 • '직접선택(direct selection)'과 '스캐닝(scanning)' 방법이 있음
전략	의사소통 기술을 향상시키기 위해 보조공학 기기나 상징, 테크닉을 보다 효과적으로 사용하는 방법

3) 도상성

사람들이 상징과 그 지시 대상에 대해 품고 있는 어떤 연상으로, 도상성은 하나의 연속체이다.

투명 상징	지시 대상이 없어서 그 상징의 의미를 추측할 수 있을 정도로 지시 대상의 형태, 움직임, 기능 등이 예상되는 것 예 구두에 대한 컬러 사진
불투명 상징	상징의 의미가 제시될 경우에도 상징과 그 지시 대상 간의 관계가 이해되지 않는 것들 예 구두라는 글씨
반투명 상징	종종 상징과 그 지시 대상 간의 지각된 관계 정도를 수적으로 평가하여 정의됨

정답   ②

해설

② 리버스 상징은 소리에 기반을 둔 약 950개의 상형문자적 단일 상징체계와 낱말·음절을 나타낸 그림으로, 사진보다 추상적이기 때문에 배우기 어렵다는 단점이 있다.

① 선화, 리버스 상징은 도구적 상징체계에 해당한다.

③ 사진이 선화보다 사실적이므로 의사소통 초기 단계에 활용하는 것이 좋다.

④ 블리스 상징은 선화보다 더 추상적이기 때문에 인지능력이 높은 학생에게 적절하다.

⑤ 블리스 상징은 리버스 상징보다 도상성이 낮으므로 비교적 배우기가 어렵다.

정답

1) 글자로 쓰여진 메시지가 함께 제시되어야 한다.

해설

상징의 형태는 개인의 인지능력, 시각·신체기능에 따라 광범위한 그래픽(상품화된 것이나 손으로 그린 것)이나 촉각적인 것 등을 사용할 수 있다. 사용된 상징이나 학생의 읽기능력과 무관하게 글자로 작성된 메시지가 모든 상징과 함께 제시되어야 하는데 이는 대화 상대자에게 의사소통 의도를 명확하게 하기 위한 것이다.

정답

1) 1. 직접 선택

    2. 간접 선택(스캐닝)

해설

■ 직접 선택

손가락이나 주먹 등과 같이 스스로 일관성 있게 의도적으로 움직일 수 있는 신체 부분을 사용하여 그림 의사소통판의 상징을 짚거나 상징이 부착된 기기를 누르는 것이다.

■ 스캐닝(= 훑기, 간접 선택)

손으로 직접 선택하기를 하지 못할 경우 신체의 한 부위로 스위치를 눌러 선택하게 하는 간접적인 방법이다.

42 2014학년도 초등 B 4번 일부

정답

3) 도구와 접촉한 상태로 원하는 항목까지 이동하며, 선택하려고 할 때 접촉을 해제한다.

해설

■ 해제 활성화

사용자가 디스플레이에 손가락을 갖다 대고 원하는 항목에 도달할 때까지 접촉을 유지해야 한다. 사용자가 디스플레이와 직접적인 접촉을 유지하는 동안에는 선택이 이루어지지 않기 때문에 디스플레이 위의 어디에서든지 자신의 손가락을 움직일 수 있다. 항목을 선택하려면 사용자가 디스플레이에서 접촉을 해제하면 된다. 접촉 시간은 개인의 능력과 요구에 따라 조정될 수 있다. 이 전략은 사용자로 하여금 확고하게 디스플레이를 사용하도록 해주며, 너무 느리거나 비효율적으로 움직여서 시간이 설정된 활성화 전략으로는 이득을 얻을 수 없는 사용자의 오류를 최소화할 수 있다.

43 2018학년도 초등 A 3번 일부

정답

3) 각 항목의 포인터 시간을 감지하여 포인터가 가장 길게 가리킨 항목을 작동시키는 방법이다.

해설

■ 평균 활성화 전략

특별한 항목에서 잠깐 동안의 움직임은 무시하되, 전체적인 영역에서 각 항목마다 소요된 포인터의 시간을 감지하는 것으로 '여과 활성화 전략'이라고도 한다. 시간 활성화 전략이나 해제 활성화 전략이 어려운 이들을 대상으로 하는 방법으로, 일반적인 영역은 선택할 수 있으나 특정 항목을 선택하기 위해 요구되는 접촉을 안정적으로 유지하는 데 어려움이 있는 최중도 장애인을 위한 전략으로 활용될 수 있다. 이 장치는 단시간에 축적된 정보를 평균화하여 광학장치로 포인터가 가장 길게 가리킨 항목을 작동시킨다.

44 2016학년도 중등 A 7번 일부

정답 시간 활성화 전략

해설

■ 시간 활성화 전략

사용자가 어떤 방법으로든 화면의 항목을 확인하는 것이 필요하고, 장치에 의한 선택이 인식되기 위해 일정한 시간 동안 접촉을 유지하는 것이 필요한 방법으로 '시간이 설정된 활성화'라고 할 수 있다. 직접 선택을 가능하게 하는 대부분의 전자 보완·대체 의사소통 도구는 이 같은 방식을 제공한다.

예를 들어, 일정 시간 활성화는 사용자의 손가락, 헤드스틱, 광선을 장치의 표면에 마주치더라도 그 항목을 활성화시키지 않고 지나칠 수 있다. 활성화시키기 위해서는 일정 시간 동안 접촉을 유지해야 하기 때문이다.

45 2009학년도 중등 37번

정답 ②

해설

ㄱ. 훑기는 대표적인 간접 선택 방법이다.

ㄷ. 자동 훑기에 대한 설명이다.

ㄹ. 한 화면에 많은 항목을 담아내면 훑기의 집중과 시간이 상당히 많이 소모된다. 따라서 가장 필요한 것들로 구성하여 담는 것이 바람직하며 효율적이다.

ㄴ. 원형 훑기는 가장 단순한 형태의 디스플레이 형태로 사용자가 훑기를 멈추고 원하는 항목을 선택할 때까지 도구 자체가 원형 안에 있는 개별 항목을 제시해 주며 자동으로 한 번에 한 항목씩 훑어주는 형식이다. 동그란 시계의 초점이 하나씩 지나간다고 생각하면 쉽게 연상할 수 있다.

ㅁ. 훑기의 형태뿐만 아니라 속도와 타이밍도 개인의 신체적·시각적·인지적 능력 등에 따라 옵션으로 선택할 수 있게 제공한다.

46 2019학년도 초등 A 3번 일부

정답

4) ①: 아동은 범주의 개념이 형성되어 있다.
　②: 선택의 속도를 높일 수 있다.

해설

■ 선형 스캐닝

선택 세트 안에 있는 항목이 수직이나 수평의 라인으로 표시되고, 원하는 선택에 불빛이 들어올 때까지 한 번에 하나씩 스캔이 되어서 사용자에 의해 선택된다. 스캐닝을 하는 동안의 선택 속도를 높이기 위해서는 단일항목 스캔 대신에 집단항목 스캐닝을 사용할 수 있다. 이 경우는 하나의 그룹에 여러 아이템이 있고, 이 그룹이 순차적으로 스캔된다. 사용자는 처음에 원하는 요소가 들어 있는 그룹을 선택한다.

일단 그룹이 선택되면, 그룹에 속해 있는 개별적인 아이템은 원하는 아이템이 도달할 때까지 스캔된다. 아이템이 많을 때는 매트릭스 스캔이 사용될 수 있다. 이러한 스캐닝 유형에서 그룹은 아이템의 가로 열에, 아이템은 세로 행에 위치된다. 그렇기 때문에 이를 '행-열 스캐닝'이라 부르기도 한다.

47 | 2018학년도 유아 A 8번 일부

정답

2) ①: 자동적 훑기
　②: 신체활동의 피로도가 높은 편이기 때문에 피로도가 가장 낮은 자동적 훑기를 적용한다.

해설

■ 스캐닝을 위한 커서 조절기법의 기술 정확도 요구

운동 요소	커서 조절기법		
	자동적 스캐닝	유도적 스캐닝	단계적 스캐닝
기다리기	높음	중간	낮음
활성화하기	높음	낮음	중간
유지하기	낮음	높음	낮음
해제하기	낮음	높음	낮음
기다리기	높음	중간	중간
재활성화하기	높음	중간	중간
피로도	낮음	중간	높음

48 | 2019학년도 중등 B 5번 일부

정답

• 인과관계
• 일반 키보드의 경우엔 자신이 원하는 항목으로 직접 신체부위를 움직이고 활성화하는 운동조절 능력이 필요한 반면, 스캐닝을 이용한 단일 스위치를 사용하는 방법은 특정 신체부위에서 하나의 단일운동만을 수행할 수 있어도 활용이 가능하다.

해설

■ 스위치 사용을 위한 운동훈련의 순차적 단계

목표	목표를 성취하기 위해 사용된 도구
1. 인과관계를 개발시키기 위해 사용하는 시간 독립적 스위치	• 가전기구(선풍기, 믹서기) • 배터리로 작동하는 장난감이나 라디오 • 스위치가 눌리면 언제나 결과가 나타나는 소프트웨어
2. 스위치를 적절한 시간에 사용하도록 능력을 개발하는 데 쓰이는 시간 종속적 스위치	그림이나 소리로 된 결과를 얻기 위해 특정한 시간에 반응을 보여야 하는 소프트웨어
3. 다중선택 스캐닝 능력을 개발시키기 위한 특정한 위도우 내의 스위치	제한시간(time window)에서 반응을 요구하는 소프트웨어
4. 상징적인 선택 만들기	• 간단한 스캐닝 의사소통 기구 • 상징적인 표시와 의사소통적 출력을 가지고 있는 시간 독립적인 선택을 만들도록 설계된 소프트웨어

■ 스캐닝 사용을 위한 단일 스위치

중증 지체장애가 있는 학생은 직접 선택을 사용할 정도로 운동조절 능력이 충분하지 못한 경우가 많다. 그럼에도 불구하고 주먹을 펴거나 머리를 한쪽으로 돌리거나 발을 밟는 것과 같은 단일운동을 확실하게 조절할 수 있다면 단일 스위치를 통한 스캐닝으로 컴퓨터에 접근할 수 있다.

49 | 2010학년도 초등 20번

정답　①

해설

① AAC는 다양한 요소와 수많은 방식을 사용하므로 AAC 체계 계획 시 학생의 선호도를 고려하여 계획할 필요가 있다.
② 읽기와 쓰기를 배우지 않은 문자언어 습득 이전의 아동, 문자언어 습득 이후의 성인, 감각의 장애로 인해 읽고 쓰는 능력을 상실한 장애인들처럼 각 유형에 따라 적절한 목표어휘를 선정한다.
③ AAC 체계를 선택할 경우 신체기능과 학생의 언어발달 수준 모두를 고려하여 다양한 AAC 체계를 준비한다.
④ 상징의 선택은 개인의 동기, 신경학적 상태, 정신연령, 감각 능력, 인지적 기술, 의사소통 및 언어능력, 낱말에 대한 경험 등 다양한 요인을 고려한다.
⑤ 타인의 상호작용 가능성과 학생의 의사 표현에 중점을 둔다.

50 | 2013학년도 중등 추시 B 5번 일부

정답

1) ①: 환경·활동 중심으로 구성
　②: 어휘 구성이 특정 환경(학교 식당)에서 사용하는 어휘로 수집되어, 학생의 환경에의 참여를 촉진하며, 효율적으로 사용할 수 있다.
2) ⓛ: 반응 요구 후 모델링 기법
　ⓒ: 시간지연 기법

해설

■ 환경·활동 중심으로 구성
❶ 방법
　– 각각의 의사소통판이 특정한 환경(例 가게)이나 활동(例 소꿉놀이하기)에 맞는 어휘들로 구성
　– 특별하거나 일상적인 활동의 참여를 촉진하는 풍부한 어휘를 담을 수 있음
　– 연령에 맞게 지역사회, 학교, 직업환경에서 사용하도록 고안할 수 있고, 중재자가 비교적 손쉽게 해당 활동에 필요한 어휘만으로 의사소통판을 구성할 수 있음

❷ 언어발달 촉진 효과
 - 여러 단어를 연결하여 사용하는 등 언어 발달을 촉진
   하는 기능을 할 수 있다.
 - 발달적인 관점에서는 이러한 구성이 초기 언어 사용
   을 가장 증진시킨다는 보고도 있다.
 - 학생의 활동 참여와 어휘습득을 증진시킬 수 있다.

반응 요구
후 모델링
	• 초기 의사소통 형태의 기능적인 사용을 촉진하기
	  위한 방법
	• 공동관심 형성
	• 학생의 관심과 관련된 언어적 요구 제시함
	• 학생이 정반응을 보이면 즉각적 칭찬, 언어적 확장
	  제공, 해당 자료에 대한 접근 허용
	• 학생이 오반응 혹은 무반응을 보이면 다시 요구하거
	  나(예 학생이 답을 알거나 흥미가 있다고 여겨질 때),
	  모델을 보임(예 학생의 관심과 흥미가 없고, 답을 모
	  르고 있는 것 같을 때)
	• 요구 또는 모델에 대한 정반응을 보이면 즉각적인
	  칭찬, 언어적 확장 제공, 자료에 대한 접근 허용

시간지연	• 초기 의사소통 형태의 보다 자발적인 사용을 교수
	  하기 위해 사용
	• 학생이 자료나 도움을 요구할 것 같은 상황을 판별
	• 공동관심 형성
	• 학생이 정반응을 보이면(예 자신이 요구하는 것에 대
	  해 의사소통을 하는 경우) 즉각적인 칭찬, 언어적
	  확장, 자료나 도움 제공
	• 학생이 오반응 또는 무반응을 보이면 요구 – 모델
	  하기를 적용하거나 (예 학생의 관심과 흥미가 높고,
	  답을 알고 있을 것 같을 때) 모델링하기를 적용함(예
	  학생의 관심이 없고, 답을 모르고 있는 것 같을 때)

51

정답

5) 환경 · 활동 중심

해설
■ 어휘목록 구성 전략

전략	방법	언어발달 촉진 효과

환경 · 활동
중심으로
구성
	• 각각의 의사소통판이 특정
	  환경이나(예 가게) 활동(예
	  소꿉놀이하기)에 맞는 어
	  휘들로 구성
	• 특별하거나 일상적인 활동
	  에의 참여를 촉진하는 풍
	  부한 어휘를 담을 수 있음
	• 연령에 맞게 지역사회, 학
	  교, 또는 직업환경에서 사
	  용하도록 고안할 수 있고,
	  중재자가 비교적 손쉽게
	  해당 활동에 필요한 어휘
	  만으로 의사소통판을 구성
	  할 수 있음
		• 여러 단어를 연결하여 사
		  용하는 등 언어발달을 촉
		  진하는 기능을 할 수 있음
		• 발달적인 관점에서는 이러
		  한 구성이 초기의 언어 사
		  용을 가장 증진시킨다는
		  보고도 있음
		• 학생의 활동 참여와 어휘
		  습득을 증진시킬 수 있음

52

정답

• 문법적 범주를 이용하여 구어의 어순, 즉 문법기능에 따라 어휘를 배열
  한다.

• 해제 활성화

해설
■ 문법적 범주를 이용

방법	언어발달 촉진 효과

• 언어습득을 촉진하고자 하는 목적으로 전통적으로 가장 많이 사용되
  어 온 방법은 구어의 어순대로 배열하는 것
• 영어는 왼쪽에서 오른쪽으로 사람, 행위, 수식어, 명사, 부사의 순서
  로 나열하고, 의사소통판의 위나 아래쪽에 자주 사용되는 글자나 구
  절을 배열하여 왼쪽에서 오른쪽으로 단어를 연결하여 문자를 구성하
  는 방식	

• 구어의 어순, 즉 문법기능에 따라 어휘를
  배열함
• 피츠제럴드 키(Fitzgerald key): 왼쪽에
  서 오른쪽으로 사람, 행위, 수식어, 명사,
  부사의 순서로 나열, 판의 위나 아래쪽에
  자주 사용되는 글자나 구절을 배열함
• 각 범주별로 시각적 식별을 쉽게 하기 위해
  색깔을 다르게 하는 경우가 많음
	왼쪽에서부터 오른쪽으로
	단어를 배열하여 문자를
	구성하는 능력을 학습함

■ 해제 활성화 전략
신체의 한 부분 또는 어떠한 형태의 보조도구를 사용하는 것
으로, 직접적인 접촉을 요구하는 화면에만 적용된다. 화면에
직접적인 접촉이 유지되는 동안은 선택이 이루어지지 않으며,
다만 어느 항목에서 접촉을 중단하면 그 항목이 선택된다.

53

정답

4) 응, 그래. 양말은 따뜻한 곳이야.

해설
■ 메시지 확인하기
　학생은 교사의 표정이나 반응에 따라 다시 시도하기도 하
고, 좌절하기도 한다. 그러므로 학생의 의사소통 시도에 긍
정적인 반응을 보이고 정확한 문장으로 확인해 주는 전략이
필요하다. 학생이 실수를 했을 때 부정적인 반응을 보이면
학생은 어떠한 시도도 하지 않으려 들 것이다. 학생의 시도
에 대한 부정적인 반응은 소극적인 참여를 조장한다.
　중요한 것은 정확하게 반응하는 방법에 대한 체계적인 지
도가 뒷받침되어야 한다는 점이다. 학생의 반응에 즉각적인
반응을 보이고 반응의 결과와는 관계없이 표현한 것에 대한
강화와 정확한 표현방법을 알려 주는 체계적인 교수 절차가
필요하다. 학생이 시도한 것에 반응을 보이고, 표현한 것을
확인해 주는 전략으로써 학생의 의사소통 능력을 신장시킬
수 있다.

정답

4) 자세, 신체 및 운동기능, 감각능력, 인지능력

해설

■ 보완·대체 의사소통 사용자 평가 영역

자세	• 바른 자세를 취할 수 있는지, 어떤 자세와 보조기기가 필요한지 등을 평가하여 AAC 체계를 사용할 때의 적절한 자세에 대해 알아봄 • 안정적이고 바른 자세가 되어 있지 않으면 AAC 체계 사용에도 어려움을 겪게 됨 • 자세는 근긴장도를 감소시킬 수 있는 안정된 자세를 기반으로 구축된 기형을 수정 • 자세 평가는 휠체어를 사용하거나 일반 의자에 앉은 자세를 먼저 관찰함 • 의자를 이용하여 바른 자세를 취할 수 없다면 보조 기기를 이용한 지원방안을 고려함
신체 및 운동기능	• 대부분의 AAC가 의사소통판과 같은 보조기기를 사용하기 때문에 상징을 직접 지적하거나 스위치 등의 간접적인 방법을 사용할 때 필요한 사용자의 신체 및 운동기능 평가가 필요함 • 개인별로 일관성 있고 정확하게 사용할 수 있는 신체부위와 운동 패턴을 파악하는 것이 필요함 • AAC 평가의 신체 및 운동기능 평가 목표는 운동 문제를 묘사하는 것이 아니라 아동이 평가 과정 중에 사용할 수 있는 운동기술을 관찰하여 장기간에 걸친 대안적인 접근으로써 사용할 수 있는 기술을 밝히기 위한 것임
감각능력	AAC 체계의 구성에 필요한 기본 정보인 상징 유형, 크기, 배치, 간격, 색 등의 결정을 위해 정확한 시각·청각능력을 진단하는 것은 매우 중요함
인지능력	AAC 적용과 관련된 기본 인지능력으로 사물 영속성, 부분과 전체의 개념 이해, 범주화 능력을 알아봄
언어능력	수용어휘 및 기본적인 인지능력을 알면 AAC 체계를 계획하는 데 도움이 됨

정답

3) ⓒ: 도구를 다루는 작동능력(조작적 능력)
   ⓔ: 사회적 능력

해설

■ AAC를 사용하기 위한 기초능력 기술

언어적 능력	• AAC 사용 아동은 AAC 언어(예 상징 어휘)를 사용할 수 있어야 할 뿐 아니라 대화 상대들이 사용하는 언어(예 한국어)를 이해할 수도 있어야 함 • 이는 마치 이중언어 학습자가 모국어와 제2외국어를 같이 사용하는 것과 같은 의미라고 할 수 있음 • 언어적 능력을 형성하기 위해서는 중재자가 여러 문맥 속에서 두 언어(AAC 언어, 모국어) 모두에 대한 경험을 최대한 많이 할 수 있도록 하는 것이 중요함
도구를 다루는 작동 능력	• AAC 도구를 스스로 다룰 수 있도록 하는 것은 아동에게 맞는 AAC 도구를 마련해 주는 것만큼이나 중요함 • AAC 중재를 지원하는 언어치료사들은 AAC 어휘 갱신하기, 의사소통 배열판 바꾸기, 도구나 기기 보호하기, 필요한 수리 요청하기, 미래의 필요를 고려하여 AAC 수정하기, 일상적 사용과 작동 여부 파악하기 등에 대한 중재를 할 수 있어야 함
사회적 능력	• AAC를 통하여 의사소통적 상호작용을 시작·유지·확대하고, 끝낼 수 있는 능력을 가르쳐야 함 • Light는 AAC 사용자에게 긍정적인 자아상을 갖게 하는 것, 다른 사람에게 관심을 갖게 하여 의사소통을 하려는 의욕을 갖게 하는 것, 대화에 적극적으로 참여하는 것, 의사소통 상대를 편안하게 해주는 것과 같은 사회적 기술을 가르치도록 제안함
문제 상황에 대처하는 능력	• AAC로 의사소통을 할 때에는 구어로 할 때보다 여러 제약이 많음 예 대화를 하다가 내가 원하는 어휘나 표현이 내 의사소통판에 없는 경우, 내가 표현한 AAC 메시지가 상대방에게 이해되지 않는 경우 • 그러므로 AAC 사용자는 이러한 문제 상황에 대처할 전략을 습득하는 것이 중요함

정답 ④

해설

(나) 자신 내의 문제는 접근장벽에 해당한다.

(라) 상징은 구체적인 것부터 추상적인 것의 순서로 지도한다.

(마) AAC 도구를 사용하여 의사소통을 촉진할 수 있도록 환경을 구조화한다.

(가) 자신 내의 문제는 접근장벽에 해당한다.

(다) 부수어휘 지도에 해당한다.

제6절 보조공학 – 장치별 장애학생 지원

57

정답 ①

해설

㉠ **헤드포인터**: 수의적인 머리 움직임이 가능하므로 적절하다.

㉡ **음성합성장치**: 듣기와 인지능력이 정상이므로 출력기기인 음성합성장치는 적절하다.

㉢ **의사소통판**: 말을 할 수 없으므로 의사소통판 사용이 가능하다.

㉣ **전자지시 기기**: 수의적인 눈동자 움직임이 가능하므로 적절하다.

㉤ **음성인식장치**: 말을 할 수 없으므로 사용이 어렵다.

㉥ **폐쇄회로 텔레비전**: 지체장애 학생 A에게 사용은 가능하지만 보기에 포함되어 있지 않다.

㉦ **광학 문자 인식기**: 수의적인 움직임이 머리와 눈만 가능하므로 문서 편집 시 어려움을 느낀다.

58

정답 ②

해설

ㄱ. 학습활동을 효과적으로 할 수 있도록 그림 이야기 소프트웨어를 음성출력 기능과 함께 사용하면 좋다.

ㄷ. 윗부분을 잘라낸 컵(cutaway cup)이나 빨대를 이용하면 고개를 뒤로 많이 젖히지 않으면서 음료를 마실 수 있다.

ㄹ. 경직형 뇌성마비이므로 움직임의 제한이 있다. 따라서 움직이는 장난감을 가지고 노는 데 어려움이 있으므로 스위치를 이용하여 놀이하도록 지도한다면 조금 더 쉽게 가지고 놀 수 있다.

ㄴ. 의사표현을 할 수 있도록 블리스 상징보다 이해하기 쉬운 리버스 상징을 적용한 의사소통판을 사용하게 한다.

ㅁ. 취학 전 아동에게 전동 휠체어의 사용을 권장할 경우 전동 휠체어의 무게와 속도로 인해 특별한 훈련이 필요하기 때문에 어린 아동에게는 권고하지 않는 것이 일반적이며, 전동 휠체어를 이해하고 사용할 수 있는 능력이 있더라도 독립적으로 조종할 수 있을 때까지 감독이 필요하다.

59

정답

㉤, 스크린 리더는 음성합성장치와 연계하여 제어 버튼, 메뉴, 텍스트, 구두점 등 화면에 있는 모든 것을 음성으로 표현해 주는 기기로, 대체출력기기에 해당한다.

해설

■ 스크린 리더(screen reader)

❶ 스크린 리더는 음성합성기와 연계하여 제어 버튼, 메뉴, 텍스트, 구두점 등 화면에 있는 모든 것을 음성으로 표현해 주는 소프트웨어를 말한다.

❷ 스크린 리더의 기능 및 장단점
 – 인쇄자료나 매뉴얼 등을 스캐닝한 후 이용 가능하다.
 – 청각 프롬프트와 메뉴, 명령 등을 제시해 준다.
 – 화면을 보지 않고 키보드로 입력한 내용 확인이 가능하다.
 – 저시력 또는 전맹 학생의 컴퓨터 이용이 가능하다.
 – 화면의 내용이 체계적으로 이루어져 있지 않으면 내용 파악이 어렵다.
 – 비교적 높은 컴퓨터 하드웨어 사양이 필요하다.
 – 비교적 가격이 높다.

❸ 스크린 리더의 주요 적용 대상
 – 모니터의 텍스트를 읽기 위해 청각적 피드백이 필요한 학생
 – 기기의 사용법을 이해하지만 인쇄자료와 매뉴얼을 읽어 주어야 하는 사람
 – 화면 검색, 명령 선택을 위해 청각적 피드백이 필요한 학생
 – 컴퓨터 조작이 어려운 지체장애 학생

제12장 특수교육평가

제1절 평가의 단계

01
2009학년도 초등 2번

정답 ④

해설

④ **적부성(eligibility)**: 특수교육 대상자로서의 적격성을 말한다. 해당 단계에서는 아동이 특수교육 대상자로 적격한가를 결정한다. 이는 이전 단계인 진단과정에서 아동이 장애를 가진 것으로 판명되었다 하더라도 특수교육 대상자로 반드시 선정되는 것이 아님을 뜻한다.

① **프로그램 계획**: 아동이 특수교육 대상자로 선정이 되고 나면 아동에게 제공될 교육이나 관련서비스를 결정하며, 이러한 계획으로는 개별화가족지원계획(IFSP)이나 개별화교육계획(IEP) 등이 있다.

② **선별**: 아동을 더 심층적인 평가에 의뢰할 것인가를 결정하며, 선별 시 위양(False Positive), 위음(False Negative)이 발생하지 않도록 한다.

③ **진도 점검 및 프로그램 평가**: 아동의 진도, 가족의 만족도, 프로그램의 효과에 대한 정보를 수집하는 과정이며, 평가는 형성평가와 총괄평가로 나누어 실시한다.

⑤ **진단**: 아동이 장애를 가지고 있는지 판단하고, 만약 장애를 가지고 있다면 그 장애의 원인은 무엇인지에 대한 결정을 하는 과정이며, 다양한 사정방법을 통한 포괄적인 사정이 이루어지며, 사정을 실시하는 사람의 자격도 더 제한된다.

02
2015학년도 유아 A 4번 일부

정답

4) 중재 충실도(= 처치 충실도, 절차적 신뢰도)
5) 위음

해설

4) 절차적 신뢰도는 프로그램의 절차가 정확하게 실행되는 정도로, '교사가 지시된 계획에 잘 따르고 있는가?'라는 물음을 던진다. 만약 우리가 프로그램 시행의 정확성을 평가하지 못하고 학생이 성공을 경험하지 못한다면, 우리는 그것이 실제로 비효과적인 중재인지를 파악할 수 없다.

5) 선별(screening)

❶ **정의**: 더 심층적인 평가가 필요한 아동을 식별해 내는 과정이다.

❷ **선별의 네 가지 가능한 결과**

특수교육 필요 여부	더 심층적인 평가로의 의뢰 여부	
	의뢰됨	의뢰되지 않음
필요함	A	C (위음: False Negative)
필요하지 않음	B (위양: False Positive)	D

위양	아동이 심층적인 평가로 의뢰되었으나 특수교육이 필요하지 않은 것으로 판별된 경우로 가족들에게 불필요한 불안을 야기하고 평가경비 면에서 불필요한 지출을 초래할 수 있음
위음	아동이 심층적인 평가로 의뢰되지 않았는데 나중에 특수교육이 필요한 아동으로 확인되는 경우로 선별과정의 실수로 인해 해당 아동이 필요한 특수교육을 조기에 받지 못하는 불이익을 당하게 됨

- 선별에서 위양과 위음의 발생률을 낮추어 선별의 정확성을 높일 필요가 있다.
- 선별도구의 민감도가 높을수록 위음의 발생률이 낮아지고 명확도가 높을수록 위양의 발생률이 낮아진다.

민감도	선별도구가 장애를 실제로 가지고 있는 아동을 선별해 내는 정도
명확도	선별도구가 장애를 가지고 있지 않은 아동을 선별해 내지 않는 정도

03
2014학년도 유아 B 1번 일부

정답

1) 교육방법
3) ⓒ, 아동의 목표를 설정하기 위해, 현행수준 파악이 우선시되어야 하므로, 표준화검사뿐만 아니라 준거참조평가가 함께 실시되어야 한다.

해설

1) 개별화교육계획에는 특수교육 대상자의 인적사항과 특별한 교육지원이 필요한 영역의 현재 학습 수행수준, 교육목표, 교육내용, 교육방법, 평가계획과 제공할 특수교육 관련서비스의 내용과 방법 등이 포함되어야 한다.

3) 특수교육 대상자에 대한 정보수집
  ❶ 정보수집 내용 및 방법
    개별화교육지원팀의 구성원은 특수교육 대상자의 진단·평가 검사결과, 교육지원 요구사항을 비롯하여 개별화교육계획 수립에 필요한 구체적이고 다양한 정보들을 수집해야 한다. 특수교육 대상자의 진단·평가 검사결과 이외에 필요한 정보는 면담과 관찰을 통하여 수집한다. 진단·평가 검사결과와 면담 및 관찰을 통한 정보를 가지고 개별화교육계획을 수립하기에 충분하지 않을 때에는 형식적·비형식적 평가 등을 추가로 실시할 수 있다.

정보수집 방법	상담, 관찰, 추가 평가(형식적·비형식적 평가 등)
정보수집 내용	학습(교과), 사회성 기술, 인지능력, 이동능력, 대근육·소근육 운동기술(필기 가능 여부 등), 의사소통 능력, 동기, 주의집중, 교육과정에의 접근 정도, 행동문제, 진료기록, 의료적 요구사항, 교육력, 강점과 재능, 사회·정서적 요구, 필요한 특수교육 관련서비스 등

  ❷ 정보수집 시 유의점
    – 특수교육 대상자에 대한 정보를 수집할 때에는 개별화교육계획 수립에 참고가 될 수 있는 정보를 수집하되, 객관적이고 과학적인 방법에 의해 작성된 정보를 우선적으로 수집하고, 기타 교육에 참고가 될 수 있는 중요한 정보도 함께 수집한다.
    – 특수교육 대상자에 대한 정보를 수집하기 위해 평가를 할 때에는 개별화교육계획 수립에 참고가 되지 않는 불필요한 평가를 하지 않도록 유의하며, 보호자에게 목적을 설명하고 동의를 구한다.
    – 특수교육 대상자의 평가자료는 개별화교육계획을 개발하고 평가하는 등 교육목적으로만 사용하며, 다른 목적으로는 사용하지 않는다.

04   **2017학년도 유아 A 3번**

[정답]

1) 더 심층적인 진단으로 의뢰할지에 대한 여부를 평가한다.

2) ⓒ: 장애진단
   ⓒ: 교육진단

3) 표준화된 검사는 아동의 교육계획 수립에 필요한 구체적인 정보를 제공하지 못한다.

4) 1. 아동의 진보를 점검하며, 수업방법을 개선할 수 있다.
   2. 프로그램의 유용성에 대하여 평가할 수 있다.

[해설]

1) 영유아 건강검진은 대표적인 선별검사이다.

2) 평가의 단계

단계	기능	목적	결과
1단계 선별	장애나 장애의 가능성을 가지고 있는 학생을 판별하기 위한 간편 검사 실시	진단평가 대상자 선정	진단검사 의뢰 여부 결정
2단계 진단	장애나 특수교육 대상자 판정을 위한 구체적인 검사 실시	장애나 특수교육 대상자 진단 및 판정	특수교육 대상자 판정 및 교육 배치 결정
3단계 교육적 사정	학생의 특성과 교육적 요구 사정	교육 프로그램과 관련 서비스 구성을 위한 자료 수집	교육 프로그램 내용과 방법 구성
4단계 수행 평가	교육 수행의 진전을 점검하는 지속적인 형성평가	교육 프로그램의 효과에 대한 수시 평가	교육 프로그램 지속 또는 수정 및 보완
5단계 총괄 평가	교육 프로그램에 대한 종합적인 평가	실시된 교육 프로그램의 효과에 대한 최종 평가	–

3) 규준지향검사는 또래집단 내 피험자의 상대적 위치에 대한 정보를 제공하기 위해 환산점수가 활용되는 반면 준거지향검사는 피험자의 수행능력을 다른 대상자와 관계없이 백분율점수를 사용하여 지식이나 기술수준에 대한 정보를 제공한다. 규준지향검사는 선별, 진단, 적부성 및 배치환경 등의 의사결정에 유용한 반면 준거지향검사는 교육 프로그램 계획, 형성평가, 총괄평가에서 유용하게 사용될 수 있다.

4) ■ 형성평가
    교수학습이 진행되는 과정에서 아동의 진전을 점검하고 필요한 경우 교과과정이나 수업방법을 개선시키기 위해 실시하는 평가이다.
   ■ 총괄평가
    일정단위의 교육프로그램이 실시된 후 설정된 프로그램의 성공기준에 비추어 프로그램이 산출한 가치를 판단하기 위해 실시하는 평가이다.

제2절   사정

05   **2019학년도 초등 A 1번 일부**

[정답]

3) ⓒ: 준거참조검사
   ⓔ: 규준참조검사

4) 백분위점수

해설

3) ■ 준거참조검사
  - 사전에 설정된 숙달 수준인 준거에 아동의 점수를 비교함으로써 특정지식이나 기술에 있어서의 아동의 수준에 대한 정보를 제공하는 검사이다.
  - 준거: 피검자의 자질이나 특성에 대한 수준별 기술을 말한다(예 실패/성공, 기초/보통/우수).

■ 규준참조검사
  - 그 검사를 받은 또래 아동들(규준집단)의 점수 분포인 규준에 아동의 점수를 비교함으로써 또래집단 내 아동의 상대적 위치에 대한 정보를 제공하는 검사이다.
  - 규준: 규준집단의 점수의 분포이다. 규준집단은 모집단에서 선정된 표본을 말하는데, 한 검사의 규준이 적절한지의 여부는 규준집단이 모집단을 얼마나 잘 대표하는가로 판단한다.

4) 백분위점수
  - 특정 원점수 이하의 점수를 받은 아동의 백분율(%)을 말한다.
    예 한 아동의 원점수가 60점이고 그 원점수에 해당하는 백분위점수가 75라면, 전체 아동 중의 75%가 60점 또는 그 미만의 점수를 받았다는 의미이다.

---

06 2018학년도 초등 A 1번 일부

정답

1) '한국판 그림지능검사(K-PTI)', '한국판 라이터 비언어성 지능검사 (K-Leiter-R)' 중 택 1
2) 전체 집단에서 학생의 상대적 위치를 파악하기 위함이다.

해설

1) ■ 한국판 그림지능검사
  - 미국의 임상심리학자인 J. L. French는 언어성 지능검사와 동작성 지능검사가 갖고 있는 문제점에 주목하였다. 즉 언어성 지능검사는 표현언어 또는 수용언어에 문제가 있거나 내성적 성격으로 인해 검사에 제한적으로 반응할 수 밖에 없다는 것이다. 또한, 신체적으로 이상이 있는 경우 역시 동작성 검사에 불리하다. 이에 의사소통과 신체적 이상의 유무와 상관없이 지능을 측정할 수 있는 그림지능검사(PTI)를 고안하였다. 한국판 그림지능검사(K-PTI)는 서봉연, 정보인, 최옥순이 French의 그림지능검사를 한국 아동에게 사용할 수 있도록 번안한 것이다. PTI는 그림으로 된 사선형의 지능검사로써 검사자가 말로 질문을 하면 피험자인 아동은 4개의 그림 중에서 정답이 되는 한 개의 그림을 골라내도록 되어 있기 때문에 말이 서툴거나 말을 못하는 아동은 손가락이나 눈짓으로 정답을 가리킬 수 있다.

  - 목적 및 대상: K-PTI는 만 4세부터 만 7세까지의 아동을 대상으로 지능을 측정하기 위한 검사로, 간단한 지시를 알아들을 수 있으면 정상아동은 물론, 장애(지적장애, 의사소통장애, 정서·행동장애, 자폐성장애 또는 지체장애)를 가진 아동도 쉽게 검사를 받을 수 있다.
  - 실시: K-PTI는 그림으로 된 사선다형의 지능검사로, 검사자가 말로 질문하면 피검자 아동은 네 개의 그림 중 정답이 되는 한 개의 그림을 골라내도록 되어 있다. 이때 대답은 말로 해도 되고 말이 서툴거나 말을 못하는 아동은 손가락, 눈짓으로 정답을 가리킬 수도 있다.

■ 한국판 라이터 비언어성 지능검사(K-Leiter-R)
  만 2세 0개월부터 만 7세 11개월까지의 아동을 대상으로 인지기능을 평가하기 위한 검사이다. 특히 이중 언어환경에서 자란 아동이나 청각장애, 의사소통장애, 주의력결핍과잉행동장애, 학습장애, 뇌손상을 가진 아동에게도 실시할 수 있다.

---

07 2018학년도 중등 A 2번

정답

㉠: 내용타당도

㉡: 80

해설

㉠ 내용타당도란 측정하고자 하는 영역을 검사문항이 대표하는 정도를 말한다. 즉, 측정하고자 하는 영역을 검사문항이 얼마나 충실하게 대표하는가를 의미한다. 내용타당도는 일반적으로 그 영역 전문가의 논리적 사고와 분석을 통하여 판단되며 따라서 수량적으로 표시되지는 않는다.

㉡ 8/10 × 100 = 80.80%

$$관찰자\ 간\ 신뢰도 = \frac{일치구간의\ 수}{일치구간의\ 수 + 불일치\ 구간의\ 수} \times 100$$

---

08 2015학년도 초등 A 3번 일부

정답

1) ⓐ: 최고한계점
   ⓑ: 1번
2) 하위 9%

해설

1) ■ 기저점, 최고한계점
   표준화검사, 특히 전체 문항이 난이도에 따라 쉬운 문항부터 배열되어 있는 규준참조검사는 검사설명서에 피검자의 연령이나 능력에 적합한 문항들을 찾아 실시할 수 있도록 기저점과 최고한계점에 대한 지침을 제시한다.

기저점	그 이하의 모든 문항에 피검자가 정답(옳은 반응)을 보일 것이라고 가정되는 지점
최고한계점	그 이상의 모든 문항에 피검자가 오답(틀린 반응)을 보일 것이라고 가정되는 지점

■ 시작점

검사를 시작하는 지점을 말한다. 각 연령층에 따른 시작점이 제시된다. 이 시작점에서 검사를 시작하여 기저점에 적합한 수만큼의 연속적 문항에서 피검자가 정답을 보이게 되면 그 지점이 피검자의 기저점이 된다. 그러나 특수아동의 경우 시작점에서 검사를 시작하여 진행하였을 때, 기저점에 적합한 수만큼의 연속적인 문항에서 정답을 보이지 않는 경우가 있다. 이때에는 일반적으로 시작점에서 역순으로 기저점이 나올 때까지 검사를 진행하게 된다.

■ 원점수 계산

일반적으로 기저점 이전의 문항 수에 기저점과 최고한계점 사이의 정답문항 수를 더한 값이 원점수가 된다. 기저점 이전의 문항 수를 원점수에 포함시키는 이유는 기저점이 그 이하의 모든 문항들에는 피검자가 정답을 보일 것이라고 가정하는 지점이기 때문이다.

2) 백분위점수

특정 원점수 이하의 점수를 받은 아동의 백분율(%)이다.
㉔ 한 아동의 원점수가 60점이고 그 원점수에 해당하는 백분위점수가 75라면, 전체 아동 중의 75%가 60점 또는 그 미만의 점수를 받았다는 의미이다.

정답 ④

해설

ㄴ. 백분위점수는 상대적 위치점수이므로 동일 연령대에서 학생의 상대적인 위치를 파악할 수 있다.

ㄷ. 표준점수는 평균과 표준편차를 가지고 정규분포를 이루는 점수들을 총칭한다. 평균과 표준편차를 가지고 있으므로, 아동이 동일 연령대 평균과 떨어진 정도를 알 수 있다.

ㄹ. 지표점수는 언어이해, 지각조직, 주의집중, 처리속도가 있으며, 이들을 상호 비교하여 개인 내 강점과 약점을 파악할 수 있다.

ㄱ. 원점수는 검사에서 획득한 점수를 뜻한다. 원점수가 0점이라고 해서 검사에서 측정하는 수행능력이 완전히 결핍되었다고는 볼 수 없다.

ㅁ. 웩슬러 지능검사는 편차 IQ를 제공한다. 따라서 평균으로부터 떨어진 정도를 알 수 있다. 학생의 발달비율을 알 수 있는 비율 IQ를 제공하는 것은 비네검사이다.

정답 ④

해설

㉠ 평균이 50, 표준편차가 10이기 때문에 39점은 −1표준편차 근처에 위치한다. −1표준편차에 해당하는 백분위는 16퍼센타일이다.

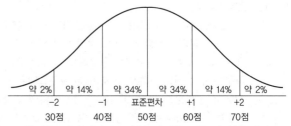

㉢ A 학생은 평균점인 50점을 받았기 때문에 백분위점수는 50이다.

㉣ 타당도 범위는 다음과 같다.

타당도 계수	타당도 평가
.00 이상 ~ .20 미만	타당도가 거의 없다.
.20 이상 ~ .40 미만	타당도가 낮다.
.40 이상 ~ .60 미만	타당도가 있다.
.60 이상 ~ .80 미만	타당도가 높다.
.80 이상 ~ 1.20 미만	타당도가 매우 높다.

㉡ 진점수는 어떤 검사도구를 한 아동에게 무한히 반복하여 실시한다고 가정할 때 얻어지는 획득점수분포의 평균이다. 따라서 실제적으로 구할 수 없는 값이며, 진점수를 추정하기 위해 아동의 진점수가 포함되는 점수범위 즉, 신뢰구간을 제공한다.

정답 ②

해설

㉢ 내재화 문제에 해당하는 척도는 Ⅰ(위축), Ⅱ(신체증상), Ⅲ(우울/불안)이며, 일반적으로 표준점수 70점(97%ile) 이상일 때 임상범위에 해당한다고 볼 수 있다.

㉺ K-CBCL은 크게 사회능력척도와 문제행동증후군 척도로 나누어진다.

㉠ BASA-Reading의 검사 결과로 학년 등가점수를 제공하고 있다. 학년점수(2.5)는 2학년의 다섯 번째 달 아동들의 평균 수행 정도를 보인다는 것을 의미한다.

㉡ T점수는 원점수를 변환한 변환점수로써 집단 내에서의 학생 A의 읽기수준을 알 수 있다. T점수는 Z점수에 10을 곱한 후 50을 더함으로써 산출된다(T = 10Z + 50).

㉣ ±1표준편차 범위에 해당하는 백분위점수는 16~84이다. A의 백분위점수는 85로 ±2표준편차 범위에 해당한다.

12 　2014학년도 중등 A (기입형) 4번

정답

㉠: 신뢰구간

㉡: 진점수

해설

■ 신뢰구간

획득점수를 중심으로 그 아동의 진점수가 포함되는 점수범위이다.

> 신뢰구간 = 획득점수 ± Z(SEM)

- SEM: 측정의 표준오차로 획득점수의 표준편차 또는 오차점수의 표준편차이다. 한 아동에게 어떤 검사를 무한히 반복해서 실시했다고 가정할 때 얻어지는 오차점수(획득점수와 진점수의 차이)들의 변산도가 이에 해당한다.
- 신뢰점수에 해당하는 Z점수

68% 신뢰수준	z = 1.00
85% 신뢰수준	z = 1.44
90% 신뢰수준	z = 1.65
95% 신뢰수준	z = 1.96
99% 신뢰수준	z = 2.58

13 　2018학년도 유아 A 5번 일부

정답

1) ①: 처리속도에서 민지보다 낮은 점수를 받은 학생이 전체의 3%이다.
　　②: 61 ~ 85점 사이에 민지의 처리속도 진점수가 포함되어 있을 확률이 95%이다.

2) ㉢, K-WPPSI-IV에서는 각 지표마다 지표점수와 백분위 점수를 제공한다. 백분율 점수는 준거참조검사의 결과로 제시되는 점수이다.
　㉤, K-WPPSI-IV는 아동을 진단할 때 사용되며, 아동의 진전도를 평가하기 위해선 BASA와 같은 검사를 활용한다.

해설

1) ① 백분위점수는 특정 원점수 이하의 점수를 받은 아동의 백분율(%)이다. 한 아동의 원점수가 60점이고 그 원점수에 해당하는 백분위점수가 75라면, 전체 아동 중의 75%가 60점 또는 그 미만의 점수를 받았다는 의미이다.
② 신뢰구간은 획득점수를 중심으로 아동의 진점수가 포함되는 점수범위이다.

신뢰수준	신뢰구간	해석
95%	100±6	94점과 106점 사이에 아동의 진점수가 속해 있을 확률이 95%이다. 즉, 100회 검사를 실시한다면 95회는 94점과 106점 사이에 아동의 진점수가 있을 것이다.

2) 백분율점수는 총 문항 수에 대한 정답문항 수의 백분율 또는 총점에 대한 획득점수의 백분율이다. 이러한 백분율점수는 준거참조검사에서 아동의 수행수준을 묘사할 때 유용하게 사용된다. 그러나 백분율점수는 다른 점수와 상대적으로 비교할 수 없는 제한점이 있다.

14 　2013학년도 유아 추시 A 3번

정답

1) 일반학생

2) ①: 지적장애
　②: 84

3) 준거참조검사

해설

1) ■ 적응행동지수

각각의 연령집단을 모집단으로 한 정상분포에서 평균이 100이고 표준편차가 15인 표준점수로 전환하여 산출한 지수이다. KISE-SAB의 적응행동지수를 산출하기 위해서는 먼저 네 가지 검사, 즉 개념적 적응행동검사, 사회적 적응행동검사, 실제적 적응행동검사 및 전체 적응행동검사의 '환산점수의 합'을 구해야 한다.

개념적 적응행동검사, 사회적 적응행동검사, 실제적 적응행동검사 및 전체 적응 행동검사의 환산점수의 합을 산출한 다음, 이 합을 가지고 일반학생 적응행동지수 산출표와 지적장애 학생 적응지수 산출표에서 해당하는 적응행동지수를 찾으면 피검사자의 적응행동지수를 산출할 수 있다. 적응행동지수 산출 역시 환산점수 산출에서와 마찬가지로 일반학생 적응행동지수 산출표로 먼저 산출한 다음, 어느 한 검사나 전체 검사의 적응행동지수가 평균 2 표준편차 이하에 포함되는 경우 지적장애 학생 적응행동지수 산출표로 또 하나의 적응행동지수를 더 산출해야 한다. 적응행동지수 산출표는 연령 구분 없이 환산점수의 합과 지수로 구성되어 있다.

2) 적응행동지수 115는 표준편차 1에 해당하는 점수이며, 이를 백분위로 환산하면 84%ile에 해당된다.

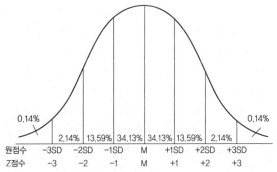

3) 준거참조검사는 사전에 설정된 숙달수준인 준거에 아동의 점수를 비교함으로써 특정지식이나 기술에 있어서의 아동의 수준에 대한 정보를 제공하는 검사이다.

정답

- 작업기억의 원점수가 68~85점 사이에 있을 확률이 95%이다.
- 규준, 표준점수

해설

■ 신뢰구간

　획득점수를 중심으로 아동의 진점수가 포함되는 점수의 범위를 신뢰구간이라고 한다.

신뢰수준	신뢰구간	해석
68%	100 ± 1.00(3) = 100 ± 3	97점과 103점 사이에 아동의 진점수가 속해 있을 확률이 68%다. 즉, 100회 검사를 실시한다면 68회는 97점과 103점 사이에 아동의 진점수가 있을 것이다.

■ 표준점수

- 사전에 설정된 평균과 표준편차에 맞게 정규분포를 이루도록 변환한 점수들을 총칭하는 용어이다.
- 특정 원점수가 평균으로부터 그 이상 또는 이하로 얼마나 떨어져 있는가를 나타낸다.

  - Z점수 = (원점수 − 평균) / 표준편차
  - T점수 = 50 + 10Z
  - H점수 = 50 + 14Z
  - 능력점수 = 100 + 15(또는 16)Z
  - 척도점수 = 10 + 3Z

■ 규준참조검사

　그 검사를 받은 규준집단의 점수의 분포인 규준에 아동의 점수를 비교함으로써 규준집단 내 아동의 상대적 위치에 대한 정보를 제공하는 검사이다. '규준(norm)'은 한 아동의 점수를 비교하고자 하는 규준집단의 점수 분포라고 할 수 있다.

정답　②

해설

ㄱ. 표준화 검사는 객관적 채점 방법에 따라 규준이 만들어진 검사이므로, 학생의 수준을 객관적으로 볼 수 있다.

ㄴ. 준거참조검사는 아동 점수를 이미 결정된 준거 또는 숙련도와 비교하는 것이므로 아동이 목표에 얼만큼 도달했는지의 여부를 알려준다. 집단 내 학생의 상대적 위치에 대한 정보를 알려주는 것은 규준참조검사에 해당하는 내용이다.

ㄹ. 시간표집법은 전체 관찰시간을 일정한 간격으로 나눈 후에 행동이 간격의 마지막 순간에 나타났을 때 기록하는 방법으로, 간격의 처음부터 끝까지 관찰하지 않아도 되어 여러 명의 아동을 관찰할 때 유용하다. 보기의 내용은 '사건표집법'이다.

정답　②

해설

ㄱ. CBM은 문제의 원인보다는 해당 기술영역에서 아동의 진전을 점검하는 데 유용하다.

ㄴ. 준거참조검사의 대안적인 방법은 CR-CBA이며, CBM은 규준참조검사의 대안적인 방법으로 형식적인 방법에 속한다.

ㄹ. 효율적인 계산전략 적용 여부보다 계산의 진전 여부에 관심이 있다.

ㅁ. CBM은 규준참조검사처럼 표준화되어 있으며 공식적인 사정에 속하기 때문에 상대평가가 가능하다. 따라서 또래의 성취수준과 비교가 가능하다.

정답　⑤

해설

ㄴ. 포트폴리오 내용은 그림과 같은 미술작품, 적목 쌓기와 같은 창의적인 구성물의 사진, 놀이활동이나 언어·인지·자조기술, 사회-정서, 운동기능 영역의 발달을 보여 주는 비디오 및 녹음테이프 등을 포함할 수 있다.

ㄷ. 포트폴리오 평가는 교육과정 목표가 탄력적이고 개인적 수행 결과를 평가하는 환경에 가장 잘 적용될 수 있는 평가방법으로 인식된다.

ㄹ. 포트폴리오의 목적은 시간이 지남에 따른 노력, 진도, 성취를 보여주고, 과제수행이나 놀이 중에 유아가 사용한 과정을 보여주며, 다양한 프로젝트의 발달을 보여주고, 가족과 교사들이 서로 의사소통하며, 프로그램을 평가하는 것이다.

ㅁ. 포트폴리오 진단은 수행 및 사실 진단의 한 예로 실제 삶의 현장이나 사실적인 상황에서의 유아의 강점과 약점의 전반적인 형태를 알게 해 주는 진단방법이다.

ㄱ. 판단과 채점에 있어 교사의 주관성이 개입되기 때문에 신뢰도 확보가 어렵다.

정답　③

해설

ㄹ. 포트폴리오 평가는 학생의 자료를 단순한 모음 그 이상으로 학생이 학습활동에 참여함으로써 자신의 책임감을 가질 수 있고 이에 따라 학생의 자기평가도 필요하다.

ㅁ. 타당도는 목표에 합당하는가에 대한 문제이다. 여기에서는 두 명 이상의 채점한 결과의 비교에 관심을 가지고 있으므로 신뢰도가 된다.

■ 포트폴리오 평가의 장·단점

장점	• 시간의 경과에 따른 학습의 진전을 명확히 보여줄 수 있음 • 아동의 최상의 작업이나 작품에 초점을 두어 학습에 긍정적인 영향을 미침 • 다른 아동들의 작업이나 작품과 비교하기보다는 아동 자신의 과거 작업이나 작품에 비교함으로써 동기를 더 부여함 • 아동에게 선정된 작업이나 작품에 대한 자기성찰지를 작성하게 함으로써 성찰학습을 조장함 • 학습의 진전에 대한 아동, 부모, 다른 사람들과의 의사소통을 원활하게 함
단점	• 포트폴리오를 유지하고 사용하는 데 많은 시간이 소요됨 • 주관적인 판단과 채점이 사용되어 신뢰도 확보가 어려움 • 정기적으로 교사와 아동 간의 포트폴리오 협의를 실시하는 데 어려움이 따를 수 있다.

20 · 2014학년도 유아 A 2번 일부

정답

3) 포트폴리오

해설

교실환경에서 흔히 사용되는 포트폴리오 평가에서는 교사나 검사자가 조직적이고 체계적인 방법으로 유아가 수행한 실제 작업 표본을 수집한다. 유아의 작업 포트폴리오에 무엇을 포함할 것인가에 대한 결정은 현 시점의 학습목표, 교육과정 내용 및 교수전략 등을 토대로 하며, 작업표본은 유아의 성장·발달 및 교육 진행과정을 반영해 선택한다.

제3절 사정도구

21 · 2009학년도 중등 5번

정답 ①

해설

㉠ 학생 A는 숫자 쓰기나 문자 변별 과정에서 반전(reversal)을 보인다고 했다. 따라서 이러한 반전은 시지각 검사가 적절하다. 종류로는 한국판 시지각기능 검사(K-TVPS-R)나 한국판 시지각발달 검사-2(K-DTVP-2)가 있다.

㉢ 학생 A의 장애유형은 지적장애이다. 따라서 학생 A의 지능을 알아보는 검사도구로 K-WISC-Ⅲ를 사용할 수 있으며, 이는 동작성과 언어성 지능을 측정한다.

㉣ 오세레츠키 운동능력검사는 전반적인 운동능력을 측정하는 데 적절하다.

㉡ 포테이지 발달검사: 0세부터 6세 영유아 대상으로 유아자극, 신변처리, 운동성, 사회성 인지, 언어영역을 알아본다. 따라서 학생 A는 중학생이므로 적절하지 않은 검사도구이다.

㉣ 학습준비도 검사: 이는 특별한 조력이 제공되지 않으면 초등학교 2학년 학습을 수행할 만한 준비성이 없는 것으로 생각되는 아동들을 미리 선별하는 데 목적을 두고 개발된 집단검사이며, 유치원 졸업생 또는 초등학교 1학년 초기의 아동들을 대상으로 실시된다. 그러므로 중학생인 학생 A에게 적절한 검사도구가 아니다.

㉤ 아동·청소년 행동평가척도(K-CBCL): 만 4~18세까지의 아동 및 청소년들을 대상으로 정서·행동문제를 평가하기 위한 도구이며, 사회능력과 문제행동증후군에 대해서 백분위점수와 T점수를 제공한다. SA(사회연령)와 SQ(사회성 지수)를 제공하는 검사도구는 사회성숙도 검사이다.

㉥ 규준참조검사: 이는 그 검사를 받은 또래 아동들의 점수의 분포인 규준에 아동의 점수를 비교함으로써 또래집단 내 아동의 상대적 위치에 대한 정보를 제공하는 검사이다. 제시문의 평가도구는 사전에 설정된 숙달수준인 준거에 아동의 점수를 비교함으로써 특정 지식이나 기술에 있어서의 아동의 수준에 대한 정보를 검사하는 준거참조검사이다.

㉦ 적응행동검사: 적응행동을 측정하기 위한 검사로, 검사대상의 연령 범위는 만 3세부터 만 17세까지이며, 1부에는 독립기능, 신체발달, 경제활동, 언어발달, 수와 시간, 직업전 활동, 자기관리, 책임, 사회화, 2부에서는 공격, 반사회적 행동, 반항, 신뢰성, 위축, 버릇, 대인관계 예법, 발성습관, 습관, 활동수준, 증후적 행동, 약물복용을 알아보는 검사이다. 따라서 보기에 나와 있는 6가지 행동 영역은 사회성숙도에 해당하는 검사이다.

22 · 2011학년도 초등 3번

정답 ②

해설

① 한국 웩슬러 아동지능검사(K-WISC-Ⅲ): 언어성 IQ점수, 동작성 IQ점수, 전체 IQ점수에 4가지(언어이해, 지각조직, 주의집중, 처리속도) 지표점수를 제공한다.

③ 기초학습기능 검사: 학년점수와 연령점수, 학년별 백분위점수와 연령별 백분위점수를 제공하며 각각 소검사와 전체검사로 제시된다.

④ 아동·청소년 행동평가척도(K-CBCL): 행동발달검사가 아닌 정서 및 행동장애 검사도구이다.

⑤ 오세레츠키 운동능력검사: 본 검사는 운동연령만 제공한다. 정신연령을 제공하는 검사는 지능검사이다.

정답　①

해설

「장애인 등에 대한 특수교육법」(시행규칙)에서 지적장애 학생의 검사영역은 지능검사, 적응행동검사, 기초학습검사, 행동발달검사, 운동능력검사이다.

(가) 한국 웩슬러 지능검사는 언어이해지표, 지각추론지표, 작업기억지표, 처리속도지표로 구성된다.

(다) 국립특수교육원 적응행동검사는 개념적 기술, 사회적 기술, 실제적 기술로 구성된다. 하위검사별 적응행동지수와 전체 적응행동지수를 알 수 있다.

(나) 국립특수교육원 기초학력검사는 읽기, 쓰기, 수학 영역으로 구성된다. 기초학습기능검사가 정보처리, 언어, 수 영역으로 구성된다.

(라) 「장애인 등에 대한 특수교육법」에서 지적장애 학생 검사영역은 지능검사, 적응행동검사, 기초학습검사, 행동발달검사, 운동능력검사로 시지각에 대한 것은 포함되지 않는다. 또한 시지각 발달검사는 만 4세~8세를 대상으로 하기 때문에 중학교 1학년 학생을 평가할 수 없다. 한국판 시지각발달검사는 눈-손 협응, 공간위치, 따라그리기, 도형-배경, 공간관계, 시각통합, 시각-운동 속도, 형태항상성으로 구성된다. 8개 하위검사별로 연령지수, 백분위점수, 표준점수를 제공하며, 하위검사들의 표준점수들을 근거로 하여 3개 종합척도(일반시지각, 운동-감소시지각, 시각-운동통합)별로 연령지수, 백분위점수, 지수를 제공한다.

정답

1) ㉠, 전체 적응행동 지수 62는 -2표준편차 이하 범위로 지체 범위의 적응행동을 보인다.

　㉣, 쓰기 백분위점수 2는 -2표준편차 이하로 또래들보다 쓰기 기술이 낮다.

해설

㉠ KISE-SAB의 전체 적응행동지수는 평균 100이고, 표준편차가 15인 표준점수이다.

적응행동지수 62 = 100 × 15(x), x = -2.533~

㉣ 백분위점수는 특정 원점수 이하의 점수를 받은 아동의 백분율이다.

㉡ CARS 진단적 범주

전체점수	진단적 분류	기술적 수준
15~29.5	자폐증 아님	(자폐증 아님)
30~36.5	자폐증	경증, 중간정도 자폐증
37~60.0	자폐증	중증 자폐증

㉢ 자폐지수는 평균이 100이고 표준편차가 15인 표준점수이다.

정답　②

해설

ㄱ. 기초학습기능 검사는 정보처리 기능, 언어 기능, 수 기능을 측정하도록 구성되어 있다.

ㅁ. 영유아를 위한 사정, 평가 및 프로그램 체계로 장애유아나 장애위험 유아를 대상으로 발달 정도를 사정하기 위한 도구이다.

ㄴ. 만 5세 0개월 ~ 12세 11개월 아동을 대상으로 하는 규준참조검사로, 학년점수와 연령점수, 학년별 백분위점수와 연령별 백분위점수를 제공한다.

ㄷ. 관찰 결과가 관찰자들 사이에 일치하는 것을 확인하기 위해 관찰자간 신뢰도를 구한다.

ㄹ. K-DIAL-3는 발달지체 및 장애의 가능성이 있는 유아를 선별하기 위한 검사이다.

정답　④

해설

ㄷ. 전체 학생을 100명이라고 보았을 때, 3%ile인 수미는 자신보다 못한 학생이 3명이며, 수미는 97등이다. 따라서 평균에 미치지 못한다고 볼 수 있으므로 맞는 표현이다.

ㄹ. 종합척도에서 습득한 지식과 기술은 습득도 척도를 가리키고, 정보처리 및 문제해결능력은 인지처리과정 척도를 가리킨다. 종합척도 간의 비교에서 인지처리가 습득도보다 유의미차 1%로 능력이 더 우수하므로, 습득한 기술보다 정보처리나 문제해결능력이 더 우수하다 말할 수 있다.

ㄱ. [마법의 창] 검사와 [수회생] 검사의 원점수는 5점으로 같으나 백분위에서 차이가 난다. 전체 학생을 100명으로 가정했을 때, [마법의 창] 검사 16%ile은 자신보다 낮은 점수를 받은 학생이 16명이고 [수회생] 검사 63%ile은 자신보다 낮은 점수를 받은 학생이 63명이므로 [마법의 창] 검사에 비해 [수회생] 검사가 높은 수준을 보인다.

ㄴ. 진점수(true score)는 획득점수에서 표준점수 오차를 더하고 빼고 난 뒤의 기대되는 범위라고 할 수 있는데, [인물과 장소] 검사 결과 85±13은 72~98점 안에 포함될 확률이 95%라는 것이지, [인물과 장소]의 점수가 85점이 될 확률이 95%라는 것이 아니다.

ㅁ. 순차처리 척도와 동시처리 척도의 백분위는 차이가 있으나, 종합척도 간의 비교에서 유의미차가 없다고 명시하고 있다.

■ 표준점수

사전에 결정된 평균과 표준편차를 가지고 정규분포를 이루도록 변환된 점수들을 총칭하는 용어로, 표준점수는 특정 원점수가 평균으로부터 그 이상 또는 이하로 얼마나 떨어져 있는가를 나타낸다.

---

27   2015학년도 유아 A 5번 일부

정답

3) ㉢: 동작성 검사, 언어성 검사
    ㉣: 독립적 적응행동, 문제행동

4) 웩슬러 검사와 적응행동 검사는 장애 진단을 위한 검사이며, 아동의 교수목표를 설정하기 위해선 교육진단 검사가 필요하다.

해설

3) ㉢ K-WPPSI는 동작성 검사와 언어성 검사의 두 부분으로 구성되어 있다. 두 부분에 해당되는 소검사들을 제시하고 있는데 각 소검사 앞에 있는 숫자는 표준 실시 순서에서의 실시 순서를 나타낸다.

㉣ K-SIB-R은 독립적 적응행동과 문제행동의 두 영역으로 구분되어 있는데 독립적 적응행동은 4개 척도(운동기술, 사회적 상호작용 및 의사소통기술, 개인생활기술, 지역사회생활기술) 및 14개 하위척도(대근육 운동, 소근육 운동, 사회적 상호작용, 언어이해, 언어표현, 식사와 음식준비, 신변처리, 옷입기, 개인위생, 가사/적응행동, 시간 이해 및 엄수, 경제생활, 작업기술, 이동기술)로 구성되어 있으며 문제행동은 3개 척도(내적 부적응행동, 외적 부적응행동, 반사회적 부적응행동) 및 8개 하위척도(자신을 해치는 행동, 특이한 반복적인 습관, 위축된 행동이나 부주의한 행동, 타인을 해치는 행동, 물건을 파괴하는 행동, 방해하는 행동, 사회적으로 공격적인 행동, 비협조적인 행동)로 구성되어 있다.

4) 교육진단

진단	정의	목적
선별	전문적인 장애진단에 의뢰할 대상자 발견을 위한 절차	전문적인 진단에 대한 의뢰 여부 결정
장애진단	장애의 유무를 확인하기 위한 종합적인 평가 절차	장애의 여부, 그 성격과 정도 결정
교육진단	교수목표를 선정하고 교수계획을 세우기 위한 절차	교수목표 선정 및 교수 활동을 위한 일과, 교재, 교구, 교수방법 등의 결정

진단	정의	목적
진도점검	교수목표를 중심으로 아동의 진보를 확인하는 절차	현행 교수목표와 교수방법의 효과 및 수정의 필요성 결정
프로그램 평가	개별 아동의 진도와 함께 가족의 만족도 및 프로그램의 효과에 대한 자료를 수집하는 절차	가족의 만족도 및 프로그램의 전반적인 성과 결정

---

28   2017학년도 초등 A 1번 일부

정답

2) ㉠, 준거참조검사가 아닌 규준참조검사이다.
    ㉡, 전체 지능지수는 핵심 소검사 10개 점수들의 합산으로 구한다.

3) ①: 66점
    ②: 프로그램이 아동의 읽기능력 향상에 효과적인지 평가한다.

해설

2) ㉡ 전체검사 지능지수(FSIQ)는 개인의 인지기능의 전반적인 수준을 추정하는 종합적인 합산점수이다. FSIQ는 핵심 소검사 10개 점수들의 합계이다.

3) ① 3회에 걸쳐 실시한 검사 결과를 모두 기록지에 기록하고, 원점수의 중앙치를 아동의 기초선 단계에서의 읽기 수행수준으로 결정한다.

② 목표선이 설정된 다음, 교사는 제공되는 교육 프로그램이 대상 아동의 읽기능력 향상에 효과적인지를 계속 평가하게 된다. 일반적으로 아동의 성장속도가 목표선의 성장속도보다 높을 때 프로그램이 효과적으로 생각할 수 있으며, 반대의 경우에는 프로그램의 수정이나 다른 교육방법을 고려하게 한다.

---

29   2011학년도 유아 5번

정답   ⑤

해설

⑤ 위축척도 70T는 +2 표준편차에 해당하며, 백분위 98에 해당한다. 주의집중문제 척도 백분위 65는 아동의 점수 아래에 전체의 65%가 위치하므로, 상위 35%에 해당한다. 주의집중 문제 척도는 점수가 높을수록 더 심하다.

① 발달연령은 생활연령 보다 낮고, 사회연령은 생활연령보다 낮다.

② 발달점수는 아동의 발달정도를 나타내는 것으로, 발달점수끼리 비교할 수 없다.

③ DQ는 표준점수가 아니므로, 다른 점수와 비교가 불가능하다. IQ 등 표준점수는 상대적 위치점수이므로 비교 가능하다.

④ 인수의 적응행동 수준은 90~109로 정상범위이며, 주의집중 문제가 더 심각한 아동은 35%이다.

정답   ③

해설

③ 환산점수의 합을 통해 얻은 지역사회 적응검사(CIS-A)의 환산점수 평균은 100, 표준편차는 15라는 점을 유념한다. 직업생활 영역의 경우 일반집단 규준에 기초한 예지의 지수점수는 105로 표준편차 0 ～ +1 사이에 분포한다.

① 종합점수에서 사회자립 영역의 점수가 가장 낮으므로, 기본생활 영역이 사회자립 영역보다 더 높은 수준에 해당되는 것을 알 수 있다.

② 임상집단 규준에서의 예지의 점수는 모든 장애학생이 대상이 아니라 지적장애 및 발달장애 학생을 대상으로 한 상대적 적응행동 수준을 보여준다.

④ 일반집단 규준 중 가장 우선적으로 지도가 필요한 영역은 사회자립 영역(55점)이다.

⑤ 임상집단 규준 내에서 예지의 사회자립 영역 지수는 100점으로 평균적인 수행수준을 보이지만, 일반집단 규준에서는 55점으로 적응행동의 지체를 보인다.

적응 행동지체	경계선	평균 하	평균	평균 상	우수
69 이하	70~79	80~89	90~109	110~119	120 이상

제13장 전환교육

제1절 전환교육의 이해

01
2012학년도 중등 9번

정답 ③

해설

(가) 고용 중심 모형으로 직업에 초점을 둔다.

(나) 고등학교와 고용(직업) 사이의 다리 역할로서의 전환교육을 강조한다.
  ➡ 가교 역할을 하는 세 가지 다른 수준의 교육과정을 준비해야 하며, '일반적인 서비스, 시간 제한적 서비스, 지속적 서비스'가 여기에 해당한다.

(라) 지식과 기능 영역에는 의사소통과 학업성취, 자기결정, 대인관계, 통합된 지역사회 참여, 건강과 건강관리, 독립적·상호의존적 일상생활, 여가와 레크리에이션, 후속교육과 훈련이 있다.

(바) 주요 구성요소는 지식과 기능 영역들, 수료점과 결과, 교육과 서비스 전달체계이다. 전환은 수평적 전환과 수직적 전환이 있으며, 자주 나타난다.

(다) Halpern의 독립생활과 지역사회 적응모형에 관한 설명이다.

(마) Wehman의 지역사회 중심 직업훈련 모델에 관한 설명이다.

02
2013학년도 중등 추시 A 7번 일부

정답

1) 전환모형: Wehman의 지역사회 중심 직업훈련 모델

해설

Wehman, Kregel과 Barcus는 특수교육 프로그램을 기능적 교육과정, 통합적 학교환경, 지역사회중심 서비스, 부모·학생의 의견 및 기관간 협력이 포함된 개별화 프로그램 계획수립, 경쟁고용, 지원고용, 분리된 보호작업장과 같은 직업 결과를 산출하는 중등학교 직업 프로그램 모형을 제안했다.

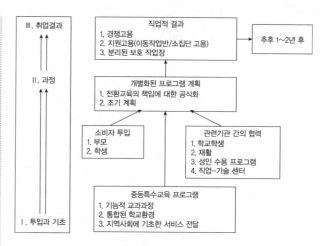

■ **Wehman 모델의 기본원리**
- 훈련과 서비스 전달 체제 내에 있는 구성원들은 반드시 참여해야 한다.
- 부모는 필수적으로 구성원에 포함되어야 한다.
- 직업 전환계획은 반드시 21세 이전에 수립되어야 한다.
- 과정은 반드시 계획적·체계적이어야 한다.
- 양질의 직업교육 서비스가 제공되어야 한다.

03
2015학년도 초등 B 5번 일부

정답

1) 진로와 직업

2) 포괄적 전환교육 서비스 모델(= 종합적인 전환교육 프로그램)

해설

1) 진로와 직업과는 '직업 생활', '직업 탐색', '직업 준비', '진로지도'의 4개 영역으로 구분되며, 이 4개 영역은 중학교 1~3학년, 고등학교 1~3학년 2개 학년군으로 구성되어 있다. 기본 교육과정의 실과 교과와 연계되며, 선택 교육과정의 전문 교과 중 직업 교과와 관련성을 가진다.

2) ■ **포괄적 전환교육 서비스 모델**
   - 학생들이 한 교육단계에서 다음 단계로 이동할 때나 교육 및 서비스 모델이 전환교육과 전환 서비스 수행 시 필요할 때, 나이나 발달 수준에 따른 학생의 성과와 전환 출발점에 대한 견해를 반영한 것이다.
   - 진로발달과 전환교육 모델은 인생에 있어서 한 번의 전환만 있는 것이 아니라, 여러 번의 전환이 있다는 것을 전제한다.

■ 종합적인 전환교육 모델

교육내용	전환진출 시점과 결과	
지식기술 영역	발달/ 인생단계	진출 시점
• 의사소통과 학업성취 • 자기결정 • 대인관계 • 통합된 지역사회 참여 • 건강과 건강관리 • 독립적/상호의존적 일상생활 • 여가와 레크레이션 • 후속교육과 훈련	영·유아 및 가정훈련	유치원 프로그램과 통합된 지역사회로 진출
	유치원 및 가정훈련	초등학교 프로그램과 통합된 지역사회로 진출
	초등학교	중학교 프로그램과 연령에 적절한 자기결정과 통합된 지역사회로 진출
	중학교	고등학교 프로그램이나 단순직 고용, 연령에 적절한 자기결정과 통합된 지역사회로 진출
	고등학교	중등교육 이후의 교육이나 단순직 고용, 성인·평생교육, 전업주부, 자기결정을 통한 삶의 질과 통합된 지역사회 참여로 진출
	중등교육 이후의 교육	특수분야, 기술직, 전문직, 관리직 고용. 대학원이나 전문학교 프로그램, 성인·평생교육, 전업주부, 자기결정을 통한 삶의 질과 통합된 지역사회 참여로 진출
	교육 및 서비스 전달 체계	
	• 가정과 이웃 • 가족과 친구 • 공립·사립 영유아 프로그램 • 관련·지원 서비스를 동반한 일반교육 • 관련·지원 서비스를 동반한 특수교육 • 일반적인 지역사회 기구와 기관 　(위기관리 서비스, 시간제한적 서비스, 5 서비스) • 도제제도 프로그램 • 학교 및 지역사회 작업중심의 학습 프로그램 • 중등교육 이후의 직업 또는 응용기술 프로그램 • 지역사회 대학 • 4년제 대학 • 대학원 또는 전문학교 • 성인 및 평생교육/훈련	

04 　　　　　　　　　　　　　2011학년도 중등 38번

정답　②

해설

㉠ 전환계획 수립 시 장애학생이 원하는 진로와 성인기 전환영역을 고려하여 현재 및 미래 환경에 대한 포괄적인 전환평가가 선행되어야 한다.

㉤ 전환을 효과적으로 준비하기 위하여 개인중심계획을 통해 실시되어야 한다.

㉡ 「장애인 등에 대한 특수교육법」 제 23조 진로 및 직업교육지원 내용에는 '지원고용'을 강조한다는 내용을 포함하지 않는다.

㉢ 개별화전환계획은 현재 「장애인 등에 대한 특수교육법」에서 진로 및 직업교육으로 명명되어 있으며, 학령초기부터 모든 장애 아동들은 진로교육과 전환교육이 실시되어야 한다.

㉣ 직업기능영역이 아닌 직업준비영역에 해당하는 설명이며, 2015년 현재 교육과정이 변경되었다(2011년 교육과정 참고).

05 　　　　　　　　　　　　　2013학년도 중등 9번

정답　③

해설

㉡ 상황평가는 실제 작업환경과 유사한 모의 작업장에서 내담자의 직무수행과 행동을 체계화된 관찰기법을 통해 평가하는 것이다.

㉢ 직무분석은 특정 직무에서 수행하는 업무의 내용과 업무를 수행하기 위해 요구되는 작업자의 역량을 체계적으로 밝히는 것이다.

㉺ 직업평가는 실제 또는 모의 기술과 과정을 사용하는 경험적 절차로 다루어지는 모든 내용으로 구성되어야 하는데, 개인생활 영역, 여가생활 및 이동 영역, 사회생활 영역, 직업 전 기초능력 영역, 직업생활 영역으로 범주화할 수 있다.

06 　　　　　　　　　　　　　2021학년도 중등 A 6번

정답

• 건강과 건강관리

• 작업표본 평가, 군특성 표본

• 작업표본 평가는 평가실에서 평가를 실시하는 반면, 직무현장 평가는 실제 직무현장에서 평가를 수행한다.

해설

■ 클라크(Clark)의 종합적인 전환교육 프로그램

❶ 지식 기술 영역

- 의사소통과 학업성취
- 자기결정
- 대인관계
- 통합된 지역사회 참여
- 건강과 건강관리
- 독립적/상호의존적 일상생활
- 여가와 레크리에이션
- 후속교육과 훈련

❷ 전환진출 시점과 결과

발달/ 인생단계	진출시점
영 · 유아 및 가정훈련	유치원 프로그램과 통합된 지역사회로 진출
유치원 및 가정훈련	초등학교 프로그램과 통합된 지역사회로 진출
초등학교	중학교 프로그램과 연령에 적절한 자기결정과 통합 된 지역사회 참여로 진출
중학교	고등학교 프로그램이나 단순직 고용, 연령에 적절한 자기결정과 통합된 지역사회 진출
고등학교	중등교육 이후의 교육이나 단순직 고용, 성인 · 평생 교육, 전업주부, 자기결정을 통한 삶의 질과 통합된 지역사회 참여로 진출
중등교육 이후의 교육	특수분야, 기술직, 전문직, 관리직 고용. 대학원이나 전문학교 프로그램, 성인 · 평생교육, 전업주부, 자기 결정을 통한 삶의 질과 통합된 지역사회 참여로 진출

■ 작업표본 평가
실제 직무나 모의 직무를 평가실에서 실시하여 직업평가의
목적을 달성하고자 하는 것이다. 즉, 검사를 목적으로 실제
작업 활동을 생산 활동으로부터 분리해서 실시한다.

■ 작업표본의 유목

실제 직무표본	산업체에 있는 특정 직무를 그대로 사용하며, 이 표본에는 실제 산업현장에서 발견되는 장비, 과제, 원료, 비품, 절차, 엄격한 규범이 포함됨
모의 작업표본	지역사회에 있는 하나 이상의 직무를 모의하는 핵심이 되 는 작업 요인, 과제, 자료, 장비, 비품 등이 사용됨
단일 특성 표본	고립 특성 작업표본이라고도 하며, 단일 근로자의 특성을 평가함. 특정 직무나 많은 직무와 관련됨
군 특성 표본	근로자의 특성군을 평가할 수 있게 설계됨. 하나의 직무나 다양한 직무에 고유한 수많은 특성을 지니며, 다양한 직무 를 수행할 수 있는 잠재력을 평가함

■ 직무현장평가
실제 직무현장에서 평가 대상인 장애인이 직무를 수행하는
동안 고용자나 직무감독자가 수행하는 평가방법이다.
❶ 장점
   - 실제 작업 상황에서 발생하는 문제점을 찾아 개선할
     수 있다.
   - 단순한 작업과 같은 직무상황뿐만 아니라 평가과정을
     통해 직무를 구체화시키는 환경상황을 다루고, 작업
     수행 과정에서 사회성과 작업능력을 동시에 평가할
     수 있다.
❷ 단점
   - 평가할 수 있는 인원이 제한적이며 평가에 많은 시간
     과 비용이 소요된다.
   - 직종, 평가 장소의 선정이 어렵고, 업체와의 협조가
     필요하다.
   - 작업 상황이 복잡한 경우에 관련 요인을 효과적으로
     구분하는 데 어려움이 따른다.

제2절 직업

07

정답 ③

해설
㉠ 지원고용의 적합성 판별을 위해 직업평가와 직무분석이 이
   루어져야 한다.
㉣ 지원고용은 직무수행 능력을 높이기 위해 인위적 지원의 제
   공과 함께 직업기술을 배우고 고용을 유지하는 데 사용될
   수 있는 자연적 지원을 함께 적용한다.
㉡ 지원고용 프로그램은 선훈련 후배치 모델의 한계를 극복하
   기 위해 직업현장에 배치한 후 직업현장에서 교사나 직무
   지도원의 지원을 통해 통합고용이 가능할 수 있도록 설계
   되었다.
㉢ 직업 현장에서의 조정은 개인의 특성에 따라 합리적으로 이
   루어져야 한다.

08

정답
2) ①: 개별배치 모델
   ②: 지역사회에 있는 모든 기업체가 개인을 배치할 잠정적인 직장이
     된다.

해설
■ 개별배치 모델
   개별배치 모델은 '경쟁고용 형식의 지원경쟁 접근법', '지원
   작업 모델', '직업코칭' 등 여러 가지로 불려지고 있는데, 이
   모델은 서비스 전달 모델 중 제약이 가장 적은 방법이다. 이
   모델은 이용하게 되면 고용 전문가는 근로자를 지역사회 내
   의 직업현장에 배치하여 훈련시키고, 배치된 근무 위치에서
   업무를 수행할 수 있을 정도로 훈련을 시켜서 고정배치하며
   추수지도를 하게 된다. 훈련사는 일대일로 근로자를 훈련시
   키고, 시간이 지남에 따라 훈련사의 보조력을 줄여가며 특정
   영역은 계속 지원 서비스를 제공한다. 지역사회 내에 있는
   모든 기업체가 개인을 배치할 잠정적인 직장이 된다. 물론
   직장을 선택할 때는 근로자의 선호도, 사전 노동경험, 지역
   노동시장의 특성에 따라 배치할 직장을 결정한다.

■ 지원고용의 유형
- **소집단 모델**: 소집단 모델을 제공할 수 있는 회사를 찾는 일은 무척 힘들다. 규모가 큰 회사는 장애근로자를 통합하기 쉽고, 특별 훈련을 실시하는 생산라인에 주의를 덜 기울일 수 있으며, 초보자의 훈련 기회를 조절할 수 있기 때문에 작은 회사보다 유리하다.
- **이동작업대 모델**: 이 형태는 새로운 모델이 아니라 일부 재활시설에서 오랫동안 활용해 온 방법이다. 수위(경비), 눈 치우기, 농사일, 농장일, 식물관리, 페인트 칠하기 등과 같은 업무를 장·단기 계약에 따라 수행할 수 있는 공장이 적은 중소도시나 농촌지역에 적합한 형태이다.
- **하청업 모델**: 심리사회적 및 행동결함을 지녔거나 자립기능이 매우 낮거나 제한된 장애인에게 적합하다.

---

09   2016학년도 중등 B 7번

[정답]

㉠: 1. 개인을 위한 활동, 서비스, 지원은 준하의 꿈, 흥미, 선호도, 강점, 능력에 기초한다.
  2. 준하에게 중요한 사람들이 삶의 유형을 계획하는 데 포함되며, 그들이 권한을 행사하는 기회를 가지고 충분한 정보에 근거한 결정이 이루어진다.

공통점: 1. 통합된 환경에서
      2. 정상적인 임금을 받는다.

차이점: 경쟁고용과 달리 지원고용은 지속적인 지원 서비스가 제공된다.

[해설]

■ 개인중심계획의 특성
- 개인을 위한 활동, 서비스, 지원은 개인의 꿈, 흥미, 선호도, 강점, 능력에 기초한다.
- 개인에게 중요한 사람들이 삶의 유형을 계획하는 데 포함되며, 그들이 권한을 행사하는 기회를 가지며, 충분한 정보에 근거한 결정(informed decisions)이 이루어진다.
- 자신의 경험에 근거한 결정을 통하여 개인에게 의미있는 선택을 한다.
- 개인은 가능한 경우 지역사회의 자연적 지원을 이용한다.
- 활동, 지원, 서비스는 개인 관계, 지역사회 참여, 품위, 존경에 도달할 수 있는 기술을 형성한다.
- 개인의 기회와 경험이 극대화되며, 현행 규정과 예산의 범위 내에서 융통성이 증대된다.
- 개인에 대한 계획은 협력적이고 반복적이며 개인에 대한 계속적인 헌신 속에서 이루어진다.
- 개인은 그의 개인 관계, 가정, 매일의 일상생활에서 만족스러워 한다.

■ 직업

경쟁 고용	• 일반사회의 통합된 환경에서 연방정부가 정한 최저임금 이상의 보수를 받으며 전일제 일이나 파트타임 일을 하는 것 • 일반인들과 같거나 유사한 일을 하면서 같은 수준의 임금과 직업적 혜택을 받음

지원 고용	• 심한 장애성인이 통합된 환경에서 지속적인 지원 서비스를 받으며 이루어지는 경쟁고용
	  - 경쟁고용이 전통적으로 이루어지지 않은 사람 또는 심한 장애로 인해 경쟁고용이 중단된 사람을 위한 것
	  - 심한 장애로 인해 지속적인 지원고용 서비스가 필요하며 또한 그러한 직업을 수행하기 위하여 더욱 확장된 서비스를 필요로 하는 사람들을 위한 것
	• 정신적 질병으로 심한 장애를 가진 성인들을 위한 전환고용도 포함됨

보호 작업 고용	• 주로 비영리기관에 의해서 운영되는 작업 관련 시설(작업활동센터 등)에서 장애인들이 하는 일을 말하며 이는 미국 노동부가 제시하는 최소임금 법령과 관련하여 특별한 예외 규정이 적용되는 장애인들을 대상으로 함
	• 보호작업장은 세 가지 형태의 프로그램 중에서 하나 또는 그 이상을 제공함(전환작업장이라고도 함)
	  - 지역사회 고용을 위한 평가와 훈련
	  - 확대된 또는 장기적인 직업
	  - 작업활동센터는 장애가 너무 심하여 생산적인 작업을 할 수 없다고 판단되는 장애인들에게 여러 가지 활동 프로그램을 제공

■ 지원고용과 경쟁고용
❶ 지원고용
  전통적으로 경쟁적 고용이 불가능한 상태에 있거나, 심한 장애로 인한 전환고용이 때때로 중단·방해받는 중증 장애인을 대상으로, 통합된 작업장에서 계속적인 지원 서비스를 제공함으로써 이루어지는 경쟁적 작업이다.

❷ 경쟁고용
  전일제 또는 시간제로 행해지는 작업으로써 주당 평균 근로시간이 적어도 20시간 이상이며, 최저임금에 기준하여 급여나 기타 보상을 받을 수 있다.

❸ 경쟁고용과 지원고용의 중요한 차이점
  경쟁고용은 지원기간이 일시적으로 제한되고, 개인이 취업을 하고 나면 서비스가 중지되며, 그 이후에는 개인 스스로 직업을 유지해가야 한다.

---

10   2019학년도 중등 A (기입형) 5번

[정답]

㉠: 보호고용

㉡: 자연적 지원

[해설]

■ 보호고용
장애가 없는 일반 작업자와 통합되지 않고 장애인들로만 구성되는 별도 사업시설이다. 작업시설에서는 장애인에게 훈련이 될 만한 작업훈련을 실시한다. 포장, 조립과 같이 하청 받은 과제를 수행한다. 대부분의 보호작업장은 생산성에서 경영 수지를 맞추기 어려워 정부 보조나 후원 등으로 운영된다.

■ 자연적 지원

주어진 환경 내에서 자연스럽게 제공될 수 있는 인적·물적 자원을 통해 지원되는 것을 말한다.

⑩ 가족이나 직장 동료, 친구, 이웃들로부터 자연스러운 일과 내에서 지원이 제공되는 경우

제3절 자기결정

11

정답 ②

해설

■ 자기결정행동 구성요소

선택하기 기술, 결정하기 기술, 문제해결 기술, 목표설정 및 획득 기술, 위기관리·독립성·안전을 위한 기술, 자기관찰·자기평가·자기강화 기술, 자기교수 기술, 자기옹호와 리더십 기술, 효능성 및 성과 기대에 대한 긍정적인 귀인, 자기인식, 자기지식 등이 포함되며 외적 통제소와 장애에 초점 맞추기는 자기결정행동 구성요소에 포함되지 않는다.

12

정답 ③

해설

ㄱ. 지적장애 성인이 지역사회에서 독립적으로 살아가기 위해서는 일상적인 활동과 의사결정 상황에서 다른 사람에게 의존하지 않고 스스로 결정을 할 수 있는 자기결정 능력이 필요하다. 자기결정이 장애인의 삶의 질과 성인기로의 성공적인 성과에 결정적인 영향을 미치기 때문에 최근에 장애인의 자기결정에 대한 관심이 증대하고 있다.

ㄴ. 자기결정 행동 구성요소에는 의사결정, 문제해결, 목표설정 및 달성, 자기인식, 자기관리 기술, 내부적 통제, 자기옹호와 리더십 기술, 독립·위험감수·안전 기술 등이 해당된다.

ㄷ. 교사주도적 → 자기주도적

ㅁ. 자기결정의 4가지 특성
  – **자율적 행동**: 독립성, 선택과 결정, 문제 해결
  – **자기규제적 행동**: 자기점검, 자기평가, 자기강화, 자기교수
  – **심리적 역량**: 자기효능감, 성과 기대감, 내적 통제소재, 자기옹호 및 지도력
  – **자아실현**: 자아인식, 자기지식

13

정답 ②

해설

㉠, ㉡ 선택하기에 해당한다.

㉣ 자기관리에 해당한다.

14

정답

4) ㉣: 목표 설정
   ㉤: 목표 및 계획 수정

해설

■ 자기결정 학습을 위한 교수모델(Self-Determined Learning Model of Instruction: SDLMI) 3단계

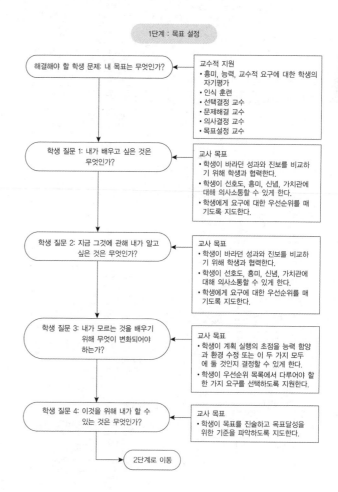

2단계 : 실행

해결해야 할 학생 문제 : 내가 계획은 무엇인가?	**교수적 지원** • 자기일정 계획　　• 문제해결 교수 • 자기교수　　　　• 의사결정 교수 • 선행단서 조정 • 자기옹호와 주장하기 훈련 • 선택하기 교수 • 의사소통 기술 훈련 • 목표달성 전략　　• 자기점검
학생질문 5 : 모르는 것을 배우기 위해 내가 할 수 있는 것은 무엇인가?	**교사 목표** • 학생이 자신의 현재 수준과 자신이 파악한 목표 수준을 스스로 평가할 수 있게 한다.
학생 질문 2 : 지금 그것에 관해 내가 알고 싶은 것은 무엇인가?	**교사 목표** • 학생이 교수적 요구와 관련하여 자신의 현재 수준을 확인할 수 있게 한다. • 학생이 자신의 환경 내에 있는 기회 및 장애물에 대해 정보를 수집할 수 있도록 지원한다.
학생 질문 2 : 내가 모르는 것을 배우기 위해 무엇이 변화되어야 하는가?	**교사 목표** • 학생이 자신이 평가한 현재 수준과 목표 수준 간의 차이를 연계해 주는 행동계획을 결정할 수 있도록 한다.
학생 질문 4 : 이것을 위해 내가 할 수 있는 것은 무엇인가?	**교사 목표** • 학생이 목표를 진술하고 목표달성을 위한 기준을 파악하도록 지도한다.
학생 질문 7 : 이러한 장애물을 제거하기 위해 내가 할 수 있는 것은 무엇인가?	**교사 목표** • 가장 적절한 교수전략을 파악하도록 학생과 협력한다. • 학생에게 필요한 학생주도적 학습전략을 지도한다. • 학생 주도적 학습전략을 실행하도록 학생을 지도한다. • 서로 동의한 교사주도적 교수를 제공한다.
학생질문 8 : 언제 계획을 실행할 것인가?	**교사 목표** • 학생이 행동계획을 위한 일정을 결정할 수 있게 한다. • 학생이 행동계획을 실시할 수 있게 한다. • 학생이 자신의 진보를 스스로 점검할 수 있게 한다.

3단계로 이동

3단계 : 목표 및 계획 수정

해결해야 할 학생 문제 : 내가 배운 것은 무엇인가?	**교수적 지원** • 자기평가 전략 • 선택결정 교수 • 목표설정 교수 • 문제해결 교수 • 의사결정 교수 • 자기강화 전략 • 자기 기록 전략 • 자기 점검
학생질문 9 : 내가 실행한 계획은 무엇인가?	**교사 목표** • 학생이 목표 성취에 대한 진보를 스스로 평가할 수 있게 한다.
학생질문 10 : 어떤 장애물이 제거되었는가?	**교사 목표** • 학생이 바라던 성과와 진보를 비교하기 위해 학생과 협력한다.
학생질문 11 : 내가 모르던 것에 대해 어떤 변화가 있었는가?	**교사 목표** • 학생의 진보가 불충분하다면 목표를 재평가하도록 학생을 지원한다. • 목표를 그대로 둘 것인지, 변경할 것인지 결정할 수 있도록 학생을 돕는다. • 행동계획이 목표에 적절하거나 부적절한지 확인하도록 학생과 협력한다. • 필요하다면, 행동계획을 변경하도록 학생을 돕는다.
학생질문 12 : 나는 알고 싶어 하던 것을 알게 되었는가?	**교사 목표** • 학생의 진보가 적절하거나 부적절한지 또는 목표가 달성되었는지를 학생이 결정할 수 있게 한다.

15　

정답

3) ①: 자기 교수

　②: 내가 배워 온 것은 무엇인가?

해설

■ 자기 교수
- **지도 기술**: 새로운 기술 학습을 통한 독립성 증진
- **지도를 위한 공학 자료 활용**: 과제 완성을 위해 언어적 교수 녹음을 디지털 기록 장치로 전환하거나 PDA에 과제를 그림으로 나타낸 단계 활용

■ 자기 결정 교수 모델

단계	내용
1단계 목표설정	나의 목표가 무엇이지?
2단계 실행하기	나의 계획이 무엇이지?
3단계 목표 적용계획	내가 배워 온 것이 무엇이지?

16　

정답

1) 자율성(자율적인 행동), 자기조절, 심리적 역량 강화, 자아실현

2) ⓜ, 자기인식

해설

1) 자기결정의 주요 특성과 구성요소

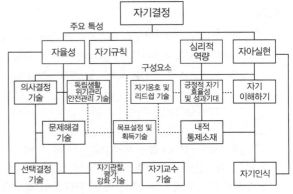

2) 자기인식과 자기지식

학생들은 자아실현을 위해서 자기 강점, 능력, 독특한 학습 요구 및 지원요구, 제한점 등에 관해 합리적이고 정확하게 이해해야 한다. 성공과 발달을 최대화하기 위해 이러한 이해를 어떻게 활용할 것인가를 반드시 알아야 한다.

17 2021학년도 유아 A 5번 일부

정답

1) 자기지식, 권리지식, 리더십, 의사소통 기술

해설

■ **자기옹호**

자신에 대한 전반적인 지식과 기본적인 권리를 인식하고 이를 기반으로 다양한 대상과 상황에서 자신의 욕구, 필요, 신념, 권리 등을 적합한 의사소통 방법으로 표현하는 것을 말한다.

구성요소	내용
자기지식	자신의 장애와 강약점, 관심, 필요, 학습양식을 명확하게 인식하는 것
권리지식	학생이 인간·시민·학생으로서의 기본적인 권리를 아는 것으로 특히, 자신의 장애로 인하여 겪는 어려움을 극복하는 데 필요한 지원을 받을 권리를 인식하는 것
의사소통	학생이 자기지식과 권리지식을 바탕으로 자신의 생각을 대화 기술, 듣기 기술, 신체적 언어 기술을 사용하여 적절하게 표현하는 것
리더십	장애학생이 개인과 집단의 구성원으로서 자신의 역할을 알고 적극적으로 수행하는 것

18 2017학년도 중등 A 14번

정답

1. 전환교육은 직업뿐만 아니라 진로교육까지 모두 포괄하는 교육이다.
2. 전환교육은 고등학교부터 시작하는 것이 아니라 생애 전반에 걸쳐 이뤄지며 특수교육 교육과정에서도 초등학교 기본교육과정 실과, 기본교육과정 진로와 직업교과, 선택 교육과정 전문교과 III의 직업교과와 관련성을 가진다.
3. 전환교육의 관점을 강조하는 교과로 기본교육과정의 진로와 직업이 있다.

해설

■ **2015 기본 교육과정 진로와 직업**

❶ **성격**

진로와 직업과는 학생이 자신을 이해하고 진로와 직업의 세계를 탐색하여 적합한 진로와 직업에 대한 의사결정을 하며, 이를 바탕으로 자신에게 필요한 지식, 기능, 태도를 갖추고 핵심역량을 길러 장차 안정되고 행복한 직업인으로 살아갈 수 있도록 한다.

이 교과를 통해 학생은 자신의 진로 및 직업에 대한 방향을 설정하고, 작업 기초능력을 기르며, 진학 및 취업 준비와 직업을 체험하고, 직업의 기초 능력과 직무수행 능력을 습득하며, 직업생활의 태도 및 습관 형성을 통하여 사회에서 안정된 직업생활과 품격 있는 삶을 영위할 수 있게 된다. 진로와 직업과에서는 장차 성인으로서 지역사회 내에서 생활하는 데에 필요한 기능적 생활중심의 지식, 기능, 태도 함양에 중점을 두고, 교과 내용에 대한 인식을 바탕으로 이를 다양한 상황에서 적용하고 지역사회에서 실천할 수 있도록 교내외에서의 활동과 수행 및 실습을 강조한다.

또한 생애주기별 진로 발달단계인 진로 인식, 진로 탐색, 진로 준비 등에 이르는 일련의 경험과정에 기초하여 학생이 학교교육을 마친 후 지역사회생활 및 직업 생활로 나아갈 수 있도록 연결하는 전환교육의 관점이 강조된다. 궁극적으로 학생이 실제적인 환경에서 수행할 수 있는 능력을 갖추고 지역사회의 구성원으로서 보다 독립적인 생활을 할 수 있도록 한다.

❷ **구성**

진로와 직업과는 '자기탐색', '직업의 세계', '작업 기초능력', '진로 의사결정', '진로 준비', '직업 생활'의 6개 영역으로 구성되며, 기본 교육과정의 실과와 연계되고 선택 교육과정 전문교과III의 직업교과와 관련성을 가진다. 학생은 이 교과를 학습함으로써 자기관리, 지식정보처리, 창의적 사고, 심미적 감성, 의사소통, 공동체 및 진로·직업 등의 핵심역량을 기를 수 있다.

– **자기관리 역량**: 진로와 직업을 준비하는 과정에서 자기 주도적으로 자신과 주어진 자원을 관리하고 활용하는 능력이다.
– **지식정보처리 역량**: 정보와 자료를 수집, 분석하여 일상생활과 일 등에서 직면하게 되는 문제를 합리적으로 해결하는 능력이다.
– **창의적 사고 역량**: 문제를 인식하고 과제 해결을 위해 자신이 학습한 것이나 경험을 바탕으로 타당한 해결책을 제시하는 능력이다.
– **심미적 감성 역량**: 새로운 경험에 대한 개방적 태도를 바탕으로 삶의 질 향상과 행복을 위해 적극적으로 어울려 참여하는 능력이다.
– **의사소통 역량**: 일상과 직장 생활의 업무 수행 과정에서 타인의 말과 글을 올바르게 이해하고 자기의 의사를 정확하고 효과적으로 표현하는 능력이며 특히 갈등 해결을 위한 중요한 조정능력이다.
– **공동체 역량**: 학교나 직장에서의 인간관계와 사회적 상황 속에서 정서적 유대, 협력, 중재, 리더십 등에 대한 이해를 바탕으로 공동의 목표를 추구하는 능력이다.
– **진로·직업 역량**: 진로 탐색과 직업생활에 필요한 기능과 태도를 알고 준비함으로써 지역사회 구성원으로 살아갈 수 있는 능력이다.

해커스임용

설지민
특수교육학
영역별 이론+기출문제③

개정 2판 1쇄 발행	2021년 7월 26일
지은이	설지민
펴낸곳	해커스패스
펴낸이	해커스임용 출판팀
주소	서울시 강남구 강남대로 428 해커스임용
고객센터	02-566-6860
교재 관련 문의	teacher@pass.com
	해커스임용 사이트(teacher.Hackers.com) 1:1 고객센터
학원 강의 및 동영상강의	teacher.Hackers.com
ISBN	979-11-6662-475-9(13370)
Serial Number	02-01-01

해커스임용

- 임용 합격을 앞당기는 해커스임용 스타 교수진들의 고퀄리티 강의
- 풍부한 무료강의 · 학습자료 · 최신 임용 시험정보 제공
- 모바일 강좌 및 1:1 학습 컨설팅 서비스 제공